国学经典文库

中华传世藏书

图文珍藏版

邹博⊙主编

线装书局

图书在版编目（CIP）数据
禅宗经典／邹博主编 .-- 北京：线装书局，
2011.7(2022.3)
（国学经典文库）
ISBN 978-7-5120-0378-1
I. ①禅… II. ①邹… III. ①禅宗 IV. ① B946.5
中国版本图书馆CIP数据核字（2011）第122925号

国学经典文库

主　　编：邹　博
责任编辑：崔建伟　高晓彬
出版发行：线装书局
地　址：北京市丰台区方庄日月天地大厦 B 座 17 层(100078)
电　话：010-58077126(发行部)010-58076938(总编室)
网　址：www.zgxzsj.com
经　　销：新华书店
印　　制：北京彩虹伟业印刷有限公司
开　　本：787×1092 毫米　1/16
印　　张：336
字　　数：3800 千字
版　　次：2022 年 3 月第 1 版第 2 次印刷
印　　数：3001-9000 套

线装书局官方微信

定　　价：4680.00 元(全十二卷)

禅宗经典

国学经典文库

图文珍藏版

传世藏书

邹博⊙主编

线装书局

卷首语

禅宗是汉传佛教宗派之一，始于菩提达摩，盛于六祖惠能，中晚唐之后成为汉传佛教的主流，也是汉传佛教最主要的象征之一。汉传佛教宗派多来自印度，但唯独天台宗、华严宗与禅宗，是由中国独立发展出的三个本土佛教宗派。其中又以禅宗最具独特的性格。禅宗祖师会运用各种教学方法，以求达到这种境界，这又称开悟。其核心思想为："不立文字，教外别传；直指人心，见性成佛"，意指透过自身实践，从日常生活中直接掌握真理，最后达到真正认识自我。

"禅宗"之根本宗旨是"直指人心，见性成佛"。

众生皆有佛性。按照佛教一切唯心、万法唯识的理论，它永恒绝对、灵明不昧，是宇宙的实体，世界的本源，是不朽的宇宙终极存在。佛性超越时空，本自现成，无处不在，无时不在，体具万德，妙用无穷，在圣不增，在凡不减，心思不及，言语莫诠，所谓"离四句，绝百非"。众生之所以流转生死，缘于无明，迷失本心，认幻为真，妄生苦乐、得失。而一旦悟道见性，菩提非从外得。"真如佛性"说并不是惠能禅宗所独有，而是除三论宗、唯识宗之外其他各宗所共有的。但惠能的高明之处在于将这一观念强调到更加突出的地步，并把它同解脱论和修行观密切联系起来。惠能说：

一切万法，尽在自心中，何不从于自心顿现真如本性！

世人性本自净，万法在自性。

如是一切法，尽在自性。自性常清净，日月常明，只为云覆盖，上明下暗，不能了见日月星辰。忽遇惠风吹散，卷尽云雾，万象森罗，一时皆现。世人性净，犹如清天，慧如日，智如月，智慧常明，于外著境，妄念浮云盖覆，自性不能明。故遇善知识，开真正法，吹却迷妄，内外明彻，于自性中，万法皆见，一切法在自性，名为清净法身。

无明智慧等无异，当知万法即皆如……观身与佛不差别。

佛是自性作，莫向身外求。

我心自有佛，自佛是真佛。

目　　录

金刚经

【导语】

《金刚经》全称为《能断金刚般若波罗蜜经》,是初期大乘佛教的代表性经典之一,也是般若类佛经的纲要书。在中国佛教界,《金刚经》流行得极为普遍,如三论、天台、贤首、唯识等宗派,都各有注疏。尤其是自唐宋以来盛极一时的禅宗,更与《金刚经》有深厚的渊源。宋代,出家人的考试,有《金刚经》一科,也让我们从中看出《金刚经》的弘通之盛!

慧能大师像

《金刚经》以空慧为主要内容,探讨了一切法无我之理,篇幅适中,不过于浩瀚,也不失之简略,因此历来弘传甚广,特别为惠能以后的禅宗所重视。传说惠能就因此经中的"应无所住而生其心"一句经文而开悟。

【原文】 如是我闻[①]:

"一时,佛在舍卫国祇树给孤独园[②],与大比丘众千二百五十人俱[③]。尔时,世尊食时着衣持钵[④],入舍卫大城乞食[⑤]。于其城中次第乞已[⑥],还至本处。饭食讫,收衣钵,洗足已,敷座而坐[⑦]。"

【注释】 ①如是我闻:又作我闻如是、闻如是等。为经典之开头语,是佛经五种证信之一。释尊在《涅槃经》中曾对多闻第一的阿难尊者说,其一生所说之经藏,须于卷首加上"如是我闻"一语,以表示此下所诵的内容乃直接从佛陀处所亲闻。"如是"指经中所述之内容,即经中所说之佛语;"我闻"指经藏编集者阿难自言听闻于释尊之言行。又"如是"意为信顺自己所闻之法;"我闻"则为坚持其信之人。佛教以信为第一,信佛法则能入佛教,理解佛法,得受佛法之功德利益;以信则言如是,不信则言不如是,所以先使众生信受经言,因而于经首置如是语。《大智度论》卷二认为佛教徒应依止经典中的法,法并非仅指佛所说者,除佛陀所说者外,也有由佛弟子、仙人、诸天及化人等所说的法。为令信顺此等为正法,并使佛灭度后,法永远不失,永远正确地传于后世,故释尊对阿难言,须于经典卷首加上"如是我闻"一语。②佛:梵语 Buddha 之音译,佛陀之略,又作佛驮、休屠、浮陀、浮屠、浮图、浮头、没驮、勃陀、馞陀、步他等。意译觉者、知者、觉,即觉悟真理者之意。亦即具足自觉、觉他、觉行圆满,如实对于宇宙事理无所不知觉,成就无上正等正觉之大圣者,乃佛教修行之最高果位。"佛"一般用作对佛教创始人释迦牟尼的尊称(释迦牟尼佛有如来、应供、正遍知、明行足、善逝、世间解、无上士、调御大夫、天人师、佛世尊十大名号)。大乘佛教兴起后,"佛"还泛指一切觉行圆满者和一切佛法真谛的化身,宣称过去世有七佛、然灯佛等,未来将出现弥勒佛。从佛身说,有报身佛、法身佛、应身佛。此处所指的佛是释迦牟尼佛。舍卫国:译为闻者、闻物、丰德、好道、无物不有、多有等。为中印度古王国名,其国本名为憍萨罗国,为别于南方之憍萨罗国,故以城名为国号。因此城多出名人,多产胜物,故称闻物国。又有别名叫舍婆提城、尸罗跋提、舍罗婆悉帝夜城等。据英国考古学家康林罕(A · Cunningham)推定,此国即今天拉布提河(Rapti)左岸之沙赫玛赫(Sahet Mahet),接近于尼泊尔之奥都(Oudh)北方约九十余公里处。近年在该处发掘铭刻有“舍卫”字样之巨大佛像、《大唐西域记》卷六所说周长约五公里之城壁,及记述布施祇园精舍田地之铜板等,都一一地证明了此处即舍卫国故址。释迦牟尼成佛后,居留此处说法二十五年,较住于其他诸国长久。祇树给孤独园:又称“祇园精舍”或“给孤独园”,为佛陀说法遗迹中最著名者。据说舍卫城须多达长者,好行布施,人誉为给孤独长者。皈依佛陀后,希望佛来舍卫城度其国人,因而欲觅一地作为释迦牟尼在舍卫国说法、驻留的场所。传说祇陀太子之花园颇为合适作为精舍,乃欲购之,然为太子所拒。祇陀太子为令长者却步,遂以黄金铺满花园为出售之条件,给孤独长者即以黄金铺地买下园林。太子感动于其诚心,遂将园中所有林木也捐献给佛陀。因二人共同成就此一功德,故称祇树给孤独园。③比丘:又名苾刍、煏刍等。指男子出家进入佛教教团,满二十岁以上且受具足戒的修行僧,女子出家受具足戒者称为比丘尼。乃五众之一,七众之一。比丘原语是从“求乞”一词而来,也可以解释为破烦恼者之意。《大智度论》卷三列比丘语义为乞士、破烦恼、出家人、净持戒及怖魔等五义。其中,破恶(破烦恼)、怖魔、乞士,称为比丘三义,与“阿罗汉”一词语义中之杀贼、应供、无生等三义,合称为“因果六义”(比丘为因,阿罗汉为果)。在印度,比丘或沙门的生活形态必须遵守一定的戒律,护持三衣一钵,乞食自活,住于阿兰若处,少欲知足,离诸世俗烦恼,精进修道,以期证得涅槃。千二百五十人:指一千二百五十位先事外道,后承佛之化导,而证得圣果者。因感恩于佛陀的度化,遂发愿每次法会都常随不离,协助佛陀弘法利生,成为佛陀的“常随众”。根据《过去现在因果经》,这千二百五十人指耶舍长者子师徒五十人、优楼频螺迦叶师徒五百人、那提迦叶师徒二百五十人、伽耶迦叶师徒二百五十人、舍利弗师徒一百人、目犍连师徒一百人,共一千二百五十人。④世尊:因佛是世人所共尊的人,因此称佛为世尊,音译为“薄伽梵”或“婆伽梵”。意译作“世尊”之外,亦直译作有德、有名声等。即“富有众德、众佑、威德、名声、尊贵者”之意,亦指世界中之最尊者。在古印度,一般用为对尊贵者之敬称,并不限用于佛教;若于佛教,则特为释迦牟尼佛之尊称,属于佛的十大尊号之一。钵:梵语“钵多罗”的简称,为比丘六物之一。钵是比丘的盛饭器,以泥或铁制成,圆形、稍扁、底平、口略小。译作应器,或应量器。“应”有三应,一色相应,钵要灰黑色,令不起爱染心;二体相应,钵体粗质,使人不起贪意;三大小相应,不过量也,乞食不过七家,令人不恣口腹。⑤乞食:十二头陀行之一。乃印度僧人为资养色身而乞食于人的一种行仪,是一种清净的正命。又作团堕(即取置食物于钵中之义)、分卫、托钵、行乞等。其原始意义有二,即《大乘义章十五》所云:“专行乞食。所为有二:一者为自,省事修道。二者为他,福利世人。”自利是为杜绝俗事,方便修道;利他则为福利世人,予众生种福机会。⑥次第乞:也是十二头陀行之一。即指佛心平等,不择贫富,不拣净秽,不受别请,挨户依序托钵而乞食。修行者借助这样的行为,可培养平等心,以消除烦恼。⑦敷座:铺座跏趺而坐,

安住于正念中。所谓坐如钟、行如风、卧如弓、立如松，是佛教行、住、坐、卧四威仪之一。修行者平常生活中身体端直是很重要的，因为正确的坐姿不至于使人容易散乱、疲劳和昏沉。佛教对坐的方式、作用有详细的规定，"结跏趺坐"即是其中一例。

【译文】 我曾经听佛这样说：

"当时，佛住在舍卫国的祇树给孤独园里，与一千二百五十位大比丘在一起。有一天上午，临吃饭之时，世尊穿上袈裟，拿着饭钵，缓步走进舍卫城去乞食。佛在舍卫城中慈悲平等，不分贫富不分贵贱，挨家挨户地托钵、乞食后，便返回给孤独园中。吃过了饭，将袈裟和钵具收拾好，洗净了双足，铺好座位后，便跏趺而坐。"

【原文】 时，长老须菩提在大众中[①]，即从座起，偏袒右肩[②]，右膝着地[③]，合掌恭敬而白佛言[④]："希有[⑤]，世尊！如来善护念诸菩萨[⑥]，善付嘱诸菩萨。世尊，善男子、善女人[⑦]，发阿耨多罗三藐三菩提心[⑧]，应云何住[⑨]？云何降伏其心[⑩]？"

佛言："善哉！善哉！须菩提，如汝所说，如来善护念诸菩萨，善付嘱诸菩萨。汝今谛听，当为汝说。善男子、善女人发阿耨多罗三藐三菩提心，应如是住，如是降伏其心。"

"唯然，世尊。愿乐欲闻。"

【注释】 ①长老：又称上座、上首、首座、耆年、耆宿、耆旧、老宿、长宿、住位等。是对年齿长、法腊高，且有智能威德的大比丘之尊称。《长阿含·众集经》列举三种长老：一是年耆长老，指入佛道经年之僧；二是法长老，指精通教法之高僧；三是做长老，为世俗假名之长老。禅家称住持之僧为长老。须菩提：又称苏补底、须扶提、须浮帝、薮浮帝修、浮帝、须枫等。意译为善业、善吉、善现、善实、善见、空生等。原来是古印度舍卫国鸠罗长者之子，为佛十大弟子中之最善解空理者，所以有"解空第一"的称号。也是大乘诸部般若经（如此经）中，佛陀在解说空义时的当机者。②偏袒右肩：又作偏露右肩、偏袒一肩、偏露一膊等，略称偏袒。为"通肩"一词之相对语。即披着袈裟时袒露右肩，覆盖左肩。在古印度，请法时"偏袒右肩"是最尊重的礼节，佛教沿用之，即于比丘拜见佛陀或问讯师僧时及从事拂床、洒扫等工作，须偏袒右肩，所以偏袒右肩即意谓便于服劳、听令使役，也是表示比丘恭敬尊者的相貌。③右膝着地：是印度的俗礼。右是正道，左为邪道，袒右跪右，以表示顺于正道，也显示劝请正法，去邪从实，应依谦卑之礼。另一方面，膝也象征般若智，地则象征实相；右膝着地，正表示般若与实相互相应合。④合掌：又名合十。乃印度自古所行之礼法，佛教沿用之。印度人认为右手为神圣之手，左手为不净之手，故有分别使用两手之习惯；然若两手合而为一，则为人类神圣面与不净面之合一，故借合掌来表现人类最真实之面目。合掌即合并两掌置于胸前，集中心思，因而也表示吾心专一之敬礼法及皈向中道。双掌合一，也可解释为表示方便权巧与实相究竟是一而不二，大小乘皆可融通。又十指表十法界；合十，表示结合十法界存于一心之中，也即是表示事理一如，权实圆融。⑤希有：谓事之甚少者、无相类者。尤指如来之示现及其一代教法，故有"希有大法王""希法"之称。若能了知诸佛妙法，生尊重不思议心者，亦称为希有人。佛陀有四种"希有"，即：一、时希有，表示佛陀之出世，非旷世所常有；二、处希有，佛陀不出现于三千世界中的他处，唯降生于迦毗罗卫城；三、德希有，佛陀具有无量的福德智慧，所以是最尊贵的，无人能比；四、事希有，佛陀一生都以佛法普利众生，为希有殊胜之事。

⑥如来:佛十种尊号之一。音译做多陀阿伽陀、多他阿伽度、多陀阿伽度、怛萨阿竭、怛他哦多、多阿竭等。如,即是真如,乘真如之道而成正觉之故,所以名为如来。又,乘真如之道来三界垂化之故,谓之如来。又,如诸佛而来,故名如来。又,"如来"之称呼,亦为诸佛之通号。护念:谓诸佛、菩萨、诸天善神等对于修善众生或佛弟子加以护持摄受,使之不致遭受障碍。又佛菩萨经常如影随形地护念行者,使恶魔等无法障害,故称影护护念。又为众生证明教法之确实,使其生信而脱离苦患,受无穷利益,此称证诚护念。在此,可以把护念解释为摄受,对于久学的菩萨,佛能善巧的摄受他,使他契入甚深的佛道,得如来护念的究竟利益。菩萨:音译菩提萨埵,又作菩提索多、冒地萨怛缚、扶萨等。旧译为大道心众生、道众生等,新译为大觉有情、觉有情等。指唯有大觉悟的众生能发无量大愿,上求无上菩提,下而利益众生;修诸波罗蜜行,将来要入佛果位。与声闻、缘觉并称为"三乘"。⑦善男子、善女人:指良家之男子、女子。经典中对在家的信男、信女,每用善男子、善女人的称呼。善者,是对信佛、闻法、行善业者之美称。窥基《阿弥陀经通赞》认为善男子、善女人是梵语优婆塞、优婆夷之译,指持五戒之男子、女人。此外,大乘经典中,呼菩萨时,多称善男子,呼比丘时,多呼其名。然有时亦以"善男子"称呼比丘。⑧发阿耨多罗三藐三菩提心:阿耨多罗三藐三菩提,是梵语之音译,意指完成之人,故一般译为无上正等正觉、无上正等觉、无上正遍知等。"阿耨多罗"意译为"无上",表示佛陀所证悟的道是圆满无上的;"三藐三菩提"意译为"正遍知",表明周遍证知最究极之真理,而且平等开示一切众生,令其达到涅槃。发阿耨多罗三藐三菩提心,即发起宏大深远的誓愿,以崇高、伟大、无上、究竟的佛果为目标。⑨应云何住:当住于何处或应当怎样安住。住即不违法性的住于正。凡发大菩提心者,在动静、语默、来去、出入、待人接物一切中,如何能使菩提心不生变悔,不堕于凡外,常安住于菩提心而不动?所以问"应云何住"。⑩云何降伏其心:降伏离于邪,也就是以威力降伏妄心,云何降伏其心,即怎样止灭妄心、杂念。众生心中,有种种的颠倒戏论,有各式各样的妄想杂念,这不但障碍修行,也是菩提心不易安住的大病。要把颠倒戏论一一消除,所以问云何降伏其心。

【译文】 这时,众僧中德高年长的须菩提长老,从自己的座位上站了起来,他斜披袈裟,偏袒着右肩,以右膝跪在地上,双手合十,虔诚恭敬地向佛行礼并对佛说道:"世间稀有难得的世尊!佛善于护持眷念诸菩萨,善于咐嘱指导诸菩萨。世尊,倘若有善男子和善女人,发愿成就无上正等正觉的菩提心,那么他们应如何使这个菩提心常住不退呢?如果他们起了妄念的时候,又要怎样去降伏他的妄心呢?"

佛陀嘉许说:"很好!很好!须菩提,正如你所说的那样,佛善于护持眷念诸菩萨,善于咐嘱指导诸菩萨。你们现在认真地细心静听,我将为你们宣说。善男子、善女人,发愿成就无上正等正觉的菩提心,就应该如此这般地保住菩提心,就应该要这样去降伏妄念心。"

菩提回答说:"好的,佛陀。我们都乐意欢喜地聆听您的教诲。"

【原文】 **佛告须菩提:"诸菩萨摩诃萨应如是降伏其心[①]:所有一切众生之类,若卵生,若胎生,若湿生,若化生[②];若有色,若无色[③];若有想[④],若无想[⑤],若非有想非无想[⑥],我皆令入无余涅槃而灭度之[⑦]。如是灭度无量无数无边众生,实无众生得灭度者。何以**

故？须菩提，若菩萨有我相、人相、众生相、寿者相[8]，即非菩萨。”

【注释】 ①摩诃萨：即摩诃萨埵之略，乃菩萨或大士之通称。摩诃，意译作大；萨埵，乃有情、众生之义。摩诃萨埵即为大心，或大有情、大众生，指发大心愿成就佛果的众生，亦即大菩萨。“大”有三种：愿大、行大、度众生大，即谓此大众生于世间诸众生中为最上，不退其大心，故称摩诃萨埵。摩诃萨埵具备了七个条件：一、具大根，二、有大智，三、信大法，四、解大理，五、修大行，六、经大时，七、证大果。②卵生、胎生、湿生、化生：即四生，指产生三界六道有情的四种类别。卵生是离开母体时，还不是完成的身形，仅是一个卵。须经一番保护孵化，才能脱卵壳而出，如鸟类；胎生，又作腹生。其最初的自体，必须保存在母胎中，等到身形完成，才能离母体而出生，如人类；湿生，又作因缘生、寒热和合生。即由粪聚、注道、腐肉、丛草等润湿地之湿气所产生者，如蚊及水中极细虫等；化生是说这类有情，不须要父母外缘，凭自己的生存意欲与业力，就会忽然产生出来，如诸天和地狱的众生。③有色、无色：从众生自体的物质说，有两类，即有色的，如欲界与色界的众生，是有物质形体的众生，包括欲界六道众生及色界四禅天。无色的，是无色界众生。是没有男女之欲与物质形体，但仍存有识心，如无色界的四空天。④有想：从众生的有没有情识说，有“有想”“无想”与“非有想非无想”三种众生。有想，指具有感觉、认识、意志、思考等意识作用；或指具有此等作用之有情众生。有想，又指有想天，是有想众生居住的地方。在一切的天中，除了色界无想天与无色界非想非非想天之外，其他都是有想天。⑤无想：指全无想念之状态。或指入灭尽定，证得无想果者。或为无想天之略称。无想天在色界，生此天者，念想灭尽，仅存色身及不相应行蕴，故称无想天。⑥非有想非无想：指住在无色界非想非非想处的众生。即没有下界众生粗想的烦恼，所以是非有想或非想，但还有细想的烦恼，故又名非无想或非非想。⑦无余涅槃：涅槃，又译作泥日、泥洹、涅槃那等，意译为灭、灭度、寂灭、安乐、无为、不生、解脱、圆寂。涅槃的字义，有消散的意思，即苦痛的消除而得自在。也就是灭生死之因果，渡生死之瀑流，达到智悟的菩提境界。“无余涅槃”为“有余涅槃”之对称，一个修行者证得阿罗汉果，这时业报之因已尽不受后有，但还有业报身心的存在，故称有余涅槃；及至连酬报过去世业因的身心皆已灰灭，而完全无所依处，便达至无余涅槃。⑧我相、人相、众生相、寿者相：“相”即形相或状态之意，指诸法的形象状态，表现在外而想象于心的形相。在佛典中，曾以“相”来描述诸法的各类相状、发展过程，乃至于真如的功德等等。“我相”意指我的相状，凡夫误认为外在的我为实相而执着之。“人相”谓众生妄计在六道轮回的自体为真实存在的外在相状。“众生相”谓众生把依五蕴和合而生的自体当成真实存在的外在相状。“寿者相”谓执着众生的从生到死，有一期的生命相续，可以传之长久。这四相实际上都是由一个“我相”所开展出来，所以，佛教特别注重破除“我执”。

【译文】 佛告诉须菩提说：“诸大菩萨应该要这样修持降伏迷妄的心；无论是依卵壳而出世的众生，还是由母胎而出生的众生；无论是因潮湿而生出的众生，还是无所依托而仅借其业力得以出现的众生；又无论是欲界与色界中有物质形体的众生，还是无色界中没有物质形体的众生；无论是有心识活动的众生，还是一切没有心识活动的众生，以及说不上有无心识活动的各类众生，我都要使他们达到脱离生死轮回的涅槃境界，断尽他们

的烦恼、永绝诸苦，让他们获得最终的解脱。但是，虽然这样度化了无数的众生，然而，实际上却没有任何一个众生得到救度断除了烦恼。为什么这么说呢？须菩提，如果菩萨在心中还存有自我的相状、他人的相状、众生的相状、寿命的相状，那他就不成其为菩萨了。”

【原文】“复次，须菩提，菩萨于法应无所住[1]，行于布施[2]。所谓不住色布施，不住声、香、味、触、法布施[3]。须菩提，菩萨应如是布施，不住于相。何以故？若菩萨不住相布施，其福德不可思量[4]。须菩提。于意云何？东方虚空可思量不[5]？”

“不也，世尊。”

“须菩提，南、西、北方、四维、上下虚空可思量不[6]？”

“不也，世尊。”

“须菩提，菩萨无住相布施福德，亦复如是不可思量。须菩提，菩萨但应如所教住。”

【注释】 ①法：音译为达磨、达摩、驮摩、昙摩、昙无、昙等。一切的事物，不论大的小的，有形的或是无形的，都叫作法，不过有形的叫作色法，无形的叫作心法。应无所住：意即不论处于何境，此心皆能无所执着，而自然生起。心若有所执着，犹如生根不动，则无法有效掌握一切。②布施：音译为檀那、柁那、檀等，又称施。即以慈悲心而施福利予人之义，使他离苦得乐。布施有三种，一是财施，即以财物去救济疾病贫苦的人；二是法施，即以正法去劝人修善断恶；三是无畏施，即不顾虑自己的安危去令众生离诸怖畏。其中又以法布施为最，所以云：“诸供养中，法布施最。”③色、声、香、味、触、法：即“六尘”，指色尘、声尘、香尘、味尘、触尘、法尘，又名六处、六境、六贼。色，指物质现象，为眼根所对、眼识所缘的境；声，一切声、音、乐，为耳根的认识对象；香，一切物品乃至男女身体所有之气息，为鼻根所感觉的对象；味，饮食馔肴美味和辛辣等味，为舌根所感觉的对象；触，冷暖寒热及硬软细滑等感觉，为身根的认识对象；法，即是识心所想及的心法，为意根所能意识的对象。④福德：指过去世及现在世所行的一切善行，及由于一切善行所得之福报。⑤虚空：虚无形质，空无障碍，故名虚空。指一切诸法存在之场所、空间。有周遍、不动、无尽、永恒等四义。⑥四维：即“四隅”，指东南、西南、东北、西北四个方向。一般是以四维加四方，称为八方；若再加上、下二方，则合称为十方。

【译文】 佛继续说道：“再者，须菩提，菩萨对于万法，都应该无所执着，以不执着的心态来施行布施。即不应执着于形色而布施，亦不应执着于声音、香气、味道、触觉、意识而行布施。须菩提，菩萨就应该这样去布施，即不执着于诸相而修行布施。这是什么缘故呢？因为菩萨如果能这样不执着于诸相而布施，那么因布施而获得的福德就不可思议和无法估量。须菩提，你意下如何？东方的虚空可以想象和度量吗？”

须菩提回答：“不可度量的，佛陀。”

佛又问：“须菩提，那么南方、西方、北方、东南、西南、东北、西北及上下方的虚空，可以想象和度量吗？”

须菩提回答：“不可度量的，佛陀。”

佛说：“须菩提，菩萨不执着于诸相布施而进行布施的福德，也和十方虚空一样不可想象和度量。须菩提，菩萨就应该是这样不执着于诸相，自然能令妄心不起，真正安住于

清净的菩提本心。”

【原文】 **“须菩提，于意云何？可以身相见如来不[①]？”**

“不也，世尊。不可以身相得见如来。何以故？如来所说身相即非身相。”

佛告须菩提：“凡所有相皆是虚妄。若见诸相非相，即见如来。”

【注释】 ①身相：身之相貌，此指佛的特殊妙好之相。

【译文】 佛问：“须菩提，你意下如何？可以依如来具足相好的身体相貌来认识如来的真实本性吗？”

须菩提回答：“不可以，世尊。不可以依如来具足相好的身体相貌来认识如来的真实本性。为什么呢？因为如来所具足相好的身体相貌，并非是真实存在的身相。”

佛陀告诉须菩提：“一切诸相都是虚妄不实的。若能悟得诸相皆虚妄不实，就能证见如来了。”

【原文】 **须菩提白佛言：“世尊，颇有众生得闻如是言说章句，生实信不[①]？”**

佛告须菩提：“莫作是说。如来灭后，后五百岁[②]，有持戒修福者，于此章句能生信心，以此为实。当知是人不于一佛、二佛、三、四、五佛而种善根[③]，已于无量千万佛所种诸善根。闻是章句乃至一念生净信者[④]。须菩提，如来悉知悉见，是诸众生得如是无量福德。何以故？是诸众生无复我相、人相、众生相、寿者相，无法相亦无非法相[⑤]。何以故？是诸众生，若心取相，则为著我、人、众生、寿者；若取法相，即著我、人、众生、寿者。何以故？若取非法相，即著我、人、众生、寿者，是故不应取法，不应取非法。以是义故，如来常说汝等比丘知我说法如筏喻者[⑥]。法尚应舍，何况非法。”

【注释】 ①实信：是与智慧相应的证信，非泛泛的信仰。信必须具备信实、信德、信能三条件。②后五百岁：大集经说有五个五百岁，此“后五百岁”，即指第五个五百年。第一与第二个五百年合起来是一千年的“正法时期”；第三与第四个五百年合起来是一千年的“像法时期”；第五个五百年又叫“末法初期”，末法将历时一万年。③善根：即善之根本，又称善本、德本。指能生出善法的根本。无贪、无嗔、无痴三者为善根之体，合称为三善根。贪、嗔、痴三者则为三不善根，或称三毒。又善法为得善果之根本，所以称为善根。④净信：清净之信心。⑤法相、非法相：法相，指诸法所具本质之相状（体相），或指其意义内容（义相）；非法相，即一切存在现象绝对断灭的相状。法相通常指执五蕴、十二处、十八界等诸法为实有，是一种“有病”，无法相，即离诸法的自性执而得法空。非法相指执着诸法皆空，是一种“空病”，无非法相，即离我法二空的空相执而得空。此处之“法相”则有所专指，是指执着般若波罗蜜法为实有不变的有为法，也是属于一种“有病”；“非法相”则专指外道执着诸法皆无、涅槃亦无的“断灭空见”。⑥筏喻：出自《中阿含·大品阿梨咤经》，经中佛为阿梨咤比丘说筏喻。筏是竹筏，交通不便或水浅的地方，竹筏可用作交通工具。利用竹筏，即能由此岸到彼岸。到了彼岸，竹筏当然舍去了，谁还把他带着走！以此比喻佛之教法如筏，既至涅槃彼岸，正法亦当舍弃。所以经中云：“法尚应舍，何况非法。”

【译文】 须菩提向佛陀问道：“世尊，后世的芸芸众生听闻您今日所宣说的微妙内容，能不能因此而生起真实的信心？”

佛陀回答须菩提说:“你不必有这样的疑虑。在我灭度后的第五个五百年,会有持守戒律、广修福德的人,能从这些经义中产生真实信心,以此经义为真实所依。应当知道这些人不只曾经于一佛、二佛、三佛、四佛、五佛处种下了众善根前缘,而是已于无量千万佛处积集深厚的善根。因此,听到了这些微妙经义,便会在一念之间产生清净的信心。须菩提,如来完全确知确信,这些善根众生将会得到无可估量的福报和功德。为什么这么说呢?是因为这些善根众生,不再妄执有自我的相状、他人的相状、众生的相状、寿命的相状,也不在有法相和非法相的分别执着了。这是什么缘故呢?如果众生心念中执取于相状,也就执着于自我的相状、他人的相状、众生的相状、寿命的相状;若众生执着种种法相,亦会有自我的相状、他人的相状、众生的相状、寿命的相状的执着。什么缘故呢?如果众生心念中执着于无法相,那也会执着于自我的相状、他人的相状、众生的相状、寿命的相状,所以既不应执着任何法相,也不应执着于非法相。正因为如此,如来才经常告诫你们这些比丘,我所说的法,就像船筏之譬喻一样。佛法尚且应该舍去,何况那些与佛法相违背的非法。”

【原文】 “须菩提,于意云何?如来得阿耨多罗三藐三菩提耶?如来有所说法耶?”

须菩提言:“如我解佛所说义,无有定法名阿耨多罗三藐三菩提,亦无有定法如来可说。何以故?如来所说法皆不可取[1],不可说,非法、非非法。所以者何?一切圣贤皆以无为法而有差别[2]。”

【注释】 ①取:有执取、执持二义,亦与“执著”同义,即对所喜欢的境界执取追求。取也是烦恼的异名。②圣贤:圣人与贤人之并称。圣,即具有正理的意思,指证见谛理,舍去凡夫之性,发无漏智而证理断惑,属见道的人。贤,即善和之意,指见道以前,调伏自己的心而远离恶的行为的人;谓凡夫离恶而未发无漏智,不证理亦未断惑,是见道以前的修行人。无为法:又称“无为”,与“有为法”对称。指非由因缘所造作,离生灭变化而绝对常住之法。

【译文】 佛陀又问:“须菩提!你意下如何?如来已证得了无上正等正觉吗?如来真的说过什么法吗?”

须菩提回答说:“就我所了解佛所说法的义理,没有固定的法可以叫作无上正等正觉,也没有固定的法为是如来所宣说的。什么缘故呢?因为如来所说的法义都不可以执取,也不能用语言诠释,它不是佛法,也不是非佛法。为什么呢?一切贤圣皆因为在所了知的无为法方面,因证悟的深浅不同而有深浅的差别。”

【原文】 “须菩提,于意云何?若人满三千大千世界七宝[1],以用布施,是人所得福德宁为多不?”

须菩提言:“甚多,世尊。何以故?是福德即非福德性[2],是故如来说福德多。”

“若复有人于此经中,受持乃至四句偈等[3],为他人说,其福胜彼。何以故?须菩提,一切诸佛及诸佛阿耨多罗三藐三菩提法皆从此经出。须菩提,所谓佛法者即非佛法。”

【注释】 ①三千大千世界:古代印度人的宇宙观。“世”指时间,“界”指空间。又作一大三千大千世界、一大三千世界、三千世界等。指由小、中、大等三种“千世界”所成的世界。古代以须弥山为中心,周围环绕四大洲及九山八海,称为一小世界。合一千个小

世界为小千世界，合一千个小千世界为中千世界，合一千个中千世界为大千世界。因为这中间有三个千的倍数，所以大千世界，又名为三千大千世界。然据正确推定，所谓三千世界实则为十亿个小世界，而三千大千世界实为千百亿个小世界，与一般泛称无限世界、宇宙全体之模糊概念实有差距。佛典的宇宙观认为，三千世界是一个佛所教化的领域，所以也称为一佛国。七宝：即七种珍宝，又称七珍，指世间七种珍贵之宝玉。诸经说法不一，《般若经》所说的七宝是金、银、琉璃、珊瑚、琥珀、砗渠、玛瑙。《法华经》所说的七宝是金、银、琉璃、砗渠、玛瑙、真珠、玫瑰。《阿弥陀经》所说的七宝是金、银、琉璃、玻璃、砗渠、赤珠、玛瑙。《大智度论》所说的七宝是金、银、琉璃、颇梨（水晶）、砗渠、赤珠、玛瑙。②福德性：即真正、超越、无相的福德，亦即自性中的智慧福德。③偈：又名为首卢迦，是印度人对于经典文字的计算法。音译伽陀、伽他、偈陀、偈他等。意译讽诵、偈颂、造颂、孤起颂、不重颂偈、颂、歌谣等。汉译经典中，多处提及偈颂，但各经却没有一致的说法。《百论疏》卷上指出偈有两种，一种称通偈，即首卢迦，为梵文三十二音节构成；一种称别偈，由四言、五言、六言、七言，皆以四句而成。在禅宗，禅僧开悟时，也常有人将其悟境以偈颂的形式表现出来。

【译文】 佛说："须菩提，你意下如何？如果有人将充满三千大千世界的所有七种珍宝，全部拿来进行布施，你认为此人因此而获得的福德果报多不多呢？"

须菩提回答道："很多，佛陀。为什么说福德多呢？因为这样的世间福德本身是空性的，而非无相的福德，所以如来从这个意义上说此人所获得的福德果报多。"

佛又说："如果又有一人，能够虔诚信受此部经，即使奉持其中四句偈等，又能够为他人解说，那么此人所获得的福德果报更要胜过布施充满三千大千世界的所有七种珍宝的人。什么缘故呢？须菩提，因为十方一切诸佛及诸佛具有的无上正等正觉的法，皆从此经缘生的。须菩提，所谓的佛法，其本性并非实有，故非佛法。"

【原文】 "须菩提，于意云何？须陀洹能作是念[1]，我得须陀洹果不？"

须菩提言："不也，世尊。何以故？须陀洹名为入流，而无所入，不入色、声、香、味、触、法，是名须陀洹。"

"须菩提，于意云何？斯陀含能作是念[2]，我得斯陀含果不？"

须菩提言："不也，世尊。何以故？斯陀含名一往来，而实无往来，是名斯陀含。"

"须菩提，于意云何？阿那含能作是念[3]，我得阿那含果不？"

须菩提言："不也，世尊。何以故？阿那含名为不来，而实无不来，是故名阿那含。"

"须菩提，于意云何？阿罗汉能作是念[4]，我得阿罗汉道不？"

须菩提言："不也，世尊。何以故？实无有法名阿罗汉。世尊，若阿罗汉作是念，我得阿罗汉道，即为著我、人、众生、寿者。世尊，佛说我得无诤三昧[5]，人中最为第一，是第一离欲阿罗汉。世尊，我不作是念，我是离欲阿罗汉。世尊，我若作是念，我得阿罗汉道，世尊则不说须菩提是乐阿兰那行者[6]。以须菩提实无所行，而名须菩提，是乐阿兰那行。"

【注释】 ①须陀洹：旧译为入流、至流、逆流、沟港等，新译为预流，是声闻四果中之初果，已断除三界一切见惑，初得法眼者。全称须陀般那，又称须氀多阿半那、窣路陀阿钵囊、窣路多阿半那等。有三种意义：一、入流，是初入圣人之流的意思；二、逆流，是断三界之见惑,逆生死之流的意思;三、预流,是初证圣果,预入圣者之流的意思。得此果位者,再经七番生死,必入涅槃。②斯陀含:又译为一来果,也作沙羯利陀伽弥。意译为一来、一往来,是声闻四果中之二果。又分为斯陀含向与斯陀含果,斯陀含向或称一来果向,即初果之圣者进而更断除欲界修所断惑中前五品;若更断除欲界第六品之修惑,还须一往天上、一来人间受生,方得究竟,自此以后,不再受生,称为斯陀含果,或一来果,一来就是一度往来之义。③阿那含:旧译不来、阿那伽弥、阿那伽迷等,意译不还、无还、无来、不来、不来相。从名相上看,无来果可以有无来的概念,是声闻四果中之三果。又可分为阿那含向和阿那含果,若断尽欲界九品之惑,则称阿那含果;若断除七品或八品,则称阿那含向。修到此果位者,未来当生于色界无色界,不再来欲界受生死,所以叫作不还。④阿罗汉:又作阿卢汉、阿罗诃、阿啰呵、阿黎呵、遏啰曷帝等,略称罗汉、啰呵。意译为应供、应真、杀贼、不生、无生、无学、真人等。是声闻四果中之四果,属声闻乘中的最高果位。又可分为阿罗汉向和阿罗汉果,尚在修行阶段,而趋向于阿罗汉果者称阿罗汉向;阿罗汉果则指断尽一切烦恼,解脱生死,不受后有,而应受世间大供养之圣者。约阿罗汉的恩德说,阿罗汉应受天上人间的供养,为世间作大福田,名为应供;约他的断德说,阿罗汉杀尽一切烦恼之贼,故曰杀贼;约其智德说,阿罗汉彻证无生寂灭性,解脱生死不受后有,故谓之无生。广义而言,也泛指大、小乘佛教中之最高果位,也为如来的十种称号之一。⑤无诤三昧:谓住于空理而与他无诤之三昧。诤,即诤论,为烦恼之异名。在佛弟子中,解空第一的须菩提最通解空理,故于众弟子中所得之无诤三昧,最为第一。无诤三昧,从外在表现来说,即不与他诤执,处处随顺众生。觉得人世间已够苦了,我怎么再与他争论,加深他的苦迫呢?如从无诤三昧的证境来说,由于通达法无自性,一切只是相依相缘的假名,所以自不烦恼、无欲无念、不起争辩、争胜之心的一种精神状态。无诤就是能令诸有情不生贪嗔痴等烦恼之智慧,而且有止息他人烦恼之力,也指离烦恼之法。三昧,又名三摩提,或三摩地,意译为正定,即将心定于一处(或一境)的一种安定状态。⑥阿兰那:原意为“树林”,意译为寂静处、空闲处、无诤处、远离处等,指适合修行与居住的场所。乐阿兰那行者,即是乐于在山林中寂居静修的人;喜欢在清净的山林修清净行、无诤行的修行人。“阿兰那”也意为寂静,即身体寂静,烦恼调伏。玄奘译《金刚经》时,将此处译为“无诤住”。

【译文】 佛又问:“须菩提,你有什么看法?你认为证得须陀洹圣果的修行者,会生起‘我已证得须陀洹果位’这样的心念吗?”

须菩提回答说:“不会的,世尊。为什么呢?须陀洹的意思是入圣流,而实际又是无所入的,不执着于色、声、香、味、触、法六尘,证悟对五欲六尘无有执着的境界,因此才叫作须陀洹。”

佛接着问:“须菩提,你有什么看法?你认为证得斯陀含圣果的修行者,会生起‘我已证得斯陀含果位’这样的心念吗?”

须菩提回答说:“不会的,世尊。为什么呢?斯陀含的意思是一往来,而实际又是无所往来的,心中已没有往来不往来的分别,因此才叫作斯陀含。”

佛又问:“须菩提,你有什么看法?你认为证得阿那含圣果的修行者,会生起‘我已证

得阿那含果位'这样的心念吗?"

须菩提回答说:"不会的,世尊。为什么呢?阿那含的意思是不来,而实际又是无所不来的,心中已没有来不来的分别,因此才叫作斯陀含。"

佛继续问:"须菩提,你有什么看法?你认为证得阿罗汉圣果的修行者,会生起'我已证得阿罗汉果位'这样的心念吗?"

须菩提回答说:"不会的,世尊。为什么呢?因为实际上并没有什么法叫阿罗汉。世尊,如果阿罗汉生起'我已证得阿罗汉果位'的心念,那么,就执着于自我的相状、他人的相状、众生的相状、寿命的相状。世尊,佛说我已证得无诤三昧,是人中第一,亦为罗汉中第一离欲的阿罗汉。世尊,我不起这样的念头,说我是一位远离各种欲望的阿罗汉。世尊,如果我生起'我已证得阿罗汉果位'的念头,那么世尊就不会说我是个乐于在山林中寂居静修的阿兰那行者。正因为须菩提并不存有修行的执着心念,只是假名为须菩提,所以才称为是欢喜修阿兰那行的修行者。"

【原文】 佛告须菩提:"于意云何?如来昔在然灯佛所①,于法有所得不?"

"不也,世尊。如来在然灯佛所,于法实无所得。"

"须菩提,于意云何?菩萨庄严佛土不②?"

"不也,世尊。何以故?庄严佛土者则非庄严,是名庄严。"

"是故,须菩提,诸菩萨摩诃萨应如是生清净心③,不应住色生心,不应住声、香、味、触、法生心,应无所住而生其心。须菩提,譬如有人身如须弥山王④,于意云何?是身为大不?"

须菩提言:"甚大,世尊。何以故?佛说非身是名大身。"

【注释】 ①然灯佛:音译提和竭罗、提洹竭等,又作燃灯佛、普光佛、锭光佛。为于过去世为释迦菩萨授记成佛的本师。锭光本为提和卫国圣王的太子,国王临终前将国家付托给太子。但太子知世间之无常,复将国家授予其弟,自己却出家为沙门,后终成佛果,也就是然灯佛。据说释迦在过去修菩萨行时,有一天,见城中市容整饬,街道洁净,问起路人,才知是预备欢迎然灯佛的。于是买得金色莲花,至诚而欢喜的去供养然灯佛。见到佛及弟子的威仪,从心灵深处生起虔诚的敬信。进城的必经道上,有一滩的水,他就伏在地上,散开自己的头,掩盖污泥,让佛踏过。佛知他信证法性,得无生忍,所以就替他授记曰:"过后九十一劫,等你修满三阿僧祇时,你应当作佛,号释迦牟尼。"②庄严佛土:庄严,有庄盛严饬之意,即布列种种宝物、鲜花、宝盖、幢、幡、璎珞等,以装饰严净道场或国土等。将浊恶世界净化,即庄严佛土,这是以愿力为本的。菩萨立大愿,集合同行同愿的道伴,实践六度万行功德、四摄的善行,并以之回向,庄严成时之依报国土,谓之庄严佛土。③清净心:指无疑净信之心、远离烦恼之无垢心、自性清净之心。胜鬘宝窟上本曰:"清净心,净者信也。起净信之心,又不杂烦恼心,名为净心。"这里指"诸菩萨摩诃萨应如是生清净心,不应住色生心,不应住声、香、味、触、法生心"。即指应该无执于任何所缘的境界、超越能所对待、有无分别,而生起离一切边执的清净心。④须弥山王:即是须弥山,音译为苏迷卢山、须弥卢山、须弥留山、修迷楼山等,意译作妙高山、好光山、好高山、善高山、善积山、妙光山、安明由山等。原为印度神话中之山名,佛教之宇宙观沿用之,谓其为

耸立于一小世界中央之高山。以此山为中心,外围有八大山、八大海顺次环绕,而形成一世界(须弥世界)。须弥山高出水面八万四千由旬,水面之下亦深达八万四千由旬。须弥山顶有三十三天宫,为帝释天所居住之处,四王天则居于山腰四面。此山是由金、银、琉璃、水晶四宝所成,花果繁盛,香风四起,无数之奇鸟,相和而鸣,诸鬼神住于其中。因此山高出众山之上,故称山王。

【译文】 佛陀再问须菩提:"你有怎样的看法?如来往昔在然灯佛前,有没有得到什么成佛的妙法?"

须菩提回答:"没有的,世尊。如来往昔在然灯佛前,实际未得到任何妙法。"

佛陀接着问:"须菩提,你有怎样的看法?菩萨有没有庄严清净佛土呢?"

须菩提回答:"没有的,世尊。为什么呢?因为所谓庄严佛土,非胜义中存在实有的庄严,不过是庄严的外在名相罢了。"

佛说:"所以,须菩提,诸位大菩萨都应当像这样生起清净心,不应该对眼识所见的种种色法生起执着心,也不应于声、香、味、触及法等尘境生起执着心,应该于无任何所缘执着而生起离一切边执的清净心。须菩提,譬如有一个人身体像须弥山王那样高大,你有什么看法?他的身体是不是很高大?"

须菩提回答:"很大,世尊。为什么呢?佛说的并不是实有的身体,只不过假借一个名,称之为大身而已。"

【原文】 "须菩提,如恒河中所有沙数[①],如是沙等恒河,于意云何?是诸恒河沙宁为多不?"

须菩提言:"甚多,世尊。但诸恒河尚多无数,何况其沙!"

"须菩提,我今实言告汝:若有善男子、善女人,以七宝满尔所恒河沙数三千大千世界,以用布施,得福多不?"

须菩提言:"甚多,世尊。"

佛告须菩提:"若善男子、善女人,于此经中乃至受持四句偈等,为他人说,而此福德胜前福德。"

【注释】 ①恒河:为印度五大河之一,又作恒迦河、恒伽河、殑伽河等,意为"由天堂而来"。在地理上,它是亚洲的大河流之一,上游在喜马拉雅山南坡,中途汇集百川,经过印度、孟加拉国而进入印度洋。其两岸人口稠密,经济繁荣,交通发达,物产丰富,故印度人民对恒河有着深厚的感情,将两岸约1500公里之地视为神圣的朝拜地区,于河岸两旁建筑无数寺庙,各教教徒常至此巡礼。至释迦佛陀应世,恒河两岸更是佛陀及弟子教化活动之重要区域。恒河沙粒至细,其量无法计算,诸经中凡形容无法计算之数,多以"恒河沙"一词为喻。

【译文】 佛说:"须菩提,像恒河中所有的无可计数的沙数,假如这条河中的每一粒沙子又成一条恒河,你有什么看法?所有恒河中的尘沙加在一起,你认为那沙子算不算多呢?"

须菩提回答:"非常多,世尊。仅仅是恒河之沙那么多的恒河已是无可计数,何况所有河中的沙子的数量呢。"

佛说:“须菩提,我今天实实在在地以真实语向你宣说,如果有善男子、善女人,用遍满上述所有恒河沙数那么多的三千大千世界的七宝,来进行布施,他们所获得的福报功德多不多?”

须菩提回答:“非常多,世尊。”

佛进一步告诉须菩提:“如果有善男子、善女人,能对此经信受奉持,甚至只是受持其中的四句偈,并向他人讲解演说,其所获得的福德胜过前面所说以满恒河沙数那么多的三千大千世界的七宝做布施的福德。”

【原文】 “复次,须菩提,随说是经乃至四句偈等,当知此处一切世间天、人、阿修罗①,皆应供养如佛塔庙②,何况有人尽能受持、读诵。须菩提,当知是人成就最上第一希有之法。若是经典所在之处,即为有佛,若尊重弟子③。”

【注释】 ①世间:音译作路迦。指被烦恼缠缚的三界及有为、有漏诸法之一切现象。又因“世”有迁流之义、破坏之义、覆真之义,“间”为间隔之义,所以与“世界”一语同义,包含有情世间与器世间两种。有情世间,又作众生世间、有情界。器世间,又作物器世间、器世界、器界、器,指一切有情众生居住的山河大地、国土等。相对于含有世俗意味之“世间”而言,超越世间者,则称出世间(出世)。天、人、阿修罗:合称为“三善道”。天,音译作提婆,又名素罗,有光明、自然、清净、自在、最胜等义。与天上、天有、天趣、天道、天界、天上界等同义。指在迷界之六趣中,最高最胜之有情,或指这些天人所居住的处所。天界可分为欲界、色界、无色界。欲界六天,皆有饮食男女之欲;色界十八天,多习禅定,无男女之欲,但还有色身;无色界四天,禅功更深,色身已无。人,世间的生存者,欲界所属之有情,思虑最多者,过去曾修中品善之因,故今世召感人道之果。阿修罗,又作阿须罗、阿须伦、阿苏罗、阿素罗等。为六道之一,也是天龙八部及十界之一。义为“不端正”,言其男性容貌丑陋,但女性相貌却端正。又译为“非天”,说明其果报胜似天而无天之德。阿修罗原为古印度神祇之一,属于战斗一类之鬼神,经常被视为恶神,而与帝释天争斗不休,因此后世亦称战场为修罗场或修罗战。佛教沿用其传说,并说其皈依佛法。②供养:供给资养之义,又作供、供施、供给、打供等。即以饮食、衣服等物供给佛法僧三宝、父母、师长、亡者等。总括供养物之种类、供养方法与供养对象等,有各种不同之分类。初期教团所受之供养以衣服、饮食、卧具、汤药等为主,称为四事供养。五种供养有涂香(持戒)、花鬘(布施)、焚香(精进)、饮食(禅定)、燃灯(智慧),另加阏伽(净水[忍辱]),即为六种供养。花、香、璎珞、末香、涂香、烧香、缯盖、幢幡、衣服、伎乐则合称十种供养。塔:又作塔婆、兜婆、偷婆、浮图等。原指为安置佛陀舍利等物,而以木、砖等构造成的覆钵型建筑物,但后世却与“支提”混同,而泛指于佛陀降世、成道、转法轮、般涅槃等处,以堆土、石、砖、木等筑成,作为供养礼拜之建筑物。其实两者是有差别的,凡有佛陀舍利者,称为塔;无佛陀舍利者,称为支提。庙:佛典中的庙,与中国传统意义上的庙不同,而相当于梵语之“窣堵波”,即塔。③弟子:意译所教,即就师而受教者。佛陀在世时之声闻等,乃至佛陀入灭后之比丘、比丘尼、优婆塞、优婆夷等,皆称为佛弟子。就佛而言,声闻、菩萨虽皆为弟子,但因声闻道时人之形仪最亲顺于佛,故特称为弟子。此处指受天、人、阿修罗等尊重的佛的大弟子,如舍利弗、目犍连、阿难等。

【译文】 佛接着又说:“再次,须菩提,能够观机随缘的向他人宣说此经,甚至只是讲解经中的四句偈而已,那么应当知道此讲经之处,一切世间所有的天、人、阿修罗,都应该前来护持、恭敬供养,就如同供养佛塔庙宇一样,更何况有人能够完全信受奉行、诵读这部经。须菩提,当知此人已成就最无上第一稀有的无上菩提。这部经典所在之处,那里就会有佛,也就有尊重佛的弟子在那里。”

【原文】 尔时,须菩提白佛言:“世尊,当何名此经?我等云何奉持?”

佛告须菩提:“是经名为《金刚般若波罗蜜》,以是名字,汝当奉持。所以者何?须菩提,佛说般若波罗蜜,即非般若波罗蜜,是名般若波罗蜜。须菩提,于意云何?如来有所说法不?”

须菩提白佛言:“世尊,如来无所说。”

“须菩提,于意云何?三千大千世界所有微尘①,是为多不?”

须菩提言:“甚多,世尊。”

“须菩提,诸微尘,如来说非微尘,是名微尘。如来说世界非世界,是名世界。须菩提,于意云何?可以三十二相见如来不②?”

“不也,世尊。不可以三十二相得见如来,何以故?如来说三十二相即是非相,是名三十二相。”

“须菩提,若有善男子、善女人,以恒河沙等身命布施,若复有人,于此经中乃至受持四句偈等,为他人说,其福甚多。”

【注释】 ①微尘:即眼识所能看到的最微细者。在佛教而言,极微是指物质存在之最小单位。以一极微为中心,合七极微为一微尘,合七微尘为一金尘,合七金尘为一水尘。又,微尘之量虽小,然其数甚多,故经典中经常以“微尘”比喻量极小,以“微尘数”比喻数极多。②三十二相:是转轮圣王及佛之应化身所具足之三十二种殊胜容貌与微妙形相。又作三十二大人相、三十二大丈夫相、三十二大士相、大人三十二相等。略称为大人相、四八相、大士相、大丈夫相等。此三十二相,不限于佛。具有此相者,在家必为转轮圣王,出家则必定会证得无上菩提。此处指如来具有三十二种显著特征、殊胜的容貌。依《大智度论》卷四所载,三十二相即:(一)足下安平立相、(二)足下二轮相、(三)长指相、(四)足跟广平相、(五)手足指缦网相、(六)手足柔软相、(七)足趺高满相、(八)腨如鹿王相、(九)垂手过膝相、(十)阴藏相、(十一)身广长等相、(十二)毛上向相、(十三)一孔一毛生相、(十四)金色相、(十五)大光相、(十六)细薄皮相、(十七)七处隆满相、(十八)两腋下隆满相、(十九)上身如狮子相、(廿)大直身相、(廿一)肩圆好相、(廿二)四十齿相、(廿三)齿齐相、(廿四)牙白相、(廿五)狮子颊相、(廿六)味中得上味相、(廿七)广长舌相、(廿八)梵声相、(廿九)真青眼相、(卅)牛眼睫相、(卅一)顶髻相、(卅二)眉间毫相。以上三十二相,行百善乃得一妙相,故称为“百福庄严”。

【译文】 这时候,须菩提向佛陀请示:“世尊,我们应当怎样称呼这部经?我们又应该怎样受持奉行这部经呢?”

佛告诉须菩提:“这部经就取名为《金刚般若波罗蜜经》,以此名称,你应当奉持。为什么呢?须菩提,因为佛所说的般若波罗蜜,并不是实有的般若波罗蜜,而在名相上称之

为般若波罗蜜。须菩提,你认为如何?如来有所说过什么法吗?”

须菩提回答道:“世尊,如来没有说过什么法。”

佛再问:“须菩提,你是怎么想的?你认为三千大千世界里所有的微尘,算不算多呢?”

须菩提答:“非常多,世尊。”

佛说:“须菩提,所有的微尘,如来说它不是微尘,才假名叫作微尘。如来说世界即是非世界,并非实有世界,只是假名为世界而已。须菩提,你认为如何?是否可以通过如来色身的三十二种殊妙相貌来认识真正的如来?”

须菩提答:“不可以,世尊。不可以通过如来色身的三十二种殊妙相貌而见如来的真实面目。为什么呢?如来所说的三十二相并非是三十二种真实形相,只是因缘和合的假名三十二相。”

佛说:“须菩提,如果有善男子、善女人,以恒河沙数那样多的身体和生命来布施,又如果再有人,能信受奉持这部经,甚至只是经中的四句偈而已,并广为他人宣说,他得到的福报功德就更多了。”

【原文】 尔时,须菩提闻说是经,深解义趣,涕泪悲泣而白佛言:“希有,世尊。佛说如是甚深经典,我从昔来所得慧眼[①],未曾得闻如是之经。世尊,若复有人得闻是经,信心清净[②],即生实相[③],当知是人成就第一希有功德。世尊,是实相者,即是非相,是故如来说名实相。世尊,我今得闻如是经典,信解受持不足为难[④]。若当来世后五百岁,其有众生得闻是经,信解受持,是人即为第一希有。何以故?此人无我相、无人相、无众生相、无寿者相。所以者何?我相即是非相,人相、众生相、寿者相即是非相。何以故?离一切诸相即名诸佛。”

佛告须菩提:“如是,如是。若复有人得闻是经,不惊不怖不畏,当知是人甚为希有。何以故?须菩提,如来说第一波罗蜜,即非第一波罗密[⑤],是名第一波罗密。”

“须菩提,忍辱波罗蜜[⑥],如来说非忍辱波罗蜜,是名忍辱波罗蜜。何以故?须菩提,如我昔为歌利王割截身体[⑦],我于尔时无我相、无人相、无众生相、无寿者相。何以故?我于往昔节节支解时,若有我相、人相、众生相、寿者相,应生嗔恨[⑧]。”

“须菩提,又念过去于五百世作忍辱仙人,于尔所世无我相、无人相、无众生相、无寿者相。是故,须菩提,菩萨应离一切相,发阿耨多罗三藐三菩提心。不应住色生心,不应住声、香、味、触、法生心,应生无所住心[⑨]。若心有住,即为非住。是故,佛说菩萨心不应住色布施。须菩提,菩萨为利益一切众生故,应如是布施。如来说一切诸相即是非相,又说一切众生即非众生。”

“须菩提,如来是真语者、实语者、如语者、不诳语者、不异语者。须菩提,如来所得法,此法无实无虚。须菩提,若菩萨心住于法而行布施,如人入暗即无所见。若菩萨心不住法而行布施,如人有目,日光明照,见种种色。”

“须菩提,当来之世,若有善男子、善女人,能于此经受持读诵,即为如来以佛智慧悉知是人,悉见是人,皆得成就无量无边功德。”

【注释】 ①慧眼:指智慧之眼。为声闻、缘觉二乘人所证得的眼。为三眼之一、五眼之一。慧能起观照，所以名为眼。了知诸法平等、性空之智慧，故称慧眼。因慧眼能照见诸法真相，所以能度众生至彼岸。②信心：信受所闻所解之法而无疑心，亦即远离怀疑之清净心。是离戏论而显的清净心，是如实相而知的证信，即清净增上意乐或不坏信。信心乃为入道之初步，故置于“信、进、念、定、慧”等五根之首，主旨概为信仰佛法僧三宝及因果之理。③实相：原义为本体、实体、真相、本性等；指一切万法真实不虚之体相，或真实之理法、不变之理、真如、法性等。实，就是真实不虚；相，谓事物的本性或相状。宇宙间一切事物都是因缘(条件)组成、变化无常的，都没有永恒的、固定不变的自体，以世俗观念认识的一切现象均为假相，这就包含“空”之意义。这种空就是宇宙万有的“真性”，亦即诸法实相。诸法实相为万有的本性，所以又叫“法性”，此法性真实常住不变，所以又名真如。此外还有真谛、中道、涅槃、实际、实性、法身、法界、佛性、如来藏、般若等种种异名。此实相之相状，一般认为不得以言语或心推测之。④信解：闻佛之说法初信之，后解之，谓之信解。亦指修行之阶位，为七圣之一。钝根者见此经能信之，利根者读此经能解之，合谓之信解。又信者能破邪见，解者能破无明。⑤第一波罗密：即自生死迷界之此岸而至涅槃解脱之彼岸。“波罗密”又作波罗蜜多、波啰弭多。意译为到彼岸、度无极、度、事究竟。到彼岸的方法，总括而言，有六波罗蜜、十波罗蜜、四波罗蜜等分别。其中以六波罗蜜，为诸部般若经之说。六波罗蜜中最殊胜的就是般若波罗蜜，故称“第一波罗密”。般若波罗蜜意译为慧到彼岸、智度、明度、普智度无极。即以智慧照见世间的实相，为度生死此岸而至涅槃彼岸之船筏，故谓之波罗蜜。般若波罗蜜为六波罗蜜之根本，一切善法之渊源，故又称诸佛之母。其他五度(布施、持戒、忍辱、精进、禅定)，都要以般若为前导，不然即如盲行。⑥忍辱波罗蜜：梵语为羼提，意译为安忍、忍等。忍，是能忍之心；辱，是所忍的境。忍不但忍辱，还忍苦耐劳，即认透确定事理。忍有三种，对于人事方面的毁誉，皆能安然顺受，不生嗔恚之心，叫生忍；忍受身心的劳苦病苦，以及风雨寒热等苦，能处之泰然，叫法忍；菩萨修行六度时，了知一切诸法无我、本然不生的空理，将真智安住于理而不动，叫无生忍，无生忍即般若慧。菩萨修此忍力，即能不为一切外来或内在的恶环境、恶势力所屈服。所以，忍是内刚而外柔，能无限的忍耐，而内心能不变初衷，最终达成理想的目标。佛法劝人忍辱，是劝人学菩萨，是无我大悲的实践，非奴隶式的忍辱。⑦歌利王：又作哥利王、羯利王、迦梨王、迦陵伽王、羯陵伽王、迦蓝浮王等。意译作斗诤王、恶生王、恶世王、恶世无道王等。佛陀于过去世修行时，歌利王为乌苌国的国王。他的行为非常凶暴恶劣，臣民们都很害怕他，唯恐避之不及。一次，国王带了宫女们，入山去打猎。宫女们趁国王休息时，就自由游玩。在深林中，当她们见到一位仙人在坐禅时，对他生起很大信心，仙人也就为他们说法。国王一觉醒来，不见一人，到各处去寻找，见他们围着仙人在谈话，心中生起嗔恨心并责问仙人，且不分青红皂白地用刀砍下仙人的手脚，看他是否能忍。当时，仙人毫无怨恨，神色不变，不但不嗔恨，反而对国王生起大悲心。这仙人，即释迦牟尼佛的前生。⑧嗔恨：又作嗔恚、嗔怒、恚、怒。三毒之一，也是六根本烦恼之一。对于苦与产生苦的事物，厌恶憎恚，谓之嗔。嗔恨能使身心热恼，起诸恶业。⑨无所住心：即其心无住。无住，即无著、不执着。无所住是不滞住善恶、是非、空有、断常、迷悟等等对待的两边，连中道亦不住。

【译文】 这时候，须菩提听闻了这部经，深刻领会了其中的真谛，禁不住感激涕零地对佛说：“太稀有了，世尊。佛陀宣说了如此甚深微妙的经典，这是从我见道得慧眼以来，未曾听到过的如此殊胜的经典。世尊，如果有人听闻了这样的经义，而能生起清净的信心，即能证悟万法实相，应该知道此人已经成就了最殊胜稀有的功德。世尊，这个真如实相，并不是真实的真如实相，所以如来佛才说它假名为实相。世尊，我今日能够亲闻佛陀讲这部经典，理解其义并受持此经不算难得稀有。如果到了后世的最后一个五百年中，有众生听闻这微妙经义，并能信受奉持，此人才是非常稀有难得的。为什么呢？因为此人已没有对自我相状、他人相状、众生相状和寿命相状产生执着。为什么是这样呢？因为他已经了悟我相本非真实，人相、众生相、寿者相也一样本非真实。为什么呢？远离一切对虚妄之相的执着，就可以称之为佛了。”

佛告诉须菩提说：“是这样的，是这样的。如果有人听闻这部经典，而能够不惊疑、不恐怖、不生畏惧，应当知道这人是非常殊胜稀有的。为什么呢？须菩提，如来所说的第一波罗密，实即并非实有的第一波罗密，只是假名的第一波罗密。”

“须菩提，所谓的忍辱波罗蜜，如来说并非实有的忍辱波罗蜜，只是假名的忍辱波罗蜜。为什么呢？须菩提，比如我过去被歌利王用刀肢解身体，我在当时就没有心存自我的相状、他人的相状、众生的相状和寿命的相状。为什么这样说呢？如果我当时被节节肢解时，在心中执着我的相状、他人的相状、众生的相状和寿命的相状，就必定会生起嗔恨的心。”

“须菩提，我回想起我在过去五百世做忍辱仙人时，那时，我就不执着于自我的相状、他人的相状、众生的相状和寿命的相状。所以，须菩提，菩萨应该舍离所有一切的相状，生发无上正等正觉的菩提心。不应该执着于色尘而产生心念，不应该执着于声、香、味、触、法诸尘而产生心念，应当生起无所执着的清净心。如果心中有所执着，就无法无住而生其心了。所以，佛说菩萨的心念不应该执着于色相而布施。须菩提，菩萨为了利益一切的众生，应当如此进行布施。如来说一切所有的形相都是因缘聚合的假名形相，又说一切所有的众生也不是真实的众生。”

“须菩提，如来是讲真话的人，讲实话的人，讲真理的人，而不是说谎话的人、不是讲怪异话的人。须菩提，如来所证得的法，既非实有又非虚无。须菩提，如果菩萨心里执着于法相而行布施，就会好像人进入黑暗中什么也看不到。如果菩萨心里不执着于法相而行布施，就好像人有双眼，在日光的照耀下，能一清二楚地看见各种色法一样。”

“须菩提，未来之世，如果有善男子、善女人，能对这部经信受奉行和诵念受持，如来凭佛无碍的智慧可以悉知这种人，也可以悉见这种人，一定能成就无量无边无尽的功德。”

【原文】 “须菩提，若有善男子、善女人，初日分以恒河沙等身布施，中日分复以恒河沙等身布施，后日分亦以恒河沙等身布施[①]，如是无量百千万亿劫以身布施[②]。若复有人闻此经典，信心不逆，其福胜彼，何况书写、受持、读诵、为人解说！”

“须菩提，以要言之，是经有不可思议、不可称量无边功德[③]。如来为发大乘者说[④]，为发最上乘者说。若有人能受持、读诵、广为人说，如来悉知是人，悉见是人，皆得成就不

可量、不可称、无有边、不可思议功德。如是人等，即为荷担如来阿耨多罗三藐三菩提。何以故？须菩提，若乐小法者[5]，著我见、人见、众生见、寿者见，则于此经不能听受、读诵、为人解说。”

“须菩提，在在处处，若有此经，一切世间天、人、阿修罗所应供养，当知此处即为是塔，皆应恭敬作礼围绕[6]，以诸华香而散其处。”

【注释】 ①初日分、中日分、后日分：犹言一天中的上午、中午、晚上三个时段。约十点钟以前为初日分，十点到下午二点为中日分，二点钟以后是后日分。②劫：古代印度的时间单位，佛教沿用之。泛指极长的时间。音译为劫波、劫跛、劫簸、羯腊波等。意译为分别时分、分别时节、长时、大时、时等。在印度，通常以一劫为梵天的一日，即人间的四亿三千二百万年。佛教则视之为不可计算的极长时间，故经论中多以譬喻故事喻显之。佛教对于“时间”的观念，以劫为基础，来说明世界生成与毁灭的过程。③功德：音译作惧曩、虞曩、求那等。功是指福利之功能，德则指此功能为善行之德。德者得也，修功有所得，故曰功德。即意指功能福德，亦谓行善所获之果报。又世人拜佛诵经布施供养等，都叫功德。④大乘：音译为摩诃衍那、摩诃衍等。又作上衍、上乘、胜乘、第一乘等。乘即交通工具之意，指能将众生从烦恼之此岸载至觉悟之彼岸之教法而言。不以个人之觉悟为满足，而以救度众生为目的，一如巨大之交通工具可载乘众人，故称为大乘。以此为宗旨之佛教，即是大乘佛教。⑤小法：即指小乘法。佛之说法，实际并无二致，只因弟子发心不同，致使浅者见浅，深者为深，而有大小乘之别。⑥作礼围绕：佛在世时，弟子来见佛，大都绕佛一匝或三匝，然后至诚顶礼。在古印度，环绕佛塔右行三匝或更多匝，是一种表示虔诚恭敬的礼仪。此作礼围绕的习俗亦随佛教的传播，而在世界各地沿用至今。

【译文】 佛说：“须菩提，如果有善男子、善女人，上午以恒河沙数那样多的身体来布施，中午也以恒河沙数那样多的身体来布施，下午也同样以恒河沙数那样多的身体来布施，如此经百千万亿劫都没有间断过以身体来布施。如果又有一个人，听闻了此经典，生起不退的信心，他所得的福德胜过前述以身命布施的人，更何况抄写经文、信受奉行、阅读背诵、为他人解说呢！”

“须菩提，简而言之，此经具有不可思议、不可估量、无边无际的功德。如来本为发大乘菩萨道心的人而说，为发最上佛乘的众生而说。如果有人能信受持行、阅读背诵、广为他人宣说，如来可以悉知这个人，也可以悉见这个人，一定能成就不可衡量、不可称计、无边无际、不可思议的功德。这样的人，就担当得起如来无上正等正觉的家业。为什么呢？须菩提，一般乐于小乘佛法的人，会执着于自我相状、他人相状、众生相状和寿命相状，对于此经典他们不会听闻信受、阅读背诵、广为他人宣说。”

“须菩提，无论何时何地，只要有这部经典，一切世间的天神、人类、阿修罗都应该于此虔诚供养。应当知道此经所在之处即等于是佛塔的所在地，就应恭恭敬敬围绕示礼，以各种芳香的花朵和细香散于其四周，虔诚地供养。”

【原文】 “复次，须菩提。若善男子、善女人受持读诵此经，若为人轻贱，是人先世罪业应堕恶道[1]，以今世人轻贱故，先世罪业则为消灭，当得阿耨多罗三藐三菩提。”

“须菩提，我念过去无量阿僧祇劫[2]，于然灯佛前，得值八百四千万亿那由他诸佛[3]，

悉皆供养承事无空过者。若复有人于后末世，能受持读诵此经所得功德，于我所供养诸佛功德，百分不及一，千万亿分乃至算数、譬喻所不能及。”

“须菩提，若善男子、善女人于后末世，有受持读诵此经，所得功德，我若具说者，或有人闻心则狂乱，狐疑不信。须菩提，当知是经义不可思议，果报亦不可思议④。”

【注释】 ①业：音译为“羯磨”。最早见于印度的古奥义书，是婆罗门教、耆那教等都袭用的术语。佛教中一般解释为造作。意谓行为、所作、行动、作用、意志等身心活动，或单由意志所引生之身心生活。若与因果关系结合，则指由过去行为延续下来所形成的力量。此外，“业”亦含有行为上善恶苦乐等因果报应思想，及前世、今世、来世等轮回思想。一般而言，业分身、语、意等三业，以身体之行动与言语表现其意志者，即是身业、语业；内心欲行某事之意志称为意业。业生灭相续，必感苦乐等果，果是业果，结果的因即是业因。业虽由人的身口意所造，但受烦恼的支配。若造善恶之业，其后必招感相应之苦乐果报。以有业因，故招感业果；非善非恶之无记业则无招果之力。佛教所说的恶业（罪业）有不同的说法，其中有五恶业和十恶业。五恶业即杀生、偷盗、邪淫、妄语和饮酒，反之，则称五善。十恶业则包含杀生、偷盗、邪淫、妄语、两舌、恶口、绮语、贪欲、嗔恚和邪见。离以上十恶，则为十善。恶道：为“善道”之对称，与“恶趣”同义，即顺着恶行而趋向的道途。即指生前造作恶业，而于死后往生的苦恶处所。在六道之中，一般把阿修罗、人间、天上称为三善道，地狱、饿鬼、畜生则称为三恶道。②阿僧衹：印度数目之一，又作阿僧伽、阿僧企耶、阿僧、僧衹等，意谓无量数或无穷极之数。此词多用于计量劫数，而计量劫数时，有小阿僧衹劫与大阿僧衹劫两种。③那由他：数目名，又作那庾多、那由多、那术、那述等。指极大之数，有说是相等于今天的百亿，也有说是千亿，或更大之数。④果报：由过去业因所招感的结果。又作异熟、果熟、报果、应报、异熟果等。由于过去的业因造成现在的结果，所以叫作果，又因为这果是过去的业因所召感的酬报，所以又叫作报。譬如米麦的种子是因，农夫之力或雨露之润等是缘。当来年米麦成熟时，对于之前的米麦种子而言，则是果，对于过去农夫之力、雨露等而言，则为报。

【译文】 佛接着又说：“再次，须菩提，如果有善男子、善女人能对这部经信受奉行和讽诵受持，反而受人轻贱，这个人前世所造的罪业本应该堕入恶道，因为现世被世人所轻贱，他前世的罪业就因此而消除，他也可以证得无上正等正觉。

“须菩提，我想起过去无量无尽的劫前，在然灯佛前，曾遇到过八百四千万亿那由他的佛，我全都一一亲承供养，一个也没有错失过。如果有人于未来之世，能够受持读诵此经，他所得到的功德，和我过去供养诸佛的功德相比，我不及他百分之一，千万亿分之一乃至数字、譬喻都无法达到的无数分之一。

“须菩提，如果有善男子、善女人在未来世中，能够受持读诵此经，他所得到的功德，我如果一一具体细说，也许有的人听到后会心慌意乱，狐疑而不相信。须菩提，应当了解此经的内容意义是不可思议的，所得到的果报也是不可思议的。”

【原文】 尔时，须菩提白佛言：“世尊，善男子、善女人发阿耨多罗三藐三菩提心，云何应住？云何降伏其心？”

佛告须菩提：“善男子、善女人发阿耨多罗三藐三菩提者，当生如是心。我应灭度一

切众生，灭度一切众生已，而无有一众生实灭度者。何以故？须菩提，若菩萨有我相、人相、众生相、寿者相，即非菩萨。所以者何？须菩提，实无有法发阿耨多罗三藐三菩提心者。须菩提，于意云何？如来于然灯佛所，有法得阿耨多罗三藐三菩提不？”

“不也，世尊。如我解佛所说义，佛于然灯佛所，无有法得阿耨多罗三藐三菩提。

佛言：“如是如是。须菩提，实无有法如来得阿耨多罗三藐三菩提。须菩提，若有法如来得阿耨多罗三藐三菩提者，然灯佛则不与我授记①，汝于来世当得作佛，号释迦牟尼②。以实无有法得阿耨多罗三藐三菩提，是故然灯佛与我授记，作是言，汝于来世当得作佛，号释迦牟尼。何以故？如来者，即诸法如义。若有人言如来得阿耨多罗三藐三菩提，须菩提，实无有法佛得阿耨多罗三藐三菩提。

“须菩提，如来所得阿耨多罗三藐三菩提，于是中无实无虚。是故如来说一切法皆是佛法。须菩提，所言一切法者，即非一切法，是故名一切法。须菩提，譬如人身长大。”

须菩提言：“世尊，如来说人身长大则为非大身，是名大身。”

“须菩提，菩萨亦如是。若作是言，我当灭度无量众生，即不名菩萨。何以故？须菩提，实无有法名为菩萨。是故佛说一切法无我、无人、无众生、无寿者。须菩提，若菩萨作是言，我当庄严佛土③，是不名菩萨。何以故？如来说庄严佛土者，即非庄严，是名庄严。须菩提，若菩萨通达无我法者，如来说名真是菩萨。”

【注释】 ①授记：又作授决、受决、受记、受别、记别、记说、记等。本指分析教说，或以问答方式解说教理；后来专指弟子所证或死后之生处；再后来却专指诸佛对发大心的众生预先记名，某世证果，及其国土、名号，而予以记别。最著名的例子有释尊于过去世得然灯佛之授记；法藏比丘得世自在王佛授记，而成阿弥陀佛；及弥勒曾经受释尊之授记。②释迦牟尼：又作释迦文尼、奢迦夜牟尼、释迦牟曩、释迦文等。略称释迦、牟尼、文尼等。牟尼，意译为能仁、能忍、能寂、寂默、能满、度沃焦。乃佛教创始人。本名悉达多，姓乔答摩（瞿昙），诞生于迦毗罗卫国城东的蓝毗尼园。因其为释迦族，成道后被尊称为释迦牟尼，意为“释迦族出身之圣人”。其他称号有佛陀（觉者）、世尊、释尊等。

③佛土：又作佛国、佛国土、佛界、佛刹。指佛所住之国土，或佛教化之国土。不仅指净土，亦有可能是秽土、报土、法性土等。庄严佛土，就是化秽土而成净土。

【译文】 这时候，须菩提向佛陀请示道：“世尊，善男子、善女人已经发心求无上正等正觉，他们的心念该如何安住？应如何降伏他们的迷妄心呢？”

佛告诉须菩提说：“善男子、善女人中凡发心求无上正等正觉者，应当生起这样的心志。我应该度化一切众生，如此灭度了一切众生，而实际上并没有一个众生被度脱。为什么呢？须菩提，如果菩萨执着自我的相状、他人的相状、众生的相状和寿命的相状，就不是真正的菩萨。为什么这样呢？须菩提，实际上并没有一种法名为发心求无上正等正觉者。须菩提！你认为如何？如来在然灯佛那里，有没有得到一种法叫作无上正等正觉的？”

须菩提回答道：“没有的，世尊。依据我对佛陀所讲的教义的理解，佛陀在然灯佛那里，并没有什么佛法可以得到无上正等正觉的。”

佛答复说：“是这样，是这样。须菩提，实际上并没有什么佛法可以使如来得到无上

正等正觉的。须菩提,如果有佛法使如来得到无上正等正觉,然灯佛就不会为我授记:你在来世必当成佛,名释迦牟尼。正因为并没有佛法使如来得到无上正等正觉,所以然灯佛才会为我授记,并这样说:你在来世必当成佛,名号为释迦牟尼。为什么呢?所谓如来,即是诸法的本义,一切诸法体性空寂。如果有人说如来证得了无上正等正觉果位,须菩提,实际上并没有佛法使佛可证得无上正等正觉。"

"须菩提,如来所证得的无上正等正觉,于彼中既不是实有,也不是虚无。所以,如来说一切诸法都是佛法。须菩提,所说的一切法,都不是一切法,所以才叫作一切假名的法。须菩提,譬如说人的身形高大。"

须菩提回答说:"世尊,如来说人的身形高大,实际上不是真实的身形高大,只是假名的高大身形。"

佛说:"须菩提,菩萨也是如此。如果菩萨这样说:我应当灭度无量的众生,就不能叫作菩萨。为什么呢?须菩提,实际上没有一个法名为菩萨。所以佛说一切诸法都没有自我的相状、他人的相状、众生的相状、寿命的相状。须菩提,如果菩萨这么说:我应当清净庄严佛土,就不能叫作菩萨。为什么呢?如来说清净庄严佛土,就不是清净庄严,只是假名的清净庄严。须菩提,如果菩萨能够透彻无我的真理,如来就说他是真正的菩萨。"

【原文】 "须菩提,于意云何?如来有肉眼不[①]?"

"如是,世尊,如来有肉眼。"

"须菩提,于意云何?如来有天眼不[②]?"

"如是,世尊,如来有天眼。"

"须菩提,于意云何?如来有慧眼不[③]?"

"如是,世尊,如来有慧眼。"

"须菩提,于意云何?如来有法眼不[④]?"

"如是,世尊,如来有法眼。"

"须菩提,于意云何?如来有佛眼不[⑤]?"

"如是,世尊,如来有佛眼。"

"须菩提,于意云何?如恒河中所有沙,佛说是沙不?"

"如是,世尊,如来说是沙。"

"须菩提,于意云何?如一恒河中所有沙,有如是沙等恒河,是诸恒河所有沙数佛世界,如是宁为多不?"

"甚多,世尊。"

佛告须菩提:"尔所国土中所有众生,若干种心如来悉知[⑥]。何以故?如来说诸心皆为非心,是名为心。所以者何?须菩提,过去心不可得,现在心不可得,未来心不可得。"

【注释】 ①肉眼:乃五眼之一。指人之肉眼。凡夫以此肉眼可分明照见色境,但肉眼受种种障碍而不通达,据《大智度论》卷三十三载,肉眼能清晰照见近处之景物,至于远处的东西则无法看见;照见眼前之景物时,但无法同时照见背后的东西;能照见外在者,却无法照见内在的东西;白昼时能照见诸物,黑夜中则没办法看见。②天眼:五眼之一。为天趣之眼,故名天眼。一般人修行禅定也可得到天眼。天眼能洞见内外、粗细、前后、

远近、明暗、上下，但仍有理障。天眼有两种，一种是从福报得来，谓为生得或报得之天眼，如天人；一种则是从修行得来，谓为修得之天眼。③慧眼：为五眼之一。指智慧之眼，二乘圣贤照见诸法平等、性空之智慧，故称慧眼，因其照见诸法真相，故能度众生至彼岸。但慧眼因所知障故，有智无悲，虽胜天眼，犹不及法眼能悲智并用。④法眼：为五眼之一。指彻见一切法之实相，了知俗谛万有之智慧眼。是菩萨为适应机缘，度化众生，故以清净法眼遍观诸法，知一切众生之方便门，故能令众生修行证道。⑤佛眼：为五眼之一。指诸佛照破诸法实相，而慈心观众生之眼。佛名觉者，觉者之眼就叫作佛眼，即能照见诸法实相之眼。诸佛也同时具有肉、天、慧、法四眼的作用，所以无所不见、无事不知不闻，一切皆见。⑥若干种心：即指依各种情形对"心"的分类，如真心、妄心、贪心、痴心、嗔心等。心，又作心法、心事。泛指所有的精神现象，即通常所说的心、意、识。佛教对于心与物之存在，乃主张心与物为相辅相成之关系，不论任何一方皆不能单独存在，所以说色心不二。

【译文】 佛问："须菩提，你认为如何？如来是否有肉眼？"

须菩提答："是的，世尊，如来有肉眼。"

"须菩提，你认为如何？如来是否有天眼？"

"是的，世尊，如来有天眼。"

"须菩提，你认为如何？如来是否有慧眼？"

"是的，世尊，如来有慧眼。"

"须菩提，你认为如何？如来是否有法眼？"

"是的，世尊，如来有法眼。"

"须菩提，你认为如何？如来是否有佛眼？"

"是的，世尊，如来有佛眼。"

佛又问："须菩提，你认为如何？像恒河中所有的沙粒，佛说这所有的沙是沙吗？"

须菩提回答："是的，世尊，如来说是沙。"

佛继续问："须菩提，你认为如何？譬如一条恒河中所有的沙粒，每一个沙粒又是一条恒河，这么多恒河的所有的沙都是佛土，它的数目是不是很多呢？"

须菩提答："很多，世尊。"

佛告诉须菩提："你所处的这么多国土中的所有众生，所有种种不同的心念如来都完全知晓。为什么呢？如来说的种种的心，都并非是真正的心，只是假名称之为心。为什么这样说呢？须菩提，过去的心是不可得到的，现在的心也是不可得到的，未来的心也一样是不可得到的。"

【原文】 "须菩提，于意云何？若有人满三千大千世界七宝以用布施，是人以是因缘得福多不[1]？"

"如是，世尊，此人以是因缘得福甚多。"

"须菩提，若福德有实，如来不说得福德多。以福德无故，如来说得福德多。"

【注释】 ①因缘："因"与"缘"的并称。"因"是产生结果的直接内在原因；"缘"是相资助的外在间接条件。一切万有皆由因缘之聚散而生灭。因此，由因缘生灭的一切

法，称为因缘生灭法；而由因与缘和合所产生之结果，称为因缘和合。一切存在的现象和物质都是由因缘和合而成的假有，所以并没有自性，这便是"因缘即空"之理。

【译文】 佛问："须菩提，你意下如何？如果有人用充满三千大千世界的七种珍宝来行布施，这个人因这布施的因缘而得到的福报多不多呢？"

须菩提回答："是的，世尊。这个人因这布施的因缘而得到的福报非常多。"

佛又说："须菩提，如果福德是真实存在的体性，如来就不会说得到的福德很多。正因为并没有真实存在的福德，所以如来说得到的福德很多。"

【原文】 "须菩提，于意云何？佛可以具足色身见不[①]？"

"不也，世尊，如来不应以具足色身见。何以故？如来说具足色身，即非具足色身，是名具足色身。"

"须菩提，于意云何？如来可以具足诸相见不[②]？"

"不也，世尊。如来不应以具足诸相见。何以故？如来说诸相具足即非具足，是名诸相具足。"

【注释】 ①具足色身：指有形质之身，即肉身。反之，无形者称为法身，或智身。此词虽被广泛用来指肉身而言，但佛典中亦多用以指佛、菩萨的相好身。也就是指具足圆满报身佛的总相，即佛、菩萨的三十二相。②具足诸相：指圆满报身佛的别相，"诸相"指如来的各种相貌特征，即三十二相、八十种细微殊好特征结合起来的殊胜容貌形相。因此，具足诸相即指报身佛的身体相貌各部分完美齐备，而且每一相中也有无量相好具足。

【译文】 佛又问："须菩提，你意下如何？佛可以依圆满庄严的色身形相来证见吗？"

须菩提回答说："不可以，世尊。如来不能依圆满庄严的色身来证见。为什么呢？如来说的完美的色身形相，不是真实不变的色身形相，只是假名为色身而已。"

佛紧接着又问："须菩提，你意下如何？如来可以依所具备的种种圆满妙相来证见吗？"

须菩提回答说："不可以，世尊。如来不能依种种的圆满妙相来证见。为什么呢？因为如来所说的圆满诸相不是真实的相貌，只不过是假名为圆满诸相而已。"

【原文】 "须菩提，汝勿谓如来作是念，我当有所说法，莫作是念。何以故？若人言如来有所说法即为谤佛，不能解我所说故。须菩提，说法者无法可说，是名说法。"

尔时，慧命须菩提白佛言[①]："世尊，颇有众生于未来世闻说是法，生信心不？"

佛言："须菩提，彼非众生非不众生。何以故？须菩提，众生众生者，如来说非众生，是名众生。"

【注释】 ①慧命：指法身以智慧为生命。如色身必赖饮食来延续生命，而法身必赖智慧以长养。智慧之命夭伤，则法身之体亡失。慧命又意谓具寿命，乃佛教尊称有德之长老、比丘，表示道德智能圆满，所以言"慧命须菩提"。

【译文】 佛说："须菩提，你不要认为如来有这样的意念：我应当有所说法，你不要如此生心动念。为什么呢？如果有人说如来有所说法的念头即是毁谤佛陀，因为他不能了解我所说的真谛。须菩提，所谓说法，实际并没有什么法可说，只是假名其为说法。"

这时候，道德智能圆满的须菩提当机启问佛说："世尊，如果有众生在未来之世听闻

您说的法，能够生起信心吗？"

佛回答说："须菩提，他们既不是众生，又非不是众生。为什么呢？须菩提，众生之称作众生，如来说他们并非真实的众生，只是假名为众生而已。"

【原文】 须菩提白佛言："世尊，佛得阿耨多罗三藐三菩提，为无所得耶？"

佛言："如是如是。须菩提，我于阿耨多罗三藐三菩提，乃至无有少法可得，是名阿耨多罗三藐三菩提。"

【译文】 须菩提向佛禀问："世尊，佛证得无上正等正觉佛智，也就是没有得到正等正觉佛智吗？"

佛说："正是，正是。须菩提，我对于无上正等正觉佛智，甚至没有一点法可得，只是假名称之为无上正等正觉而已。"

【原文】 "复次，须菩提，是法平等无有高下，是名阿耨多罗三藐三菩提。以无我、无人、无众生、无寿者修一切善法[①]，即得阿耨多罗三藐三菩提。须菩提，所言善法者，如来说即非善法，是名善法。"

【注释】 ①善法：与"恶法"对称。指合乎于"善"的一切道理，即合理益世之法。一般以五戒、十善为世间之善法，三学、六度为出世间之善法，二者虽有深浅之差异，但皆为顺理益世之法，故称为善法。

【译文】 佛继续说："再者，须菩提，诸法是绝对平等的，没有上下高低的分别，所以才名为无上正等正觉。只要不执着于自我的相状、他人的相状、众生的相状、寿命的相状的妄想分别心去修持一切善法，那么即可证得无上正等正觉。须菩提，所谓的善法，如来说它并不是真实的善法，只是假名为善法而已。"

【原文】 "须菩提，若三千大千世界中所有诸须弥山王，如是等七宝聚，有人持用布施。若人以此般若波罗蜜经乃至四句偈等，受持读诵，为他人说，于前福德百分不及一，百千万亿分乃至算数、譬喻所不能及。"

【译文】 佛进一步说："须菩提，如果有三千大千世界中所有的须弥山王这么多的七种珍宝，有人用这些珍宝来做布施。然而如果有人以这部《金刚般若波罗蜜经》乃至只是其中的四句偈，加以信受奉行和讽诵受持，并广为他人宣说，则前者以七宝布施所得的福德不及后者所得福德的百分之一，百千万亿分之一乃至数字、譬喻都无法说清楚的无数分之一。"

【原文】 "须菩提，于意云何？汝等勿谓如来作是念，我当度众生。须菩提，莫作是念。何以故？实无有众生如来度者，若有众生如来度者，如来则有我、人、众生、寿者。"

"须菩提，如来说有我者[①]，即非有我，而凡夫[②]之人以为有我。须菩提，凡夫者，如来说即非凡夫，是名凡夫。"

【注释】 ①我：通常佛教中所说的"我"，大抵可分为实我、假我、真我三类。有常、一、主、宰等义之实在我体，称为实我，乃凡夫所迷妄执情的我。假如我为真我之对称。以佛教的立场而言，所谓"我"者，实际上并无"我"之存在，仅由五蕴和合所成之身，假名为我而已，故称假我。真我意指真实之我，就是诸法平等的真性，不但诸佛已依此得到了归趣，即一切众生也是依此为最后的归趣，所谓"真我与佛无差别，一切有情所归趣"。

②凡夫：指未见四圣谛之理而凡庸浅识之人，也就是指迷惑事理和尚流转于生死大海的平常人。

【译文】 佛再次询问："须菩提，你认为如何呢？你不要认为如来有这样的意念：我应当度化众生。须菩提，不要如此生心动念。为什么呢？因为实在没有众生让如来度化，如果真有众生让如来度化，那么如来就落入自我、他人、众生和寿者相状的执着之中。"

"须菩提，我虽口称有我，实际上并不是真实的我，但是凡夫却以为有一个真实的我。须菩提，所谓的凡夫，如来说他并不是真实的凡夫，只是假名为凡夫而已。"

【原文】 "须菩提，于意云何？可以三十二相观如来不？"

须菩提言："如是如是，以三十二相观如来。"

佛言："须菩提，若以三十二相观如来者，转轮圣王即是如来[①]。"

须菩提白佛言："世尊，如我解佛所说义，不应以三十二相观如来。"

尔时，世尊而说偈言："若以色见我，以音声求我，是人行邪道，不能见如来。"

【注释】 ①转轮圣王：又作转轮王、飞行转轮帝、转轮圣帝、轮王或飞行皇帝等，是佛教政治理想中的统治者。依佛典所载，与佛一样具有三十二相，为世间第一有福之人，具足四德(大富、端正姝好、无疾病、长寿)，成就七宝(轮、象、马、珠、女、居士、主兵臣)。常乘轮宝巡视所统一的须弥四洲，以十善法治世的大帝王，故称转轮圣王。转轮王出现时，天下太平，人民安乐，没有天灾人祸。转轮圣王出现之说盛行于释尊时代，《大智度论》卷二十五即以转轮圣王之七宝及其治化，与佛之七觉支等并举。又将佛陀说法称作转法轮，比拟转轮圣王之转轮宝。

【译文】 佛又问："须菩提，你认为如何？可以依三十二种殊妙身相来证见如来吗？"

须菩提答："是的，是的，可以依三十二种殊妙身相来证见如来。"

佛说："须菩提，若能依三十二种殊妙身相来证见如来，那么转轮圣王就是如来。"

须菩提对佛陈白："世尊，如依据我对佛陀所说之佛法的理解，是不应该依三十二种殊妙身相来证见如来。"

这时候，佛陀以偈说道："若想凭色相见我，若以声音寻求我，此人修行邪魔道，必不能证见如来。"

【原文】 "须菩提，汝若作是念，如来不以具足相故，得阿耨多罗三藐三菩提。须菩提，莫作是念，如来不以具足相故，得阿耨多罗三藐三菩提。须菩提，汝若作是念，发阿耨多罗三藐三菩提心者，说诸法断灭[①]，莫作是念。何以故？发阿耨多罗三藐三菩提心者，于法不说断灭相。"

【注释】 ①断灭：又作断见。主张众生在死后，生命即完全断灭、空无的看法。有七种断灭，所以又称作七种断灭论、七断灭论。这种看法，与"常见"相对，持常见者主张世界为常住不变，人类的自我不灭，人类死后自我亦不消灭，且能再生而再以现状相续，即说我为常住。佛教既不偏于常见，亦不偏于断见，而主张远离有、无两边，而取中道。"断、常"二见，俱非中道。

【译文】 佛又说："须菩提，你如果有这样的念头，如来不以具足三十二种殊妙相的

缘故，才能证得无上正等正觉。须菩提，你不应当有这样的念头，认为如来不以具足三十二种殊妙相的缘故，才能证得无上正等正觉。须菩提，你如果有这样的念头，发无上正等正觉菩提心者，就会说一切诸法都是断灭空性，你不应当有这样的念头。为什么呢？发无上正等正觉菩提心者，对一切法不说断灭相，不著法相，也不著断灭相。”

【原文】“须菩提，若菩萨以满恒河沙等世界七宝持用布施，若复有人知一切法无我，得成于忍，此菩萨胜前菩萨所得功德。何以故？须菩提，以诸菩萨不受福德故。”

须菩提白佛言：“世尊，云何菩萨不受福德？”

“须菩提，菩萨所作福德，不应贪著[①]，是故说不受福德。”

【注释】 ①贪著：即贪爱执着。属于六烦恼（根本烦恼）之一，三毒、五盖、十恶之一。欲求五欲、名声、财物等而无厌足之精神作用，即染著五欲之境而不离。凡夫对于自己所好之物，生起染污之爱著心，逐而引生种种的苦恼。

【译文】 佛又说：“须菩提，如果菩萨用满恒河沙数那么多的七种珍宝来布施，倘若又有人透彻一切法都是无自性的，便能证得无生法忍，那么这位菩萨所获得的福报功德胜过前面所说的那位菩萨。为什么呢？须菩提，这是因为所有的菩萨都不领受有为福报功德的。”

须菩提向佛提问：“世尊，为什么说菩萨不领受有为福报功德？”

佛回答说：“须菩提，菩萨对他所做的福报功德，不应贪求而生起贪者执取，所以才说菩萨不领受有为福报功德。”

【原文】“须菩提，若有人言如来若来，若去，若坐，若卧，是人不解我所说义。何以故？如来者，无所从来，亦无所去，故名如来。”

【译文】 佛说：“须菩提，如果有人说，如来也是有来、有去、有坐、有卧等相，这个人就是没有透彻我所说的佛法义旨。为什么呢？所谓如来，实在是无所来处，也无所去处，所以才称之为如来。”

【原文】“须菩提，若善男子、善女人，以三千大千世界碎为微尘，于意云何？是微尘众宁为多不？”

须菩提言：“甚多，世尊。何以故？若是微尘众实有者，佛即不说是微尘众。所以者何？佛说微尘众即非微尘众，是名微尘众。世尊，如来所说三千大千世界，即非世界，是名世界。何以故？若世界实有者，即是一合相[①]。如来说一合相，即非一合相，是名一合相。”

“须菩提，一合相者，即是不可说，但凡夫之人贪著其事。”

【注释】 ①一合相：指一个由众多极微分子合成的有形物质。以佛教之观点言之，世间的一切法，皆为一合相。世界也是由无数的微尘集合而成的，故也称世界为一合相；人体是由四大五蕴合成，因此人身也是一合相。

【译文】 佛问：“须菩提，如果有善男子、善女人，把三千大千世界都捣碎成粉末微尘，你有什么看法？这些微尘多不多呢？”

须菩提回答说：“非常多，世尊。为什么呢？如果实际上这些微尘都是真实存在的，佛就不会说这微尘很多了。这是什么缘故呢？佛陀所说的很多微尘，实际上并不是真说

很多微尘，只是一个假名的微尘而已。世尊，如来所说的三千大千世界，并不是真实的世界，只是假名为世界而已。为什么呢？如果世界是真实存在的，那只是一种聚合的形相。如来说一个聚合的形相，并不是一个真实的聚合的形相，只是假名为聚合的形相。”

佛说：“须菩提，所谓一个聚合的形相，妙不可言喻。可是一些凡夫俗子却偏偏要贪恋执着有个真实的聚合的形相。”

【原文】“须菩提，若人言佛说我见、人见、众生见、寿者见，须菩提，于意云何？是人解我所说义不？”

“不也，世尊，是人不解如来所说义。何以故？世尊说我见、人见、众生见、寿者见，即非我见、人见、众生见、寿者见，是名我见、人见、众生见、寿者见。”

“须菩提，发阿耨多罗三藐三菩提心者，于一切法，应如是知，如是见，如是信解，不生法相。须菩提，所言法相者，如来说即非法相，是名法相。”

【译文】佛问：“须菩提，如果有人说佛陀宣说自我相状、他人相状、众生相状和寿命相状。须菩提，你有怎样的看法呢？你认为这个人透彻了佛所说的佛法义旨吗？”

须菩提回答：“没有，世尊，这个人没有透彻佛所说的佛法义旨。为什么呢？佛说自我相状、他人相状、众生相状和寿命相状，都不是真实存在的自我相状、他人相状、众生相状和寿命相状，只是假名的自我相状、他人相状、众生相状和寿命相状。”

佛说：“须菩提，发无上正等正觉菩提心的人，对于一切万法，应当这样去认知，应当这样去见解，应当这样去信仰理解，心中不生起任何的法相。须菩提，所谓的法相，如来说它并非是真实存在的法相，只是假名的法相。”

【原文】“须菩提，若有人以满无量阿僧祇世界七宝持用布施，若有善男子、善女人发菩提心者，持于此经乃至四句偈等，受持读诵，为人演说，其福胜彼。云何为人演说？不取于相，如如不动①？何以故？一切有为法，如梦幻泡影，如露亦如电，应作如是观。”

佛说是经已，长老须菩提及诸比丘、比丘尼、优婆塞、优婆夷②，一切世间天、人、阿修罗，闻佛所说，皆大欢喜，信受奉行③。

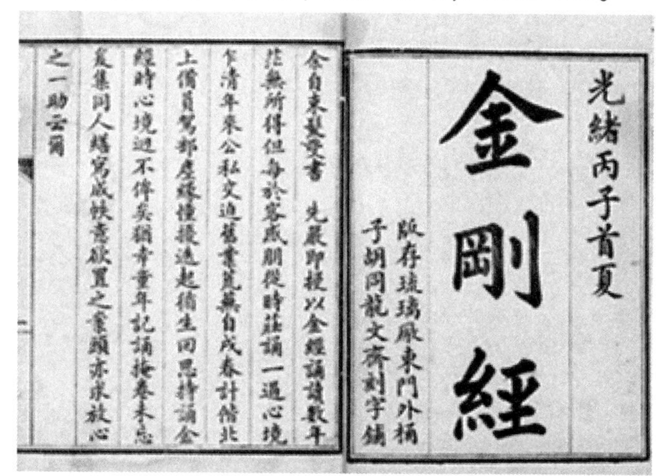

《金刚经》书影

【注释】①如如：又作真如、如实，是五法之一。指正智所契合的真理，即不变不异一切存在的本体。诸法虽各有差别，然此真如法性，乃是平等不二的，故称之为“如”。此“真如”乃是万有诸法之真实本体，万法不离真如，因此，万法彼此也是平等一如的，所以又叫作“如如”。②比丘、比丘尼：为出家受具足戒者之通称。男曰比丘，女曰比丘尼。比丘又作苾刍、备刍、比呼等。据《大智度论》卷三记载，比丘有五种

语义，即乞士（行乞食以清净自活者）、破烦恼、出家人、净持戒和怖魔。乃五众之一，七众之一。指出家得度，受具足戒之男子。至于比丘尼又作苾刍尼、备刍尼、比呼尼等。意为乞士女、除女、熏女等。指出家得度受具足戒之女子。比丘原语是从“求乞”一词而来，也可以被解释为破烦恼者。优婆塞、优婆夷：此二词原为印度各宗教所通用的名称，原义为“侍奉者”“服事者”，指侍奉或服事出家修行者。佛教取之以作为男性及女性在家佛教徒之专用语。优婆塞意译为近事、近事男、近善男、信士、信男、清信士等。即在家皈依佛法僧三宝、受持五戒、施行善法之男居士。优婆夷意译为清信女、近善女、近事女、近宿女、信女等。即亲近三宝、受持五戒、施行善法之女众。比丘、比丘尼、优婆塞、优婆夷合称佛的四众弟子。若再加上式叉摩那、沙弥、沙弥尼则为佛之七众弟子。③皆大欢喜，信受奉行：为佛经结束语中的习惯用语。表示大家听了本经，感到佛法的希有，都能法喜充满，信受如来所说的法，并切实奉行如来所说的法。

【译文】 佛说：“须菩提，如果有人以遍满无数世界的七种珍宝进行布施，又如果有善男子、善女人发了殊胜的无上菩提心，受持这部经乃至只是其中的四句偈，加以信受奉行和讽诵受持，并广为他人宣说，他所获得的福报功德要远远超过那位以遍满无数世界的七种珍宝进行布施的人。应当如何为他人宣说此经呢？那就应当不执着于一切相，安住于一切法性空而不为法相分别所倾动？为什么呢？一切世间的有为诸法，皆如梦如幻、如泡如影、如露也如电，应作如是的观照。”

佛已经圆满宣说这部经，须菩提长老及在场的众多比丘、比丘尼、优婆塞、优婆夷，一切世间的天、人、阿修罗等，听闻了佛陀说法之后，无不法喜充满，信受和切实奉行如来所说的法。

心　　经

【导语】

《般若波罗蜜多心经》，简称《心经》，是一部几乎家家都念诵，人人皆知的佛经。这同阿弥陀佛、观世音菩萨两句圣号一样的普遍于人间。这部《心经》，从汉译佛经流通方面观之，可说是“风行天下”，并且持诵者亦多，其普及程度非常的广。虽然言简文略，全文仅仅二百六十字，但含义却极广博而精深。它在一代圣教中的地位，算是一部很重要而负有声望的经典；六百卷般若经当中，最简括切要、提纲挈领者，当推《心经》了。

观世音菩萨像

【原文】　观自在菩萨[①]，行深般若波罗蜜多时[②]，照见五蕴皆空[③]，度一切苦厄[④]。

【注释】　①观自在菩萨：先从字面上来解释，“观”字，非眼观之观，乃心观之观。即是以自心观照身心世界之境，破除一切执着。“自在”，即一切都不再是挂碍，一切都已安然，对于万事万物产生随缘的态度，对一切的外境外缘也就能随意而自由自在。“菩萨”即菩提萨埵之略称，意思为求大觉之人、求道之大心人。即指以智慧上求无上菩提，以悲下化众生，修诸波罗蜜行，于未来成就佛果之修行者。亦即自利利他二行圆满、勇猛求成佛者。观自在菩萨，合起来说，就是能观照自心，不为世间或出世间的万物所动，心中常能住寂，又能以智慧悲悯众生，自己已经得到解脱无碍，并能使他人也得解脱无碍自在的觉有情。从菩萨名号来解释，观自在菩萨，又作观世音菩萨。以慈悲救济众生为本愿之菩萨，即闻众生悲苦之音而进行予乐拔苦的救济工作。观世音菩萨与娑婆众生特别有缘，随类现身，寻声救苦，这是菩萨历劫度生的悲愿，因此观世音圣号来得格外普遍，同时也可说是因为这位菩萨的悲心救苦，利生事业之深入人心的一种表征。以菩萨有大智故，于一切事理悉皆通达无碍，所以称观自在；有大悲故，能够随类现身，寻声救苦，所以称观世音。②般若波罗蜜多：又作般若波罗蜜、般罗若波罗蜜。意译作慧到彼岸、智度、明度、普智度无极等。为六波罗蜜之一，十波罗蜜之一。般若译为智慧，即明见一切事物及道理之高深智慧。波罗蜜译为度或到彼岸，通常指菩萨之修行而言，即菩萨通过自行化他之事，由生死之此岸到达涅槃之彼岸，故称到彼岸。因此般若波罗蜜即观照诸法实相，而穷尽一切智慧之边际，度生死此岸至涅槃彼岸之菩萨大慧。菩萨为达彼岸，必修六种行，即修六波罗蜜。其中之般若波罗蜜，被称为“诸佛之母”，成

为其他五波罗蜜之根据，而居于最重要之地位。③照见：照是观照，见即彻见。即以般若智慧体察一切事物皆是因缘和合的。五蕴：又作五阴、五众、五聚等。蕴是积集、类别的意思。佛教将包括个人身心与身心环境的一切物质与精神分成五种"聚集"，故称为五蕴。五蕴就是色蕴、受蕴、想蕴、行蕴、识蕴。(一)色蕴：色就是一般所说肉体或物质，其语义即为物质或肉体的积集。(二)受蕴：受是领纳义，即肉体对境之感受与精神之知觉等的感受作用。(三)想蕴：即对于已受境界，重加分别想象。亦即对外境而在心中想象事物种种相貌形状之作用。(四)行蕴：行是迁流造作义，前灭后生，念念不停，所以叫作行，即意志与心之作用。(五)识蕴：识是了别义，即了别和识知所缘所对的事物。这里说五蕴皆空，意谓不论物质现象(相当于色)或精神现象(受、想、行、识)均属因缘所生法，无固定不变之自性，唯有假名，而无实体。④苦厄：苦，是苦恼，能逼恼身心。厄，是灾厄，即指祸患险难。这里指若能照见五蕴都是空的，就能登至彼岸，自可度脱一切烦恼生死之苦厄。

【译文】 观世音菩萨，修习深妙般若，功行到了极其深妙的时候，观照彻见五蕴都是因缘和合的，并没有自性，当体即空，除去了造业受苦的根源而无有烦恼，因而得以度脱一切烦恼生死之苦厄。

【原文】 舍利子[①]，色不异空，空不异色，色即是空，空即是色[②]，受、想、行、识，亦复如是。

【注释】 ①舍利子：即舍利弗，是此经的当机者，又作舍利弗多、舍利弗罗、舍利弗怛罗、舍利弗多罗、奢利富多罗、奢利弗多罗、奢唎补怛罗、设利弗呾罗等。是佛陀十大弟子之一。其母为摩伽陀国王舍城婆罗门论师之女，出生时以眼似舍利鸟，所以命名为舍利；故舍利弗之名，即谓"舍利之子"。舍利弗自幼形貌端严，年少时修习诸技艺，通晓四吠陀。十六岁时即能挫伏他人之论议，诸族弟皆归服于他。幼时，即与邻村之目犍连结交，后因一次参加只离渠呵山的大祭，见到群众杂沓，油然心生无常之感，遂相约投六师外道中之删阇耶毗罗胝子出家学道。仅七日七夜即会通其教旨，成为其门人二百五十人中之上首，然舍利弗犹深憾未能尽得解脱。其时，佛陀成道未久，住于王舍城竹林精舍，弟子马胜比丘着衣持钵，入城中乞食。舍利弗见其威仪端正，行步稳重，遂问所师何人，所习何法。马胜比丘乃以佛陀所说之因缘法示之，令舍利弗了知诸法无我之理。舍利弗旋即与目犍连各率弟子二百五十人同时到竹林精舍皈依佛陀。皈依佛陀后，常随从佛陀，破斥外道，论究法义，代佛说法，主持僧事，领导僧团，多方翼赞佛化。在佛陀弟子之中，舍利弗与目犍连被称为佛陀门下的"双贤"，是佛陀弘法的左右手。而舍利弗复以聪明胜众，被誉为佛弟子中"智慧第一"。舍利弗一生为僧伽长老崇敬，且屡为佛陀所赞美。后较佛陀早入灭，七日后荼毗，葬遗骨衣钵于祇园，须达多长者还为他建了一座塔。②"色不异空"四句："色"即物质，"异"字除作各异的解释外，还可作离字解。"空"指虚空、真空。空的意思并不是说没有色就是空，或者说色灭为空，因为空并不是空无所有，不是虚无。缘起假象谓之"色"，缘生无性谓之"空"；所谓色虽分明显现而无实体，故说色不异空；虽无实体，而分明显现，故说空不异色。空与色本来就是不可以分析为二的。色身借四大和合而成，自体就是空，一切色法皆藉众缘而生起，本无自性，莫不当体即空；四大若

离散，则复归空无，故说色即是空。人间之物质、身体本系空无实体，而由地、水、火、风四大和合而成，故称空即是色。括要而说，因缘起而性空——“色不异空”，依性空而缘起——“空不异色”；缘起无自性当体即性空——“色即是空”，性空为缘起所依即是缘起之本体——“空印是色”。所谓五蕴皆空，意谓不论物质现象（相当于色）或精神现象（受、想、行、识）均属因缘所生法，无固定不变之自性；若以其为实有自性，则是虚妄分别，故色之本质为空。也就是说五蕴与空是不异，而且相即。

【译文】 舍利弗！世间存在的（色）本来就与空不是异质的，作为存在之底蕴的空也与任何物质形式没有什么不同。那么，物质的本体就是空，空的现象就是物质。人的受、想、行、识也应该看作是这种“色”与“空”的统一。

【原文】 **舍利子，是诸法空相①，不生不灭，不垢不净，不增不减②。**

【注释】 ①诸法空相：“诸法”又作万法。现代语称之为存在、一切现象等。此处指五蕴诸法，也包含之后的六根、六识、十二因缘、四谛等。“空相”指诸法皆空之相状，或指真空之体相。因缘生之法，无有自性，即空之相状。《大智度论》卷六云：“因缘生法，是名空相，亦名假名，亦说中道。”这里意谓色、受、想、行、识五蕴等诸法，皆是缘起性空的一种现象，当体即是空相，所以说诸法空相。②“不生不灭”三句：这是在讲一切事物的空的状态，其状态是什么呢？即：不生、不灭、不垢、不净、不增、不减。为什么是不生、不灭、不垢、不净、不增、不减？因为在空性中，是不存在生、灭、垢、净、增、减的，一旦我们体证了这种空性，内心也就不存在生、灭、垢、净、增、减等的分别，自然也就达到了一种没有望向执着的心境。世间一切事物与现象，实相理体真常不变，并不能特意使其生，也不能破坏而使其灭；亦不是以般若照见后才谓之生（本来不生），亦非般若未照见前就没有所谓的灭（本来不灭），所以说不生不灭。实相理体本来空寂，并非可以染之使其垢，治之使其净；也不因被恶的因缘所染而变为垢，或为善的因缘所熏习而成净，而本来无所谓净或垢，所以说不垢不净。实相理体本自圆满，无法加之使其增，损之使其减，所以说不增不减。

【译文】 舍利弗！这些五蕴等一切诸法，是因缘和合的，当体即是空相，本来没有所谓缘聚为生，和缘尽为灭；不因被恶的因缘所染而变为垢，亦不为善的因缘所熏习而成净，也不是悟时为增，迷时为减的虚妄之相。

【原文】 **是故，空中无色，无受、想、行、识；无眼、耳、鼻、舌、身、意①；无色、声、香、味、触、法②；无眼界，乃至无意识界；无无明，亦无无明尽，乃至无老死，亦无老死尽③；无苦、集、灭、道④，无智亦无得⑤。**

【注释】 ①眼、耳、鼻、舌、身、意：即六根，又作六情。指六种感觉器官，或认识能力。根，为认识器官之意。眼根指视觉器官及其能力；耳根指听觉器官及其能力；鼻根指嗅觉器官及其能力；舌根指味觉器官及其能力；身根指触觉器官及其能力；意根指思维器官及其能力。前五种又称五根。五根乃物质上存在之色法，即色根。意根则为心之所依生起心理作用之心法，即无色根。②色、声、香、味、触、法：即六尘，又作六贼。色尘即眼所见的一切对象，眼根对于色尘而生眼识。声尘即耳所闻的一切对象，耳根对于声境而生耳识。香尘即鼻所嗅的一切对象，鼻根对于香境而生鼻识。味尘即舌所尝的一切对象，舌根对于味境而生舌识。触尘即身所觉触的一切对象，身根对于触境而生身识。法尘即意所缘的一切对象，意根对于法境而生意识。尘即染污之义，谓能染污情识，而使真性不能显发。众生以六识缘六尘而遍污六根，此六尘在心之外，故称外尘。此六尘犹如盗贼，能劫夺一切之善法，故称六贼。六根与六尘的相互作用使众生生出了种种虚妄分别心，造作种种业因，感受种种果报。③“无无明”四句："无"作空字解（谓无明空，乃至老死空）。“尽”即灭尽的意思。“乃至”二字是超略词，略去了十二因缘中间的行、识、名色、六入、触、受、爱、取、有、生，只例了无明和老死。十二因缘包括：(1)无明，就是不明，乃一切烦恼的总称。于缘起性空无所明了，因而妄生一切执着，此谓无明。(2)行是造作义，指一切行为，即依无明所造的善恶业。(3)识就是业识，此识随业受报，为过去业力所驱，挟持所造善恶种子而来投胎。(4)名色，名指心识，色指形体。由于一念爱染投入母体为名，成胎后为色。所谓心物和合而成胎，胎相初成叫作名色。(5)六入即六根。在母胎十个月的中间，由名色渐渐成长到六根完备，于出胎后对六尘境有互相涉入的作用，故名六入。(6)触即接触。根、尘和合而成触。指出胎后六根与一切外境之接触。(7)受即领受。根境相对于违顺二种境界上，生起苦乐二种感觉谓之受，此即为对境所起的一种情绪。(8)爱即贪爱。对于五尘欲境，心生贪者，此即为对境所起的一种贪染心。(9)取即妄取，追取。遇喜欢之乐境则念念贪求，必尽心竭力以求得之而后已，遇所憎之苦境则念念厌离，必千方百计以图舍之而后已，此即为爱染欲境的一种趋求。(10)有即业。即有因有果，由前际因（爱取），生后际果（生老死），业力牵引，因果不亡，遂演成三界轮回的事实来。此为所作业力感报的一种规定。(11)生即受生。以现在所造之业为因，依因感果，必招来世受生，此即为未来受报的一种活动。(12)老死即老耄和死亡。诸根衰败叫作老，身坏命终谓之死。有生就不能不死，四大和合的身躯自然从少至老，无常转变必至于死，此即为未来受报的一种结果。无明与行二者为过去因，识、名色、六入、触、受，此五者为现在果。爱、取、有三者为现在因，生、老死二者为未来果。前因今果，今因后果，如是辗转依因再感果，果上再造因，因果不昧，前后相继不断，生死轮回无尽。吾人如顺着生死潮流，则无明缘行，乃至生缘老死，于是乎永受生死，这叫作流转门。反之能逆了生死潮流，则无明灭，乃至老死灭，于是乎获得解脱，就是还灭门。解脱是要有般若智慧，有了般若智慧，则自然不会愚痴（无明），也就不会有错误的行为（行），没有行为上的不良作为，则自然没有不好的潜能（种子）随识流转，乃至不会有五蕴、六根、触、受、爱、取、有、生、老死等，这便是出世的解脱。而在空性中，是没有实在的有情在生死中流转，也没有实在的有情在涅槃中解脱，所以说是“无无明，亦无无明尽，乃至无老死，亦无老死尽”。④苦、集、灭、道：苦、集、灭、道即佛教所说的四圣谛。佛成道后，至鹿野苑为五贤者作第一次说法，是为佛转法轮之初，故称初转法轮。此次说法的内容就是四谛之教。所以四圣谛是释尊最初所说的法。谛谓审实不虚之义，即指苦、集、灭、道四种正确无误之真理。此四者皆真实不虚，故称四谛、四真谛；又此四者为圣者所知见，故称四圣谛。苦即苦圣谛。指圣者如实审察三界有漏之苦果（有情及器世间）。对于凡夫而言，现实生活的一切现象（有漏法）可以说都是苦的。生、老、病、死之四苦，加上怨憎会、爱别离、求不得、五取蕴苦之四苦，即为八苦。集即集圣谛，又作习谛、苦习圣谛、苦集谛等。集是集起，有原因

及理由的意思，即指事物集起的原因。也就是关于世间众生沉沦生死、遭受苦果的原因。苦之根源为渴爱，以渴爱之故，形成“来世”与“后有”。渴爱之核心乃由无明生起之虚妄我见，若有渴爱，便有生死轮回。灭即灭圣谛，又作苦灭谛、苦尽谛、苦灭圣谛、爱灭苦灭圣谛等。灭，灭尽、熄灭之义。指灭息苦之根本，即永断无明、欲爱等一切烦恼，从相续不断之苦中获得解脱与自由；亦即涅槃境界。道即道圣谛、趣苦灭道圣谛、苦灭道圣谛、苦出要谛等，是指灭除烦恼。达苦灭之境而依之修行的方法，分为八部分而成为神圣的八正道。所谓八正道，即正见、正思维、正语、正业、正命、正精进、正念、正定。其中，苦与集表示迷妄世界之果与因，而灭与道表示证悟世界之果与因；即世间有漏之果为苦谛，世间有漏之因为集谛，出世无漏之果为灭谛，出世无漏之因为道谛。⑤无智亦无得：“智”即是“般若”，亦即是智慧、能知的妙智。“智”为能求的心；“得”为所证的佛果或者所求的境界。能空诸法之智与空智所得之法空，二者俱不可得，便是无智亦无得。这里是说明菩萨之修（智）证（得），当要离相无住，即不著所修之行，也不取所证之果，一有所住即是执着，便成法缚。一再存有能观之“智想”，与所得之“空想”，仍是一种法执，未契般若真空妙义，所以亦要空之。其实以般若观照，并没有修习的事，因此也就没有什么可以证得。所以不见有知的大智，也就没有所证的果德，若是以有所得的心去求，就已经不是真空。

【译文】 因此从根本上看，这个空之中并没有物质之色，并没有感受、想象、意志和意识；也没有作为认知活动依据的眼耳鼻舌身意官能，也不存在那作为六种认识官能的对象的色、声、香、味、触、法，也没有能见之眼根，乃至于没有别尘境之意根；也没有作为认知所得的六种意识。没有无明，也没有灭尽的无明，甚至于没有老死，也没有灭尽的老死。也即没有知苦、断集、修道、证灭的圣教实践过程；没有根本的般若智慧，也没有凭借此智慧所证的佛果或者所求的境界。

【原文】 以无所得故，菩提萨埵[①]，依般若波罗蜜多故，心无挂碍[②]。无挂碍故，无有恐怖。远离颠倒梦想[③]，究竟涅槃[④]。三世诸佛[⑤]，依般若波罗蜜多故，得阿耨多罗三藐三菩提[⑥]。

【注释】 ①菩提萨埵：即菩萨，又作菩提索多、菩提索埵，摩诃菩提质帝萨埵等。意译为道众生、道心众生、大觉有情、觉有情等，又译作开士、始士、高士、大士等。“菩提”有觉、智、道之意；“萨埵”有众生、有情之意。菩萨有上求菩提（自利）、下化众生（利他）两种任务。因此菩提萨埵即指以智上求无上菩提，以悲下化众生，修诸波罗蜜行，将来可成佛之大心众生。亦即自利利他二行圆满、勇猛求菩提者。菩萨所修之行，称作菩萨行。②挂碍：“挂”即牵挂或被网罩的意思，比喻为无明烦恼蔽覆真心，如被罗网罩着不得自由；“碍”即妨碍或是阻滞的意思，比喻为众生对事物的执着，阻碍正道，不得前进。意谓由于物欲等无明牵挂妨碍，所以不得自在的意思。③远离颠倒梦想：指永远脱离令人忧悲苦恼不已的颠倒与梦想，而得解脱。“颠倒”意谓众生将因缘和合的现象认为是真实的。“梦想”指在梦中之幻想，是一种虚妄不实的。一切梦境皆为幻现，而非实事，而梦中人错认为真。凡夫无知，被无明所迷，于是产生颠倒执着，妄造恶业，进而继续轮回生死。众生应以般若起观照，让自己从无明中解脱出来，让实相得以显现，如梦初醒，这就是远离颠倒梦想的意思。④涅槃：又作泥洹、泥曰、涅槃那、涅隶盘那、抳缚南、匿缚喃等。意译作灭、寂灭、灭度、寂、无生等。在印度的原语应用上,是指火的熄灭或风的吹散,如灯火熄灭了称为"灯焰涅槃"。印度其他宗教很早就采用此词作为最高的理想境界,并非是佛教专有的名词。唯这名词一出现在佛教经典上,便给它以新的内容,到现在差不多变成佛教特有而庄严的名词了。涅槃具有"灭"义,指的是消灭烦恼灾患,这说明灭是以灭尽烦恼与苦为义;烦恼与苦消灭,就会出现寂静、安稳、快乐的境界。玄奘法师译涅槃为"圆寂"。具足一切福德智慧叫作"圆";永离一切烦恼生死叫作"寂"。即福慧皆达到圆满无缺(圆),三惑烦恼彻底清除,完全度脱生死(寂),永远不再被烦恼生死所困扰,而获得一种纯善纯美的庄严解脱。涅槃有两种:一者有余涅槃,二者无余涅槃。前者诸根的身依还存在,饥时要吃,寒时要穿,四大不调时也会生病;唯由于烦恼之漏已尽,六根所反映的种种好丑境界,不会令其起执着爱憎之心,可是残余的身尚存在,故称有余涅槃。至于无余涅槃与前者所区别的,是在寿命已尽,肉体消灭,现在的身受心受的牵引因已断,对于未来更达到了灰身泯智的境界。⑤三世诸佛:"三世"指过去、现在、未来三者,此处含有"十方三世"的意思。三世诸佛即统称全宇宙中所有的佛;统指出现于三世的一切佛。即过去、现在、未来等十方三世之众多诸佛。所以又做一切诸佛、十方佛、三世佛。在佛教成立的当时,释迦牟尼佛被称为现在佛,在释迦牟尼佛以前的一切佛被称为过去佛,在释迦牟尼佛以后成佛的被称为未来佛。⑥阿耨多罗三藐三菩提:略称阿耨三菩提、阿耨菩提等。"阿耨多罗"意译为"无上",指所悟之道为至高无上,"三藐三菩提"意译为"正遍知",表示所悟之道周遍而无所不包。因此"阿耨多罗三藐三菩提"可译为"无上正等正觉",乃佛陀所觉悟之智慧,是真正平等觉知一切真理的无上智慧。佛陀从一切邪见与迷失中解脱出来,圆满成就无上智慧,周遍证知最究极之真理,而且平等开示一切众生,令其到达最高的、清净的涅槃。另外,又音译为"阿耨多罗三藐三佛陀",意谓成就阿耨多罗三藐三菩提之人,系为佛陀之尊称。

【译文】 由于并不存所证之果,所以菩萨依止般若波罗蜜多的胜妙法门修行,而不再有牵挂滞碍。因为没有牵挂滞碍,所以不再有恐怖畏惧。因而远离了关于一切事物的颠倒和幻想,达到了究竟的涅槃。十方三世的所有佛世尊,也都是如此依止般若波罗蜜多的胜妙法门修行,而证得无上正等正觉圆满佛果。

【原文】 故知般若波罗蜜多,是大神咒,是大明咒,是无上咒,是无等等咒[①],能除一切苦,真实不虚。

【注释】 ①"故知"五句:此一段赞誉般若的功能。"故知"二字,总结前面说的般若功用,引起后面所说的般若利益。就是说因般若波罗蜜多而能够了脱生死苦恼,驱除烦恼魔障,所以"是大神咒,是大明咒,是无上咒,是无等等咒"。咒,原作祝,是向神明祷告,令怨敌遭受灾祸,或欲祛除厄难、祈求利益时所诵念之密语。印度古吠陀中即有咒术。这里指真言密咒,又称神咒、密咒或咒文,意即不能以言语说明的特殊灵力之秘密语。咒也叫"总持",音译为"陀罗尼",指能"总持"一切善法令其不失去,"总持"一切恶法令其不生起。咒是有力量的语言,能成就除恶生善的事实。咒有善咒、恶咒之别。如为人咒病或为防护己身者,即为善咒;诅咒他人令罹灾害者即为恶咒。佛陀禁止习此等咒术以谋生,但允许为治病或护身而持咒。"大神咒"即是说般若智慧有大神力,神有妙力之义,

能令受持者,驱除烦恼魔,解脱生死苦。“大明咒”是说般若智慧有大光明,无所遮蔽,如同日光照世。能照彻一切皆空,令受持者破除疑痴,照见无明虚妄。“无上咒”,是说般若智慧能令受持者,直趋无上涅槃,世出世间无有一法能出其上,若依此修行,便能证得无上的佛果;“无等等咒”是说般若智慧能令受持者,成就无上菩提,是没有什么能与它相等同,般若法是佛的修行心要,是圣中之圣。修般若法,能无牵无挂,不但明心见性,还可以此证佛果,尽除一切众生所受的苦厄灾难。所以说,般若法门“真实不虚”。

【译文】 所以,确知般若波罗蜜多是一种大神力的咒,是一种具有大光明的咒,是一种至高无上的咒,是一种绝对无与伦比的咒,它能解除世间一切众生的苦难,这是的的确确的事实。

【原文】 **故说般若波罗蜜多咒,即说咒曰:**

揭谛,揭谛,波罗揭谛,波罗僧揭谛,菩提萨婆诃①。

【注释】 ①“揭谛”五句:此为梵文咒语。本经前面,从“观自在菩萨”始,至“真实不虚”为显说般若,此段咒语则为密说般若。“揭谛”有“去”或“度”之意,这也就是般若的甚深功能,能度众生去到彼岸;重复“揭谛”二字,无非是表示自度又能度他人的意思。“波罗”可译为“彼岸”;“波罗揭谛”就是“度到彼岸去”的意思。至于“僧揭谛”的“僧”,是指“众”“总”或“普”等,那么“波罗僧揭谛”的意思便是“普度众人一起到彼岸去”。“菩提”则译为“觉”“智”“知”“道”,即无上佛果。“萨婆诃”有“速疾”之意,表示依此心咒,便能急速得成大觉,成就无上的菩提。由于咒语有其特殊意义,因此咒为五不翻中秘密不翻。

【译文】 所以,在这里宣说般若波罗蜜多的总持法门,也就是宣说如下的咒语:

揭谛,揭谛,波罗揭谛,波罗僧揭谛,菩提萨婆诃。

坛　　经

【导语】

作为禅宗的宗经宝典，《六祖坛经》（亦称《坛经》）在中国佛教中占有特别重要的地位。它是绝无仅有的一本被称作是“经”的由中国僧人撰述的佛典。因为根据佛教的传统，只有记叙佛祖释迦牟尼言教的著作才能被称为“经”，佛的弟子及后代佛徒的著作只能被称为“论”。以《坛经》冠名惠能（也作慧能）的言教，足见“六祖革命”后，中国佛教的变革风习，也足见《坛经》在中国佛教史上的地位之高，惠能禅宗影响之大。

行由品第一

【题解】

本品记叙了惠能大师在曹溪宝林寺时，应韶州刺史韦璩之邀于大梵寺为众生讲述自己的身平及得法因缘。通过讲述“闻经得悟”、黄梅参拜五祖等事由，暗示了南宗禅法与《金刚经》及东山法门的渊源。通过“人虽有南北，佛性本无南北，獦獠身与和尚不同，佛性有何差别”，宣扬了南宗禅门的佛性理论，即“一切众生，悉有佛性”。记载了五祖弘忍欲传衣钵，命众人作偈，惠能因一首“菩提本无树，明镜亦非台。本来无一物，何处惹尘埃”的偈颂深契五祖心意，从而三更受法，得传衣钵。五祖亲送渡江，惠能又提出了“迷时师度，悟了自度”的主张，这些都揭示了南宗禅法扫相破执、直指心源、不落阶级、顿悟成佛的特质。接着惠能遵循五祖“不宜速说”的嘱咐，隐于猎人队中凡一十五载。后于广州法性寺因“风幡之议”而为世人瞩目，从此开坛说法，弘化一方。

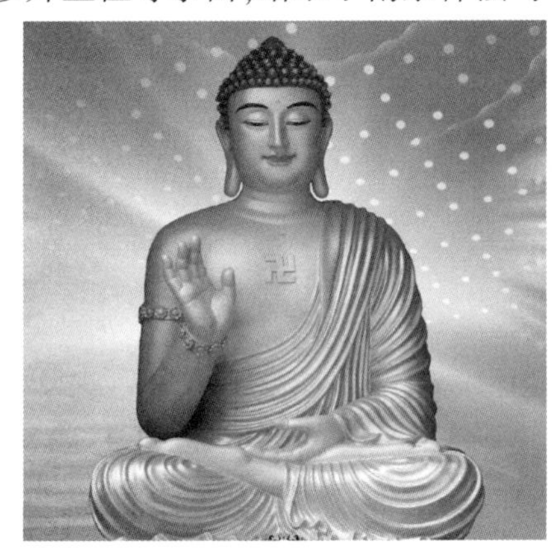

释迦牟尼像

【原文】 时[①]，大师至宝林[②]，韶州韦刺史与官僚入山[③]，请师出。于城中大梵寺讲堂[④]，为众开缘说法[⑤]。

师升座次[⑥]，刺史官僚三十余人，儒宗学士三十余人，僧尼、道俗一千余人，同时作礼，愿闻法要。

大师告众曰：“善知识[⑦]，菩提自性[⑧]，本来清净，但用此心，直了成佛[⑨]。善知识！且听惠能行由得法事意。”

“惠能严父，本贯范阳[⑩]，左降流于岭南[⑪]，作新州百姓[⑫]。此身不幸，父又早亡，老母孤遗，移来南海[⑬]，艰辛贫乏，于市卖柴。时有一客买柴，使令送至客店，客收去，惠能得钱，却出门外，见一客诵经[⑭]，惠能一闻经语，心即开悟[⑮]。遂问客诵何经，客曰金刚经[⑯]。

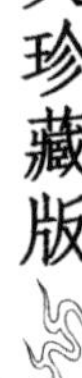

复问从何所来，持此经典。客云：我从蕲州黄梅县东禅寺来[17]。其寺是五祖忍大师在彼主化[18]，门人一千有余。我到彼中礼拜，听受此经。大师常劝僧俗，但持金刚经，即自见性[19]，直了成佛。惠能闻说，宿昔有缘[20]，乃蒙一客，取银十两与惠能，令充老母衣粮，教便往黄梅，参礼五祖。”

【注释】 ①时：佛教经典中一开始往往有简略的序，介绍佛说法的时间、地点、人物等，“时”即表示说法的时间，并非确指。《坛经》依照佛家典籍的格式，以“时”表明六祖惠能说法的时间。②宝林：即宝林寺，位于广东曲江南三十五公里曹溪山，今称南华寺、南华古寺、南华禅寺。南朝梁时由天竺僧智药建立。唐高宗仪凤年间(676～678)，惠能主持弘法，学徒云集，法道大振，今存有六祖惠能肉身像。③刺史：官名。汉代设置。隋时改刺史为太守。宋时刺史与太守已无区别。清时用作知州的别称。这里的刺史指韶州刺史韦璩。④大梵寺：位于广东曲江。《广东通志》记载：“韶州府曲江县，报恩光孝寺，在河西。唐开元二年(714)，僧宗锡建，名开元寺，又更名大梵寺，为刺史韦璩请六祖说《坛经》处。宋崇宁三年(1104)，诏诸州建崇宁寺，致和中改天宁寺。绍兴三年(1133)，专奉徽宗香火，赐额曰报恩光孝寺。”可知此寺为僧宗锡建于唐玄宗开元二年(714)，是刺史韦璩请六祖惠能宣说《坛经》之处。⑤开缘说法：将说佛教教义以开导众人。⑥升座：在说法的座位上落座。⑦善知识：指正直有德、导人正道，教众生远离恶法修行善法的人。上至佛、菩萨，下至人、天，不论以何种姿态出现，凡能引导众生舍恶修善、入于佛道者，均可称为善知识。教导邪道之人称为恶知识。善知识可以用来称呼出家的僧人，也可以用来称呼未出家的佛教徒。⑧菩提：意译“觉”“智”等。断绝世间烦恼而达到涅槃智慧可通称为菩提。菩提为佛教的根本理念。佛教主要即在说明菩提之内容，及证取菩提的实践修行方法。佛教的礼拜对象，即为获得菩提的觉者，即佛陀。⑨但用此心，直了成佛：禅宗认为人心先天就蕴涵着佛教的全部道理，是本来具足的，只要如实的运用此心，本来呈现，就能直接成就佛道。⑩范阳：地名，唐代置郡，今天的北京大兴、宛平一带。⑪岭南：指五岭以南的广大地区，约是今天广东一带。⑫新州：今广东新兴。⑬南海：今属广东佛山一带。⑭诵经：指诵读佛教经典，此为功德。⑮开悟：开启了人心本有的佛教智慧，觉悟了佛教根本的教义教理。⑯金刚经：佛教经典，全称《能断金刚般若波罗蜜经》，简称《金刚经》，最早由后秦鸠摩罗什译出，一卷。卷末四句偈文：“一切有为法，如梦幻泡影，如露亦如电，应作如是观。”被称为一经之精髓，意为世界上一切事物都是空幻不实，认为应“远离一切诸相”而“无所住”，即对现实世界不执着、不留恋。由于此经以空慧为体，说一切法无我之理，篇幅适中，不过于浩瀚，也不失之简略，故历来弘传甚盛，特别为惠能以后的禅宗所重。⑰蕲州黄梅县东禅寺：蕲州指今天的湖北蕲春。黄梅县是今湖北黄梅西北地区。东禅寺位于湖北黄梅西南。《湖广通志》记载：“黄州府黄梅县，东禅寺在黄梅县西南一里。”又称莲华寺、东渐寺。为禅宗五祖弘忍(688～761)之道场，当时门下僧众达七百余人。五祖于该寺碓房半夜密传衣钵于六祖惠能。寺内尚存六祖当年之簸糠池、坠腰石等遗迹。⑱五祖忍大师：即中国禅宗五祖弘忍。弘忍(602～675)，唐代僧人，湖北黄梅人，俗姓周。七岁从四祖道信出家，得其心传。道信入寂后继承师席，在黄梅双蜂山的东面冯茂山建东山寺，弘忍发扬禅风，以悟彻心性之本源为旨，守心为参

学之要。时称其禅学为“东山法门”。唐高宗上元二年(675)示寂(即于传法后四年),世寿七十四。敕谥“大满禅师”。弘忍门下甚众,著名弟子有神秀、惠能等。弘忍将禅贯彻到日常生活,认为行住坐卧都是成佛的行为和活动,这一点对惠能以及《坛经》的思想影响很大。主化:即主持教化。⑲见性:即指“识性”,指彻见自心之佛性,为禅家之语。⑳宿昔有缘:前世结下的缘分。

【译文】 当时,惠能大师来到广东南华山宝林寺,韶州刺史韦璩与他的僚属们一道进山,请惠能大师到位于城中的大梵寺讲堂为大众演说佛法大义。

大师于说法的座位上落座,刺史及官员们三十多人,儒学学士三十多人,出家比丘、比丘尼及在家信众一千多人,都来参加盛会,大家一齐向大师行礼致敬,希望聆听大师演说佛法的精要。

大师告诉众人说:“善知识们,人心先天具有成佛的觉悟本性,本来清净没有污染,只要用这个清净的本心,就可以直接开悟成佛。各位善知识们,请先听听我讲述我求法得道的因缘和经历!”

“我惠能的父亲,原籍范阳,后来因事遭贬被流放到岭南地区,从而成为新州的普通百姓。惠能自幼不幸,父亲很早离开人世,留下我们孤儿寡母相依为命,后来又迁移到南海这地方,由于家境贫寒,惠能只得每日进山打柴,担到集市卖掉,以此维持生计,勉强度日。有一天,有一位客人买了惠能的柴,并让送至客房,送达后,客人收了柴,惠能得到钱,刚走到门外,就见到一位客人正在诵读佛经,惠能一听客人所诵的经文,心中立刻顿然开悟。就请教这位客人所诵的是什么经典,客人告之是《金刚经》。惠能又问客人从什么地方来,如何获得这部经典?客人说,我从蕲州黄梅县东禅寺来,五祖弘忍大师在那里主持并弘扬佛法教化众生,门下弟子达一千多人。我到东禅寺拜谒五祖弘忍大师,并听闻领授了这部佛经。弘忍大师常常劝诫僧人和在俗的人,指示只要依《金刚经》所讲的修行,就能自己识见自心佛性,直接了悟成佛。惠能听了客人的这番话,觉得自己与佛法宿世有缘,正好承蒙一位客人取了十两银子给他,嘱咐他用来安顿老母,充当其衣食生活之所需,然后去黄梅县东禅寺,参拜五祖大师。”

【原文】 惠能安置母毕,即便辞违,不经三十余日,便至黄梅,礼拜五祖。

祖问曰:“汝何方人,欲求何物?”

惠能对曰:“弟子是岭南新州百姓,远来礼师,惟求作佛[①],不求余物。”

祖言:“汝是岭南人,又是獦獠[②],若为堪作佛?”

惠能曰:“人虽有南北,佛性本无南北[③],獦獠身与和尚不同[④],佛性有何差别?五祖更欲与语,且见徒众总在左右,乃令随众作务[⑤]。”

惠能曰:“惠能启和尚,弟子自心常生智慧[⑥],不离自性,即是福田[⑦]。未审和尚教作何务?”

祖云:“这獦獠根性大利[⑧],汝更勿言,著槽厂去[⑨]。”

惠能退至后院,有一行者[⑩],差惠能破柴踏碓[⑪]。

经八月余,祖一日忽见惠能,曰:“吾思汝之见可用,恐有恶人害汝,遂不与汝言,汝知之否?”

惠能曰:"弟子亦知师意,不敢行至堂前,令人不觉。"

【注释】 ①作佛:即成佛。《法华经·譬喻品》曰:"具足菩萨所行之道,当得作佛。"断妄惑、开真觉,根除无明烦恼,开启真实觉悟。②獦獠:是对当时生活在南方的以行猎为生的少数民族的侮称。如此称呼表示轻蔑的意思,意指惠能是未开化、无知识的蛮夷。③佛性:即佛陀之本性,或指成佛之可能性。又作如来性、觉性。为如来藏之异名。《涅槃经》有云:"一切众生悉有佛性,如来常住无有变易。"④和尚:指德高望重之出家人,又作和上。意译亲教师、力生、近诵、依学、大众之师。和尚为受戒者之师表,故华严、天台、净土等宗皆称为戒和尚。后世沿用为弟子对师父之尊称。⑤随众作务:随同大家一起劳动、做活。⑥智慧:明白一切事相叫作智;了解一切事理叫作慧。决断曰智,简择曰慧。俗谛曰智,真谛曰慧。《大乘义章九》曰:"照见名智,解了称慧,此二各别。知世谛者,名之为智,照第一义者,说以为慧,通则义齐。"⑦不离自性,即是福田:指认识自我的本心就像在福田播种,其收获的成果就是成就佛道,并不需要通过随众作务这样的苦修来达成。自性,指自体之本性。诸法各自具有真实不变、清纯无杂的个性,称为自性。福田,指人们做善事犹如在大地里播种庄稼而有收获一样,能够得到福报。这里是以田为喻,故名福田。"田以生长为义,农夫播种于田亩,必有秋收之利。人若行善,能得福慧之报。"佛教中认为凡敬侍佛、僧、父母、悲苦者,即可得福德、功德。⑧根性大利:"能生为根,数习为性。"根为能生之义,善恶之习惯曰性,人性有生善业或恶业之力,故称根性。大利,大好,非常好。这里指惠能禀赋极高。⑨槽厂:马房、马棚,指养马的地方。⑩行者:又称行人、修行人,泛指一般佛道之修行者,是修行佛法的通称。也指居住佛寺但留着头发修行的人。《释氏要览》卷上云指未剃度而在丛林内服诸劳役的带发修行者,即未出家而住于寺内帮忙杂务者。有剃发者,亦有未剃发而携家带眷者。⑪踏碓:发明于西汉,是去秕、脱壳的粮食加工工具。

【译文】 惠能安置好老母亲后,便辞别老母北上奔赴黄梅。不到三十天的时间,惠能便抵达了黄梅,见到了五祖弘忍大师并向他致礼参拜。

五祖问道:"你是哪里人,到我这里想求得什么?"

惠能答对道:"弟子我是岭南新州的一名普通老百姓,远道而来,礼拜师父,只想觉悟成佛,别无他求。"

五祖大师说:"你是岭南人,又是未开化的獦獠,怎么能成佛呢?"

惠能说:"虽然人有南方和北方的地区差别,但人的佛性却没有南方和北方的不同。我这个獦獠之身虽然和大师不一样,但我们都具有的成佛本性却有什么不同呢?"五祖还想和惠能继续交谈下去,因为看到众多弟子围在左右,便让惠能和大家一起先去干活。

惠能说:"惠能禀告大师,弟子内心常生出智慧之念,认为不离自我本性便是成就福田,不知道大师还要让我干什么?"

五祖说:"想不到你这獦獠根基很不错,禀赋很高!你不必多说了,先到后院马棚里干活去吧。"

惠能退下来到后院,有一个行者,分派惠能干劈柴舂米的活。

如此,惠能一连干了八个多月,一天,五祖突然看到惠能,便说:"我考虑到你的见解

是很可用的，恐怕有坏人嫉妒而要加害于你，所以那天没有与你深谈，你明白我的用意吗？”

惠能说：“弟子也知道师父的用心，所以从来不敢到前堂大殿上去，以免被别人察觉。”

【原文】 祖一日唤诸门人总来：“吾向汝说，世人生死事大，汝等终日只求福田，不求出离生死苦海[①]。自性若迷，福何可救？汝等各去，自看智慧，取自本心般若之性[②]，各作一偈[③]，来呈吾看，若悟大意，付汝衣法[④]，为第六代祖。火急速去，不得迟滞。思量即不中用[⑤]，见性之人，言下须见。若如此者，轮刀上阵[⑥]，亦得见之。”

众得处分，退而递相谓曰：“我等众人，不须澄心用意作偈[⑦]，将呈和尚，有何所益？神秀上座[⑧]，现为教授师[⑨]，必是他得；我辈谩作偈颂，枉用心力。余人闻语，总皆息心，咸言我等已后依止秀师[⑩]，何烦作偈。”

神秀思惟[⑪]：“诸人不呈偈者，为我与他为教授师，我须作偈，将呈和尚。若不呈偈，和尚如何知我心中见解深浅。我呈偈意，求法即善，觅祖即恶，却同凡心夺其圣位奚别？若不呈偈，终不得法，大难大难。”

五祖堂前，有步廊三间，拟请供奉卢珍画楞伽经变相及五祖血脉图[⑫]，流传供养[⑬]。神秀作偈成已，数度欲呈，行至堂前，心中恍惚，遍身汗流，拟呈不得。前后经四日，一十三度，呈偈不得。

秀乃思惟，不如向廊下书著，从他和尚看见，忽若道好，即出礼拜，云是秀作。若道不堪，枉向山中数年，受人礼拜，更修何道？

是夜三更，不使人知，自执灯，书偈于南廊壁间，呈心所见。偈曰：

身是菩提树，心如明镜台。

时时勤拂拭，勿使惹尘埃。

秀书偈了，便却归房，人总不知。秀复思惟：五祖明日见偈欢喜，即我与法有缘，若言不堪，自是我迷，宿业障重[⑭]，不合得法，圣意难测[⑮]。房中思想，坐卧不安，直至五更。

【注释】 ①生死苦海：佛教认为人都处于天、人、阿修罗、饿鬼、畜生、地狱等六道迷界中生死相续、永无穷尽的轮回中。与“涅槃”相对称。生死苦海，指各种苦难的世界，亦即生死轮回之三界六道。众生沉沦于三界之苦恼中，渺茫无际，犹如沉没于大海难以出离，故以广大无边的海来比喻。②般若：又作波若、般罗若、钵剌若。梵文音译。意译为慧、智慧。明见一切事物及道理的高深智慧，即称般若。③偈：译为颂。颂者，美歌也。泛指一种略似于诗的有韵文辞，不问三言四言乃至多言，通常四句一偈。通用于佛教经律论。④衣法：指衣与法。禅宗传承，师传法于弟子都以付授的袈裟为表征，传衣即传法之义。内传心法以印证宗门的佛心宗旨，外传僧衣以表示师承的信实无虚。衣，指出家人的袈裟。法，正法，指传正法之信征。⑤思量即不中用：表明禅宗认为若要明白本心，通过思考分析是没有用的，是不能达到的。思量，即思虑度量事理的意思。⑥轮刀上阵：指上阵作战，舞刀飞转如旋转的车轮一般。⑦澄心：使心绪澄静平定，集中凝虑。⑧神秀上座：唐代禅僧（605～706），五祖弘忍弟子之一。汴州尉氏人，俗姓李。身长八尺，龙眉秀目，有巍巍威德，少览经史，博学多闻。至蕲州双峰东山寺，参谒五祖求道。弘忍深为

器重,令为教授师,因居五祖门中第一位,有神秀上座之名。弘忍示寂后神秀师迁江陵当阳山传法,道誉大扬。禅门中将之与惠能称为“南能北秀”。禅宗北宗,与南宗的“顿悟”说不同,其教法力主渐悟之说,故而禅史有“南顿北渐”之称。神龙二年(706)神秀示寂,寿一〇二,敕号“大通禅师”,为禅门谥号最早者。上座,指寺院僧职的名称,唐以前上座是寺院之首,唐以后上座为禅宗寺院住持之下的职位。⑨教授师:是专门负责教授弟子威仪、作法的轨范师,专门给受具足戒的僧人教授有关行住坐卧等威仪的做法。⑩依止:即依存而止住的意思。一般指依赖于有力、有德者之处而不离,亦称为依止。⑪思惟:即思考推度。思考真实的道理,称为正思惟,系八正道之一;反之,则称邪思惟(不正思惟),乃八邪之一。⑫供奉:官名。指被朝廷或皇家聘用的官员,多为擅长文学、美术等各种技艺的人。楞伽经:为佛教经典,全名《楞伽阿跋多罗宝经》或《入楞伽经》,四卷本,南朝刘宋求那跋陀罗译,收于大正藏第十六册。楞伽,山名;阿跋多罗,“入”之意思。意谓佛陀入此山所说之宝经,本经宣说世界万有皆由心所造,人认识的对象不在外界而在内心。《楞伽经》对中国禅宗的影响颇大。变相:指依经典之记载,描绘佛的本生故事,或净土庄严、地狱相状等图画,用以宣传教义。又作变像、变绘,略称变。变,乃变动、转变之意,即将种种真实之动态,以图画或雕刻加以描绘。⑬供养:奉养的意思,对上含有亲近、侍奉、尊敬的意思,对下含有同情、怜惜、爱护的意思。又作供、供施、供给、打供,意指供食物、衣服等予佛法僧三宝、师长、父母、亡者等。供养初以身体行为为主,后亦包含纯粹的精神供养,故有身份供养、心分供养之分。⑭宿业障重:又称宿作业。佛教说宿业是指过去世所造的善恶业因。障,指烦恼,烦恼能障碍圣道,故名障。“宿业障重”即指过去世所做的恶业烦恼深重,影响人认识本心。⑮圣意:这里指弘忍的心意。

【译文】 一天,弘忍大师召集所有的弟子,说:“世人如何解脱生死是很重要的问题,你们整天只知持戒修善追求人天福报,而不知修慧,脱离生死苦海。你们自我本有的佛性如果迷失了,做功德、求福田又哪里能救你们脱离苦海呢?你们各自回去,运用自己的智慧观照本心自性,各自做一首体认佛法的偈来送给我看。如果有谁能明白佛法大意,我就传给他衣钵和教法,他将成为第六代祖师。你们赶快回去做,不得迟缓拖延。费心思考分析是没有用的,因为能体认自我本心、识见真如佛性的人,只言片语就能显现出。像这样的人,即使在战场上将刀挥得如轮子飞舞似的刹那瞬息之间,也能见悟得悟。”

众人听了吩咐后,退回来相互议论道:“我们这样的人,没必要静心思索花费心力来做偈,呈给大师看了,有什么用处?神秀上座现在是教授师,第六代祖师之位一定是他的;我们这些人冒昧轻易地作偈实在是白白浪费精力。”大家听了这话,都打消了作偈的念头,都说:“我们以后追随着神秀禅师就行了,何必费心作偈呢?”

神秀心中思虑:“大家都不做偈呈交大师,是因为我是他们的教授师,我则必须作一首偈呈交师父。如果不作偈呈交,五祖大师怎么知道我对佛法的见地是深还是浅。我做偈呈交五祖,如果是为了求法,那就是好的,如果是为了获取六祖的位子,那就不对,同凡夫俗子的费尽心机去谋求圣位有什么差别呢?但如果不作偈呈交,终究不能得法,真是太难了,太难了!”

五祖大师的堂前有三间走廊,本来准备请供奉卢珍在这里画《楞枷经变相》和《五祖

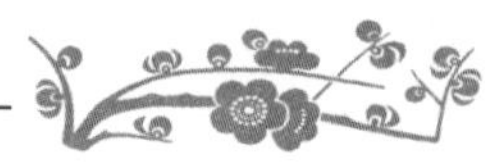

血脉图》,用来永久流传、受人供养的。神秀做好偈以后,好几次想呈送给五祖,一走到大堂前,就紧张得心中恍惚,全身流汗,想呈交偈子总不成功。前前后后过了四天,共十三次想呈送,都始终没有勇气交上去。

神秀心中又想:“不如我把所做的偈写到堂前走廊里,任由五祖大师看到,如果猛地称赞这个偈好,我就出来向五祖大师致敬行礼,说明这是我神秀作的。如果五祖大师说这个偈实在不行,那就算我白白在山中修行这么多年,枉受大家礼敬,还再修什么道呢?”

当天夜里三更时分,神秀不让别人知道,悄悄地自己持着灯烛,将做好的偈子写在南廊的墙壁上,表明了他对佛法的体认。偈是这样说的:

身是菩提树,心如明镜台。

时时勤拂拭,勿使染尘埃。

神秀写完偈,便回到自己的房中,全寺上下都不知道这件事。神秀又想:“明天五祖看到偈后,如果心生欢喜就说明我与佛法有缘。如果说实在不行,那就是我自心仍迷,前世罪孽太过深重,不该得到佛法,五祖的圣意真是难以预料。神秀在房中思考,坐卧不安,一直折腾到五更时分。”

【原文】 祖已知神秀入门未得,不见自性。天明,祖唤卢供奉来,向南廊壁间绘画图相,忽见其偈。报言:“供奉却不用画,劳尔远来。经云:凡所有相,皆是虚妄[①]。但留此偈,与人诵持。依此偈修,免堕恶道[②]。依此偈修,有大利益。令门人炷香礼敬[③],尽诵此偈,即得见性。”

门人诵偈,皆叹善哉[④]。

祖三更唤秀入堂,问曰:“偈是汝作否?”

秀言:“实是秀作,不敢妄求祖位。望和尚慈悲[⑤],看弟子有少智慧否?”

祖曰:“汝作此偈,未见本性,只到门外,未入门内。如此见解,觅无上菩提[⑥],了不可得。无上菩提,须得言下识自本心,见自本性。不生不灭[⑦],于一切时中[⑧],念念自见[⑨],万法无滞,一真一切真,万境自如如[⑩]。如如之心,即是真实[⑪]。若如是见,即是无上菩萨之自性也。汝且去一两日思惟,更作一偈,将来吾看汝偈,若入得门,付汝衣法。”

神秀作礼而出,又经数日,作偈不成,心中恍惚,神思不安,犹如梦中,行坐不乐。

复两日,有一童子[⑫],于碓坊过[⑬],唱诵其偈。惠能一闻,便知此偈未见本性。虽未蒙教授,早识大意。遂问童子曰:“诵者何偈?”

童子曰:“尔这獦獠不知。大师言,世人生死事大,欲得传付衣法,令门人作偈来看。若悟大意,即付衣法,为第六祖。神秀上座,于南廊壁上,书无相偈,大师令人皆诵,依此偈修,免堕恶道。依此偈修,有大利益。”

惠能曰:“我亦要诵此,结来生缘。上人[⑭],我此踏碓,八个余月,未曾行到堂前,望上人引至偈前礼拜。”

童子引至偈前礼拜。惠能曰:“惠能不识字,请上人为读。”

时有江州别驾[⑮],姓张,名日用,便高声读。惠能闻已,遂言:“亦有一偈,望别驾为书。”

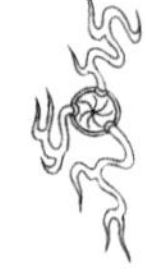

别驾言:“汝亦作偈,其事希有。”

【注释】 ①凡所有相，皆是虚妄：出自《金刚经》，意为世界上一切现象都是虚幻不实的。相，指能为人们所感觉到的一切有形体的事物和现象。虚，即无实。妄，是不真。虚妄即虚假、非真实的意思。②恶道：为"善道"的对称，与"恶趣"同义，即指生前造作恶业，而在死后所去往的苦恶处所，主要指地狱。在六道之中，一般以地狱、饿鬼、畜生三者称为三恶道，阿修罗、人间、天上则称为三善道。③炷香：即烧香、燃香。礼敬：又作敬礼，即礼拜恭敬的意思。④善哉：称赞之辞，为契合我意的称叹之语。古印度在开会议决之际，表示赞成时皆用此语；又释尊或其他诸佛在赞同其弟子的意见时，也发此语。⑤慈悲：与乐曰慈，慈爱众生并给予快乐；拔苦曰悲，同感其苦，怜悯众生并拔除其苦。二者合称为慈悲。佛陀之悲就是以众生苦为己苦的同心同感状态，故称同体大悲；又因其悲心广大无尽，故称无盖大悲。⑥无上菩提：指至高无上的觉悟。菩提有三等，佛、缘觉、声闻，各于其果所得的觉智，称为菩提。此中佛所得的菩提，无有过之者，为无上究竟，故称无上菩提。⑦不生不灭：生灭，指生起与灭尽，与"生死"同义。离因缘而永久不变的常住存在为无为法，无生无灭、不生不灭。依因缘和合而有，叫作生；依因缘分散而无，叫作灭。有生有灭，是有为法，不生不灭，是无为法。"不生不灭"乃"生灭"的相对词，是常住的别名，也是永生的意思。凡佛经均不外此意。⑧于一切时中：指在过去、现在和未来的一切时间，即时时刻刻。一切时，指从无始以来相续无穷的时间，称为一切时。无论何时，包括过去、现在、未来所有的时间，都称为一切时。⑨念念自见：佛教认为事物和现象变化之迅速莫过于人的心念的起灭。念念者，刹那的意思，意谓极其短暂之时间。⑩万境自如如：万境，指一切的境界，即人们感觉和思维的一切事物和现象。如如，即"如于真如"。是不动、寂默、平等不二、不起颠倒分别的自性境界，即如理智所证得的真如，故而称如如。万境自如如即指万事万物都真实平等，没有分别。⑪真实：离迷情、绝虚妄称为真实。与"方便权假"对应。身口各异，言念无实，称为虚伪。若表里如一，更无虚妄，则为真实。⑫童子：对寺院中尚未正式出家的青少年的称呼。⑬碓坊：舂米的房间。⑭上人：上德之人。是对智德兼备而可为众僧及众人师者的高僧的尊称。《释氏要览》卷上谓内有智德，外有胜行，在众人之上者为上人。后逐渐成为对出家僧人的尊称。这里是惠能对童子的尊称。⑮别驾：官名。汉代设立，为州长官的辅佐。因随从州官出巡辖境时，别乘驿车随行而得名。

【译文】 五祖本来已经了解神秀是还未真正入道，还不能识见自心自性的。天亮后，五祖请来供奉卢珍，带到南边廊下，准备请他绘制壁画，猛地看到神秀书写的这个偈，便向卢珍宣称道："供奉，不用再画了，劳驾你远道而来。佛经上说：凡是一切有形体相状的东西都是虚幻不真实的。只留下这首偈，让人们念诵持奉，依照这个偈去修行，可以避免坠入恶道；依照这个偈的道理去修行，会有很大的利益。"于是，五祖让门下弟子们焚香敬礼，都来念诵这首偈，可以识见自性。

弟子们依照五祖大师的话去念诵这个偈，都心生欢喜称赞不已。

五祖当天夜里三更时分把神秀叫到堂上，问道："偈是你作的吗？"

神秀回答道："确实是神秀我作的，不敢奢望求取第六代祖师的位置，只希望师父发发慈悲，衡量弟子我是否还有一点智慧？"

五祖大师说："你作的这个偈，还没有认识到本性，你只到了门外，还没有登堂入室。依照这样的见解，要想获得无上的觉悟，是不可能的。所谓无上的觉悟，是必须当下识心见性。认识到本心佛性没有生起和毁灭，于任何时候、在每一念中，即时时刻刻、在在处处都能清楚明白地了知。一切事物现象相互融通而无滞碍，事物本性真实因而一切万法真实不虚，如实呈现。体现真如佛性，自心如实呈现，就是真实。如果有了这样的见解就是体证无上觉悟的本性。你姑且先回去再思考一两天，做一个新的偈给我看。如果重写的偈表明你真的入门了，我就将衣钵传给你。"

神秀向五祖行礼后退出来。又过了几天，偈仍然没能作成，心中整天恍恍惚惚，精神不安，犹如在梦中一般，行住坐卧都闷闷不乐。

又过了两天，有一个童子，从碓坊前经过，口中唱诵着神秀所做的偈。惠能一听就知道这首偈还没有认识到本心自性。惠能虽然从未蒙受过点化指导，但心中早已认识了佛法的大意。于是就问童子："你念的是什么偈啊？"

童子说："你这獦獠有所不知。五祖弘忍大师说：'世上众生脱离生死苦海是亟待解决的大问题。'他要传授衣钵和教法，让弟子们各写一个偈给他看。如果谁悟得佛法大意，就传衣钵给他，让他成为第六代祖师。上座师神秀在南廊墙壁上，写了这首无相偈，五祖弘忍大师让弟子们都念诵这首偈，依照这首偈修行，可以避免坠入恶道；依照这首偈修行，会有大受益。"

惠能说："我也要念诵这首偈，为来生结缘。上人，我在这里踏碓舂米，已经八个月了，从来没有走到堂上去，希望上人能带领我到偈前去顶礼膜拜。"

童子便带惠能到偈前去礼拜。惠能说："惠能我不识字，请上人为我读一遍。"

当时，有位叫张日用的江州别驾在场，便高声诵读了神秀的偈。惠能听了以后便说："我也有一偈，希望别驾为我写下来。"

别驾说："你也写？这件事真是稀奇少有。"

【原文】 惠能向别驾言："欲学无上菩提，不得轻于初学。下下人有上上智，上上人有没意智[①]。若轻人，即有无量无边罪[②]。"

别驾言："汝但诵偈，吾为汝书。汝若得法，先须度吾[③]，勿忘此言。"

惠能偈曰：

菩提本无树，明镜亦非台。

本来无一物，何处惹尘埃。

书此偈已，徒众总惊，无不嗟讶，各相谓言：奇哉，不得以貌取人，何得多时使他肉身菩萨[④]。

祖见众人惊怪，恐人损害，遂将鞋擦了偈，曰："亦未见性。众以为然。"

次日祖潜至碓坊，见能腰石舂米，语曰："求道之人，为法忘躯，当如是乎。"

乃问曰："米熟也未[⑤]？"

惠能曰："米熟久矣，犹欠筛在[⑥]。"

祖以杖击碓三下而去[⑦]。惠能即会祖意。三鼓入室。

祖以袈裟遮围[⑧]，不令人见。为说《金刚经》，至应无所住而生其心[⑨]，惠能言下大悟，

一切万法不离自性。遂启祖言:“何期自性,本自清净;何期自性,本不生灭;何期自性,本自具足[⑩];何期自性,本无动摇;何期自性,能生万法。”

祖知悟本性,谓惠能曰:“不识本心,学法无益。若识自本心,见自本性,即名丈夫、天人师、佛[⑪]。”

三更受法,人尽不知,便传顿教及衣钵[⑫]。云:汝为第六代祖,善自护念,广度有情[⑬],流布将来,无令断绝。听吾偈曰:

有情来下种,因地果还生。

无情既无种,无性亦无生。

祖复曰:“昔达磨大师[⑭],初来此土,人未之信,故传此衣,以为信体,代代相承。法则以心传心,皆令自悟自解。自古佛佛惟传本体,师师密付本心。衣为争端,止汝勿传,若传此衣,命如悬丝,汝须速去,恐人害汝。”

惠能启曰:“向甚处去?”

祖云:“逢怀则止,遇会则藏[⑮]。”

惠能三更领得衣钵,云:“能本是南中人,素不知此山路,如何出得江口?”

五祖言:“汝不须忧,吾自送汝。”

【注释】 ①没意智:即指愚钝、没有智慧或智慧被埋没的意思。意智,即思量之意。②无量:指不可计量之意。指空间、时间、数量之无限,亦指佛德之无限。无边:指广大而无边际也。③度:渡过之意。指从此处渡经生死迷惑之大海,而到达觉悟彼岸。出家为觉悟之第一步,故称出家为“得度”,即从生死此岸到解脱涅槃的彼岸。④肉身菩萨:菩萨,指据大乘佛教教义修行而能够于未来成就佛道的修行者。肉身菩萨,指生身菩萨,即以父母所生之身而至菩萨修行阶位的人。肉身菩萨于入寂后可得全身舍利。所谓舍利,据《法苑珠林》卷四十所载,舍利即身骨,为有别于凡夫死人之骨,故保留梵名。可分为三种:一、骨舍利,白色;二、发舍利,黑色;三、肉舍利,赤色。全身舍利系于高僧或大善知识示寂后,其身躯虽经年代久远,时空变迁,却未腐朽溃烂,常保原形而栩栩如生。⑤米熟也未:禅家讲“劈柴担水,无非妙道”,此处以舂米为喻,暗示询问惠能悟道了没有,思维是否成熟了。⑥犹欠筛在:此处以筛子筛米为喻,暗示惠能称自己思虑早已成熟,就差五祖弘忍大师点化开示或验证肯定了。⑦祖以杖击碓三下而去:此处指五祖弘忍大师暗示惠能是夜三更来见。⑧袈裟:比丘的法衣,解释为不正色、坏色、染色等意义,因为出家比丘所穿的法衣,都要染成浊色,故袈裟是依染色而立名的。又因其形状为许多长方形割截的小布块缝合而成,有如田畔,故又名割截衣或田相衣,亦称福田衣。⑨应无所住而生其心:为《金刚经》中之名句,与《心经》中“空即是色”义同。意即不论处于何境,此心皆能无所执着,而自然生起。心若有所执着,犹如生根不动,则无法有效掌握一切。故不论于何处,心都不可存有丝毫执着,才能随时任运自在,而如实体悟真理。⑩具足:具备满足的略称。⑪丈夫:又译作士夫,指成年男子,或诸根圆具的男子。人中之最胜者为丈夫,是勇进正道修行不退者。此处是调御丈夫的简称,调御丈夫是佛十大名号之一,意为佛能调御一切可度之丈夫,使入修道也。天人师:为如来十大名号之一。又作天人教师,谓佛陀为诸天与人类之教师,示导一切应作不应作、是善是不善,若能依教而行,不舍道法,

能得解脱烦恼之报，故称天人师。⑫顿教：指顿悟成佛的教法。以说法内容分，长时间修行而后到达悟的教法，称为渐教；迅即证得佛果、成就菩提之教法，称为顿教。衣钵：指三衣及一钵。三衣，指九条衣、七条衣、五条衣三种袈裟。钵，乃修行僧之正式食器，为出家众所有物中最重要者。受戒时，三衣一钵为必不可少之物，亦为袈裟、铁钵之总称。禅宗之传法即传其衣钵于弟子，称为传衣钵，因此亦引申为师者将佛法大意传授予后继者。⑬有情：旧译为众生，即生存者之意。关于"有情"与"众生"有说"有情"系指人类、诸天、饿鬼、畜生、阿修罗等有情识的生物。而草木金石、山河大地等为非情、无情之物。"众生"包括有情及无情二者。另一说则认为"有情"即是"众生"之异名，二者乃一体而异名，皆包括有情之生物及无情之草木等。⑭达磨：指菩提达摩（？～535），为我国禅宗初祖，西天第二十八祖。梁武帝普通元年（520）泛海至广州番禺，武帝遣使迎至建业，然而与武帝语不相契，遂渡江至魏，于嵩山少林寺面壁坐禅，传法给弟子慧可，授袈裟及《楞伽经》四卷。入寂后葬于熊耳山上林寺。梁武帝尊称师为"圣胄大师"；唐代宗赐"圆觉大师"之谥号。⑮怀：指怀集县，今天的广西梧州。会：指四会县，今天的广东新会。

【译文】 惠能对张别驾说："想要参习无上的菩提觉道，不应该轻视初学佛法的人。下下等的人中会有上上等的智慧，上上等的人中也有愚钝没智慧的。如果轻视别人，就犯下了不可估量的罪过。"

张别驾便说："你就说你的偈吧，我为你写。你如果得了法，一定要先来度我，请千万别忘了这句话。"

惠能的偈说道：

菩提本无树，明镜亦非台。

本来无一物，何处惹尘埃。

张别驾把这首偈写完以后，弟子众人全部惊讶不已，没有一个不唏嘘感叹的，互相说道："真是奇迹啊，人不应该以貌取人，什么时候他竟成了肉身菩萨。"

五祖看见大家惊讶嗔怪，唯恐有人要起心加害惠能，便用鞋将偈擦掉，说："这首偈也没有见得本心。"于是大家都认为是这样的。

第二天，五祖悄悄地来到碓坊，看见惠能弯腰拴着一块大石头正费力地舂米，说道："求佛道的人，为了佛法忘却自身，正应当像这样啊！"

便问道："米熟了没有？"

惠能说："米早就熟了，就差筛子筛一下了！"

五祖弘忍大师用拄杖在碓石上敲了三下走了，惠能立刻明白了五祖的心意。在当天晚上三更时分来到了五祖的房里。

五祖用自己的袈裟把门窗遮围起来，不让人看见。为惠能讲解《金刚经》，当讲到"应无所住而生其心"时，惠能当下开悟，明白了"一切万法不离自性"的道理。惠能于是禀告五祖说："想不到自我的本性原本是清净的；想不到自我的本性原本是不生不灭的；想不到自我的本性原本是自我具足的；想不到自我的本性原本是没有动摇的，想不到自我的本性是能解释产生一切万法的。"

五祖弘忍大师知道惠能已悟得了本性，便对惠能说："不能认识本心，学习佛法是没

有用的。如果认识了自我本性，识见了自己的本心，这样的人就可称为大丈夫、天人师和佛。”

五祖弘忍三更时分传授惠能佛法，人们都不知道。于是五祖把禅宗顿悟法门和衣钵传给了惠能，说：“你现在是第六代祖师，请善自珍重，好自护念，广度天下有情众生，将来广泛流布本门教法，不使它中断失传。听我的偈吧。”偈说：

有情来下种，因地果还生。

无情即无种，无性亦无生。

五祖弘忍大师又说：“当年达摩大师刚刚由印度来中土传扬佛法的时候，人们都不相信他，所以传下这件袈裟作为信物，用来代代相传，以为表证。顿教法门则是以心传心，心心印证，都要自己求证得解脱。自古以来诸佛所传都是以真谛为根本，祖师代代相承也都是密付教法，识见本心。衣钵实在是争夺的祸端，到你这儿就不要再传了，如果再传这件袈裟，你的性命就如同系千钧于一发，时刻都有危险。你必须赶快离开，恐怕有人要加害于你。”

惠能问五祖弘忍大师：“往哪里去呢？”

五祖说：“遇到带‘怀’字的地方就停下来，碰到带‘会’字的地方就隐居起来。”

惠能于三更时分领受了衣钵，说道：“惠能我原本是南方人，平日里不了解这里的山路，怎么能离开到江口去呢？”

五祖说：“你不需要担忧，我会亲自送你的。”

【原文】 祖相送直至九江驿[①]。祖令上船，五祖把橹自摇。惠能言：“请和尚坐，弟子合摇橹[②]。”祖云：“合是吾渡汝。”惠能云：“迷时师度，悟了自度，度名虽一，用处不同。惠能生在边方，语音不正，蒙师传法，今已得悟，只合自性自度。”祖云：“如是如是。以后佛法，由汝大行，汝去三年，吾方逝世。汝今好去，努力向南，不宜速说，佛法难起。”

惠能辞违祖已[③]，发足南行。两月中间，至大庾岭[④]，逐后数百人来，欲夺衣钵。

一僧俗姓陈，名惠明。先是四品将军，性行粗糙，极意参寻[⑤]，为众人先，趁及惠能。惠能掷下衣钵于石上，曰：“此衣表信，可力争耶。”

能隐草莽中，惠明至，提掇不动。乃唤云：“行者行者，我为法来，不为衣来。”

惠能遂出，盘坐石上。惠明作礼云：“望行者为我说法。”惠能云：“汝既为法而来，可屏息诸缘[⑥]，勿生一念，吾为汝说。”

明良久。惠能云：“不思善，不思恶，正与么时，那个是明上座本来面目[⑦]。”

惠明言下大悟。复问云：“上来密语密意外[⑧]，还更有密意否？”

【注释】 ①九江驿：今江西九江。②合：应该，理应。③辞违：辞别，告辞。④大庾岭：在今天江西大庾南、广东南雄北，是五岭之一。相传汉武帝时，有庾姓将军筑城于此，因名大庾岭，又称庾岭。⑤参寻：追踪寻找。⑥屏息诸缘：指屏息凝神，排除一切杂念。诸缘，指人心所追求、迷恋的一切现象。⑦本来面目：禅林用语。乃人人本具、不迷不悟之面目，即自己的自性，离开了一切的烦恼和染污，就是自己的本来面目。⑧密语密意：指佛陀真实、秘密之言语与教示。密意，隐藏的旨意，即佛特殊的意趣。密意所说之语，称为密语。

【译文】 五祖一直把惠能送到江西九江驿。五祖让惠能上船，五祖抓起橹亲自摇起来。惠能说："师父请坐，应该弟子摇橹。"五祖说："应该是我度你到彼岸。"惠能说："我迷误时师父度我，我开悟时应当自己度自己，同样是度，但师父度我和我度自我，用起来却不一样。惠能我生长在边远地方，连语言发音都不正确，承蒙师父传授教法，现在已经得悟，应该以自己本心自己度自己了。"五祖说："是这样！是这样！今后佛法要由你广为流布了。你离开后三年，我才会离开人世。你今天善自珍重，好生离去，奋力向南方走，不适宜过早讲说顿教法门，因为这些年内佛法很难兴盛起来。"

惠能辞别了五祖之后，拼命往南走。不到两个月，抵达了大庾岭。这时，后面跟随追踪而来的有几百人，都想来抢夺衣钵。

一个僧人俗姓陈，叫惠明，以前是四品将军，性格行为比较粗鲁，正极力地追踪寻找，他跑到众人的前面，赶上了惠能。惠能将衣钵扔在石头上，说："这件袈裟象征着佛法，难道是可以武力来争夺的吗？"

惠能于是隐藏在草丛中。惠明追来后，石头上的袈裟却怎么也拿不起来，袈裟纹丝不动，于是就大喊道："行者，行者，我是为佛法来的，不是为袈裟来的！"

于是惠能便出来了，盘腿坐在石头上。惠明向他行礼并说："恳望行者为我宣讲佛法。"惠能说："你既然是为了佛法而来，可以去除止息心中一切想法，不要生一点杂念，我为你讲说佛法。"

惠明进行了长时间的静默。惠能说："不要有意识地思量善，不要有意识地思量恶，在这种状态下，惠明上座你的本来面目是什么呢？"

惠明听了立刻大悟，又问："除了刚才所说的密语密意之外，还有什么密意吗？"

【原文】 惠能云："与汝说者，即非密也。汝若反照，密在汝边。"

明曰："惠明虽在黄梅，实未省自己面目。今蒙指示，如人饮水，冷暖自知。今行者即惠明师也。"

惠能曰："汝若如是，吾与汝同师黄梅。善自护持。"

明又问："惠明今后向甚处去？"

惠能曰："逢袁则止，遇蒙则居[①]。"

明礼辞。

惠能后至曹溪[②]，又被恶人寻逐。乃于四会，避难猎人队中，凡经一十五载。时与猎人随宜说法[③]。猎人常令守网，每见生命，尽放之。每至饭时，以菜寄煮肉锅。或问，则对曰："但吃肉边菜。

一日思惟：时当弘法[④]，不可终遁。遂出至广州法性寺[⑤]，值印宗法师讲涅槃经[⑥]。时有风吹幡动[⑦]，一僧曰风动，一僧曰幡动，议论不已。"

惠能进曰："不是风动，不是幡动，仁者心动[⑧]。"

一众骇然。印宗延至上席，征诘奥义。见惠能言简理当，不由文字。宗云："行者定非常人。久闻黄梅衣法南来，莫是行者否？"

惠能曰："不敢。"

宗于是作礼，告请传来衣钵，出示大众。宗复问曰："黄梅付嘱[⑨]，如何指授？"

惠能曰："指授即无，惟论见性，不论禅定解脱[10]。"

宗曰："何不论禅定解脱？"

能曰："为是二法，不是佛法。佛法是不二之法[11]。"

宗又问："如何是佛法不二之法？"

惠能曰："法师讲涅槃经，明佛性是佛法不二之法。如高贵德王菩萨白佛言[12]：犯四重禁[13]，作五逆罪[14]，及一阐提等[15]，当断善根佛性否？"佛言："善根有二：一者常，二者无常，佛性非常非无常，是故不断，名为不二；一者善，二者不善，佛性非善非不善，是名不二。蕴之与界[16]，凡夫见二，智者了达其性无二，无二之性即是佛性。"

【注释】 ①逢袁则止，遇蒙则居：指示惠明遇到地名中有"袁"字的地方就可以停下来，遇到地名中有"蒙"字的地方则可以居住下来。袁指袁州，蒙指袁州蒙山，今天的江西宜春，惠明后来居住在这里。②曹溪：位于韶州（今广东曲江东南）之河，发源于狗耳岭，西流与溱水合，以经曹侯冢故，又称曹侯溪。梁天监元年（502）天竺婆罗门三藏智药到曹溪口，饮其水而知此源为胜地，乃劝村人建寺，复因其地似西国之宝林山，故称宝林寺。智药预言，一百七十年后有肉身菩萨于此开演无上法门，得道者如林。六祖惠能在此弘法，故也称"曹溪大师"，后来也成为禅宗南宗的代称。③随宜说法：顺应众生不同能力、根器，顺应不同时间、地点各施以适当之教法，进行宣说佛法，以达完全效果称为随宜所说、随宜说法。说法，即宣说佛法，以化导利益众生。④弘法：弘通正法。⑤广州法性寺：又作制旨寺、制止道场，今称为光孝寺，位于广州西北部。东晋时，罽宾僧始造立寺宇，号王园寺。南朝时，真谛住此翻译经典，慧恺、僧宗等亦跟随来此，一时译经风盛。唐贞观年间，称为乾明法性寺。唐高宗仪凤元年（676），六祖惠能至本寺，开东山法门。宋以后改为广孝寺。⑥印宗法师：唐代僧（627~713），吴郡人。于广州法性寺宣讲《涅槃经》，遇六祖惠能大师，始悟玄理，而以惠能为传法师，八十七岁示寂。涅槃经：全称《大般涅槃经》，为北凉昙无谶译，四十卷。《涅槃经》主要宣扬佛身常在和"一切众生，悉有佛性"的思想。⑦幡：乃旌旗之总称。原为武人在战场上用以统领军旅、显扬军威之物，佛教则取之以显示佛菩萨降魔之威德，与"幢"同为佛菩萨之庄严供具。幡之形状，一般是由三角形的幡头、长方形的幡身、置于幡身左右的幡手，及幡身下方的幡足构成，有大有小。幡通常是布制，然亦有金铜制、杂玉制、纸制等类。⑧仁者：乃对人之敬称，或单称仁。⑨付嘱：原为付托、寄托之意。在佛经中，被引申为佛陀付托弘法布教的使命。禅宗常用以指嘱托袈裟等物，并转而表示师父以佛法的奥义授予弟子，故"付嘱"乃成禅宗的传统用语。⑩禅定：禅，为梵语禅那之略，译曰思惟修、静虑。定，为梵语三昧之译，心定止一境而离散动之义。禅与定皆为令心专注于某一对象，而达于不散乱的状态。解脱：指由烦恼束缚中解放，而超脱迷苦之境地。以能超度迷妄之世界，故又称度脱；以得解脱，故称得脱。广义言之，摆脱世俗任何束缚，于宗教精神上感到自由，均可用以称之。佛教以涅槃与解脱表示实践道之终极境地。⑪不二之法：独一无二之法门。不二，又作无二、离两边，指对一切现象应无分别，或超越各种区别。⑫高贵德王菩萨：具名光明遍照高贵德王菩萨。《涅槃经疏》十九曰："光明遍照，论外化广。高贵德王，辨内行深。"⑬四重禁：指比丘极严重之四种禁制，全称四重禁戒，略做四重，又作四重罪、四波罗夷罪。即：一、杀生；二、

偷盗；三、邪淫；四、妄语。⑭五逆罪：即五重罪，指罪大恶极，极逆于理者，有大乘五逆、小乘五逆之分。小乘五逆（单五逆）指：害母、害父、害阿罗汉、恶心出佛身血、破僧等五者。大乘五逆（复五逆）即：破坏塔寺，烧毁经像，夺取三宝之物，或教唆他人行此等事，而心生欢喜；毁谤声闻、缘觉以及大乘法；妨碍出家人修行，或杀害出家人；犯小乘五逆罪之一；主张所有皆无业报，而行十不善业或不畏后世果报，而教唆他人行十恶等。⑮一阐提：是不信佛法之义，即指断绝一切善根、无成佛之性、无法成佛者。⑯蕴之与界：即指五蕴与十八界。五蕴，即类聚一切有为法之五种类别。一、色蕴，即一切色法之类聚；二、受蕴，苦、乐、舍、眼触等所生之诸受；三、想蕴，眼触等所生之诸想；四、行蕴，除色、受、想、识外之一切有为法，亦即意志与心之作用；五、识蕴，即眼识等诸识之各类聚。十八界，即十八种类自性各别不同，又作十八持。即眼、耳、鼻、舌、身、意等六根（能发生认识之功能），及其所对之色、声、香、味、触、法等六境（为认识之对象），以及感官（六根）缘对境（六境）所生之眼、耳、鼻、舌、身、意等六识，合为十八种，称为十八界。界为种类、种族之义。

【译文】 惠能说："和你说了的，就不是秘密。你如果能够凭借智慧反观本心，妙法就在你那一边。"

惠明说："惠明虽然一直在黄梅修行，其实从未醒悟认识自己本来面目。今天承蒙指示，就像人喝水一样，是凉是热只有自己知道。从今以后，你就是我惠明的师父了！"

惠能说："你如果是这么想，那我和你都共同以五祖弘忍为师吧，今后好好护念修持。"

惠明又问："惠明我今后应该往哪里去？"

惠能说："碰到带'袁'字的地方就可以停下来，遇到带'蒙'的地方就可以住下来。"

惠明于是行礼并辞行。

惠能后来来到了曹溪山，又被恶人追赶。于是在四会这个地方，不得不混迹于猎人的队伍里，一晃就是十五年。这段时间里，他常常根据猎人们的不同情况，适时地给他们讲佛法。猎人们经常让他在捕兽的网边看守，每当看到有动物落入网中，惠能都将它们放生。每次到了吃饭的时候，惠能总是把蔬菜放在肉锅里煮熟了吃。有时被问到为什么这样做，惠能就回答："我只吃肉锅里的菜。"

终于有一天，惠能思虑："该是弘法的时候了，不能一直这样隐遁下去。"于是惠能离开四会来到广州法性寺，正好碰上印宗法师在讲《涅槃经》。这时一阵风吹着旌旗开始飘动，有一个僧人说这是风在动，一个僧人说这是旗在动，于是争论不休。

惠能这时进来说："不是风在动，也不是旗在动，是诸位的心在动。"

在场的僧人都惊讶不已。印宗法师于是将惠能请到上席就座，向他提问求证佛法深奥的大意。惠能所说的都简单明白，句句如理，不拘泥于文字。印宗说："行者一定不是寻常的人。我早就听说得传黄梅弘忍大师衣钵教法的人来到了南方，是不是就是你呢？"

惠能说："不敢当。"

印宗于是向惠能行礼，请求惠能将五祖弘忍大师所传的袈裟取出来展示给大家看。印宗又问："黄梅五祖弘忍大师所传付的衣钵教法究竟是如何说的？"

惠能说："并没有说什么，只是探究如何明心见性，而不提倡通过修禅习定得解脱。"

印宗问:“为什么不提倡修禅习定得解脱呢?”

惠能说:“因为修禅习定求解脱是有分别、有对待的法,不是佛法。佛法是不二之法。”

印宗又问:“什么是佛法的不二之法呢?”

惠能说:“法师你讲《涅槃经》,知道识见佛性是佛法的不二之法。比如光明普照高贵德王菩萨对佛说:‘犯了杀生、盗窃、邪淫、撒谎的四种根本戒;犯了杀父、杀母、杀阿罗汉、分裂僧团和伤害佛身体的五逆罪,还有不信佛法,断绝一切善根,不解成佛的一阐提等等,应该是断绝佛性和善根了吗?’佛说:‘善根有两种,一个是永恒不变的,另一个是转瞬易逝的。’佛性既不是永恒不变也不是转瞬即逝的,所以善根是不断灭的,这就是佛法的不二之法。五戒十善是善,五逆十恶是不善,而佛性是既不是善也不是不善,这就是佛法的不二之法。五蕴十八界,凡夫俗子看到的是差别,智慧之人了解通达它的本性是无差别的,这无差别的本性就是佛性。”

【原文】 **印宗闻说,欢喜合掌[①],言:“某甲讲经[②],犹如瓦砾;仁者论义,犹如真金。于是为惠能剃发[③],愿事为师。惠能遂于菩提树下,开东山法门[④]。”**

“惠能于东山得法,辛苦受尽,命似悬丝。今日得与使君、官僚、僧尼、道俗同此一会,莫非累劫之缘[⑤],亦是过去生中供养诸佛,同种善根,方始得闻如上顿教、得法之因。教是先圣所传,不是惠能自智。愿闻先圣教者,各令净心,闻了各自除疑,如先代圣人无别。”

一众闻法,欢喜作礼而退。

【注释】 ①合掌:又作合十,即合并两掌,集中心思,而恭敬礼拜之意。本为印度自古所行之礼法,佛教沿用之。②某甲:可以指他人也可以指自己。这里指自己。讲经:讲说经典。即公开宣讲、演说佛典之义理、内涵。有时,亦称有关佛法之专题演讲为讲经。举行讲经的场所,称为讲席、讲筵、讲肆、讲座等,讲说者称为讲师、讲主、讲士、讲匠。③剃发:又作薙发、削发、祝发、落剃、落饰、落发、净发、庄发,即出家皈依佛门时,剃除发、髭而成为僧、尼。此系佛弟子为去憍慢,且别于外道,或避免世俗之虚饰,而行剃发。④东山法门:指五祖的法门,因五祖弘忍禅师住在蕲州黄梅之黄梅山,其山在县之东部,因而叫作东山。禅宗四祖道信、五祖弘忍,都住在黄梅东山,引接学人。⑤累劫之缘:指积累许多劫所结下的缘分。累劫,指累叠众多的劫量。

【译文】 印宗听了这些讲说之后,心中欢喜,恭敬地合掌礼拜,说:“我对佛教经典的讲解就像砖瓦土块一样毫无价值;而仁者您谈论佛法大义,就如同纯金一样令人珍惜。”于是为惠能削发剃度,并希望拜惠能为师。惠能于是就在菩提树下,开讲五祖弘忍传授下来的佛教教法:

“惠能自从在弘忍大师那里得传教法,受尽了辛苦,生命总是危在旦夕。今天能够和韦刺史、各位官员、诸位僧尼道俗在这里相聚于法会,是许多劫以来积下的缘分成就的,也是过去世中供养礼敬佛菩萨,一同种下了善根,才有了今天听闻佛门无上的顿教法门和我获得这些教法的因由。此顿教法门都是历代佛祖所传授下来的,并不是我惠能个人的智慧。如果希望倾听先圣教谕的,都各自让自己内心清静,听了教谕之后,各自去除心中痴疑惑障,那样就和先圣前贤们没什么区别了。”

所有人听了教法，内心欢笑，礼拜之后退了出去。

般若品第二

【题解】

本品讲述应韦刺史的请益，惠能大师为众人开示“摩诃般若波罗蜜法”即“大智慧度”的意思，“摩诃”为大，“般若”即智慧，“波罗密”为到彼岸，从而阐述了般若智慧的本意。还进一步指出“凡夫即佛，烦恼即菩提”“前念迷即凡夫，后念悟即佛”“前念着境即烦恼，后念离境即菩提”的宗趣，即不开悟，佛是众生，一念开悟，众生是佛，一切佛法都在人自心之中，要在自心之中当下顿见真如本性。

【原文】 **次日，韦使君请益[1]，师升座，告大众曰：“总净心念摩诃般若波罗蜜多[2]。”复云：“善知识！菩提般若之智，世人本自有之，只缘心迷，不能自悟，须假大善知识，示导见性。当知愚人智人，佛性本无差别，只缘迷悟不同，所以有愚有智。吾今为说摩诃般若波罗蜜法，使汝等各得智慧，志心谛听，吾为汝说。”**

“善知识！世人终日口念般若，不识自性般若，犹如说食不饱。口但说空，万劫不得见性[3]，终无有益。”

“善知识！摩诃般若波罗蜜是梵语[4]，此言大智慧到彼岸。此须心行[5]，不在口念。口念心不行，如幻、如化、如露、如电。口念心行，则心口相应。本性是佛，离性无别佛。何名摩诃？摩诃是大，心量广大，犹如虚空[6]，无有边畔，亦无方圆大小，亦非青黄赤白，亦无上下长短，亦无嗔无喜，无是无非，无善无恶，无有头尾。诸佛刹土[7]，尽同虚空。世人妙性本空，无有一法可得。自性真空[8]，亦复如是。”

“善知识！莫闻吾说空，便即著空。第一莫著空；若空心静坐，即著无记空[9]。”

“善知识！世界虚空，能含万物色像，日月星宿，山河大地，泉源溪涧，草木丛林，恶人善人，恶法善法，天堂地狱，一切大海，须弥诸山[10]，总在空中。世人性空，亦复如是。”

“善知识！自性能含万法是大，万法在诸人性中。若见一切人恶之与善，尽皆不取不舍，亦不染著，心如虚空，名之为大，故曰摩诃。”

【注释】 ①请益：本为《礼记》《论语》中的用语，即学人请示老师教诲的意思。佛教中指高僧大德对弟子讲法，先有所予，弟子复有所请教，称之为请益。②摩诃般若波罗蜜多：梵语。摩诃，是“大”的意思。般若，指智慧之意。波罗密，即“到彼岸”。全译为大智慧度，意谓乘此大智慧则能由生死苦海渡到涅槃彼岸。③万劫：指经历世界之成坏一万次，即言时间极长。劫，是指分别世界成坏之时的量名，为古印度表示时间的最大单位。④梵语：又称天竺语，古印度之标准语。古印度人认为自己所说的语言，乃是秉承大梵天王所说而来的，故称梵语。相对于一般民间所用之俗语，梵语又称雅语。⑤心行：心内之作用、活动、状态、变化，如自心之喜爱、喜好，心之对象，心之作用所及范围，心之志向、心愿、性向、决心等，于心所起之分别意识、妄想、计较等。⑥虚空：虚与空都是无的别名。虚无形质，空无障碍，故名虚空。佛教中往往以虚空譬喻广大无边，譬喻无交易的常性以及无碍、无分别、容受之义。⑦刹土：指国土。刹，即梵语“差多罗”，意译为土田。⑧真

空:真如之理体,远离一切迷情所见之相,杜绝"有""空"之相对,故称真空。以其非假,故称真;以其离相,故称空。⑨无记空:于善不善皆不可记别的空。⑩须弥诸山:指须弥山及其外围的八个山。须弥山意译作妙高山,此山是由金、银、琉璃、水晶四宝所成,所以称妙,诸山不能与之相比,所以称高。又高有八万四千由旬,阔有八万四千由旬,为诸山之王,故得名妙高。此山为一小世界的中心,周围有八山、八海环绕,其外围的八个山就是持双、持轴、檐木、善见、马耳、象鼻、持边、铁围,而形成一世界须弥世界。

【译文】 第二天,韦刺史请惠能大师继续讲法,大师于讲坛上就座,对大家说:"大家都清静自心,念诵'摩诃般若波罗蜜多'"。又说:"善知识!菩提般若智慧,世上的人本来都有,只是由于自性蒙昧迷惑,而不能自我开悟,必须借助于极富有智慧的大善知识的开示引导,才能见到自己的本性。我们应该知道愚人和智人,他们的佛性都是没有差别的,只是由于迷惑和开悟的状态不同,所以才有了愚智之分。我今天为你们说摩诃般若波罗蜜法,使你们各自都得到智慧,用心仔细倾听,我来为你们讲。"

"善知识!世上的人们整天嘴里念诵般若,寻找智慧,却没有认识到自我本性中存在的般若智慧,这就好比嘴里说各种食物是不能使人肚子饱的。寻求般若智慧如果只是嘴上空说,虽历经万劫,也是永远不能明心见性,终究对学法是没有增益的。"

"善知识!摩诃般若波罗蜜是梵语,意思是大智慧到彼岸。这必须要内心体认,而不是口头上说。嘴上说而内心不体认,一切将如同梦幻泡影,如雾如电,转瞬即逝全都是空。口中念诵,内心体认,才能心口一致,相互契合。人的清静本性就是佛,离开自性没有别的成佛的可能。什么叫摩诃呢?摩诃是大的意思,人心广大无限,就像虚空一样,没有形质,没有障碍,没有边际,不是方形圆形,没有大小,没有青黄赤白之色,也没有上下长短,没有嗔怒欢喜,没有善恶对错,没有开端和尽头等。佛性境界,都等同于虚空。世上之人的本性其体本空,含一切万法,不舍一切法。所谓自我本性为真空妙有,也是这个道理。"

"善知识!不要听我谈论空,便立刻又执着于对空的追求。首先是不要执着于空;如果一味什么也不想地坐在那里,虽无善恶分别,但又落入虚妄的无记空了!"

"善知识!世界虚空,却能包含万事万物,各种现象:日月星辰,山河大地,泉源溪涧,草木丛林,恶人善人,恶法善法,天堂地狱,所有的大海,须弥山及其周围的山,都全部包含于虚空之中。世人的自性真空,也是这样的。"

"善知识!能含藏一切万法,这就是大。万法存在个人的自性本心之中。如果看到一切人的善和恶,都能够不生取舍之心,也不被沾染,不起执着,心如同虚空一样,这样就称之为大,所以称为'摩诃'。"

【原文】 "善知识!迷人口说,智者心行。又有迷人,空心静坐,百无所思,自称为大。此一辈人,不可与语,为邪见故[①]。"

"善知识!心量广大,遍周法界[②]。用即了了分明,应用便知一切。一切即一,一即一切,去来自由,心体无滞,即是般若。"

"善知识!一切般若智,皆从自性而生,不从外入,莫错用意,名为真性自用。一真一切真。心量大事[③],不行小道。口莫终日说空,心中不修此行。恰似凡人自称国王,终不

可得，非吾弟子。”

“善知识！何名般若？般若者，唐言智慧也[4]。一切处所，一切时中，念念不愚，常行智慧，即是般若行。一念愚即般若绝，一念智即般若生。世人愚迷，不见般若。口说般若，心中常愚。常自言我修般若，念念说空，不识真空。般若无形相，智慧心即是，若作如是解，即名般若智。”

“何名波罗蜜？此是西国语，唐言到彼岸，解义离生灭。著境生灭起[5]，如水有波浪，即名为此岸；离境无生灭，如水常通流，即名为彼岸，故号波罗蜜。”

“善知识！迷人口念，当念之时，有妄有非。念念若行，是名真性[6]。悟此法者，是般若法，修此行者，是般若行。不修即凡，一念修行，自身等佛。”

“善知识！凡夫即佛[7]，烦恼即菩提[8]。前念迷即凡夫，后念悟即佛。前念著境即烦恼，后念离境即菩提。”

【注释】 ①邪见：指不正之执见。凡是不合正法的外道之见都可叫作邪见。②法界：为十八界之一。广义泛指有为、无为之一切诸法，称为法界。法界又称法性、实相。法界之义有多种，以二义释之：一就事，一约理。就事而言，法者诸法也，界者分界也。诸法各有自体，而分界不同故名法界。约理而言，法相华严之释意，指真如之理性而谓之法界。或谓之真如法性、实相、实际，其体一也。③心量大事：指开发真如心量，是转迷开悟的大事。心量，指心起妄想，对外境起种种度量。大事，指转迷开悟之事。④唐言：就是指汉语。⑤著境生灭起：指由于人们追求一切外在的现象，产生了行为、语言、思想方面的“错误”行动，继而引起生死轮回。境，指人的感觉和思维器官所感知和认识的对象，泛指一切认知对象。⑥真性：不妄不变之真实本性，乃人本具之心体。佛教主张人所具之真性与佛菩萨之真性本无二致。不妄叫真，不变叫性。⑦凡夫：略称凡，指凡庸之人，迷惑事理和流转生死的平常人。就修行阶位而言，则未见四谛之理而凡庸浅识者，均称凡夫。⑧烦恼：又作惑。烦是扰义，恼是乱义，扰乱有情故名烦恼，使有情之身心发生恼、乱、烦、惑、污等精神作用之总称。一般以贪、嗔、痴三惑为一切烦恼之根源。

【译文】 “善知识！执迷不悟的人终日口头空说，智慧开悟的人用心体认。还有一种愚迷蒙昧的人，绝弃思考，死心静坐，什么一切都不思考，自己妄称这就是大。这一种人，不能与他谈法，因为他持不正的执见。”

“善知识！自性本心广博浩大，含藏遍布一切对象和常物。其功用便是能使一切清楚明白，运用它便能体认一切。一切都在本心，本心含藏一切，去来自由，无所滞碍，这就是般若之智。”

“善知识！一切般若知识，都是从自性中生发出来的，而不是从外在附加进去的。千万不能体会错了用心和含意，才能称为体用真正的自我本性。以此本性真实不虚，则观一切万法皆是真实不虚。转迷开悟的大事，不能用空心静坐这些小道来获得。嘴上不要整天说空而心中不修行体认。就好比平头百姓称自己为王，但他终究成不了王，这种人不属于我的弟子。”

“善知识！什么叫作般若？般若，汉语就是智慧的意思。在在处处，时时刻刻，心心念念都不痴迷愚昧，而能常起用智慧观照，这就是修行般若。任何一个念头转入迷愚，般

若智慧便立刻灭绝，一个念头开悟，般若智慧又立刻生起。世上的人执迷不悟，都无法体认般若智慧。嘴上谈论着般若，心中却时时执迷不悟。常常自己称自己在修行般若，但时时都说空且执着于空，而不能识见真空。般若智慧没有形态相状，人的智慧之心就是般若，如果做这样的理解，就是般若智慧。"

"什么是波罗蜜？这是印度语，汉语意思是到彼岸，解释它的意思就是离生死。执着于外境一切事物现象，就会产生生灭的心念，如同水生起了波浪，这种情形称为此岸；不执着于外境一切事物现象，就无生灭，如同通流无碍的水一样自然，这称为彼岸，所以叫波罗蜜。"

"善知识！执迷不悟的人口中念诵的时候，就产生了妄念和是非之心。如果时时刻刻能够心行，就称为不妄不变的真性。悟到的这个法就是般若法，修这个法的就是般若行。不修就是凡夫俗子，一念修行，自身就与佛等同无异。"

"善知识！凡夫俗子就是佛，烦恼就是菩提，二者本无差别。前一念痴迷愚昧则就是凡夫，后一念转迷得悟则当下就是佛。前一念执着于外境则就是烦恼，后一念超离外境则当下是佛。"

【原文】"善知识！摩诃般若波罗蜜，最尊最上最第一，无住无往亦无来[①]，三世诸佛从中出[②]。当用大智慧，打破五蕴烦恼尘劳[③]，如此修行，定成佛道，变三毒为戒定慧[④]。"

"善知识！我此法门[⑤]，从一般若生八万四千智慧。何以故？为世人有八万四千尘劳。若无尘劳，智慧常现，不离自性。悟此法者，即是无念[⑥]。无忆无著，不起诳妄，用自真如性[⑦]，以智慧观照，于一切法，不取不舍，即是见性成佛道。"

"善知识！若欲入甚深法界及般若三昧者[⑧]，须修般若行，持诵金刚般若经，即得见性。"

【注释】 ①无住：指无固定之实体；或指心不执着于一定对象，不失其自由无碍之作用者，又称不住。法无自性，无自性故，无所住着，随缘而生。住，意为住着之所。②三世诸佛：三世为过去世、现在世、未来世，三世诸佛即过去、现在、未来等三世之众多诸佛，统称全宇宙中之诸佛。又做一切诸佛、十方佛、三世佛。在佛教成立的当时，释迦牟尼佛称为现在佛，在释迦牟尼佛以前的一切佛称为过去佛，在释迦牟尼佛以后成佛的称为未来佛。统指出现于三世的一切佛。③尘劳：为烦恼的异称。贪嗔等烦恼，能染污心，犹如尘垢能使身心劳惫，谓为尘劳。④三毒：指贪、嗔、痴三种烦恼。贪是贪爱五欲，嗔是嗔恚无忍，痴是愚痴无明，一切烦恼本通称为毒，然此三种烦恼，系毒害众生出世善心中之最甚者，故特称三毒。为根本烦恼之首。贪毒引取无厌之心，嗔毒引起恚忿之心，痴毒引起迷暗之心。⑤法门：即佛法、教法。佛所说，而作为世间之准则者，称为法；此法既为众圣入道的通处，又为如来圣者游履之处，故称为门。⑥无念：即无妄念之意，正念的异名，指意识没有存有世俗的忆想分别，而符合真如之念。⑦真如：真实而永远不变者，故称之为真如。真，真实不虚妄之意。如，不变其性之意，即指遍布于宇宙中真实的本体，为一切万有之根源。又作如如、如实、法界、法性、实际、实相、如来藏、法身、佛性、自性清净身、一心、不思议界。⑧般若三昧：得到智慧的正定功夫。

【译文】“善知识！摩诃般若波罗蜜，最尊贵，最至上，最第一位，它随缘而起，无来无往。过去世、现在世、未来世，三世诸佛，都是从这里产生的。应当运用这个大智慧，破斥消除人的烦恼，这样来修行，一定能成就佛道，将贪、嗔、痴三毒转化为戒、定、慧三学。”

“善知识！我这个法门，能由这个无上般若智慧生出八万四千智慧。这是什么原因呢？由于世上的人原本有八万四千烦恼。如果没有烦恼，智慧时常显现，就不离自我本性。悟到了这个法门，就是正念。不迷恋，不执着，不产生狂妄之心，运用自己本具佛性，以智慧审视观察，对于一切事物现象，不执着不舍弃，就是明心见性，成就佛道。”

“善知识！如果要想深入研究佛法和般若三昧，必须修行般若，奉持念诵《金刚般若波罗蜜经》，就能明白本心，体见本性。”

【原文】“当知此经功德[①]，无量无边。经中分明赞叹，莫能具说。此法门是最上乘，为大智人说，为上根人说。小根小智人闻，心生不信。何以故？譬如大龙下雨于阎浮提[②]，城邑聚落，悉皆漂流，如漂枣叶。若雨大海，不增不减。若大乘人，若最上乘人，闻说金刚经，心开悟解，故知本性自有般若之智，自用智慧，常观照故，不假文字。譬如雨水，不从天有，元是龙能兴致，令一切众生、一切草木、有情无情，悉皆蒙润。百川众流，却入大海，合为一体。众生本性般若之智，亦复如是。”

“善知识！小根之人，闻此顿教，犹如草木根性小者，若被大雨，悉皆自倒，不能增长。小根之人，亦复如是。元有般若之智，与大智人更无差别，因何闻法不自开悟？缘邪见障重[③]，烦恼根深，犹如大云覆盖于日，不得风吹，日光不现。般若之智亦无大小，为一切众生自心迷悟不同。迷心外见，修行觅佛，未悟自性，即是小根；若开悟顿教，不能外修，但于自心常起正见，烦恼尘劳，常不能染，即是见性。”

“善知识！内外不住，去来自由，能除执心，通达无碍。能修此行，与般若经本无差别[④]。”

“善知识！一切修多罗及诸文字[⑤]，大小二乘[⑥]，十二部经[⑦]，皆因人置，因智慧性，方能建立。若无世人，一切万法本自不有。故知万法本自人兴，一切经书，因人说有。缘其人中有愚有智，愚为小人，智为大人。愚者问于智人，智者与愚人说法，愚人忽然悟解心开，即与智人无别。”

【注释】①功德：德，得也，修功有所得，故曰功德。意指功能福德，亦谓行善所获的果报。②阎浮提：原本系指印度之地，后则泛指人间世界，就是我们现在所住的娑婆世界。阎浮，是树的名称。提，是洲的意思。③障：又作碍，全称障碍、覆蔽的意思，指障害涅槃、菩提，遮害出离的烦恼，是烦恼的异名。④般若经：说般若波罗蜜之理的经典总名。旧译般若波罗蜜经，新译为般若波罗蜜多经，有数十部。⑤修多罗：指佛教经典。⑥大小二乘：一曰大乘，二曰小乘。大乘乃大人之乘，小乘者，小人之乘。大乘是菩萨的法门，以救世利他为宗旨；小乘是声闻缘觉的法门，以修身自利为宗旨。若从经藏里的经本分之，四阿含等罗汉系经典为小乘，华严等菩萨系经典为大乘。⑦十二部经：乃佛陀所说法，依其叙述形式与内容分成之十二种类，又作十二分教、十二分圣教、十二分经，乃指佛经体例上的十二种类别。在中国佛教中，十二部经泛指一切佛典。

【译文】“要知道这部经的功德，是无量无边的。经中有对此赞叹的内容，说得明明

白白，这里不再一一细说。这个法门是最上乘的，是专为有大智慧的人说的，是为上等根器的人说的。小根器禀性、小智慧的人听了，心中反会生出不信。这是什么缘故呢？比如龙王降大雨在我们居住的这个世界，城池村落，全部会被雨水冲垮，如同树叶一般随波漂流。如果大雨是落在大海之中，则大海不会有丝毫增减损益。像大乘根器的人，像最上乘根器的人，听到《金刚经》就会开悟。所以我们知道本性中原本就含有般若智慧，自己运用智慧，时常审视观察，遍照明了一切，不需要借助任何文字。好比雨水，并不是天上本有才下落于世，而是龙能兴云致雨，使一切众生，一切草木，有情和无情，都蒙受润泽。一切河流，都归大海，合为一个整体。众生本性的般若智慧，也是这样。"

"善知识！小根器禀性的人；听说了顿教教法，如同根浅枝弱的草木，一旦被大雨冲刷，全部自己倒伏在地，不能再生长了。小根器的人也是如此，原本具有般若智慧，与大根器大智慧的人，别无二样，为什么听说佛法却不能自己开悟呢？只因为错误的见解障碍深重，烦恼根植于心中太深，好像浓重的乌云遮蔽了太阳，又得不到风的吹动，阳光无法显现出来。般若智慧也是没有大小之分的，只是因为一切众生自己心中迷障和开悟的程度不一样。愚迷的人只见心外，向外求法，苦觅佛道，没有悟得自我本性，这就是小根器小禀性的人。如果顿悟法门，不用心外修行，只要自我本心中时常升起正确见地，一切烦恼不能浸染，这就是认识自我本性。"

"善知识！对内境和外境都不能执着，来去自由，能够去除执着之心，就能通达而无阻碍。能够如此修行，所达到的境界就和《般若经》所说的无差别。"

"善知识！一切经典和文字，大乘小乘经典，十二部经，都是因为人而设置的，因为人本自具有智慧之性，所以佛法能够建立。如果没有世人，一切事物和现象原本也都不能呈现。由此可知一切事物现象原本是由人所兴现的，一切经文佛典，因为因人讲说而存在，为人而设的。由于世界上的人中有愚迷的，也有智慧的，愚迷的是小根器的人，智慧的是大根器的人。愚迷的人向智慧的人请教，智慧的人给愚迷的人说法，愚迷的人忽然开解得悟，随即他的境界就与智慧的人没有差别了。"

【原文】"善知识！不悟即佛是众生；一念悟时，众生是佛。故知万法尽在自心，何不从自心中，顿见真如本性？"

菩萨戒经云[①]："我本元自性清净，若识自心见性，皆成佛道。净名经云[②]：即时豁然，还得本心。"

"善知识！我于忍和尚处，一闻言下便悟，顿见真如本性。是以将此教法流行，令学道者顿悟菩提，各自观心，自见本性。若自不悟，须觅大善知识，解最上乘法者[③]，直示正路。是善知识有大因缘[④]，所谓化导令得见性。一切善法[⑤]，因善知识能发起故。三世诸佛，十二部经，在人性中本自具有，不能自悟，须求善知识，指示方见。若自悟者，不假外求。若一向执谓须他善知识方得解脱者，无有是处。何以故？自心内有知识自悟。若起邪迷，妄念颠倒[⑥]，外善知识虽有教授，救不可得。若起正真般若观照，一刹那间，妄念俱灭。若识自性，一悟即至佛地[⑦]。"

"善知识！智慧观照，内外明澈，识自本心。若识本心，即本解脱。若得解脱，即是般若三昧，即是无念。何名无念？若见一切法，心不染著，是为无念。用即遍一切处，亦不

著一切处。但净本心，使六识出六门[8]，于六尘中无染无杂[9]，来去自由，通用无滞，即是般若三昧，自在解脱，名无念行。若百物不思，当令念绝，即是法缚，即名边见[10]。”

【注释】 ①菩萨戒经：佛教戒律书。姚秦罗什译《梵网经·菩萨心地戒品第十》，此经主要讲述大乘佛教的十重戒和四十八轻戒。②净名经：《维摩诘经》的通称和异名。玄奘将《维摩诘经》译为《无垢称经》，玄奘以后则皆以《净名经》称之。③解最上乘法者：指懂得禅宗教义的人。④因缘：为因与缘之并称。因，指引生结果之直接内在原因。缘，指由外来相助之间接原因。凡一事一物之生，本身的因素叫作因，旁助的因素叫作缘。例如稻谷，种子为因，泥土、雨露、空气、阳光、肥料等为缘，由此种种因缘的和合而谷子得以生长。⑤善法：为“恶法”之对称，指合乎于“善”的一切道理，即指五戒、十善、三学、六度。⑥妄念：指虚妄的心念，即无明或迷惘的执念。因凡夫之迷心不知一切法的真实义，遍计勾画颠倒而产生错误的思考。据大乘起信论载，妄念能搅动平等之真如海，而现出万象差别之波浪，若能远离，则得入觉悟之境界。⑦佛地：通教十地之第十位。谓第九地之菩萨最后顿断烦恼所知二障之习气而成道之位也，即达到成佛的地位。⑧六识：指眼、耳、鼻、舌、身、意等六种认识作用，即以眼、耳、鼻、舌、身、意等六根为依，对色（显色与形色）、声、香、味、触、法（概念及直感的对象）等六境，产生见、闻、嗅、味、触、知等了别作用的眼识、耳识、鼻识、舌识、身识、意识等。识、境、根三者必须同时存在。六门：眼、耳、鼻、舌、身、意六根也叫六门。⑨六尘：指色尘、声尘、香尘、味尘、触尘、法尘等六境，又作外尘、六贼。众生以六识缘六境而遍污六根，能昏昧真性，故称为尘。此六尘在心之外，故称外尘。此六尘犹如盗贼，能劫夺一切善法，故称六贼。⑩边见：五见之一。遍于一边、不合中道、执断执常的见解名为边见。

【译文】 “善知识！不得开悟时，佛就是众生；一念得悟时，众生都是佛。由此可知，一切都存在于自我本心之中，为什么不从自我本心中当下得悟识见真如本心呢？”

“《菩萨戒经》中说：‘自己的本性原来就是清净的，如果识见本心，明见心性，都能成就佛道。’《净名经》说：‘当下豁然开悟，就能够得以识见本心。’”

“善知识！我在弘忍大和尚那里，一听到佛法便开悟，顿悟识见真如本性。故而我将这顿教教法流布行化，让学道的人都开悟顿见佛法的无上智慧，各自观照本心，识见本性。如果自己不能开悟，必须找寻大的善知识，找寻能理解最上乘佛法的人，直接指示正确的开悟之路。作为善知识，他们都与佛法有很大的因缘，通过所谓的教化和引导，令人得见自我本性。一切正确的道理，都是由于善知识们发起流布的。过去、现在和未来的一切佛，十二部经，在人的本性中是本来具备的，如果不能自我开悟，必须求助于善知识，通过他们的指导开示识见本心。如果能够自我开悟，是不需求助于外力的。如果总是执着，声称必须依赖别的善知识，才能得到解脱，这样一点不正确。这是什么缘故？是因为自己心中原本具足一切智慧。如果自我生起邪见愚迷，被虚妄心念颠倒，外在的善知识尽管有所教导指授，也不可能救得了你。如果生起真正的般若智慧进行观照，瞬间刹那，虚妄心念全部寂灭。如果识见自我本性，一下开悟便达到佛的境地。”

“善知识！运用智慧观察映照，心内心外通明透彻，识见自我本心。如果识见自我本心，就是根本解脱。如果得到解脱，就是般若三昧，就是无念。什么叫作无念？如果识见

一切事物现象，本心不执着、不被染污，就叫作无念。运用时能遍及一切地方处所，又不执着于任何一处。只要使本心清净无染，使眼识、耳识、鼻识、舌识、身识、意识六识从眼、耳、鼻、舌、身、意六门中空去，在色、声、香、味、触、法六尘中不被浸染，不被扰杂，来去自由，运用通达无所滞碍，就是般若三昧，就是解脱得大自在，称之为无念修行。如果任何事物都不思虑，一任心念绝灭，又是执着于法，为法所缚了，这叫作偏于一边的恶见，落于片面了。"

【原文】 "善知识！悟无念法者，万法尽通；悟无念法者，见诸佛境界；悟无念法者，至佛地位。"

"善知识！后代得吾法者，将此顿教法门，于同见同行，发愿受持[①]，如事佛故，终身而不退者，定入圣位[②]。然须传授从上以来默传分付[③]，不得匿其正法。若不同见同行，在别法中，不得传付，损彼前人，究竟无益。恐愚人不解，谤此法门，百劫千生，断佛种性[④]。"

"善知识！吾有一无相颂[⑤]，各须诵取。在家出家，但依此修。若不自修，惟记吾言，亦无有益。"听吾颂曰：

说通及心通，如日处虚空；唯传见性法，出世破邪宗。法即无顿渐，迷误有迟疾；只此见性门，愚人不可悉。说即虽万般，合理还归一；烦恼暗宅中，常须生慧日。邪来烦恼至，正来烦恼除；邪正俱不用，清净至无余。菩提本自性，起心即是妄；净心在妄中，但正无三障[⑥]。世人若修道，一切尽不妨；常自见己过，与道即相当。色类自有道[⑦]，各不相妨恼；离道别觅道，终身不见道。波波度一生，到头还自懊；欲得见真道，行正即是道。自若无道心，暗行不见道；若真修道人，不见世间过。若见他人非，自非却是左；他非我不非，我非自有过。但自却非心，打除烦恼破；憎爱不关心，长伸两脚卧。欲拟化他人，自须有方便；勿令彼有疑，即是自性现。佛法在世间，不离世间觉；离世觅菩提，恰如求兔角。正见名出世，邪见是世间；邪正尽打却，菩提性宛然。此颂是顿教，亦名大法船；迷闻经累劫，悟则刹那间。

师复曰："今于大梵寺说此顿教，普愿法界众生言下见性成佛。时韦使君与官僚、道俗闻师所说，无不省悟。一时作礼，皆叹：善哉！何期岭南有佛出世！"

【注释】 ①发愿：又作发大愿、发愿心、发志愿、发无上愿，发起誓愿的意思。受持：指受者以信力领受于心，持者以念力忆而不忘。②圣位：三乘人证得菩提之果位，指断尽见惑之初果圣者。③默传：即"默传心印"。于禅宗，师家教导弟子不以言语或文字直言明示，而以心传心，令其自悟佛法奥义，见性成佛。默，指知解，并非是"绝无一言"。④断佛种性：断绝佛性，永远不能成佛。⑤无相：为"有相"的对称，即无形相的意思。于一切相，离一切相，即是无相。因为涅槃超离一切虚妄之相，所以无相也是涅槃的别名。⑥三障：三种障碍，又作三重障，指障碍圣道之烦恼障、业障、异熟障（果报障）。⑦色类：有各种物质形体的众生，一般指世间的一切人。

【译文】 "善知识！领悟了无念法门的人，就通达了一切法；领悟了无念法门的人，就识见佛的境界；领悟了无念法门的人，就达到了佛的果位。"

"善知识！后代得到我所授法门的人，需要将这顿教法门，和与他见地相同、立志同修的人，一起发起誓愿领受护持，如同奉礼敬佛一样，一生不消退信力，因这个缘故，必定

能达到佛的圣位。然而必须传付指授从佛祖以来的以心传心的默传教法。不得隐匿宗门正法。如果不与见地相同、行法相同的人一起同修，在信奉外教的人之中，不可传法付嘱，这样对先圣前贤有损，终究是没有好处的。因为愚昧痴妄的人不能理解，反会毁谤这个法门，这样的人就会百劫千生永远断了佛性的种子，不能成佛了。"

"善知识！我有一个无相颂，大家各自都要念诵记取。无论在家居士还是出家僧人，须依照这个颂去修。如果自己不依此修行，仅仅是记住我的话，也是没有用处的。诸位听我的颂。"颂词说：

说通及心通，如日处虚空；唯传见性法，出世破邪宗。法即无顿渐，迷悟有迟疾；只此见性门，愚人不可悉。说即虽万般，合理还归一；烦恼暗宅中，常须生慧日。邪来烦恼至，正来烦恼除；邪正俱不用，清净至无余。菩提本自性，起心即是妄；净心在妄中，但正无三障。世人若修道，一切尽不妨；常自见己过，与道即相当。色类自有道，各不相妨恼；离道别觅道，终身不见道。波波度一生，到头还自懊；欲得见真道，行正即是道。自若无道心，暗行不见道；若真修道人，不见世间过。若见他人非，自非却是左；他非我不非，我非自有过。但自却非心，打除烦恼破；憎爱不关心，长伸两脚卧。欲拟化他人，自须有方便；勿令破有疑，即是自性现。佛法在世间，不离世间觉；离世觅菩提，恰如求兔角。正见名出世，邪见是世间；邪正尽打却，菩提性宛然。此颂是顿教，亦名大法船；迷闻经累劫，悟则刹那间。

大师又说："今天在大梵寺所说的这个顿教教法，衷心愿望普天下的众生听闻之后能明心见性，成就佛道。"当时韦刺史与官员们、僧人和在家俗众听了大师所讲，没有不觉悟明白的。当时都向惠能大师行礼致敬，都感叹道："太好了！谁料想岭南这个地方有真佛出现了！"

疑问品第三

【题解】

本品通过韦刺史的疑问，阐述了何为"功德"，"见性是功，平等是德""内心谦下是功，外行于礼是德""不离自性是功，应用无染是德"等，指明了怀有世俗功利目的的行为和举措，即使规模再大，也非解脱层面的真功德，而是一种执着攀缘的求福行为。"功德须自性内见，不是布施供养之所求也"。针对韦刺史对于念佛往生西方极乐世界的疑问，惠能大师反问其"东方人造罪，念佛求生西方；西方人造罪，念佛求生何方"？强调心中自有净土，心净则佛土净。接着通过譬喻和进一步的解说使得众生体悟到佛向性中作，莫向身外求，成佛的唯一方法就是见性，念念见性则西方就在眼前。

【原文】

一日，韦刺史为师设大会斋[①]。斋讫，刺史请师升座，同官僚士庶肃容再拜[②]，问曰："弟子闻和尚说法，实不可思议。今有少疑，愿大慈悲，特为解说。"

师曰："有疑即问，吾当为说。"

韦公曰："和尚所说，可不是达摩大师宗旨乎？"

师曰："是。"

公曰："弟子闻达摩初化梁武帝③。"帝问云："朕一生造寺度僧，布施设斋④，有何功德？"达摩言："实无功德。弟子未达此理，愿和尚为说。"

师曰："实无功德，勿疑先圣之言。武帝心邪，不知正法。造寺度僧，布施设斋，名为求福，不可将福便为功德。功德在法身中，不在修福。"

师又曰："见性是功，平等是德。念念无滞，常见本性，真实妙用，名为功德。内心谦下是功，外行于礼是德。自性建立万法是功，心体离念是德。不离自性是功，应用无染是德。若觅功德法身，但依此作，是真功德。若修功德之人，心即不轻，常行普敬。心常轻人，吾我不断，即自无功。自性虚妄不实，即自无德。为吾我自大，常轻一切故。善知识！念念无间是功，心行平直是德。自修性是功，自修身是德。善知识！功德须自性内见，不是布施供养之所求也，是以福德与功德别。武帝不识真理，非我祖师有过。"

【注释】 ①大会斋：在大法会中兼用斋饭。②士庶：士族和庶族。这里指广大信众。③梁武帝(464~549)：南朝兰陵人，姓萧名衍，字叔达。在位期间，笃信佛教，有"皇帝菩萨"之称。天监十八年(519)从钟山草堂寺慧约受菩萨戒；当时名僧僧伽婆罗、法宠、僧迁、僧旻、法云、慧超、明彻等，皆受其礼敬，并在首都建康建了大寺七百余所，僧尼讲众常聚万人。武帝一生精研佛教教理，固持戒律，四次舍身同泰寺，自讲涅槃、般若、三慧等经；著有《涅槃经》《大品经》《净名经》《三慧经》等之义记数百卷。后因侯景起兵反叛，攻陷建康，于太清三年(549)饿死于台城。在位四十八年，世寿八十六。④布施：即以慈悲心而施福利于人的意思。为六波罗蜜之一，再加上法施、无畏施二者，扩大布施之意义。亦即指施予他人以财物、体力、智慧等，为他人造福成智而求得累积功德，以致解脱的一种修行方法。

【译文】 一天，韦刺史为惠能大师举行大法会兼施斋饭。斋饭完毕后，刺史请大师登上讲坛开讲，自己同其他官员及广大信众，整肃仪容，两次庄重行礼致敬，问道："弟子听大师说法，实在微妙，令人无法心思口议。现在还有一点疑问，希望大师慈悲为怀，特地为我解说开示。"

惠能大师说："有疑惑就问吧，我自会给你解说。"

韦刺史说："请问大师您所说的是达摩大师的宗旨吗？"

惠能大师回答："是的。"

韦刺史说："弟子听说，达摩最初度化梁武帝，武帝问：'我一生中建造寺庙，敕度僧人，布施舍予，广设斋会，这有什么样的功德？'达磨说：'实在是没什么功德。'弟子我不能理解这个道理，希望大师为我解说。"

惠能大师说："实在是没什么功德的，请不要怀疑先圣前贤的话。梁武帝心中生起邪见，不能理解正法。建造寺庙，敕度僧人，布施舍予，广设斋会，这个叫作求获福报，却不可以把求福认为是功德。身具一切佛法，功德自存其中，而不在于行善求获福报。"

惠能大师又说："明心见性就是功，平等无二就是德。每一刹那都无所滞碍，时常照见本心自性，真实不虚，发挥妙用，这就是功德。内心谦虚处下就是功，外行合乎于理就是德。自我本性含藏万法就是功，自心本体超离俗念妄想就是德。不离开自心本性是

功，运用自心本性而无所浸染是德。如果寻求功德的本性，只要依照这些来做，就是真正的功德。如果是修功德的人，心中就不会产生轻视，而始终奉行广泛的敬心。心中时常轻视他人，自我的执见不能断灭，就自然是没有功的。自我心性如果虚妄不真实，就自然是没有德的。是因为一贯以自我为大，我执太重，时常轻视一切的缘故。善知识！时时刻刻，念念之间无有中断就是功，依平常心顺直而行就是德。自我修行本性是功，自我修行身行是德。善知识！功德必须在自心本性中识见，而不是通过布施舍予，供养侍奉来求得的，所以福德与功德是有区别的。梁武帝正是不能认识到这个真理，这并非是达摩祖师言行有错误。"

【原文】 刺史又问曰："弟子常见僧俗，念阿弥陀佛[1]，愿生西方[2]。请和尚说，得生彼否？愿为破疑！"

师言："使君善听，惠能与说。世尊在舍卫城中，说西方引化，经文分明，去此不远。若论相说里数，有十万八千，即身中十恶八邪[3]，便是说远。说远为其下根，说近为其上智。"

"人有两种，法无两般，迷悟有殊，见有迟疾。迷人念佛求生于彼；悟人自净其心。所以佛言：'随其心净即佛土净[4]。'"

使君东方人，但心净即无罪。虽西方人，心不净亦有愆[5]。东方人造罪，念佛求生西方；西方人造罪，念佛求生何国？

凡愚不了自性，不识身中净土，愿东愿西；悟人在处一般。所以佛言："随所住处恒安乐。使君心地但无不善，西方去此不遥。若怀不善之心，念佛往生难到[6]。今劝善知识，先除十恶，即行十万；后除八邪，乃过八千。念念见性，常行平直，到如弹指，便睹弥陀[7]。"

【注释】 ①阿弥陀佛：意译无量。为西方极乐世界的教主。此佛光明无量、寿命无量，故称阿弥陀佛。②西方：又称西方极乐净土，略称西方，即阿弥陀佛之极乐净土，指西方极乐世界。③十恶：即一、杀生；二、偷盗；三、邪淫；四、妄语；五、两舌，即说离间语、破语；六、恶口，即恶语、恶骂；七、绮语，即杂秽语、非应语、散语、无义语。乃从染心所发者；八、贪欲，即贪爱、贪取、悭贪；九、嗔恚；十、愚痴。八邪：即反于八正道者。一邪见、二邪思惟、三邪语、四邪业、五邪命、六邪方便、七邪念、八邪定。④随其心净即佛土净：出自《维摩诘经·佛国品》，只要心地清净便是佛国净土。⑤愆：罪过。⑥往生：往弥陀如来的极乐净土，谓之往，化生于彼土莲花中，谓之生。谓命终时生于他方世界。通常又以"往生"为"死"之代用词。⑦便睹弥陀：是往生西方极乐世界的象征。

【译文】 韦刺史又问："弟子常常看到出家人和在家人，口中念诵阿弥陀佛名号，希望往生西方。请大师讲讲，能够往生到那里吗？希望大师为我们破斥疑惑。"

大师说："韦刺史好好听着，惠能我向你解说。释迦牟尼当年在舍卫城里，说到接引度化到西方极乐世界时，经文中说得清楚明白，西方极乐世界离现世并不遥远。但如果论相状来说里数，则有十万八千里之远，若从自性上说，就是身心中有十恶八邪的障碍，所以说遥远不可及。说它远是针对根器下等的人而言，说近则针对的是具有上等智慧的人。"

"人固然有这两种之分，但佛法却没有这样的两种分别，只是因为愚迷和开悟的不

同，所以识见本心就有快慢之别。愚迷的人称名念佛，祈求往生西方极乐；开悟的人则自我清净本心。所以佛说：‘自我本心清净，也就是佛土清净。’”

“韦刺史你是东方人，只要自心清净便没有罪孽。尽管是西方人，若自心不清净也是有罪业的。东方人造罪业，还可以称名念佛祈求往生西方；西方人若造罪业，称名念佛又求往哪一方呢？”

“凡夫愚迷不能了达自我本性，不能识见自身中存有净土，希望往生东方、往生西方；而了悟的人，在哪里都一样，别无二致。所以佛说：依随你所在的地方而保持恒久安乐。韦刺史心中只要没有不善之念，西方极乐世界就离此并不遥远。如果心中怀有不善之念，即使称名念佛也无法往生西方极乐。现在我奉劝诸位善知识，先消除十恶，那么你就已经行了十万里；再除去八邪，你就又过了八千里。时时刻刻明见本性，如常直了修行，到西方极乐世界便容易得有如弹指一挥间，便能够亲见阿弥陀佛。”

【原文】“使君但行十善[①]，何须更愿往生？不断十恶之心，何佛即来迎请？若悟无生顿法，见西方只在刹那；不悟念佛求生，路遥如何得达？惠能与诸人移西方于刹那间，目前便见，各愿见否？”

众皆顶礼云[②]：“若此处见，何须更愿往生？愿和尚慈悲，便现西方，普令得见。”

师言：“大众！世人自色身是城[③]，眼耳鼻舌是门。外有五门，内有意门。心是地，性是王。王居心地上，性在王在，性去王无。性在身心存，性去身心坏。佛向性中作，莫向身外求。”

“自性迷即是众生，自性觉即是佛。慈悲即是观音，喜舍名为势至。能净即释迦，平直即弥陀。”

“人我是须弥[④]，邪心是海水，烦恼是波浪，毒害是恶龙，虚妄是鬼神，尘劳是鱼鳖，贪嗔是地狱[⑤]，愚痴是畜生。”

“善知识！常行十善，天堂便至[⑥]；除人我，须弥倒；去邪心，海水竭；烦恼无，波浪灭；毒害除，鱼龙绝。自心地上觉性如来，放大光明，外照六门清净，能破六欲诸天[⑦]。自性内照，三毒即除，地狱等罪，一时销灭，内外明彻，不异西方。不作此修，如何到彼？”

大众闻说，了然见性。悉皆礼拜，俱叹善哉！唱言：“普愿法界众生，闻者一时悟解。”

【注释】 ①十善：即十善业，乃身口意三业中所行之十种善行为。反之，身口意所行之十种恶行为，称为十恶；远离十恶，不犯十恶，则谓之十善。②顶礼：即两膝、两肘及头着地，以头顶敬礼，承接所礼者双足。向佛像行礼，舒二掌过额、承空，以示接佛足。又叫作头顶礼敬、头面礼足、头面礼。其义同于五体投地、接足礼。印度最上之敬礼，以我所高者为顶，彼所卑者为足；以我所尊，敬彼所卑者。③色身：指有形质之身，即肉身。由四大等色法所组成的肉身。反之，无形者称为法身，或智身。④人我是须弥：佛教认为世人由于自我的“我执”“法执”造下了须弥山一般高的罪孽，“人我是须弥”就是人我之执犹如高山障碍的正道。⑤地狱：译为不乐、可厌、苦具、苦器、无有等，六道中最苦的地方。其依处在地下，因谓之地狱。凡所处的地方，只有苦受而没有喜乐的环境，皆可比喻为地狱。⑥天堂：又作天宫，与“地狱”对称。指天众所住的天上宫殿，即善人死后，依其善业所至受福乐的处所。凡所处的地方，能有随心享乐的环境，皆可比喻为天堂。⑦六欲诸

天：欲界有六重天，谓之六欲天：一、四王天（有持国、广目、增长、多闻四王，故名四王天）；二、忉利天；三、夜摩天；四、兜率天；五、乐变化天；六、他化自在天。

【译文】 惠能大师继续说道："韦刺史只要奉行十善，又何必要再去往生西方极乐世界呢？如果不断灭十恶之心，又有什么佛来迎请接引你往生西方呢？如果悟了没有生灭的顿教教法，亲见西方极乐世界，只不过是瞬间就能达到的；不能开悟而称名念佛，但求往生，路有十万八千里之远，又如何能达到呢？惠能我能给诸位在一瞬之间搬来西方极乐世界，眼下便能看到。各位是否希望看到？"

众人都向大师行大礼，说："如果在这里能见，哪还需要再发愿往生西方呢？希望大师慈悲为怀，立刻就显现出西方来，让大家都得以看到。"

惠能大师说："各位，世上的人的肉身就如同一座城池，眼睛耳朵鼻子舌头等好像是城门。外面有五个门，里面还有一个意念门。自心好比土地，自性好比帝王。帝王居于自心这块土地上，自性在，帝王在，自性无，帝王无。自性存在，身心存在；自性缺失，身心大坏。作佛要向自性中去求得，切不要向身外去求索。"

"自我本性愚迷时，佛也是众生；自我本性觉悟时，众生就是佛。能以慈悲为怀，当下就成观音；能乐于施舍，现在就是大势至菩萨。能自性清净就是释迦牟尼，能平等直了就是阿弥陀佛。"

"有人我二执时，障碍升起如同须弥山，邪见心念如同无尽大海，烦恼生起就如同波浪涌动，歹毒害人之心像凶猛的恶龙，虚假妄念如同鬼魅，在尘劳中奔波如同鱼鳖，心存贪欲嗔怒就是身陷地狱，愚昧无知就堕入了畜生道。"

"善知识！时常奉行十善，天堂便在眼前；拔除人我之执，须弥障碍轰然倒塌；去除贪心，欲念之海顿然枯竭；烦恼不生如同波浪不兴；心中毒害之心消除如同恶龙鱼鳖尽绝。自性心地上觉悟如来佛性，放大光明，生大智慧，将外在的眼、耳、鼻、舌、身、意六门照耀清净，把欲界的六重天全部照破。自我本性向内映照，贪、嗔、痴三毒当即灭除，应该堕入地狱受苦的罪业也顷刻除尽，内外通明透彻，就与西方极乐世界没有差别。不这样修行，怎么能到达彼岸的西方极乐世界？"

大家听了惠能大师所说，立刻识见本性。向大师礼敬致拜，都感叹、称赞，高声唱诵道："但愿普天下听到此法的众生，立刻都能开悟。"

【原文】 师言：善知识！若欲修行，在家亦得，不由在寺。在家能行，如东方人心善；在寺不修，如西方人心恶。但心清净，即是自性西方。

韦公又问：在家如何修行？愿为教授！

师言：吾与大众说无相颂，但依此修，常与吾同处无别。若不依此修，剃发出家，于道何益？

颂曰：

心平何劳持戒[1]？行直何用修禅？恩则孝养父母，义则上下相怜。让则尊卑和睦，忍则众恶无喧。若能钻木出火，淤泥定生红莲。苦口的是良药，逆耳必是忠言。改过必生智慧，护短心内非贤。日用常行饶益[2]，成道非由施钱。菩提只向心觅，何劳向外求玄。听说依此修行，西方只在目前。

师复曰:善知识!总须依偈修行,见取自性,直成佛道。时不相待,众人且散,吾归曹溪。众若有疑,却来相问。

时,刺史、官僚、在会善男信女,各得开悟,信受奉行。

【注释】 ①持戒:六度之一,即护持戒法的意思,与"破戒"相对称。②饶益:予人富裕、丰足法益的意思。

【译文】 惠能大师说:"善知识!如果想修行,在家中也是可以的,不一定必须到寺庙里。如果在家中也能坚持修行,恰如身处东方的人却能心存善行;即使身在寺中却不奉行修行,那就如同身在西方极乐却心存恶念。只要内心清净,就是在自性中得见西方极乐世界。"

韦刺史又问:"在家又怎样修行呢?希望能给我们教化指授。"

大师说:"我给大家说一个《无相颂》,只要依照这个颂修行,就是经常和我在一起。如果不依照这个颂修行,即使剃度出家为僧,其对于修道又有什么用处呢?"颂词说:

心平何劳持戒?行直何用修禅?恩则孝养父母,义则上下相怜。让则尊卑和睦,忍则众恶无喧。若能钻木出火,淤泥定生红莲。苦口的是良药,逆耳必是忠言。改过必生智慧,护短心内非贤。日用常行饶益,成道非由施钱。菩提只向心觅,何劳向外求玄。听说依此修行,西方只在目前。

大师又说:"善知识!大家都必须依照偈颂修行,各自识见获取本性,直接成就佛道。佛法修行不可拖延。大家就这样先散了吧,我这就回曹溪山了。大家如果有疑问,就来问我好了。"

当时,韦刺史与官员们,大法会上的善男信女们,都有所开悟,对惠能大师的教法深信不疑,遵守奉行。

定慧品第四

【题解】

本品讲述了惠能大师认为南宗禅法之法门,是以定慧为本,并用灯与光之关系喻示定慧一体、体用一如,"定是慧体,慧是定用","即慧之时定在慧,即定之时慧在定"。主张修行之时不可定慧两分,偏执一端。接着指出本宗法门以"无念为宗、无相为体、无住为本",外离一切相叫作无相,对所有外境均不沾染叫作无念,对于一切时间善恶好坏、不思酬爱、视为空幻的人之本性即是无住。力倡"于一切行住坐卧,常行一直心",教人自识本心、自见本性。

【原文】 **师示众云:善知识!我此法门,以定慧为本。大众勿迷,言定慧别,定慧一体,不是二。定是慧体,慧是定用,即慧之时定在慧,即定之时慧在定。若识此义,即是定慧等学。诸学道人,莫言先定发慧、先慧发定各别。作此见者,法有二相。口说善语,心中不善,空有定慧,定慧不等。若心口俱善,内外一如,定慧即等。自悟修行,不在于诤;若诤先后,即同迷人。不断胜负,却增我法,不离四相[①]。**

善知识!定慧犹如何等?犹如灯光。有灯即光,无灯即暗,灯是光之体,光是灯之

用。名虽有二,体本同一。此定慧法,亦复如是。

师示众云:善知识!一行三昧者[②],于一切处行住坐卧,常行一直心是也。净名经云:直心是道场[③],直心是净土[④]。莫心行谄曲[⑤],口但说直,口说一行三昧,不行直心。但行直心,于一切法勿有执著。迷人著法相[⑥],执一行三昧,直言常坐不动,妄不起心,即是一行三昧。作此解者,即同无情,却是障道因缘。

善知识!道须通流,何以却滞?心不住法,道即通流。心若住法,名为自缚。若言常坐不动是,只如舍利弗宴坐林中[⑦],却被维摩诘诃[⑧]。

善知识!又有人教坐,看心观静,不动不起,从此置功。迷人不会,便执成颠,如此者众。如是相教,故知大错。

【注释】 ①四相:我、人、众生、寿者。②一行三昧:是一种实相念佛教法。修习这种禅定时,要以法界(即真如、实相)为观想对象,专心念佛,即可以见到佛,离开心没有别的佛。神秀北宗禅倡导这种禅定,强调静坐安心。惠能反对守心看净,并对一行三昧做了新的解释。三昧,又作三摩地、三摩提、三摩帝,意译为等持、定、正定、正受、定意、调直定、正心行处等,即将心定于一处或一境的一种安定状态。又一般俗语形容妙处、极致、蕴奥、诀窍等之时,皆以"三昧"称之,即套用佛教用语而转意,当然已与原义迥然有别。③道场:一般所谓的道场,系指修习佛法的场所,故道场可作为寺院的别名。又作菩提道场、菩提场,专指中印度菩提伽耶的菩提树下之金刚座上佛陀成道之处。这里指的是禅宗所谓的成就菩提动机的发心、修行等。④净土:全称清净土、清净国土、清净佛刹。又作净刹、净界、净国、净方、净域、净世界、净妙土、妙土、佛刹、佛国,指以菩提修成的清净处所为佛所居之所。对此而言,众生居住之所,有烦恼污秽,故称秽土、秽国。⑤谄曲:谄媚不正。⑥法相:与"法性"同义。诸法所具本质之相状,或指其意义内容。又指真如、实相。⑦舍利弗:佛陀十大弟子之一。舍利弗归佛后,常随从佛陀,辅翼圣化,为诸弟子中之上首;复以聪明胜众,被誉为佛弟子中"智慧第一"。宴坐:坐禅或静坐的意思。⑧维摩诘:菩萨名。略称维摩,为佛陀的在家弟子,乃中印度毗舍离城之长者。虽在俗尘,然精通大乘佛教教义,其修为高远,虽出家弟子犹有不能及者。

【译文】 惠能大师开示众人说:"善知识!我所讲的法门,以定、慧为根本。大家不要迷误,认为定、慧二者有别,定和慧是一体的,不是二分的。禅定是智慧的本体,智慧是禅定的功用,就在智慧显现的时候,定存在于慧中,在入定的时候慧存在于定中。如果了解了这个道理,就是定、慧平等同体。各位学习佛道的人,不要说须先禅定再生发智慧,或先生发智慧才能禅定,认为二者有别。有这种观点的,就是认为佛法也有两种相状。嘴上说着善语,心中没有善意,徒有定慧的虚名,定慧却不是一体之学。如果心存善意,口出善言,心口相应,内外如一,定、慧即成一体。自我开悟依此修行,不在于争执名相,如果执着于争执定、慧孰先孰后,即与愚迷之人等同无异。不断决胜负高下的心念计较,就会不断加重我执,无法超离对'我、人、众生、寿者'四相的执着。"

"善知识!定、慧的关系好比什么呢?好比灯光。有灯就有光,没有灯即是黑暗,灯是光的本质,光是灯的功用。两者名称虽不同,本质却是同一的。定、慧关系之理,也是如此。"

大师开示众人说："善知识！一行三昧，就是无论何时何地，无论或行或住，或坐或卧，都直接依照本心修行。《净名经》说：直现本心就是佛的处所，直现本心就是西方极乐世界。不要心中进行谄媚邪曲，口中却说直心，口中宣称一行三昧，却不奉行直心。要奉行平直心念，对一切事物现象没有执着。愚迷的人执着于法相，执着于一行三昧，直接宣称只要经常静坐不动，妄念不从心中起，这就是一行三昧。做这样解释的人，就和无情草木一样，是障碍修道的。"

"善知识！道必须是通达流动的，为什么却是滞塞的呢？心中不执着于法，道便通达。心中若执着于法，这叫作为法所缚。如果说应该常常静坐而不动，那么只会像舍利弗当年在树林中长久静坐，却被维摩诘呵斥一样。"

"善知识！有人教人静坐，守着心，观看静，身体不动，长久不起，根据这个来建立功德。愚迷的人不能体会定慧的道理，一再执迷，乃成颠倒虚妄，像这样的人有很多。像这样的教导，是大错特错的。"

【原文】 师示众云："善知识！本来正教，无有顿渐，人性自有利钝。迷人渐修，悟人顿契，自识本心，自见本性，即无差别。所以立顿渐之假名。"

"善知识！我此法门，从上以来，先立无念为宗，无相为体，无住为本。无相者，于相而离相；无念者，于念而无念；无住者。人之本性。于世间善恶好丑，乃至冤之与亲，言语触刺欺争之时，并将为空，不思酬害[①]，念念之中，不思前境。若前念今念后念，念念相续不断，名为系缚[②]。于诸法上，念念不住，即无缚也。此是以无住为本。"

"善知识！外离一切相，名为无相。能离于相，即法体清净。此是以无相为体。"

"善知识！于诸境上，心不染，曰无念。于自念上，常离诸境，不于境上生心；若只百物不思，念尽除却，一念绝即死，别处受生，是为大错，学道者思之！若不识法意，自错犹可，更误他人；自迷不见，又谤佛经。所以立无念为宗。"

"善知识！云何立无念为宗？只缘口说见性迷人，于境上有念，念上便起邪见。一切尘劳妄想，从此而生。自性本无一法可得，若有所得，妄说祸福，即是尘劳邪见。故此法门立无念为宗。善知识！无者，无何事？念者，念何物？无者，无二相，无诸尘劳之心。念者，念真如本性，真如即是念之体，念即是真如之用。真如自性起念，非眼耳鼻舌能念。真如有性，所以起念。真如若无，眼耳色声当时即坏。"

"善知识！真如自性起念，六根虽有见闻觉知，不染万境，而真性常自在。故经云：能善分别诸法相，于第一义而不动[③]。"

【注释】 ①酬害：报复。酬，报答。②系缚：又作结缚，拘束之意。指众生之身心为烦恼、妄想或外界事物所束缚而失去自由，长时间流转于生死之中。是烦恼的别名，因烦恼如绳子能系缚身心，使人不得自在。③第一义：至高无上的真理。以名究竟之真理，是为最上，故云第一。

【译文】 惠能大师说："善知识！原本真正的教法，没有顿渐之分，人性本来有聪明和愚钝罢了。愚钝的人渐次修行，聪明的人顿时契悟，自我识见本心，自我识见本性，就没有顿悟渐悟的差别了。所以顿悟渐悟只是权且设立的假名而已。"

"善知识！我所宣讲的法门，从佛祖以来，一直是首先立无念为宗旨，以无相为本体，

以无住为本根。所谓无相，基于一切相状而超离一切相状；所谓无念，生起心念而不执着于心念；所谓无住，乃是人的本性。对于世间一切善恶好丑，甚至冤家对头，亲朋好友，在言语上发生攻击、刺伤、欺谎、论争的时候，一并将这些看成空幻，不去思索报复伤害，时时刻刻，不追思拘泥于以前，这就是以无住为本。如果对于过去、现在、将来的心念，念念相续，思量不断，这叫作自我系缚。相反，对于一切法相，念念之间毫不执着，就是没有系缚，这就是以无住为本。”

“善知识！超离一切外在形相，叫作无相。能超离于形相，就是自性法体清净。这就是以无相为本体。”

“善知识！在世间万事万物中不被浸染，叫作无念。在自我心念上，时常超离一切事物现象，不在所遇到的事物现象上生执着心；假如只是什么都不思维，心念除去灭尽，一念断绝就是死，以为还可以到别的地方再去受生，这是极大的错误，参学佛道的人应该仔细思维！如果不能识见佛法大义，自己错误迷妄也就罢了，偏偏还要再去劝行他人；自己迷误不能识见本性，又毁谤了佛教经典。因此要立无念为宗旨。”

“善知识！为什么说要立无念为宗旨呢？只因为口头上声称识见本性的愚迷之人，在事物上生执着心念，产生邪见。一切尘世错误妄想，从此而生。自我本性本来并不是可以通过某种具体方法能够获得的，如果有所得，就胡乱声称是祸福果报，这是世俗邪见。所以这个法门立无念为宗旨。善知识！无，无的是什么？念，念的又是什么？无是没有差别对立的二分之相，没有执迷尘世之心。念是心念与佛性相一的自我本性，真正的如来佛性是心念的本体，心念是真如佛性的效用。真如佛性由自我本性中升起心念，并非是眼睛、耳朵、鼻子、舌头等感觉器官能起心念。真如佛性是自我本具的自我之性，从中能够生起心念。如果真如佛性不是自我本具，那么眼睛、耳朵等六种感觉器官就应该是坏死的。”

“善知识！自我真如本性生起心念，六种感觉器官虽然能看见、听到、觉察、了解，但不被外在一切事物现象所浸染，真如本性就是永恒自在的。所以佛经上说：真如佛性能够正确地了知各种事物和现象，在根本上是没有生灭，不会动摇的。”

坐禅品第五

【题解】

本品记载惠能大师对何为“坐禅”所做的解释：“外于一切善恶境界，心念不起，名为坐；内见自性不动，名为禅”。阐述了南宗禅对“禅定”的定义：“外离相为禅，内不乱为定”，“外禅内定，是为禅定”。认为坐禅并不是守心看净，一味枯坐，而是要对外不执着，对内止散乱，禅定与般若智慧是内外一体的。最后还强调了要明心见性，自修自行，自成佛道的道理。

【原文】

师示众云：“此门坐禅[1]，元不著心[2]，亦不著净，亦不是不动。若言著心，心元是妄，知心如幻，故无所著也。若言著净，人性本净；由妄念故，盖覆真如，但无妄想，性自清净。起心著净，

却生净妄，妄无处所，著者是妄。净无形相，却立净相，言是工夫，作此见者，障自本性，却被净缚[③]。”

“善知识！若修不动者，但见一切人时，不见人之是非善恶过患，即是自性不动[④]。”

“善知识！迷人身虽不动，开口便说他人是非长短好恶，与道违背。若著心著净，即障道也。”

师示众云：“善知识！何名坐禅？此法门中，无障无碍，外于一切善恶境界，心念不起，名为坐；内见自性不动，名为禅。善知识！何名禅定？外离相为禅[⑤]，内不乱为定。外若著相，内心即乱。外若离相，心即不乱。本性自净自定，只为见境思境即乱。若见诸境心不乱者，是真定也。”

“善知识！外离相即禅，内不乱即定。外禅内定，是为禅定。菩萨戒经云：我本元自性清净。善知识！于念念中，自见本性清净，自修、自行，自成佛道。”

【注释】 ①坐禅：结跏趺坐，不起思虑分别，系心于某一对象，称为坐禅。②元：通“原”。③净缚：指被所要观想的“净相”所束缚。④自性不动：指自体之本性。诸法各自有不变不改之性，是名自性。这里指不从主观上分辨和计较是非曲直。⑤外离相：指自心对外在事物和现象都不执着。

【译文】 惠能大师开示众人说：“我这个法门所讲的坐禅，原本不是执着于固守本心，也不是执着于一味看净，更不是枯坐不动。如果说执着心念，心念原本也是虚妄，了解了心念的虚妄，所以也就没有什么可执迷固守的。如果说执着于追求本性清净，那么人的本性原本就是清净的；由于虚妄心念的缘故，掩盖遮蔽了自我真如本性，一旦没有了虚妄邪见，本性就又自我清静了。生起执心追求所谓的清净，却又生起对清净本身执着的妄念，这种妄念本来是无处着落和无所适从的，一旦清净产生执着之心时，它便有了生起的处所。清净本来是没有形相的，却给清净设定一个形相，硬说符合这一形相的才是修行的功夫，持这样见解的人，障碍迷惑了自我的本性，其实是被所谓的清净执迷束缚了。”

“善知识！如果修‘不动’行，心不生起，那么看任何人的时候，都对他的是非善恶能视而不见，心念不随之扰动，这就是自我本性真正寂然不动。”

“善知识！愚迷的人身体虽然在那里纹丝不动，但一开口就是议论别人的是非长短和好坏，这与修道是正好相违背的。这与执着于守心看净一样，也是障碍修道的。”

惠能大师开示众人说：“善知识！什么叫坐禅？我这个法门中，没有阻碍，遍达自在，对于一切外在的善恶境界，不起心动念，这叫作坐；能识见内在自我本性寂然不动，这叫作禅。善知识！什么叫禅定？超离外境外相就是禅，内心不散乱叫作定。如果执着于外境外相，内心必定散乱。如果超离外境外相，内心就不散乱。人的本性原是本自清净，本自安定的，只是因为遇见外境因而思虑执着于外境，所以内心就散乱了。如果能见到一切外境而内心不散乱的，这才是真正的定。”

“善知识！超离外境外相就是禅，内心不散乱就是定。外禅内定就是禅定。《菩萨戒经》说：自我本性原本清净。善知识！时时刻刻识见自我本性清净，自我修持，自我心行，自然成就佛道。”

忏悔品第六

【题解】

本品记述惠能为来山听法的四方士庶讲授“自性五分法身香”“无相忏悔”“自心四弘誓愿”“无相三归依戒”以及“一体三身自性佛”等法。自性五分法身香分为戒香、定香、慧香、解脱香、解脱知见香，倡导修行之人自心戒定慧，自心解除攀缘系缚，求得解脱。接着传授无相忏悔，界定了“忏悔”的定义，忏即说出前罪，悔即断除后过。讲说了“自心众生无边誓愿度，自心烦恼无边誓愿断，自性法门无尽誓愿学，自性无上佛道誓愿成”的自心四弘誓愿。授“无相三归依戒”，变以往的归依佛、法、僧三宝而为归依觉、归依正、归依净，力倡归依自性，而非外力，所谓“自性不归，无归依处”。最后为大众讲说何为“清净法身佛”、何为“圆满报身佛”、何为“千百亿化身佛”的一体三身自性佛法门，三身佛都在自性，不在身外，从自性生，不从外得，佛性本具，即心即佛。

【原文】 时，大师见广韶洎四方士庶[①]，骈集山中听法[②]，于是升座告众曰：“来，诸善知识！此事须从自性中起[③]。于一切时，念念自净其心，自修自行，见自己法身，见自心佛，自度自戒，始得不假到此。既从远来，一会于此，皆共有缘。今可各各胡跪[④]，先为传自性五分法身香[⑤]，次授无相忏悔[⑥]。”

众胡跪。师曰：“一戒香，即自心中，无非、无恶、无嫉妒、无贪嗔、无劫害，名戒香。二定香，即睹诸善恶境相，自心不乱，名定香。三慧香，自心无碍，常以智慧观照自性，不造诸恶。虽修众善，心不执著，敬上念下，矜恤孤贫，名慧香。四解脱香，即自心无所攀缘[⑦]，不思善，不思恶，自在无碍，名解脱香。五解脱知见香，自心既无所攀缘善恶，不可沉空守寂，即须广学多闻，识自本心，达诸佛理，和光接物，无我无人，直至菩提，真性不易，名解脱知见香。”

“善知识！此香各自内熏[⑧]，莫向外觅。”

“今与汝等授无相忏悔，灭三世罪[⑨]，令得三业清净[⑩]。”

【注释】 ①广韶：广州和韶州。②骈集：汇聚，集聚。③此事：这里指明心见性的顿悟解脱。④胡跪：又作胡跽。古时印度、西域地方总称为胡，胡跪乃指一般胡人跪拜的敬仪。⑤五分法身香：指戒香、定香、慧香、解脱香、解脱知见香。这五分香，皆从自性上说，皆从功德上修，也就是从自证自性法身来成如如佛。香，是以智慧火烧那抽象无价真香。⑥无相忏悔：忏，乃“忍”的意思，即请求他人忍罪。悔，追悔，悔过，即追悔过去之罪。禅宗主张不注重忏悔的形式和仪式，强调个人的心性明净，称之为无相忏悔。⑦攀缘：攀取缘虑、心随外境而转的意思，指心执着于某一对象的作用。如老人攀杖而起，谓之攀缘。又如猿攀木枝，忽而在彼，忽而在此，谓之攀缘。⑧内熏：“外熏”的对称。众生心中，皆有本觉之真如，此本觉之真如熏习无明，使妄心厌恶生死的痛苦，而祈求涅槃之快乐，此情形谓之内熏。至于佛菩萨的一切教法，以及行者自身的修行，都叫作外熏。⑨三世：乃过去世、现在世与未来世的总称。现在世与未来世合称为现当二世。⑩三业：身口意三处之所做的身业、口业、意业。身业即身之所作，如杀生、偷

盗、邪淫、酗酒等事;口业即口之所语,如恶口、两舌、绮语、妄语等言语;意业即意之所思,如贪、嗔、痴等动念。

【译文】 当时,惠能大师看到广州和韶州及来自各地的士庶百姓,都汇集在曹溪山听讲佛法,于是便开坛讲法,向众人说道:"来,各位善知识!修行佛道这等大事必须从自我本性上着手。在任何时候,时刻自我清净本心,自我修持,自我心行,识见自己的智慧法身,识见自心的佛性,自我度脱,自我持戒,到此才不算虚度。既然从大老远赶来,一齐会聚在这里,都是有缘的。现在大家各自可以胡跪,我先给你们传授自性五分法身香,再传授无相忏悔。"

大家都胡跪着。惠能大师说:"第一是戒香,就是自我本心中没有是非,没有善恶,没有嫉妒心,没有贪欲嗔怒,没有劫心毒害,这叫作戒香。第二是定香,就是看到一切善恶的外境外相,自心不散乱,这叫作定香。第三是慧香,自心通达没有障碍,时常用智慧观照自性,不造作一切恶业。虽然修行一切善业,自心却不生执着,敬重长辈,体念晚辈,怜悯抚恤孤苦贫困,这叫作慧香。第四是解脱香,就是自心没有对外物生追求攀依之心,不思量善,不思量恶,自由自在,无所挂碍,这叫作解脱香。第五是解脱知见香,自心既没有对善恶生攀缘之心,也不能陷入虚空,固守枯寂,就是说需要广泛学习,多多听取教诲,识见自我本心,通达一切佛教真理,待人接物和光同尘,没有人我之执,直接达到无上觉悟,真我本性没有改变,这叫作解脱知见香。"

"善知识!这种五分法身香大家各自在自我内心中点燃熏习,千万不要向外寻求。"

"现在我给你们传授无相忏悔,以除灭过去、现在、未来三世的罪业,使大家获得身业、口业、意业三业的清净。"

【原文】 "善知识!各随我语,一时道:'弟子等,从前念、今念及后念,念念不被愚迷染。从前所有恶业、愚迷等罪,悉皆忏悔,愿一时销灭,永不复起。'"

"弟子等,从前念、今念及后念,念念不被骄诳染。从前所有恶业、骄诳等罪,悉皆忏悔,愿一时销灭,永不复起。"

"弟子等,从前念、今念及后念,念念不被嫉妒染,从前所有恶业、嫉妒等罪,悉皆忏悔,愿一时销灭,永不复起。善知识!已上是为无相忏悔。"

"云何名忏?云何名悔?忏者,忏其前愆。从前所有恶业:愚迷骄诳嫉妒等罪,悉皆尽忏,永不复起,是名为忏。悔者,悔其后过。从今以后,所有恶业,愚迷骄诳嫉妒等罪,今已觉悟,悉皆永断,更不复作,是名为悔,故称忏悔。凡夫愚迷,只知忏其前愆,不知悔其后过。以不悔故,前愆不灭,后过又生;前愆既不灭,后过复又生,何名忏悔?"

"善知识!既忏悔已,与善知识发四弘誓愿[①],各须用心正听:自心众生无边誓愿度,自心烦恼无边誓愿断,自性法门无尽誓愿学,自性无上佛道誓愿成。"

"善知识!大家岂不道众生无边誓愿度,恁么道[②],且不是惠能度。"

"善知识!心中众生,所谓邪迷心、诳妄心、不善心、嫉妒心、恶毒心,如是等心,尽是众生,各须自性自度,是名真度。"

"何名自性自度?即自心中邪见烦恼愚痴众生,将正见度[③]。既有正见,使般若智打破愚痴迷妄众生,各各自度。邪来正度,迷来悟度,愚来智度,恶来善度。如是度者,名为真度!"

【注释】 ①四弘誓愿：一切菩萨初发心时，必发此四种广大之愿，故又称总愿。又作四弘愿、四弘行愿、四弘愿行、四弘誓、四弘。有关四弘愿的内容与解释，散见于诸经论，然而各经所举颇有出入。中国佛教一般采用《六祖坛经》之说，即：一、众生无边誓愿度，谓菩萨誓愿救度一切众生。二、烦恼无尽誓愿断，谓菩萨誓愿断除一切烦恼。三、法门无量誓愿学，谓菩萨誓愿学知一切佛法。四、佛道无上誓愿成，谓菩萨誓愿证得最高菩提。此四弘誓愿可配于苦、集、灭、道四谛。②恁么道：这样说。③正见：系八正道之一，十善之一。为"邪见"之对称，即远离或有或无的邪见，而采取持平正中的见解。

【译文】 "善知识！大家都各自跟随我念诵，立即说：'弟子们以前、现在、将来的每一个念头，都不被愚昧迷惑所沾染，以前所有造作的恶业、愚昧、迷惑等等罪过，全部都忏悔，希望立即销毁灭断，永远不再重新生起。'"

"弟子们，以前、现在、将来的每一个念头，都不被骄狂傲妄沾染，以前所造作的恶业、骄狂傲妄等罪过，全部都忏悔，希望立刻销毁灭断，永远不再重新生起。"

"弟子们，以前、现在、将来的每一个念头，都不被嫉妒沾染。以前所造作恶业、嫉妒等罪过，全部都忏悔，希望立刻销毁灭断，永远不再重新生起。善知识！以上就是无相忏悔。"

"什么叫作忏？什么叫作悔？所谓忏，就是坦白承认自己以前所造下的罪业。以前所有的恶业：愚昧迷惑、骄狂傲妄、嫉妒等等罪过，全部都坦白承认，永远都不再重犯，这叫作忏。所谓悔，反思改悔以断除今后会造的罪业。从今以后，所有恶业、愚昧迷惑、骄狂傲妄、嫉妒等等罪过，现在都已觉知开悟，全部都将永远断绝，更不会再次造作，这就叫作悔，所以称为忏悔。凡夫俗子愚昧迷惑，只知道忏说坦白他以前所造罪业，而不知道反思改悔以绝除他今后会造罪业。由于不懂得悔改的缘故，前面的罪业还未灭尽，后面的罪过又新生起；前面的罪业既然不能灭尽，后面的罪过已然重又生起，这叫什么忏悔呢？"

"善知识！既然忏悔已经传授完毕，现在再和你们发四弘愿，大家各自需要正心诚意，用心听取：自心众生无边誓愿度，自心烦恼无边誓愿断，自性法门无尽誓愿学，自性无上佛道誓愿成。"

"善知识！大家不是都说'众生无边誓愿度'吗？这样说，并不是我惠能来度。"

"善知识！心中的众生，就是我们所说的邪迷之心、诳妄之心、不善之心、嫉妒之心、恶毒之心等等，像这样的心，都是众生，大家必须各自运用本性自我度脱，这就叫真度。"

"什么叫自性自度？就是自我本心中邪迷妄见、烦恼愚痴等众生，都用正确的知见将它们度脱。有了正见，让般若智慧打破愚痴迷妄众生，各各自性自度。以正见度脱邪见生起，以觉悟度脱迷妄疑惑，以智慧度脱愚迷障碍，以善良心念度脱邪恶心念。这样的度，叫作真度。"

【原文】 **"又烦恼无边誓愿断。将自性般若智除却虚妄思想心是也。又法门无尽誓愿学，须自见性，常行正法，是名真学。又无上佛道誓愿成，既常能下心，行于真正，离迷离觉，常生般若，除真除妄，即见佛性；即言下佛道成。常念修行是愿力法[1]。"**

"善知识！今发四弘愿了，更与善知识授无相三皈依戒[2]。善知识！皈依觉，两足尊[3]；皈依正，离欲尊；皈依净，众中尊！从今日去，称觉为师，更不皈依邪魔外道，以自性三宝常自证明。劝善知识，皈依自性三宝。佛者，觉也；法者，正也；僧者，净也。自心皈依觉，邪迷不

生，少欲知足，能离财色，名两足尊。自心皈依正，念念无邪见，以无邪见故，即无人我贡高[4]，贪爱执著，名离欲尊。自心皈依净，一切尘劳爱欲境界，自性皆不染著，名众中尊。"

"若修此行，是自皈依。凡夫不会，从日至夜，受三归戒；若言皈依佛，佛在何处？若不见佛，凭何所归？言却成妄。"

"善知识！各自观察，莫错用心，经文分明言自皈依佛，不言皈依他佛。自佛不归，无所依处。"

"今既自悟，各须皈依自心三宝[5]。内调心性，外敬他人，是自皈依也。"

"善知识！既皈依自三宝竟，各各志心。吾与说一体三身自性佛[6]，令汝等见三身，了然自悟自性。总随我道：于自色身，皈依清净法身佛[7]；于自色身，皈依圆满报身佛[8]；于自色身，皈依千百亿化身佛[9]。善知识！色身是舍宅，不可言归。向者三身佛，在自性中，世人总有。为自心迷，不见内性，外觅三身如来，不见自身中有三身佛。汝等听说，令汝等于自身中，见自性有三身佛。此三身佛，从自性生，不从外得。"

【注释】①愿力：又作本愿力、大愿业力、宿愿力、誓愿之力、本愿之力，指菩萨在"因位"所发本愿之力用至果位而显其功。②无相三皈依戒：指自心的皈依，并不皈依和信奉外在的崇拜对象。三皈依，又作三归、三自归、三归戒、趣三皈依，即归投、依靠三宝，并请求救护，以解脱一切苦厄，即指皈依佛、皈依法、皈依僧。"皈依"一词，含有救护、趣向的意思。③两足尊：又作无上两足尊、二足尊，是佛的尊号。因佛具足三十二相、八十种好，成就尽智、无生智等无漏之无学法，及十力、四无畏等诸不共法，故此尊号有二义，即于天、人之中，所有两足生类中之最尊贵者。又以两足言喻戒定慧等功德，佛即具足此两足，而游行法界，无所障碍。④贡高：傲慢自大，自认为高人一等。⑤三宝：又作三尊，系指为佛教徒所尊敬供养之佛宝、法宝、僧宝等三宝。一切之佛，即佛宝；佛所说之法，即法宝；奉行佛所说之法的人，即僧宝。佛者觉知之义，法者法轨之义，僧者和合之义。⑥一体三身自性佛：指皈依自己色身内，自性具足之法身、报身、化身等三身佛。⑦法身佛：法性之体名法身，法性有觉知之德，故名佛。⑧报身：指佛的果报身，三身之一。亦即菩萨初发心修习，至十地之行满足，酬报此等愿行之果身，称为报身。如阿弥陀佛、药师如来、卢舍那佛等，皆为报身佛。⑨化身：三身之一，与报身、法身合称三身，又名应化身、变化身，为众生变化种种形的佛身。

【译文】"另外，烦恼无边誓愿断，就是运用自性般若智慧除去虚妄思想之心。法门无尽誓愿学，必须自我识见本性，时常心行正确的教法，这叫作真正的佛法修行。无上佛道誓愿成，就是要经常深入到心中，在心中按真正的佛法修心，不执着于愚迷也不执着于觉悟，常常生起般若智慧，不落于真实也不落于虚妄，就可识见佛性；就是立刻成就佛道。常常心念修行四弘愿，这就是发挥愿力的方法。"

"善知识！现在我们发过四大弘愿了，再给大家讲授无相三皈依戒。善知识！皈依正确的觉悟，就会有福报和智慧二者都圆满具足的尊严；皈依了正确的知见，就会有超离恶欲的尊严；皈依了清净，就会有在众生中受到敬重的尊严！从今日开始，以觉悟为师父，而不要归附邪魔外道，以自我本性中的佛、法、僧三宝时常印证明悟自我。奉劝诸位善知识，皈依自我本性中的三宝。佛就是觉悟；法就是正见；僧就是清净。自我本心皈依

正确觉悟，邪见迷障不再生起，减少欲望，能知满足，能超离财富和美色，这叫作两足尊。自我本心皈依正见，时时刻刻没有邪恶愚见，由于没有邪见的缘故，就没有人我之执，妄自尊大和贪爱执着，这叫作离欲尊。自我本心皈依清净，一切尘世烦恼，爱憎欲望境界，自我本性都不沾染执着，这叫作众中尊。”

“如果以此修行，就是自我皈依奉持。凡夫俗子不懂这个道理，从白天到黑夜，受所谓的三归戒；如果说皈依佛，那么佛在哪里？如果说见不到佛，那又依据什么皈依？这样说法成了妄语。”

“善知识！个个自己观察，不要错用了心，佛经上明明白白地讲到‘自皈依佛’，没有讲到‘皈依他佛’。自我本心的佛不去皈依，就没有可以皈依的地方了。”

“今天既然自我开悟，各自须要皈依自我本心中的三宝。对内调适心性，对外尊重他人，这就是自我皈依了。”

“善知识！既然皈依自我三宝完毕，各自专心。我给你们说一体三身自性佛，让你们能识见自性三身，全然明了自我开悟自我本性。请全部跟随我念诵：于自色身，皈依清净法身佛；于自色身，皈依圆满报身佛；于自色身，皈依千百亿化身佛。善知识！肉体色身只是住宅房屋，不能说是最终皈依处所；从来法身、报身、化身这三身佛都是在自我本性中的，世上的人均都本自具有。只是因为自我本心迷误，不能识见内在本性，向外寻求三身佛，而不能识见自我身中有三身佛。你们听我讲说，会让你们在自身中识见自我本性中自有的三身佛。这个三身佛从自我本性中生发，而不是从外面寻得的。”

【原文】“何名清净法身佛？世人性本清净，万法从自性生。思量一切恶事，即生恶行；思量一切善事，即生善行。如是诸法在自性中，如天常清，日月常明，为浮云盖覆，上明下暗。忽遇风吹云散，上下俱明，万象皆现。世人性常浮游，如彼天云。”

“善知识！智如日，慧如月，智慧常明。于外著境，被妄念浮云盖覆自性，不得明朗。若遇善知识，闻真正法，自除迷妄，内外明彻，于自性中万法皆现。见性之人，亦复如是；此名清净法身佛。”

“善知识！自心皈依自性，是皈依真佛。自皈依者，除却自性中不善心、嫉妒心、谄曲心、吾我心、诳妄心、轻人心、慢他心、邪见心、贡高心，及一切时中不善之行；常自见己过，不说他人好恶，是自皈依。常须下心，普行恭敬，即是见性通达，更无滞碍，是自皈依。”

“何名圆满报身？譬如一灯能除千年暗，一智能灭万年愚。莫思向前，已过不可得，常思于后，念念圆明，自见本性，善恶虽殊，本性无二。无二之性，名为实性，于实性中，不染善恶，此名圆满报身佛。”

“自性起一念恶，灭万劫善因[①]。自性起一念善，得恒沙恶尽[②]。直至无上菩提，念念自见，不失本念，名为报身。”

“何名千百亿化身？若不思万法，性本如空。一念思量，名为变化。思量恶事，化为地狱，思量善事，化为天堂；毒害化为龙蛇，慈悲化为菩萨；智慧化为上界[③]，愚痴化为下方[④]。自性变化甚多，迷人不能省觉。念念起恶，常行恶道；回一念善，智慧即生。此名自性化身佛。”

“善知识！法身本具，念念自性自见，即是报身佛；从报身思量，即是化身佛；自悟自

修自性功德,是真皈依。皮肉是色身,色身是舍宅,不言皈依也。但悟自性三身,即识自性佛。"

"吾有一无相颂,若能诵持,言下令汝积劫迷罪,一时销灭。"颂曰:

迷人修福不修道,只言修福便是道。布施供养福无边,心中三恶元来造[5]。拟将修福欲灭罪,后世得福罪还在。但向心中除罪缘,名自性中真忏悔。忽悟大乘真忏悔,除邪行正即无罪。学道常于自性观,即与诸佛同一类。吾祖惟传此顿法,普愿见性同一体。若欲当来觅法身,离诸法相心中洗。努力自见莫悠悠,后念忽绝一世休。若悟大乘得见性,虔恭合掌至心求。

师言:"善知识!总须诵取,依此修行。言下见性,虽去吾千里,如常在吾边。于此言下不悟,即对面千里,何勤远来?珍重好去!一众闻法,靡不开悟,欢喜奉行。"

【注释】 ①善因:即招感善果的业因。②恒沙:即恒河之沙。恒河是印度大河,两岸多细沙,恒河沙粒至细,其量无法计算。诸经中凡形容无法计算之数,多以"恒河沙"一词为喻。③上界:与"下界"对称,又称天上界,六道之一,即包括无色界、色界、欲界等诸天。位于诸天中,上方之位者称上界。如色界天为欲界天的上界。④下方:指三涂,即地狱、饿鬼、畜生之三恶道。⑤三恶:指人之贪、嗔、痴三种恶心。人有此三恶,难以教化。也指地狱、饿鬼、畜生等三恶道之略称。

【译文】 "什么是清净法身佛呢?世上的人们自性本来清净,一切万法都从自我本性中生起。思虑一切邪恶之事,就生出邪恶行为;心中思虑一切善好之事,就会生起善好的行为。像这样的一切法都存在于自我本性中,如同天空永远清湛,日月永远光明,而被浮云覆盖后,上面虽明亮,下面世间却顿入黑暗。忽然遇到风起吹动,浮云驱散,则上下全部通明透彻,一切景象全部显现。世上人们的自我本性常呈浮动飘游的状态,就好像在天空中时常盖覆的浮云。"

"善知识!智就像太阳,慧就像月亮,智慧就像日月永放光明。执着于外境,就被妄念一般的浮云遮盖罩覆了自我本性,不能得到通明朗照。如果遇到善知识,听闻了真正的佛法,自我除却愚迷痴妄,内外通明透彻,在自我本性中世间万法全部显现。能识见本性的人,就是这样;这叫作清净法身佛。"

"善知识!自我本心归于自我本性,就是皈依了真正的佛。自我皈依的人,除去自我本性中的不善之心、嫉妒之心、谄曲之心、吾我心、诳妄心、轻人心、慢他心、邪见心、贡高心,以及时时刻刻的不善的行为;常常自我识见自己的罪过,不议论他人的好坏善恶,就是自我皈依。常常立下决心,一切都奉行恭敬,就是识见本性,通达无碍,更无滞塞,就是自我皈依。"

"什么叫作圆满报身?比如一盏灯除却千年的黑暗,一个智慧灭尽了万年的愚迷。不要总是思虑以前,过往的过错已不能得以重新更正,应该时常思虑今后,时时刻刻保持圆融明彻,自我识见本性,善与恶虽然不同,但它们本性没有差别。没有差别的本性,叫作实性,在实性中,不沾染执着善恶分别,这叫作圆满报身佛。"

"自我本性中生起一恶念,就能断灭万劫所修善因。自我本性中生起一善念,就能使得恒河沙一样多的恶业消失灭尽。直接成就无上菩提,时时刻刻自见本心,不失见性本

念，叫作报身。”

“什么叫作千百亿化身？如果不去思虑一切事物现象，本性原来就如同虚空。思虑一个念头，这就是变化。思虑恶的事，自我本性变成地狱，思虑善的事，自我本性变为天堂；起毒害心时变成龙蛇，生慈悲心时变成菩萨；生智慧时达到上界诸天的境界，犯痴愚时沦为下方恶道的境地。自我本性变化是非常多的，愚迷之人不能够内省觉悟。时时生起恶念，常常践行恶道；当一个善念回转，智慧则又立刻生起。这叫作自性化身佛。”

“善知识！法身佛本来具足在自我本性中，时时自己识见自我本性，就是报身佛；从报身佛去思量变化，就是化身佛；自我觉悟、自我修行自我本性功德，这是真正的皈依。人的皮肉是色身，色身如同房屋宅舍，不能说是皈依色身这个处所。只要能悟到自我本性中存在三身佛，就是识见了自我本性的佛。”

“我有一个《无相颂》，如果能念诵奉持，立刻能让你累世所积累的恶劫迷罪，一刹那之间消失灭尽。”颂是：

迷人修福不修道，只言修福便是道。
布施供养福无边，心中三恶元来造。
拟将修福欲灭罪，后世得福罪还在。
但向心中除罪缘，名自性中真忏悔。
忽悟大乘真忏悔，除邪行正即无罪。
学道常于自性观，即与诸佛同一类。
吾祖惟传此顿法，普愿见性同一体。
若欲当来觅法身，离诸法相心中洗。
努力自见莫悠悠，后念忽绝一世休。
若悟大乘得见性，虔恭合掌至心求。

惠能大师说：“善知识！全部都要念诵记取，依照这个颂去修行。当下识见本性，你们即使离我有千里之遥，也好像时时都未离开我身边。如果当下不能开悟，即使我们面对面，也好似远隔千里，更何苦辛勤远道而来呢？好好自我珍重都回去吧！”大家听闻了佛法，没有不开悟的，内心欢喜，信奉修行。”

机缘品第七

【题解】

本品记叙了六祖惠能大师听到比丘尼无尽藏诵《大涅槃经》后为之解说，并提出“诸佛妙理，非关文字”，表明了南宗禅“不立文字”的思想。接着记叙了惠能得法后，各方学者前往请益的事由，通过惠能大师对僧法海、僧法达、僧智通、僧智常、僧志道以及行思禅师、怀让禅师、永嘉玄觉禅师、智隍禅者和僧方辩等一系列弟子的机缘对话、教化开示，侧面阐扬了南宗禅的诸多思想旨趣：如“成一切相即心，离一切相即佛”，“于相离相，于空离空”，“说似一物即不中”等。

【原文】 **师自黄梅得法，回至韶州曹侯村，人无知者。有儒士刘志略，礼遇甚厚。志**

略有姑为尼，名无尽藏，常诵大涅槃经。师暂听，即知妙义，遂为解说。尼乃执卷问字。

师曰："字即不识，义即请问。"

尼曰："字尚不识，焉能会义？"

师曰："诸佛妙理，非关文字。"

尼惊异之。遍告里中耆德云[①]："此是有道之士，宜请供养。"

有魏武侯玄孙曹叔良及居民，竞来瞻礼。时，宝林古寺自隋末兵火，已废。遂于故基重建梵宇[②]，延师居之，俄成宝坊[③]。

师住九月余日，又为恶党寻逐，师乃遁于前山，被其纵火焚草木，师隐身挨入石中得免。石今有师趺坐膝痕，及衣布之纹，因名"避难石"。师忆五祖"怀会止藏"之嘱，遂行隐于二邑焉。

【注释】 ①耆德：年高德重者。②梵宇：佛寺的别称，即佛寺。③宝坊：寺院的美称。

【译文】 惠能大师从黄梅五祖弘忍大师那里得受衣法之后，来到韶州曹侯村，没有人知道他的事。当时有个儒士叫刘志略，礼敬待遇惠能大师非常殷勤。刘志略有个姑姑出家做比丘尼，法名无尽藏，经常念诵《大涅槃经》。惠能大师稍微一听就知道经中所说的玄妙义理，就给无尽藏解说经义。无尽藏于是手拿经卷请教惠能经中的文字。

惠能说："说到字我是不认识的，如果有义理方面的疑问尽可以问。"

尼姑无尽藏说："字尚且不认识。怎么能体会经文要义呢？"

惠能大师说："一切佛法的微言大义，都是与文字无关的。"

尼姑无尽藏听后十分惊讶。告诉了乡里全部的年高德重的长者，说："这是个有道行的人，应该请来好好供养。"

有魏武侯的玄孙曹叔良和附近的居民，争相涌来瞻仰礼敬惠能大师。当时，有一个古老的宝林寺，自从隋朝末年遭遇兵火战乱，已经毁废很久了。于是便在旧地址上重新建盖寺庙，请惠能大师居寺住持，顷刻之间，那里便成了佛法圣地。

惠能大师住了九个多月，又被恶党们寻找追踪，惠能大师于是就隐藏在前山，又遭遇恶党们放火烧山加害，大师将身体隐藏在石头中间才幸免于难。今天石头上还有惠能大师结跏趺坐时膝盖的印痕和衣服上的布纹，因此给石头命名为"避难石"。大师想起五祖"逢怀则止，遇会则藏"的叮嘱。便到怀集、四会两个县的境内隐藏了起来。

【原文】 僧法海，韶州曲江人也。初参祖师。

问曰："即心即佛，愿垂指谕。"

师曰："前念不生即心[①]，后念不灭即佛；成一切相即心[②]，离一切相即佛[③]。吾若具说，穷劫不尽。"听吾偈曰：

即心名慧，即佛乃定；定慧等持，意中清净。悟此法门，由汝习性[④]；用本无生，双修是正。法海言下大悟，以偈赞曰：即心元是佛，不悟而自屈；我知定慧因，双修离诸物。

僧法达，洪州人，七岁出家，常诵法华经。来礼祖师，头不至地。

师诃曰："礼不投地，何如不礼？汝心中必有一物，蕴习何事耶？"

曰："念法华经已及三千部[⑤]。"

师曰："汝若念至万部，得其经意，不以为胜，则与吾偕行。汝今负此事业，都不知

过。"听吾偈曰：

礼本折慢幢[6]，头奚不至地；有我罪即生，亡功福无比。

师又曰："汝名什么？"

曰："法达。"

师曰："汝名法达，何曾达法？"复说偈曰：汝今名法达，勤诵未休歇；空诵但循声，明心号菩萨。汝今有缘故，吾今为汝说；但信佛无言，莲华从口发。

达闻偈，悔谢曰："而今而后，当谦恭一切。弟子诵法华经，未解经义，心常有疑。和尚智慧广大，愿略说经中义理。"

师曰："法达！法即甚达，汝心不达。经本无疑，汝心自疑。汝念此经，以何为宗？"

达曰："学人根性暗钝，从来但依文诵念，岂知宗趣！"

【注释】 ①前念不生：念，指意念，又指刹那的时间。过去者称前念，相续者称后念。前念、后念指心在瞬间的变化。前念不生即指前一个念头已经过去，不要再留恋它的再生，对自己的思维活动不要执着。下文的"后念不灭"，指将要出现的念头任其出现，不必故意限制压抑自己的认识活动。②成一切相即心：就是说外在一切事物和现象都是心的派生物。相，形相或状态的意思；相对于性质、本体等而言，即指诸法之形象状态。③离一切相即佛：自心不为外在的一切事物和现象所干扰就达到了觉悟。④习性：又名习种性，即以前研习所修成的性。⑤法华经：《妙法莲华经》的略称。《经中法·师品》曰："是法华经藏，深固幽远，无人能到。"《同安乐·行品》曰："此法华经，诸佛如来秘密之藏，于诸经中最在其上。"⑥礼本折慢幢：指礼本来就是消除傲慢心理的。幢，又作宝幢、天幢、法幢，为旗之一种，用以庄严佛菩萨及道场。谓圆桶状者为幢，长片状者为幡。慢幢比喻骄傲高慢之心如说法时高耸之幢。

【译文】 僧人法海，是韶州曲江人氏。一开始他参礼六祖惠能大师。

问："即心即佛是什么意思，希望您能给予指示教谕。"

惠能大师说："对已生之念不留恋即是心，对将生之念任其显现就是佛；能成万法一切相的是心，能离万法一切相的是佛。我若是给你具体详细地说，可能穷尽无数劫的时间也说不完，你听我的偈吧。"偈说：

即心名慧，即佛乃定；定慧等持，意中清净。悟此法门，由汝习性；用本无生，双修是正。

法海立刻全部开悟，用一首偈来感慨赞叹：

即心元是佛，不悟而自屈；我知定慧因，双修离诸物。

僧人法达，洪州人。七岁时出家为僧，常常念诵《法华经》。他来礼拜六祖惠能大师，行礼时头却不触到地面。

惠能大师斥责他说："行礼头不触地，还不如不行礼。你心中肯定执着着一个事物，平时都修行什么？"

法达说："我念诵法华经已经达到三千部了！"

六祖惠能大师说："你如果念到上万部，得悟经文的大义，却仍然不以为了不起，那么你可以和我一起修行。你现在以这个事业自负自傲，都还不知道自己的罪过。听我的偈

吧。”偈说：

礼本折慢幢，头奚不至地；有我罪即生，亡功福无比。惠能大师又说：“你叫什么名字？”

法达回答说：“我叫法达。”

惠能大师说：“你名字叫法达，你哪里通达佛法了？”又说一个偈道：

汝今名法达，勤诵未休歇；空诵但循声，明心号菩萨。汝今有缘故，吾今为汝说；但信佛无言，莲华从口发。

法达听了偈后，后悔不已，向惠能大师谢罪说：“从今以后，我应该对一切保持谦恭的态度。弟子念诵《法华经》，并没有体解佛经大义，心中常常生起疑惑。大师具有无边广大的智慧，希望大致为我讲说经文义理。”

惠能大师说：“法达！佛法本是十分通达的，你的本心愚迷就不能达到了。佛经原本不存在疑惑，你的自心生起疑惑。你念这个佛经，认为什么是它的宗旨啊？”

法达说：“我根器禀性晦暗愚钝，从来只知道依照文字念诵经文，我哪里还知道经文的宗旨和旨趣啊！”

【原文】 **师曰：“吾不识文字，汝试取经诵一遍，吾当为汝解说。”法达即高声念经，至譬喻品[①]。师曰：“止！此经元来以因缘出世为宗[②]。纵说多种譬喻，亦无越于此。何者因缘？”经云：“诸佛世尊，唯以一大事因缘，出现于世。一大事者，佛之知见也[③]。”**

“世人外迷著相，内迷著空。若能于相离相，于空离空，即是内外不迷。若悟此法，一念心开，是为开佛知见。”

“佛，犹觉也。分为四门：开觉知见，示觉知见，悟觉知见，入觉知见。若闻开示，便能悟入，即觉知见，本来真性而得出现。”

“汝慎勿错解经意：见他道开示悟入，自是佛之知见，我辈无分。若作此解，乃是谤经毁佛也。彼既是佛，已具知见，何用更开？汝今当信佛知见者，只汝自心，更无别佛。盖为一切众生，自蔽光明，贪爱尘境[④]，外缘内扰，甘受驱驰，便劳他世尊，从三昧起，种种苦口[⑤]，劝令寝息，莫向外求，与佛无二，故云开佛知见。吾亦劝一切人，于自心中，常开佛之知见。世人心邪，愚迷造罪，口善心恶，贪嗔嫉妒，谄佞我慢[⑥]，侵人害物，自开众生知见[⑦]。若能正心，常生智慧，观照自心，止恶行善，是自开佛之知见。”

“汝须念念开佛知见，勿开众生知见，开佛知见，即是出世。开众生知见，即是世间。汝若但劳劳执念，以为功课者，何异牦牛爱尾[⑧]？”

【注释】 ①譬喻品：经名，《法华经》二十八品中之第三品，出于经的第二卷。②出世：出世间的略称，印超越世俗、出离世尘的意思，指诸佛出现于世间成佛，以教化众生；也指跳出世间不再受生死。③佛之知见：《法华经·方便品》曰：“开佛知见。”即指佛的智慧。知见，指依自己的思虑分别而立的见解。与智慧有别，智慧是般若的无分别智，为离思虑分别之心识。④尘境：指心的对象，为六尘之心所对者，即色、声、香、味、触、法等六境。⑤种种苦口：根据不同的情况，利用不同的方法未教化。⑥我慢：视“我”为一己之中心，由此所执之“我”而形成骄慢心。⑦众生知见；指会导致凡夫生起烦恼的见解。⑧牦牛爱尾：出自《法华经·方便品》。人们不舍自己的欲望。正像牦牛爱自己的尾巴一样。

【译文】 惠能大师说："我不认识字，你先把佛经拿来念诵一遍，我会给你讲解的。"法达立刻大声念诵经文，念到譬喻品的时候，惠能大师说："停，这部经原本是以如来以何因缘出现于世间为宗旨的。"纵然说了许多种比喻，也不超越这个宗旨。什么是因缘？佛经上说："一切佛菩萨，都是为了一件大事的因缘才出现在世间的。"这种大事就是佛的真知正见。

"世上的人在外就执着于外境相状，对内又执着于虚妄空寂。如果能在一切相上又超离一切相，在一切空中又超离一切空，那就是对内对外都不执迷。如果悟到这个法门，一念之间，顿然开悟，这就是开悟佛的知见。"

"佛，就是觉悟。分为四门：开启觉知之见，显示觉知之见，证悟觉知之见，契入觉知之见。如果听到开示，就能契悟证人，这就是觉知见，本来具有的真如佛性因而得以显现。"

"你千万慎重不要错误理解了佛经的大义：听他讲开、示、悟、入四门觉知见，认为这本是佛的知见，与我们这样的人没有关系。如果做这样的理解，那就是诽谤经典毁誉佛祖。佛既然已经是佛了，已经具足知觉正见，还用再开悟做什么？你今天应该正信所谓佛知见，只是在你自己心中，更没有其他的佛。因为一切众生，自我遮蔽智慧光明，贪欲爱憎尘世俗境，外缘浸染，内妄滋扰，因而自甘为此一切尘劳驱策奔驰，更加劳烦我佛世尊，从禅定开始，苦口婆心，劝诫众生使之息心止念，不要向心外求妄，就能和佛没有分别，所以说是开悟佛的知见。我也劝告所有人，在自我本心中，常常开悟佛的知见。世上的人心易生邪念，愚昧执迷，造作业罪。嘴上说善，心中行恶，贪欲嗔怒、嫉妒、谄媚、虚妄、自我、傲慢、害人害物，这都是自己开悟众生世俗的知见。如果能端正本心，常常生起智慧，观察审照自我本心，止断恶念，奉行善心，就是自己开悟佛的知见了。"

"你必须心心念念、时时刻刻开悟佛的知见，不要开众生的世俗知见，开悟佛的知见，就是超凡出世。开了众生的知见，就是堕入世间。你如果只是辛辛苦苦白白地执迷众生知见，却仍然以为是在修道立功德，这与犛牛爱护自己的长尾巴，执迷贪恋有什么区别呢？"

【原文】 达曰："若然者，但得解义，不劳诵经耶？"

师曰："经有何过，岂障汝念！只为迷悟在人，损益由己。口诵心行，即是转经[①]；口诵心不行，即是被经转。"听吾偈曰：

心迷法华转[②]，心悟转法华。诵经久不明，与义作仇家。无念念即正，有念念成邪。有无俱不计，长御白牛车[③]。

达闻偈，不觉悲泣，言下大悟，而告师曰："法达从昔已来，实未曾转法华，乃被法华转。"再启曰：经云："诸大声闻乃至菩萨，皆尽思共度量，不能测佛智。今令凡夫但悟自心，便名佛之知见，自非上根，未免疑谤。又经说三车[④]，羊鹿牛车与白牛之车，如何区别？愿和尚再垂开示。"

师曰："经意分明，汝自迷背。诸三乘人[⑤]，不能测佛智者，患在度量也。饶伊尽思共推，转加悬远。佛本为凡夫说，不为佛说。此理若不肯信者，从他退席。殊不知坐却白牛

车,更于门外觅三车。况经文明向汝道:唯一佛乘,无有余乘,若二若三,乃至无数方便,种种因缘、譬喻言词,是法皆为一佛乘故。汝何不省!三车是假,为昔时故;一乘是实,为今时故。只教汝去假归实,归实之后,实亦无名。应知所有珍财,尽属于汝,由汝受用;更不作父想[6],亦不作子想[7],亦无用想[8],是名持法华经。从劫至劫,手不释卷,从昼至夜,无不念时也。"

达蒙启发,踊跃欢喜。以偈赞曰:经诵三千部,曹溪一句亡。未明出世旨,宁歇累生狂?羊鹿牛权设,初中后善扬[9]。谁知火宅内[10],元是法中王[11]。师曰:汝今后方可名念经僧也。达从此领玄旨,亦不辍诵经。

【注释】 ①转经:读诵经典。完整诵读一部经者,称真读。仅读诵其初、中、后之数行,或仅翻页拟作读经状,均称为转经,又称转读。②心迷法华转:心中不明白经义,只是口中念诵《法华经》,这就等于被《法华经》所"转",没有真正地诵念经文,所以没有"转经"。③长御白牛车:《法华经》以"白牛车"比喻一佛乘,即获得了佛的智慧。《坛经》讲的"白牛车"和"一佛乘",实为借用这些名称来表达禅宗的教义。④三车:羊车、鹿车、牛车,次第譬喻声闻乘、缘觉乘、大乘者。羊车是形容声闻乘只能自度,不能度他,好像一辆小小的羊车不能装载货物;鹿车是形容缘觉乘能自度兼度亲属,好像一辆鹿车能载少许的货物;牛车是形容菩萨乘不但自度且能普度众生,好像一辆大牛车能运载许多的货物。⑤三乘人:声闻乘、缘觉乘、菩萨乘。声闻乘又名小乘,可证阿罗汉果;缘觉乘又名中乘,可证辟支佛果;菩萨乘又名大乘,可证无上佛果。⑥更不作父想:"父"指《法华经》中讲的"大宝长者",他曾把财物分给儿子们。这里的意思是所有的财宝(佛性)都是自己本有的,不要认为是大富长者(即代表佛)的。⑦亦不作子想:子,指大富长者的儿子,这里指众生。这句话的大意是不要认为财富(佛性)是他人的。⑧亦无用想:所要表达的是父想、子想、用想都不应作意,即连想也不要想。虽说禅宗的立场是不必到自身之外寻求佛性,但也进一步认为连向自心寻找佛的念头也应破除,因为这样将限制自己的认识活动,也是一种执着。⑨初中后善:初善、中善、后善。初善,指羊车,譬喻声闻乘;中善,指鹿车,比喻缘觉乘;后善,即牛车,比喻为大乘者。⑩火宅:比喻迷界众生所居住的三界。语出《法华经·七喻》中的火宅喻。众生生存于三界中,受各种迷惑之苦,然犹不自知其置身苦中,譬如屋宅燃烧,而宅中稚儿仍不知置身火宅,依然嬉乐自得。譬喻三界之生死,譬如火宅也。⑪法中王:指经过长时间修梵行,并证得无上菩提的修行者。

【译文】 法达说:"要是这样,只要能理解佛法大义,就不要念诵佛经了吗?"

惠能大师说:"佛经有什么过错,难道妨碍你念诵了吗!只是由于愚迷和开悟在于你个人,损失和增益全由你自己。口中念诵经文,内心奉行,这样才是运转起用佛经;口中念诵,心中不奉行,这是被佛经所牵引运转了。听我的偈。"偈说:

心迷法华转,心悟转法华。诵经久不明,与义作仇家。无念念即正,有念念成邪。有无俱不计,长御白牛车。

法达听了偈后,不觉地悲伤哭泣,立刻大悟,转而告诉惠能大师说:"法达从过去以来,实在是从没有转运起用过法华经义,而是被法华经文牵引运转着。"又禀告说:"佛经中说,一切大声闻乃至菩萨全部思索度量,也不能揣测佛的智慧。现在凡夫俗子们,只要

开悟自我本心，便说是佛的知见，不是上等根器的人，难免会对此说法有疑惑和毁谤。另外佛经上说了三种车乘，羊车、鹿车、牛车，还有一种白牛车，如何区别这些呢？希望大师再给予开示。”

惠能大师说：“佛经中的意思非常清楚明白，是你自己迷惑，背道而驰。那些三乘人，不能揣测佛的智慧，其错误就在于用思维去揣测度量。任凭他们费尽心思一起推测，反而离佛的智慧越来越远。佛本来是为凡夫俗子们宣讲教法的，不是为佛自己说的。如果不肯相信这个道理的人，任他退场出去，不要听了。竟然不知道自己坐上了白牛车，却还在门外找寻羊车、鹿车和牛车。况且经文明明白白地向你说了：只有唯一的佛乘，没有别的教乘，如果有第二个、第三个，甚至无数个方便法门，各种各样的因缘际会、譬喻比方、言语词句，这些方便法门都是为了说明这一佛乘。你怎么不省悟！所谓羊、鹿、牛车是假设，是为过去愚迷众生作的比喻；大白牛车是真实的，是为了当今人而设的。这只是要教导你去除假相回归真实，回归真实之后，真实本身也没有了，也不应该执着。你应该知道珍宝、财富，都是属于你的，由你享用。不要想这个财产是你父亲的，也不要想这个财产是你儿子的，也不要想这是财富，这样才是叫作奉持《法华经》。如果这样，就如同在前一劫到后一劫的漫长时间里，在任何时间，都手不释卷，从早到晚都在念诵心行《法华经》。”

法达受到启发，高兴得手舞足蹈，用一首偈来赞叹：

经诵三千部，曹溪一句亡。

未明出世旨，宁歇累生狂？

羊鹿牛权设，初中后善扬。

谁知火宅内，元是法中王。

惠能大师说：“你从今以后才可以被称为念经僧人。”

法达从此领受了《法华经》玄深的教旨，同时也没有停止念诵佛经。

【原文】 **僧智通[①]，寿州安丰人，初看楞伽经，约千余遍，而不会三身四智[②]。礼师求解其义。**

师曰：“三身者，清净法身，汝之性也；圆满报身，汝之智也；千百亿化身，汝之行也。若离本性，别说三身，即名有身无智[③]。若悟三身无有自性[④]，即明四智菩提。”听吾偈曰：

自性具三身，发明成四智。不离见闻缘，超然登佛地。吾今为汝说，谛信永无迷。莫学驰求者，终日说菩提。通再启曰：“四智之义，可得闻乎？”

师曰：“既会三身，便明四智，何更问耶？若离三身，别谈四智。此名有智无身，即此有智，还成无智。”复说偈曰：

大圆镜智性清净，平等性智心无病，妙观察智见非功，成所作智同圆镜。五八六七果因转[⑤]，但用名言无实性[⑥]，若于转处不留情，繁兴永处那伽定[⑦]。通顿悟性智[⑧]，遂呈偈曰：三身元我体，四智本心明；身智融无碍，应物任随形。起修皆妄动，守住匪真精；妙旨因师晓，终亡染污名。

【注释】 ①智通：唐代禅僧，生卒年不详。据《景德传灯录》卷十载，师参礼归宗智常求法，一夕突大呼：“我已大悟也。”次日，智常问之，答：“师姑天然是女人作。”智常许之。后居五台山法华寺，自称大禅佛。示寂前举偈云：“举手攀南斗，回身倚北辰，出头天

外看,谁是我般人?”②四智:指四种智慧。法相宗所立如来的四智。凡夫有八识,至如来转为四智。一大圆镜智,转第八识者;二平等性智,转第七识者;三妙观察智,转第六识者;四成所作智,转第五识者。③有身无智:禅宗认为离开了人的自我本性,一切都是虚幻不真实的。因为四智不离本性,若离本性而说三身,所谈的就只能是不起智用的空洞名言概念,不是真正的三身。④三身无有自性:三身是从一个自我的本性而生的,并非说三身中各有一个自性。⑤五八六七果因转:五,指八识中之前五识,眼、耳、鼻、舌、身对于色、声、香、味、触之五尘,能起五种识。八,指第八识,又名阿赖耶识。六,则指八识中之第六识,即意识。七,是八识中之第七识,即末那识。前五识及第八识,属于果。第六识、第七识,属于因。前五识和第八识必需须成就佛果时才能转为所作智和大圆镜智,所以叫作“果上转”。第六识和第七识却能在未成就佛果前就能转为妙观察智和平等性智,因而叫作“因中转”。⑥实性:真如的异名。⑦那伽定:意译为“龙”,有“定”的意思。龙定止于深渊曰那伽定。⑧通顿悟性智:即认识、理解了关于从自性上谈三身和四智的理论。

【译文】 僧人智通,寿州安丰人氏,最初看《楞枷经》,大约看了一千多遍,却还不领会三身四智的意思。前来礼敬惠能大师请求开解大义。

惠能大师说:“三身,即清净的法身,这是你的本性;圆满的报身,这是你的智慧;千百亿的化身,这是你的行为。如果说脱离了自性,另外讲三身,这叫作有身无智。如果悟到了三身却没有自性,这叫作四智菩提。听我的偈。”偈说:

自性具三身,发明成四智。不离见闻缘,超然登佛地。吾今为汝说,谛信永无迷。莫学驰求者,终日说菩提。

智通又问:“四智的道理,可以听您讲讲吗?”

惠能大师说:“既然领会了三身之意,就明了四智的意义,何必再问呢?如果脱离了三身,再谈什么四智,这叫作有智无身,就是本身具有这个智慧,表现出来的却是没有智慧。”又说偈:

大圆镜智性清净,平等性智心无病。妙观察智见非功,成所作智同圆镜。五八六七果因转,但用名言无实性,若于转处不留情,繁兴永处那伽定。

智通立刻顿悟了在自性上谈三身四智的道理,便呈上自作的偈:

三身元我体,四智本心明;身智融无碍,应物任随形。起修皆妄动,守住匪真精;妙旨因师晓,终亡染污名。

【原文】 僧智常,信州贵溪人[①]。髫年出家,志求见性。一日参礼。

师问曰:“汝从何来,欲求何事?”

曰:“学人近往洪州白峰山礼大通和尚[②],蒙示见性成佛之义,未决狐疑。远来投礼,伏望和尚慈悲指示。”

师曰:“彼有何言句,汝试举看?”

曰:“智常到彼,凡经三月,未蒙示诲。为法切故,一夕独入丈室[③],请问如何是某甲本心本性。”大通乃曰:“汝见虚空否?”对曰:“见!”彼曰:“汝见虚空有相貌否?”对曰:“虚空无形,有何相貌?”彼曰:“汝之本性,犹如虚空,了无一物可见,是名正见;无一物可知,是名真知。无有青黄长短,但见本源清净,觉体圆明,即名见性成佛,亦名如来知见。学人

虽闻此说，犹未决了，乞和尚开示。”

师曰：“彼师所说，犹存见知，故令汝未了。”吾今示汝一偈：

不见一法存无见[4]，大似浮云遮日面。

不知一法守空知[5]，还如太虚生闪电。

此之知见瞥然兴，错认何曾解方便[6]。

汝当一念自知非，自己灵光常显现。

常闻偈已，心意豁然，乃述偈曰：

无端起知见，著相求菩提[7]，

情存一念悟，宁越昔时迷[8]。

自性觉源体，随照枉迁流，

不入祖师室，茫然趣两头。

智常一日问师曰：“佛说三乘法[9]，又言最上乘，弟子未解，愿为教授。”

师曰：“汝观自本心，莫著外法相。法无四乘[10]，人心自有等差。见闻转诵是小乘，悟法解义是中乘，依法修行是大乘。万法尽通，万法俱备，一切不染，离诸法相，一无所得，名最上乘[11]。乘是行义，不在口争，汝须自修，莫问吾也。一切时中，自性自如。”

常礼谢执侍，终师之世。

【注释】 ①信州：今江西上饶。贵溪：今江西贵溪。②大通和尚：五祖弘忍大师弟子神秀上座的谥号。③丈室：即禅寺中住持之居室或客殿，今转为禅林住持或对师父的尊称。俗称“方丈”或“方丈和尚”。④不见一法存无见：不见一法，指上文大通和尚讲的“了无一物可见”。这里指连“无见”都不应该存在心中，这样将有碍于明心见性。⑤不知一法守空知：不知一法，指上文大通和尚讲的“了无一物可知”，“守空知”就是一种执着，认为真有“无一物可知”。⑥一错认何曾解方便：错以无知无见为真实。追求“无见”“空知”也是一种对外在一切现象的执着。⑦著相：执着于相状。这里指对“存无见”和“守空知”的执着。⑧情存一念悟，宁越昔时迷：“悟”本是修行所追求的境界，但如果内心存在一个“无”的念头，或自以为悟了，正好说明没有觉悟，反而是处在“迷”的情况。⑨三乘：指声闻、缘觉和菩萨三乘。⑩四乘：三乘加上一乘（佛乘）就是四乘。⑪最上乘：指大白牛车，比喻得佛乘者。《金刚经》说如来为发大乘者，为发最上乘者。

【译文】 僧人智常，信州贵溪人。幼年时就出家为僧了，立志求得识见本性。一天他来参拜礼敬惠能大师。

惠能大师问：“你从哪里来，想求做什么？”

智常说：“弟子我不久前到洪州白峰山礼敬大通和尚，承蒙开示识见本性、成就佛道的教义，但是还没有解决我心中的狐疑。大老远地跑来礼敬大师，乞望大师慈悲指授开示我。”

惠能大师说：“你在大通和尚那里参礼，有些什么对话，你先列举一些我来给你看看。”

智常说：“智常我到大通和尚那里，大约住了三个月，仍没有受到开示和教诲。因为求法心切的缘故，一天傍晚我一个人来到方丈室，向大通和尚请教什么是我的本心本

性。”大通和尚说：“你看到虚空吗？”智常说：“看到了。”大通和尚问：“你看到虚空有相貌吗？”智常说：“虚空没有相状，怎么会有相状形貌呢？”大通和尚说：“你的自我本性，就如同虚空，没有一个事物可以识见，这叫作正见；没有一个事物可以认知，这叫作真知。没有青黄长短，只见本源清净，智慧本体圆明，就叫作识见本性成就佛道，也叫作如来知见。”智常虽然听到这种说法，但仍然并未了解，恳请大师开示。

惠能大师说：“那位大师所说的，仍然存在着知见，所以让你没有了达，我现在给你一个偈吧。”偈说：

不见一法存无见，大似浮云遮日面。不知一法守空知，还如太虚生闪电。此之知见瞥然兴，错认何曾解方便。汝当一念自知非，自己灵光常显现。

智常听了偈后，心意豁然领悟，便叙述了自作的偈：

无端起知见，著相求菩提，情存一念悟，宁越昔时迷。自性觉源体，随照枉迁流，不入祖师室，茫然趣两头。

智常有一天问惠能大师：“佛说有声闻、缘觉和菩萨三乘教法，却又说了最上乘的成佛方法，对于这一点弟子还没有开解，希望您为我指授教化。”

惠能大师说：“你观照自心，不要执着外境外相。佛法本来是没有四乘之分的，是因为人自己心中有等差。能够听讲佛经并转而念诵的是小乘法，解说佛法义理的是中乘法，依照佛法修行的是大乘法。一切教法都能通达，一切教法都自具备，一切都不被沾染，超离一切法相，且一无所得，这叫作最上乘。乘是修行的意思，不在于口头上争论，你需要自己修行，不要问我了。时时刻刻，自我本性如如不动。”

智常礼拜致谢并从此侍奉惠能大师直至去世。

【原文】 僧志道，广州南海人也[①]。请益曰：“学人自出家，览涅槃经十载有余，未明大意，愿和尚垂诲。

师曰：汝何处未明？”

曰：“诸行无常[②]，是生灭法；生灭灭已，寂灭为乐[③]。于此疑惑。”

师曰：“汝作么生疑？”

曰：“一切众生皆有二身，谓色身法身也[④]。色身无常，有生有灭；法身有常，无知无觉。经云：生灭灭已，寂灭为乐者，不审何身寂灭？何身受乐？若色身者，色身灭时，四大分散[⑤]，全然是苦，苦不可言乐。若法身寂灭，即同草木瓦石，谁当受乐？又法性是生灭之体，五蕴是生灭之用；一体五用，生灭是常。生则从体起用，灭则摄用归体。若听更生，即有情之类，不断不灭。若不听更生，则永归寂灭，同于无情之物。如是，则一切诸法被涅槃之所禁伏[⑥]，尚不得生，何乐之有？”

师曰：“汝是释子，何习外道断常邪见[⑦]，而议最上乘法？据汝所说，即色身外别有法身，离生灭求于寂灭。又推涅槃常乐，言有身受用。斯乃执吝生死，耽著世乐。汝今当知佛为一切迷人，认五蕴和合为自体相[⑧]，分别一切法为外尘相，好生恶死，念念迁流，不知梦幻虚假，枉受轮回[⑨]，以常乐涅槃，翻为苦相，终日驰求。佛愍此故，乃示涅槃真乐，刹那无有生相，刹那无有灭相，更无生灭可灭，是则寂灭现前。当现前时，亦无现前之量，乃谓常乐。此乐无有受者，亦无不受者，岂有一体五用之名？何况更言涅槃禁伏诸法，令永不

生，斯乃谤佛毁法。"听吾偈曰：

无上大涅槃，圆明常寂照。凡愚谓之死；外道执为断；诸求二乘人，目以为无作；尽属情所计，六十二见本[10]。妄立虚假名，何为真实义？唯有过量人，通达无取舍。以知五蕴法，及以蕴中我，外现众色象，一一音声相，平等如梦幻，不起凡圣见；不作涅槃解，二边三际断[11]。常应诸根用，而不起用想；分别一切法，不起分别想。劫火烧海底，风鼓山相击，真常寂灭乐，涅槃相如是。吾今强言说，令汝舍邪见，汝勿随言解，许汝知少分。志道闻偈大悟，踊跃作礼而退。

【注释】 ①广州南海：即今天的广东佛山。②诸行无常：世间一切现象与万物经常转变不息。这是佛法之根本大纲。与诸法无我、涅槃寂静，同为三法印之一。③寂灭为乐：远离迷惑世界之境地。此境地对处于生死流转不安的迷界众生而言，含有快乐之意，故称寂灭为乐。寂灭，是涅槃的语译。④色身：指有色有形之身，广指肉身而言。但佛典中多用以指佛、菩萨的相好身，即相对于无色无形的法身，称有色有形的身相为色身。法身：又名自性身，或法性身，即指佛所说的正法、佛所得之无漏法，及诸佛所证的真如法性之身。⑤四大分散：人们的肉身，就是由地、水、火、风之坚、湿、暖、动等性所构成的。此四大种性如果不调和，肉身就会散坏，即人的肉体将生病或死亡。⑥涅槃：又译作泥日、泥洹、涅槃那等。意译为灭、灭度、寂灭、安乐、无为、不生、解脱、圆寂等。涅槃的字义，有消散的意思，即苦痛的消除而得自在。也就是灭生死之因果，渡生死之瀑流，达到智悟的菩提境界。⑦断常：即断见和常见。断有灭绝之意，特此见者坚持人死之后身心断灭不复再生的邪见；常即永恒存在，持此见者坚持身心常住永恒不灭的邪见。⑧五蕴：指构成一切有为法的五种要素，即色蕴、受蕴、想蕴，行蕴、识蕴。蕴，意指积集，旧译作阴、众、聚，故五蕴又称五阴、五众、五聚。⑨轮回：又作流转、死、生死轮回、生死相续、轮回转生、轮回、轮转等。谓众生由惑业之因（贪、嗔、痴三毒）而招感三界、六道之生死轮转，恰如车轮之回转，永无止境，故称轮回。印度婆罗门教、耆那教等都采用这种理论作为它们的根本教义之一。佛教沿用了这个原则并做了进一步的发展，注入自己的教义。⑩六十二见：指外道的六十二种错误的见解。这里泛指一切错误的观点。⑪二边三际：二边是指有、无二边；三际指过去、现在、未来三时，或指外、内、中间三处。

【译文】 僧人志道，广州南海人。向惠能大师请教："弟子自从出家以来，阅读《涅槃经》已经有十多年了，都没有明白经文大意，希望大师给予教诲。"

惠能大师问："你是哪里不明白？"

志道说："经中有这一句，'诸行无常，是生灭法；生灭灭已，寂灭为乐'。我对这一句疑惑不解。"

惠能大师说："你有什么疑惑？"

志道说："一切众生都有色身法身这二身。色身是变化的，有生也有死；法身是永恒的，无知也无觉。佛经上说，生灭灭已，寂灭为乐，我不知道是哪一个身寂灭？哪一个身受乐？如果是色身，那么色身坏灭的时候，由地、水、火、风四大和合组成的色身全部分散了，这是苦，既然苦就不可以说是乐。如果法身寂灭，就如同草木瓦石一样，谁来承当受乐呢？另外，法性是生灭的本体，五蕴是生灭的功用；一个主体五种功用，生灭应该是永

恒不变的。生就是从本体中生起作用，灭就是摄这五种用而归还法。如果听任其再生，那么所有有情，不会断灭。如果不任其再生，那就永远归于寂灭，等同于草木瓦石等无情之物。这样，那么一切法都被涅槃禁伏，尚且不能得再生，又有什么乐处呢？”

惠能大师说：“你是佛门弟子，怎么学习外道断灭和永恒的那类偏见，并以此来议论最上乘佛法？根据你所说的，就是说色身之外还有法身，超离生灭，求得寂灭。又说涅槃常乐，都是说有一个身在受用。你这乃是执着于生死，沉迷于世间享乐。你现在应该知道，一切执迷的人，都把五蕴和合作为自体的实相，区分一切法为外在现象，贪求生存，厌恶死亡，不知道世间一切都是梦幻虚假，徒劳无益，空受轮回，反而把永恒极乐的涅槃认作为苦相，整天追逐寻求世俗欲念。佛正是由于怜悯他们的缘故，才显示涅槃的真正极乐，瞬间没有了生的相状，瞬间没有了灭的相状，更没有生灭这个相状可以灭，则真正的寂灭出现在眼前。即便当它出现眼前时，也没有‘出现’这个量显现，这叫作常乐。这个乐没有承受者，也没有不承受者，哪里有所谓的一个本体五种功用的说法？何况还说涅槃禁伏住了一切万法，使这些一切永远不得再生，这实在是诽谤佛，毁谤佛法。听我的偈吧。”偈说：

无上大涅槃，圆明常寂照。凡愚谓之死；外道执为断；诸求二乘人，目以为无作；尽属情所计，六十二见本。妄立虚假名，何为真实义？惟有过量人，通达无取舍。以知五蕴法，及以蕴中我，外现众色象，一一音声相，平等如梦幻，不起凡圣见；不作涅槃解，二边三际断。常应诸根用，而不起用想；分别一切法，不起分别想。劫火烧海底，风鼓山相击，真常寂灭乐，涅槃相如是。吾今强言说，令汝舍邪见，汝勿随言解，许汝知少分。

志道听了偈后大彻大悟。欢喜踊跃，行礼退下了。

【原文】 行思禅师[1]，生吉州安城刘氏，闻曹溪法席盛化，径来参礼。

遂问曰：“当何所务，即不落阶级？”

师曰：“汝曾作什么来？”

曰：“圣谛亦不为[2]。”

师曰：“落何阶级？”

曰：“圣谛尚不为，何阶级之有？”

师深器之，令思首众。一日，师谓曰：“汝当分化一方，无令断绝。”

思既得法，遂回吉州青原山，弘法绍化。谥弘济禅师。

怀让禅师[3]，金州杜氏子也。初谒嵩山安国师[4]，安发之曹溪参扣。让至礼拜。

师曰：“甚处来？”

曰：“嵩山。”

师曰：“什么物，恁么来？”

曰：“说似一物即不中[5]。”

师曰：“还可修证否？”

曰：“修证即不无[6]，污染即不得。”

师曰：“只此不污染，诸佛之所护念。汝既如是，吾亦如是。西天般若多罗谶[7]：汝足下出一马驹，踏杀天下人[8]。应在汝心，不须速说！

让豁然契会，遂执侍左右一十五载，日臻玄奥。后往南岳，大阐禅宗。"

【注释】 ①行思禅师(671～740)：吉州安城人，俗姓刘。幼年出家，从六祖惠能学法。与南岳怀让并称二大弟子，同嗣六祖法脉。后住吉州青原山静居寺，故号青原行思。门徒云集，禅风大振。其后又自此法系衍出云门、曹洞、法眼等三系。②圣谛：即指圣者所知一切寂静的境界，乃佛教之根本大义，所以又称第一义、真谛。谛，即真实不虚的道理。③怀让禅师(677～744)：金州安康人。惠能圆寂后，得嗣其法并于南岳般若寺观音台弘教传禅。到他的弟子马祖道一时，怀让一系禅宗兴盛起来，被称为南岳一系。其后又自此法系衍出沩仰和临济两系。④安国师：弘忍的弟子之一，曾常住于嵩山。⑤说似一物即不中：禅宗认为，人的本心和本性是离言绝相的，明心见性的禅境体验不能以言语来确切描述。不中，即不行，不可以。⑥修证：即指修行与证悟。⑦西天：指天竺。般若多罗：又称璎珞童子。是禅宗所立西天二十八祖中之第二十七祖。东天竺人，婆罗门种。约二十岁遇二十六祖不如蜜多，受付嘱而成为西天第二十七祖。谶：指预言。⑧"汝足下"两句：指怀让门下出现马祖道一之后，禅宗将更加的兴盛。

【译文】 行思禅师，生于吉州安城刘氏家中，听说曹溪惠能大师流布佛法，影响广大，就直接来参拜惠能大师。

行思禅师便问："应当怎么做，就不会落入有阶级的渐修？"

惠能大师说："你曾经做什么了？"行思禅师说："我连圣谛也不修。"惠能大师说："那落到哪个阶级了？"

行思禅师说："连圣谛都不修，哪还会有什么阶级存在？"

惠能大师十分器重他，让行思做了首座。一天，惠能大师说："你应当单独教化一方，不要让佛法断绝。"

行思领受了教法，就回到吉州青原山，弘传佛法，广为教化。谥弘济禅师。

怀让禅师，金州杜氏的儿子。最初拜嵩山慧安国师，慧安国师让他到曹溪山来参拜惠能大师。怀让禅师来到曹溪山并礼拜惠能大师。

惠能大师说："从哪里来？"

怀让禅师说："嵩山。"

惠能大师说："是什么东西，怎么来的？"

怀让禅师说："说像一个东西就不是了。"

惠能大师说："还可以修行证悟吗？"

怀让禅师说："修行证悟就不是无，受到浸染就不可得了。"

惠能大师说："具有不受污染这一点，是所有佛所共同护念的。你就是这样，我也是这样。西天竺的般若多罗法师曾经预言：'在你的门下将要出现一匹小马驹，他的智慧可以征服天下人。'这个预言将应证在你身上，等待时机，不必过早地说出来。"

怀让豁然契悟，便侍奉惠能大师身边十五年，越来越修证到玄妙深奥的境界。后来去了南岳衡山，大力阐扬禅宗。

【原文】 永嘉玄觉禅师[①]，温州戴氏子，少习经论，精天台止观法门[②]。因看维摩经，发明心地。偶师弟子玄策相访，与其剧谈，出言暗合诸祖。

策云:“仁者得法师谁?”

曰:“我听方等经论,各有师承。后于维摩经,悟佛心宗,未有证明者。”

策云:“威音王已前即得[3],威音王已后,无师自悟,尽是天然外道。”

曰:“愿仁者为我证据。”

策云:“我言轻,曹溪有六祖大师,四方云集,并是受法者。若去,则与偕行。”

觉遂同策来参。绕师三匝,振锡而立。

师曰:“夫沙门者[4],具三千威仪,八万细行[5]。大德自何方而来[6],生大我慢?”

觉曰:“生死事大,无常迅速。”

师曰:“何不体取无生,了无速乎?”

曰:“体即无生,了本无速。”

师曰:“如是! 如是!”

玄觉方具威仪礼拜,须臾告辞。

师曰:“返太速乎?”

曰:“本自非动,岂有速耶?”

师曰:“谁知非动?”

曰:“仁者自生分别。”

师曰:“汝甚得无生之意。”

曰:“无生岂有意耶?”

师曰:“无意谁当分别?”

曰:“分别亦非意。”

师曰:“善哉! 少留一宿。”

时谓“一宿觉”。后著证道歌,盛行于世。

【注释】 ①永嘉玄觉禅师:即《永嘉证道歌》的作者,温州永嘉人,俗姓戴,字明道,号永嘉玄觉。八岁出家,博探三藏,尤通天台止观。后于温州龙兴寺侧岩下自构禅庵,独居研学,常修禅观。偶因左溪玄朗之激励,遂起游方之志,与东阳玄策共游方寻道。至韵阳时,谒曹溪惠能,与惠能相问答而得其印可,惠能留之一宿,翌日即归龙兴寺,时人称之“一宿觉”。其后,学者辐凑,号真觉大师。玄朗赠书招之山栖,师复书辞退。后趺坐入寂,世寿四十九。法嗣有惠操、惠特、等持、玄寂等人。著作有《禅宗永嘉集》十卷(庆州刺史魏靖辑)、《证道歌》一首、《禅宗悟修圆旨》一卷等。②天台止观法门:天台,即天台宗,乃中国佛教宗派之一。因注重《法华经》,所以也称“法华宗”。天台宗主张定(止)慧(观)为修行的主要内容,所以用“止观法门”概括天台宗的理论和实践。③威音王:又作寂趣音王佛。乃过去庄严劫最初之佛名。“威音王已前”为禅宗僧人常用语,用以指点学人自己本来面目之语句,意同“父母未生以前”“天地未开以前”等语。盖威音王佛乃过去庄严劫最初的佛名,故以之表示无量无边的久远之前。④沙门:意译为勤息、勤劳、功劳、勤恳、静志、息止、息心、息恶、修道、乏道、贫道等,即勤修佛道和息诸烦恼的意思,为出家修道者的通称,即指剃除须发,止息诸恶不善,调御身心,勤修诸善,以期证得涅槃境界。⑤三千威仪,八万细行:为佛弟子持守日常威仪的做法。僧人的动作有威德有仪则,

称为威仪;戒律之外的各种微细的仪则规定,称为细行。“三千”“八万”喻数量之多,并非实数。综合而言,“三千威仪,八万细行”指有关比丘行、住、坐、卧四威仪中,所应注意的细行。⑥大德:印度对佛菩萨或高僧的敬称。比丘中之长老,也称大德。中国,不以“大德”一词称佛菩萨,而作为对高僧的敬称。

【译文】 永嘉玄觉禅师,温州戴氏的儿子,小时候学习经论,精通天台宗的止观教义。因为看了《维摩经》,认识了自心本性。偶然,惠能大师的弟子玄策来访,和他大谈佛理,永嘉玄觉所说的话都与佛祖的真义隐隐相合。

玄策说:“你师从何人而得法?”

永嘉玄觉说:“我听大乘经典,都各有师承关系。后来在读《维摩经》时,开悟佛心宗,还没有得到人印证我的见解。”

玄策说:“在威音王佛以前,无师自通是可以的,在威音王佛之后,没有师承传授而自我开悟,自然全部是外道。”

永嘉玄觉说:“希望你能为我印证。”

玄策说:“我人微言轻,不足以为你印证。曹溪山有六祖惠能大师,四面八方的人都云集在他那里,并且都是受得正法的。你如果想去,我就和你同行。”

永嘉玄觉便随同玄策来参礼六祖惠能大师。玄觉绕着惠能走了三圈,举着锡杖一振,站在那里不动。

惠能大师说:“出家人,应该具有三千威仪、八万细行等种种戒律仪轨。大德你是从哪里来,对我生起如此大的傲慢和不敬?”

玄觉说:“人的生死才是大事,且无常交替迅速,变化很快。”

惠能大师说:“为什么不体悟领受无生无死,明了这无常迅速的道理呢?”

玄觉说:“体悟的就是无生无死,明了的就是无常迅速。”

惠能说:“是这样!是这样!”

玄觉这才整肃仪容向惠能大师礼敬参拜,一会儿便向大师告辞欲走。

惠能大师说:“你这就返回,太快了吧?”

玄觉说:“本来就没有动与不动,哪里有快和不快?”

惠能大师说:“谁能知道不是动呢?”

玄觉说:“这是您自己生起了分别之心。”

惠能大师说:“你已经十分了解无生无死的道理了。”

玄觉说:“无生无死难道还有意义吗?”

惠能大师说:“没有意义谁能分别它呢?”

玄觉说:“分别本身也没有意义。”

惠能大师说:“好啊!小住一晚吧。”

当时称之为“一宿觉”。后来永嘉玄觉作了《证道歌》,流传盛行于世间。

【原文】 **禅者智隍,初参五祖,自谓已得正受①。庵居长坐②,积二十年。师弟子玄策,游方至河朔,闻隍之名,造庵问云:“汝在此作什么?”**

隍曰:“入定③。”

策云:“汝云入定,为有心人耶,无心人耶?若无心入者,一切无情草木瓦石,应合得定;若有心入者,一切有情含识之流,亦应得定。”

隍曰:“我正入定时,不见有有无之心。”

策云:“不见有有无之心,即是常定,何有出入?若有出入,即非大定[4]!”

隍无对。良久,问曰:“师嗣谁耶?”

策云:“我师曹溪六祖。”

隍云:“六祖以何为禅定?”

策云:“我师所说,妙湛圆寂,体用如如[5],五阴本空[6],六尘非有[7]。不出不入,不定不乱。禅性无住,离住禅寂。禅性无生,离生禅想。心如虚空,亦无虚空之量。”

隍闻是说,径来谒师。

师问云:“仁者何来?”

隍具述前缘。

师云:“诚如所言,汝但心如虚空,不著空见,应用无碍,动静无心,凡圣情忘,能所俱泯[8],性相如如[9],无不定时也。”

隍于是大悟,二十年所得心,都无影响。其夜河北士庶闻空中有声云:“隍禅师今日得道!隍后礼辞,复归河北,开化四众[10]。”

【注释】 ①正受:是禅定的异名。正,即定心而离邪念。受,指无念无想而纳法在心。因此正受即远离邪想而领受所缘之境的状态。即入定时,以定力使身、心领受平等安和之相。②庵:以草木覆盖而成之简陋小屋。乃出家者、退隐者远离村落所居之房舍,以作为修行之处。③入定:入于禅定的意思,即摄驰散之心,入安定不动之精神状态。有时得道者的示寂,也称为入定。这里指前者。④大定:为佛的三德(大定、大智、大悲)之一,佛心澄明寂静叫作大定。以大定可断除一切妄惑,故又称大定为断德。这里可以被看成是禅宗的禅定理论。⑤体用:指诸法之体性与作用。⑥五阴:与“五蕴”同。⑦六尘:指色尘、声尘、香尘、味尘、触尘、法尘等六境,又作外尘、六贼。尘即染污的意思,以六识缘六境而遍污六根,能昏昧真性,故称为尘。此六尘在心之外,故称外尘。此六尘犹如盗贼,能劫夺一切之善法,故称六贼。⑧能所:即“能”与“所”的并称。自动之法(主体)叫作能,被动之法(客体)叫作所。例如能见物的“眼”,称为能见;为眼所见的“物”,称为所见。又譬如六根对六尘,六根是能缘,六尘为所缘。总之,“能”与“所”具有相即不离与体用因果的关系,故称“能”“所”一体。⑨性相如如:指体性与相状。不变而绝对的真实本体,或事物的自体称为性;差别变化的现象和相状称为相。性与相其实无异,仅名称有别。说性即说相,说相即说性。如说火性即说热相,说热相即说火性。如如,是不动、寂默、平等不二、不起颠倒分别的自性境界。如理智所证得的真如叫作“如如”。⑩四众:指构成佛教教团的四种弟子众,又称四辈、四部众、四部弟子。有两种含义;其一指出家之四众,即比丘、比丘尼、沙弥、沙弥尼。其二指僧俗四众,即比丘、比丘尼、优婆塞、优婆夷。

【译文】 智隍禅师,最初参拜五祖弘忍,自己宣称已经得到了正宗传授。智隍居住在庵室里长期打坐,累计二十年了。惠能大师的弟子玄策,游历到河北一带,听说了智隍的名声,便造访智隍的庵室,问:“你在这里干什么?”

智隍回答说:"入定。"

玄策问:"你说入定,是有心念入定呢,还是无心念入定呢?如果是无心念入定的,一切的草木瓦石无情众生,应该都能达到入定;如果是有心念入定的,一切含有意识的有情众生之类,也应该能达到入定。"

智隍说:"当我真正入定时,看不到我有'有无'的心念。"

玄策说:"看不到'有无'的心念,就是常定,怎么又有出入之分呢?如果有出有入,那就不是真正的定了!"

智隍无言以对。过了很久,问玄策:"你师承的是谁啊?"

玄策说:"我的师父是曹溪山六祖惠能大师。"

智隍问:"六祖惠能大师认为什么是禅定?"

玄策说:"我师父说,法身圆融玄妙湛然常寂,性相体用一如,五蕴和合,本来是空,六尘也不是真实存在。既不出,也不入,不执于定,不生散乱心。禅的本性是不执无滞的,要住禅寂。禅性无生,要超离执着禅的念想。心如同虚空一样,不存在对虚空的度量。"

智隍听到这样说法,直接来拜谒六祖惠能大师。

惠能大师问:"你从哪里来?"

智隍把遇到玄策的因缘全部描述了一遍。

惠能大师说:"正像玄策说的那样,你只要心如虚空一般,又不执着于对空的妄见,自如应用,没有滞碍,对于动静,不生其心,世俗和圣境全部两忘,主观和客观对象能够一齐泯绝,性相如一,就无时无刻不在禅定之中,没有不禅定的时刻了。"

智隍于是大彻大悟,二十年修行所得的执着之心,刹那间都没有留下影响。那天夜里黄河以北的官吏和百姓都听到空中有声音说:"智隍禅师今天得成佛道了!"智隍后来礼敬告辞,又回到了黄河以北,开示教化大众。

【原文】 一僧问师云:"黄梅意旨[①],甚么人得?"

师云:"会佛法人得。"

僧云:"和尚还得否?"

师云:"我不会佛法[②]。"

师一日欲濯所授之衣,而无美泉。因至寺后五里许,见山林郁茂,瑞气盘旋,师振锡卓地,泉应手而出。积以为池,乃跪膝浣衣石上。忽有一僧来礼拜,云:"方辩是西蜀人。昨于南天竺国,见达摩大师,嘱方辩速往唐土:吾传大迦叶正法眼藏[③],及僧伽梨[④],见传六代,于韶州曹溪,汝去瞻礼。方辩远来,愿见我师传来衣钵。"

师乃出示。次问上人攻何事业?

曰:"善塑。"

师正色曰:"汝试塑看。"

辩罔措。过数日,塑就真相,可高七寸,曲尽其妙。

师笑曰:"汝只解塑性,不解佛性。"

师舒手摩方辩顶。曰:"永为人天福田。"

有僧举卧轮禅师偈曰[⑤]:

卧轮有伎俩,能断百思想。

对境心不起,菩提日日长。

师闻之,曰:“此偈未明心地。若依而行之,是加系缚。”

因示一偈曰:

惠能没伎俩,不断百思想;

对境心数起,菩提作么长?

【注释】 ①黄梅意旨:这里指五祖弘忍的教法。②我不会佛法:这一句话强调禅宗自证自悟,主张徒弟不能从老师那里获得什么现成的东西。③大迦叶:是摩诃迦叶波的简称,佛十大弟子之一,有“头陀第一”“上行第一”等称号。大迦叶是王舍城摩诃娑陀罗村人,大富婆罗门尼拘卢陀羯波之子。以诞生于毕钵罗树下,故取名毕钵罗耶那;又园出自大迦叶种,而称大迦叶。出家不久后,遇见佛陀,蒙受教化。八日后,发正智,脱却自身僧伽梨以奉佛,并穿着佛陀所授之粪扫衣,证得阿罗汉果。大迦叶在俗时,以富裕闻名,然于出家后,少欲知足,常行头陀行。又,古来以大迦叶为付法藏第一祖,尤以“拈花微笑”的故事,为禅家所传颂,并据此尊大迦叶为禅宗天竺初祖。正法眼藏:亦名“清净法眼”。“正法眼”指佛的心眼彻见正法;“藏”的意思为深广而万德含藏。禅宗用正法眼藏来称其教外别传的心印。④僧伽梨:为三衣之一。即九条以上的衣服。因必须割截后才能制成,所以称为重衣、复衣、重复衣。又因其条数多,所以称为杂碎衣。一般是在外出及其他庄严仪式时穿,如入王官、聚落、乞食,及升座说法、降伏外道等时候穿,故称入王宫聚落衣。又以其为诸衣中最大者,故称大衣。⑤卧轮禅师:此禅师事迹不详。

【译文】 有一个僧人问惠能大师:“黄梅五祖弘忍大师的衣钵,什么人得到了?”

惠能大师说:“领会佛法的人得到了。”

僧人问:“大师您得到了吗?”

惠能大师说:“我不明白佛法。”

有一天,惠能大师想洗涤一下五祖弘忍大师所传的袈裟,可是周围没有上好的清泉。因此大师来到寺庙后面五里远的地方,看到这里山林葱郁茂密,有祥瑞之气笼罩盘旋,惠能大师举起锡杖在地上一戳。泉水立刻涌了出来。积成了一个水池,惠能大师便跪在石头上洗着袈裟。忽然有一个僧人来礼敬参拜,说:“我方辩是西蜀人。昨天在南天竺国,见到达摩大师,他嘱咐我赶快到唐国来,达摩大师说他所传大迦叶的真正教法及法衣,现在传到第六代祖,目前在韶州曹溪山,你去瞻仰礼拜他。方辩我远道而来,希望能得见达摩祖师所传之袈裟。”

惠能大师取出袈裟展示给他看。随后问:“你擅长什么事呢?”

方辩说:“擅长雕塑。”

惠能严肃地说:“你试着雕给我看看。”

方辩一时迷惘无措。过了几天,雕好了一尊佛像,高七寸,曲尽其妙,十分逼真。

惠能大师笑着说:“你只理解了雕塑之特性,不理解佛性。”

惠能大师用手抚摩方辩的头顶说:“希望你生生世世都成为人天种福之田。”

有一个僧人展示了卧轮禅师的一首偈:

卧轮有伎俩，能断百思想。对境心不起，菩提日日长。

惠能大师听了说："这个偈还没有明见自性。如果按照这个偈来修行，是更增加了束缚。"

因此开示了一个偈，说：

惠能没伎俩，不断百思想；对境心数起，菩提作么长？

顿渐品第八

【题解】

本品讲述了神秀、惠能两宗分别于曹溪、荆南盛化，世称为南能北秀，于是有了南北二宗顿渐之分。两位宗主虽然不分彼此，但弟子们却起了爱憎之心，北宗神秀与南宗惠能门下徒众生起分歧争议。北宗门徒志诚潜来听法，为惠能察觉，针对北宗"住心观净，长坐不卧"长期打坐的禅法，惠能批判了北宗禅的弊病，认为常坐拘身，于理无益，后向志诚开示南宗禅法，使之当下契悟，并教示戒定慧行相，认为戒定慧为自我本性先天具有。接着交代了北宗门人托志彻前来行刺六祖惠能，而为大师教化开悟一事。还有神会前来参礼，由开始的逞能自傲到后来对六祖礼拜悔谢的事由。

【原文】 **时，祖师居曹溪宝林，神秀大师在荆南玉泉寺[1]。于时两宗盛化，人皆称南能北秀，故有南北二宗顿渐之分。而学者莫知宗趣。师谓众曰："法本一宗，人有南北；法即一种，见有迟疾。何名顿渐？法无顿渐，人有利钝，故名顿渐。"**

"然秀之徒众，往往讥南宗祖师，不识一字，有何所长？"

秀曰："他得无师之智[2]，深悟上乘，吾不如也。且吾师五祖，亲传衣法，岂徒然哉？吾恨不能远去亲近，虚受国恩。汝等诸人毋滞于此，可往曹溪参决。"一日，命门人志诚曰[3]："汝聪明多智，可为吾到曹溪听法。若有所闻，尽心记取，还为吾说。"

志诚禀命至曹溪，随众参请，不言来处。时祖师告众曰："今有盗法之人，潜在此会。志诚即出礼拜，具陈其事。"师曰："汝从玉泉来，应是细作[4]。"

对曰："不是。"

师曰："何得不是？"

对曰："未说即是，说了不是。"

师曰："汝师若为示众？"

对曰："常指诲大众，住心观静，长坐不卧。"

师曰："住心观静，是病非禅。长坐拘身，于理何益？"听吾偈曰：

生来坐不卧，死去卧不坐；一具臭骨头，何为立功课[5]？

【注释】 ①荆南玉泉寺：古本作荆南当阳山玉泉寺。《景德传灯录》作荆州当阳山度门寺。②无师之智：无师而独自觉悟的佛智，指非借他力，不待他人教而自然成就之智慧。如佛所证得之智慧，非由师教或外力而得；又如缘觉（独觉）圣者，观诸法因缘生灭，不待师教而证成觉智。③志诚：即志诚禅师，吉州太和人。年少时于荆南当阳山玉泉寺

侍奉神秀禅师。④细作:奸细,间谍。⑤"一具"两句:人应当明心见性、一觉悟即证得佛地,不需要在臭皮囊上强下功夫,而执着于禅坐形式,长时间不躺卧地约束身体坐禅而不卧。

【译文】 那时,惠能大师在曹溪山宝林寺,神秀大师在荆南玉泉寺。故而当时两大宗派兴盛教化,被人们称为"南能北秀",有南宗北宗、顿教渐教的分别。然而学道修禅的人们并不知道他们的宗义和旨趣。惠能大师对众人说:"佛法本是一种宗义,因为传法之人有南北,才有了南宗北宗的区分;佛法就是一种,只是识见悟性有快有慢,才有了顿悟渐悟的区分。什么叫顿悟渐悟?佛法本身没有顿悟渐悟之分,人的根器有敏锐和愚钝才有顿悟渐悟之分,所以称之为顿渐。"

然而神秀大师的弟子门人,往往讥讽南宗六祖惠能大师:"不识一个字,能有什么过人之处呢?"

神秀大师说:"惠能得到了不需要师父传授而自悟自通的智慧,深入见悟最上乘智慧,我比不上他。并且我师父五祖弘忍大师亲自传授衣钵和教法给他,难道是白费气力的吗?我只恨不能远道去与他多交流,在这里白白地受领国家对我的恩宠。你们不要总是滞留在我的身边,可以前往曹溪山参访学习。"神秀大师这天对弟子志诚说:"你聪明而且智慧多多,可以为我去曹溪山听惠能大师的教法。如果听到什么,尽力地记住,回来再告诉我。"

志诚奉命来到曹溪山,跟随着大众向惠能大师参学请益,没有说明自己是从哪里来的。当时,惠能大师向大众宣告说:"今天有偷听教法的人,潜藏在这里。"志诚立刻出来礼敬参拜,全部陈述了来这里的因由。惠能大师说:"你从玉泉寺来,那就是奸细了。"

志诚说:"我不是。"

惠能大师说:"何以见得你不是?"

志诚说:"我没有说明来意可以说是奸细,表明来意就不能算是了。"

惠能大师说:"你师父神秀大师是如何开示大众的?"

志诚说:"师父常常指授教诲大众守住本心,观想清净,长期静坐,不要睡觉。"

惠能大师说:"住心观静,这是错误的,这不是修禅。长期静坐,拘束身体,对参悟佛法真意并没有什么帮助。听我的偈吧。"偈说:

生来坐不卧,死去卧不坐;一具臭骨头,何为立功课?

【原文】 志诚再拜曰:"弟子在秀大师处,学道九年,不得契悟[①]。今闻和尚一说,便契本心。弟子生死事大,和尚大慈,更为教示。"

师云:"吾闻汝师教示学人戒定慧法,未审汝师说戒定慧行相如何[②]?与吾说看。"

诚曰:"秀大师说:'诸恶莫作名为戒,诸善奉行名为慧,自净其意名为定。彼说如此,未审和尚以何法诲人?'"

师曰:"吾若言有法与人,即为诳汝。但且随方解缚,假名三昧。如汝师所说戒定慧,实不可思议;吾所见戒定慧又别。"志诚曰:"戒定慧只合一种,如何更别?"

师曰:"汝师戒定慧接大乘人,吾戒定慧接最上乘人,悟解不同,见有迟疾。汝听吾说,与彼同否?吾所说法,不离自性。离体说法,名为相说[③],自性常迷。须知一切万法,

皆从自性起用，是真戒定慧法。”听吾偈曰：

心地无非自性戒，
心地无痴自性慧，
心地无乱自性定，
不增不减自金刚，
身去身来本三昧。

诚闻偈，悔谢，乃呈一偈曰：

五蕴幻身，幻何究竟？
回趣真如，法还不净。

师然之。复语诚曰：“汝师戒定慧，劝小根智人；吾戒定慧，劝大根智人。若悟自性，亦不立菩提涅槃，亦不立解脱知见；无一法可得，方能建立万法。若解此意，亦名佛身，亦名菩提涅槃，亦名解脱知见。见性之人，立亦得，不立亦得。去来自由，无滞无碍。应用随作，应语随答，普见化身，不离自性，即得自在神通④，游戏三昧⑤，是名见性。

志诚再启师曰：如何是不立义？”

师曰：“自性无非、无痴、无乱，念念般若观照，常离法相，自由自在，纵横尽得，有何可立？自性自悟，顿悟顿修，亦无渐次，所以不立一切法。诸法寂灭，有何次第？”

志诚礼拜，愿为执侍，朝夕不懈。

【注释】 ①契悟：与本心契合而开悟，对本心的认识和体验。②戒定慧行相：行相原指行事的相状，即一切心在认识对象时的状态。这里可以简单地解释为“具体内容”，即戒定慧的具体内容。③相说：即执着于虚幻不实的现象的讲说，不是具有真理性的讲说。是一种住相之谈。④神通：神为“不测”的意思，通为“无碍”的意思。不可测又无碍的力量，即所谓的神通或通力。一般讲神通有神足通、天眼通、天耳通、他心通、宿命通、满尽通六种。⑤游戏三昧：佛菩萨游于神通，化人以自娱乐，叫作游戏。三昧乃三摩地的意思，为禅定的异称，即将心专注于一境。游戏三昧者，犹如无心之游戏，心无牵挂，任运自如，得法自在。即言获得空无所得者，进退自由自在，毫无拘束。

【译文】 志诚两次礼拜惠能大师说：“弟子我在神秀大师那里，参学已有九年，没有得到契证开悟。今天听大师您这么一说，就契合了本心。弟子认为解脱生死是件大事，希望大师慈悲为怀，再给我一些教化开示。”

惠能大师说：“我听说你师父教授开示弟子戒定慧法，不清楚你师父是如何说戒定慧的相状的？你给我说说看。”

志诚说：“神秀大师说，一切恶行不要造作叫作戒，一切善念全都奉行叫作慧，自己清净意念叫作定。神秀大师是那样说的，不清楚大师您用什么教法教诲大众？”

惠能大师说：“我如果说有教法给你，那就是骗你。只是根据不同情况，方便说法，解除束缚，借用修行三昧的假名。像你师父说的戒定慧，实在是不可思议；我所认识的戒定慧和他不同。”志诚说：“戒定慧只应该有一种，怎么还有分别？”

惠能大师说：“你师父的戒定慧接引大乘根器的人，我的戒定慧接引上乘根器的人，领悟理解不尽相同，识见自我心性有快有慢。你听我说的和他说的相同吗？我所说的教

法,不离开自我本性。离开自性本体说法,叫作执着相状上说法,自己的心念常常愚迷。要知道一切事物和现象,都从自性中生起运用,这是真正的戒定慧法。听我的偈吧。"偈所说:

心地无非自性戒,
心地无痴自性慧,
心地无乱自性定,
不增不减自金刚,
身去身来本三昧。

志诚听了偈以后悔悟拜谢,便呈上一个偈说道:

五蕴幻身,幻何究竟?
回趣真如,法还不净。

惠能大师称许肯定。又告诉志诚说:"你师父所说的戒定慧,是劝诫小根器的人;我所说的戒定慧,是劝诫大根器的人。如果开悟了自我本性,也就不用再立菩提涅槃,也不用立对解脱的认识和见解;没有一个法可以得,才能建立一切法。如果理解了这个本意,就叫作佛,也叫作菩提涅槃,也叫作解脱知见。识见本性的人,立这些名也能得法,不立这些名也能得法。去来自由,没有滞留、没有妨碍。应用自如,随缘运作,根据语言随机答对,全部识见一切化身而又不离自我本性,这就得到随缘变化、自在无碍的神通,到达了游戏三昧的境界,叫作识见本性。"

志诚再次拜谢大师并禀告说:"什么是不立之义?"

大师说:"自我本性没有是非、没有愚痴、没有散乱,时时运用智慧观照,常常超离法相,自由自在,或纵或横全部都有所得,有什么佛法可以立呢?自己开悟自我本性,顿悟顿修,也没有渐次顺序,所以不需要立任何佛法。一切法都寂灭了,还有什么次第顺序呢?"

志诚礼拜惠能大师,愿意侍奉大师,早晚不停歇。

【原文】 **僧志彻,江西人,本姓张,名行昌,少任侠。自南北分化,二宗主虽亡彼我,而徒侣竞起爱憎。时北宗门人,自立秀师为第六祖,而忌祖师传衣为天下闻,乃嘱行昌来刺师。**

师心通,预知其事,即置金十两于座间。时夜暮,行昌入祖室,将欲加害。师舒颈就之,行昌挥刃者三,悉无所损。

师曰:"正剑不邪,邪剑不正,只负汝金,不负汝命。"

行昌惊仆,久而方苏,求哀悔过,即愿出家。师遂与金,言:"汝且去,恐徒众翻害于汝。汝可他日易形而来,吾当摄受[①]。行昌禀旨宵遁,后投僧出家,具戒精进[②]。"

一日,忆师之言,远来礼觐。师曰:"吾久念汝,汝来何晚?"

曰:"昨蒙和尚舍罪,今虽出家苦行,终难报德,其惟传法度生乎!弟子常览涅槃经,未晓常无常义[③],乞和尚慈悲,略为解说。"

师曰:"无常者,即佛性也;有常者,即一切善恶诸法分别心也。"

曰:"和尚所说,大违经文。"

师曰："吾传佛心印，安敢违于佛经？"

曰："经说佛性是常，和尚却言无常；善恶之法乃至菩提心，皆是无常，和尚却言是常，此即相违，令学人转加疑惑。"

师曰："涅槃经，吾昔听尼无尽藏读诵一遍，便为讲说，无一字一义不合经文。乃至为汝，终无二说。"

曰："学人识量浅昧，愿和尚委曲开示。"

师曰："汝知否？佛性若常，更说什么善恶诸法，乃至穷劫无有一人发菩提心者？故吾说无常，正是佛说真常之道也。又，一切诸法若无常者，即物物皆有自性，容受生死，而真常性有不遍之处。故吾说常者，正是佛说真无常义。佛比为凡夫外道执于邪常，诸二乘人于常计无常，共成八倒[④]。故于涅槃了义教中[⑤]，破彼偏见，而显说真常真乐真我真净。汝今依言背义，以断灭无常，及确定死常，而错解佛之圆妙最后微言，纵览千遍，有何所益？"

行昌忽然大悟，说偈曰：

因守无常心，佛说有常性；
不知方便者，犹春池拾砾。
我今不施功，佛性而现前；
非师相授与，我亦无所得。

师曰：汝今彻也，宜名志彻。

彻礼谢而退。

【注释】 ①摄受：又叫作摄取，原指以慈悲心去摄取众生。这里是说愿意度化并接受志彻为徒。②具戒：谓比丘、比丘尼之具足戒也，指比丘、比丘尼所应受持之戒律，比丘二百五十戒，比丘尼五百戒。因与沙弥、沙弥尼所受十戒相比，戒品具足，故称具足戒。依戒法规定，受持具足戒即正式取得比丘、比丘尼之资格。③常无常：世间一切之法，生灭迁流，刹那不住，谓之无常；反之则谓之常，即指永恒不变，真实不虚假。在此处的对话中，行昌所讲的是《涅槃经》的经文，而惠能则是依据禅宗教义对《涅槃经》重新解释。④八倒：指凡夫所迷执的八种颠倒的错误见解。对生死的无常、无乐、无我、无净，执定为常、乐、我、净者，是凡夫的四倒；对涅槃的常、乐、我、净，执定为无常、无乐、无我、无净，是二乘人的四倒。这两种四倒合起来就是八倒。⑤了义教："了义"指直接、完全显了述尽佛法道理，而"不了义"则指教法之未能如实诠显理趣之方便说。二者合称为二义。了义教，即指如实诠显全部理趣之教法，如诸大乘经说生死、涅槃无异者。

【译文】 僧人志彻，江西人，原来姓张，名字叫行昌，少年时候喜好行侠仗义。自从南宗北宗产生分化之后，两派宗主神秀大师和惠能大师虽然不分彼此、没有争胜，然而他们的弟子徒众却竞相生起爱憎之心。当时，北宗弟子们，自封神秀大师为禅宗第六代祖师，又忌讳天下人都知道的惠能大师得传衣钵之事，便嘱咐行昌来行刺惠能大师。

惠能大师事先预测到了这件事，便放了十两黄金在座位上。那天天黑了，行昌潜入惠能大师的房间，准备加害大师。大师伸出脖子给他砍，行昌砍了三刀，都一点没有损伤到惠能大师。

大师说："正义之剑不会邪恶，邪恶之剑不能正义，我只该给你金钱，不欠你性命。"

行昌惊恐万状，扑倒在地，很久才苏醒过来，哀求能够悔过自新，当即愿意出家为僧。大师便给了他金钱，说："你暂时先去，我担心我的弟子们反过来要加害你。你可以在其他时间乔装打扮再来，我自当接受你为徒。"行昌领受大师旨意连夜离开。后来投奔僧人剃度出家，接受戒规，精进修行。

有一天，想起了惠能大师的话，远道而来拜见大师。大师说："我念叨你很久了，你为什么这么晚才来？"

行昌说："上次承蒙大师饶恕我的罪过。现在我虽然出家苦苦修行，终究难以报答大恩大德，唯有随您传法度众生。弟子我常常阅览《涅槃经》，不明白常、无常的教义。恳请大师慈悲，简单为我解说。"

大师说："无常，就是佛性；常，就是对一切善恶法的分别心。"

行昌说："大师，你说的与经文大相径庭。"

惠能大师说："我传授佛法心印，怎么敢违背佛经呢？"

行昌说："经文上说佛性是常。大师您却说佛性是无常；一切善恶事物，甚至无上觉悟，都是无常，大师您却说是常，这不是与经文相背吗？这使得我更加增添了疑惑。"

大师说："《涅槃经》，我曾经听尼姑无尽藏比丘尼念诵过，我给她讲说经文大义，没有一点不符合佛经的。刚才给你讲的，也是同样的道理，不会有别的说法。"

行昌说："我见识浅薄，希望师父开示。"

惠能大师说："你知道吗？如果佛性是常，为什么还要说善恶诸法，以至于还说从来没有人发菩提觉悟之心？所以我说佛性无常，是说佛性真实常在。还有，如果说一切事物无常，是说万事万物都有自己的体性，用以承受生死，而真实存在的佛性也有不能遍及的地方。所以我说的常，正是佛说的无常。佛知道世俗人和外道将无常看作真实存在，而声闻和缘觉二乘人，把佛性看作无常。所以出现了常、乐、我、净、非常、非乐、非我、非净八种颠倒妄想见。《涅槃经》的教义是破斥这些断见，指出什么是真常、真乐、真我、真净四德。你依据经文文字却违背经文经义，以有断灭的现象为无常，而以确定僵死为常，错误地理解佛陀最后开示的妙谛。这样纵使念经千遍，又有何用？"

行昌豁然开悟，说了偈子：因守无常心，佛说有常性；不知方便者，犹春池拾砾。我今不施功，佛性而现前；非师相授与，我亦无所得。

惠能大师说："你现在彻底开悟了，你就改名叫志彻吧。"

志彻行礼致谢后便退下。

【原文】 有一童子，名神会[①]，襄阳高氏子。年十三，自玉泉来参礼。

师曰："知识远来艰辛，还将得本来否？若有本则合识主，试说看！"

会曰："以无住为本，见即是主。"

师曰："这沙弥争合取次语[②]！"

会乃问曰："和尚坐禅，还见不见？"

师以柱杖打三下，云："吾打汝痛不痛？"

对曰："亦痛亦不痛。"

师曰:“吾亦见亦不见。”

神会问:“如何是亦见亦不见?”

师云:“吾之所见,常见自心过愆,不见他人是非好恶,是以亦见亦不见。汝言亦痛亦不痛如何?汝若不痛,同其木石;若痛,则同凡夫,即起恚恨。汝向前见、不见是二边,痛、不痛是生灭。汝自性且不见,敢尔弄人?”

神会礼拜悔谢。

师又曰:“汝若心迷不见,问善知识觅路。汝若心悟,即自见性,依法修行。汝自迷不见自心,却来问吾见与不见。吾见自知,岂代汝迷?汝若自见,亦不代吾迷。何不自知自见,乃问吾见与不见?”

神会再礼百余拜,求谢过愆,服勤给侍,不离左右。

一日,师告众曰:“吾有一物,无头无尾,无名无字,无背无面,诸人还识否?”

神会出曰:“是诸佛之本源,神会之佛性。”

师曰:“向汝道无名无字,汝便唤作本源佛性。汝向去有把茆盖头[③],也只成个知解宗徒[④]。”

祖师灭后,会入京洛,大弘曹溪顿教,著显宗记[⑤],盛行于世,是为荷泽禅师。

师见诸宗难问,咸起恶心,多集座下,愍而谓曰:“学道之人,一切善念恶念,应当尽除。无名可名,名于自性;无二之性,是名实性。于实性上建立一切教门,言下便须自见。”诸人闻说,总皆作礼,请事为师。

【注释】 ①神会:在早期禅宗史上,神会(668~760)是位举足轻重的人物,为荷泽宗之祖。襄阳人,俗姓高。年幼时学习五经、老庄、诸史,后来投国昌寺颢元出家。十三岁时,参谒六祖惠能。惠能示寂后,参访四方,跋涉千里。开元二十年(732)设无遮大会于河南滑台大云寺,与山东崇远论战。竭力攻击神秀一门,确立南宗惠能系之正统传承与宗旨。并于天宝四年(745)著《显宗记》,定南惠能为顿宗,北神秀为渐教,“南顿北渐”之名由是而起。神会示寂于上元元年,世寿九十三,敕谥“真宗大师”。②沙弥:指佛教僧团中,已受十戒,未受具足戒,年龄在七岁以上、未满二十岁之出家男子。意译为息慈,即息恶和行慈的意思;又译作勤策,即为大僧勤加策励的对象。沙弥有三类:七至十三岁,名驱乌沙弥,谓其只能驱逐乌鸟。十四至十九岁,名应法沙弥,谓正合沙弥的地位。二十至七十岁,名名字沙弥,谓在此年龄内,本来应居比丘位,但以缘未及,故尚称沙弥的名字。③向去有把茆盖头:向去即从偏位向于正位,而从正位向于偏位叫作却来。茆,即茅草,把茆盖头就是取茅草建草庵以作栖身处。④知解宗徒:指通过文字来修行的人,即以学习和理解经典文字为修行的僧人。⑤显宗记:全称《荷泽大师显宗记》,全一卷,唐代荷泽神会著,收于《景德传灯录》卷三十。据传本书是作者在天宝四年(745),于滑台为北宗禅者攻击时所著,主要叙述南宗顿悟之旨,并论述传衣在禅宗传承中的重要性。全篇只有六百六十字。内容大体以《金刚般若经》之“般若空智、应无所住而生其心”为立足点,并承继僧肇之《般若无知论》《涅槃无名论》,以及六祖慧能《法宝坛经》中《定慧第四》之思想。

【译文】 有一个童子,名叫神会,襄阳高家的子弟。十三岁时,从神秀主持的玉泉寺

来到曹溪山向惠能大师致礼。

惠能大师说:"善知识远道而来,辛苦非常,还能识见事物的本来面目吗?如果认识事物的本来面目,就应该识见本体,你先说说看。"

神会说:"事物的本来面目无所住。永远不会静止,认识本身就是主体。"

惠能大师说:"这个小师父怎么说话如此轻率!"

神会说:"大师你坐禅,识见佛性了吗?"

惠能大师用禅杖打了神会三下子,问:"我打你,痛还是不痛?"

神会说:"也痛也不痛。"

惠能大师说:"那我见了,也没有见。"

神会问:"什么叫作也见了,也没见?"

惠能大师说:"我说见是说常见自己的过错,不见他人的是非好恶,这是说见到了,也没见到。那你说也痛也不痛是什么意思?你如果不痛,你就是和草木瓦石一样没有知觉;你如果说痛,那你就和凡夫俗子一样,会生起怨恨之心。见与不见是两种偏见,痛和不痛是可以生灭的有为法。你还没识见本心,怎敢捉弄他人?"

神会礼拜表示悔过。

惠能大师又说:"如果心念愚迷,不能识见本性,就必须找善知识教示。如果心念开悟,识见自性,就依此修行。现在你自己迷误,不能认识真心,反来问我是否识见佛性。我是否识见佛心,我自己心知肚明,难道这能代替你不迷误?反之亦然,你如果能够识见自性也代替不了我的迷误。为何不去自我识见、自我认识,却在这里问我有没有识见佛性?"

神会再次向惠能大师致礼多达一百多次,请求饶恕,并勤勉地做杂务和服侍大师,不离大师身边。

有一天,惠能大师告诉大家:"我有一样东西,没头没尾,没名没字,没背面,没正面,大家知道是什么吗?"

神会起立说道:"是一切佛的本源,是神会的佛性。"

大师说:"对你说了没名没字,你却还要把他叫作本源佛性。你以后即便当了住持,也只能成为一个知解宗徒。"

惠能大师圆寂后,神会到了京师长安与洛阳,大力弘扬惠能大师的顿教法门,著有《显宗记》,盛行于世。这就是著名的荷泽禅师。

惠能大师看到各宗派之间互相为难指责,弟子们都生起邪恶之心,所以经常召集门人弟子,宽厚怜悯地对大家说:"修行佛道的人,一切善念、恶念,都应该全部除掉。没有什么名相可以指称自我本性;独具无二、没有分别的自性叫作实性。在实性的基础上建立一切教派法门,都必须立刻就能自我识见。"所有人听了,全都行礼,请求惠能大师教化指授他们。

护法品第九

【题解】

本品记叙了武则天、唐中宗派遣内侍薛简拟请六祖惠能大师至宫中供养，大师以老疾上表托词的事由。其后，应薛简的请求，大师予以开示，为他辨析了北宗所一味强调的坐禅之弊病，认为“道由心悟，岂在坐也”，指明诸法空寂、无生无灭，获得佛法的真正途径还在于自性体悟，进而指出“烦恼即菩提”，表明即世间求解脱、不离生死证涅槃的思想主旨。昭示世人立足当下，肯定人生。这对后来近代人间佛教具有很深远的内在指导意义。最后交代了薛简表奏、朝廷奖谕的事宜。

【原文】 **神龙元年上元日[①]，则天中宗诏云[②]：“朕请安秀二师[③]，宫中供养。万机之暇，每究一乘[④]。二师推让云：‘南方有能禅师，密授忍大师衣法，传佛心印，可请彼问。’今遣内侍薛简，驰诏迎请，愿师慈念，速赴上京。”**

师上表辞疾，愿终林麓。

【注释】 ①神龙元年上元日：神龙为唐中宗年号，正月十五日为上元。②则天中宗：指太后武则天和唐中宗李显。③安秀二师：“安”指慧安国师，是弘忍的弟子，曾受到武则天和唐中宗的重视。因常住嵩山，故又称嵩山慧安。《景德传灯录》卷四有传。“秀”指北宗神秀大师。④一乘：即指佛乘，又作一佛乘、一乘教、一乘究竟教、一乘法、一道等。乘为“交通工具”之意，此处指成佛之教法。佛教教义乃唯一之真理，以其能教化众生悉皆成佛，故称为一乘。

【译文】 唐中宗神龙元年(705)正月十五日，太后武则天和唐中宗下诏说：“我迎请嵩山慧安和荆南玉泉寺的神秀两位大师到宫里来，诚心供养。于日理万机之中，每有空暇，就向两位大师请教，研究佛法。两位大师十分谦让，都推举惠能大师。说：‘南方有位惠能大师从五祖弘忍大师那里秘密得受了衣钵和教法，得传了佛法的心印，可以迎请他来宫中向他请教。’现在我派遣内侍薛简传达诏书来迎请大师，望大师慈悲为怀，立即赶赴京城。”

惠能大师上呈了表章，以身体有疾病为理由推辞了延请，并表示自己愿意永远生活于山林之中，直到终老。

【原文】 **薛简曰：“京城禅德皆云：欲得会道，必须坐禅习定；若不因禅定而得解脱者，未之有也。未审师所说法如何？”**

师曰：“道由心悟，岂在坐也？经云：若言如来若坐若卧，是行邪道。何故？无所从来，亦无所去，无生无灭，是如来清净禅[①]；诸法空寂，是如来清净坐。究竟无证，岂况坐耶？”

简曰：“弟子回京，主上必问。愿师慈悲，指示心要，传奏两宫，及京城学道者。譬如一灯，然百千灯，冥者皆明，明明无尽。”

师云：“道无明暗，明暗是代谢之义。明明无尽，亦是有尽，相待立名。故净名经云：法无有比，无相待故。简曰：明喻智慧，暗喻烦恼。修道之人，倘不以智慧照破烦恼，无始

生死，凭何出离？”

师曰：“烦恼即是菩提，无二无别。若以智慧照破烦恼者，此是二乘见解，羊鹿等机[2]；上智大根，悉不如是。”

简曰：“如何是大乘见解？”

师曰：“明与无明[3]，凡夫见二；智者了达，其性无二。无二之性，即是实性。实性者，处凡愚而不减，在贤圣而不增；住烦恼而不乱，居禅定而不寂。不断不常，不来不去，不在中间，及其内外。不生不灭，性相如如，常住不迁，名之曰道。”

简曰：“师说不生不灭，何异外道？”

师曰：“外道所说不生不灭者，将灭止生，以生显灭，灭犹不灭，生说不生。我说不生不灭者，本自无生，今亦不灭，所以不同外道。汝若欲知心要，但一切善恶，都莫思量，自然得入清净心体，湛然常寂，妙用恒沙。”

简蒙指教，豁然大悟。礼辞归阙，表奏师语。

【注释】 ①如来清净禅："如来禅"的简称，《楞伽经》所说四种禅之一。由如来直传之禅或如来所得之禅定，即入于如来地，证得圣智三种乐，为利益众生而示现不思议之广大妙用者。另也是五种禅（五味禅）之一。宗密将禅分为五种，其中"最上乘禅"称为如来清净禅（略称如来禅），又称一行三昧、真如三昧。此禅之旨趣，系顿悟自心本来清净无有烦恼，具足无漏之智性，且此种清净心与佛无异，此心即佛。②二乘见解，羊鹿等机：二乘即指声闻乘与缘觉乘。羊、鹿指羊车和鹿车。这里指二乘发心度化的众生较少。详见第七品"三车"注。③明与无明：明，是智慧、学识。因此，"无明"的语意就是无智。无明是烦恼之别称，即不如实知见，暗昧事物之意。

【译文】 薛简说："京城里的禅师大德都说：'想要领会佛道，必须要坐禅习定；如果不凭借修禅习定而能够得到解脱，这样的人还没出现过。'不知道大师您所讲说的教法是什么样子的？"

惠能大师说："得成佛道要靠自心开悟，怎么会是在于长期打坐呢？佛经上说：'如果说佛似乎在座或似乎在卧，那么就是在修行邪道。'这是什么原因呢？既没有所来之处，也没要去的地方，没有生成也没有毁灭，这是佛的清净禅；一切事物现象虚幻空寂，这是佛的清净坐。最终的究竟解脱是没有办法印证的。更何况长期打坐。"

薛简说："弟子我回到京城，太后皇上必然问起大师的教法心要，希望大师慈悲为怀，给我指点开示要旨心得，我好表奏太后皇上两宫，以及京城参学佛道的人士。这好比一盏灯点燃千百万盏灯，晦暗都得到光明。灯灯光明没有穷尽。"

惠能大师说："佛道没有光明黑暗的区分，光明和黑暗的意义是相互代谢，互为依存。说光明处处没有尽头，其实也终究是有尽头的。光明和黑暗二者是互为对立、互为条件一对概念范畴。所以《净名经》说：'佛法没有事物可与比拟，没有事物可以与之相对应的。'说的就是这个道理。"薛简说："光明比喻智慧，黑暗比喻烦恼。修行佛道的人如果不用智慧观照破斥烦恼，无始以来的生死靠什么来超离呢？"

惠能大师说："烦恼就是菩提，不是两种东西，它们本质相同，没有分别。如果要用智慧观照破斥烦恼，那这就是声闻和缘觉二乘的见解，是《法华经》上说的乘坐羊车和鹿车

的人的见解；有上智和大根器的人，都不是这样理解的。”

薛简说：“什么是大乘的见解呢？”

惠能大师说：“光明智慧和愚迷黑暗，凡夫俗子看到的是两种东西的不同性质；智慧了达的人则明白他们在本质上是没有区别的。这种没有区别、平等一致的本性就是真实佛性。真实佛性，处于凡俗愚迷境地时不会减少，处于贤明圣达的境地时不会增加；处于烦恼中而不散乱，处于禅定中而不寂灭。没有断绝没有永恒，没有来处没有去处，也不停留在中间状态，也不存在于内部和外部。没有生成和毁灭，本性和相状真实如一，永恒存在没有变化，叫作佛道。”

薛简说：“大师所说的、没有生成和毁灭，与外道有什么不同之处？”

惠能大师说：“外道所讲的没有生成毁灭，是用毁灭来止断生成，用生成来显示毁灭，这种毁灭等于没有毁灭，生成也可以说没有生成。我说的没有生成没有毁灭，是本来就没有生成，现在也不存在毁灭，所以是与外道不同的。你如果想要知道心得要旨，只要一切善和恶都不去思维度量它，自然而然悟入清净本心，湛然明净，永恒静寂，其妙用之多，犹如恒河之沙。”

薛简受到了指点教化，豁然开悟。礼敬辞别惠能大师而回归宫中，上表报奏了惠能大师的教说。

【原文】 其年九月三日，有诏奖谕师曰：“师辞老疾，为朕修道，国之福田。师若净名，托疾毗耶[①]，阐扬大乘，传诸佛心，谈不二法。薛简传师指授如来知见，朕积善余庆，宿种善根，值师出世，顿悟上乘，感荷师恩，顶戴无已。并奉磨衲袈裟[②]，及水晶钵，敕韶州刺史修饰寺宇，赐师旧居为国恩寺。”

【注释】 ①毗耶：即是毗耶离城，乃维摩居士之居处。②磨衲袈裟：袈裟之一种。相传乃高丽所产，以极精致之织物制成。磨，即指紫磨，属于绫罗类。

【译文】 这一年的九月三日，朝廷下诏褒奖赞誉惠能大师，说：“大师以年老多病辞去召请，一心修行佛道，这是国家的福报啊。大师就如同维摩诘居士一样，推脱有病而居住于毗耶离城中，从而大力弘扬大乘佛法，传授一切佛的心印，宣讲佛性平等无二的教法。薛简已经上表奏明了大师所传授的佛智见解，往昔积累的善行使我有了今天的福报，是前世种下的善根，正逢大师出世行化，令我立刻顿悟佛法上乘。承受大师的恩泽，十分感激，致礼不已。同时奉送磨衲袈裟和水晶钵，命令韶州刺史维修整饰寺庙殿宇，赐名大师的旧居为国恩寺。”

付嘱品第十

【题解】

本品主要记叙的是惠能临终说法的内容，是惠能对自己禅法的总结和概述。惠能先举出阴、界、入三科法门，即五阴、十二入、十八界，目的在于破除我执。接着以三十六对法阐明佛教中道观。经中强调了“出没即离两边”“外于相离相，内于空离空”“二道相因，生中道义”等禅宗宗旨。记载了惠能自知不久灭度，敦促建造墓塔，与徒众说“真假动

静偈”。在回答弟子所询问衣钵传授之事时，指明今后世人当以《坛经》为正法，善自护持。还向众弟子讲解了一相三昧、一行三昧。预示了圆寂后会出现有人来盗取首级的劫难，开示了众人禅宗传授禅宗心印的法统及历代祖师的谱系。并再次强调了明心见性、自性真佛的宗旨。最后交代了一些惠能大师灭度后，弟子们处理善后的事情。

【原文】 师一日唤门人法海、志诚、法达、神会、智常、智通、志彻、志道、法珍、法如等，曰："汝等不同余人，吾灭度后[1]，各为一方师。吾今教汝说法，不失本宗。"

"先须举三科法门[2]，动用三十六对，出没即离两边。说一切法，莫离自性。忽有人问汝法，出语尽双，皆取对法，来去相因。究竟二法尽除[3]，更无去处。"

"三科法门者。阴界入也。阴是五阴，色、受、想、行、识是也。入是十二入，外六尘，色、声、香、味、触、法，内六门，眼、耳、鼻、舌、身、意是也。界是十八界，六尘、六门、六识是也。自性能含万法，名含藏识。若起思量，即是转识[4]。生六识，出六门，见六尘，如是一十八界，皆从自性起用。"

【注释】 ①灭度：即涅槃、圆寂、迁化之意。通过修行而灭障度苦，证得果位，也就是永灭因果，开觉证果。②三科：指五蕴、十二处和十八界，或译五阴、十二入、十八界。从这三方面观察人及世界，依愚夫迷悟之不同情况，破除我执，从而认识"无我"之理。③二法：分诸法为二种。或分为色、心，或分为染、净，有为、无为，有漏、无漏等。与"二相"意思相同。④转识：转，意即转变、改转。唯识家认为在八识之中，除第八识外，其余的眼、耳、鼻、舌、身、意、末那等七识都称为转识。此七识总称为七转识、前七转等。前七识以阿赖耶识为所依，缘色、声等境而转起，能改转苦、乐、舍等三受，转变善、恶、无记等三性，故称为"七转识"。

【译文】 一天，惠能大师叫来了弟子法海、志诚、法达、神会、智常、智通、志彻、志道、法珍、法如等，对他们说："你们几个和其他人不一样，等我去世以后，你们各自要做教化一方的宗师。我现在教你们应当如何说法，才不会失去本宗宗旨。

"说法时首先必须列举出三科法门，使用三十六对相对法，言语一经说出口就要脱离两端，不落实处。讲说一切法的时候均不能离开自性。若突然有人问你佛法，说出来的话语要全部是对应成双的，全部要取相对的方法，言语来去要前后相应、互为因果。最后把生灭、有无二法全部扫除干净，再没有什么可以落执的处所。"

"三科法门，就是阴、界、入。阴是五阴，即色、受、想、行、识。入就是十二入，就是身外六尘：色、声、香、味、触、法，身内六门：眼、耳、鼻、舌、身、意。界是十八界，就是六尘、六门和六识。自我本性能够含藏一切事物和现象，这叫作含藏识。如果生起分别思量，就是转识。生起眼识、耳识、鼻识、舌识、身识、意识这六识，六识通过眼、耳、鼻、舌、身、意六门认识了色、声、香、味、触、法六尘，这样就是十八界，全部是从自性中生起和产生作用的。"

【原文】 "自性若邪，起十八邪；自性若正，起十八正。若恶用即众生用，善用即佛用；用由何等，由自性有。"

"对法外境，无情五对：天与地对，日与月对，明与暗对，阴与阳对，水与火对，此是五对也。

法相语言十二对[1]：语与法对，有与无对[2]，有色与无色对，有相与无相对[3]，有漏与无漏对[4]，色与空对[5]，动与静对，清与浊对，凡与圣对，僧与俗对，老与少对，大与小对，此是十二对也。"

"自性起用十九对：长与短对，邪与正对，痴与慧对，愚与智对，乱与定对，慈与毒对，戒与非对，直与曲对，实与虚对，险与平对，烦恼与菩提对，常与无常对，悲与害对，喜与嗔对，舍与悭对，进与退对，生与灭对，法身与色身对，化身与报身对，此是十九对也。"

师言："此三十六对法，若解用，即道贯一切经法，出入即离两边。"

【注释】 ①法相：指诸法所具本质之相状（体相），或指其意义内容（义相）。概括一切有生灭变化的现象，也包括永恒的无生灭变化的现象。②有与无对：有，即存在、生存的意思，用于显示诸法的存在，又有实有、假有、妙有等之别。如三世实有；因缘和合而生即假有；圆成实性其体遍常而无生灭，所以说是妙有。无，即与"有"相对，意谓非存在。佛教认为所谓有或无之二边（即'偏有'或'偏无'之一方）皆为谬误；唯有超越有与无之相对性，始属绝对之真如。③有相与无相对："有相"和"无相"是对称，有相，系指差别有形之事相。又具有生灭迁流之相者，亦称有相。无相则指一切诸法无自性，本性为空，无形相可得。④有漏与无漏对："漏"乃流失、漏泄之意；为烦恼之异名。人类由于烦恼所产生之过失、苦果，使人在迷妄的世界中流转不停，难以脱离生死苦海，故称为有漏；若达到断灭烦恼之境界，则称为无漏。⑤色与空对：色为物质存在之总称。空意译空无、空虚、空寂、空净、非有，指一切存在之物中，皆无自体、实体、我等。

【译文】 "自性如果邪恶执迷，就会生起十八种邪念；自性如果端正，就会生起十八种正念。恶念起用就是众生之用，善念起用就是佛之用；被恶念所用还是被善念所用，这由什么来决定，都是由自性决定其所用。"

"所谓三十六对法，外界无情的事物有五对：天与地相对，太阳和月亮相对，光明与黑暗相对，阴和阳相对，水和火相对，这是无情的五对。"

"事物的本性、相状和语言方面有十二对：语言与佛法相对、有与无相对、有色与无色相对、有相与无相相对、有漏与无漏相对、色与空相对、动与静相对、清澈与浑浊相对、凡人与圣人相对、僧人与俗人相对、老与少相对、大与小相对，这是法相语言的十二对。"

"自性中生起的作用有十九对：长与短相对、邪见与正见相对、愚痴与聪慧相对、愚笨与智慧相对、乱与定相对、慈悲与毒害相对、戒与非相对、直与曲相对、真实与虚妄相对、险与平相对、烦恼与菩提相对、常与无常相对、悲与害相对、欢喜与嗔怒相对、施舍与吝啬相对、前进与后退相对、生起与寂灭相对、法身与色身相对、化身与报身相对，这是自性起用的十九对。"

惠能大师说："这三十六对相对法的教法，如果能够理解运用，就能贯通一切佛法与经典，与人交谈时，进退都能不执两边、脱离两个极端。"

【原文】 "自性动用，共人言语，外于相离相，内于空离空。若全著相，即长邪见。若全执空，即长无明。执空之人有谤经，直言不用文字。既云不用文字，人亦不合语言；只此语言，便是文字之相。又云：直道不立文字，即此不立两字，亦是文字。见人所说，便即谤他言著文字，汝等须知自迷犹可，又谤佛经；不要谤经，罪障无数。"

“若著相于外，而作法求真；或广立道场，说有无之过患，如是之人，累劫不得见性。但听依法修行，又莫百物不思，而于道性窒碍。若听说不修，令人反生邪念。但依法修行无住相法施。汝等若悟，依此说，依此用，依此行，依此作，即不失本宗。”

“若有人问汝义，问有将无对，问无将有对；问凡以圣对，问圣以凡对。二道相因[①]，生中道义[②]。”

如一问一对，余问一依此作，即不失理也。设有人问：何名为暗？答云：“明是因，暗是缘，明没即暗。以明显暗，以暗显明，来去相因，成中道义。余问悉皆如此。汝等于后传法，依此转相教授，勿失宗旨。”

【注释】 ①二道：指相对的两个方面，如“有”与“无”，“凡”与“圣”。②中道：即离开二边之极端、邪执，为一种不偏于任何一方之中正之道。又作中路，或单称中。中道系佛教之根本立场。

【译文】 “自性启动并生发作用的时候，和别人一起言论，对外在事物不执着它的相状，对内在心念不执着于空无。如果全部执着于外在的相状，就增长邪见。如果执着于空无，就增长无明愚痴。执着虚妄空无的人常常会诽谤佛教经典，说不需要文字。既然说不需要文字，那么就不该有语言文字；只是这样的语言，就是落入文字之相。又说直行佛道要不立文字，就是‘不立’这两个字，本身就是文字。看到别人所说的，就立刻诽谤别人的言语是执着于文字，你们知道自己愚迷也就罢了，还来诽谤佛经；千万不要诽谤佛经，那样的话，罪过障碍会多得无法计数。”

“如果执着于外在境相，便会造作种种方法去求取佛道；或者广泛地建立道场，宣讲有无的得失，像这样的人，永远不能识见自己的本性。像这样的人要听从正法依止修行，还有不要什么都不想，而障碍佛道本性使之窒断。如果只是听说而不去修行，反而会使人生起邪念。所以必须依照佛法修行，不执着于相，并以此讲说佛法。你们如果能够开悟，依照这个讲说，依照这个运用，依照这个修行，依照这个作为，就不会迷失本门宗旨。”

“如果有人问你佛法的意义，问有就用无来对，问无就用有来对；问凡人就用圣人来对，问圣人就用凡人来对。在对立二相的因缘转化中，持中道的本义。”

“像这样一问一答，其余的问题也全部按照这样来作答，就不会失去中道教义。假设有人问什么是暗？回答：光明是本源。黑暗是条件，光明消失则黑暗顿生。以光明来凸显黑暗，以黑暗来凸显光明，来去互为因果，成就中道意义。其余的提问全部都是这样解答。你们在以后的传法过程中，依据这个相互转告，相互教化指授，不要失去本门宗旨。”

【原文】 师于太极元年壬子，延和七月[①]，命门人往新州国恩寺建塔，仍令促工。次年夏末落成。七月一日，集徒众曰：“吾至八月，欲离世间。汝等有疑，早须相问，为汝破疑，令汝迷尽。吾若去后，无人教汝。”

法海等闻，悉皆涕泣；惟有神会，神情不动，亦无涕泣。

师云：“神会小师[②]，却得善不善等，毁誉不动，哀乐不生。余者不得，数年山中，竟修何道？汝今悲泣，为忧阿谁？若忧吾不知去处，吾自知去处，吾若不知去处，终不预报于汝。汝等悲泣，盖为不知吾去处。若知吾去处，即不合悲泣。法性本无生灭去来，汝等尽

坐，吾与汝说一偈，名曰真假动静偈。汝等诵取此偈，与吾意同；依此修行，不失宗旨。"

众僧作礼，请师说偈。偈曰：

一切无有真，不以见于真；若见于真者，是见尽非真。若能自有真，离假即心真；自心不离假，无真何处真？有情即解动，无情即不动；若修不动行，同无情不动。若觅真不动，动上有不动；不动是不动，无情无佛种。能善分别相，第一义不动；但作如此见，即是真如用。报诸学道人，努力须用意；莫于大乘门，却执生死智。若言下相应，即共论佛义；若实不相应，合掌令欢喜。此宗本无诤，诤即失道意；执逆诤法门，自性入生死。

【注释】 ①"师于"二句：公元712年。这一年唐睿宗改元太极元年，五月又改元延和元年，唐玄宗即位后，又于当年八月改元先天元年。②小师：系指受具足戒未满十年之僧人，若满十年则称住位。

【译文】 惠能大师在唐睿宗太极元年，即壬子年，也就是延和元年的七月，命令弟子前往新州国恩寺建塔，还命令人去催促施工。第二年夏天快结束的时候，塔建成竣工了。七月一日，惠能大师召集弟子门人，对他们说："我到八月，将要离开人世。你们有什么疑问，要早点来问，我为你们破除疑惑，让你们愚迷尽除。我如果去世以后，就没有人再指导你们了。"

法海等弟子听说以后，全部都痛哭流涕；只有神会，神色表情丝毫没有变动，也没有哭泣流泪。

惠能大师说："神会虽是个小禅师，却能得悟善与不善平等无差，不被诋毁称誉所动摇，不生起哀伤和喜乐。其他人都没有能做到，十几年在山中修行，究竟修了什么道？你们现在悲伤哭泣，是为了谁忧伤？如果是伤心我不知往哪里去，其实我自己知道我的去处，我如果不知道去处，是不会向你们事先通报的。你们悲伤哭泣，都是因为不知道我的去处。如果知道我的去处，就不该悲伤。佛法本性本来没有生灭来去，你们都全部坐下，我给你们说一个偈，名称为：《真假动静偈》。你们念诵听取这个偈，就能和我的心意相同；依照这个偈修行，就不会迷失宗门旨趣。"

所有僧人都行礼，请惠能大师作偈。偈子说：

一切无有真，不以见于真；若见于真者，是见尽非真。若能自有真，离假即心真；自心不离假，无真何处真？有情即解动，无情即不动；若修不动行，同无情不动。若觅真不动，动上有不动；不动是不动，无情无佛种。能善分别相，第一义不动；但作如此见，即是真如用。报诸学道人，努力须用意；莫于大乘门，却执生死智。若言下相应，即共论佛义；若实不相应，合掌令欢喜。此宗本无诤，诤即失道意；执逆诤法门，自性入生死。

【原文】 时，徒众闻说偈已，普皆作礼。并体师意，各各摄心，依法修行，更不敢诤。乃知大师不久住世，法海上座，再拜问曰："和尚入灭之后，衣法当付何人？"

师曰："吾于大梵寺说法，以至于今，抄录流行，目曰法宝坛经。汝等守护，递相传授，度诸群生。但依此说，是名正法。今为汝等说法，不付其衣。盖为汝等信根淳熟，决定无疑，堪任大事。然据先祖达摩大师，付授偈意，衣不合传。"偈曰：

吾本来兹土，传法救迷情[①]；

一华开五叶[2]，结果自然成。

【注释】 ①迷情：指迷惑之众生（有情）。②一华开五叶：唐末五代时期，从青原行思一系之下形成了曹洞宗、云门宗和法眼宗；从南岳怀让一系之下形成沩仰宗和临济宗，这五个宗派被合称为禅宗五家，“五叶”即指这五个宗派。另一说五叶表示五代，指菩提达摩以下的慧可、僧璨、道信、弘忍和惠能五位禅宗祖师。

【译文】 当时，弟子门人们听完了偈，全都行礼。并且各自体会惠能大师的意思，收拾本心，依照这个法门修行，不再相互争辩了。由于知道了惠能大师停驻人世的时间不多了，法海上座在此礼拜惠能大师，问道：“大师入灭之后，衣钵和教法应该传给谁？”

惠能大师说：“我在大梵寺说法，直到现在，所演说的内容已经被抄录下来并广为流布风行，其名目叫作《法宝坛经》。你们好好守护，次第相互流传指授，去度化人群众生。依照这个说法的就是真正的佛法。我现在为你们说法，不再付嘱袈裟，就是因为你们都已经信根淳熟，正定而没有疑惑，可以堪当弘法的大任了。而且根据祖师达摩大师付嘱所传授的偈子的含义，衣钵袈裟是不应该传下去的。”偈子说：

吾本来兹土，传法救迷情；

一华开五叶，结果自然成。

【原文】 师复曰：“诸善知识！汝等各各净心，听吾说法。若欲成就种智[1]，须达一相三昧，一行三昧[2]。若于一切处而不住相，于彼相中不生憎爱，亦无取舍，不念利益成坏等事，安闲恬静，虚融澹泊，此名一相三昧。若于一切处，行住坐卧，纯一直心，不动道场，真成净土，此名一行三昧。若人具二三昧，如地有种，含藏长养，成熟其实，一相一行，亦复如是。”

“我今说法，犹如时雨，普润大地。汝等佛性，譬诸种子，遇兹沾洽，悉得发生。承吾旨者，决获菩提；依吾行者，定证妙果。”听吾偈曰：

心地含诸种，普雨悉皆萌，顿悟华情已，菩提果自成。

师说偈已，曰：“其法无二，其心亦然。其道清净，亦无诸相。汝等慎勿观静，及空其心。此心本净，无可取舍，各自努力，随缘好去。”

尔时徒众作礼而退。

【注释】 ①种智：为一切种智之略称。即佛了知一切种种法之智慧。唯佛有一切种智，声闻、缘觉等仅有总一切智。②一相三昧，一行三昧：禅定之名。一相指平等无差别之真如相。三昧即将心定于一处（或一境）的一种安定状态。因此一相三昧指主观上对一切现象没有偏执，不生憎恨或爱意，也没有取舍之心，不念利益成坏等事，而能够安闲恬静，虚融淡泊。一行三昧的，与一相三昧的意义并无大区别，只是前者是从不执着与“相”上讲，后者是从不执着于禅修时的身体姿势上讲。

【译文】 惠能大师又说：“各位善知识！你们各自清净心念，听我讲说佛法。如果要成就佛的智慧，必须达到一相三昧和一行三昧。如果在一切境相之中而能不执着于一切境相，对于那些相状不生起憎恶爱欲，也没有取得和舍弃，不考虑利益关系、成功失败等事情，安闲恬静，虚融淡泊，这叫作一相三昧。如果在一切处所，行住坐卧，直了心性，不

需要借助外在道场，当下成就真实净土，这叫作一行三昧。如果人具有这两个三昧，就如同大地中含有种子，经过蕴含、蓄藏、生长和培养，果实得以成熟。一相三昧和一行三昧，也是这样。

"我现在说法，好像及时雨，普遍润泽大地。你们的佛性，好像一粒粒的种子。遇到时雨滋润都能发芽生长。继承我的宗旨的人，肯定能证获菩提智慧；依照我的教法修行的人，肯定能证悟佛道妙果。听我的偈吧。"偈说：

心地含诸种，普雨悉皆萌。顿悟华情已，菩提果自成。

惠能大师说完偈，说："佛法不是二法，本心也是如此。佛道本是清净的，没有一切相状。你们千万要慎重，不要执着观静和空寂其心。本心原是本来清净的，没有取舍的，各自回去努力，随顺因缘好好去吧。"

当时弟子门人行礼后都退下了。

【原文】 大师七月八日，忽谓门人曰："吾欲归新州，汝等速理舟楫。"

大众哀留甚坚。

师曰："诸佛出现，犹示涅槃，有来必去，理亦常然。吾此形骸，归必有所。"众曰："师从此去，早晚可回？"师曰："叶落归根，来时无口[①]。"又问曰："正法眼藏，传付何人？"师曰："有道者得，无心者通。"又问："后莫有难否？"

师曰："吾灭后五六年，当有一人来取吾首。听吾记曰：头上养亲，口里须餐；遇满之难，杨柳为官[②]。"

又云："吾去七十年，有二菩萨[③]，从东方来，一出家，一在家，同时兴化，建立吾宗；缔缉伽蓝[④]，昌隆法嗣。"

问曰："未知从上佛祖应现已来，传授几代？愿垂开示。"

师云："古佛应世，已无数量，不可计也。今以七佛为始，过去庄严劫：毗婆尸佛、尸弃佛、毗舍浮佛。今贤劫：拘留孙佛、拘那含牟尼佛、迦叶佛、释迦文佛，是为七佛。已上七佛，今以释迦文佛首传。第一摩诃迦叶尊者，第二、阿难尊者，第三、商那和修尊者，第四、优波毬多尊者，第五、提多迦尊者，第六、弥遮迦尊者，第七、婆须蜜多尊者，第八、佛驮难提尊者，第九、伏驮蜜多尊者，第十、胁尊者，十一、富那夜奢尊者，十二、马鸣大士，十三、迦毗摩罗尊者，十四、龙树大士，十五、迦那提婆尊者，十六、罗睺罗多尊者，十七、僧伽难提尊者，十八、伽耶舍多尊者，十九、鸠摩罗多尊者，二十、阇耶多尊者，二十一、婆修盘头尊者，二十二、摩拏罗尊者，二十三、鹤勒那尊者，二十四、师子尊者，二十五、婆舍斯多尊者，二十六、不如蜜多尊者，二十七、般若多罗尊者，二十八、菩提达摩尊者，二十九、慧可大师，三十、僧璨大师，三十一、道信大师，三十二、弘忍大师，惠能是为三十三祖。从上诸祖，各有禀承。汝等向后，递代流传，毋令乖误。"

【注释】 ①来时无口：无口，即没有讲什么话，此即无法可说之意。禅宗强调传心法要，是要靠自证自悟的，佛也是以无言传教。这里是指六祖惠能一生都没说过什么法。②"头上"四句：这是一个禅宗的故事。在开元十年，新罗僧人金大悲想取六祖惠能肉身舍利的头回国供奉，就雇用了一名叫张净满的孝子去偷。张净满为金大悲办此事也是为

了糊口和孝养父母。可是张净满不但无法成功盗取六祖的头,反而被官府捉拿归案。当时审问此案的县令名叫杨佩,州刺史名叫柳无忝。这个故事正好符合了这四句谶语。③二菩萨:即指一出家、一在家的两位菩萨。其实这也是六祖圆寂前的悬记(预言)。但到底这两位菩萨指谁,有许多不同的说法。有人说出家的菩萨是指马祖道一禅师,在家菩萨则指庞蕴居士。也有说出家者为黄檗禅师,而在家者指的是裴休。胡适却认为另个悬记是《曹溪大师别传》的作者伪造的。④伽蓝:全译为僧伽蓝摩,又作僧伽蓝,意译众园;又称僧园、僧院,意译为园。原指可供建设众僧居住之房舍(毗诃罗)的用地,后转为包括土地及建筑物的寺院总称。

【译文】 七月八日,惠能大师忽然与弟子说:"我要回新州,你们赶快准备船只。"

弟子门人苦苦哀求,坚决挽留。

惠能大师说:"一切佛出现,都会指示涅槃,有来就会有去,道理本应就是这样。我这具躯体形骸,也该回去了。"

弟子们说:"大师从今天走了以后,早晚还会回来吗?"

惠能大师说:"落叶归根,我一生没有讲什么话。"

弟子又问:"佛教正法,大师将传授交付给哪一个?"

惠能大师说:"证悟了佛道的人会得到,无执着心的人会通达领会。"

弟子又问:"以后是不是会有劫难啊?"

惠能大师说:"我去世后五六年,应该会有一个人前来取我的首级。听我的偈记:头上养亲,口里需餐。遇满之难,杨柳为官。"

惠能大师又说:"我去世后七十年,有两位菩萨,从东方来,一位是出家僧人,一位是在家居士,他们同时大兴教化,建立宗派;修建寺庙,昌盛兴隆佛法宗门。"

弟子们问:"不知从最初佛祖应身现化以来,已经共计传授了多少代?希望大师给予开示。"

惠能大师说:"从远古的佛应身出世,已经无数无量,不可计算了。现在就以七佛为开始吧,在过去世的庄严劫中:有毗婆尸佛、尸弃佛、毗舍浮佛。今贤劫:拘留孙佛、拘那含牟尼佛、迦叶佛、释迦文佛,这是被称作七佛的。以上的七佛,现在以释迦牟尼佛为首传,依次传递:第一、摩诃迦叶尊者,第二、阿难尊者,第三、商那和修尊者,第四、优波毱多尊者,第五、提多迦尊者,第六、弥遮迦尊者,第七、婆须蜜多尊者,第八、佛驮难提尊者,第九、伏驮蜜多尊者,第十、胁尊者,十一、富那夜奢尊者,十二、马鸣大士,十三、迦毗摩罗尊者,十四、龙树大士,十五、迦那提婆尊者,十六、罗睺罗多尊者,十七、僧伽难提尊者,十八、伽耶舍多尊者,十九、鸠摩罗多尊者,二十、阇耶多尊者,二十一、婆修盘头尊者,二十二、摩拏罗尊者,二十三、鹤勒那尊者,二十四、师子尊者,二十五、婆舍斯多尊者,二十六、不如蜜多尊者,二十七、般若多罗尊者,二十八、菩提达摩尊者,二十九、慧可大师,三十、僧璨大师,三十一、道信大师,三十二、弘忍大师,惠能就是三十三祖。从以上各位祖师,都各有禀受继承。你们今后一代一代的传授流布下去,不要有讹误。"

【原文】 大师先天二年癸丑岁[①],八月初三日,于国恩寺斋罢[②],谓诸徒众曰:"汝等

各依位坐，吾与汝别。”

法海自言：“和尚留何教法，令后代迷人得见佛性？”

师言：“汝等谛听，后代迷人，若识众生，即是佛性；若不识众生，万劫觅佛难逢。吾今教汝识自心众生，见自心佛性。欲求见佛，但识众生，只为众生迷佛，非是佛迷众生。自性若悟，众生是佛；自性若迷，佛是众生。自性平等，众生是佛；自性邪险，佛是众生。汝等心若险曲，即佛在众生中。一念平直，即是众生成佛。我心自有佛，自佛是真佛。自若无佛心，何处求真佛？汝等自心是佛，更莫狐疑。外无一物而能建立，皆是本心生万种法。故经云：心生种种法生，心灭种种法灭。吾今留一偈，与汝等别，名自性真佛偈。后代之人，识此偈意，自见本心，自成佛道。”偈曰：

真如自性是真佛，邪见三毒是魔王。邪迷之时魔在舍，正见之时佛在堂。性中邪见三毒生，即是魔王来住舍。正见自除三毒心，魔变成佛真无假。法身报身及化身，三身本来是一身。若向性中能自见，即是成佛菩提因。本从化身生净性，净性常在化身中。性使化身行正道，当来圆满真无穷。淫性本是净性因，除淫即是净性身。性中各自离五欲，见性刹那即是真。今生若遇顿教门，忽悟自性见世尊。若欲修行觅作佛，不知何处拟求真？若能心中自见真，有真即是成佛因。不见自性外觅佛，起心总是大痴人。顿教法门今已留，救度世人须自修，报汝当来学道者，不做此见大悠悠。

【注释】 ①先天二年：先天是唐玄宗之年号，先天二年即公元713年，是年十二月始改元开元。②国恩寺：又名龙山寺，唐朝时建于广东肇庆府新兴县南思龙山。

【译文】 唐玄宗先天二年，八月初三，惠能大师在国恩寺用完斋后，告诉所有弟子门人说：“你们各自按位子坐好，我跟你们道别。”

法海说：“大师留下什么教法，让后代愚迷的人们能得以识见佛性？”

惠能大师说：“你们仔细听好，后代愚迷的人，如果识见众生，就是识见佛性；如果不识见众生，永远寻佛却终难求到。我现在教你们如何识见自心众生，识见自心佛性。要想求得识见佛，只有识见众生，因为是众生不能识见于佛，不是佛不得识见众生。自我本性如果开悟得见，众生都是佛；自我本性如果执迷不悟，那么佛就是众生。自我心性平等无二，众生是佛；自我心性邪恶危险，那么佛是众生。你们的心如果险曲不正，那就是佛沦于众生之中。如果一念平等正直，那就是众生就都成佛了。我的本心中本自有佛，自性之佛才是真佛。自心中如果没有佛心，到那里去求真佛？你们的自己的本心就是佛，不要再怀疑了。自心之外面没有一物能够建立，因为万事万物都是本心所生发。所以佛经中说：‘心生种种法生，心灭种种法灭。’我今天留一个偈，和你们作别，这个偈叫作自性真佛偈。后代的人识见这个偈的真意，自己识见本心，自我成就佛道。”偈中说道：

真如自性是真佛，邪见三毒是魔王。邪迷之时魔在舍，正见之时佛在堂。性中邪见三毒生，即是魔王来住舍。正见自除三毒心，魔变成佛真无假。法身报身及化身，三身本来是一身。若向性中能自见，即是成佛菩提因。本从化身生净性，净性常在化身中。性使化身行正道，当来圆满真无穷。淫性本是净性因，除淫即是净性身。性中各自离五欲，见性刹那即是真。今生若遇顿教门，忽悟自性见世尊。若欲修行觅作佛，不知何处拟求

真？若能心中自见真，有真即是成佛因。不见自性外觅佛，起心总是大痴人。顿教法门今已留，救度世人须自修，报汝当来学道者，不作此见大悠悠。

【原文】 师说偈已，告曰："汝等好住，吾灭度后，莫作世情悲泣雨泪，受人吊问，身著孝服，非吾弟子，亦非正法。但识自本心，见自本性，无动无静，无生无灭，无去无来，无是无非，无住无往。恐汝等心迷，不会吾意，今再嘱汝，令汝见性。吾灭度后，依此修行，如吾在日。若违吾教，纵吾在世，亦无有益。"复说偈曰：

兀兀不修善[①]，腾腾不造恶[②]，
寂寂断见闻[③]，荡荡心无著[④]。

师说偈已，端坐至三更，忽谓门人曰："吾行矣！奄然迁化[⑤]。"

于时异香满室，白虹属地，林木变白，禽兽哀鸣。

【注释】 ①兀兀不修善：指岿然不动，连善也不追求。兀兀，即高大不动的样子。②腾腾不造恶：指逍遥自在却不有意去做坏事。腾腾，自在无所为的样子。③寂寂断见闻：指宁静寂寥无见无闻。寂寂，安静祥和的样子。④荡荡心无著：胸中坦荡无念无求。荡荡，心中平平坦坦而无所住。⑤迁化：迁者迁移，化者化灭，通谓人之死。在佛教指僧侣之示寂。或谓有德之人于此土教化众生之缘已尽，而迁移于他方世界度化众生。与涅槃、圆寂、灭度、顺世、归真等同义。

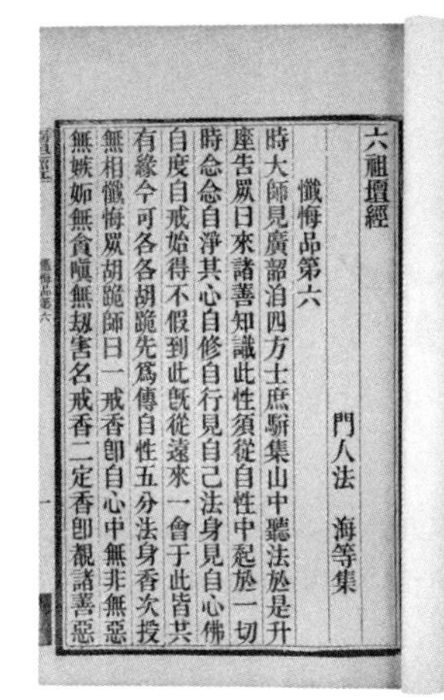

六祖壇經

門人法　海等集

懺悔品第六

時大師見廣韶洎四方士庶駢集山中聽法於是升座告衆曰來諸善知識此性須從自性中起於一切時念念自淨其心自修自行見自己法身見自心佛自度自戒始得不假到此既從遠來一會于此皆共有緣今可各各胡跪先爲傳自性五分法身香次授無相懺悔衆胡跪師曰一戒香即自心中無非無惡無嫉妒無貪嗔無劫害名戒香二定香即覩諸善惡

《坛经》书影

【译文】 惠能大师说完偈以后，告诉大家："你们住留世间、好好珍重，我去世之后，不要像世间人那样的悲伤哭泣，泪如雨下，接受别人的吊唁慰问，身穿孝服，这样不是我的弟子，也不合真正的佛法。只要识见自我本心本性，没有动也没有静，没有生起也没有毁灭，没有来也没有去，没有是也没有非，没有住也没有往。我担心你们迷误，不能体会我的真意，现在再次叮嘱你们，让你们识见本心。我去世后，依照这个修行，就好像我在的时候一样。如果违背了我的教法，纵然我在世，也没有什么益处。"再说偈：

兀兀不修善，腾腾不造恶，寂寂断见闻，荡荡心无著。

惠能大师说完偈以后，端坐着直到三更天，忽然告诉弟子门人说："我去了！"便溘然长逝。

当时奇异的香味溢满室内，一道白虹接天贯地，山林树木霎时变白，禽鸟野兽鸣叫哀号。

【原文】 十一月，广、韶、新三郡官僚，洎门人僧俗，争迎真身[①]，莫决所之。乃焚香祷

曰:"香烟指处,师所归焉。"时香烟直贯曹溪。

十一月十三日,迁神龛并所传衣钵而回。

次年七月出龛,弟子方辩以香泥上之。

门人忆念取首之记,仍以铁叶漆布[②],固护师颈入塔;忽于塔内白光出现,直上冲天,三日始散。

韶州奏闻,奉敕立碑,纪师道行。师春秋七十有六,年二十四传衣,三十九祝发[③],说法利生,三十七载。嗣法四十三人,悟道超凡者莫知其数。达摩所传信衣,中宗赐磨衲宝钵,及方辩塑师真相,并道具,永镇宝林道场。留传坛经,以显宗旨,兴隆三宝,普利群生者。

【注释】 ①真身:这里指六祖惠能的肉身舍利。②铁叶漆布:惠能的弟子们想到有人会来偷去其头的预言,所以就用铁皮和漆布把惠能肉身颈项的部分牢牢地包裹起来。③祝发:与剃发、薙发同,即出家落发之谓。祝,切断之意。

【译文】 十一月,广州、韶州、新州三州的官员僚属,以及惠能的门人弟子、僧人、俗人,都争着要迎娶惠能大师的真身回去供奉,一时间不能决定给谁。于是就烧香祷告说道:"香的烟所飘向的地方就是惠能大师所要归去的处所。"

当时香烟直拉飘往曹溪山的方向。

十一月十三日,惠能大师的神位遗体以及所传下来的衣钵都被搬迁回了曹溪山。

第二年七月,惠能大师的肉身遗体被搬出神龛,弟子方辩用香泥包裹了遗体。

弟子门人想着有人要盗取惠能大师首级的事情,于是便先用薄铁片和漆布,加固保护惠能大师的脖子,然后才请入墓塔内。忽然墓塔里面有白色光芒出现,直接冲上天空,三天后才散去。

韶州刺史将惠能大师的事迹上奏皇上后,奉命给惠能大师树立石碑,以纪录大师道行。大师享年七十六,二十四岁得传法衣,三十九岁剃度出家,讲说佛法,惠施众生,共三十七年。得到大师亲传的弟子四十三人,因大师指点悟道超离凡尘的人不计其数。达摩大师所传的表信袈裟,唐中宗所赐予的磨衲袈裟和水晶钵,以及方辩为惠能大师所塑的真相以及佛法用具等等,永远镇守宝林寺道场。《法宝坛经》广为流布,显扬顿教宗门旨意,兴盛昌隆佛、法、僧三宝,普遍利化一切众生。

四十二章经

【导语】

《四十二章经》也称《佛说四十二章经》，是从印度传到中国的第一部佛教圣典。此经在中国佛教经典中具有十分特殊的意义。东汉永平十年(67)，汉明帝因夜梦神人(佛陀)，即遣派使者张骞、羽林中郎将秦景、博士弟子王遵等十二人到大月支国求法，并迎请迦叶摩腾和竺法兰两位法师，来到了中国的都城洛阳，驻锡在洛阳雍门外新建的白马寺，翻译佛经。此白马寺也就成了中国第一座寺庙。他们所带来的梵本经典，依历史的记载，有六十万言，而翻译的第一部经典，就是《佛说四十二章经》。除了这部经外，他们还陆续翻译了《法海藏经》《佛本行经》《十地断结经》《佛本生经》《二百六十戒合异》等五部经，但此五部经都已遗失。到现在，两位尊者翻译的经典，仅仅保存了《佛说四十二章经》流传世间。

汉明帝像

“四十二章”是因本经分为四十二段而得名，经者，梵语“修多罗”，此云契经。修多罗原意为“线”“条”“丝”等，引申其义为“贯穿摄持”。凡佛所说真理皆可曰“经”。经又训为“常”，以所说为常法故。本经以四十二段经文，摄佛说一切因果大义，因此称为《四十二章经》。

经　　序

【题解】

经序为《大正藏》第十七册《四十二章经》中序文，说明此经传入中国的缘起和经过。本经的传入使得佛教在中国广泛地流传开来。

【原文】　昔汉孝明皇帝，夜梦见神人，身体有金色，项有日光，飞在殿前，意中欣然，甚悦之。明日问群臣，此为何神也。有通人傅毅曰：“臣闻天竺，有得道者，号日佛。轻举能飞，殆将其神也。”于是上悟。即遣使者张骞、羽林中郎将秦景、博士弟子王遵等十二人。至大月支国，写取佛经四十二章。在第十四石函中，登起立塔寺。于是道法流布，处处修立佛寺，远人伏化愿为臣妾者。不可称数。国内清宁，含识之类，蒙恩受赖，于今不绝也。

【译文】　昔日东汉孝明皇帝当政的时候，一日，他在夜里梦中梦见有位神人，身体呈金色，头上有如日之光，腾空飞于宫殿之前，汉孝明皇帝心中颇为高兴，很喜欢此神人。第二天起来上殿时问群臣，这是什么神。有位博学的通人叫傅毅，他说：“我听说在西方天竺国，有位得道者，号称为佛。轻举能飞，应该是这位神灵。”于是皇帝领悟，即遣派使者张骞、羽林中郎将秦景、博士弟子王遵等十二人到大月支国，写取了佛经四十二章。将

此经放在第十四个石函中，并建立起塔寺供奉。于是道法流布，处处修建佛寺，从远处来归伏化愿为臣妾者，不可称数。国内太平清宁，众生含识受到的恩泽到今天仍然不绝。

序　　分

【题解】

这一段是本经的序文。一切经典，都可以三分：一、序分，二、正宗分，三、流通分。这是中国东晋时代的道安法师所分判的。每部佛经的三分法，就是这位道安弥天大师所制定的。"千古同遵"，从晋朝到现在，没有一位法师讲经不采用道安法师这样的分判。序分是一部经的缘起，等于一般著作的绪论，以人来譬喻，它好像是人的头部。正宗分是整部经的中心思想，经的核心内容，最重要的部分，都是在正宗分发挥，等于人的身体一样。流通分希望把这部经永远流传于后世，就像人之有脚，能够行走天下。

另，序分通常又分为"通序"和"别序"两种。所谓通序，就是所有的佛经共有的形式，也称为"证信序"。所谓别序，是每一部经与其他的经典不一样的发起因缘，因此又称为"发起序"。

通序，可以证明这一部经是真实的，通序一般具足了信、闻、时、主、处、众这六个条件。这六个条件，称为"六成就"，也就是在每部经一开始的"如是我闻，一时佛在某某地方"等，"如是"叫信；闻，就是"我闻"；时，指说法的时间（一时）；主，就是佛；处，就是处所，讲经的地点；众，是出席法会的听众。这是每一部经都具备的六个条件。

本经一开始的这一段经文，就是序分。由于本经是第一部传到中国来的经典，翻译的方式还没有定型，为了适应中国当时读者听众的根机，使他们能够容易接受，因此本序分的文体结构形式跟一般经典的形式有所不同。

【原文】　世尊成道已①，作是思惟②：离欲寂静③，是最为胜；住大禅定④，降诸魔道⑤。于鹿野苑中⑥，转四谛法轮⑦；度憍陈如等五人⑧，而证道果⑨。复有比丘⑩，所说诸疑，求佛进止。世尊教敕，一一开悟⑪，合掌敬诺⑫，而顺尊敕。

【注释】　①世尊：如来十号之一。即为世间所尊重者之意，亦指世界中之最尊者。亦直译作"有德""有名声"等。这里所称的"世尊"是指释迦牟尼佛。"如来、应供、正遍知、明行足、善逝、世间解、无上士、调御丈夫、天人师、佛世尊"，这是佛的十个通号。在印度，一般用为对尊贵者之敬称，并不限用于佛教；若于佛教，则特为佛陀之尊称。成道："成佛得道"之略称，即完成佛道之意。又作"成佛""得佛""得道""成正觉"。即菩萨完成修行，成就佛果。成是成就的意思。道，指佛道。②思惟：考虑、思索、入定。思考真实之道理，称为"正思惟"，系"八正道"之一；反之，则称"邪思惟"（不正思惟），乃"八邪"之一。③离欲：欲是欲望，情欲、食欲、淫欲。所谓"五欲"乃财、色、名、食、睡。离欲是离开欲，离开贪欲淫欲，即把"五欲"打破，不为它所缠缚，获得自在。寂静：指心凝住一处之平等安静状态。远离本能所起的精神动摇，称为"寂"；断绝一切感觉苦痛之原因而呈现安静之状态，称为"静"。盖由修禅定，可令心止于一处、远离散乱等。也指涅槃之寂灭无相。④禅定：禅，为梵语"禅那"之略，译日"思惟修"。新译日"静

虑”。思惟修者思惟所对之境,而研习之义,静虑者心体寂静。能审虑之义。定者,为梵语“三昧”之译,心定止一境而离散动之义。即一心考物为禅,一境静念为定也。“禅”与“定”皆为令心专注于某一对象,而达于不散乱之状态。⑤魔道:又作“魔罗道”。指恶魔之行为,或恶魔之世界。魔,含有障碍、杀害、邪恶、侵夺的意思。在佛经里面,魔有很多种,但不出内魔和外魔两类,而且更强调内魔的危害性,内魔也就是心魔,指欲望,贪嗔痴慢疑等不正确的观念,导致我们内心产生障碍。⑥鹿野苑:为释尊成道后初转法轮之地,即今之沙尔那斯,位于今北印度瓦拉那西市以北约六公里处。又译作“仙人鹿野苑”“鹿野园”“鹿野”“鹿苑”“仙苑”“仙人园”。关于地名之由来,诸说纷异。谓昔有婆罗奈国王游猎至此,网鹿千头,经鹿王哀求以日送一鹿供王食用,王始放群鹿,故地名“鹿野苑”。《大唐西域记》卷七以鹿王为代有孕之母鹿舍身就死,因而感动梵达多国王,使王释放鹿群,并布施树林,而称之为“施鹿林”。⑦四谛:谛,是真理、审实不虚之义。四谛,就是佛教中颠扑不破的四种真理,即苦、集、灭、道这四种正确无误之真理。此四者皆真实不虚,故称“四谛”“四真谛”;又此四者为圣者所知见,故称“四圣谛”。法轮:“佛法”之喻称。以“轮”比喻佛法,其义有摧破、辗转、圆满之义。⑧度:渡过之意。指从此处渡经生死迷惑之大海,而到达觉悟之彼岸。出家为觉悟之第一步,故称出家为“得度”。一侨陈如:佛陀于鹿苑初转法轮时所度五比丘之一,乃佛陀最初之弟子。又称““阿若拘邻”“陈那”“阿若侨怜”“居邻”“居伦”。意译为“初知”“已知”“了教”“了本际”“知本际”。据《增一阿含经·弟子品》载,憍陈如为佛陀声闻弟子之一,宽仁博识,善能劝化,将养圣众,不失威仪,为最早受法味而思惟四谛者。⑨证:修习正法,如实体验而悟入真理,称为“证”。道果:由菩提之道而证涅槃之果,故称。道,菩提。果,涅槃。⑩比丘:又作“苾刍”“备刍”“比呼”。意为“乞士”“乞士男”“除士”“薰士”“破烦恼”“除馑”“怖魔”。指出家得度,受具足戒之男子。“比丘”之语义有五种,即:(一)乞士(行乞食以清净自活者),(二)破烦恼,(三)出家人,(四)净持戒,(五)怖魔。⑪开悟:开智悟理也。《法华经·序品》曰:“照明佛法,开悟众生。”⑫合掌:又作“合十”。即合并两掌,集中心思,而恭敬礼拜之意。本为印度自古所行之礼法,佛教沿用之。印度人认为右手为神圣之手,左手为不净之手,故有分别使用两手之习惯;然若两手合而为一,则为人类神圣面与不净面之合一,故借合掌来表现人类最真实之面目。

【译文】 佛陀世尊圆满觉悟成道后,做这样的思维:离欲寂静,这是最为殊胜的;住于大禅定中,一切妨道害德的魔事都不能再现于心境中,降伏了诸魔道。佛陀世尊在鹿野苑中转苦、集、灭、道的四谛法轮;度憍陈如等五人而证道果。还有比丘请问了诸多疑问,请佛陀世尊抉择可否。佛陀世尊均予以教敕,使其一一开悟,诸比丘恭敬合掌,不惰不散,顺从佛陀世尊的教授。

第一章　出家证果

【题解】

这是本经的第一章,说明沙门证阿罗汉果的程式。从这一章开始,直到第四十二章,都是属于正宗分,即是本经所讲的主题。

【原文】 **佛言:“辞亲出家[①],识心达本,解无为法[②],名曰沙门[③]。常行二百五十戒[④],进止清净[⑤],为四真道行[⑥],成阿罗汉[⑦]。阿罗汉者,能飞行变化,旷劫寿命,住动天地。次为阿那含[⑧]。阿那含者,寿终灵神上十九天,证阿罗汉。次为斯陀含[⑨]。斯陀含者,一上一还,即得阿罗汉。次为须陀洹[⑩]。须陀洹者,七死七生,便证阿罗汉。爱欲断者,如四肢断,不复用之。”**

【注释】 ①辞亲:辞,就是辞别。亲,就是父母亲或亲戚朋友,辞亲目的是要出家。辞亲而出家,可以分为两方面:一、辞别亲人,奉父母命出家。佛在世的时候,一个人想要出家,必须经过父母的同意,才可以出家;要是父母反对的话,释迦牟佛尼也不会接受他出家的。二、辞离亲族,以便断除缠累。家庭是一种拖累障碍道业,远离家庭恩爱,才能够修学佛法。出家:定义有广义和狭义两种。狭义,就是出离家庭,到寺庙过生活。广义,出世俗家,入真谛家;就是出离了世俗之家,出五蕴家,入法身家。②无为:无造作之意。为“有为”之对称。即非由因缘所造作,离生灭变化而绝对常住之法。又作“无为法”。原系涅槃之异名,后世更于涅槃以外立种种无为,于是产生“三无为”“六无为”“九无为”等诸说。于小乘各部派中,说一切有部立择灭无为、非择灭无为、虚空无为,合为“三无为”。大众部、一说部、说出世部于“三无为”之外,立空无边处、识无边处、无所有处、非想非非想处等“四无色处”,及缘起支性(十二缘起之理)、圣道支性(八圣道之理)等,总为“九无为”。化地部则以不动、善法真如、不善法真如、无记法真如取代“四无色处”,亦作“九无为”之说。大乘唯识家于“三无为”外,别立不动、想受灭、真如,合为“六无为”;或开立真如为善法、不善法、无记法,而为“八无为”。然无论开立为“六无为”或“八无为”,非谓无为有多种别体,而系断除我、法二执所显之一种法性;复以此一法性从所显之诸缘而称种种之名。准此而言,真如、法性、法界、实相等亦皆为无为法。又以涅槃而言,上记“三无为”中之择灭无为、“六无为”中之真如无为即涅槃;而涅槃乃一切无为法中之最殊胜者。③沙门:又作“沙门那”“沙闻那”“娑门”“桑门”“丧门”。意译“勤劳”“功劳”“劬劳”“勤恳”“静志”“净志”“息止”“息心”“息恶”“勤息”“修道”“贫道”“乏道”。为“出家者”之总称,通于内、外二道。亦即指剃除须发,止息诸恶,善调身心,勤行诸善,期以行趣涅槃之出家修道者。在印度,不单是佛教的出家人叫沙门,在当时的婆罗门教,以及其他九十六种外道,只要是宗教师,都称为“沙门”。不过,释迦牟尼佛的弟子,是“释种沙门”。④二百五十戒:又称“具足戒”。即比丘所必须遵守之戒律,共有二百五十条。各部派所传之不同律藏,各部派戒条之数亦略有出入。然大体皆以二百五十条为基本之数。主要遵守的是“五戒”,即不杀生、不偷盗、不邪淫、不妄语、不饮酒。戒,意指行为、习惯、性格、道德、虔敬。⑤进止:出家人日常生活中的行住坐卧,语默动静,都要合乎威仪,合乎戒律。进,即前进。止,即停止。清净:音译“毗输陀”“输陀”“尾戍驮”“戍驮”。略称“净”。指远离因恶行所致之过失烦恼。一般常用“身”“语”“意”三种清净。⑥四真:即四真谛。道行:又作“道业”,意为佛道之修行。⑦阿罗汉:为“声闻四果”之一,如来十号之一。又作“阿卢汉”“阿罗诃”“阿啰呵”“阿黎呵”“遏啰曷帝”。略称“罗汉”“啰呵”。意译“应”“应供”“应真”“杀贼”“不生”“无生”“无学”“真人”。其中

主要的三种意义是应供、杀贼、无生,“应供”意为阿罗汉是真正应该接受人天供养的圣者。“杀贼”,贼,指烦恼贼,证到阿罗汉的圣果,已经把所有的烦恼都断尽了。“无生”,阿罗汉既然断除了一切的烦恼,也断尽了一切染污的行为,这时候已经了生脱死,不会再来受生了,所以称为“无生”。总之,阿罗汉指断尽三界见、思之惑,证得尽智,而堪受世间大供养之圣者。此果位通于大、小二乘,然一般皆作狭义之解释,专指小乘佛教中所得之最高果位而言。若广义言之,则泛指大、小乘佛教中之最高果位。⑧阿那含:旧译作“阿那伽弥”“阿那伽迷”。略称“那含”。意译“不还”“不来”“不来相”。乃“声闻四果”中第三果之圣者。是断尽欲界的烦恼的圣人的通称。凡是修到此果位的圣人,未来当生于色界无色界,不再来欲界受生死,所以叫作“不还”。⑨斯陀含:又作“沙羯利陀伽弥”。意译作“一来”“一往来”。系“声闻四果”中之第二果位。⑩须陀洹:为“声闻四果”中最初之圣果,又称“初果”。即断尽“见惑”之圣者所得之果位。

【译文】 佛陀世尊说:“辞别亲人出家,识自心源,通达佛的深理,了达一切法的本来真实相,解无为法,这样的行者称为沙门。沙门常行二百五十戒,威仪进止清净,观察四谛而修道行,证阿罗汉果。阿罗汉能飞行变化,具有旷劫寿命,一行一住,皆能感动天地。其次为阿那含果。获阿那含果的行者寿命结束后生于十九天之上,于五净居天中证阿罗汉果。其次为斯陀含果。获斯陀含果的行者,一上欲天,一还人中,即证得阿罗汉果。其次为须陀洹果。获须陀洹果的行者,七次生于人间天上后,便证阿罗汉果。断除爱欲后,便出苦轮,如同四肢断掉一样,不再复用。”

第二章　断欲绝求

【题解】

前面第一章讲出家与证果,本章及第三章,经中指出出家以后,应该怎样修持。本章明沙门果证虽有差别,而所证之理无差别。

【原文】 **佛言:“出家沙门者,断欲去爱①,识自心源,达佛深理,悟无为法。内无所得,外无所求。心不系道②,亦不结业③。无念无作④,非修非证。不历诸位⑤,而自崇最,名之为‘道’。”**

【注释】 ①欲:又作“乐欲”。心所名。意谓希求、欲望。希望所做事业之精神作用。说一切有部指从一切心起之作用,为大地法所摄。唯识宗则谓,心捕捉对象系由作意之作用,非由欲之作用,故欲非从一切心起,仅系对愿求对象所起之别境。欲有善、恶、无记等三性,善欲为引起精勤心之根据;恶欲中之希欲他人财物者,称为“贪”,为根本烦恼之一。爱:又作“爱支”。“十二因缘”之一。意为贪恋执着于一切事物。②道:即至目的地之通路,或指踏行之道(轨路)。据《俱舍论》卷二十五谓,道即通往涅槃(菩提)之路,为求涅槃果之所依。准此,道乃意谓达成佛教终极目的之修行法则。广义而言,亦指趣向果之通路。例如《大智度论》卷八十四谓,有人天、声闻、缘觉、菩萨等四种道,人、天以“十善”、布施为道,而求世间之福乐;二乘以“三十七道品”为道,而求涅槃;菩萨以“三

十七道品”“六波罗蜜”为道，而求佛果。③业：音译“羯磨”。最早见于印度的古奥义书，是婆罗门教、耆那教、生活派（邪命外道）等都袭用的术语。佛教中一般解释为造作。人的身、口、意造作善法与不善法，名为身业、口（语）业、意业。业生灭相续，必感苦乐等果，果是业果，结果的因谓之业因。业虽由人的身、口、意所造，但受烦恼的支配。《大智度论》卷九十四称：“烦恼因缘，故起诸业。”这样就构成惑（烦恼）、业、苦（果）之间的因果关系。《大毗婆沙论》卷一百二十三说：业有作用（语业）、行动（身业）、造作（意业）三义。此句是说心已证道，心外无道可系，见道须陀洹果对治烦恼虽然没有除尽，但由烦恼所起招生死业已经不起，到四果阿罗汉始断尽于烦恼诸业，因此称为“不结业”。④无念：无迁流之念，以真空法性恒常如是故。无作：非由造作成，以真空法性本来如是故。⑤不历诸位：小乘从凡夫到阿罗汉，大乘从凡夫到佛都要经历一定的位次，但皆以真空法性为真实性，故说“不历诸位”。

【译文】 佛陀世尊说：“出家的沙门行者，断欲去爱，认识了自心本源，通达佛陀教授的甚深道理，悟透无为法，于内无所得，于外无所求，心不系于通达解脱的行持之道上，也不结烦恼诸业。无念无作，法尔如此，非修非证。真空法性不历诸位而自崇最，这称之为‘道’。”

第三章　割爱去贪

【题解】

本章与前一章明由出家行而证四果，是三乘共教了脱生死之法。此处赞叹头陀胜行，作为证道的要术。

【原文】 佛言：“剃除须发[①]，而为沙门。受道法者，去世资财[②]，乞求取足[③]。日中一食[④]，树下一宿[⑤]，慎勿再矣！使人愚蔽者，爱与欲也。”

【注释】 ①剃除须发：这是指现沙门相。②资财：此资财为“五欲”之首。③乞求取足：即去除名欲。④日中一食：即去食欲。据《毗罗三昧经》记载：“瓶沙王问佛：何故日中而食？”佛说：“早起诸天食，日中三世佛食，日西畜生食，日暮为鬼神食。”⑤树下一宿：即去睡欲。

【译文】 佛陀世尊说：“剃除须发而成为沙门行者。接受修习佛道之法，摈弃世间的资财，通过乞讨满足所需。一天只是日中一食，晚上在树下一宿，谨慎不要再有过多的欲求啊！爱和欲是会使人愚蔽的。”

第四章　善恶并明

【题解】

本章讲“十善行”和“十恶行”，“十善法”为世间法，亦为出世法之基础。欲行出世间法必先持戒，持戒则修“十善行”，由修“十善”而得定则为正定，由得正定而生慧则为正

慧，否则或将流为邪定狂慧，故声闻、辟支均由持戒而得清净禅智。大乘闻佛法发大菩提心，也必须先修"十善"而去"十恶"，修"十善"则也去贪嗔痴。

【原文】 佛言："众生以十事为善[1]，亦以十事为恶[2]。何等为十？身三、口四、意三。身三者：杀、盗、淫[3]。口四者：两舌、恶口、妄言、绮语[4]。意三者：嫉、恚、痴[5]。如是十事，不顺圣道，名'十恶行'。是恶若止，名'十善行'耳。"

【注释】 ①十事为善：即十善业，是佛教对世间善行的总称。它是以三种身业（不杀生、不偷盗、不邪淫）、四种语业（不妄语、不恶口、不两舌、不绮语）及三种意业（不贪欲、不嗔恚、不邪见）所组成的。又称"十善道""十善业道""十善根本业道"或"十白业道"。②十事为恶：即十恶业，身口意所行之十种恶行为，称为"十恶"，又作"十不善业道""十恶业道""十不善根本业道""十黑业道"。即：（一）杀生。（二）偷盗。（三）邪淫。（四）妄语。（五）两舌，即说离间语、破语。（六）恶口，即恶语、恶骂。（七）绮语，即杂秽语、非应语、散语、无义语。乃从染心所发者。（八）贪欲，即贪爱、贪取、悭贪。（九）嗔恚。（十）邪见，即愚痴。③杀：指断绝生命的相续。《大乘义章》卷七说："隔绝相续，目之为杀。"盗：即偷盗，不予而取，称为"偷盗"。新译作"不与取"。乃力取或盗取他人财物之意。淫：指男女非礼之行。④两舌：即于两者间搬弄是非、挑拨离间，破坏彼此之和合。又作"离间语""两舌语"。恶口：即口出粗恶语毁訾他人。据《大乘义章》卷七载，言辞粗鄙，故视为恶；其恶从口而生，故称之为"恶口"。妄言：即妄语，指以不实之言欺诳他人，《杂阿含经》卷三十七云："作不实说，不见言见，见言不见，不闻言闻，闻言不闻，知言不知，不知言知，因自因他，或因财利，知而妄语，而不舍离，是名妄语。"《大智度论》卷十三云："妄语者，不净心欲诳他，覆隐实，出异语，生口业，是名妄语。"此谓为自利等原因而隐蔽真实，以虚言欺诳他人，称为"妄语"。绮语：指一切染心所发，或时机不对之不恰当言词。又作"杂秽语"或"无义语"。《大乘义章》卷七云："邪言不正，其犹绮色，从喻立称，故名绮语。"⑤嫉：悭鄙贪欲，不耐他荣，名之为"嫉"。恚：暴戾残忍，怀恨结怒，名之为"恚"。痴：于诸事理盲无所晓，名之为"痴"。

【译文】 佛陀世尊说："众生以十种事为善，同时也以十种事为恶。是哪十种呢？十种是从身三种、口四种、意三种来说的。身三种是指杀生、偷盗、邪淫。口四种是指两舌、恶口、妄言、绮语。意三种是：嫉、恚、痴。这样的十事，不符合圣道，称为'十恶行'。这十恶行若能制止不行，则称为'十善行'。"

第五章　转重令轻

【题解】

本章劝人忏悔改过。如有过不改，则过错会越积越多；知过必改，则如病发汗，客邪自除。

【原文】 佛言："人有众过，而不自悔[1]，顿息其心。罪来赴身，如水归海，渐成深广。若人有过，自解知非，改恶行善，罪自消灭。如病得汗，渐有痊损耳。"

【注释】 ①悔:即忏悔,谓悔谢罪过以请求谅解。忏,乃"忍"之义,即请求他人忍罪;悔,为追悔、悔过之义,即追悔过去之罪,而于佛、菩萨、师长、大众面前告白道歉,期达灭罪之目的。据义净所译《根本说一切有部毗奈耶》卷十五之注谓,"忏"与"悔"具有不同之意义。忏,是请求原谅(轻微);悔,是自申罪状(说罪)之义(严重)。

【译文】 佛陀世尊说:"人有众多过错,而不自己忏悔过错,顿息其造过错的心。那么罪过赴身就会像水归大海一样,渐渐变得深广。如果人有过错,但能自己了解并觉知为过错,从而改恶行善,那么罪会自己消灭。这就像生病后出汗,身体就会渐渐痊愈一样。"

第六章　忍恶无嗔

【原文】 **本章明善能胜恶,而恶不能破善。诫以慎勿嗔责恶人,以恶乃在彼,而和我无涉。**

佛言:"恶人闻善,故来挠乱者;汝自禁息,当无嗔责[①]。彼来恶者,而自恶之。"

【注释】 ①嗔:又作"嗔恚""嗔怒""恚""怒"。音译作"醍鞞沙"。心所(心的作用)之名。为"三毒"之一。系指对有情(生存之物)怨恨之精神作用。于俱舍宗属不定地法之一,于唯识宗属烦恼法之一。据《俱舍论》卷十六、《成唯识论》卷六所载,对违背己情之有情生起憎恚,使身心热恼,不得平安,名为"嗔"。又忿、恨、恼、嫉、害等随烦恼,皆以嗔之部分为体,是为"六根本烦恼"(或十随眠)之一。以其不属推察寻求之性质(见),作用迟钝,故为"五钝使"之一。与贪、痴两者,共称为"三毒"(三不善根)。亦属"五盖""十恶"之一。

【译文】 佛陀世尊说:"恶人听闻行者做善事,就故意来扰乱;你自己应该禁息冷静,应当不生嗔恨和责骂于他。那来作乱的恶者,是自己作恶于自己。"

第七章　恶还本身

【题解】

本章由第六章出,主要讲守"十善道",作恶会恶还本身,慎勿为恶。

【原文】 **佛言:"有人闻吾守道,行大仁慈,故致骂佛。佛默不对,骂止,问曰:'子以礼从人,其人不纳,礼归子乎?'对曰:'归矣!'佛言:'今子骂我,我今不纳;子自持祸,归子身矣!'犹回应声,影之随形,终无免离。慎勿为恶!"**

【译文】 佛陀世尊说:"有人听闻我守道,修行大仁慈,因此反而骂佛。佛默然不对,等这人骂完后,问他说:'你以礼待人,但他人不纳你所行之礼,礼是否归还于你自己?'这人回答说:'是归于自己啊!'佛说:'那么今天你骂我,我今天不接受;这是你自己持有祸患,祸患就归于你自己身上了!'这就像发出声必有回音,影子必随着形体一样,最终是没有免离祸患的。谨慎啊不要作恶行啊!"

第八章　尘唾自污

【题解】

本章由上章出，深诫恶人不能伤害贤者，伤害贤者，祸害会自受。

【原文】　佛言："恶人害贤者，犹仰天而唾；唾不至天，还从己堕。逆风扬尘，尘不至彼，还坌己身[①]。贤不可毁，祸必灭己。"

【注释】　①坌：尘埃。

【译文】　佛陀世尊说："没道德的恶人去伤害有道德的贤人，这犹如仰天吐口水一样；唾液不会到天上去，还是会堕向自己。逆着风去扬尘，尘不会到对面去，还是会落到自己身上。因此，贤人不可以被毁，去伤害贤人，祸必然还会殃及自己。"

第九章　返本会道

【题解】

以下明大乘的不共胜行。本章重在明信愿，修学大乘因先有成无上正觉之志，称为"菩提心"。由大悲菩提心，则愿拯救众生，此大乘心境不同二乘之基础，由此基础则成菩萨。守志指念念趋向菩提，不杂名利心。"奉道"指念念体会心源，不再向外寻觅。另，诫劝行人，须闻而思，思而修，不应仅停在口耳之学上。

【原文】　佛言："博闻爱道，道必难会。守志奉道，其道甚大。"

【译文】　佛陀世尊说："仅广博听闻而爱道，那么道必然难以领会。如果能坚守念念向菩提之志心，那么其修道的成就会很大。"

第十章　喜施获福

【题解】

这一章说明看到人家发心布施，我们能够生欢喜心，同样可以得到无量的福报与功德。

布施有三：一资生施，谓以财济其贫穷。二无畏施，谓于难中拔其忧苦。三者法施，谓以三学令得四益。不仅自己行三种施道，得福很多，即使见他人行施，助令欢喜，获福也无尽。

【原文】　佛言："睹人施道[①]，助之欢喜[②]，得福甚大[③]。"

沙门问曰："此福尽乎？"

佛言："譬如一炬之火，数千百人，各以炬来分取，熟食除冥[④]，此炬如故。福亦如之。"

【注释】　①施道：布施乃"六念"之一（念施），"四摄法"之一（布施摄），"六波罗蜜"及"十波罗蜜"之一（布施波罗蜜、檀波罗蜜）。布施能使人远离贪心，如对佛、僧、贫穷人

布施衣、食等物资，必能招感幸福之果报。又向人宣说正法，令得功德利益，称为“法施”。使人离开种种恐怖，称为“无畏施”。财施与法施称为“二种施”；若加无畏施，则称“三种施”。以上“三施”系菩萨所必行者。其中法施之功德较财施为大。布施若以远离贪心与期开悟为目的，则称为“清净施”；反之则称“不清净施”。至于法施，劝人生于人天之说教，称为“世间法施”；而劝人成佛之教法（“三十七菩提分法”及“三解脱门”），称为“出世法施”。此外，关于施、施波罗蜜之区别，据《优婆塞戒经》卷二载，声闻、缘觉、凡夫、外道之施，及菩萨在初二阿僧祇劫所行之施，称为“施”；而菩萨于第三阿僧祇劫所行之施，则称为“施波罗蜜”。②助之欢喜：此为随喜功德。谓见他人行善，随之心生欢喜。《法华经》卷六《随喜功德品》载，听闻经典而随喜，次次累积，功德至大。《大智度论》卷六十一则谓，随喜者之功德，胜于行善者本人。“随喜”一词，亦引申为参与佛教仪式。于天台宗，为五悔（灭罪修行之忏法）之一，亦为五品弟子位之初品。据《法华玄论》卷十载，随喜有二种：（一）通随喜，谓若见、若闻、若觉、若知他人造福，皆随而欢喜。（二）别随喜，依五十功德之说，特指闻《法华经》，随而欢喜。又谓大小二乘之随喜不同，大乘之随喜广通三世十方诸佛及弟子，小乘仅局限于三世佛；大乘随喜法身之功德，小乘仅随喜迹身之功德；大乘之随喜通于漏、无漏，小乘之随喜唯限有漏心。③福：又作“功德”“福德”。指能够获得世间、出世间幸福之行为。《阿含经》将善行分为“出世间无漏梵行”（清净行）与“世间有漏福德”二种。福德即指布施等行为，系成为生天之因的在家修行。④熟食：是譬喻，譬如证果。除冥：就是除去业障、报障、烦恼障这三障的迷惑。

【译文】 佛陀世尊说：“看见有人行布施之道，助其欢喜，此随喜获福报很大。”

有沙门问道：“那么这福报会因此而耗尽吗？”

佛陀世尊说：“这就像一把火炬的火一样，数千百人各自拿火炬来分取，用来生火做饭照明除暗，而此火炬还是原来一样。福报也是如此的。”

第十一章　施饭转胜

【题解】

本章讲布施供养，较量福田胜劣不等，令人知所归向。福田有三：一、悲田，以悲悯众生故；二、恩田，以报恩故；三、敬田，以恭敬有德故。这里讲依敬田。

【原文】 **佛言：“饭恶人百，不如饭一善人。饭善人千，不如饭一持五戒者[①]。饭五戒者万，不如饭一须陀洹[②]。饭百万须陀洹，不如饭一斯陀含[③]。饭千万斯陀含，不如饭一阿那含[④]。饭一亿阿那含，不如饭一阿罗汉。饭十亿阿罗汉[⑤]，不如饭一辟支佛[⑥]。饭百亿辟支佛，不如饭一三世诸佛[⑦]。饭千亿三世诸佛，不如饭一无念无住无修无证之者[⑧]。”**

【注释】 ①五戒：指五种制戒。（一）为在家男女所受持之五种制戒。即：（一）杀生，（二）偷盗（不与取），（三）邪淫（非梵行），（四）妄语（虚诳语），（五）饮酒。又作“优婆塞五戒”“优婆塞戒”。“五戒”之中，前四戒属性戒，于有情之境发得；后一戒属遮戒，于非情之境发得。又前三戒防身，第四戒防口，第五戒通防身、口，护前四戒。我国古来

以“五戒”配列于仁、义、礼、智、信“五常”，复以“不杀”配“东方”，“不盗”配“北方”，“不邪淫”配“西方”，“不饮酒”配“南方”，“不妄语”配“中央”。②须陀洹：初果，旧作“入流”“逆流”。入流、预流，同一之义，谓去凡夫初入圣道之法流也。逆流者，谓入圣位逆生死之暴流也。申言之，即三界见惑断尽之位也。③斯陀含：二果，译云“一来”。断欲界九地思惑（新日修惑）中前六品，尚余后三品者也。为其后三品之思惑，尚当于欲界之人间与天界（六欲天），受生一度，故日“一来”，一来者一度往来之义也。④阿那含：三果，旧译“不来”，新云“不还”，断尽欲惑后三品之残余，不再还来欲界之位也。尔后受生则必为色界、无色界。⑤阿罗汉：四果，译作“杀贼”“应供”“无生”。上至非想处一切思惑断尽之声闻乘极果也。以其断尽一切见思二惑，故谓之“杀贼”，既得极果应受人天之供养，故曰“应供”，一世之果报尽，故永入涅槃，不再来生三界，故谓之“不生”。⑥辟支佛：意译作“缘觉”“独觉”。又作“贝支迦”“辟支”。为“二乘”之一，亦为“三乘”之一。乃指无师而能自觉自悟之圣者。据《大智度论》卷十八、《大乘义章》卷十七本载，有二义：（一）出生于无佛之世，当时佛法已灭，但因前世修行之因缘（先世因缘），自以智慧得道。（二）自觉不从他闻，观悟“十二因缘”之理而得道。⑦佛：全称“佛陀”“佛驮”“休屠”“浮陀”“浮屠”等。意译“觉者”“知者”“觉”。觉悟真理者之意。亦即具足自觉、觉他、觉行圆满，如实知见一切法之性相，成就等正觉之大圣者。乃佛教修行之最高果位。自觉、觉他、觉行圆满三者，凡夫无一具足，声闻、缘觉二乘仅具自觉，菩萨具自觉、觉他，由此更显示佛之尊贵。对佛证悟之内容，诸经论有种种说法。对佛身、佛土等，各宗派亦各有异说，但大乘则总以“至佛果”为其终极目的。⑧“饭千亿”两句：这里说无念无住无修无证较诸佛胜，指以在众生界应化中称为三世诸佛，而法身真佛即无为真如性；无为真实法性者为诸佛之本，一切诸佛均以无分别智证平等无为法。无为法身，无念无住无修无证，无漏无分别智亦复无生无灭无迁无变，此真身佛自他平等无念无住无修无证。供养无念无住无修无证者，即无分别智亲证真如性究竟成佛；如是供养，始称为“究竟”。

【译文】 佛陀世尊说：“布施饮食于一百个恶人，不如布施饮食于一位善人。布施饮食于一千位善人，不如布施饮食于一位持五戒的行者。布施饮食于万位持五戒的行者，不如布施供养饮食于一位须陀洹行者。布施供养饮食于百万位须陀洹行者，不如布施供养饮食于一位斯陀含行者。布施供养饮食于千万位斯陀含行者，不如布施供养饮食于一位阿那含行者。布施供养饮食于一亿位阿那含行者，不如布施供养饮食于一位阿罗汉行者。布施供养十亿阿罗汉行者，不如布施供养饮食于一位辟支佛行者。布施供养饮食于百亿位辟支佛行者，不如布施供养饮食于过去、现在、将来三世诸佛中的一位。布施供养饮食于千亿位三世诸佛，不如布施供养饮食于一位无念无住无修无证者。”

第十二章　举难劝修

【题解】

本章举出修道的种种因缘难得。常人以难为修之障，不但知因为难而始修，不修则终不能无难，因此举出人有二十难事。以能行难能之行，则一切难行的戒定慧、菩萨道，均可成不难行。重举难而劝诫修行。此中的二十事，后后事难于前前事。

【原文】　佛言："人有二十难，贫穷布施难[①]，豪贵学道难，弃命必死难，得睹佛经难，生值佛世难，忍色忍欲难，见好不求难，被辱不嗔难，有势不临难，触事无心难，广学博究难，除灭我慢难[②]，不轻未学难[③]，心行平等难，不说是非难，会善知识难，见性学道难[④]，随化度人难，睹境不动难，善解方便难。"

【注释】　①布施：音译为"檀那""柁那""檀"。又称"施"。即以慈悲心而施福利于人之义。盖布施原为佛陀劝导优婆塞等之行法，其本义乃以衣、食等物施于大德及贫穷者；至大乘时代，则为"六波罗蜜"之一，再加上法施、无畏施二者，扩大布施之意义。亦即指施予他人以财物、体力、智慧等，为他人造福成智而求得累积功德，以致解脱之一种修行方法。《大乘义章》卷十二解释"布施"之义：以己财事分散于他，称为"布"；惙己惠人，称为"施"。小乘布施之目的，在破除个人吝啬与贪心，以免除未来世之贫困，大乘则与大慈大悲之教义联结，用于超度众生。②我慢：谓恃我，令心高举之烦恼。如《俱舍论》卷十九云："于五取蕴，执我我所，令心高举，名为我慢。"《成唯识论》卷四云："我慢者，谓倨傲，恃所执我，令心高举，故名我慢。"③不轻未学难：佛尝言四种不可忽：一者火虽小不可忽，二者龙虽小不可忽，三者王子虽小不可忽，四者沙门虽小不可忽。因此不可轻视未学。④见性：指彻见自心之佛性。黄檗断际禅师《宛陵录》："即心是佛。上至诸佛，下至蠢动含灵皆有佛性，同一心体。所以达摩从西天来，唯传一法。直指一切众生本来是佛，不假修行。但如今识取自心，见自本性，更莫别求。"

【译文】　佛陀世尊说："人有二十难，贫穷的人行布施很难，豪贵的人学道很难，放弃珍贵的生命必然去死这样很难，能够看到佛经很难，生在佛出世很难，能够忍住男女之间的色欲很难，见到好事不贪求很难，被侮辱而不生嗔恨很难，有势力但不借助势力压人很难，遇到事情无心应付很难，广泛学习、广博研究很难，除灭我慢很难，不轻视未学佛法的人很难，心行慈悲平等很难，不说是非很难，遇到善知识很难，明心见性学道很难，随缘随份化度人很难，面对诸境界一心不动很难，善解方便教义和方便教化方式很难。"

第十三章　问道宿命

【题解】

以下二章明持戒度。"持"有二义：一、止持，持戒者须止息一切恶事故；二、作持，须力行一切善故。戒者，一切德行之信条，能守此信条，做其所应做，止其所应止，是曰持戒。

本章问意重在宿命，而答意重在会道。知宿命者，不一定会至道；而会至道者，决定能知宿命。

【原文】 **沙门问佛："以何因缘，得知宿命[1]，会其至道？"**

佛言："净心守志[2]，可会至道。譬如磨镜[3]，垢去明存[4]，当得宿命。"

【注释】 ①宿命：过去世之命运。又称"宿住"。即总称过去一生、无量生中之受报差别、善恶苦乐等情状。若能知此情状，称为"宿命通"。凡夫不知宿命，故常骄慢，不畏造恶果报，不精进于万善。②净心：即指由持戒以止息身三、口四的七支业，纯为止恶行善而净心。然世有行善而不止恶者，其善不净，以七支业皆由心出，菩萨行即此心行故。凡人行为有三次序：一、审虑，二、决定，三、发动，故凡行为皆由意出，菩萨行以心为主，故表面虽似犯戒而心仍持戒者，仍可说持戒。反之，心不持戒，虽外面持戒亦非持戒。故大乘戒以心为主，称为"心地戒"，顺此而行可会至道。守志：指菩萨求无上菩提的志念。③磨：喻持戒。镜：喻本心。④垢：喻烦恼。

【译文】 有沙门问佛陀世尊："以什么因缘能够得知宿命，了解真实法性的道理？"

佛陀世尊回答说："清净其心，坚守菩提心志，这样可以了知真实法性的道理。这就像磨镜子，污垢除去之后，心地的光明就出现了，应当得宿命通。"

第十四章　请问善大

【题解】

本章讲明善莫善于真修，大莫大于实证。持定共戒，在戒力未充时，依佛所说勉强力行，尚非真善，进至于得成坚固之定力，即不退转，是即"定共戒"，称为"行道守真"。如能常行菩萨道法，而守此禅定戒律相资之戒行，这样称为"最善"。志与道合者，徒有此志，尚未能有大德大智大力，必与无漏圣道相应，才称为"最大"，即是"道共戒"。

【原文】 **沙门问佛："何者为善？何者最大？"**

佛言："行道守真者善，志与道合者大。"

【译文】 有沙门问佛陀世尊："什么样称为善？什么是最伟大的？"

佛陀世尊回答说："奉行佛道，持守真如法性者为善，志向与真如法性之道合者为最伟大。"

第十五章　请问力明

【题解】

本章明忍辱力大，灭垢得一切智为明。"多力"指能动他法，不为他法所动。佛是有最大力者，因此称为"十力尊"。世间凡夫皆随环境流转，不能自持，有大力者能由自力转一切法，乃至转尘垢世间为清净佛土。最明者，指三明，即三达智。

【原文】 **沙门问佛："何者多力？何者最明？"**

佛言："忍辱多力[1]，不怀恶故，兼加安健。忍者无恶，必为人尊。心垢灭尽，净无瑕

秽，是为最明。未有天地，逮于今日；十方所有，无有不见，无有不知，无有不闻，得一切智[②]，可谓明矣。"

【注释】 ①忍辱：音译"羼提""羼底""乞叉底"。意译"安忍""忍"。忍耐之意。"六波罗蜜"之一，"十波罗蜜"之一。即令心安稳，堪忍外在之侮辱、恼害等，亦即凡加诸身心之苦恼、苦痛，皆堪忍之。据《瑜伽师地论》卷五十七载，忍辱含不愤怒、不结怨、心不怀恶意等三种行相。佛教持重忍辱，尤以大乘佛教为最，以忍辱为"六波罗蜜"之一，乃菩萨所必须修行之德目。忍有三种：一耐怨害忍，亦名"生忍"。二安受苦忍，亦名"法忍"。三谛察法忍，亦名"第一义忍"。今是约耐怨害而入第一义。②一切智：指了知内外一切法相之智。音译为"萨婆若""萨云然"。系"三智"之一。关于其义，《仁王护国般若波罗蜜多经》卷下："满足无漏界，常净解脱身，寂灭不思议，名为一切智。"《瑜伽师地论》卷三十八"于一切界、一切事、一切品、一切时，智无碍转，名一切智"。即如实了知一切世界、众生界、有为、无为事、因果界趣之差别，及过去、现在、未来三世者，称为"一切智"。又一切智对于一切种智有总、别二相之义，若依总义，则总称"佛智"，义同"一切种智"。如《华严经·大疏》卷十六所载，如来以无尽之智，知无尽法，故称"一切智"。若依别义，则一切智为视平等界、空性之智，此即声闻、缘觉所得之智；一切种智为视差别界、事相之智，乃了知"平等相即差别相"之佛智。如《大智度论》卷二十七："总相是一切智，别相是一切种智；因是一切智，果是一切种智；略说一切智，广说一切种智。一切智者，总破一切法中无明暗；一切种智者，观种种法门，破诸无明。（中略）佛自说一切智是声闻、辟支佛事，道智是诸菩萨事，一切种智是佛事；声闻、辟支佛但有总一切智，无有一切种智。"

【译文】 沙门问佛陀世尊："什么是力量大的？什么是最明了的？"

佛陀世尊说："能够忍辱力量就大，这是因为忍辱能使人不怀恶心的缘故，兼加上其还能使人平安健康的缘故。修忍辱的行者没有恶心，必然为人所尊重。心里贪嗔痴等的污垢灭尽，心地净无瑕秽，这是最为明了的。三世十方诸所有，无有不见，无有不知，无有不闻，获得一切智，这可谓明了。"

第十六章　舍爱得道

【题解】

本章明"六度"中的禅定度。在佛法中，大小诸乘均以修禅定为至要，修禅定者，即专注其心于一法中，久之心得统一之用。常人心散乱故不得安静神通，致心失其功用，不能止害兴利。能专心一致，可得禅定。另也说明人之心水本澄，即是至道；但因爱欲所搅，因此不能于一念中炳现十界影像。舍三界爱欲，见思垢尽，则能见道。

【原文】 **佛言："人怀爱欲不见道者，譬如澄水，致手搅之，众人共临，无有睹其影者。人以爱欲交错，心中浊兴，故不见道。汝等沙门，当舍爱欲；爱欲垢尽，道可见矣。"**

【译文】 佛陀世尊说："人因怀有爱欲而不能见道，这就像澄水，用手去搅动，这样众人在水前就没有人可以看到自己的影子了。人常常以爱欲交错生起，心中则变为浑浊，因此就见不到道。你们沙门，应当舍去爱欲，爱欲的污垢除尽后，道就可以见到了。"

第十七章　明来暗谢

【题解】

本章明根本智，见道所得。深显无明无性，见道后即灭无明，依教法即文字般若，如信戒定观察即为观照般若，得到清净无漏亲证真如，则为实相般若。菩萨得此根本般若，始能起上行下化之后得般若。在未得根本智前为观照般若，信本体智得大用智，得真般若谓之见道。

【原文】 **佛言："夫见道者①，譬如持炬人冥室中，其冥即灭，而明独存。学道见谛②，无明即灭③，而明常存矣。"**

【注释】 ①见道：又作"见谛道""见谛"。为修行之阶位。与修道、无学道合称为"三道"。即指以无漏智现观"四谛"，见照其理之修行阶位。见道以前者为凡夫，入见道以后则为圣者。其次，见道后更对具体之事相反复加以修习之位，即是修道，与见道合称"有学道"。相对于此，无学道又作"无学位""无学果""无学地"，意指既入究极之最高悟境，而达于已无所学之位。依小乘佛教，以修三贤、四善根等之准备修行（七方便）为始者，能生无漏智，而趋入见道。大乘则以初地为入见道，故称"菩萨之初地为见道"，第二地以上为修道，至第十地与佛果方可称"无学道"。密教以始生净菩提心之位，称为"见道"。以无漏智明白判断道理者，称为"决择"（决断简择），见道为决择之一部分，故称为"决择分"。又悟入涅槃之境界或欲达到涅槃之圣道皆是正性，故特称"见道"为"正性"。又因所有之圣道皆令离烦恼，称为"离生"，见道令离异生（凡夫）之生，故特称"见道"为"离生"；是故见道又称"正性离生""正性决定"（决定必趣涅槃之意）。见道所断（又作"见道断""见所断"）之烦恼，略称"见惑"；修道所断（又作"修道断""修所断"）之烦恼，略称"修惑"。②谛：审实不虚之义。指真实无误、永远不变之事实，即真理。《增一阿含经》卷十七载，如来所说之理法，真实不虚，称为"谛"。③无明：为"烦恼"之别称。不如实知见之意；即暗昧事物，不通达真理与不能明白理解事相或道理之精神状态。亦即不达、不解、不了，而以愚痴为其自相。泛指无智、愚昧，特指不解佛教道理之世俗认识。为"十二因缘"之一。又作"无明支"。俱舍宗、唯识宗立无明为心所（心之作用）之一，即称作"痴"。

【译文】 佛陀世尊说："见道的行者，就像手持火炬进入暗室中，屋中黑暗立即就消灭了，而只有光明独存。学习佛道见到真谛之时，无明就立刻消灭，而心中光明智慧就常存了。"

第十八章　念等本空

【题解】

本章是说后得智，因在根本智后而获得，因此称为"后得"。根本智是证道智体，后得智是所起智用。这里的法者，是非佛不成就之法。初欢喜地以上的菩萨仅能成就少分，

此大乘不共般若所成就之法，只有佛与菩萨能够成就，因此文中说"吾法"。此法无念无行无言无修，然无念而未尝无念，无行而未尝无行，无言而未尝无言，无修而未尝无修，在常人视之，认为是犯矛盾律，这里并不是以任何学理定例方式来说，是超出言诠的不可思议境。也就是言语道断，心行处灭。

【原文】 佛言："吾法念无念念[①]，行无行行[②]，言无言言[③]，修无修修[④]；会者近尔，迷者远乎！言语道断[⑤]，非物所拘，差之毫厘，失之须臾。"

【注释】 ①无念："无妄念"之意，指意识未存世俗之忆想分别，而符于真如之念。被视为"八正道"中之正念。《禅源诸诠集都序》卷二载，觉诸相空，心自无念，念起即觉，觉之即无，此即修行之妙法，故虽备修万行，唯以无念为宗。《传心法要》亦谓，一念不起，即十八界空，即身便是菩提华果，即心便是灵智。②行无行行：初地菩萨万行齐修，上求佛道下度众生，一心中万行精进以趋佛果，以菩提心为利济众生而起行故，虽然至果圆满但利人之行无尽。这里凡能所行都称为"行"，行由众缘起故一切本空皆无自性，故曰"行无行"。无行而万行具足，故日"无行行"。③言无言言：佛菩萨化导众生以言说为主，名字言说皆为众生思想而立，以破除众生谬妄思想故。然不能以之得佛菩萨无分别智，证清净诸法实相，以诸法实相离言说故。但佛为度生不能无言，故仍有言说，然言说中并无诸法实相，但有名言都无实义，因此说"言无言"。然破众生妄执时，仍有其方便之用，因此说"无言言"。④修无修修：修指修习，即学习、练习的意思，无论什么事皆可以称为"修"。初地菩萨称为"修习位"，以虽达佛法而未练习成熟。佛果自位已无所修，但还教他人修。此修空无所得，因此说是无得不可思议智。虽无实体可得，然亦非无众缘所起种种修习之事，因此说"无修修"。⑤言语道断：又作"语言道断""言语道过""名言道断"。谓言语之道断绝，即"言语思想所不能及"之意。旧译《华严经》卷五云："远离取相真实观，得自在力决定见，言语道断行处灭。"《大智度论》卷五云："言语已息，心行亦灭。"此语常与"心行处灭"一词连用。心行处灭，意指心行之处灭绝，谓远离概念思维之情境。

【译文】 佛陀世尊说："我的教法以无念为念，以无行为行，以无言为言，以无修为修；领会明白的人与道很近，迷惑的人则与道很远！超越言语表达，非言语境界，此言语道断，心行处灭，不被物所拘，此中只要相差一毫一厘，很快就失去了与道相应。"

第十九章　假真并观

【题解】

从本章开始到二十六章说明般若加行，佛开示教化，依教明理，依理起观，般若中之观照般若即由文字般若而修，在此过程中加以猛厉之修行，称为"加行"。本章明无常观与唯心识观，遣虚存实。

【原文】 佛言："观天地，念非常[①]；观世界，念非常；观灵觉[②]，即菩提。如是知识，得道疾矣！"

【注释】 ①非常：即无常，为"常住"之对称。即谓一切有为法生灭迁流而不常住。

一切有为法皆由因缘而生，依生、住、异、灭四相，于刹那间生灭，而为本无今有、今有后无，故总称“无常”。据《大智度论》卷四十三举出两种无常，即：(一)念念无常，指一切有为法之刹那生灭。(二)相续无常，指相续之法坏灭，如人寿命尽时则死灭。《显扬圣教论》卷十四《成无常品》，举出无性无常、失坏无常、转异无常、别离无常、得无常、当有无常等六种；另举出刹那门、相续门、病门、老门、死门、心门、器门、受用门等八种无常。又《大乘阿毗达摩杂集论》卷六则明示十二种无常之相，即非有相、坏灭相、变异相、别离相、现前相、法尔相、刹那相、相续相、病等相、种种心行转相、资产兴衰相、器世成坏相。另《入楞伽经》卷七《无常品》中载有外道之八种无常。②观灵觉：即是观心即佛，观现前一念灵觉之性，即离我法二执。也是最细之无常，即尽未来际相续之常，亦即佛法常乐我净之常。其实庵摩罗识亦是生灭相续，不过其生灭尽未来际，均恒湛然相续故是常，此观即是观灵觉即菩提。由粗无常观则对世界无贪爱，由最细观则证佛果，因此说得道很快。

【译文】 佛陀世尊说：“观察天的寒暑代谢，观察地的陵谷递迁，念无常；观察迁流不住的三世，互对无定的十方世界，念无常；观现前灵觉真如，离我法二执，即是菩提性。像这样用心观察诸器世界之无常和了知真如心识，那么得道就很快了！”

第二十章　推我本空

【题解】

上章讲的是无常观，此章说明的是无我幻化观。也是说明诸法无我之义。观身由“四大”——地水火风——所合成，分开“四大”各自有各自的名，如果执此是我，则我是“四大”合成；如果说“四大”是我，则处处是“四大”，也就无处非我，既无处非我则我与非我都不能成立。这是从生空来说诸法无我。本章通过四大观身，而入如幻法门。

【原文】 **佛言：“当念身中四大[1]，各自有名，都无我者[2]；我既都无，其如幻耳[3]。”**

【注释】 ①四大：为“四大种”之略称。又称“四界”。佛教之元素说，谓物质(色法)系由地、水、火、风等四大要素所构成。即：(一)本质为坚性，而有保持作用者，称为“地大”。(二)本质为湿性，而有摄集作用者，称为“水大”。(三)本质为暖性，而有成熟作用者，称为“火大”。(四)本质为动性，而有生长作用者，称为“风大”。积聚“四大”即可生成物质，故“四大”又称“能造之色”“能造之大种”；被造作之诸色法，则称“四大所造”。又四大种之“大”，意即广大，具有下列三义：(一)四大种之体性广大，遍于一切色法，故有“体大”之义。(二)四大种之形相广大，如大山、大海、大火、大风等，故有“相大”之义。(三)四大种之事用广大，如水、火、风三灾及任持大地之地大等，故有“用大”之义。而四大种之“种”，则以此“四大”为一切色法所依之性，具有能生、因等义，如父母为子女所依，然父母亦具有能生之因，故称为“种”；而由“四大”所产生(造)之物质(如五根、五境等)，与“四大”之关系，如同亲子，而各自独立存在。元素之“四大”，因为具有生因、依因、立因、持因、养因，故称“能造之色”。②无我：又作“非身”“非我”。我，即永远不变(常)、独立自存。中心之所有主(主)、具有支配能力(宰)，为灵魂或本体之实有者。主张所有之存在无有如是之我，而说无我者，称为“诸法无我”；观无我者，称为“无我观”。

无我系佛教根本教义之一,于“三法印”中,即有“无我印”。通常分为人无我、法无我两种:(一)有情(生者)不外是由五取蕴(即构成凡夫生存的物心两面之五要素)假和合而成,别无真实之生命主体可言,称为“人无我”,又称“我空”。(二)一切万法皆依因缘(各种条件)而生(假成立者),其存在本来即无独自、固有之本性(自性)可言,称为“法无我”,又称“法空”。③如幻:也为大品般若经所举十喻之一。幻,幻师以种种技法变现象、马、人物等,使人如实见闻,称为“幻”;然此幻相幻事皆空而非实,故以之比喻一切诸法皆空,犹如幻相般之无实。

【译文】 佛陀世尊说:“应当念身中的地、水、火、风四大,各自有各自名,但都没有一个我的存在,我既然都没有,那么此身就如幻化一样。”

第二十一章　名声丧本

【题解】

本章说明“五欲”中的名欲过患,对于好名的人,不仅没有益处,而且深有过患。

【原文】 **佛言:“人随情欲,求于声名[①];声名显著,身已故矣。贪世常名,而不学道,枉功劳形。譬如烧香,虽人闻香,香之尽矣;危身之火,而在其后。”**

【注释】 ①声名:即名欲,指贪求声名之欲。据《大明三藏法数》卷二十四载,名,即世间之声名。因声名能显亲荣已,故令人贪求乐着而不知止,此即为名欲。

【译文】 佛陀世尊说:“人随顺情欲,追求于声名;虽然声名显著了,但是身体已经老了,快死了。贪图世间的常名,而不修学佛道,枉费了工夫和劳累了形体。这就如烧香,虽然人都闻到香味,但是香自身也就烧尽了;人追求声名也如此,声名显著了,而危害自身之火,紧随其后。”

第二十二章　财色招苦

【题解】

本章专门说财色,因财色是人最贪着之物,举刀刃之蜜来比喻其中的利害关系。本章仅举财色,也意有涵盖其他名、食、睡诸欲。

【原文】 **佛言:“财色于人[①],人之不舍;譬如刀刃有蜜,不足一餐之美。小儿舔之,则有割舌之患。”**

【注释】 ①财色:“五欲”中的两种。财欲、色欲、饮食欲、名欲、睡眠欲共称为“五欲”。即(一)财欲,财即世间一切之财宝。谓人以财物为养身之资,故贪求恋着而不舍。(二)色欲,色即世间之青、黄、赤、白及男女等色。谓人以色悦情适意,故贪求恋着,不能出离三界。(三)饮食欲,饮食即世间之肴膳众味。谓人必借饮食以资身活命,故贪求恋着而无厌。(四)名欲,名即世间之声名。谓人由声名而能显亲荣已,故贪求乐着而不知止息。(五)睡眠欲,谓人不知时节,怠惰放纵,乐着睡眠而无厌。

【译文】 佛陀世尊说:“财色对于人,人人不舍;这譬如刀刃上有蜂蜜,这仅是不能满

足一顿饭的美味。如果小儿用舌头舔于此刀刃，则会有割舌的祸患。”

第二十三章　妻子甚狱

【题解】

以上两章通诃五欲，从本章起以下四章，别诃色欲。要达无我观，必先离色欲始能出家证道果。人心所系主要是家属和家财。本章中妻子包括一切家属，舍宅包括一切财产。妻子来源于色欲，因色欲根深，从而于妻子没有远离的念头。因此说其束缚之固就如同牢狱。

【原文】　佛言：“人系于妻子舍宅[1]，甚于牢狱。牢狱有散释之期，妻子无远离之念。情爱于色，岂惮驱驰？虽有虎口之患，心存甘伏。投泥自溺[2]，故曰凡夫；透得此门，出尘罗汉。”

【注释】　①妻子舍宅：此可扩充来说，欲界以男女眷属为妻子，种种宫殿为舍宅。色界以味禅为妻子，四禅天为舍宅。无色界以痴定为妻子，四空天为舍宅。二乘以一解脱味为妻子，偏真涅槃为舍宅。权教以游戏神通为妻子，出真涉俗为舍宅。透得空有两门，才能成就中道无生之果。②投泥自溺：喻为色欲之苦。

【译文】　佛陀世尊说：“人被妻子、儿女、舍宅系缚住，这比牢狱系缚人还厉害。牢狱还有解散释放的时候，但是对于妻子儿女没有远离的念头。由于情感和爱情的缘故对于色贪恋不舍，怎么会害怕被其所驱驰呢？虽然有落入虎口的祸患，但心甘意愿地投到泥潭里，自己沉溺自己，因此称为凡夫。透得过对妻子、儿女、舍宅的情爱之门，方可称为出尘阿罗汉。”

第二十四章　色欲障道

【题解】

本章讲色欲是诸欲中为害最大的，在修道上此为众生的重病。

【原文】　佛言：“爱欲莫甚于色，色之为欲[1]，其大无外。赖有一矣，若使二同，普天之人，无能为道者矣！”

【注释】　①“爱欲”二句：凡爱着于青黄长短等色境，惑动于男女间之色情，均称为“色欲”。此处说的色欲主要指男女之间的淫欲。《圆觉经》载，诸世界一切种性，无论卵生、胎生、湿生、化生，皆因淫欲而延续种族生命。律典中以淫欲虽不恼众生，然能系缚修行者之心，故佛陀制戒禁之。经论中，比喻淫欲如火能烧心，称为“淫欲火”；或比喻淫欲伤身如病，称为“淫欲病”。《摩诃止观》卷四下：“如禅门中所说，色害尤深，令人狂醉，生死根本良由此也。”

【译文】　佛陀世尊说：“爱欲中没有比对于女色的贪爱还有更深的，女色作为欲望没有别的比其大的。幸亏只有这样的一个色欲，如果有相同厉害的两个，那么普天之下，就没有人能够行道的了！”

第二十五章　欲火烧身

【题解】

本章讲爱欲的过患，喻为习近爱欲，必有损净法身之患。

【原文】 **佛言："爱欲之人，犹如执炬，逆风而行，必有烧手之患。"**

【译文】 佛陀世尊说："对于纵欲贪爱的人，就像手执火炬，逆风而行走，必然有烧坏自己手的过患。"

第二十六章　天魔娆佛

【题解】

在释迦应化事迹中，佛将成道时，有第六天天魔来扰佛。此魔主持欲界最胜妙五欲，因佛陀专在出离欲界，魔王嫉妒便献玉女于佛陀，以此来坏佛的道行，佛陀以幻化力示诸玉女身之不净，从而降服此魔。本章所说，不一定是佛陀成道过程中所遇的天魔。说明佛不被魔娆，还能化魔。也宣说了观女身之不净，能除淫意，从而自利利他。

【原文】 **天神献玉女于佛①，欲坏佛意。佛言："革囊众秽②，尔来何为？去！吾不用。"天神愈敬，因问道意。佛为解说，即得须陀洹果③。**

【注释】 ①天神：即魔王波旬，欲界第六天之他化自在天主。其常率眷属向人界作为佛道的障碍。但从大乘之法门来看，则是深位的菩萨，以大方便力现为魔王，教化众生。《楞严经》卷六中说："若不断淫，必落魔道：上品魔王，中品魔民，下品魔女。"而《维摩诘经》的《不思议品》中说："维摩诘语大迦叶：仁者，十方无量阿僧祇世界中作魔王者，多是住不可思议解脱菩萨，以方便力故，教化众生，现作魔王。"②革囊众秽：此为观身不净。身之不净有五种：(1)子不净，指父母之赤白二谛种子不净。(2)住处不净，胎内十月住于母之脏中，故不净。(3)自相不净，出生后于不净中起卧。(4)自性不净，自身中之骨髓、毛孔，臭如死狗。(5)究竟不净，命终后手足分散是为不净。③须陀洹果：即四果中的初果，旧作"入流""逆流"。入流、预流，同一之义，指去凡夫初入圣道之法流。逆流者，指入圣位逆生死之暴流。是三界见惑断尽之位。

【译文】 天神魔王波旬献美妙的玉女给佛陀，想使佛陀生起淫欲，破坏佛陀修道的意愿。佛陀世尊对此说："这是皮囊里盛着的众污秽物，你送来有何作为呢？回去吧！我不会用的。"天神魔王波旬从而对佛陀世尊愈加恭敬，因此向佛陀世尊请问修学之道。佛陀就为其解说，天神魔王波旬即得须陀洹果。

第二十七章　无著得道

【题解】

本经的"六度"次序与通常有所不同，大乘法中"六度"次序，一种是般若在后，一种

是精进在后。本经的安排就是精进在后。在华严会上,文殊菩萨表大乘的般若智,普贤菩萨表大乘精进,而毗卢遮那表大乘圆满果。即大乘之境行果圆满表现。“六度”中般若在后表文殊智,精进在后表普贤行,本经精进在后是为华严义。学佛者由诵经闻法了诸法性相之诸法实相,获得文字般若智;而后由此精进始可得普贤万行。

本章初明精进的正体,为披甲精进,喻明学道要远离诸障,正念真如而精进,了达无为,方可得道。

【原文】 **佛言:“夫为道者,犹木在水①,寻流而行②。不触两岸③,不为人取④,不为鬼神所遮⑤,不为洄流所住⑥,亦不腐败⑦;吾保此木,决定入海⑧。学道之人,不为情欲所惑,不为众邪所娆,精进无为;吾保此人,必得道矣!”**

【注释】 ①木:比喻“五蕴”的身心报体。水:比喻“六度”的法流水。②寻流而行:喻持此五阴之身循道而行。③两岸:比喻两重障碍:一是凡夫爱物,二是外道邪见。凡夫因滞物而不能出离尘欲,虽有有欲脱尘修道的,但因为佛法难闻的缘故,而转生为外道邪见;不触此岸,即触彼岸。这即是“断常二见”,凡夫计断,外道计常。也可喻为“有空二见”,凡夫情爱之见是执有,外道虚无之见是执空。因此依佛法中道而行,而不触此两岸。④不为人取:比喻不落人天道。⑤不为鬼神所遮:比喻不落鬼神界。⑥不为洄流所住:比喻不堕轮回。⑦亦不腐败:比喻精进不退。⑧海:比喻大圆觉无上菩提海。

【译文】 佛陀世尊说:“修道的行者,犹如木头漂在水中,顺着水流而行。不碰触到两岸而被截止,也不被人所取走,不被鬼神所遮,也不被周旋的洄流所住,流动中也不腐败;我保证此木头必定会流入大海。学道的人不被情欲所迷惑,不被众邪知邪见所阻挠,精进无为,我保证此人必定得道!”

第二十八章　意马莫纵

【题解】

本章诫意马难调,色祸宜避。凡夫意通第六意识和第七末那识,都有我法二执,烦恼不断,因此不可信。凡夫与色会能触动情爱之欲,有妨修道。证阿罗汉,离烦恼去我执,能如实知见,方可信自意。

【原文】 **佛言:“慎勿信汝意①,汝意不可信;慎勿与色会,色会即祸生。得阿罗汉已,乃可信汝意。”**

【注释】 ①意:这里意通第六意识和第七末那识。《唯识论》五曰:“薄伽梵,处处经中说心、意、识。三种别义,集起名心,思量名意,了别名识。是三别义。”《俱舍论》四曰:“集起故名心,思量故名意,了别故名识。心意识三名,所诠义虽异,而体是一如。”

【译文】 佛陀世尊说:“谨慎不要相信你的意念,你的意念是不可相信的;谨慎不要执着于色相上,执着于色相就会产生祸患。获得阿罗汉果位后,才可以相信你的意念。”

第二十九章　正观敌色

【题解】

本章说明远女色预防过失，并说生善灭恶的方便。先是以莲花出淤泥不染正念自利，后以如母如姊如妹如子而度脱之，则为慈心利他，这样自利利他，恶念自然熄灭。另从精进度来说，此为已成之恶当令熄灭，未生之恶当令不生；已生之善助之增上，未生之善助令生长，这是精进的正行。

【原文】 **佛言："慎勿视女色，亦莫共言语。若与语者，正心思念：我为沙门，处于浊世，当如莲华[1]，不为泥污。想其老者如母，长者如姊，少者如妹，稚者如子。生度脱心，熄灭恶念。"**

【注释】 ①莲华：即莲花。印度古来即珍视此花。据印度史诗《摩诃婆罗多》所述，天地开辟之始，毗湿笯之脐中生出莲花，花中有梵天，结跏趺坐，创造万物；又毗湿笯及其配偶神皆以莲花为、表征，或以莲花为"多闻天之七宝"之一。佛教亦珍视之，如佛及菩萨大多以莲花为座。据《除盖障菩萨所问经》卷九载，莲花出淤泥而不染，妙香广布，令见者喜悦、吉祥，故以莲花比喻菩萨所修之十种善法。即：(一)离诸染污，谓菩萨修行，能以智慧观察诸境，而不生贪爱，虽处五浊生死流中亦无所染，譬如莲花之出淤泥而不染。(二)不与恶俱，菩萨修行灭恶生善，为守护身、口、意三业之清净，而不与丝毫之恶共俱，譬如莲花虽微滴之水而不停留。(三)戒香充满，菩萨修行，坚持诸戒律而无犯，以此戒能灭身口之恶，犹如香能除粪秽之气，譬如莲花妙香广布，遐迩皆闻。(四)本体清净，菩萨虽处五浊之中，然因持戒，得使身心清净无染着，譬如莲花虽处污泥中，然其体自然洁净而无染。(五)面相熙怡，菩萨心常禅悦，诸相圆满，使见者心生欢喜，譬如莲花开时，令诸见者心生喜悦。(六)柔软不涩，菩萨修慈善之行，然于诸法亦无所滞碍，故体常清净，柔软细妙而不粗涩，譬如莲花体性柔软润泽。(七)见者皆吉，菩萨善行成就，形相庄严美妙，见者皆获吉祥，譬如莲花芬馥美妙，见者及梦见者皆吉祥。(八)开敷具足，菩萨修行功成，智慧福德庄严具足，譬如莲花开敷，花果具足。(九)成熟清净，菩萨妙果圆熟而慧光发现，能使一切见闻者，皆得六根清净，譬如莲花成熟，若眼睹其色，鼻闻其香，则诸根亦得清净。(十)生已有想，菩萨初生时，诸天人皆悦乐护持，以其必能修习善行，证菩提果，譬如莲花初生时，虽未见花，然诸众人皆已生有莲花之想。

【译文】 佛陀世尊说："谨慎不要观察女色，也不要与其共说话。若与其说话，应正心思念：我是沙门，处于浊世之中，应当像莲花一样，不被污泥所染。观想老者就像是自己母亲一样，比己年长的就像姐姐一样，比自己年少的就像妹妹一样，幼稚的就像自己女儿一样。心里生起度脱她的心，这样自然就熄灭了邪恶的念头。"

第三十章　欲火远离

【题解】

本章说应远离诸欲，而不被欲火所烧害。

【原文】 **佛言:"夫为道者,如被干草[1],火来须避[2]。道人见欲,必当远之。"**

【注释】 ①干草:喻为六情根。②火:喻为六尘境。

【译文】 佛陀世尊说:"修学道的人,像披着干草一样,遇火来必须回避。修道之人见欲,也是这样必当远离欲望。"

第三十一章　心寂欲除

【题解】

本章说明身、口、意三业都是由心所造,应从心上止息,而不可以由身上强制止息。

【原文】 **佛言:"有人患淫不止,欲自断阴。佛谓之曰:'若断其阴,不如断心。心如功曹,功曹若止,从者都息。邪心不止,断阴何益?'"**

佛为说偈[1]:欲生于汝意,意以思想生;二心各寂静,非色亦非行。佛言:"此偈是迦叶佛说。"

【注释】 ①偈意为:与我执相应恒审思量的意,是不可信之意,这意也是由思想所产生的。思是五遍行心所中的思心所。想即为思之边际,从而想此是此法而非彼法,彼是彼法而非此法;以由思心所中活动造作,而成为恒审思量我法执之意。所以说欲生于汝意,意以思想生。二心各寂静指思心想心除我法执,不在相中有我法执,亦不由我法二执造一切业。非色亦非行者,指不由想心想像因此称为"非色";不由思心造作因此称为"非行"。即为无色无行的意思。

【译文】 佛陀世尊说:"有人患上淫欲的毛病而不能停止,想通过自己断除男根来制止。佛陀世尊对他说:'如果要断除你自己的男根,不如断你自己的心。心就像掌管人事的功曹官,功曹官如果都停止了作业,那么其随从也就都停息了作业。淫欲的邪心如果不停止,那么断除阴根有什么用呢?"

佛陀为这人说偈为:

欲生于汝意,意以思想生;

二心各寂静,非色亦非行。

佛陀世尊说:"此偈是迦叶佛所说的。"

第三十二章　我空怖灭

【题解】

本章讲忧虑恐怖系于爱欲,指众生从无始以来,妄认"四大"为自己的身相,妄认为六尘缘影为自己的心相,执着贪恋而不肯暂舍,于是产生种种忧恼、种种恐怖。如果能断爱欲,忧怖则自除。

【原文】 **佛言:"人从爱欲生忧,从忧生怖;若离于爱,何忧何怖?"**

【译文】 佛陀世尊说:"人从爱欲生出忧虑,从忧虑生出恐怖;如果能离开爱欲,那有什么可以忧虑,有什么可以恐怖的呢?"

第三十三章 智明破魔

【题解】

本章说明披甲精进相。学道之人的正觉心，要战胜无明烦恼之心，就像一人与万人战；如果没有坚固的信心，会把持不定，容易被恶意所转，因此举此喻来明之。

【原文】 佛言："夫为道者，譬如一人与万人战①。挂铠出门，意或怯弱，或半路而退②，或格斗而死③，或得胜而还④。沙门学道，应当坚持其心，精进勇锐，不畏前境，破灭众魔，而得道果。"

【注释】 ①"譬如"句：专精学道之心，喻为一人。无始虚妄诸惑习气，喻为万人。②半路而退：比喻中途转念。③格斗而死：喻修行人不能奋勉，为烦恼所战胜失其菩提心。④得胜而还：喻得道果。

【译文】 佛陀世尊说："修学佛道的行者，譬如一人和万人作战。披着铠甲出门，意志或有怯弱的，或有半路而退的，或有格斗而死的，或有得胜而还的。沙门学道，应当坚持其心，精进勇锐，不畏各种境界，破灭内外众魔，从而获得道果。"

第三十四章 处中得道

【题解】

本章明摄善精进，共有二章。前面所说披甲精进只能除恶，这里专明精进行中的所成善法。说明学道应以调和安适为主，须善调身心，缓急均不可。

【原文】 沙门夜诵迦叶佛遗教经①，其声悲紧，思悔欲退。佛问之曰："汝昔在家，曾为何业？"对曰："爱弹琴！"佛言："弦缓如何？"对曰："不鸣矣！""弦急如何？"对曰："声绝矣！""急缓得中如何？"对曰："诸音普矣！"佛言："沙门学道亦然，心若调适，道可得矣。于道若暴，暴即身疲；其身若疲，意即生恼；意若生恼，行即退矣；其行既退，罪必加矣。但清净安乐，道不失矣！"

【注释】 ①迦叶佛：又作"迦叶波佛""迦摄波佛""迦摄佛"。意译作"饮光佛"。乃释尊以前之佛，为过去七佛中之第六佛，又为现在贤劫千佛中之第三佛。传说为释迦牟尼前世之师，曾预言释迦将来必定成佛。遗教经：佛垂灭时之遗诫。释迦在迦叶佛时为护明菩萨，及迦叶灭度释迦成佛，故迦叶佛遗教经，释迦能传之。另沙门是上午乞食，下午听法，前半夜读诵经典，中夜养息，后夜修禅定。此应为晚上诵经。

【译文】 沙门前半夜诵读迦叶佛的遗教经，其声音悲伤和紧张，见学道艰难，思悔想退却。佛陀世尊问这位沙门说："你往昔在家里，曾经做过什么事情？"沙门回答说："喜爱弹琴！"佛陀世尊再问他说："弦太松的时候怎样？"沙门回答说："琴就不响了！""弦太紧的时候怎样？"沙门回答说："声音太尖锐了，音乐就出不来！""那么松紧适中怎样？"沙门回答说："诸音调就准了，和谐了。音乐也就出来了！"佛陀世尊说："沙门学道也是如此，心如果调适，道也就可以获得了。修道如果太猛，猛则会身疲；如果身疲，意就会生恼；意

如果生恼,修行就会退步了;修行既然退步,那么罪过必然会增加。只要心地清净,安乐守道,道就不会丢失的!"

第三十五章　垢净明存

【题解】

本章也是说摄善精进,喻明垢染不可不除,除去垢染即成清净。

【原文】 **佛言:"如人锻铁,去滓成器[1],器即精好。学道之人,去心垢染,行即清净矣[2]!"**

【注释】 ①滓:喻五阴。由凡夫至菩萨都是五阴诸法;众生五阴诸法是垢染的五阴诸法,佛菩萨五阴诸法是清净的五阴诸法。②"去心"两句:即解行之心能将众生垢染五阴之心,锻炼成为清净五阴之心。

【译文】 佛陀世尊说:"像人锻铁,去除渣滓而成器皿,器皿就会精好。学道之人,去除心地的垢染,所行就会清静了!"

第三十六章　展转获胜

【题解】

本章说明利乐精进,以辗转明修学佛法之难得,予以警人,使不失良缘。

【原文】 **佛言:"人离恶道[1],得为人难;既得为人,去女即男难[2]。既得为男,六根完具难;六根既具,生中国难[3];既生中国,值佛世难;既值佛世,遇道者难;既得遇道,兴信心难;既兴信心,发菩提心难[4];既发菩提心,无修无证难。"**

【注释】 ①恶道:为"善道"之对称。与"恶趣"同义。道,为通之义。即指生前造作恶业,而于死后趋往之苦恶处所。系对所趋之依身及器世界之总称,主要指地狱。在"六道"之中,一般以地狱、饿鬼、畜生三者称为"三恶道",阿修罗、人间、天上则称为"三善道"。②"既得"两句:同样生为人,依业报关系而分为男和女,因男子能做种种事业而女子不能,因此去女即男难。在《法华经》上卷四载,舍利弗不知龙女是大乘根器,宿习圆因而得成佛,以为例同报障女流,故说女有五障。然说此五障者,欲令女人知有此障,即当发菩提心,行大乘行,早求解脱。五障指:(一)不得做梵天王,梵天于因中修持善戒,得获胜报而为天王。若女人身器欲染,则不得做梵天王。(二)不得做帝释,帝释勇猛少欲,修持善戒,报为天主。若女人杂恶多欲,则不得做帝释。(三)不得做魔王,魔王于"因位"十善具足,尊敬三宝,孝奉二亲,报生欲界他化自在天而做魔王。若女人轻慢嫉妒,不顺正行,则不得做魔王。(四)不得做转轮圣王,转轮圣王于因中行十善道,慈愍众生,报做轮王。若女人无有慈愍净行,则不得做转轮圣王。(五)不得做佛,如来行菩萨道,愍念一切,心无染着,乃得成佛。若女人之身口意业受情欲缠缚,则不得做佛。男女相从究竟来说幻化的,如《维摩诘经》之舍利弗与天女幻变。③中国:这里指中央之国,与野蛮边地相对。中国表有圣贤教法之国,但不必是世出世间法兼具。④菩提心:求无上菩提之心。

详称"阿耨多罗三藐三菩提心"。又称"无上菩提心""无上道心""无上道意",或略称"道心""道意""觉意"。此菩提心为一切诸佛之种子,是净法长养之良田,若发起此心,勤行精进,则得速成无上菩提。盖此菩提心乃大乘菩萨最初必发起之大心;生起此心称为"发菩提心",略称"发心""发意";最初之发心,则称"初发心""新发意",为菩提之根本。《大智度论》卷四十一云:"菩萨初发心、缘无上道,我当作佛,是名菩提心。"此菩提心之内容,即"众生无边誓愿度,烦恼无尽誓愿断,法门无量誓愿知,佛道无上誓愿证"之四弘誓愿,前一为利他之愿心,后三为自利之愿心。要言之,此心即是二利之愿心,其体广大,其德无边。故诸经论广叹其德以劝发行者。旧译《华严经》卷五十九云:"菩提心者,则为一切诸佛种子,能生一切诸佛法故。菩提心者,则为良田,长养众生白净法故。菩提心者,则为大地,能持一切诸世间故。菩提心者,则为净水,洗濯一切烦恼垢故。菩提心者,则为大风,一切世间无障碍故。菩提心者,则为盛火,能烧一切邪见爱故。菩提心者,则为净日,普照一切众生类故。菩提心者,则为明月,诸白净法悉圆满故。"

【译文】 佛陀世尊说:"人要离开地狱、饿鬼、畜生诸恶道,得生为人很难;既得为人身,脱去女身而能成为男身很难;既得男身,眼耳鼻舌身意六根完备很难;六根既然完备,出生于具有圣贤教化的中央之国很难;既生于中央之国,遇到佛法住世很难;既遇到佛法住世,但遇通达佛道的善知识很难;既遇通达佛道的善知识,生起信心很难;既生起信心,发起菩提心很难;既发菩提心,获得无修无证的道果很难。"

第三十七章　念戒近道

【题解】

本章讲持戒,能持戒者自身即是佛身。戒乘以定慧,乘戒齐进,大乘行始能成就。另明心近则近,心远则远,而不以形迹论远近。

【原文】 **佛言:"佛子离吾数千里,忆念吾戒①,必得道果。在吾左右,虽常见吾,不顺吾戒,终不得道。"**

【注释】 ①戒:音译"尸罗"。意指行为、习惯、性格、道德、虔敬。为"三学"之一,"六波罗蜜"之一,"十波罗蜜"之一。广义而言,凡善恶习惯皆可称之为"戒",如好习惯称"善戒"(又作"善律仪"),坏习惯称"恶戒"(又作"恶律仪"),然一般限指净戒(具有清净意义之戒)、善戒,特指为出家及在家信徒制定之戒规,有防非止恶之功用。

【译文】 佛陀世尊说:"佛子虽然离开我数千里,常常忆念我所制定的戒律,必然获得道果。有的人在我左右,虽然常见到我,但不顺从我的戒律,最终不能得道。"

第三十八章　生即有灭

【题解】

本章讲无常观,说明人命无常,在出息入息之间刹那刹那生灭。此中佛陀三问沙门,三答"无常"。最初答"数日间"虽然已听闻无常法,但是太粗未能明了;次答"饭食间"已

观察微细，进了一步；最后答"呼吸间"最切佛意。于此人命无常时时观照可契于道。

【原文】 **佛问沙门："人命在几间[①]？"**

对曰："数日间！"

佛言："子未知道！"复问一沙门："人命在几间？"

对曰："饭食间！"

佛言："子未知道！"复问一沙门："人命在几间？"

对曰："呼吸间[②]！"

佛言："善哉，子知道矣！"

【注释】 ①命：命根，即有情之寿命。俱舍宗、唯识宗以之为心不相应行法之一，亦为"俱舍七十五法"之一，"唯识百法"之一。由过去之业所引生，有情之身心在一期（从受生此世以至死亡）相续之间，维持暖（体温）与识者，其体为寿；换言之，依暖与识而维持一期之间者，即称为"命根"。②呼吸间：一期色心连持不断，称为"命根"，但这是依本识的种子假立而有，非有实法。出息虽存，入息难保，何况刹那刹那的念念生灭，次要沉思谛观而得。

【译文】 佛陀世尊问沙门说："人的生命在多长时间内？"

沙门回答说："只是数日时间！"

佛陀世尊说："你还是没有懂得道的奥义！"再问一沙门："人的生命在多长时间内？"

沙门回答说："只是一顿饭的时间！"

佛陀世尊说："你还是没有懂得道的奥义！"再问一沙门："人的生命在多长时间内？"

沙门回答说："只是在一呼一吸之间！"

佛陀世尊说："很好啊！你已经明白道了！"

第三十九章　教诲无差

【题解】

前面以说三乘共教行果，五乘善恶通义，大乘不共胜行，都是别明其行果，以下三章是总明证果之法。即能信此教，能心解此理，能直心行道，可得阿罗汉果乃至佛果。本章说明对于佛陀所开示的教法都应该信顺，佛所说都是所明的一切法的真实相。不应妄分大小权实顿渐而生轻重之心。佛陀言教，不出权实，为实施权，开权显实。如《法华经》所说，三乘道实是一乘道。

【原文】 **佛言："学佛道者，佛所言说，皆应信顺[①]。譬如食蜜，中边皆甜，吾经亦尔。"**

【注释】 ①信顺：指信受所闻之法而随顺之。信，音译"舍罗驮"。心所（心之作用）之名。为"七十五法"之一，亦为"百法"之一。为"不信"之对称。即对一对象，能令其心与心之作用产生清净之精神作用，故"唯信能入"为进入佛道之初步。俱舍宗立为"十大善地法"之一，唯识宗则立为善心所之一。反之，则称为"不信"，为俱舍宗"十大烦恼地法"之一、唯识宗则为"八大随烦恼"之一。《成唯识论》卷六："云何为信？于实、德、能，

深忍、乐、欲，心净为性，对治不信，乐善为业。”

【译文】 佛陀世尊说：“修学佛道的行者，对于佛陀所有的言说，都应该信顺。这就像吃一盂中的蜜一样，中间和边上都是甜的，我所说的经典也是如此。”

第四十章　行道在心

【题解】

本章明行道在心不在行，修行以心道为主。修行次第上应先明理，以正当理解而起之修行始为正行。这样可以避免身行而心不行。

【原文】 **佛言：“沙门行道，无如磨牛[①]，身虽行道，心道不行。心道若行，何用行道？”**

【注释】 ①磨牛：古印度用牛磨谷物之类，以布蒙住牛眼，让其拉磨并绕磨走，牛身虽然行道，但茫然不知其所行处。比喻修行虽然身行，但心迷茫不行。

【译文】 佛陀世尊说：“沙门修行学道不应该像那蒙眼转圈的磨牛一样，身体虽然行道，但心底里没有下功夫行道。心道如果行了，安坐不动已是行道，何必另外再用行道呢？”

第四十一章　直心出欲

【题解】

本章明修行，此道为出世间道，诫入直心念道，脱离诸苦。

【原文】 **佛言：“夫为道者，如牛负重[①]。行深泥中[②]，疲极不敢左右顾视；出离淤泥[③]，乃可苏息[④]。沙门当观情欲，甚于淤泥。直心念道，可免苦矣[⑤]！**

【注释】 ①如牛负重：太虚法师认为此喻义有三重：一、为道者未解脱生死烦恼之前，则所负为烦恼；二、已发菩提心而未能普度众生，则所负是众生；三、如未解圣理，未证圣行，则所负是圣教。②深泥：喻烦恼生死海。③出离淤泥：喻已得度，以此时自身智力已足退无明烦恼故。④苏息：喻安乐。言学佛者能信教明理精进修行，则可得大觉悟证大涅槃。⑤苦：音译“纳怯”“诺佉”。指身心之苦恼感受。在现实生活中，对苦的感受，是释尊修行的原始动机。在释尊的根本教法中，苦谛也是“四圣谛”之一。此外，将苦灭除，趋向解脱，也是佛法的基本目标。“苦”有二义：一、三界分段生死苦；二、三乘变易生死苦。以此义，还未证得佛果前总须直道而行，圆觉果位现前始脱离苦。

【译文】 佛陀世尊说：“修学道的行者，就像牛负重而行。行于深泥之中，为了出离，疲累之极也不敢左右顾视，出离淤泥后，才可以松一口气。沙门应当观情欲比之于淤泥还要危险。直心念道，可以免除痛苦啊！”

第四十二章　达世知幻

【题解】

本章总结全经,即以佛智观察法界如梦如幻来总结,破众生法执。这里分为二:一是自初到涂足油,明了以佛智观世间法;二是从视方便门到四时木,明了以佛智观出世间法。

【原文】　佛言:"吾视王侯之位,如过隙尘[①]。视金玉之宝,如瓦砾。视纨素之服,如敝帛。视大千界[②],如一诃子[③]。视阿耨池水[④],如涂足油。视方便门,如化宝聚。视无上乘,如梦金帛。视佛道,如眼前华。视禅定,如须弥柱[⑤]。视涅槃[⑥],如昼夕寤。视倒正[⑦],如六龙舞[⑧]。视平等,如一真地[⑨]。视兴化,如四时木。"

佛陀世尊像

【注释】　①过隙尘:光线从门缝窗缝中射过,从中可以看到许多灰尘浮动,此为"过隙尘"。②大千界:为古代印度人之宇宙观。古代印度人以四大洲及日月诸天为一小世界,合一千小世界为小千世界;合一千小千世界为中千世界;合一千中千世界为大千世界。今之俗语乃袭用佛教"大千世界"一词,转用于形容人间之纷纭诸相。小千、中千、大千并提,则称"三千大千世界"。③诃子:就是芥子,原系芥菜之种子,颜色有白、黄、赤、青、黑之分,体积微小,故于经典中屡用以比喻极小之物,如谓"芥子容须弥,毛孔收刹海"即为常见于佛典中之譬喻。又因芥子与针锋均为极微小之物,而以"芥子投针锋"比喻极难得之事,如《北本涅槃经》卷二谓,佛出世之难得犹如芥子投针锋。④阿耨池:"阿耨达池"的简称,"无热"的意思,相传为阎浮提四大河之发源地。又作"阿耨大泉""阿那达池""阿那婆答多池""阿那婆踏池"。略称"阿耨"。意译"清凉池""无热恼池"。据《大毗婆沙论》卷十五与《俱舍论》卷十一所载,此池位于大雪山之北,香醉山以南,称为"无热恼池",周围凡八百里,以金、银、琉璃、颇梨等四宝装饰岸边,其池金沙弥漫,清波皎镜,有龙王居之,名为阿耨达,池中能出清冷之水。池东为恒河出口,南为信度河,西为缚刍河,北为徙多河。⑤须弥:即须弥山,意译作"妙高山""好光山""好高山""善高山""善积山""妙光山""安明由山"。原为印度神话中之山名,佛教之宇宙观沿用之,谓其为耸立于一小世界中央之高山。以此山为中心,周围有八山、八海环绕,而形成一世界(须弥世界)。此山为世界中心之山,不易动摇,以此比喻禅定。⑥涅槃:意译为"灭""灭度""寂灭""安乐""无为""不生""解脱""圆寂"。涅槃原意是火的熄灭或风的吹散状态。佛教产生以前就有这个概念;佛教用以作为修习所要达到的最高理想境界。含义多种:息除烦恼业因,灭掉生死苦果,生死因果都灭,而人得度,故称"灭"或"灭度";众生流转生死,皆由烦恼业因,若熄灭了烦恼业因,则生死苦果自息,名为"寂灭"或"解脱";永不再受三界生死轮回,故名

"不生";惑无不尽,德无不圆,故又称"圆寂";达到安乐无为,解脱自在的境界,称为"涅槃"。⑦倒正:众生以妄心分别计度故有"倒正"。⑧六龙舞:众生流转生死,是六根,安乐涅槃,也是六根。背觉合尘名为"倒",而实无减;背尘合觉名为"正",而实无增。就如六龙舞,不过是首尾相换而已。⑨一真地:喻真如平等地,依此真如地后有四时兴化。

【译文】 佛陀世尊说:"我看王侯的位子,就像通过缝隙的尘土一样。看金玉珍宝,就像瓦砾一样。看用洁白精致细绢所制成的衣服,就像破烂的普通丝织物一样。看大千世界,就像一个微小的芥子一样。看众江河源头的雪山水,就像涂足的油一样。看方便的法门,就像幻化的诸宝汇聚。看无上乘,就如梦中的金帛一样。看佛道,就像眼前的空花一样。看禅定,不过就如四宝四微合成须弥山的柱子一样。看涅槃,就如白天黑夜都醒着一样。看倒正,就如六龙舞动一样。看平等,就像一真实之地一样。看兴法教化,就如树木随着一年四季生长变化一样。"

无量寿经

【导语】

《无量寿经》主要讲述阿弥陀佛在因地所发四十八大愿和为实现誓愿所做的功德，以及他本愿圆满、成就佛果后所建立的西方极乐净土世界的殊胜情形，同时指出了志求往生者所必需的种种修行法门，另外，该经对于娑婆世界剧恶极苦的真相亦做了大量描述，以引发众生的厌离之心。简言之，本经主要包括阿弥陀佛成佛的因果，净土依正二报以及众生往生的行果几部分。以下根据本经品次分述其主体内容如下：

（一）普贤妙德，本经缘起

第一品至第三品为全经“序分”，第一、二品为“通序”，主要介绍了释迦牟尼佛宣说本经的时间、地点、参加法会会众及其所具的普贤妙德，暗显普贤“十大愿王导归极乐”的根本宗旨。第三品为“别序”，以世尊放现瑞光，当机者阿难启问缘由，引出本经所出的根本因由，即“如来以无尽大悲，矜哀三界，所以出兴于世，光阐道教，欲拯群萌，惠以真实之利”，显示本经的殊胜。

【太上洞玄灵宝三元无量寿经】

《无量寿经》书影

（二）因地发愿，圆满成就

本经第四品至第十品，介绍阿弥陀佛于因地发心修道的因缘，即法藏比丘听闻世间自在王如来说法，发菩提心，捐弃国王王位，精进修行，日益增上。并在世间自在王如来示现二百一十亿诸佛国土以使其思维、抉择的基础上，法藏比丘称性发起四十八大愿，立誓普度众生，后经无央数劫的积功累德，圆满大愿，成立西方极乐世界，自致成佛，一号“阿弥陀”。

（三）极乐世界，依正庄严

本经第十一品至第三十二品，极力铺陈阿弥陀佛极乐世界的依正庄严。首先看依报：极乐净土自然以七宝合成，面积恢廓广大，不可极限，光明辉耀，微妙奇丽，清净庄严，超越十方一切世界。其中遍布种种宝树，或由一宝所成，或由多种宝物和合而成，无不依类各自成行，错落有致，发出殊胜微妙的光彩，清风送爽，随风奏乐，音调和雅。其堂舍楼观，也都由七宝自然变化而成。泉水池塘，环绕互通；泉池之水，清澈湛净，芬芳四溢；岸边之树，花果恒芳，光明璀璨；池中莲花，色彩斑斓，缤纷耀眼。泉水自然随顺净土众生的心意，可以随心所欲的变化深浅温凉，更能扬波启音，宣说种种妙法，使闻者都能听到自己愿闻的佛法。每到正午时分，就会自然吹起除垢兴善、具足众德的清风。风吹声起，又能发出演说各种觉悟成佛大法的声音，流溢散布种种温和雅正的妙香，德风触体，使人自

然安乐和谐，调心适意。极乐世界又有漫天花雨，同样具足不可思议的种种功德。凡此种种，无不意在为十方世界往生者提供一个殊胜的道场，在此净土进德修业，断尽烦惑，圆证菩提。故而，西方净土的往生者，举手抬足，闻声嗅香，视色触影，无一不在修证破无明显般若的无上佛道。其次看正报：阿弥陀佛光明的殊胜，为十方诸佛所不能及，因此有阿弥陀佛十二光佛的种种说法，众生如能触见此光，无不"垢灭善生"，"命终皆得解脱"。在极乐净土，不仅佛寿无量、会众无量，而且会众寿命亦无量无尽。极乐世界所有菩萨的容貌、形相、气质，乃至于他们的神威功德、阶次品位、神通变化，都是十方世界一切天人远不能相比的。极乐净土中的一切生活日用，都能随其所愿，"应念现前，无不具足"。极乐净土的众生没有对家室的执着与留恋，唯一享有的是由清净之心所生发出的无上快乐，全都安住于正定之聚，注定要证得无上正等正觉。十方无量世界的一切诸佛，对于阿弥陀佛不可思议的无量功德交口称颂，而他方世界诸菩萨众，也都来到极乐世界，礼拜供养阿弥陀佛。西方极乐世界的菩萨，仰承阿弥陀佛神威之力的加持，能够用极短时间，往复于十方无边无量的佛国净土，供养诸佛。供佛所需的花、香、幢、幡等供品，能够随其心意，立时而至。他们的神通光明，可以达到"洞视、彻听八方、上下、去来、现在之事"的神通。而在诸圣众之中，观世音菩萨和大势至菩萨最尊第一，他们的威神光明，普照三千大千世界；他们利乐众生的功德，亦远在其他菩萨之上。弥陀净土的大菩萨无不愿力宏深，决定成就一生补处，也即能够一生而成佛。

（四）三辈往生，总示纲宗

本经第二十四品、第二十五品涉及了本经根本宗旨所在，故需特别论及。第二十四品指出，往生极乐世界的众生，根据其信愿的深浅、发心的大小、持诵的多寡以及修习的勤惰等等分殊，分为各种不同的品类，即上辈往生者、中辈往生者和下辈往生者。值得注意的是，本品尽管将往生弥陀净土者分为三类，但有一个基本原则是唯一不变的，即若论其所以能够往生净土的关键原因，则莫不在于能"发菩提心，一向专念阿弥陀佛"，而这也正是本经的纲领主旨所在。也就是说，如若往生，则信、愿、持名这三个条件，缺一不可。"三辈往生"，为阿弥陀佛四十八大誓愿中第十八"十念必生愿"的成就，亦是所有誓愿中的核心及其最终落实。第二十五品则进一步详细阐述三辈往生的具体因行。即上辈往生者的正因在于：（一）受持本经，（二）求生净土，（三）发菩提心，（四）严守经戒，（五）饶益有情，（六）忆佛念佛。中辈往生者的正因在于：（一）修行十善，（二）昼夜念佛，（三）志心归依，（四）顶礼供养。下辈往生者的正因在于：（一）修行世俗善业，（二）忙里偷闲，一心清净，念佛往生。显然，这些皆是"发菩提心，一向专念阿弥陀佛"的具体展开。

（五）娑婆浊苦，回头是岸

本经第三十三品至四十二品，与此前极力描摹的极乐世界的依正庄严相对，主要讲述娑婆世界的种种秽恶，众生业障深重，"贪嗔痴"三毒炽盛，故由惑造业，苦报无尽，沉沦三途恶道苦海，痛不可言。众生之"恶"有五，即杀生恶、盗恶、邪淫恶、妄语恶、饮酒恶等"五恶"，由此"五恶"导致"五痛""五烧"之深痛剧苦。在此基础上，点出招致痛苦的根本缘由，劝令众生深明因果不爽之理，生发厌离娑婆世界之心，并进一步远离各种恶业，自行正己端身，择善而从，对于净土法门，应当像贫穷的人得到珍宝一样的珍惜，受持思考，

精勤奉行,以求生极乐世界。其中第四十品还提出,众生如果对如来果地的圆满智慧持怀疑态度,或者尽管坚定相信佛智圆满,但对自己的善根却不够自信,则虽可因其持续念佛不辍,以念佛的功德,结成往生极乐世界的善愿之力,最终得以往生西方极乐世界,但由于其心念犹疑不坚,以疑惑心修诸功德,最终只能往生于极乐净土的边地疑城中,五百年中不能见佛,不得听佛说法,不得自在。由此劝导人们,应当深信切愿,无论对于圆满佛智还是自身慧根,都莫生疑虑,一心求生净土。

(六)赞叹佛德,劝令流通

第四十三品至四十八品,为本经的"流通分",主要目的就是要付嘱弟子令本经之教能流通远布于后代。首先指出,本经绝非小乘,而是大乘第一解脱之道,任何以坚定不退信愿,奉行、演说本经之人,都将普授成佛之记,也即将来一定成佛。为避免佛陀灭度之后,众生重新生出疑惑,释迦牟尼佛以慈悲哀悯之心,特留本经在世流通一百年,由此凸显本经的非同寻常、无与伦比,以及本经所宣示的念佛往生法门的究竟方便和不可思议之殊胜。因此,佛陀反复叮咛、殷勤咐嘱与会众生,务必全力守护本经,依教奉行,为人演说本经,广利众生,同时要精勤修行,坚定不移地受持此经,不可使它毁坏损失,不可妄自增添削减本经所教法门。对于此一经典,应当时时诵念,无有间断。本经最后一品,极力宣说列举闻听释迦牟尼佛说法之后,与会大众所获得的种种真实利益,以及三千大千世界所现出的种种神奇瑞相。

法会圣众第一

【题解】

佛经分章序品的一般体例,通常由三部分构成,即所谓"三分"——"序分""正宗分""流通分"。"序分"相当于一部佛经的引言,主述该经之由来、因缘;"正宗分"为全经主体部分,主述全经宗旨;"流通分"则为全经总结,主述受持本经的利益,并由此劝众广为流传,使之流通久远。"序分"又可分为"通序"和"别序"两类,"通序"又称"证信序",为一切佛经所共通,有固定的格式;而"别序"则作为"通序"转入"正宗分"的过渡,点明该经所出的特殊因缘,又称"发起序"。

这一品经文,属于全经"序分"中的"通序"部分,如大多佛经一样,也采用了"如是我闻。一时,佛在某处,与某大众俱"的固定格式,本经为"如是我闻。一时佛在王舍城耆阇崛山中,与大比丘众万二千人俱",其中,用以论证佛经确凿无疑的六个要素("六成就")无一遗漏,即"如是"为"信成就",指佛经内容皆为佛所亲言,如实不虚,此为阿难之信;"我闻"为"闻成就",指阿难亲耳所闻,绝非辗转传闻;"一时"为"时成就",指佛说该经的时间;"佛"为"主成就",指说法者确定为佛;"在王舍城耆阇崛山中"为"处成就",指说法的处所;"与大比丘众万二千人俱"为"众成就",指听法的大众。"一切大圣。神通已达"以下则是进一步说明当时亲自参加释迦牟尼佛讲经说法大会的听众殊胜。

法会圣众第一:夏莲居会集各译本所加品名,以下各品皆同,不再出注。

【原文】 **如是我闻[1]。一时佛在王舍城耆阇崛山中[2],与大比丘众万二千人俱[3],一切**

大圣[④]。神通已达[⑤]。其名曰：尊者憍陈如、尊者舍利弗、尊者大目犍连、尊者迦叶、尊者阿难等[⑥]，而为上首；又有普贤菩萨、文殊师利菩萨、弥勒菩萨[⑦]，及贤劫中一切菩萨[⑧]，皆来集会。

【注释】 ①如是我闻：佛经开卷语。佛经基本皆以“如是我闻”开篇，大意为“以下都是我所亲闻的释迦牟尼佛亲言的开示”，又作“我闻如是”或“闻如是”，意与前同。“如是”，指经中所叙述的佛之言说、行止，泛指经中所有内容；“我闻”，则是指经藏编集者阿难自言听闻于佛之言行。又“如是”意为信顺自己所闻之法，“我闻”则为能持所信之人，此即佛经证信序“六成就”中的“信成就”和“闻成就”。佛经之所以都以“如是我闻”开篇，据说是在佛陀寂灭之前，回答了其弟子阿难四个问题，其中之一就是“一切经首，当置何字？”目的就是要后世众生对经典免生疑惑，佛陀的回答即是在结集经藏时，经的前面都以“如是我闻”开篇。其中“如是”表明佛经内容确实为佛陀亲口宣说，没有篡改增删，以令众人放心信仰，故为“信成就”；而“我闻”则是指在阿难于佛涅槃后结集经文为大众登座重说时，大众当时有三种疑惑：一种是错认为佛又复活了，另一种误认为阿难成佛了，再一种是误以为他方世界的佛来到此土。“我闻”则正是针对上述疑惑，指出佛经内容只是我阿难从佛陀那里亲耳听闻的，以消除大众疑惑，故为“闻成就”。②一时：佛经开篇习用语。直译为“那时”，意指佛陀为大众讲经说法之时。“一时”为佛经“六成就”中的“时成就”，故佛经开篇在“如是我闻”之后，一般都紧接着要说“一时”。王舍城：古印度佛教圣地，释迦牟尼传教中心之一。音译为“罗阅揭梨醯”“罗阅祇”“罗阅”“曷罗阇利城”等。古印度摩揭陀国都城。释迦牟尼生前经常在此进行传教活动和居住。释迦牟尼寂灭后，弟子们曾在此举行佛教经藏的第一次结集。耆阇崛山：意译为“灵鹫山”，或称“鹫岭”“鹫台”。“耆阇”为鹫之一种，羽翼稍黑，头部呈灰白色，毛稀少。据《玄应音义》卷七所述，此鸟有灵，知人死活，人欲死时，则群翔彼家，待其送林，飞下而食，故号“灵鹫”。此山为王舍城五山中最高大者，园林清净，圣人多居此处。佛亦常住于此，诸大乘经典亦多在此山中说。然四阿含及南方所传诸经典中，均未载此山，而多以给孤独园、迦兰陀竹园等为说法处。③大比丘：年长德高的比丘，亦有解释为发大乘心，正菩萨道的比丘。所谓“比丘”，指年满二十岁，受过具足戒的男性出家人，女性出家人称为“比丘尼”。已受十戒，未受具足戒，年龄在七岁以上、未满二十岁之出家男子则称“沙弥”，女子称“沙弥尼”。国人常将比丘称为“僧人”或“和尚”，其实这三个词汇原意并不相同。“僧”是梵语的音译，全名为“僧伽”，指佛教僧团，是对出家众（团体）的称呼。“和尚”则是由梵语辗转讹译而来，原意指有德望的出家人，或对自己的师父的尊称，故又译为“亲教师”。与“比丘”一词，含义并不相同。④大圣：即前所谓“大比丘众”。⑤神通：由修禅定与智慧而获得的超自然、无碍自在、神变不可思议之妙用。又称“神通力”“神力”“通力”“通”。一般认为“神通”有神足通、天眼通、天耳通、他心通、宿命通、漏尽通六种：（1）神足通：又称“神境智证通”“身如意通”“神境通”“如意通”“身通”。即身体具有飞天入地，出入三界，变化自在的能力。（2）天眼通：又称“天眼智证通”“天眼智通”。即洞见世间一切事物种种形色的能力。（3）天耳通：又称“天耳智证通”“天耳智通”。即听闻世间一切声音的能力。（4）他心通：又称“他心智证通”“知他心通”。即洞悉他人思想中各种善恶等事的能力。（5）宿命通：又称“宿住随念智证通”“宿住智通”“识宿命通”。即知晓自身及六道众生前世宿命及所做之事的能力。（6）漏尽通：又称“漏尽智证通”。即能断一切烦恼惑业，永远脱离

生死轮回的能力。六神通的获得,各经所说有一定出入。《俱舍论》中说前五通凡夫亦可达到,只有阿罗汉、菩萨与佛才能得到第六通;《大智度论》中则说菩萨得五通,佛得六通;《成实论》中认为外道(即佛教以外的其他派别)亦可得五通,有所谓"五通仙人"。⑥尊者:梵语音译为"阿梨耶",指智、德兼备,为人所尊重者,是对阿罗汉的敬称。又作"圣者""贤者""具寿""慧命""净命""长老"。下座称上座为尊者,上座称下座为慧命。憍陈如:佛陀最初度化的五比丘之一。又作"阿若多憍陈那""阿若憍邻""阿若俱邻""陈那""陈如""拘邻"、"居伦"等,或单称"陈如"。意译"初知""已知""了教""了本际""知本际"等。憍陈如为中印度迦毗罗城的婆罗门种,擅长占相之术,悉达多太子诞生第五日时,曾应召为其占相,并预言太子必将成佛并救度人类。太子出家修苦行时,憍陈如与另外四人受净饭王之托,陪伴太子至尼连禅河边前正觉山从事苦修,后见太子废苦行接受村女的乳糜,乃与其他四人离太子而去。至释尊成道以后,于鹿野苑见释尊之庄严威仪,又闻其说法,乃率先皈依佛。在《增一阿含经》中佛陀称他为"我声闻中第一弟子",并称赞他:"宽仁博识,善能劝化,将养圣众,不失威仪"。舍利弗:佛陀十大弟子之一,有"智慧第一"之称。又作"舍利弗多""舍利弗罗""舍利弗怛罗""奢利富多罗""设利弗呾罗"。意译"鹙鹭子""鸲鹆子"。梵汉并译,则称"舍利子""舍梨子"。其母为摩揭陀国王舍城婆罗门论师摩陀罗之女,以眼似鹙鹭,乃名"舍利";"弗"意为"子"。所以"舍利弗"一词意即"舍利之子"。舍利弗自幼聪明颖悟,八岁就登外道的讲座,对大众说法。他十六岁到各国去游说,说法弘扬,辩论无双。学佛之后,七日之内即遍达佛法,智慧第一。舍利弗一生为僧伽长老崇敬,且屡为佛陀所赞美,后较佛陀早入灭。又据《法华经·譬喻品》所载,舍利弗得佛陀之记别,于未来世当得作佛,号"华光如来"。又现存之《阿毗达摩集异门足论》二十卷、《舍利弗阿毗昙论》三十卷,相传系舍利弗所讲说者。大目犍连:佛陀十大弟子之一,又作"摩诃目犍连""目犍连""大目干连""大目连""目连""目揵连""目伽略""勿伽罗""目犍连延""目犍罗夜那""没特伽罗""毛伽利耶夜那"。意译为"天抱"。被誉为"神通第一"。为古代印度摩揭陀国王舍城外拘律陀村人,婆罗门种。生而容貌端正,自幼即与舍利弗交情甚笃,同为删阇耶外道之弟子,各领徒众二百五十人。曾与舍利弗互约,先得悟解脱者必以相告,遂共竞精进修行。后舍利弗因逢佛陀弟子阿说示(又名马胜),而悟诸法无我之理,并告目犍连,目犍连遂率弟子一同拜谒佛陀,蒙其教化,时经一月,证得阿罗汉果。另据《盂兰盆经》载,目犍连曾为救母出离饿鬼道,而于七月十五僧自恣之日供养十方大德僧众,遂为后世盂兰盆会之由来。迦叶:全名"大迦叶""摩诃迦叶",又作"迦叶波""迦摄波",意为饮光。为佛陀十大弟子之一。生于王舍城近郊之婆罗门家。于佛成道后第三年为佛弟子,八日后即证入阿罗汉境地,为佛陀弟子中最无执着之念者。人格清廉,深受佛陀信赖。佛陀入灭后,成为教团之统率者,于王舍城召集第一次经典结集。后入鸡足山入定,以待弥勒出世,方行涅槃。禅宗以其为佛弟子中修无执着行之第一人,特尊为"头陀第一";又以"拈花微笑"的故事,被视为传佛心印的初祖,因此也被视为禅宗初祖。阿难:佛陀十大弟子之一,具称"阿难陀"。意译作"庆喜""欢喜"或"无染"。中印度迦毗罗卫国人,出于刹帝利族,为佛陀的堂弟。阿难出家随侍世尊二十五年,佛所说的他都能够记得住,一个字不忘。所以《涅槃经》称阿难是"多闻士",迦叶也称赞说:"佛法大海水,流入阿难心。"所以阿难被称为"多闻第一"。佛教经藏第一次结集时,

由他负责诵出经藏,此后佛经为了取信于众,皆自称为阿难诵出。⑦普贤:中国佛教四大菩萨之一,亦译“遍吉”,音译“三曼多跋陀罗”。代表德行,法号为“大行普贤”。汉传佛教相传四川峨眉山为其显灵说法的道场,为释迦牟尼佛的右胁侍。以“理、定、行”三德著称,与“智、慧、证”三德著称的左胁侍文殊并称。其塑像多骑六牙白象。普贤菩萨是大乘佛教之行愿的象征。他曾经在过去无量劫中,行菩萨行、求一切智,修集了菩萨救护众生的无边行愿。因此,他也是大乘佛教徒在实践菩萨道时的行为典范。在《华严经》里,普贤菩萨劝人广修十大行愿,此即礼敬诸佛、称赞如来、广修供养、忏悔业障、随喜功德、请转法轮、请佛住世、常随佛学、恒顺众生、普皆回向等十项。普贤菩萨以此十愿为众生成就如来功德的主要法门。菩萨:为“菩提萨埵”的略称,又作“菩提索多”“冒地萨怛缚”“扶萨”;意译为“觉有情”“道众生”“道心众生”“开士”。指志求佛果者。即求无上菩提,利益众生,修诸波罗蜜行,当来可成佛的大道心众生。“菩萨”有时亦被尊称为“大士”,音译为“摩诃萨埵”或“摩诃萨”。此外,由于菩萨是佛位的继承者,因此亦被尊称为“法王子”,音译“究摩罗浮多”,意译又作“童真”。文殊师利菩萨:或作“曼殊师利”“妙吉祥”。是大乘佛教中最以智慧著称的菩萨,与普贤菩萨并为释迦牟尼佛的两大胁侍。由于他在所有菩萨中,是辅佐释尊弘法的上首,因此也被称为“文殊师利法王子”。依大乘经典所载,在所有大菩萨中,文殊菩萨不只是四大菩萨中“大智”的象征,而且,在过去世他曾为七佛之师。其锐利的智慧,被喻为三世诸佛成道之母。因而有“三世觉母妙吉祥”的尊号。而且,依《首楞严三昧经》所载,他在久远的过去世早已成佛,号称“龙种上如来”。所以,其为释迦牟尼佛二胁侍之一,只不过一种慈悲度化的大权示现而已。据《放钵经》载,文殊菩萨对释迦牟尼佛也曾有教诲之谊。由于文殊菩萨是大乘佛法中智慧的象征,因此佛典里也有很多关于他以智慧开导行者的故事。他曾经以“仗剑迫佛”的权宜示现,来晓谕那些疑悔不安、不能悟入如幻深法的菩萨。也经常用反诘、否定、突兀的语言或行动,来警醒众生。在大乘佛教里,文殊菩萨开出的是重视第一义谛、不拘寻常格式的善巧法门。相传其显灵说法的道场在山西五台山,为释迦牟尼佛的左胁侍,其形象为顶结五髻,手持宝剑,表示智慧锐利,骑狮子,象征智慧威猛。弥勒菩萨:原为释迦牟尼佛座下大弟子之一,由于他即将继释迦牟尼佛之后,在阎浮提世界成佛,所以习俗相沿,也称他为“弥勒佛”。因为弥勒菩萨现居兜率天,尽其一生之后,将到人间继释迦之后成佛,所以又称为“一生补处菩萨”“补处萨埵”“弥勒如来”“后生佛”“未来佛”,意译“慈氏菩萨”,佛教经典中,佛陀亦常称之为“阿逸多”。据佛典所载,弥勒菩萨现在兜率天的内院弘法,教化天众。相传兜率天上有五百亿天子,各以天福力,造作宫殿,发愿布施弥勒菩萨,庄严兜率天宫,因而使兜率天成为殊胜的国土。中国寺院中所供奉的笑口常开、袒胸露腹的弥勒像,是根据五代时一位叫契此的僧人形象塑造的,民间认为他是弥勒的化身。⑧贤劫:“劫”是印度人代表极长时间的用语,源于印度婆罗门教。一劫相当于人世间的四十三亿二千万年,分为四个阶段,即成、住、异、灭四劫。“贤劫”属于“住劫”。依佛典所载,现在“住劫”有千佛等贤圣出世,救度众生,故称“贤劫”。因此,贤劫即指现在世、现在劫。

【译文】 以下都是我所亲闻的释迦牟尼佛亲言的开示。那时,释迦牟尼佛在王舍城外的灵鹫山中说法,参会法众,盛大稀有,有一万二千大比丘共聚一堂。这些大比丘都是回小向大、行菩萨道的大圣人,并且都已修得了神足通、天眼通、天耳通、他心通、宿命通、

漏尽通等六种神通。他们包括：作为法会上首的憍陈如长老、舍利弗长老、大目犍连长老、迦叶长老、阿难长老等；还有普贤菩萨、文殊师利菩萨、弥勒菩萨以及现在世的所有菩萨，也都来此共聆佛法。

德遵普贤第二

【题解】

本品为第一品的延续，仍属于全经的“通序”部分，是对第一品“众成就”的补充，不但在数量方面列举了更多名目的圣众，以体现此次释迦牟尼佛法会场面的盛大，而且更重要的是对会众所具妙德的进一步说明。具体而言，就是说与会的诸大菩萨，都以普贤菩萨为德行楷模，共同尊重修持普贤菩萨的德行，即经中所谓“咸共遵修普贤大士之德，具足无量行愿，安住一切功德法中”。而这也是本品命名为“德遵普贤”的原因所在。普贤菩萨诸德行的根本宗旨，就是《华严经》所言的“十大愿王导归极乐”，即以十种广大行愿（“十大愿王”）——一者礼敬诸佛，二者称赞如来，三者广修供养，四者忏悔业障，五者随喜功德，六者请转法轮，七者请佛住世，八者常随佛学，九者恒顺众生，十者普皆回向——为依归，一门深入，长时薰修，最终导归极乐净土。

另外需要指出的是，本品以“又贤护等十六正士”开始，而与上一品分开，从经文文义看，似乎显得有些突兀，因为都是在说明此次法会“众成就”的组成。对此，有一种解释可供参考，即夏莲居居士将“十六正士”（十六位在家菩萨）置于本品之首，乃是特意而为，就是告诉读者本经法门不是专为出家人所设，更是以度在家居士为主，从而显示本经“普度众生”的深远之意。

【原文】 **又贤护等十六正士[①]，所谓善思惟菩萨、慧辩才菩萨、观无住菩萨、神通华菩萨、光英菩萨、宝幢菩萨、智上菩萨、寂根菩萨、信慧菩萨、愿慧菩萨、香象菩萨、宝英菩萨、中住菩萨、制行菩萨、解脱菩萨，而为上首[②]。**

【注释】 ①贤护：为在家菩萨，八大或十六大菩萨之一。音译作“跋捺罗波罗菩萨”“跋陀波罗菩萨”“拔陂菩萨”“跋陀和菩萨”“发捺罗播逻菩萨”。又称“贤护长者”“贤护胜上童真”“善守菩萨”“贤守菩萨”。在《摩诃般若波罗蜜经》与《无量寿经》之听闻众中，皆置贤护菩萨于首位。据《大宝积经》卷一〇九载，贤护为一富商之子，其所受之诸乐、果报，为忉利帝释天王所不及。据《八吉祥神咒经》载，若有急疾，呼贤护等八人名字，即得解脱。命终时，此八人飞往迎之。《思益经》说：众生只要听到他这个名字，就必定能得三菩提：自觉、觉他、觉行圆满。又据《大佛顶首楞严经》卷五所载，跋陀波罗入浴室而悟水因，证得无所有，基于此说，禅宗遂于浴室安置贤护尊者。正士：修行正法之士，即“菩萨”的异称，多指在家菩萨。②“所谓”句：据《四童子经》《佛名经》《月灯三昧经》等经记载，善思惟、慧辩才、观无住、神通华、光英、智上、寂根、愿慧、香象等十位都是他方世界的大菩萨，应化托生本土成为在家菩萨。他们都是来到这个世界听受佛的教诲，助佛弘化的。从贤护到香象共十人，都有经典作为根据。其余尚有六人在佛教经典中没有提及出处，但历代解经家一般认为，其余六人也都是在他方世界成就的在家菩萨，来到此界听经并

助佛弘化。

【译文】 此次法会还包括贤护等十六位在家菩萨,他们是善思惟菩萨、慧辩才菩萨、观无住菩萨、神通华菩萨、光英菩萨、宝幢菩萨、智上菩萨、寂根菩萨、信慧菩萨、愿慧菩萨、香象菩萨、宝英菩萨、中住菩萨、制行菩萨、解脱菩萨,他们位居众在家菩萨的上首。

【原文】 咸共遵修普贤大士之德[①],具足无量行愿[②],安住一切功德法中[③]。游步十方[④],行权方便[⑤],入佛法藏[⑥],究竟彼岸[⑦]。

【注释】 ①大士:为"菩萨"之美称。音译作"摩诃萨埵",又作"摩诃萨",与"菩萨"同义。佛经中经常以"菩萨摩诃萨"连称。菩萨为自利利他、大愿大行之人,故有"大士"的美称。一般而言,摩诃萨埵如译成"大士",则菩萨多译为"开士",当然都是指菩萨而言。②无量:佛经常用语。意为不可计量,指空间、时间、数量之无限量,亦指佛德的无限量。《摄大乘论释》云:"不可以譬类得知为无量。"行愿:"修行"与"誓愿"的并称,又称"愿行"。具体而言,本经中所谓"行"指"六度""四摄"等大行;"愿"指"四宏誓"与"十大愿"等胜愿。愿以导行,行以满愿,互相依持。具足:佛教习语。为"具备满足"的略称。③安住:安稳住立,佛教中指修成某一功德不会退失。功德:行善所获之果报。"功"指行善;"德"指福德。法:音译为"达磨""达摩""驮摩""昙摩""昙无""昙"。(一)在佛教经典中,"法"为最重要的概念之一,其主要意思有两个,即"任持自性"和"轨生物解"。"任持自性",是指能保持自体的自性(各自的本性)不改变;"轨生物解",是指能轨范人伦,令人产生对一定事物理解的根据。就"任持自性"的意义而言,"法"是指具有自性的一切存在;就"轨生物解"的意义而言,"法"是指认识的标准、规范、法则、道理、教理、教说、真理、善行等。本经此处,是第一种用法。④十方:佛教常用语。是四方、四维、上下的总称。具体而言即东、西、南、北为"四方";东南、西南、东北、西北为"四维"。佛教主张十方有无数世界及净土,称为"十方世界""十方法界""十方净土""十方刹"等。又其中之诸佛及众生,则称为"十方诸佛""十方众生"。佛教一般用"十方"泛指一切地方。⑤行权方便:意为随物所宜,因人而异,用一切善巧稳便的教化济度众生。权,为"方便"的别名,即为一时之需、因顺时宜而暂时用之的教法。方便,音译作"沤波耶"。"十波罗蜜"之一,为佛教习语。又作"善权""变谋"。指巧妙地接近、施设、安排等。意义可分为以下几种,即对真实法而言,为诱引众生入于真实法而权设的法门?故称为"权假方便""善巧方便"?即佛菩萨应众生之根机,而用种种方法施予化益?也可表示针对般若实智而言的通权之智。⑥入佛法藏:契会证入佛法知见。法藏,佛陀所说之教法。因教法含藏多义,故称"法藏"。或指含藏这些教说的经典,因经典含藏众多法门,故称"法藏"。也有真如所含藏的种种功德的含义。⑦彼岸:佛教习语。梵语"波罗",意译为"彼岸",此岸指有生有死的境界,彼岸则是指不生不灭的涅槃。

【译文】 以上一切圣众,无论在家出家,全都以普贤菩萨为榜样,共同遵守修习其妙德,一切无量无边的殊胜行愿都已具足圆满,安住于一切如来无尽果德的本体,而绝无动摇。他们普遍周游于一切世界,随物所宜,因人而异,用一切善巧稳便的教化,济度众生,使之契会证入佛法知见,以脱离五浊恶世,达至如来涅槃果海。

【原文】 愿于无量世界成等正觉[①],舍兜率,降王宫,弃位出家,苦行学道[②]。作斯示

现[3]，顺世间故。以定慧力，降伏魔怨[4]，得微妙法，成最正觉[5]。天人皈仰，请转法轮[6]。常以法音[7]，觉诸世间[8]，破烦恼城[9]，坏诸欲堑[10]，洗濯垢污，显名清白。调众生、宣妙理、贮功德、示福田[11]。以诸法药救疗三苦[12]。升灌顶阶[13]，授菩提记[14]，为教菩萨，作阿阇黎[15]，常习相应无边诸行，成诸菩萨无边善根[16]，无量诸佛咸共护念。诸佛刹中，皆能示现。譬善幻师[17]，现众异相，于彼相中，实无可得。此诸菩萨，亦复如是，通诸法性[18]，达众生相[19]，供养诸佛[20]，开导群生。化现其身，犹如电光，裂魔见网，解诸缠缚[21]。远超声闻、辟支佛地[22]，入空、无相、无愿法门[23]。善立方便，显示三乘[24]。于此中下，而现灭度[25]，得无生无灭诸三摩地[26]，及得一切陀罗尼门[27]。随时悟入华严三昧[28]，具足总持百千三昧[29]。住深禅定[30]，悉睹无量诸佛。于一念顷[31]，遍游一切佛土。得佛辩才[32]，住普贤行。善能分别众生语言，开化显示真实之际[33]。超过世间诸所有法，心常谛住度世之道[34]。于一切万物，随意自在，为诸庶类[35]，作不请之友[36]。受持如来甚深法藏[37]，护佛种性常使不绝[38]。兴大悲、悯有情、演慈辩、授法眼、杜恶趣、开善门[39]。于诸众生，视若自己，拯济负荷，皆度彼岸。悉获诸佛无量功德，智慧圣明，不可思议[40]。

【注释】 ①等正觉：亦称“等觉”。有两种含义：一是指菩萨的最高位置，大乘五十二阶位中，第五十一位，名为“等觉”，即十地位满，将证佛果之中间阶段，因其智慧功德，等似妙觉，故名“等觉”，又名“一生补处”，或“金刚心菩萨”；另一种含义就是指“佛”，为佛十号之一。“等”是平等，“觉”是觉悟，诸佛的觉悟，平等一如，故名“等觉”。本经此处的含义为后者。即对于凡夫的“不觉”而称“正觉”，对于声闻、缘觉二乘的“独觉”而称“等觉”，合称为“等正觉”。②从“舍兜率”开始直至“住深禅定，悉睹无量诸佛”：为释迦牟尼佛乃至一切诸佛示现成道的通常途径，共经历八种相状，即所谓“八相成道”。大乘八相成道说有两种，前者为《四教义》卷七所说，包括：下天、脱胎、出生、出家、降魔、成道、转法轮、入涅槃，一般皆以此说为准。后者为《大乘起信论》所说，包括：从兜率天退、入胎、住胎、出胎、出家、成道、转法轮、入于涅槃。前后说之别，在于后者有“住胎”而无“降魔”。“八相成道说”始自无著世亲时代，而后一说则可能源自我国。本经所说“八相成道”，基本与前一种说法一致，其中，“舍兜率”为第一下天相，即从兜率天下降。兜率，为“兜率天”的略称，又作“都率天”“兜术天”“兜率陀天”“兜率多天”“兜师陀天”“睹史多天”“兜驶多天”，意译为“知足天”“妙足天”“喜足天”“喜乐天”。佛教认为，众生有三种存在的界域，即欲界、色界、无色界。欲界是有淫食二欲的众生所住的世界，欲界中又包括六重天，即四王天、忉利天、夜摩天、兜率天、乐变化天、他化自在天。兜率天属于欲界六天中的第四天，位于夜摩天与乐变化天之间，距夜摩天十六万由旬，在虚空密云之上，纵广八万由旬。此天有内、外两院，兜率外院为天人所居，兜率内院则是即将成佛者（即补处菩萨）的居所，目前是弥勒菩萨的净土，弥勒在此宣说佛法，住满四千年后，即下生人间，成佛于龙华树下。当时释迦牟尼身为菩萨时，也是从兜率天下生人间而成佛的。因此，“舍兜率”被视为示现成佛的第一步。“降王宫”是降生于王宫之中，属于“八相成道”中的第二脱胎、第三出生两相。“弃位出家，苦行学道”是第四相。出家，即出离家庭生活，专心修沙门之净行；亦兼指出家修道者，与沙门、比丘同义。印度早在吠陀时代即有出家修行以求解脱者，后来婆罗门教徒承袭这种修行方法，多入山林闲寂之处专心修道。

佛教则以释迦牟尼的出家学道为其滥觞，其后更以出家人组织教团。③示现：诸佛、菩萨应众生的机缘而化现种种的身相，目的在于教化众生。④以定慧力，降伏魔怨：是第五降魔相。定慧，即禅定与智慧，为佛教"戒、定、慧"三学中的两种法门。收摄止息散乱的心意为定；观照明察一切的事理为慧，所以又称"止观"。魔怨，扰乱、妨碍众生修行的外物或心境，如妨碍善事之恶鬼或烦恼、疑惑、迷恋等心理活动。⑤得微妙法，成最正觉：是第六成道相。最正觉，即无上正等正觉，就是彻底明白宇宙人生的事理真相，成就最圆满的佛果。⑥天人皈仰，请转法轮：是第七转法轮相。天人，即欲界、色界、无色界诸天之人。转法轮，又作"转梵轮"，指佛陀宣说佛法。佛的教法，如车轮旋转，既能转凡成圣，度众生解脱苦海，亦能摧破众生一切烦恼障惑，所以称作"法轮"。⑦法音：佛陀说法的声音。⑧世间：泛指迁流变化的现象世界，略称为"世"，与"出世间""出世"相对，故与"三界"相应，包括欲界、色界、无色界。原意指可毁坏的，或可对治的、有为有漏的现象。关于世间之分类，有两种、三种之别。一般根据《俱舍论》将世间分为两类，即：(一)有情世间，又作"众生世间""有情界"。泛指一切有情众生。(二)器世间，又作"物器世间""器世界""器界""器"。指有情众生居住、生存的外在环境，如山河大地、国土等。⑨烦恼：也译作"惑""尘劳""染"等等，指扰乱身心，令人不得寂静安宁的种种心理作用。佛教认为，"烦恼"会障碍圣道，妨碍正确的智慧，故务必去除尽净方能成佛。另外，部派佛教将潜在的烦恼称为"随眠"，表面的烦恼称为"缠"。⑩欲堑：佛教以贪欲深而难越，易使人堕落，比喻为堑(即深壕大沟)，故称为"欲堑"。⑪福田：佛教惯用语。指能生长福德的田地。即散播布施、供养等种子，则能结出福德的果实，所以用田地来比喻。如行布施时，接受布施者称为"福田"。福田又可分为很多种，如佛、佛弟子、修行者等必受尊敬者，称为"敬田"；父母及师长等必受报恩者，称为"恩田"；受怜悯之贫者、病者等，称为"悲田"。⑫三苦：即佛教所谓苦苦、坏苦、行苦等三种苦。"苦苦"是身心受苦时所产生的苦恼；"坏苦"是偶尔出现的快乐转瞬即逝时所感受的苦；"行苦"是由于诸行无常，迁流不息，人们不得安定、无法支配所产生的苦恼。在三界之中，欲界三苦俱全，色界只有坏行二苦，无色界则只有行苦。⑬灌顶：即以水灌于头顶，受灌者即获晋升一定地位之仪式。原为古代印度帝王即位及立太子的一种仪式，国师以四大海之水灌其头顶，表示祝福，并宣示王权的合法性。佛教亦仿效此法，称菩萨于十地中的第九地升入第十法云地时，诸佛以智水灌其顶，以为受法王职的证明，本经"灌顶阶"特指十地以上的等觉阶位而言。⑭授菩提记：佛授予众生将来必定成佛的记识。⑮阿阇黎：音译又作"阿阇黎""阿舍梨""阿遮梨耶""阿遮利耶"等，意译为"轨范师""正行""应可行""教授""传授"。在印度古代，阿阇黎本为婆罗门教中教授弟子有关吠陀祭典规矩、行仪之师，此一名词后为佛教所采用，且在佛陀在世之时即已经普遍使用。小乘佛教指匡正弟子行为，堪为师范的高僧为阿阇黎；大乘圆顿戒则以释迦牟尼为"戒和尚"，称文殊为"羯磨阿阇黎"、弥勒为"教授阿阇黎"。密教虽也有以大日如来或诸佛菩萨为阿阇黎的情形，但狭义的阿阇黎则专指灌顶及传法灌顶的导师。⑯善根：即善之根本，又称"善本""德本"。广义是指在身、口、意三业中的善因能生善果，故称"善根"。狭义是指产生诸善法的根本，即无贪、无嗔、无痴三者为善根之体，合称为"三善根"。不善根则为贪、嗔、痴等，即称"三不善根"，或称"三毒"。⑰

幻师:又作“幻士”“幻人”“幻术师”,即行幻术之人,类似今天的魔术师。佛教经论中经常用之为譬喻。⑱法性:指诸法的真实体性,亦即宇宙一切现象所具有的真实不变的本性。又作“真如法性”“真法性”“真性”。又为“真如”之异称。法性乃万法之本,故又作“法本”。⑲众生:佛教习语。又名“有情”,即一切有情识志虑的生物。一般而言,众生主要是指具无明烦恼,流转生死的迷界凡夫;但就广义而言,众生也可以含摄悟界的佛、菩萨等。⑳供养:又作“供”“供施”“供给”“打供”。意指供食物、衣服等予佛法僧三宝、师长、父母、亡者等。供养初以身体行为为主,后亦包含纯粹的精神供养,故有“身分供养”“心分供养”之分。初期教团所受的供养以衣服、饮食、卧具、汤药等为主,称为“四事供养”。所行的供养除财供养之外,还有法供养,如以恭敬供养、赞叹供养、礼拜供养等精神的崇敬态度也称“供养”。㉑缠缚:一般是指使众生沉沦三界生死苦海的一切烦恼纠结。具体而言,“缠”有三缠、八缠、十缠乃至五百缠等,“缚”有三缚、四缚等。其中,“十缠”为小乘说一切有部所倡,即无惭、无愧、嫉、悭、悔、眠、掉举、昏沉、忿、覆;“四缚”出于《俱舍论》等,即欲缚、有缚、无明缚、见缚。大乘唯识宗则立“八缠”“三缚”,小乘“十缠”中除去忿、覆二缠,即为八缠;三缚则指贪、嗔、痴。㉒声闻:指听闻佛陀之声教而依教修行的佛弟子。在原始佛教中,释迦牟尼在世时的弟子,不论在家或出家,都称为“声闻”。但到后世,声闻被限定为出家弟子。大乘佛教兴起之后,声闻与缘觉皆被大乘信徒贬为小乘。并认为声闻乘有下列特性:(1)以《阿含经》为所依;(2)观苦、集、灭、道四圣谛;(3)经三生六十劫之长远修行,期证阿罗汉果;(4)以灰身灭智为涅槃;(5)着重在个人证悟而不致力于济度众生。辟支佛:音译“钵剌医迦佛陀”“毕勒支底迦佛”“辟支迦佛”“贝支迦佛”,又作“缘觉”“独觉”“因缘觉”。指独自悟道的修行者。即于现在身中,不禀佛教,无师独悟,性乐寂静而不事说法教化的圣者。声闻与缘觉,称为“二乘”;声闻、缘觉再加上菩萨,则为“三乘”。㉓空、无相、无愿:通往解脱之道的三种法门,佛教称为“三解脱门”,亦称为“三三昧”,略称“三脱门”或“三门”。修学时随依任何一门都可以永断烦恼,解脱生死,究竟成佛。具体而言,即:(一)空门:观一切法皆无自性,由因缘和合而生,当体即空;若能如此通达,则于诸法而得自在。(二)无相门:又称“无想门”。就是说既然一切法空,乃观男女一异等差别相实无可得;若能如此通达诸法无相,即可离差别相而得自在。(三)无愿门:又作“无作门”“无欲门”。就是说若知一切法无相,则于三界之中无所愿求;若无愿求,则不造作生死之业;若无生死之业,则无果报之苦而得自在。㉔三乘:即声闻乘、缘觉乘与菩萨乘。“乘”原意为运输工具,佛教由此用“三乘”比喻运载众生渡生死苦海至涅槃彼岸的三种法门。㉕于此中下,而现灭度:这是八相成道中的第八般涅槃相。三乘法有上有中有下,对于中根下根的人才示现灭度相。中下,即指三乘中的声闻乘、缘觉乘,其中声闻乘为小乘,缘觉乘为中乘。灭度,音译为“涅槃”,意译为“圆寂”,即灭除烦恼,度脱生死。㉖三摩地:又称“三昧”“三摩提”“三摩帝”,意译为“等持”“正定”“定意”“调直定”“正心行处”。即远离昏沉掉举,心专住一境,不受外界干扰。㉗陀罗尼:意译“总持”“能持”“能遮”。即能总摄忆持无量佛法而不忘失的能力。因为陀罗尼能持忆各种善法,又能遮除各种恶法,而菩萨以利他为主,为教化他人,所以必须获得陀罗尼,如此方能不忘失无量佛法,而在众人之中无所畏,同时亦能自由自在的说教。后

世因陀罗尼的形式,与诵咒相似,因此后人将其与咒混同,甚至统称“咒”为“陀罗尼”。㉘华严三昧:“佛华严三昧”的略称,又名“华严定”。为“华严十定”之一,是普贤菩萨所入的禅定。即以一真法界无尽缘起为宗旨,依此宗旨而修万行,庄严佛果,称为“华严”;一心修之,称为“三昧”。华严三昧是统摄法界,包容一切佛法的大三昧。㉙具足总持百千三昧:即是指由华严三昧,以陀罗尼总摄忆持之力,而得百千三昧。总持,即陀罗尼。㉚禅定:佛教的重要修持法。“禅”为“禅那”的简称,音译又作“驮衍那”,意译“静虑”“思惟修”“弃恶”。“禅”与“定”皆为令心专注于某一对象,而达于不散乱的状态。或谓“禅那”的音译为“禅”,意译为“定”,梵汉合称为“禅定”。禅的起源,可远溯自印度古奥义书时代。印度的圣者,常在森林树下静坐冥想,此种静坐冥想即称为“禅那”。在后来,婆罗门教、佛教、耆那教皆以静坐冥想为修持方法,而佛教更以禅定作为专一心境、断除烦恼、求达涅槃的重要方法。印度早期佛教中,“八正道”之一的正定,或“三学”中的定学等,均以禅为修持的首要法门。大乘佛教兴起之后,禅的修持遂从自利转为利他,而成为菩萨行的“六波罗蜜”之一。及至传到中国,禅更由一种仅止于修持的方法,发展成为具有独特思想意义的宗派,此即菩提达摩所传“教外别传,不立文字”的禅宗。㉛一念顷:佛教喻指极短的时间之内。㉜辩才:善巧说法的能力。佛、菩萨为普度众生,具足种种能够迅速根据问者或听者的根机,来做最适合的启发与开导的辩才,如法无碍辩、义无碍辩、辞无碍辩、辩无碍辩等四无碍辩,亦有七辩、八辩、九辩等说法。㉝真实之际:究竟至极的实相妙理,即佛的所知、佛的所见。㉞谛住:即真实无妄地安住。度世之道:教化众生的理论与方法。㉟庶类:指一切有情众生。㊱不请之友:即是说不待众生的请求,主动来化度众生。㊲受持:领受佛法,持久不忘。如来甚深法藏:指如来所说的一切经教,或可据《无量寿经甄解》所谓:“即闻持三世一切如来法藏也。多闻归一闻。一闻即是闻其名号。”则“如来甚深法藏”在本经中专指听闻弥陀名号、称念弥陀名号。㊳佛种性:意指佛的本性或成佛的根本原因。有多种说法,一般指众生本来具足的佛性;也有以菩萨所行为成佛之因,故亦称“佛种”;也有以菩提心作为佛种;亦有以称佛名号为佛种性。后两种说法更合本经本意。㊴大悲:即大悲心。佛教以救他人苦之心称为“悲”,佛、菩萨欲普度众生永脱苦海,故其悲心平等广大,故称“大悲”。法眼:佛教所谓“五眼”之一,“五眼”即肉眼、天眼、慧眼、法眼、佛眼。肉眼是肉身凡夫的眼,遇昏暗,遇阻碍,就不能见;天眼是天人的眼,远近昼夜,都能得见;慧眼是声闻的眼,能看破假相,识得真空;法眼是菩萨的眼,能彻了世间和出世间的一切法门;佛眼是如来的眼,有了佛眼便兼有前面的四种眼,能无事不知,无事不见;法眼是智慧,能够抉择一切法门,所以法眼能够适应众生种种的根器,选择最善巧的方法。杜恶趣:“杜”即杜绝,“恶趣”指地狱、饿鬼、畜生“三恶道”。㊵不可思议:即不是凡夫众生的思惟、意识所能想象、理解的;同时也不是世间的语言、文字所能言喻表达的。

【译文】 大菩萨们为度众生,发下大誓愿,到十方无量无尽的世间去示现成佛之道。按照释迦牟尼佛“八相成道”的成佛途径,舍弃兜率天宫之安乐,脱胎降生于人世中的王宫;随后舍弃王位而出家,通过艰辛苦修来学道、悟道。所有这些,都是为了教化众生,令入佛道而随顺世间智薄障重的根机而作的示现。为此,还要在修行中运用“禅定”和“慧

思”的方法,降伏障碍行善的魔怨,从而契会菩提妙智,成就无上圆满究竟的佛觉。如此,诸天神人共生崇奉敬仰之心,进而希望演说佛法,转佛心中之法,度入众生之心。他们便随时随地演说佛法,以启发引导三界一切众生觉悟,以破除众生身心之内烦恼的堡垒,摧溃诱使众生堕落六道的爱欲沟堑,涤除蒙蔽众生心灵的污垢,开显其本来纯净无染的真如之心。通过开佛知见、示佛知见以使众生悟佛知见、入佛知见;通过展示福田广大以使众生积累善功善德。用诸种佛法之无上妙药,来疗救众生沉沦三界生死苦海的厄难。德遵普贤的圣众都是升于灌顶之位,具有当得佛果的授记,为了教导其他初发心菩萨,他们率先垂范,时时修习无量无边的相应行德,去成熟他们无量无边的善根,使之圆满成就,从而受到无量诸佛的庇护和眷顾。这些大菩萨在十方的佛世界中都能示现种种应身与化身,如同一个无比善巧的幻师,幻现种种光怪陆离的形相,而这些形相原本为幻,所以就实而论,一无所有。这些与会的大菩萨也是这样,他们通晓彻知随缘不变的诸法实相,又能了达不变随缘而显现的种种差别相,上供诸佛,下化众生。他们能如闪电般迅速,化现无量之身,前往无量之土,如电光照物,平等普照,撕裂邪见业网,断离烦恼的缠缚。大菩萨们善巧方便,随机度生,故而远超声闻、缘觉二乘之上,进入无自性我执、无名相法执、无妄想取执的法门。他们随众生之宜善巧施设,示现通于一乘的声闻、缘觉、菩萨三乘教法。他们本不住生死,不住涅槃,但为了利益中、下根性众生而示现涅槃之相。大菩萨们已经修得无生无灭的各种三摩地,并获得能持善遮恶、使功德不失、一得永得的一切陀罗尼法门。他们随时悟入平等无二、真实无妄的佛华严三昧,具足一切陀罗尼和能令众生行之而断尘劳烦恼的一切三昧。他们能够安位于“寂”“照”无碍的甚深禅定,一切诸佛皆为所见。并于一刹那间,遍游无量无边一切佛土。他们获得了同佛一样随机善巧宣说佛法的才能,不动摇地行持普贤菩萨归向极乐的愿行。他们对各类众生不同的语言了如指掌,并以各类众生本有的语言,开示究竟至极的真如实相。他们远远超越了世间一切依存于因果的“有为法”,达到了性空无相、平等一味地境界,并恒常安住于此“无为法”之上,救度一切世间众生。他们对待万事万物,都能随缘自在,通达无碍;对待一切众生,都能不待请求,主动化导。接受并保持如来深奥微妙的一切经教,并使众生能够发菩提心,修普贤行,称佛名号,长久不绝。他们兴发大慈大悲之心,哀悯六道苦海之中的有情众生,以慈悲之心为众生说法,使之获得了脱烦恼的正知正见,从而堵塞了堕入畜生、饿鬼、地狱的三途恶道,开启了进入菩提涅槃的善门。大菩萨们以众生之苦为己苦的同体之悲,肩负着救度一切众生出离苦海的重担,使众生无一例外地到达无余涅槃的彼岸。大菩萨们都得到一切诸佛无量无边的功德,其智慧行愿是如此庄严伟大,的的确确难以想象和难以言表。

【原文】 如是等诸大菩萨,无量无边,一时来集。又有比丘尼五百人、清信士七千人、清信女五百人、欲界天、色界天、诸天梵众[①],悉共大会。

【注释】 ①清信士:指亲近三宝、受持五戒的在家男性佛教信徒,也即男居士,梵语为“优婆塞”。清信女:指亲近三宝、受持五戒的在家女性佛教信徒,也即女居士,梵语为“优婆夷”。梵众:修习梵行的大众,一般指僧侣。

【译文】 上述这些大菩萨,其数无量无边,此一时间同赴法会。还有五百位比丘尼、

七千位男居士、五百位女居士，以及欲界天、色界天等天上的天人大众，也全都来到这里参加法会。

大教缘起第三

【题解】

本品属于“序分”中的“别序”部分，是由“通序”转入经文主体“正宗分”的过渡，点明本经所出的特殊因缘，亦称为“发起序”。

本品以如来放现瑞光开始，其所示现的瑞相光明被阿难看到，由此生发稀有无上的欢喜心，并向如来请法。世尊对阿难问法予以高度评价，认为阿难所问，对一切众生都具有无尽的利益，甚至“胜于供养一天下阿罗汉、辟支佛，布施累劫，诸天人民、蜎飞蠕动之类，功德百千万倍”，其之所以如此，乃在于阿难的问法引出了如来下面的一切经说，换言之，即引发了《无量寿经》的问世。

【原文】 **尔时世尊①，威光赫奕②，如融金聚。又如明镜，影畅表里。现大光明，数千百变。**

【注释】 ①尔时：那时。即宣说本经的灵鹫山法会之时。世尊：对释迦牟尼佛的尊称，因佛为世人所共尊，故有此称。②威光：具有神威之力的光明。因为佛的智慧光明具有能破除一切烦恼暗障的威力，所以称佛陀的光明是“威光”。赫奕：描摹佛陀威光的明耀强盛，“赫”为明耀，“奕”为强盛。

【译文】 那一时刻，释迦牟尼佛放出雄猛有威，明耀强盛的光明，其光之明烈如同熔化的金子，聚汇在一起。又好似一面明镜，光芒外射，又畅显于镜中，内外映彻，通体光明。释迦牟尼佛所发出的神光，殊胜明耀，殊胜广大；其光之形色，交互回转，瞬息万变，无有穷极。

【原文】 **尊者阿难，即自思惟：“今日世尊，色身诸根①，悦豫清净②，光颜巍巍，宝刹庄严③。从昔以来，所未曾见，喜得瞻仰。”生希有心④，即从座起，偏袒右肩⑤，长跪合掌⑥，而白佛言⑦：“世尊，今日入大寂定⑧，住奇特法⑨，住诸佛所住导师之行、最胜之道，去来现在佛佛相念⑩，为念过去未来诸佛耶？为念现在他方诸佛耶？何故威神显耀，光瑞殊妙乃尔？愿为宣说。”**

【注释】 ①色身诸根：指眼、耳、鼻、舌、身五根。眼是视根，耳是听根，鼻是嗅根，舌是味根，身是触根。“五根”为色根，再加上属于无色根的念虑之根“意根”，统称“六根”。②悦豫：欢喜愉快。清净：远离烦恼、执着、分别。③宝刹：这里指佛光中所呈现的佛国净土。庄严：佛教常用语。原意为装饰布列，佛教多指布列诸种宝物、鲜花、宝盖、幢、幡、璎珞等，以装饰严净道场或国土等。④希有：佛教赞佛常用语。意为稀少难逢，无可堪匹。《金刚经纂要刊定记》卷三称佛陀有四种希有，即：（一）时希有，谓佛陀之出世，非旷世所常有。（二）处希有，三千世界中，佛陀不出现于他处，唯降生于迦毗罗城。（三）德希有，佛陀乃具无量之福德智慧者，以其最尊，无人能比，故谓德希有。（四）事希有，佛陀一代

所做,系以佛法普利众生,故为希有殊胜之事。⑤偏袒右肩:又作“偏露右肩”,略称“偏袒”。即披着袈裟时袒露右肩,覆盖左肩。原为古代印度表示尊敬的礼节,佛教沿用之,比丘拜见佛陀或问讯师僧时,都必须偏袒右肩。一般认为,偏袒右肩可以方便从事拂床、洒扫等工作,所以象征便于服劳、听令使役,于是以偏袒右肩为礼敬尊重的标志。长跪:又称“胡跪”,指双膝跪地,小腿悬空,上身挺立,两脚趾头拄地,表示极为尊敬。⑥合掌:佛教习用礼节,又名“合十”。左右十指,伸直合拢,置于胸前,表示一心诚敬。⑦白:禀白。⑧大寂定:又作“大涅槃”“大灭度”。意指如来所入的禅定,这里专指念佛三昧。⑨奇特法:《净影疏》认为,佛所得法,不是菩萨等人所能得到,世间所无,所以叫作“奇特法”,这里是指念佛法门。⑩去来现在:指过去、未来、现在三世。即一个人现在生存的现世、出生以前生存的前世及命终以后生存的来世。又有以现在的一刹那为中心,及其前后合称为“三世”。也有以劫为单位,以贤劫为现在,以此而建立“三世”。佛佛相念:佛与诸佛之间互相忆念、心心相印。

【译文】 阿难见佛现此稀有瑞相,放此空前殊胜的光明,便暗下思忖:“今天世尊的色身所具眼耳鼻舌身诸根显得无比愉悦舒畅,妙相清净,容光尊胜,佛光中映现出诸佛庄严的国土。如此超情离见之殊胜妙境,乃是往昔跟随释迦牟尼佛以来,从所未见,真高兴今日有幸一睹此光明瑞相。”念及于此,内心油然而生前所未有的恭敬诚恳之情,便从座上起立,袒露右肩,以示对佛的极敬,两腿跪地,双手合十,向佛禀白:“世尊,今日您进入到大涅槃境界,安住于世间所无的不可思议之法,这当是诸佛共行的教化众生之法、众生成佛之第一殊胜之道,自是过去、现在、未来世的诸佛光光相照、心心相印之法。但您是在忆念过去、将来的诸佛呢?还是在忆念现在世的他方佛国的诸佛呢?若非如此,您现在的威神何以会如此的强盛明耀?所放光明何以会如此的殊胜微妙呢?请您给我们说一说这其中的奥妙吧。”

【原文】 于是世尊,告阿难言:“善哉!善哉!汝为哀愍利乐诸众生故,能问如是微妙之义。汝今是问,胜于供养一天下阿罗汉、辟支佛[①],布施累劫[②],诸天人民、蜎飞蠕动之类[③],功德百千万倍。何以故?当来诸天人民,一切含灵,皆因汝问而得度脱故。阿难,如来以无尽大悲,矜哀三界,所以出兴于世。光阐道教[④],欲拯群萌[⑤],惠以真实之利。难值难见,如优昙华[⑥],希有出现。汝今所问,多所饶益。阿难当知,如来正觉,其智难量,无有障碍。能于念顷,住无量亿劫,身及诸根,无有增减。所以者何?如来定慧,究畅无极。于一切法,而得最胜自在故[⑦]。阿难谛听,善思念之,吾当为汝分别解说。”

【注释】 ①一天下:是指“四天下”之一。佛经上说须弥山周围有四大洲,即南赡部洲、北俱卢洲、东胜神洲、西牛贺洲,为一日月所共照,所以称为“四天下”,一天下就是四大洲中的一个洲。阿罗汉:为“声闻四果”之一,又作“阿卢汉”“阿罗诃”,略称“罗汉”,意译为“应供”“应真”“杀贼”“不生”“无生”“无学”“真人”。指断尽一切烦恼而得尽智,值得世人供养尊重的圣者。此果位通于大、小二乘,然一般皆作狭义解释,专指声闻弟子所得的最高果位。②布施:音译为“檀那”“柁那”“檀”,又称“施”,意译为“财施”。即以慈悲之心而施福利于人。布施本义是以衣、食等实物施予大德及贫穷者;大乘佛教视之为“六度”之一,再加上法施、无畏施,从而扩大了布施的内涵,即指施予他人以财物、体力、

智慧等,为他人造福成智而求得累积功德,以达到最终解脱的一种修行方法。③蜎飞蠕动:指形体细微渺小的生物,"蜎"指小飞虫,"蠕"指小爬虫。④道教:有关成佛之道的教化,即佛教。⑤群萌:泛指一切众生。"萌"本义为草木刚刚发芽的状态,以此比喻众生道心初发,但尚为无明所覆。⑥优昙华:又名"优昙钵华",是多年生草,茎高四五尺,花作红黄色,产于喜马拉雅山麓及斯里兰卡等处,传说三千年开花一次,开时仅一现,故喻指难见而易灭的事。因其难以遭逢,故佛教视其开花为祥瑞,认为花开即有佛出世。⑦自在:指远离烦恼的系缚,身心自由通达,所作所为皆进退无碍。

【译文】 于是释迦牟尼佛对阿难说道:"很好!很好!你有慈悲怜悯众生陷溺无边苦海,希望他们离苦得乐之心,方才能够问出这样殊胜微妙的问题来。你这一问的功德,胜过了供养一天之下的阿罗汉和辟支佛,也胜过了累劫布施一切人天各种生物,以至于小飞虫、小爬虫的功德千百万倍。为什么这样说呢?因为将来十方世界的一切含灵众生,全都能够因你的这一提问而得到究竟圆满的解脱。阿难,我以无有穷尽的大悲心,哀悯欲界、色界、无色界的一切众生,所以来到这个世界。弘阐佛教,意欲普度众生出离苦海,使他们真正地离苦得乐。得无上圆满的真实之利。佛法难闻、佛身难见,如同优昙花,稀有出现。所以你今天的提问,对一切众生都具有无尽之利益。阿难,你应当知晓,如来彻底觉悟宇宙人生的真相,其智慧非凡情所能称量测度,一切通达,没有障碍。如来能于一念之间,经历无量亿劫的时间,身根、眼根、耳根、鼻根、舌根都没有任何增减,不生不灭。为什么能够有如此智慧与能力呢?因为如来的禅定智慧,究竟畅达,没有极限。在一切法中,得到最为殊胜的大自在。阿难,你要真诚仔细地听法,深入善巧地理解,我现在就为你们将这一无比殊胜的法门分别解说。"

法藏因地第四

【题解】

以下进入本经主体部分"正宗分"。本品揭明法藏比丘在因地发心修道的因缘。介绍了法藏比丘听闻世间自在王如来说法,发菩提心,捐弃国王王位的过程,他在信受、理解、领悟、记忆等各个方面具有超绝群伦的才干,同时又有着超凡绝俗的身行和志愿,从而得以精进修行,日益增上。本品最后以法藏礼赞世间自在王如来的一首偈颂作结,在盛赞佛的功德的同时,表达了自己愿望修得与佛一样的智慧去救度众生出离苦海的深宏誓愿,此偈颂可谓后文法藏比丘所发四十八大誓愿核心思想的一个扼要概括。另外,在偈颂的结尾,还进一步表达了法藏比丘以明确行动实践此一誓愿而具有的坚定不移的决心和百折不挠的信心。

法藏:这里是指阿弥陀佛成佛以前的法名。"法"是世间、出世间的一切万法。"藏"为含藏,自性中含藏一切万法,故称为"法藏"。因地:为"果地"的对称,"地"即阶位之意,指修行佛道的阶位。本品标题所谓"因地",是相对法藏成佛的果地而言,所以从凡夫地初发心修学,到圆满成佛以前,这一段修学期间都叫因地。

【原文】 佛告阿难:"过去无量不可思议、无央数劫[1],有佛出世,名世间自在王如

来、应供、等正觉、明行足、善逝、世间解、无上士、调御丈夫、天人师、佛世尊[2]。在世教授四十二劫，时为诸天及世人民说经讲道。有大国主名世饶王。闻佛说法，欢喜开解，寻发无上真正道意，弃国捐王，行作沙门[3]，号曰法藏，修菩萨道[4]。高才勇哲，与世超异，信解明记，悉皆第一；又有殊胜行愿，及念慧力[5]，增上其心，坚固不动。修行精进，无能逾者。往诣佛所，顶礼长跪，向佛合掌，即以伽他赞佛[6]，发广大愿”。颂曰：

如来微妙色庄严，一切世间无有等。
光明无量照十方，日月火珠皆匿曜[7]。
世尊能演一音声[8]，有情各各随类解。
又能现一妙色身，普使众生随类见。
愿我得佛清净声，法音普及无边界。
宣扬戒定精进门[9]，通达甚深微妙法。
智慧广大深如海，内心清净绝尘劳。
超过无边恶趣门，速到菩提究竟岸。
无明贪嗔皆永无[10]，惑尽过亡三昧力[11]。
亦如过去无量佛，为彼群生大导师。
能救一切诸世间，生老病死众苦恼。
常行布施及戒忍，精进定慧六波罗[12]。
未度有情令得度，已度之者使成佛。
假令供养恒沙圣[13]，不如坚勇求正觉。
愿得安住三摩地，恒放光明照一切。
感得广大清净居，殊胜庄严无等伦。
轮回诸趣众生类[14]，速生我刹受安乐[15]。
常运慈心拔有情，度尽无边苦众生。
我行决定坚固力，唯佛圣智能证知。
纵使身止诸苦中，如是愿心永不退。”

【注释】 ①无央数劫：音译为“阿僧祇劫”，指无限长的时间。央，有极限的意思。②如来、应供、等正觉、明行足、善逝、世间解、无上士、调御丈夫、天人师、佛世尊：佛的十种通用尊号。如来，乘如实之道而来以成正觉。应供，音译“阿罗汉”，应受人天的供养。正遍知，音译“三藐三佛陀”，真正遍知一切诸法。明行足，“宿命明”“天眼明”“漏尽明”等三明与圣行、梵行、天行、婴儿行、病行等五行悉皆具足。善逝，以一切智为大车，行八正道而入涅槃。世间解，能了解世间、出世间的一切事理。无上士：在一切众生中，至高无上。调御丈夫，以种种方便调御修行者，使出苦海、入涅槃。天人师，为一切天、人的导师。佛世尊，为一切世人所共同尊重的觉悟者。佛的十种尊号有不同的提法，有将无上士和调御丈夫合为一号，也有将世间解、无上士合为一号。本书根据《涅槃经》，将佛与世尊合为一号。③沙门：原为出家人的通称，包括外道出家者。佛教盛行后，更多专指剃除须发，止息诸恶，调御身心，勤行诸善，以期证得涅槃境界的佛教僧侣。④菩萨道：菩萨之修行，即修六度万行，圆满自利利他，成就佛果之道。“六度”是指六种行之可以从生死苦

恼此岸得度涅槃安乐彼岸的法门,即布施、持戒、忍辱、精进、禅定、般若。其中,布施能度悭贪,持戒能度毁犯,忍辱能度嗔恚,精进能度懈怠,禅定能度散乱,般若能度愚痴。因"六度"包括了菩萨所修的一切行门,故又称"六度万行"。⑤念慧力:由信、精进、念、定、慧等五无漏根的增长所产生的五种维持修行、达到解脱的力量,即"五力"。念、慧力为"五力"其中之二。"五力"分别为:(一)信力,即对佛法僧三宝虔诚信仰,可破除一切邪信。(二)精进力,修四正勤,可断除诸恶。(三)念力,修四念处以获正念。(四)定力,专心禅定以断除情欲烦恼。(五)慧力,观悟四谛,成就智慧,可达解脱。此"五力"是断烦恼、开智慧的基本条件。⑥伽他:又作"伽陀""偈佗""偈",意译为"偈颂""颂""孤起颂""不重颂偈"。广义指歌谣、圣歌,狭义则指于经文段落或全经之末,以句联结而成的韵文,内容不一定与前后文有关。⑦日月火珠皆匿曜:佛光所照之处,日、月、火、明珠都黯然失色。"匿"是隐藏,"曜"是光明。⑧一音声:佛宣说经教时的声音。佛教认为,佛陀的说教之声,是从离垢无染的自性中流出的微妙音声,所以一音中具足全部的性德,包含无边的妙用,每一众生都可得到与他相应的部分,欢喜开解。由于众生缘有深浅,根有利钝,所以于一音之中同听异闻。如果是人天根器,则闻佛说"五戒""十善"之法;如果是声闻根器,则闻佛说"四谛"之法;如果是缘觉根器,则闻佛说"十二因缘"之法;如果是菩萨根器,则闻佛说"六度"等法,这就是下句所谓的"有情各各随类解"。⑨戒定精进门:"戒定"指"戒、定、慧"三学;"精进"代指布施、持戒、忍辱、精进、禅定、般若六度,即菩萨修学的六个纲领。⑩无明贪嗔:无明即"痴",合起来就是贪嗔痴三种烦恼,因为贪嗔痴为一切烦恼之根本,能长劫毒害众生身心,故又名为"三毒"。⑪惑尽过亡:"惑"指一切无明烦恼,"过"指过失、罪孽。"惑尽过亡"即是说一切无明烦恼及由此而带来的过失、罪孽都消失殆尽。三昧力:这里指"三毒永无""惑尽过亡"全因念佛三昧的力量。⑫六波罗:"六波罗蜜"的简称,即布施、持戒、忍辱、精进、禅定、般若六度。⑬恒沙圣:"恒沙"是指印度恒河中的细沙。释迦牟尼当年在世说法时多在恒河流域一带,所以常用恒河沙来比喻数量之多。"圣"指佛、菩萨、罗汉。⑭轮回:又作"流转""轮转"等,音译"僧娑洛"。意指众生于六道中犹如车轮旋转,循环不已,流转无穷。印度婆罗门教、耆那教等都采用这种轮回说作为它们的根本教义之一。佛教沿用了这种理论并做了进一步的发展。佛教认为,众生今世不同的业力在来世可以获得不同的果报,贪嗔痴等烦恼可造成恶业,由恶业招感苦报。苦报之果,果上又起惑造新业,再感未来果报,往复流转,轮回不止。因此轮回贯通现在、过去和未来三世,包摄六道(天上、人间、阿修罗、地狱、饿鬼、畜生)、四生(胎生、卵生、化生、湿生)。⑮安乐:即身安心乐,西方极乐世界亦名"安乐国""安乐净土"。

【译文】 释迦牟尼佛告诉阿难说:"在过去久远得不可思议的无尽数劫以前,有一尊佛出现于世间,名字叫作世间自在王如来,又叫应供、等正觉、明行足、善逝、世间解、无上士、调御丈夫、天人师、佛世尊。此佛在世弘法四十二劫之久,时时为诸天以及世间人众讲经说法,开示正道。当时,有一位大国王,名叫世饶王,他听过世间自在王如来说法后,顿然心开,深解实义,欢喜踊跃,随即发心求证无上大菩提心,舍弃国土与王位,跟随世间自在王佛出家修行,法名叫做法藏。修习六度四摄、自觉觉他的菩萨道。法藏比丘才能

过于常人，心志广大坚强，明见自家心性，远非常人所能比及，在信受、理解、领悟、记忆等各个方面，皆为修行者之冠；又有超凡绝俗、希有难逢的行愿，兼之消除邪见、遮止妄惑的‘念力’和‘慧力’，以增长他的信心、愿心和行心，使他心念坚固没有动摇。他精进修行，不懈不怠，在所有的修行者中，没有一个人能超过他。法藏比丘来到世间自在王如来的住所，双膝跪在佛足前，双手合十，向佛稽首行礼，用偈颂来称颂世间自在王如来佛，并发下宏大的誓愿。”偈颂的内容是：

如来微妙色庄严，一切世间无有等。
光明无量照十方，日月火珠皆匿曜。
世尊能演一音声，有情各各随类解。
又能现一妙色身，普使众生随类见。
愿我得佛清净声，法音普及无边界。
宣扬戒定精进门，通达甚深微妙法。
智慧广大深如海，内心清净绝尘劳。
超过无边恶趣门，速到菩提究竟岸。
无明贪嗔皆永无，惑尽过亡三昧力。
亦如过去无量佛，为彼群生大导师。
能救一切诸世间，生老病死众苦恼。
常行布施及戒忍，精进定慧六波罗。
未度有情令得度，已度之者使成佛。
假令供养恒沙圣，不如坚勇求正觉。
愿得安住三摩地，恒放光明照一切。
感得广大清净居，殊胜庄严无等伦。
轮回诸趣众生类，速生我刹受安乐。
常运慈心拔有情，度尽无边苦众生。
我行决定坚固力，唯佛圣智能证知。
纵使身止诸苦中，如是愿心永不退。

至心精进第五

【题解】

本品承接上一品的偈颂，首先强调了在成佛如佛并救度众生的过程中，发无上菩提之心的重要性，接着进入主题，即要“至心精进”方能得成正果。“至心”就是至诚恳切、专一至极之心；“精进”就是精而不杂，进而不退，“至心精进”可谓修道成佛的不二法门，而且更重要的是要“精进不止”，如此无边海水亦可斗量，无论如何深广的誓愿亦得实现。同时，经文中连续用了“汝自思惟”“汝自当知”“汝应自摄”三个“自”字，说明成佛境界，深妙无比，非语言分别所能了知，唯当自心默契、自知自择。为此，世间自在王佛为法藏演说示现二百一十亿诸佛国土，以使法藏比丘抉择优劣，依闻而思，依思而修，成就最胜

佛国净土。

【原文】 法藏比丘说此偈已，而白佛言："我今为菩萨道，已发无上正觉之心[①]，取愿作佛，悉令如佛。愿佛为我广宣经法，我当奉持，如法修行，拔诸勤苦生死根本，速成无上正等正觉。欲令我作佛时，智慧光明，所居国土，教授名字[②]，皆闻十方。诸天人民及蜎蠕类，来生我国，悉作菩萨。我立是愿，都胜无数诸佛国者，宁可得否？"

【注释】 ①无上正觉："为无上正等正觉"的略称，音译为"阿耨多罗三藐三菩提"，旧译为"无上正遍知""无上正遍道"。意指佛陀所觉悟的智慧，平等、圆满，周遍证知最穷极的真理。②教授名字："教授"这里指所教所授，即所教导与传授的经法义理。"名字"即"阿弥陀佛"这一名号。

【译文】 法藏比丘颂完此偈后，就向世间自在王如来禀白道："我现在是在修行菩萨道，已经发了无上正等正觉的心，我愿精进不退，直到证得佛位，而且也让一切众生都能如此。希望世间自在王佛为我详细宣说经法，我一定如法依教，信奉受持，精进修行，拔除一切无休止造业的生、死之根，破除贪、嗔、痴等妄想烦恼，迅速地修成无上正等正觉的佛智慧。希望我成佛时，我的智慧光明、所居国土、我的教化以及名号，都是闻名十方。十方世界一切六道含灵众生，都来生于我的国土，全都成为菩萨。我立下这一个誓愿，一定要使我的佛国胜过和优于其他无数的佛国净土，不知我这个誓愿能否实现？"

【原文】 世间自在王佛即为法藏而说经言："譬如大海，一人斗量，经历劫数，尚可穷底；人有至心求道，精进不止，会当克果[①]，何愿不得？汝自思惟，修何方便，而能成就佛刹庄严？如所修行，汝自当知，清净佛国，汝应自摄[②]。"

【注释】 ①会当克果："会"，必将；"克"，获得；"果"，愿望的圆满，即佛果。整句意思是必将证得佛果。②自摄：自行选择、摄取。

【译文】 世间自在王如来听罢，便对法藏比丘说道："譬如大海深广无量，一个人用斗去量，经过一定时劫的坚持不懈，也能够量尽见底；若有人坚定志愿，至心求道，精进不止，就决定可圆满本愿，有什么样的誓愿是不能实现的呢？你自己细心深入地想一想，修行哪一种方便法门，才能成就你所愿实现的庄严佛土呢？怎样契合本愿，如法修行，你自己应当知道，要如何建立如你所愿的清净佛土，也当由你自己去决定选择。"

【原文】 法藏白言："斯义弘深，非我境界[①]，惟愿如来，应正遍知，广演诸佛无量妙刹。若我得闻，如是等法，思惟修习，誓满所愿。"

【注释】 ①境界：本指疆域，佛教讲"境界"有两种意义：一指"十八界"中的"六境"（亦名六尘），包括色、声、香、味、触、法，是眼、耳、鼻、舌、身、意等六根展开活动的对象，相当于人们所说的外在世界。另一层含义是指学佛修行所达到的境地。此处"境界"的意思是指后者。

【译文】 法藏比丘向佛禀白道："您所说的义理博大高深，这不是我目前的境界所能理解的，希望如来、应供、正遍知，给我广泛地演说示现诸佛无量胜妙净土的殊胜情形。若是我能得到您的开示，了解一切佛国净土的胜妙与差别，我誓当深入理解、精勤修行，圆满成就我所发的誓愿。"

【原文】 世间自在王佛知其高明，志愿深广，即为宣说二百一十亿诸佛刹土功德严

净，广大圆满之相，应其心愿，悉现与之。说是法时，经千亿岁。

【译文】 世间自在王佛知道法藏比丘德行高尚，智慧明朗，志向远大，誓愿深广，便为他宣说了二百一十亿个佛国净土的种种功德、庄严洁净、广大圆满的无边妙相，还随顺法藏比丘的心愿，把这些佛国净土全部展现给他看。世间自在王佛给法藏比丘演说此法的时间，长达千亿年之久。

【原文】 尔时法藏闻佛所说，皆悉睹见，起发无上殊胜之愿。于彼天人善恶，国土粗妙，思惟究竟，便一其心，选择所欲，结得大愿。精勤求索，恭慎保持，修习功德，满足五劫，于彼二十一俱胝佛土[①]，功德庄严之事，明了通达，如一佛刹。所摄佛国，超过于彼。

【注释】 ①俱胝：印度数量词。又作“拘胝”“俱致”“拘梨”。圆测《解深密经疏》卷六列举三种不同传译：“一者十万，二者百万，三者千万。”此外，《华严经疏钞》卷十三又以之为“百亿”。在本经中如结合上文提及的“二百一十亿诸佛刹土”，则“俱胝”应为十亿。其实，经中所提及的这些数目，本不应作为实际数字看待，都是表示一切所有的佛国净土。本经之所以反复有“二百一十亿”“二十一”这些数目，是因为佛法中常以七、十、十六、二十一等数字代表圆满。

【译文】 那时，法藏比丘听完世间自在王佛所说的法，对于佛所示现的十方佛土的无边妙相，也眼见心明，便从世间自在王如来佛足下起身，立下无上殊胜大愿。对于他所看到的一切世界中天人的“善”与“恶”，以及国土的“粗”与“妙”，他都一一比较，对它们的因果得失，深入思维，达于“究竟”。于是便一其心志，决定选择出自己所希望、使众生普得最极真实之利的佛国净土，结成了大愿。立定大愿之后，法藏比丘便勇猛精进，勤奋求索，恭敬慎重，一心专注地奉持佛教，历时五劫，修习为成就佛国净土所必需的功德，对于那二百一十亿个佛国净土的功德庄严、因缘果报，就好像对于一个佛国净土一样，全都能够明了通达、全面透彻。因此之故，法藏比丘自己所修行摄取的佛国净土，远远超过了那二百一十亿个佛国净土。

【原文】 既摄受已[①]，复诣世间自在王如来所，稽首礼足[②]，绕佛三匝[③]，合掌而住，白言世尊：“我已成就庄严佛土，清净之行。”

【注释】 ①摄受：指佛以慈悲心来摄取、护持众生。已：指结束。②稽首礼足：是佛教最恭敬的礼节。“稽首”是头部着地或拜垫，“礼足”是将头接触佛足。③绕佛三匝：为佛教礼仪之一。即围着佛按顺时针方向行走三圈，也有绕行一圈或百千圈的，皆表示对佛的恭敬仰慕之意。《三千威仪经》认为，绕佛必须做到：（一）低头视地；（二）不得蹈虫；（三）不得左右视；（四）不得唾地；（五）不得与人语话。原是古代印度的一种礼节，佛陀寂灭后，信徒们便对存放佛舍利的塔或佛像进行顺时针绕行礼拜。

【译文】 法藏比丘在完成了摄取佛国净土的大愿之后，又返回到世间自在王佛的居所，在佛足前稽首行礼，随即绕佛三圈，然后双手合十立在世间自在王佛面前，向佛禀白道：“我已经成就了庄严净土，同时我也成就了最极清净的修行。”

【原文】 佛言：“善哉！今正是时，汝应具说，令众欢喜，亦令大众，闻是法已，得大善利。能于佛刹，修习摄受，满足无量大愿。”

【译文】 世间自在王佛说道：“很好！现在正是机缘成熟的时间，你应该具体宣演你

那佛国净土的好处，普令大众心生法喜，也让十方大众听了之后，得到殊胜的法益。使他们能到你修行成就的佛国净土，修行摄受，满足他们成佛之愿，也满足你普度众生的大愿。"

发大誓愿第六

【题解】

本品为全经最重要的一品，其中心是法藏宣说自己所发的四十八大誓愿。法藏菩萨成就阿弥陀佛，世人称为"大愿王"，之所以称其为"大愿王"，就是因为他在因地中所发的大愿无比殊胜，为他佛所不及。本经的主旨实际上就是紧紧围绕四十八大愿而展开的，四十八大愿可谓本经乃至整个净土宗的总纲领。

净影寺慧远《无量寿经义疏》、吉藏《无量寿经义疏》等又将阿弥陀佛四十八愿总括为三类，即：（一）摄净土愿，又作"摄土愿""求佛土愿"，是有关法藏希望所建净土种种殊胜庄严的情状，包括四十八愿中之第三十一、三十二愿；（二）摄法身愿，又作"摄佛身愿""求佛身愿"，为有关佛身成就的誓愿，包括四十八愿中的第十二、十三、十七愿；（三）摄众生愿，又作"利众生愿""摄生愿"，是法藏比丘在誓愿中为利益众生所做的承诺，包括余下的四十三愿。如进一步细分，"摄众生愿"又可分为四类，即摄净土天人愿、摄净土圣众愿、摄他方众生愿、摄他方菩萨愿。

另外，有关法藏所发的誓愿，由于本经译本众多，所以各译本数目种类也不尽相同。汉、吴两译同为二十四愿，且经中明言"便结得二十四愿经"，宋译则为三十六愿，魏唐两译则为四十八愿。《后出阿弥陀偈经》亦有"誓二十四章"的说法。但由于魏译本的流行，所以一般都以"四十八愿"来说阿弥陀佛因地誓愿，"二十四愿"说尽管在诸译本中占多数，反而不彰于世。夏莲居会集诸译众说，巧妙地以二十四为章，四十八为目，即将四十八愿整合到二十四段经文中，既符"誓二十四章"的古说，又合"四十八愿"的惯例，较好地解决了诸译本间的分歧。

【原文】 **法藏白言："唯愿世尊，大慈听察。"**

【译文】 法藏比丘向世间自在王禀白道："世尊，希望您用大慈之心，听我陈说，鉴察我心。"

【原文】 **"我若证得无上菩提，成正觉已，所居佛刹，具足无量不可思议功德庄严。无有地狱、饿鬼、禽兽、蜎飞蠕动之类。所有一切众生，以及焰摩罗界[①]，三恶道中，来生我刹，受我法化，悉成阿耨多罗三藐三菩提，不复更堕恶趣。得是愿，乃作佛；不得是愿，不取无上正觉。"（一、国无恶道愿；二、不堕恶趣愿）**

【注释】 ①焰摩罗界：焰摩罗王所统辖的世界，即地狱。"焰摩罗王"又译为"阎摩罗王""阎逻王""炎摩王"等，即世俗所谓的阎王。在六道轮回中，地狱最下劣、最惨苦，列为"三恶道"（地狱、饿鬼、畜生）之首。据说，造"五逆""十恶"的人，死后将受地狱报应。地狱名目很多，如阿鼻地狱、十八地狱、火车地狱、八大地狱等。

【译文】 "我如果证得了无上正等正觉，正式成佛，我所居住的佛国净土，圆满具足

无量无边、不可思量、不可言说的种种殊胜功德和清净庄严。国土中没有地狱，没有饿鬼，没有禽兽乃至一切飞虫、爬虫。所有一切众生，乃至焰摩罗世界、三恶趣道中的众生，只要往生到我的佛国净土，接受我的教化，也能全部成就无上正等正觉，超出轮回苦海，不再堕入恶道之中。以上愿望能够成就，我方才成佛；若不能成就，我终不成佛。”（第一愿、国无恶道；第二愿，不堕恶趣）

【原文】“我作佛时，十方世界，所有众生，令生我刹，皆具紫磨真金色身[①]，三十二种大丈夫相[②]。端正净洁，悉同一类。若形貌差别，有好丑者，不取正觉。”（三、身悉金色愿；四、三十二相愿；五、身无差别愿）

【注释】①紫磨真金色身："紫磨真金"就是赤金，是最上等的黄金，在此表佛身不变不坏。②三十二种大丈夫相：又名"三十二大人相""三十二大士相"，简称"三十二相""大人相""四八相""大士相""大丈夫相"。是指转轮圣王及佛的应化身所具足之三十二种殊胜容貌与微妙形相，与更微细隐密难见的"八十种好"合称"相好"。根据《三藏法数》，三十二相具体包括：一、足安平相，二、足千辐轮相，三、手指纤长相，四、手足柔软相，五、手足缦网相，六、足跟圆满相，七、足趺高好相，八、腨如鹿王相，九、手长过膝相，十、马阴藏相，十一、身纵广相，十二、毛孔青色相，十三、身毛上靡相，十四、身金光相，十五、常光一丈相，十六、皮肤细滑相，十七、七处平满相，十八、两腋满相，十九、身如狮子相，二十、身端正相，二十一、肩圆满相，二十二、口四十齿相，二十三、齿白齐密相，二十四、四牙白净相，二十五、颊车如狮子相，二十六、咽中津液得上味相，二十七、广长舌相，二十八、梵音清远相，二十九、眼色绀青相，三十、睫如牛王相，三十一、眉间白毫相，三十二、顶成肉髻相。

【译文】“我成佛之时，要使十方世界的一切众生在往生我的佛国净土后，都能具有紫磨真金色的不坏真身，都具有三十二种大丈夫相。国中全部众生的容貌端正，形色洁净，没有差别。如果国中众生的身容相貌有好坏、美丑的差别，我终不成佛。”（第三愿，身悉金色；第四愿，三十二相；第五愿，身无差别）

【原文】“我作佛时，所有众生，生我国者，自知无量劫时宿命，所作善恶，皆能洞视、彻听，知十方去来现在之事[①]。不得是愿，不取正觉。”（六、宿命通愿；七、天眼通愿；八、天耳通愿）

【注释】①"自知"四句：宿命，宿指宿世、过去世；命指生命、命运。宿命即一切众生在过去无数次的轮回中，曾经历的各式各样的生命形态。能够彻底了解宿命情况的，谓之"宿命通"，属于"六神通"之一。"六神通"包括：天眼通、天耳通、他心智通、宿命通、身如意通、漏尽通，本段经文即是介绍法藏誓愿一切众生要达到宿命通、天眼通、天耳通。天眼通指能彻见六道众生，死生苦乐之相以及世间一切远近粗细形色。天耳通指能听到障内障外六道众生苦乐忧喜以及远近粗细的一切语言与音声。

【译文】“我成佛之时，要使一切十方世界往生我佛国净土的众生，都能够自己知道自身过去无量劫中所造的一切善恶果报，对自己所行之善、所作之恶都能洞视、彻听，能知晓了解十方世界过去、将来、现在发生的所有事情。以上愿望如果不能得到实现，我终不成佛。”（第六愿，宿命通；第七愿，天眼通；第八愿，天耳通）

【原文】 “我作佛时，所有众生，生我国者，皆得他心智通[①]。若不悉知亿那由他百千佛刹众生心念者[②]，不取正觉。”（九、他心通愿）

【注释】 ①他心智通：“六神通”之一，指能如实了知他人心中所思所想的神通力。②那由他：印度数量词。又作“那庾多”“那由多”“那术”“那述”。大体上与中国所说的“亿”相当，古时亿又分为十万、百万、千万三等，所以佛经上的“那由他”所表示的数目也就不等，通常表示数目非常巨大。本段经文中的“亿那由他百千”则进一步形容数量多到无法计算。

【译文】 “我成佛之时，要使所有一切往生我佛国净土的众生，都获得知晓无量无边佛刹众生心之所想的‘他心智通’。假如我佛土中众生不能尽知无量无边佛刹众生的心念，我终不成佛。”（第九愿，他心通）

【原文】 “我作佛时，所有众生，生我国者，皆得神通自在、波罗蜜多[①]。于一念顷，不能超过亿那由他百千佛刹，周遍巡历，供养诸佛者，不取正觉。”（十、神足通；十一、遍供诸佛愿）

【注释】 ①波罗蜜多：又作“波罗蜜”，意译为“到彼岸”“度无极”“事究竟”，简称为“度”。指自生死迷界的此岸而到达涅槃解脱的彼岸，通常指菩萨的修行而言，故有“六波罗蜜”即“六度”之说。有关“六度”，参见前注。

【译文】 “我成佛之时，要使所有十方世界往生我佛国净土的众生，都能获得自在显现没有障碍的‘自在神通’，超达彼岸，没有障碍。如果在起念的一刹那，不能超抵无量无边佛国净土，周游遍巡诸佛国，供养众佛，我终不成佛。”（第十愿，神足通；第十二愿，遍供诸佛）

【原文】 “我作佛时，所有众生，生我国者，远离分别，诸根寂静[①]。若不决定成等正觉，证大涅槃者[②]，不取正觉。”（十二、定成正觉愿）

【注释】 ①诸根寂静：“诸根”指眼、耳、鼻、舌、身、意六根。“寂静”，脱离一切烦恼为“寂”，杜绝一切苦患为“静”。六根寂静即是涅槃的本性。②涅槃：意译为“灭度”“寂灭”“圆寂”等。“涅槃”原意是火的熄灭或风的吹散状态，佛教用指修证的最高境界，即经过修道，能够彻底地断除烦恼，具备一切功德，超脱生死轮回，入于“不生不灭”境界。其具体解释有很多，如：息除烦恼业因，灭掉生死苦果，生死因果全部灭尽，而人得度，故称“灭”或“灭度”；众生流转生死，皆由烦恼业因，若熄灭了烦恼业因，则生死苦果自息，故名为“寂灭”或“解脱”；永不再受三界生死轮回，故名“不生”；惑无不尽，德无不圆，故又称“圆寂”，等等。

【译文】 “我成佛之时，要使所有往生我佛国净土的众生，远离一切分别心，六根离烦杜患，清净安宁。若是不能决定成佛、契入涅槃实际理体，我终不成佛。”（第十二愿，定成正觉）

【原文】 “我作佛时，光明无量，普照十方。绝胜诸佛，胜于日月之明千万亿倍。若有众生，见我光明，照触其身，莫不安乐，慈心作善，来生我国。若不尔者，不取正觉。”（十三、光明无量愿；十四、触光安乐愿）

【译文】 “我成佛之时，要具足无尽无量的光明，普照十方上下一切处所。所放光明

要绝对地胜过其他诸佛发出的光明，要胜过太阳和月亮的光明千万亿倍。一切见到我光明的众生，光芒照耀在他们身上的，莫不感到清净真实的极殊胜的身安心乐，自然会慈心行善，往生我佛国净土。以上愿望如果不能得到实现，我终不成佛。”（第十三愿，光明无量；第十四愿，触光安乐）

【原文】“我作佛时，寿命无量。国中声闻天人无数，寿命亦皆无量。假令三千大千世界众生[1]，悉成缘觉，于百千劫，悉共计校[2]，若能知其量数者，不取正觉。”（十五、寿命无量愿；十六、声闻无数愿）

【注释】①三千大千世界：佛经中说，以须弥山为中心，以铁围山为外郭，在同一日月照耀下的四大洲及其中的七山八海，称为一个小世界。其空间为自色界的初禅天至大地底下的风轮的范围，其间包括日、月、须弥山、四天王、三十三天、夜摩天、兜率天、乐变化天、他化自在天、梵世天等。积一千个这样的小世界，为一个“小千世界”；积一千个“小千世界”，为一个“中千世界”；积一千个“中千世界”，即为“大千世界”。此大千世界因由小、中、大三种千世界所集成，故称“三千大千世界”。按此推算，三千世界当包括十亿个小世界，而根据佛典，三千世界又是一佛所教化的领域，所以又称“一佛国”。②计校：即计算度量。

【译文】“我成佛之时，寿命将无量无边。我佛国净土中的声闻、天人，他们的寿命也全都无量无边。假使三千大千世界的众生全都成为缘觉，用百千劫的时间来计算，他们的寿命与数量能够用数目来表示而非无量无边，我终不成佛。”（第十五愿，寿命无量；十六愿，声闻无数）

【原文】“我作佛时，十方世界无量刹中，无数诸佛，若不共称叹我名，说我功德国土之善者，不取正觉。”（十七、诸佛称叹愿）

【译文】“我成佛之时，那十方世界无量佛土中的无数众佛，若是不共同称颂我的名号，若是不共同演说我的功德和国土的善好，我终不成佛。”（第十七愿，诸佛称叹）

【原文】“我作佛时，十方众生，闻我名号，至心信乐，所有善根，心心回向[1]，愿生我国，乃至十念[2]。若不生者，不取正觉。唯除五逆[3]，诽谤正法。”（十八、十念必生愿）

【注释】①心心：意指心心相续、净念相继。回向：即回转趣向。意指回转自己所做的功德善根，趋向于所期望的目标。如趋向菩提至道，或趋向往生净土，或施与众生等。昙鸾《往生论注》卷下所谓：“回向者，回己功德，普施众生，共见阿弥陀如来，生安乐国。”正与本段经文所言回向意思相同，即用自己一切功德，实现一切众生往生极乐世界的终极目标。②十念：有几种含义，有指原始及部派佛教所倡行的十种禅法的，即十种专念一对象以摄心、息妄想的方法，又作“十随念”。根据《增一阿含经》卷一载，包括念佛、念法、念僧、念戒、念施、念天、念休息、念安般、念身非常、念死等十念。而本经所谓“十念”则专指净土宗的“称名十念”，即以十念阿弥陀佛名号即可往生弥陀净土，为净土宗的重要教义。关于这种意义上的“十念”，净土宗内部也有不同解释，据昙鸾《往生论注》卷上，观所谓“十念”，即是忆念阿弥陀佛的总相及别相，又称念其名号，不掺杂他想而专心持续，可由此往生极乐净土，故有“不必具足十念”之说。善导则将“十念”解释为连续称念阿弥陀佛名号十次即可往生极乐世界。而关于称念佛名的“念”也有不同解说，有的认为每称念“南无阿弥陀佛”六字一次，即称为一念，而有的则认为一口气连声称念阿弥陀佛不断，如此每一口气结束，称为“一念”，如此十口气称为“十念”。③五逆：有大乘和小乘之别。小乘五逆是指杀父、杀母、杀阿罗汉、破和合僧、出佛身血这五种重罪，任犯其中一种，即堕无间地狱，故又名“无间业”。大乘五逆则指：(1)破坏塔寺，烧毁经像，夺取三宝之物；或教唆他人行这些事，而心生欢喜。(2)毁谤声闻、缘觉以及大乘法。(3)妨碍出家人修行，或杀害出家人。(4)犯小乘五逆罪之一。(5)主张所有皆无业报，而行十不善业；或不畏后世果报，而教唆他人行十恶等。《观无量寿经》中认为，犯五逆十恶重罪者，如在临终时遇到胜缘，也能往生极乐世界，而本经则认为五逆是被排除在往生净土可能性之外的。对此，有人解释为五逆仍可往生，但如果不仅身犯五逆重罪，还“诽谤正法”，则决定不能往生。也有不同解释，如善导认为，本经所谓五逆谤法不得往生，只是体现佛陀止恶扬善之意，属于方便之说。

【译文】 “我成佛之时，十方世界的所有众生听到我的名号，发起至诚无上的信受之心和乐意往生之心，并将所种一切善根，以至诚至纯之心，念念相续地回向发愿求生我佛国净土，乃至在临终前仅仅称念十句佛号亦得往生我佛国净土。若众生依此而行不得往生，我终不成佛。唯独那些犯了五逆之罪还诽谤佛法的人，不得往生。”(第十八愿，十念必生)

【原文】 “我作佛时，十方众生，闻我名号，发菩提心，修诸功德，奉行六波罗蜜，坚固不退。复以善根回向，愿生我国。一心念我，昼夜不断。临寿终时，我与诸菩萨众现迎其前，经须臾间，即生我刹，作阿惟越致菩萨①。不得是愿，不取正觉。”(十九、闻名发心愿；二十、临终接引愿)

【注释】 ①阿惟越致：音译又作“阿鞞跋致”“阿毗跋致”，意译为“不退转”。指在修行佛道的过程中，不退失既得的功德。是菩萨的阶位名，要经过一大阿僧祇劫的修行，才能到达此位。

【译文】 “我成佛之时，十方世界的所有众生听到我的名号，发起殊胜的菩提心，精勤修行种种功德，奉行布施、持戒、忍辱、精进、禅定、般若六度，坚定不移，永不退转。然后用自己所修的一切善根回向发愿求生我佛国净土。专一其心，持念佛号，昼夜不断。在他临终之时，我与净土中的诸菩萨们便会一齐出现在这人之前，接引他往生，片刻之间，此人就得以往生我的佛国净土，成为圆满证得‘位’、‘行’、‘念’三不退转的阿惟越致大菩萨。以上愿望如果不能得到实现，我终不成佛。”(第十九愿，闻名发心；第二十愿，临终接引)

【原文】 “我做佛时，十方众生，闻我名号，系念我国，发菩提心，坚固不退，植众德本，至心回向，欲生极乐，无不遂者。若有宿恶，闻我名字，即自悔过，为道作善，便持经戒，愿生我刹，命终不复更三恶道，即生我国。若不尔者，不取正觉。”(二十一、悔过得生愿)

【译文】 “我成佛之时，十方世界的所有众生听闻我的名号，就至心向往，一心想念我的佛国净土，生发菩提心，坚定不移，永不退转，培植众德的根本，劝修种种功德，广种善根，并用至诚至纯之心来回向，发愿求生我佛国净土，没有不顺遂心愿的。如果有人在

过去多生直到今世所造下极重恶业，听闻我的名号，能立刻悔改过失，誓不再犯，重归正道，广行善事，奉持经教，遵行戒律，发愿往生我的佛国净土，就能在命终之后不再堕于三恶道中，立即往生我的佛国净土。若此誓愿不得实现，我终不成佛。"(第二十一愿，悔过得生)

【原文】 "我作佛时，国无妇女。若有女人，闻我名字，得清净信，发菩提心，厌患女身，愿生我国，命终即化男子，来我刹土。十方世界诸众生类，生我国者，皆于七宝池莲华中化生[①]。若不尔者，不取正觉。"(二十二、国无女人愿；二十三、厌女转男愿；二十四、莲华化生愿)

【注释】 ①莲华：即莲花。化生：佛教所谓"四生"之一，即无所依托，借业力而出生。凡化生者，不缺诸根支分，死亦不留其遗形，即所谓顿生而顿灭，故于四生中属最胜之生。所谓"四生"是指胎生、卵生、湿生、化生。胎生是在母胎内成体之后才出生的生命，如人类；卵生是在卵壳内成体之后才出生的生命，如鸟类；湿生是依靠湿气而受形的生命，如虫类；诸天和地狱以及劫初的人类属于化生。本段所谓"于七宝池莲华中化生"，特指超于胎卵湿化四生的化生，即不需要父母，不需要外缘，就是只需往生者的功德和弥陀的愿力相应，就自然化现而有身。

【译文】 "我成佛之时，我的佛国净土中没有妇女。如果有女人听闻到我的名号，能生清净无染、无疑无垢、远离烦恼过恶的信心，发菩提心，厌恶女身，发愿求生我佛国净土，那么，在命终时，能立即化身为男子，往生我的佛国净土。十方世界的种种众生，往生我的佛国净土者，都能在七宝池的莲花中化生。若此誓愿不得实现，我终不成佛。"(第二十二愿，国无女人；第二十三愿，厌女转男；第二十四愿，莲花化生)

【原文】 "我作佛时，十方众生，闻我名字，欢喜信乐，礼拜归命，以清净心，修菩萨行，诸天世人，莫不致敬。若闻我名，寿终之后，生尊贵家，诸根无缺，常修殊胜梵行[①]。若不尔者，不取正觉。"(二十五、天人礼敬愿；二十六、闻名得福愿；二十七、修殊胜行愿)

【注释】 ①梵行：指清净无欲、持戒断淫之行。"殊胜梵行"在此特指念佛法门。

【译文】 "我成佛之时，十方世界的一切众生，听闻到我的名号，生出欢喜信乐之心，虔诚礼拜皈依，以无垢无染的清净之心，修习六度四摄自觉觉他的菩萨行，种种天界以及世间有情，无不对他礼敬有加。十方世界的一切众生，听闻到我的名号，则在其寿终之后，即使没有发愿往生，也可转生到尊贵人家，得眼、耳、鼻、舌、身、意六根不残不缺的福德果报，又能时时勤修清净离欲的殊胜之行。若上述誓愿不得实现，我终不成佛。"(第二十五愿，天人礼敬；第二十六愿，闻名得福；第二十七愿，修殊胜行)

【原文】 "我作佛时，国中无不善名。所有众生，生我国者，皆同一心，住于定聚[①]，永离热恼[②]，心得清凉，所受快乐，犹如漏尽比丘[③]。若起想念[④]，贪计身者，不取正觉。"(二十八、国无不善愿；二十九、住正定聚愿；三十、乐如漏尽愿；三十一、不贪计身愿)

【注释】 ①定聚：即正定聚，佛教所谓"三聚"(正定聚、邪定聚、不定聚)之一，"正定聚"是指一定可以证悟的一类众生；"邪定聚"是指毕竟不能证悟的一类众生；"不定聚"是指介于正邪之间，可能证悟也可能不证悟的一类众生。②热恼：因极端痛苦，而使身心焦热苦恼。③漏尽比丘："漏"即烦恼，"漏尽比丘"是指断尽烦恼，证得阿罗汉果位的比

丘。④起想念:生起分别、执着之心。

【译文】“我成佛之时,我佛国净土之中没有不善的名称。所有往生我佛国净土的众生,都同心向善,住于必定成佛不退转的正定之聚,永远不会有遍体如烧、心中如焚的苦恼,心境清凉爽快,其乐无比,如同断尽诸漏烦恼的阿罗汉。如果我的佛国净土中还有人生分别、执着之心,贪求留恋、执着计较自己的色身,我终不成佛。”(第二十八愿,国无不善;第二十九愿,住正定聚;第三十愿,乐如漏尽;第三十一愿,不贪计身)

【原文】“我作佛时,生我国者,善根无量,皆得金刚那罗延身[1],坚固之力。身顶皆有光明照耀,成就一切智慧。获得无边辩才,善谈诸法秘要,说经行道,语如钟声。若不尔者,不取正觉。”(三十二、那罗延身愿。三十三、光明慧辩愿;三十四、善谈法要愿)

【注释】①金刚:即金中最刚之义。因其坚固、锐利,故能摧毁一切,且非万物所能破坏。佛教中经常用来比喻佛法坚固能摧毁一切。亦指“力士”,或手持金刚杵的护法天神。中国寺院中的四大天王像,俗称“四大金刚”。那罗延:印度古代神祇,意译为“坚固力士”“那罗天”“那罗延金刚”“那罗延力执金刚”“钩锁力士”“金刚力士”“人中力士”,或单称“力士”。据《慧琳音义》卷六称,那罗延为欲界诸天之一,是神力的象征,欲求神力之人承事供养,如果精诚祈祷,即可多获神力。关于其形象,《慧琳音义》卷四十一云:“此天多力,身缘金色,八臂,(乘)金翅鸟王,手持斗轮及种种器杖,每与阿修罗王战争也。”“金刚那罗延身”是指佛的金刚不坏、雄猛有力之身。

【译文】“我成佛之时,往生我佛国净土的一切众生,皆具无量善根,都得到那罗延金刚的金刚不坏之身,具有坚牢无比的力量。身上头项皆有光明照耀,具足成就圆满智慧,具有无边无碍、善巧说法的才能,能够契理契机地演说诸多佛法的秘义奥旨,行道说经时,声若洪钟,震破愚迷,清醒觉心。若上述誓愿不得实现,我终不成佛。”(第三十三愿,那罗延身;第三十三愿,光明慧辩;第三十四愿,善谈法要)

【原文】“我作佛时,所有众生,生我国者,究竟必至一生补处[1]。除其本愿为众生故。被弘誓铠,教化一切有情,皆发信心,修菩提行,行普贤道。虽生他方世界,永离恶趣。或乐说法,或乐听法,或现神足,随意修行,无不圆满。”(三十五、一生补处愿;三十六、教化随意愿)

【注释】①一生补处:略称“补处”,原为“最后之轮回者”之义,即经过此生,来生决定可在世间成佛。所以“一生补处”也指菩萨的最高位——等觉菩萨。一般认为,弥勒为一生补处菩萨,据《弥勒上生经》等记载,弥勒菩萨现居于兜率天内院,待此生尽,则下生于人间,以补释迦牟尼之佛位。此词又作“一生所系”,即指仅此一生被系缚于迷界,来生即可成佛。

【译文】“我成佛之时,所有往生我佛国净土的众生,都能究竟证得一生补处等觉菩萨果位,决定一生成佛。除非他们愿意为了实现本愿,以宏深誓愿为铠甲,降临种种秽土,教化一切有情众生,使众生都能生发信奉佛教的清净信心,修习觉悟成佛之道,践行普贤由愿导行、自觉觉他之道。这些菩萨示现于他方世界、生死海中,也永远不会堕于畜牲、恶鬼、地狱等恶趣。他们或示现说法者之身,或示现听法者之身,或示现神足通等神通,无论以何种身份、方式修行教化,无不成就圆满。若上述誓愿不得实现,我终不成

佛。"(第三十五愿,一生补处;第三十六愿,教化随意)

【原文】 "我作佛时,生我国者,所须饮食、衣服、种种供具[1],随意即至,无不满愿。十方诸佛,应念受其供养。若不尔者,不取正觉。"(三十七、衣食自至愿;三十八、应念受供愿)

【注释】 ①供具:指用来供养佛菩萨或佛、法、僧三宝的物品,常用共有六种,即花、涂香、水、烧香、饭食、灯明等,分别象征布施、持戒、忍辱、精进、禅定、般若等六度。后世把供在佛前的香、华、灯明、饮食等,称为"供物",而专门盛放供物的器具则称为供具。佛教中,供奉衣服、饮食、卧具、汤药等,称为"四事供养"。供以花、香、璎珞、末香、涂香、烧香、缯盖、幢幡、衣服、伎乐等,称为"十种供养"。

【译文】 "我成佛之时,往生我佛国净土的一切众生,所需要的饮食、衣服以及供佛所需的种种供物,随其意欲想念而即刻自然出现于前,无不满足于他们的愿望。供养十方世界的无量诸佛,也只在一念发动的刹那之间。若上述誓愿不得实现,我终不成佛。"(第三十七愿,衣食自至,第三十八愿,应念受供)

【原文】 "我作佛时,国中万物,严净光丽,形色殊特,穷微极妙,无能称量。其诸众生,虽具天眼,有能辨其形色、光相、名数,及总宣说者,不取正觉。"(三十九、庄严无尽愿)

【译文】 "我成佛之时,我佛国净土中的一切万物,都庄严清净,光鲜亮丽,形状、色彩无不殊胜奇特,精妙至极,难以言表。在我佛国净土中的一切众生,即使都具有了'天眼'的神通,但如果居然有人能辨识这些殊特微妙之物的形貌、色彩、光泽、相状、名称、数量,甚至能将其形色、光相、名数全部宣说出来,我终不成佛。"(第三十九愿,庄严无尽)

【原文】 "我作佛时,国中无量色树,高或百千由旬[1],道场树高四百万里[2]。诸菩萨中,虽有善根劣者[3],亦能了知。欲见诸佛净国庄严,悉于宝树间见,犹如明镜,睹其面相。若不尔者,不取正觉。"(四十、无量色树愿;四十一、树现佛刹愿)

【注释】 ①由旬:又作"踰阇那""瑜膳那""俞旬""由延"等。为印度计算里程单位。原意指公牛挂轭行走一日的路程,另据《大唐西域记》卷二载,一由旬指帝王一日行军的距离。有关由旬的实际长度有各种不同说法,大概在三十里至六十里之间,但说四十里为一由旬者居多。②道场:广义的道场是指一切修行佛道的场所;狭义则指中印度菩提伽耶的菩提树下的金刚座上佛陀成道之处。本段经文提及的"道场"专指阿弥陀佛讲经说法的场所。由于释迦牟尼于菩提树下的金刚座成佛,所以又把菩提树称为"道场树"。③善根劣者:善根较为低下者,此处应指本经第二十四"三辈往生品"中的所谓"下辈往生"者。

【译文】 "我成佛之时,在我佛国净土中有无尽无量色彩缤纷的宝树,高达数百由旬乃至数千由旬,更为殊胜的菩提树则高达四百万里。我佛国净土中的诸菩萨中,虽然有些善根较差,也能够了知这些宝树的功德庄严。要想看到十方诸佛种种国土的清净庄严,只需从宝树之间观看便能一览无遗,就像通过明洁的镜子,看到自己的面容一般清楚。若上述誓愿不得实现,我终不成佛。"(第四十愿,无量色树;第四十一愿,树现佛刹)

【原文】 "我作佛时,所居佛刹,广博严净,光莹如镜,彻照十方无量无数、不可思议诸佛世界。众生睹者,生希有心。若不尔者,不取正觉。"(四十二、彻照十方愿)

【译文】 “我成佛之时，我所居住的佛国净土广阔无边，庄严清净，如明镜一般彻亮晶莹，能遍照十方无边无量不可思议多的诸佛世界。十方世界一切众生，如能见到这种遍照十方世界不可思议的功德之相，必定生起无上殊胜稀有的菩提心。若此愿不得成就，我终不成佛。”（第四十二愿，彻照十方）

【原文】 **“我作佛时，下从地际，上至虚空，宫殿、楼观、池流、华树，国土一切万物，皆以无量宝香合成。其香普薰十方世界，众生闻者，皆修佛行。若不尔者，不取正觉。”（四十三、宝香普熏愿）**

【译文】 “我成佛之时，我那佛国净土当中，从地上到天空，彻上彻下，无论宫殿、楼观、池塘、溪流、花草、树木以及所有一切万物，全部都由无尽无量种类的宝香合成。其香遍熏十方诸佛世界，十方世界的众生只要闻到这些香味，必然全都修学佛所教导的种种殊胜清净之行。若此愿不得成就，我终不成佛。”（第四十三愿，宝香普熏）

【原文】 **“我作佛时，十方佛刹，诸菩萨众，闻我名已，皆悉逮得清净、解脱、普等三昧[①]。诸深总持[②]，住三摩地，至于成佛。定中常供无量无边一切诸佛，不失定意[③]。若不尔者，不取正觉。”（四十四、普等三昧愿；四十五、定中供佛愿）**

【注释】 ①逮得：随即证得。清净：即清净三昧，指六根清净无染，远离一切执着而得自在的境地。解脱：即解脱三昧，指脱离一切烦恼缠缚而得自在的境地。普等三昧：“普”就是普遍，“等”就是平等，意指同时普见一切诸佛的三昧。②总持：参前“陀罗尼”注释。③失定意：即随时保持清净心，不为外境所转，这是八地菩萨以上才有的境界。

【译文】 “我成佛之时，十方诸佛世界的一切菩萨，只要听到我的名号，就能立即证得清净三昧、解脱三昧、普等三昧。得到种种甚深陀罗尼，安住于正定，最后功德圆满，成就佛果。还能在住于正定中时时供养十方无量无边的一切诸佛，且不失定意。若上述誓愿不得实现，我终不成佛。”（第四十四愿，普等三昧；第四十五愿，定中供佛）

【原文】 **“我作佛时，他方世界，诸菩萨众，闻我名者，证离生法[①]，获陀罗尼，清净欢喜，得平等住[②]，修菩萨行，具足德本。应时不获一二三忍[③]，于诸佛法，不能现证不退转者，不取正觉。”（四十六、获陀罗尼愿；四十七、闻名得忍愿；四十八、现证不退愿）**

【注释】 ①离生法：永远出离三界生死轮回之法。②平等住：远离高下、深浅、大小、亲疏、智愚、迷悟种种差别执着，是浅层次的平等。进而言之，则真如周遍，万法一如，心、佛、众生，三无差别，安住于真如实相、如来正觉中，于一切万法不起分别，则是真实的“平等住”。③一二三忍：“忍”有忍耐、安忍两层意思，即忍耐不如意的环境而不生嗔恚的心，安忍即心安住于理而不动摇。本经此处“忍”应为安忍之意。本段经文没有对三忍的具体名称做进一步解说，因而佛教内部历来众说纷纭，有的认为是《仁王经》所说“五忍”的前三忍，即“伏忍”“信忍”和“顺忍”，有的认为是“伏忍”中的下中上三忍，善导认为一是喜忍，即念阿弥陀佛而生欢喜心者，二是悟忍，即念阿弥陀佛而悟解真理者，三是信忍，即念阿弥陀佛而心生正信者。当然，更多的人认为，应参照本经第十五“菩提道场”品来解释“一二三忍”，即该品中提出，往生极乐世界的人，都能听闻七宝树林发出的音声而得三种法忍，即音响忍、柔顺忍和无生法忍，愿文中的“一二三忍”也应是指如上三忍。

【译文】 “我成佛之时，他方世界的众位菩萨，只要听到我的名号，就能证得永离六

道生死之法，获得陀罗尼，安住于诸法实相，离垢无染，欢喜愉悦，入无差别境界，修菩萨行，具足一切佛果功德的根本。如果（听到我的名号）不能立刻获得音响忍、柔顺忍乃至无生法忍，在修持诸种佛法过程中，如果（听到我的名号）不能立刻圆满证得三不退转以成正觉的果位，我终不成佛。”（第四十六愿，获陀罗尼；第四十七愿，闻名得忍；第四十八愿，明证不退）

必成正觉第七

【题解】

本品承接上一品，进一步以偈颂形式展开“四十八大誓愿”，所以可以视为上一品的总结。如果说“发大誓愿”是因，“必成正觉”则是其果。所谓“必成正觉”，即是必定证得无上菩提、无上正等正觉，必定成就佛果。“我建超世志，必至无上道。斯愿不满足，誓不成等觉”开头四句，可谓“四十八大愿”的基本纲骨。当然，大乘佛教的宗旨，在于自度度人，法藏“必成正觉”的偈颂，同样不仅追求自身成佛，更要立誓普度众生，出离三途恶道，成就圆满佛果。所以本品偈颂反复申说此意，如：“复为大施主，普济诸穷苦；令彼诸群生，长夜无烦恼”，“亦以大悲心，利益诸群品……消除三垢冥，明济众厄难。悉舍三涂苦，灭诸烦恼暗。开彼智慧眼，获得光明身”，等等。而后面一句“圆满昔所愿，一切皆成佛”，更是将使一切众生成佛作为其宏深誓愿的终极目标，尤其体现了弥陀净土思想的独特之处。

【原文】　佛告阿难：“尔时法藏比丘说此愿已，以偈颂。”曰：

我建超世志，必至无上道。
斯愿不满足，誓不成等觉[①]。
复为大施主[②]，普济诸穷苦。
令彼诸群生，长夜无烦恼。
出生众善根，成就菩提果。
我若成正觉，立名无量寿。
众生闻此号，俱来我刹中。
如佛金色身，妙相悉圆满。
亦以大悲心，利益诸群品[③]。
离欲深正念，净慧修梵行。
愿我智慧光，普照十方刹。
消除三垢冥[④]，明济众厄难。
悉舍三涂苦，灭诸烦恼暗。
开彼智慧眼，获得光明身。
闭塞诸恶道，通达善趣门。
为众开法藏，广施功德宝。
如佛无碍智，所行慈愍行。

常作天人师，得为三界雄[⑤]。
说法师子吼[⑥]，广度诸有情。
圆满昔所愿，一切皆成佛。
斯愿若克果，大千应感动。
虚空诸天神，当雨珍妙华[⑦]。

佛告阿难："法藏比丘，说此颂已，应时普地六种震动[⑧]，天雨妙华，以散其上，自然音乐空中赞言：决定必成无上正觉。"

【注释】 ①等觉：无上正等正觉，也可以释为佛的十大名号之一。②施主：音译"檀越""陀那钵底""陀那婆"，又作"布施家"。即施予僧众衣食，或出资举行法会等的信众。据《增一阿含经》卷二十四称，施主惠施有五功德，即：(一)名闻四远，众人叹誉。(二)若至众中，不怀惭愧，亦无所畏。(三)受众人敬仰，见者欢悦。(四)命终之后，或生天上，为天所敬；或生人中，为人尊贵。(五)智慧远出众人之上，现身漏尽，不经后世。这里所谓的"大施主"则专指在世间示现作佛，给予一切众生究竟圆满的"财""法""无畏"三种布施，并最终能普度众生出离苦海，闻名得度，往生净土的阿弥陀佛。③诸群品："品"是品类。"诸群品"指上自等觉菩萨，下至地狱畜牲的一切众生。④三垢冥："三垢"就是贪、嗔、痴三毒。"冥"即无明，没有真实智慧，不明宇宙人生真相，为一切烦恼痛苦的根源。⑤三界雄：对佛的另一种尊称，以佛为三界中的大雄，可折伏一切魔障。⑥师子吼：又作"狮子吼"。即指如来说法能灭一切戏论、破各种异见，犹如狮子王咆吼，百兽悉皆慑伏。狮子为百兽之王，佛亦为人中至尊，称为"人中狮子"，故用此譬喻。又譬喻当佛说法时，菩萨起勇猛心求菩提，因而外道、恶魔生怖畏；犹如狮子吼时，小狮亦增威，百兽怖伏。还譬喻佛在大众中演说佛法，心中毫无怖畏，好像狮子咆吼。⑦雨：由空中如雨降下。华：即花。⑧六种震动：指大地震动的六种相状，又作"六变震动""六反震动"，略称"六震""六动"。《大品般若经》卷一依地动的方向，举出东涌西没、西涌东没、南涌北没、北涌南没、边涌中没、中涌边没等六相。《华严经》卷十六、《广博严净不退转轮经》卷一等则举出动、起、涌、震、吼、击(摇)等六相。《长阿含经》卷二又有："一佛入胎时，二出胎时，三成道时，四转法轮时，五由天魔劝请将舍性命时，六入涅槃"，大地震动之说，后被称为"六缘地动"，以配合"八相成道"说，即佛陀在入胎，出胎，出家，成道，转法轮，入灭之时，大地震动。总之，这里所提及的种种震动，皆非地震一类的灾难，而属于预示吉祥的祥瑞，故震动不仅不会带来惊恐，反而会使人愉悦安乐。

【译文】 释迦牟尼佛告诉阿难说："那时，法藏比丘说完以上誓愿之后，又用偈颂表达自己的心愿。"偈颂是：

我建超世志，必至无上道。
斯愿不满足，誓不成等觉。
复为大施主，普济诸穷苦。
令彼诸群生，长夜无烦恼。
出生众善根，成就菩提果。
我若成正觉，立名无量寿。

众生闻此号，俱来我刹中。
如佛金色身，妙相悉圆满。
亦以大悲心，利益诸群品。
离欲深正念，净慧修梵行。
愿我智慧光，普照十方刹。
消除三垢冥，明济众厄难。
悉舍三涂苦，灭诸烦恼暗。
开彼智慧眼，获得光明身。
闭塞诸恶道，通达善趣门。
为众开法藏，广施功德宝。
如佛无碍智，所行慈愍行。
常作天人师，得为三界雄。
说法师子吼，广度诸有情。
圆满昔所愿，一切皆成佛。
斯愿若克果，大千应感动。
虚空诸天神，当雨珍妙华。"

释迦牟尼对阿难说："法藏比丘刚说完上述偈颂，果真立刻有瑞相产生：大地出现动、起、涌、震、吼、摇六种震动，天空中种种妙花，纷纷扬扬如雨而降，上空自然响起妙曼的音乐，似乎在赞说：'法藏比丘定能成就无上正觉。'"

积功累德第八

【题解】

任何美好的愿望都必须落实到实现愿望的行动，本品即是针对此前几品法藏所发誓愿，而进一步言其如何落实到行动的问题，这就是所谓的"积功累德"。法藏比丘发愿之后，便安住于真实智慧之中，勇猛无畏，精进修持，心志专一地庄严自己的净妙国土，这是"积功累德"的总纲。

具体而言，他心中不生贪、嗔、痴三毒，不执着色、声、香、味、触、法等六尘，一心所乐只是忆念过去诸佛所修的功德善根。他深入无上寂静以入无余涅槃的妙行，远离一切恶事之根本的虚妄。他不计较各种修行中的艰苦，清心寡欲，安乐自足，一心专求善法，普遍平等地利乐众生。他对于一切有情众生，常以慈悲、安忍为怀，善于护持身、口、意三业，不断地以布施、持戒、忍辱、精进、禅定、般若六度教导度化众生，等等。正是因为以上种种积功累德的因缘，所以能使无量无数众生，都发阿耨多罗三藐三菩提心，获得真实之利。

【原文】 "阿难，法藏比丘于世自在王如来前，及诸天人大众之中，发斯弘誓愿已，住真实慧[①]，勇猛精进，一向专志庄严妙土。所修佛国，开廓广大，超胜独妙，建立常然[②]，无衰无变。

【注释】 ①真实慧:与真如实相相应、超情离妄、显现本真的智慧。②建立常然:一经建立,便永远不会衰退改变,自然永恒。

【译文】 “阿难,法藏比丘在世间自在王如来前,以及在诸天神人一切众生之中,发下以上宏大深广的誓愿后,安住于真实智慧之中,勇猛无所畏惧,精进修持,心志专一地庄严自己的净妙国土。其所修行成就的佛国净土,开通无碍,广大无边,殊胜超众,微妙无比,一经建立,永劫常然,不会衰减也不会变化。

【原文】 “于无量劫,积植德行,不起贪嗔痴欲诸想,不著色声香味触法,但乐忆念过去诸佛所修善根[①]。行寂静行[②],远离虚妄。依真谛门[③],植众德本,不计众苦,少欲知足,专求白法[④],惠利群生。志愿无倦,忍力成就[⑤]。

【注释】 ①忆念过去诸佛:忆,忆持不忘之义;念,明记不忘之义。深刻于心内,记忆而不忘失,称为“忆念”。一般系指念念不忘佛陀或诸佛之功德而言,忆念佛德,以求报答;忆念佛之所行,并依佛而行;忆念佛之所证,并依佛之所证。②寂静行:是自行化他,为人演说,心里不起妄想分别,外不着六尘境界,内不起心动念的心行。它是如来所行的究竟清净的灭度法,也是诸大菩萨趋入无余涅槃的妙行。③真谛:“二谛”之一,又名“胜义谛”“第一义谛”,即圣智所见的真实理性。离诸虚妄,故云“真”,其理永恒不变,故云“谛”。真谛与俗谛相对,顺凡俗迷情之法,称“俗谛”,或“世谛”。④白法:即善法。古印度人用黑白代表善恶。《大乘义章》云:“善法鲜净,名之为白。”⑤忍力:是指“六度”中忍辱度的力用。法住认为忍有三种:(一)安苦忍,对于世间违缘的事,能忍,能受。(二)他不饶益忍,对于别人危害损伤自己,也能忍受。(三)法思维忍,对于一切法远离分别,安住自在。三种都能成就,称为“忍力成就”。

【译文】 “在无数大劫的时间内,法藏比丘积累培植种种具足功德之行,心中不生贪、嗔、痴三毒等种种欲念,不执着色、声、香、味、触、法等六尘,一心所乐只是忆念过去诸佛所修的功德善根。他深入无上寂静以入无余涅槃的妙行,远离一切恶事之根本的虚妄。以第一义谛的法门,勤修万德的根本。在积功修行中,他不计较执着各种修行中的艰苦,清心寡欲,安乐自足,一心专求清白善法,普遍平等地利乐众生。对其所发圆满宏深的诸大誓愿,没有丝毫厌倦,以坚忍之力去促进其修行圆满。

【原文】 “于诸有情,常怀慈忍,和颜爱语,劝谕策进。恭敬三宝[①],奉事师长,无有虚伪谄曲之心[②]。庄严众行[③],轨范具足[④]。观法如化[⑤]。三昧常寂。善护口业,不讥他过;善护身业,不失律仪;善护意业,清静无染。

【注释】 ①三宝:指为佛教徒所尊敬供养的佛宝、法宝、僧宝,又作“三尊”。佛指觉悟人生之真象,而能教导他人的一切诸佛;法为根据佛陀所悟而向人宣说的教法;僧指修学教法的佛弟子众。以上三者,威德至高无上,永不变移,如世间之宝,故称“三宝”。②谄曲:“谄”是讨好巴结,“曲”是歪曲事实。③众行:指六度万行等一切行止。④轨范:轨则、范导。⑤观法如化:用般若智慧观照世间一切万物,皆无自性,犹如梦幻泡影,幻化不真。

【译文】 “法藏比丘对于一切有情众生,常以慈悲、安忍为怀,和颜悦色,劝导鞭策,以使上进。恭敬佛、法、僧三宝,敬养服侍教师长辈,完全没有虚情假意、阳奉阴违、阿谀

谄曲之用心。用福德与智慧来庄严自己的六度万行，言传身教，皆成轨则范导。所观所照，一切诸法，皆同幻化，无可执着，绝除名相，没有烦恼，不生不灭，住于常寂甚深三昧。善于护持口业，从不讥讽谴责他人之过失；善于护持身业，从不违背冒犯戒律仪轨；善于护持意业，从不妄起分别执着之心，内心清净而无垢染。

【原文】“所有国城、聚落、眷属、珍宝，都无所著，恒以布施、持戒、忍辱、精进、禅定、智慧，六度之行，教化安立众生，住于无上真正之道。

【译文】“法藏比丘对于所有世间国家城池、聚落村寨、家亲眷属、金银珠宝都无所贪恋执着，时时不断地以布施、持戒、忍辱、精进、禅定、智慧六度教导度化众生，转恶为善，安住正道，建立大心，安住在无上真正之道，安住于涅槃道果。

【原文】“由成如是诸善根故，所生之处，无量宝藏，自然发应。或为长者居士，豪姓尊贵，或为刹利国王①，转轮圣帝②，或为六欲天主③，乃至梵王④。于诸佛所，尊重供养，未曾间断。如是功德，说不能尽。身口常出无量妙音，犹如栴檀、优钵罗华⑤，其香普薰无量世界。随所生处，色相端严，三十二相，八十种好，悉皆具足。手中常出无尽之宝，庄严之具，一切所须，最上之物，利乐有情。由是因缘，能令无量众生皆发阿耨多罗三藐三菩提心。”

【注释】①刹利：印度四种姓之一，为“刹帝利”的略称，意译“土田主”。即国王、大臣等统御民众、从事兵役的种姓，所以也称“王种”。其权势颇大，阶级仅次于婆罗门，属于世俗统治者阶层。释迦牟尼即出身此一种姓。②转轮圣帝：音译为“遮迦罗跋帝”“遮加越”，意译为“转轮王”“转轮圣王”“轮王”“飞行转轮帝”“飞行皇帝”。即旋转轮宝之王，是佛教政治理想中之统治者。传说转轮王拥有轮、象、马、珠、女、居士、主兵臣等七宝，具足长寿、无疾病、容貌出色、宝藏丰富等四德，统一须弥四洲，以正法御世，其国土丰饶，人民和乐。③六欲天主：即欲界六天之主。欲界六天分别是：四王天、忉利天、夜摩天、兜率天、化乐天以及他化自在天。欲界六天的共同特质是仍有欲乐。其中，四王天在须弥山的山腰，忉利天在须弥山顶，因两者皆依山而住，故名“地居天”，其余诸天则住于虚空密云之上，称“空居天”。④梵王：即大梵天王，为色界初禅天之王，这里代指色界十八天之王。⑤栴檀：一种印度名贵香木，因有治病疗疾之效，又译为“与乐”。优钵罗华：花名。又作“乌钵罗”“沤钵罗”“优钵剌”，意译“青莲花”“黛花”“红莲花”。

【译文】“由于成就了如上所述的功德善根，法藏比丘转世投生之地，就会有无数的宝藏感通化现，自然开发。他或转世为年高财富的长者，或转世为守道自恬的在家居士，或转世为名门望族高官显贵，或转世为刹帝利种姓王侯之家，或转世为四洲之主的转轮圣帝，或转世为欲界六天的六天之王，乃至转世为色界诸天的大梵天王。每生每世，均到诸佛住所，尊重礼敬，诚心供养，永不间断。他所做的功德，无量无边，难以言尽。法藏比丘身体和口中时时发出无量奇妙的异香，其香如同栴檀（柱香）和优钵罗花（青、红莲花），其香遍熏于无量无边诸世界。法藏比丘无论转生于何处，都色相端正而威严，圆满具足三十二种大人相、八十种随行好。他手中随时能出无尽无量的宝物，用以庄严、供养诸佛的一切器具、一切世间稀有的无上妙宝，概莫能外地普作饶益，利乐有情。由于以上种种积功累德的因缘，能使无量无尽的有情众生，都能生发求取无上正等正觉的求道

之心。"

圆满成就第九

【题解】

本经从第四品至第八品,都在介绍法藏比丘于因地所发大愿以及为此誓愿得以实现而进行的积功累德的功行。从本品开始,则是对其果德圆满成就的阐说。本品首先通过释迦牟尼佛之口赞颂了法藏因圆果满,接着又对阿弥陀佛及其佛国净土的基本属性做了简要介绍,认为阿弥陀佛绝非俗常所谓过去佛、现在佛、未来佛之类的概念所能概括,其佛国净土称为"极乐世界",位于西方距离我们居住的南赡部洲百千十万亿之多的佛国之外。

【原文】 **佛告阿难:"法藏比丘,修菩萨行,积功累德,无量无边。于一切法,而得自在,非是语言分别之所能知。所发誓愿,圆满成就。如实安住,具足庄严,清净佛土。"**

【译文】 释迦牟尼佛对阿难说:"法藏比丘,修菩萨所修六度万行,所积累的种种功德,无量无边。他对于出世间的一切所有种种的法,都通达自在,没有障碍,这种自在无碍的境界决非常人言语逻辑所能表达、晓知。他所发下的宏深誓愿,全部圆满成就。他所建佛国净土,殊胜妙乐,安住于诸法实相,果真是具足了一切庄严、威德、广大无际的清净佛土。"

【原文】 **阿难闻佛所说,白世尊言:"法藏菩萨成菩提者,为是过去佛耶?未来佛耶?为今现在他方世界耶?"**

【译文】 阿难听到释迦牟尼佛的这番话后,又向他禀白道:"法藏修菩萨道成就了大觉佛果,那他是过去佛?将来佛?还是现今示现在他方世界的佛呢?"

【原文】 **世尊告言:"彼佛如来[①],来无所来,去无所去,无生无灭,非过现未来。但以酬愿度生[②],现在西方,去阎浮提百千俱胝那由他佛刹[③],有世界名曰极乐。法藏成佛,号阿弥陀。成佛以来,于今十劫,今现在说法,有无量无数菩萨声闻之众,恭敬围绕。"**

【注释】 ①彼佛如来:即指阿弥陀佛。②酬愿:实现他过去所发的四十八大誓愿。③阎浮提:即南赡部洲,指我们所住的娑婆世界。"阎浮"是树名,译为赡部,因为此洲的中心,有阎浮树的森林,因此称为赡部洲。赡部洲位于须弥山以南,故又称"南赡部洲"。古代印度认为,须弥山为世界中心,四周环海,海中有四大部洲,即在须弥山东边的叫"东胜身洲",南边的叫"南赡部洲",西边的叫"西牛货洲",北边的叫"北俱芦洲"。

【译文】 世尊告诉他说:"这个佛如来,法身遍一切处,来无所从来,去无所从去,无所谓生也无所谓灭,绝非俗常所谓过去、现在、未来之类的概念所能概括。只是为了实现他所许下的普度众生的誓愿,如今示现于西方,在距离我们居住的南赡部洲百千十万亿之多的佛国之外,有他的佛国净土称为'极乐世界'。法藏比丘觉悟成佛,名为'阿弥陀佛'。他成佛至今,已历时十劫,现在他正在西方极乐世界讲经说法,那里有无量无尽的菩萨和声闻弟子,恭敬地围绕在他的座下,听他说法。"

皆愿作佛第十

【题解】

本品仅见于汉、吴两种古译本。主要有两个方面值得注意，首先，阿阇王子与五百个长者听佛说法后，便都引发了空前喜悦的欢喜心，并发成佛如佛的愿心，显示了本经对于修习佛道之人的重要性。另外，佛说阿阇王子与五百大长者等人，因为已于无量劫中行菩萨道，过去生中即佛弟子，故将来决定成佛，这就再次说明了一切诸法不离因缘，欲得佛果，必须广植善根。修佛之人，务必时时积功累德，"无数劫来"，亦当坚信不移。

【原文】 **佛说阿弥陀佛为菩萨求得是愿时，阿阇王子与五百大长者闻之[1]，皆大欢喜，各持一金华盖[2]，俱到佛前作礼，以华盖上佛已，却坐一面听经。心中愿言："令我等作佛时，皆如阿弥陀佛。"佛即知之，告诸比丘："是王子等，后当作佛。彼于前世住菩萨道，无数劫来，供养四百亿佛。迦叶佛时[3]，彼等为我弟子，今供养我，复相值也[4]。"时诸比丘闻佛言者，莫不代之欢喜。**

【注释】 ①阿阇王子：佛陀在世时中印度摩揭陀国国王之子。②华盖：以花装饰而成的伞盖。又佛教建筑中，如经幢、石塔之顶上，有雕刻精细如伞状之盖，亦称"华盖"，又称"宝盖"。③迦叶佛：又作"迦叶波佛""迦摄波佛""迦摄佛"，意译"饮光佛"。为过去七佛中的第六佛，现在贤劫千佛中的第三佛。出世于释迦牟尼佛之前，相传为释迦牟尼佛的因地本师，曾为释迦牟尼授记，预言将来必定成佛。依《长阿含经》卷一《大本经》载，迦叶佛出世于贤劫中，其时人寿二万岁。姓迦叶，于尼拘律树下成佛，有弟子二万人，而以提舍与婆罗婆二人为高足，执事弟子名善友。④复相值：重逢，再次相遇。

【译文】 在释迦牟尼佛讲说阿弥陀佛从菩萨因地，成就了所发的成佛誓愿时，阿阇王子与五百个长者听佛说法后，便都引发了空前喜悦的欢喜心，他们每人各持一把金华盖，一齐来到释迦牟尼佛前顶礼致敬，将华盖奉献给佛后，退下坐在一侧听佛演说经法。同时心生大愿："如果有一天我们也成了佛时，我们也要像阿弥陀佛一样。"释迦牟尼佛立即知晓了他们的心愿，于是告诉众比丘说："阿阇王子五百人等，以后一定都能成佛。他们在前世都修行菩萨道，经历无量无尽时劫，供养过四百亿佛，广积功德。在迦叶佛住世之时，他们曾是我的弟子，今天又来供养我，我们又同聚一堂，这是一个殊胜无比的因缘。"当时参加法会的比丘大众，听释迦牟尼佛所说，都为阿阇王子等五百比丘感到欣慰欢喜。

国界严净第十一

【题解】

从本品开始，主要介绍西方极乐世界的依报庄严，即与阿弥陀佛圆满正报相应的极乐净土的种种殊胜美妙的外在环境。本品是泛说国土的庄严清净，超过了十方一切佛国净土世界。也就是"四十八大愿"中第一愿"国无恶道"、第三十九愿"庄严无尽"的体现。

另外对于众生业因果报的不可思议、众佛圣力以及其所成就的十方诸佛世界的不可思议,进行了反复宣说。

【原文】 **佛语阿难:"彼极乐界,无量功德,具足庄严。永无众苦、诸难、恶趣、魔恼之名①;亦无四时、寒暑、雨冥之异②,复无大小江海,丘陵坑坎,荆棘沙砾,铁围、须弥、土石等山③,唯以自然七宝、黄金为地④,宽广平正,不可限极。微妙奇丽,清净庄严,超逾十方一切世界。"**

【注释】 ①众苦:指一切有情众生所遭受的种种苦恼,如佛教经常说的"八苦"。所谓"八苦"是指:一、生苦,即出生时所承受的痛苦;二、老苦,即年老体衰所承受的痛苦;三、病苦,即为种种病痛折磨所遭受的痛苦;四、死苦,即气绝命终时所遭受的痛苦;五、爱别离苦,即与所爱之人或物无奈分离所承受的痛苦;六、怨憎会苦,即与怨仇憎恶之人见面的痛苦;七、求不得苦,即所求不遂的痛苦;八、五阴炽盛苦,即色受想行识等五阴的作用炽盛,生老病死等众苦聚集,盖覆真性,死此生彼,无休无止而所承受的痛苦。诸难:指不得遇佛、无法听闻佛法的种种障难。如"八难",即地狱难、畜生难、饿鬼难、长寿天难、北郁单难、盲聋喑哑难、世智辩聪难、佛前佛后难。其中,地狱、畜生、饿鬼三途业障深重,不得会佛,众苦逼恼,不能修梵行,故称之为难。长寿天即色界第四禅中的无想天,外道修行多生其处,不求佛法,故称之为难。北郁单(即北俱芦洲)乐报殊胜,无诸苦事,贪着享乐而不受教化,是以圣人不出其中,故称之为难。盲聋喑哑诸根不具,纵生在有佛法之国亦不能睹圣闻法,故称之为难。世智辩聪者虽生在有佛法之国,却深陷邪见,仗着小聪明,不肯虚心修行,甚至还会毁谤佛法,故称之为难。佛前佛后者,生在佛出世前或是佛涅槃后,都见不到佛和听不到佛法,故称之为难。②雨冥:雨指雨天,冥指阴天。③铁围:即铁围山,又作"铁轮围山""金刚围山""金刚山"。指围绕须弥四洲外海,由铁所成之山。佛教的世界观以须弥山为中心,周围共有八山八海围绕,最外侧之山即称"铁围山"。须弥:即须弥山。详见前注。④七宝:诸经所说的略有不同。《般若经》所说的七宝是金、银、琉璃、珊瑚、琥珀、砗磲、玛瑙。《法华经》所说的七宝是金、银、琉璃、砗磲、玛瑙、真珠、玫瑰。《阿弥陀经》所说的七宝是金、银、琉璃、玻璃、砗磲、赤珠、玛瑙。又,佛教中经常以数字"七"代表圆满,"七宝"也可以泛指无量珍宝。

【译文】 释迦牟尼佛对阿难说:"阿弥陀佛的极乐世界,具足无量功德庄严,一切美好,无所欠缺。那里永远没有种种三苦、八难、恶趣、魔烦等等的名称概念;国中没有春夏秋冬、酷热严寒、绵绵阴雨等等的气候变化,也没有大小江河海洋,丘陵坑坎、荆棘沙砾,以及铁围山、须弥山和土石山等等的地理差异,只有以自然生成的七种宝物和黄金为地,大地平坦整齐,宽广无垠,其微妙奇丽,清净庄严,超过了十方一切佛国净土世界。"

【原文】 **阿难闻已,白世尊言:"若彼国土无须弥山,其四天王天及忉利天①,依何而住?"**

【注释】 ①四天王天:指欲界六天中的第一重天,位于须弥山的山腰。忉利天:音译"多罗夜登陵舍",是欲界六天的第二重天,位于须弥山顶;山顶四方各八天城,加上中央帝释天所居住的善见城(喜见城),共有三十三处,故又称"三十三天"。四天王天与忉利天都在须弥山上,所以两天又称"地居天"。

【译文】 阿难听说后，又向释迦牟尼佛请教："如果极乐世界没有须弥山，那这佛国净土中的四天王天以及忉利天又依凭什么而居处呢？"

【原文】 **佛告阿难："夜摩兜率[1]，乃至色，无色界，一切诸天，依何而住？"**

【注释】 ①夜摩兜率：即夜摩天和兜率天，分别为欲界六天中的第三、第四重天，因夜摩天和兜率天及其以上诸天，都位于须弥山之上的虚空密云之中，所以都称为"空居天"。

【译文】 释迦牟尼佛反问阿难道："我们这个世界，夜摩天、兜率天，乃至色界天、无色界里的一切诸天，他们又依凭什么而居处呢？"

【原文】 **阿难白言："不可思议业力所致。"**

【译文】 阿难回答说："因有不可思议的业力，致使诸天众神住于虚空。"

【原文】 **佛语阿难："不思议业，汝可知耶？汝身果报，不可思议，众生业报，亦不可思议。众生善根，不可思议，诸佛圣力，诸佛世界，亦不可思议。其国众生，功德善力，住行业地[1]，及佛神力，故能尔而。"**

【注释】 ①行业地：指阿弥陀佛大愿、大行、大业圆满成就的地方。

【译文】 释迦牟尼佛对阿难说："你可知道不可思议的业力吗？你自身因过去所行善恶而造的果报不可思议，众生的业报同样也不可思议。众生因行善而得的果报不可思议，众佛的圣力以及其所成就的十方诸佛世界，同样也不可思议。由于极乐世界中的众生有种种功德善力，又住于阿弥陀佛大愿、大行、大业成就之地，加上阿弥陀佛的无上本愿威神之力，所以不必依凭须弥等山也能自然安住。"

【原文】 **阿难白言："业因果报，不可思议，我于此法，实无所惑。但为将来众生，破除疑网，故发斯问？"**

【译文】 阿难说道："对于众生不可思议的业因果报，我其实并没有什么疑惑。但为了能让将来的众生破除迷网惑缚，所以才向您提出这一问题，请您开示。"

光明遍照第十二

【题解】

上品"国界严净"品，主要宣演极乐世界的依报庄严，本品与下一品，则主要阐说阿弥陀佛的正报庄严。本品盛赞阿弥陀佛的光明，是法藏比丘第十三、十四大愿所应之果的展开。本品首先称颂阿弥陀佛光明的殊胜，为十方诸佛所不能及；其次说明其所以光明殊胜第一的原因，乃在于其前世求道时所行愿的功德殊胜第一；然后又一一列举了阿弥陀佛的十二光佛的具体名称，以进一步凸显其光明的无量殊胜；最后讲述了阿弥陀佛之光明的殊胜妙用，即众生如能触见此光，无不"垢灭善生"，"命终皆得解脱"，最终得以往生极乐世界。

【原文】 **佛告阿难："阿弥陀佛威神光明，最尊第一，十方诸佛，所不能及。遍照东方恒沙佛刹，南西北方，四维上下[1]，亦复如是。若化顶上圆光，或一二三四由旬，或百千万亿由旬。诸佛光明，或照一二佛刹，或照百千佛刹，唯阿弥陀佛，光明普照无量无边无数**

佛刹。诸佛光明所照远近，本其前世求道，所愿功德大小不同。至作佛时，各自得之，自在所作，不为预计。阿弥陀佛，光明善好，胜于日月之明，千亿万倍。光中极尊，佛中之王。

【注释】 ①四维：指东南、西南、东北、西北。

【译文】 释迦牟尼佛告诉阿难说：“阿弥陀佛威严神奇的光明至尊第一，十方世界的众佛没有一个能与其比肩。他的光明遍照东方如恒河中所有沙子一样多的佛国，同样也照遍南方、西方、北方、上方、下方如恒河中的所有沙子一样多的佛国。若论佛顶上化现的圆光，可能只是几由旬距离，也可以达到百千万亿由旬之远。至于十方世界诸佛的光明，近的只能照一二佛刹，远的则能照及百千佛刹，但唯独阿弥陀佛，其光明普照于无量无边的佛刹。诸佛光明所能照的距离远近，本是其前世求道时所行愿的功德大小不同所致。到了他们成佛之时，各自便以自己前世行愿功德的大小而得到相应的光明，这是自然成就的，不以其意志为转移。阿弥陀佛的光明贤善美好，胜过世间日月之光明千亿万倍。在所有的光明中，阿弥陀佛的光明是最为尊贵宏大的，这也是诸佛光明中的第一。

【原文】 **“是故无量寿佛，亦号无量光佛、亦号无边光佛、无碍光佛、无等光佛，亦号智慧光、常照光、清净光、欢喜光、解脱光、安稳光、超日月光、不思议光[①]。”**

【注释】 ①从“亦号无量光佛”开始到本段结尾：是盛赞阿弥陀佛殊胜光明的十二种名称，也是阿弥陀佛因光明殊胜而得十二种称号，统称“十二光佛”。具体而言，无量光是指佛的智慧光明不可限量。无边光是指佛光普照，无边无际。无碍光是指佛的光明普照，没有障碍。无等光是指佛的光明无与伦比。智慧光是指佛的光明能破除一切众生的无明烦恼。常照光是指佛的光明在一切时一切处，没有间断地普照一切众生。清净光是指佛光能令众生断除贪嗔痴三毒烦恼，得到身心清净。欢喜光是指佛光普施一切众生，能使众生法喜充满。解脱光是指佛的光明能使众生解脱生死苦海，往生极乐净土。安稳光是指佛光能令众生在三界里得到真正的安乐。超日月光是指佛的光明远超世间一切光明，无比殊胜。不思议光是指佛的光明善好不可思议。

【译文】 “因此，无量寿佛也称为无量光佛、无边光佛、无碍光佛、无等光佛，亦号为智慧光、常照光、清净光、欢喜光、解脱光、安稳光、超日月光、不思议光。”

【原文】 **“如是光明，普照十方一切世界。其有众生，遇斯光者，垢灭善生，身意柔软[①]。若在三途极苦之处[②]，见此光明，皆得休息，命终皆得解脱。若有众生，闻其光明、威神、功德，日夜称说[③]，至心不断，随意所愿，得生其国。”**

【注释】 ①身意柔软：指身、心不再桀骜不驯，而是日趋温和，从而随顺于佛的教导。②三途：指火途、血途和刀途。火途代表地狱道，血途代表畜生道，刀途代表饿鬼道，故“三途”也即“三恶道”。③称说：这里特指称念佛名，即称念“南无阿弥陀佛”。

【译文】 “如上所述的这种种光明，普照十方一切世界。有缘得遇阿弥陀佛佛光的一切众生，贪、嗔、痴三种毒垢便得以断灭，相应的善根得以增长，身、口、意三业得以柔顺易化。若有众生处在地狱道火途、畜生道血途、饿鬼道刀途这样的最极苦境地，只要见到阿弥陀佛的光明，也都能苦难消减，并在命终之后能得解脱。若有众生，能闻知阿弥陀佛的光明、威神、功德，又能以至诚之心，日夜称名诵念，念念不绝，就可以随其心意所愿，得

以往生极乐世界。”

寿众无量第十三

【题解】

本品承接上一品，继续表显阿弥陀佛的正报庄严。光明遍照，是身遍十方；寿众无量，是竖穷三际。本品可细分为三无量：一是佛寿无量，二是会众无量，三是会众寿命无量。这是依法藏比丘“四十八大誓愿”中第十五“寿命无量愿”、十六“声闻无数愿”而成就的。佛有三身，即法身、报身、应身。法身以真如理体为身，三际一如，故其寿命自然无始无终；而由于阿弥陀佛愿力独胜，超越诸佛，所以即使其由因缘感应而得的化身，寿命亦皆无量。而由于其愿力的宏深，欲度普天之下一切众生，故其法会会众亦当无量，同时因其殊胜愿力，所度众生寿数亦无量。

【原文】 佛语阿难：“无量寿佛，寿命长久，不可称计。又有无数声闻之众，神智洞达[①]，威力自在，能于掌中持一切世界。我弟子中大目犍连，神通第一，三千大千世界，所有一切星宿众生[②]，于一昼夜，悉知其数。假使十方众生，悉成缘觉，一一缘觉，寿万亿岁，神通皆如大目犍连，尽其寿命，竭其智力，悉共推算，彼佛会中，声闻之数，千万分中不及一分。”

【注释】 ①神智洞达：“神”即神通；“智”即智慧；“洞”指究竟通彻；“达”指通达无碍。“能于掌中持一切世界”喻极乐世界诸菩萨众的自在无碍的威力不可思议。可与《维摩诘经》中所谓“菩萨以一佛土众生置之右掌，飞到十方，遍示一切，而不动本处”相参。②星宿众生：如天上星宿一般多的众生，也有解作“一切星宿至上的众生”，皆可通，喻指无数众生。

【译文】 释迦牟尼佛告诉阿难：“无量寿佛的寿命无量无尽，难以说清也无法计算。他的极乐世界有无数声闻大众，他们皆具神通智慧，通达透彻事理；皆具神威之力，任用自在无碍，能够用手握持一切世界。在我的弟子中，大目犍连号称‘神通第一’，能够在一昼夜之间，全部说清三千大千世界所有一切星宿及其一切众生的数目。假如让十方世界的一切众生，全都成为缘觉，每一位缘觉都有万亿岁的寿命，他们的神通都达到大目犍连的水平，然后尽他们的寿命，竭尽他们的神通智力，全都一起来共同推算极乐世界的声闻人数，他们所能计算出来的数目，达不到实际数目的千万分之一。”

【原文】 “譬如大海，深广无边，设取一毛，析为百分，碎如微尘，以一毛尘，沾海一滴，此毛尘水，比海孰多？”

【译文】 “譬如大海，其深其阔无边无际，再假如取一根毫毛，把它又分成一百份，碎成如微尘一般大小，以这样的小毛尘，去大海中沾一点水，这毛尘沾到的一滴水与整个大海的水相比，哪个为多？哪个为少？”

【原文】 “阿难，彼目犍连等所知数者，如毛尘水；所未知者，如大海水。彼佛寿量，及诸菩萨、声闻、天人，寿量亦尔，非以算计譬喻之所能知。”

【译文】 “阿难，那些具有目犍连神通的无量数的缘觉，所共同推算出来的数目，就

像这纤细毛尘上沾到的水一样；而其未能推算出来的数目，就像那大海海水。阿弥陀佛的寿命以及极乐世界上诸菩萨、声闻、天人的寿命、数量也是这样，不是用推算、比喻等方法所能够搞清楚的。”

宝树遍国第十四

【题解】

本品及以下数品，再次宣说西方极乐世界的依报庄严，在阿弥陀佛的极乐净土，有种种的宝树。这些宝树，或由一宝所成，或由多种宝物和合而成，都依其类别各自成行，行与行之间距离相等而不杂乱，花朵果实的位置也错落有致。宝树发出殊胜微妙的光彩，清风送爽，随风奏乐，音调和雅。如此殊胜的诸多宝树，遍布于极乐世界的一切地方。本品所述，依“四十八愿”之第四十愿——“无量色树愿”而成就。

【原文】 **“彼如来国，多诸宝树。或纯金树、纯白银树、琉璃树、水晶树、琥珀树、美玉树、玛瑙树，唯一宝成，不杂余宝。或有二宝三宝，乃至七宝，转共合成。根茎枝干，此宝所成，华叶果实，他宝化作。或有宝树，黄金为根，白银为身，琉璃为枝，水晶为梢，琥珀为叶，美玉为华，玛瑙为果。其余诸树，复有七宝，互为根干枝叶华果。种种共成，各自异行，行行相值[①]，茎茎相望，枝叶相向，华实相当。荣色光曜，不可胜视。清风时发，出五音声[②]，微妙宫商[③]，自然相和。是诸宝树，周遍其国。”**

【注释】 ①相值：距离相等。②五音：指中国古代乐律的五个基本音阶，即宫、商、角、徵、羽。再加上变宫和变徵，就是现代音乐的七音阶。③宫商：即宫、商、角、徵、羽等五音的略称。

【译文】 “在那西方极乐世界中，有许许多多各种各样的宝树。有的是纯黄金树、纯白银树、纯琉璃树、纯水晶树、纯琥珀树、纯美玉树、纯玛瑙树等，这些树都质地纯粹，皆由一宝所成，没有掺杂其他的珍宝。也有的宝树是用两种宝物或三种宝物乃至用七种宝物和合而成。根茎枝干是由某种珍宝构成，而花叶果实则又由其他珍宝合成。还有的一些宝树，则是黄金为根茎，白银为树干，琉璃为树枝，水晶为树梢，琥珀为树叶，美玉为花朵，玛瑙为果实。其余的宝树，又另有七宝，各为根、干、枝、叶、花、果，组成种种不同形色的七宝树。这些宝树，还依其类别各自成行，行与行之间距离相等而不杂乱，树干与树干彼此对望，枝叶与枝叶遥遥相向，花朵果实的位置也错落有致，彼此相当。繁茂的树木发出殊胜微妙的光彩，耀眼夺目，使人目不暇接，美不胜收。清净舒爽之风，应时而起，发出美妙动听的五音之声，无比微妙的声音自然相和。如此殊胜的诸多宝树，遍布于极乐世界的一切地方。”

菩提道场第十五

【题解】

本品承接上品，专讲阿弥陀佛极乐净土众多宝树中的道场树，仍属“四十八愿”中第

四十愿、第四十一愿有关道场菩提树的成就。本品首先描述了阿弥陀佛道场菩提树的高大、庄严之不可思议，其次表显由于阿弥陀佛大愿的不可思议，所成就佛土的殊胜不可思议，而使其道场菩提宝树亦具有能施之法益的不可思议功德。菩提宝树能演奏出似乎在宣说殊胜佛法的无量妙音，其音可远播遍及十方佛国净土，引发悲心。众生如能得以目睹菩提宝树，耳闻宝树所发妙音，嗅到宝树散发的香味，尝到了宝树所结果实的味道，接触到了宝树所放的光明，忆念宝树的种种功德，都能够使其六根清净无垢，远离烦恼祸患，安住于不退转之位，成就圆满佛果，证得音响忍、柔顺忍、无生法忍等三种法忍。

【原文】“又其道场，有菩提树，高四百万里，其本周围五千由旬，枝叶四布二十万里。一切众宝，自然合成，华果敷荣[①]，光辉遍照。复有红绿青白，诸摩尼宝[②]，众宝之王，以为璎珞[③]，云聚宝锁[④]，饰诸宝柱。金珠铃铎，周匝条间[⑤]。珍妙宝网，罗覆其上，百千万色，互相映饰，无量光炎，照耀无极。一切庄严，随应而现。微风徐动，吹诸枝叶，演出无量妙法音声。其声流布，遍诸佛国，清畅哀亮，微妙和雅，十方世界音声之中，最为第一。若有众生，睹菩提树，闻声，嗅香，尝其果味，触其光彩，念树功德，皆得六根清彻，无诸恼患，住不退转，至成佛道。复由见彼树故，获三种忍[⑥]：一音响忍，二柔顺忍，三者无生法忍。”

【注释】 ①敷荣：“敷”即铺设、展开，这里指四处开放。“荣”即繁茂旺盛。②摩尼：又作“末尼”，意译为“珠”“宝珠”。为珠宝的总称。佛教认为宝珠有消除灾难、疾病以及澄清浊水、改变水色之神妙功效。③璎珞：又作“缨珞”“缨络”。即由珠玉、花等物编缀而成的装饰物，可挂在头、颈、胸或手脚等部位，系印度富贵人家之佩戴物。④云聚宝锁：“云聚宝”为一种印度珠宝的名称。由云聚宝所制作的链锁，称“云聚宝锁”。⑤周匝：即周遍环绕。“匝”为古代计算环绕圈数的单位。⑥忍：即安忍，为“法忍”的略称，安住信受佛法真理谓之“法忍”。下文的“音响忍”：随顺佛菩萨说法的声音，而知诸法实相，安住于法。这里指往生极乐世界之人听闻七宝树林所发的音声，而悟解佛理。柔顺忍：指慧心柔软，心柔智顺，于实相之理不相乖违而能随顺真理。无生法忍：简称“无生忍”，即以真实的智慧，安住在不生不灭的实相真理中。

【译文】“另外，在极乐世界演说佛法的道场，生长有菩提圣树，高达四百万里，其树身粗大，周长有五千由旬，枝叶向四方伸展，方圆二十万里。此树由一切宝物自然合成，花开繁茂，果实累累，所发光明，遍照四方。又由红、绿、青、白色的众宝之王——摩尼宝珠作为璎珞，并用云聚宝所做的钩锁串联起来，装饰在菩提树干之上。纯金与宝珠合成的铃铛，密密麻麻地悬挂在枝条之间。珍稀奇妙的宝网，覆盖在菩提圣树之上，百千万种光色交相辉映，自然发出无量的光芒，照耀之远无量无边。一切庄严之相，普应群机，变化不拘，随意而现。微风徐徐拂来，吹动菩提宝树上的千枝万叶，演奏出无量妙音，似乎在宣说殊胜佛法。这无量妙音传播出去，遍及十方佛国净土，清净通畅，引发悲心，音色明快响亮，安和雅正，微妙无比，在十方世界的一切音声中，无与伦比。如果有众生得以目睹菩提宝树，耳闻宝树所发妙音，嗅到宝树散发的香味，尝到了宝树所结果实的味道，接触到了宝树所放的光明，忆念宝树的种种功德，都能够使其眼、耳、鼻、舌、身、意等六根清净无垢，没有了种种烦恼所导致的祸患，从而能够安住于不退转之位。成就圆满佛果。

又因为知见菩提宝树的缘故，还能够获得初地至八地大菩萨所证得的三种法忍：一是音响忍，二是柔顺忍，三是无生法忍。"

【原文】 佛告阿难："如是佛刹，华果树木，与诸众生，而作佛事，此皆无量寿佛，威神力故，本愿力故，满足愿故，明了、坚固、究竟愿故。"

【译文】 释迦牟尼佛告诉阿难："这西方极乐世界里的花果树木都是在做佛事，使众生破迷开悟，这些都是无量寿阿弥陀佛的威神力、本愿力所致，都是由于无量寿佛的宏大愿心圆满、明了、坚固、究竟的缘故。"

堂舍楼观第十六

【题解】

本品仍为西方极乐世界的依报庄严的内容，着重介绍西方极乐世界的讲堂、住舍、楼观，是阿弥陀佛与菩萨们的居处环境。无量寿佛说法的讲堂，居住的精舍，以及一切楼观栏楯，都是由七宝自然变化而成，诸菩萨众所居住的宫殿也同佛一样，平等庄严。同时也介绍了居处其中的菩萨们修习佛道的基本情况以及修行所证的果位，他们在西方极乐世界的讲堂、住舍、楼观中，各自讲经、诵经，听经、受经，行经、思道、坐禅，随意自在，莫不欢喜。

【原文】 "又无量寿佛讲堂精舍[①]，楼观栏楯[②]，亦皆七宝自然化成。复有白珠摩尼以为交络，明妙无比。诸菩萨众，所居宫殿，亦复如是。中有在地讲堂。诵经者，有在地受经，听经者。有在地经行者[③]，思道，及坐禅者。有在虚空讲诵受听者，经行，思道，及坐禅者。或得须陀洹[④]，或得斯陀含[⑤]，或得阿那含[⑥]，阿罗汉[⑦]。未得阿惟越致者，则得阿惟越致。各自念道，说道，行道，莫不欢喜。"

【注释】 ①讲堂：讲经说法的场所。为佛寺七堂伽蓝之一，一般建在正殿的后面，地位仅次于正殿。精舍：寺院的异称，为精进修行者所居，所以称为"精舍"。释迦牟尼在世时，在各地建有许多精舍，其中以王舍城竹林精舍与舍卫国祇园（祇洹）精舍，较为有名。后人曾将佛陀所常驻锡说法的五处精舍，称为"五精舍"，即：(1)舍卫城的给孤独园（祇园精舍）；(2)王舍城的灵鹫山精舍；(3)王舍城附近的竹林精舍；(4)毗舍离猕猴池的大林精舍；(5)庵罗树精舍。②楼观栏楯："楼"即楼宇，"观"即台榭，"栏楯"即栏杆，竖的叫栏，横的叫楯。③经行：在一定的处所缓慢地往返步行，通常是在食后、疲倦时，或坐禅昏沉瞌睡时进行。据《大比丘三千威仪经》卷上所载，适于经行之地有五种，即空处、户前、讲堂之前、塔下、阁下。另据《四分律》卷五十九所说，时常经行能得五利，即：(一)能堪远行，(二)能静思惟，(三)少病，(四)消食，(五)于定中得以久住。关于经行的方法，据《十诵律》卷五十七所述，应直行，不急不缓；若不能直，当画地为相，随相直行。④须陀洹：旧译为"入流"，新译为"预流"，是声闻乘四果中的初果名。就是从凡夫初入圣流，已断三界一切错误的见解（"见惑"）的果位。⑤斯陀含：意译为"一来"。这是断欲界九品思惑中前六品的二果罗汉。修行证到此果位，还要来欲界再受生死一次，所以称"一来果"。⑥阿那含：意译为"不来"，即不再来欲界受生死，这一果位须断尽三界见惑，及欲界

九品思惑,方能证得。⑦阿罗汉:印度语,是小乘中最高的果位,也称“四果”。阿罗汉有三种意思,即一、杀贼:即断除三界一切见思烦恼;二、应供:应受一切人天的供养;三、无生:于一生中解脱生死,不会再来三界轮回受生。

【译文】 释迦牟尼佛又对阿难说道:“无量寿佛说法的讲堂、修法的精舍,以及所有楼台馆舍乃至其栏杆,也都是由七宝自然化成。又有白珠摩尼所编织成的璎珞,交叉悬挂而成网络,互相辉映,无比光明美妙。而诸菩萨所居住的宫殿,也同样如此。在这些楼台馆舍之中,有的在地上行走中诵经,有的在禅习思定。也有的在虚空之中,讲经、诵经,听经、受经,行经、思道、坐禅。他们有的证得须陀洹果位,有的证得斯陀含果位,有的证得阿那含果位,有的证得阿罗汉果位。原来没有得到阿惟越致果位的,也证得了阿惟越致不退转果位。他们各自念道、说道、行道,无不欢喜非常。”

泉池功德第十七

【题解】

本品还是介绍西方极乐世界外在环境的殊胜。上一品着重介绍阿弥陀佛与菩萨们的居处住所,本品则着重介绍这些居处住所的外在环境,特别是极乐世界的泉水池塘的非比寻常。首先介绍泉水池塘的形、量,它们环绕互通,其长宽深浅,各因等级不同而协调相称。泉池之水,清澈湛净,芬芳四溢;岸边之树,花果恒芳,光明璀璨;池中莲花,色彩斑斓,缤纷耀眼。同时,如此殊胜美妙的泉池,不仅可以随心所欲的变化深浅温凉,自然一一圆满净土众生的心意;更能扬波启音,宣说种种妙法,使闻者都能听到自己愿闻的佛法。池扬妙法,显示极乐世界无情说法的不思议功德。最后,本品还点出了阿弥陀佛净土思想中的一个重要特点,即十方世界来此往生者,全都是在七宝池的莲花里自然化生而非胎生,所以都能远离妄业惑报,具有清净无碍、寿限无极的妙身、妙体,从此不再有三途恶道、烦恼、苦难这些感受乃至说法,有的只是自然快乐的声音,因此才称极乐世界。这是阿弥陀佛“四十八大誓愿”中第二十四“莲华化生愿”、第二十八“国无不善愿”等功德所成就的。

【原文】 **“又其讲堂左右,泉池交流,纵广深浅,皆各一等[①]。或十由旬,二十由旬,乃至百千由旬。湛然香洁,具八功德[②]。岸边无数栴檀香树,吉祥果树[③],华果恒芳,光明照耀,修条密叶,交覆于池,出种种香,世无能喻。随风散馥[④],沿水流芬。”**

【注释】 ①皆各一等:指极乐世界泉池的大小、长宽、深浅都随人心意,协调相称。②八功德:即八功德水,又称“八味水”“八支德水”或“八定水”。是指佛教净土诸宝池中的水具有八种殊胜的功德:一澄净、二清冷、三甘美、四清软、五润泽、六安和、七除饥渴、八长养善根。另外,包围须弥山的七内海中也充满着八功德水,它具有:甘、冷、软、轻、清净、无臭、饮不伤喉、饮不伤腹等八特质。③吉祥果:原产于印度,状似瓜蒌,黄赤色,据传此果可以破除魔障,所以称为“吉祥果”。中国以石榴为吉祥果。④馥:浓郁的香气。

【译文】 “在阿弥陀佛的讲经殿堂左右两边,还有环绕互通的清泉池塘,这些泉池的长宽深浅,各因其等级不同而协调相称。有的是十由旬,有的是二十由旬,有的更达百千由旬。池中之水清澈湛净，芬芳四溢，皆具澄净、清冷、甘美、轻软、润泽、安和、除饥渴、长养诸根等八种功德。岸边有无数栴檀香树和吉祥果树，花果持久地散发出芬芳，放射出夺目光芒，修长的枝条和浓密的树叶，交叉延伸，覆盖在池水之上，散发出种种用世间语言难以描摹形容的奇香。这浓郁的妙香随风散布，沿水流淌。"

【原文】"又复池饰七宝，地布金沙，优钵罗华、钵昙罗华、拘牟头华、芬陀利华①，杂色光茂，弥覆水上。若彼众生，过浴此水，欲至足者，欲至膝者，欲至腰腋，欲至颈者；或欲灌身，或欲冷者、温者、急流者、缓流者，其水一一随众生意。开神悦体，净若无形。宝沙映彻，无深不照。微澜徐回，转相灌注，波扬无量微妙音声。或闻佛法僧声，波罗蜜声、止息寂静声、无生无灭声、十力无畏声②；或闻无性无作无我声、大慈大悲喜舍声、甘露灌顶受位声③。得闻如是种种声已，其心清静，无诸分别，正直平等，成熟善根。随其所闻，与法相应。其愿闻者，辄独闻之；所不欲闻，了无所闻，永不退于阿耨多罗三藐三菩提心。"

【注释】 ①优钵罗华、钵昙罗华、拘牟头华、芬陀利华：各种颜色的莲花。一般分别译为：青色的莲花、红色的莲花、黄色的莲花、白色的莲花。②十力：指如来十力，只有如来方才具有的十种特殊智力，属于佛"十八不共法"中的十种。又称"十神力"。即指：一、知觉处非处智力，"处"意指道理，善因善果、恶因恶果之理称为"是处"，反之称为"非处"。即如来具有如实了知合理、不合理的一切道理的智力；二、知三世业报智力，即能知一切众生三世因果业报的智力；三、知诸禅解脱三昧智力，即能知各种禅定及解脱三昧等次第深浅的智力；四、知诸根胜劣智力，即能知众生根性的胜劣与得果大小的智力；五、知种种解智力，即能知一切众生种种知解的智力；六、知种种界智力，即能普知众生种种境界不同的智力；七、知一切至所道智力，即能知一切众生行道因果的智力；八、知天眼无碍智力，即能以天眼见众生生死及善恶业缘而无障碍的智力；九、知宿命无漏智力，即知众生宿命及知无漏涅槃的智力；十、知永断习气智力，知一切烦恼惑业永断不生的智力。无畏：又作"无所畏"，即无所怖畏恐惧之意。是指佛、菩萨说法时具有无所怖畏的自信，舒泰安稳。佛、菩萨的无畏有四种，称"四无畏""四无所畏"。即：一切智无所畏、一切漏尽无畏、说障道无所畏、说尽苦道无所畏。③无性无作无我："无性"之"性"指性体，意指一切诸法都没有实体。"无作"即无为，就是远离一切有为的造作。"无我"，"我"是自性、主宰的意思，"无我"是指一切诸法皆是因缘和合而生，皆无自性。大慈大悲喜舍：即慈、悲、喜、舍四无量心，又名"四等""四梵行"，十二门禅中的四禅。(1)慈，与众生同乐之心。(2)悲，拔众生苦之心。(3)喜，见他人的离苦得乐，自心生起欢喜之心。(4)舍，如上三心，舍之而不执着之心，或怨亲平等，不起爱憎之心。甘露灌顶受位："甘露"原指天人的长生不死药，佛教中比喻不生不灭的大法。"灌顶"参前注，即菩萨于十地中的第九地升入第十法云地时，诸佛以智水灌其顶，以为受法王职的证明。菩萨接受了佛的灌顶传位之法，就叫"灌顶受位"。

【译文】 "又用七种宝物来装饰这些水池，用金沙铺地，优钵罗青莲花、钵昙罗红莲花、拘牟头黄莲花、芬陀利白莲花，异彩纷繁，缤纷耀眼，弥漫覆盖在池水之上。倘若极乐世界中的众生，涉水经过或在池水中沐浴，想让此水齐足深，这水就齐足深；想让此水齐膝深，水就齐膝深；想要齐腰深、齐腋深、齐颈深，或者想让水从头上流下，或者想让池水

清凉，想让池水温热，想让池水急速流淌，想让池水缓慢流淌，池水都能随其所欲，如其所意。池水还具有令人心神爽朗，增长智力，令身体舒畅安乐的功效，其水清湛净洁得如若无物。池底的黄金宝沙，无论水有多深都能明澈地映照出来。轻波徐缓安和，辗转回护，流波轻漾，发出无量微妙悦耳的声音。似可听闻水中有诵念着佛、法、僧三宝之声，又似可听闻水中有演说诸波罗蜜之声、止观禅定之声、无生无灭之声、十力无畏之声，或者听闻无性无作无我之声、大慈大悲喜舍志声、甘露灌顶受位之声。种种微妙音声，听者无不心中清净无垢，不生贪妄执着分别之心，正直平等，善根由此自然成熟。对于所听闻到的妙法，都能同法相应，即时契会。想听到什么，就自行听到什么；不想听到什么，就什么也听不到，不受丝毫干扰，可谓从心所欲，求无上正等正觉之心，必能永不退转。”

【原文】 **“十方世界诸往生者，皆于七宝池莲华中，自然化生，悉受清虚之身，无极之体[1]。不闻三途恶恼苦难之名，尚无假设[2]，何况是苦？但有自然快乐之音，是故彼国名为极乐。”**

【注释】 ①清虚之身，无极之体：意即清净无碍的妙身，寿限无极的妙体。“清虚”指非血肉之躯，故清净无碍；“无极”指寿限无极，即所谓无量寿。②假设：指虚拟假设的概念名相。

【译文】 “十方世界的一切往生极乐世界的众生，全都在七宝池的莲花里自然化生，全部得清净无碍的妙身，寿限无极的妙体。从此不再知道三途恶道、烦恼、苦难这些说法，极乐世界中连这些虚拟假设的概念名相都没有，更何况实实在在的痛苦烦恼呢？这世界中有的只是自然快乐的声音，因此这个佛国名叫极乐世界。”

超世希有第十八

【题解】

本品指出，西方极乐世界依正二报，都远超十方世界之上，稀有难得。当然，除“所处宫殿，衣服饮食，犹如他化自在天王”一段有关依报外，更主要的篇幅是有关正报的内容。特别是对极乐世界所有菩萨的容貌、形相、气质，以譬喻、比较的方法，进行了善巧方便的说明。至于他们的神威功德、阶次品位、神通变化，则更是十方世界一切天人所不能比，其间相差非千百万亿倍所能计量。

【原文】 **彼极乐国，所有众生，容色微妙，超世希有，咸同一类，无差别相。但因顺余方俗[1]，故有天人之名。**

【注释】 ①余方俗：极乐世界之外他方世界的习俗。

【译文】 阿弥陀佛极乐世界中的所有众生，容貌色相美妙至极，超越世间常态，稀有难得，形态相貌彼此相如，平等无二。只是为了顺随他方世界的习俗，方才借用天、人之类的名相以作区别。

【原文】 **佛告阿难：“譬如世间贫苦乞人，在帝王边，面貌形状，宁可类乎？帝王若比转轮圣王，则为鄙陋，犹彼乞人，在帝王边也。转轮圣王，威相第一，比之忉利天王，又复丑劣。假令帝释[1]，比第六天[2]，虽百千倍，不相类也。第六天王，若比极乐国中，菩萨声**

闻，光颜容色，虽万亿倍，不相及逮。”

【注释】 ①帝释：即忉利天天主。②第六天：即他化自在天，为欲界六天中的最上层之天。

【译文】 释迦牟尼佛告诉阿难说：“比如世间贫苦的乞丐，立于帝王身边，他们的容貌、形相、气质，怎么能同日而语呢？但若用帝王去比转轮圣王，则帝王的容貌、形相、气质自然又比转轮圣王粗鄙丑陋许多，这就如同乞丐与帝王相比一样。转轮圣王具足三十二相，威德、色相堪称第一，但与欲界第二天忉利天王相比，又难免显得丑陋低下。假如再让忉利天王去比欲界第六天他自在天王，则其威德色相纵使提升千百倍，也无法与后者相匹。而第六天王若与极乐世界中的菩萨、声闻相比，其容貌、形相、气质则又差了万亿倍之遥，是比不上的。”

【原文】 **“所处宫殿，衣服饮食，犹如他化自在天王。至于威德、阶位、神通变化，一切天人，不可为比，百千万亿，不可计倍。阿难应知，无量寿佛极乐国土，如是功德庄严，不可思议。”**

【译文】 “这些菩萨、声闻住的宫殿，穿的衣服，吃的食物，都和欲界第六天他自在天王一样，随心所欲，应念现前。但论及他们的神威功德、阶次品位、神通变化，则十方世界一切天人都不能够与之相比，因为其间相差非千百万亿倍所能计量，而是不可计量的倍数。阿难，你应当知道，无量寿佛的极乐世界，具备如上所述的功德庄严，真实不可思议。”

受用具足第十九

【题解】

本品开头所列“形貌端严，福德无量，智慧明了，神通自在”，皆可视为西方极乐世界诸菩萨众的种种受用，而如此种种殊胜受用，“一切丰足”，无不体现了阿弥陀佛极乐净土依正二报的“超世希有”。但本品更着重于从“福德无量”的角度，从衣食住行等生活状况的侧面，介绍极乐净土中的一切生活日用，都能随其所愿，“应念现前，无不具足”。特别是以饮食为例，说明“受用具足”的殊胜，甚至达到食而无食者，“以意为食”的境界，凸显极乐世界的不可思议功德。

【原文】 **“复次极乐世界，所有众生，或已生，或现生，或当生，皆得如是诸妙色身：形貌端严，福德无量，智慧明了，神通自在。受用种种，一切丰足。宫殿、服饰、香花、幡盖，庄严之具，随欲所须，悉皆如念。”**

【译文】 “另外，极乐世界的所有众生，或是已经往生的，或是现在往生的，或是将来应当往生的，都能得到前面所说的妙好色身：形态面貌端正庄严，福德没有限量，智慧明通透彻，神通自在无碍。各种所需器具，全都丰富充足。宫殿、服饰、香花、幡盖以及一切用以庄严佛土的器具，都能随其所念而随即出现，需要无不立时满足。”

【原文】 **“若欲食时，七宝钵器[①]，自然在前；百味饮食，自然盈满。虽有此食，实无食者，但见色闻香，以意为食，色力增长，而无便秽；身心柔软，无所味著。事已化去，时至**

复现。"

【注释】 ①钵器：佛教僧人饮食所用的餐具，为"比丘六物"之一。"比丘六物"是指为僧尼不可或缺的六种生活用具，并为佛制所允许私蓄。即：僧伽梨（九条乃至二十五条大衣）、郁多罗僧（七条中衣）、安陀会（五条下衣）等一组，以及钵、尼师坛（坐卧之具）、漉水囊（保护水中虫命之具）等六种。若略去后二者，一般称为"三衣一钵"。如果加上裁缝用具类的针、筒，则为八物。最初佛教出家者的特征是以"三衣一钵"为代表，故将"三衣一钵"视为神圣之物。至于六物、八物则是后来所增加的。僧尼生活中一切靠他人布施，主要是为了使出家人的欲望减少至最低限度，因此规定不可携带其他不必要的物品。

【译文】 "想吃东西时，七宝合成的餐具自行来到面前；无量种类的美味佳肴，自然在碗中盛满。虽然显现这些食物，但实际并没有真正吃饭的人，只是看看这些食物的色泽、闻闻这些食物的香味，以意念为食，便无不自然饱足，从而达到增长色身的力量而不会产生污秽便溺；食后身心柔软，而又不会使人贪求执着于这些美味的效果。饱足之后，饮食、餐具全都自然消失，想饮食的时候，又立时而现。"

【原文】 **"复有众宝妙衣，冠带，璎珞，无量光明，百千妙色，悉皆具足。自然在身。所居舍宅，称其形色。宝网弥覆，悬诸宝铃。奇妙珍异，周遍校饰，光色晃曜，尽极严丽。楼观栏楯，堂宇房阁，广狭方圆，或大或小，或在虚空，或在平地，清净安隐[1]，微妙快乐。应念现前，无不具足。"**

【注释】 ①安隐：即安稳。

【译文】 "又有众宝合成的珍妙衣服、帽子、衣带、璎珞，无不放出无尽无量的光明，显现千百万种的神妙色彩，具足庄严。这种神妙的衣裳服饰，也是随其所欲，无须剪裁，自然显现，穿着于身。极乐世界的一切众生所居住的房舍宅院，不论形状色彩，都协调匹配，称人心愿。宅舍之上，全都为各类珠宝连缀而成的网络所覆盖，其上悬挂无尽无量的珍宝铃铛。到处装饰着各种各样的奇珍异宝，光色交相辉映，晃动变化，明亮显曜，美轮美奂，极尽庄严美丽。楼观栏杆，堂宇房阁，或宽或窄，或方或圆，或大或小，或悬于虚空，或座于平地，无不清净而又安稳，令人无比畅快安乐。所有这些，同样也是随其所欲，立时显现，没有一样不是圆满具足的。"

德风华雨第二十

【题解】

本品彰显西方极乐世界风、雨的功德，属于对弥陀净土依报庄严的进一步补充。经中介绍，极乐世界，每到正午时分，就会自然吹起除垢兴善、具足众德的清风。风吹声起，又能发出演说苦、空、无常、无我等等各种觉悟成佛大法的声音，流溢散布种种温和雅正的妙香，德风触体，使人自然安乐和谐，调心适意。极乐世界又有漫天花雨，同样具足不可思议的种种功德。

【原文】 **"其佛国土，每于食时[1]，自然德风徐起[2]。吹诸罗网，及众宝树，出微妙音，演说苦、空、无常、无我诸波罗蜜，流布万种温雅德音。其有闻者，尘劳垢习，自然不起。**

风触其身，安和调适，犹如比丘得灭尽定[3]。”

【注释】①食时：是为戒律所规定的进食时间，即早晨到正午之间为食时。以日中之时斋食，故称“食时”；过午而食，则成“非时食”，违反了九十单堕的非时食戒。②德风：风有除垢灭惑之德，故称之为“德风”。③灭尽定：又名“灭受想定”，或“灭定”，是心与心所皆灭尽之定，从而见思烦恼无不断尽，为“九次第定”中的最后一定，也是阿罗汉方能证得的定功。

【译文】“阿弥陀佛的极乐世界，每到正午时分，就会自然徐徐吹拂除垢兴善的德风。风吹拂在那由众多宝物连缀合成的罗网以及宝树之上，便发出清净微妙的声音，演说苦、空、无常、无我等等各种觉悟成佛的大法，流溢散布着种种温和雅正而具足众德的妙香。闻到了这种种妙香的人，都能满心清净，烦恼、习气不得而生。风接触到人的身体，便会如同比丘证得灭尽定一般，安乐和畅，调心适意。”

【原文】**“复吹七宝林树，飘华成聚。种种色光，遍满佛土。随色次第，而不杂乱。柔软光洁，如兜罗绵[1]，足履其上，没深四指，随足举已，还复如初。过食时后，其华自没，大地清净。更雨新华。随其时节[2]，还复周遍。与前无异，如是六反。”**

【注释】①兜罗绵：意译即“草木花絮”，这里是形容七宝树林飘花的纤细柔软。②时节：古印度一昼夜分为六个时辰，即晨朝、日中、日没、初夜、中夜与后夜。因此，本段经文最后说“如是六反”，即花雨旋降旋停，一个昼夜要随时节变更而反复六次。

【译文】“风吹动七宝树林，漫天妙花，纷扬飘落，积聚成堆。缤纷夺目，遍满极乐佛土。各种色彩的花根据颜色的不同自然聚落，如锦如绘，色彩缤纷而不显丝毫凌乱。而且柔软光洁，如同细软花絮，脚踏其上，没脚深达四指，脚一抬起，又恢复原状，不留丝毫痕迹。过了正午，这些奇香妙花自然消失，大地上清净如初。新花又由天如雨而降。随着时辰的变更，循环往复地在整个极乐净土飘落、隐灭。像这样的情形，一个昼夜要反复六次。”

宝佛莲光第二十一

【题解】

佛教以莲花为圣物，佛教净土宗更以莲宗为别名，阿弥陀佛极乐世界又称“莲刹”“莲邦”，而念佛往生弥陀净土的人，都在莲花之中化生，因此莲花好像母胎，所以叫“莲胎”。凡此种种，皆显示了莲花与佛教特别是净土宗的特殊渊源。本品介绍西方极乐世界中莲花的殊胜功德。在弥陀佛国之中，宝莲遍满，皆具微妙色光，一一光中又化现无量诸佛，一一诸佛，演说佛法，安立无量众生，如此重重无尽，具有不可思议的无量功德，由此极显极乐世界具有华藏世界十玄妙门中的重重无尽玄门。

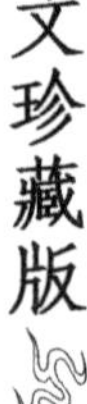

【原文】**“又众宝莲华周满世界，一一宝华百千亿叶，其华光明，无量种色。青色青光，白色白光，玄黄朱紫，光色亦然。复有无量妙宝百千摩尼，映饰珍奇，明曜日月。彼莲华量，或半由旬，或一二三四，乃至百千由旬。一一华中，出三十六百千亿光；一一光中，出三十六百千亿佛。身色紫金，相好殊特。一一诸佛，又放百千光明，普为十方说微妙**

法。如是诸佛，个个安立无量众生于佛正道。”

【译文】“还有，在那极乐世界之中，遍布着各种由众宝所成的莲花，每一莲花，皆具百千亿叶，花体的光明，具有无数种颜色。青色的花放出青光，白色的花放出白光，玄、黄、朱、紫色的花，也都根据自身颜色放出相应的光。又有无量数的奇珍异宝、百千种摩尼珠，与这些宝莲相互辉映，彼此装饰，斑斓夺目，胜过日月。这些宝莲的大小，或是半由旬，或是一、二、三、四由旬，乃至百千由旬。每一朵花中，放出三十六百千亿种光；每一种光中，又示现出三十六百千亿尊佛。佛身都是紫磨真金色，相好无比，殊胜庄严。每一尊佛，又放出百千种光明，广为十方世界众生宣说微妙佛法。这些光中所示现的众佛，皆具无边真实妙用，个个安立众生于佛教的正道之上。”

决证极果第二十二

【题解】

“决证极果”之“决”是决定，“证”即证得，“极果”是圆满佛果、无上正等正觉。本品主题即是往生极乐世界者，决定证得无上正等正觉。本品对于极乐世界具有总结性质，篇幅不长，但含义深远。极乐世界清净庄严，其根本境界，则在于“般若智慧”。弥陀净土可谓境智冥合，因果如如。往生西方极乐世界者，内无取舍分别，所以外感亦能远离分别之境。如此，则智、境无不清净平等。所以极乐净土没有日月、星辰、昼夜、晦明等现象，也没有岁月、劫数等说法，同样还没有对家室的执着与留恋。唯一享有的是由清净之心所生发出的无上快乐，全都安住于正定之聚，注定要证得无上正等正觉。本品为“四十八本愿”中第二十九“住正定聚愿”、第十二“定成正觉愿”的成就。

【原文】“复次阿难：彼佛国土，无有昏暗、火光、日月、星曜、昼夜之象，亦无岁月、劫数之名，复无住著家室①。于一切处，既无标示名号②，亦无取舍分别，惟受清净最上快乐。若有善男子、善女人③，若已生，若当生，皆悉住于正定之聚，决定证于阿耨多罗三藐三菩提。何以故？若邪定聚，及不定聚④，不能了知建立彼因故⑤。”

【注释】①住著家室：即执着与留恋于自己的家亲眷属。“住著”即执着、留恋。②标示：即标志。③善男子、善女人：原指佛教的“四众”弟子，即出家男女二众和在家男女二众，佛典中多指在家信佛男女，也可泛指一切信佛之人。净土宗更强调指听闻佛名生起信心，并持名念佛之男子、女人。④正定之聚、邪定聚、不定聚：参前第六品“定聚”注释。⑤彼因：即成立本品标题“决证极果”的原因，“决证”即决定证得，“极果”即圆满佛果、究竟成佛之果。

【译文】“阿难，接下来继续听我演说：在那阿弥陀佛的极乐净土，没有昏暗、火光、日月、星辰以及昼夜等现象，也没有岁月、劫数等说法，同样还没有对家亲眷属的执着与留恋。在所有的地方，既没有标志、名称，也没有取舍分别的行为，唯一享有的是由清净之心所生发出的最无上的快乐。十方世界之中具足信愿行的善男信女，或是过去往生极乐净土的，或是在将来应当往生极乐净土的，全都安住于正定之聚，注定要证得无上正等正觉。为什么这样说呢？因为若是住于邪定聚或者不定聚，就都不能彻底了知建立决定

成佛的妙因所在。”

十方佛赞第二十三

【题解】

本品首先叙述了十方无量世界的一切诸佛，对于阿弥陀佛不可思议的无量功德的交口称颂，这个是阿弥陀佛“四十八大愿”中第十七“诸佛称叹愿”的成就。接着，又对“诸佛称叹”的原因进行了说明，即他们一心要使十方世界的一切众生，都能听闻阿弥陀佛的名号，生发清净无垢的信心。信受乐持阿弥陀佛名号，皈依供养阿弥陀佛，乃至能发坚定不二的清净信心，将所积所累的所有功德善根，以至诚之心回向发愿，往生阿弥陀佛极乐净土。

【原文】 “复次阿难：东方恒河沙数世界，一一界中如恒沙佛，各出广长舌相[①]，放无量光，说诚实言，称赞无量寿佛不可思议功德。南西北方，恒沙世界，诸佛称赞，亦复如是。四维上下，恒沙世界，诸佛称赞，亦复如是。”

【注释】 ①广长舌相：略名“广长舌”。佛的“三十二相”之一，舌广而长，柔软红薄，出口能盖覆面部到发际。又《观佛三昧海经》卷一称：“如来广长舌相，莲华叶形，上色五画，五彩分明，舌下十脉，众光流出，舌相广长，遍覆其面。”广长舌相象征佛辩才无碍，所言决定真实，这是无量劫以来，没有妄语、绮语、两舌、恶口等过失，口业清净而感得的果报。

【译文】 “阿难，接下来继续听我演说：在东方如恒河沙数那么多的世界，每一个世界又有如恒河沙数一样多的佛，每尊佛都示现象征其言说真实可信的广长舌相，放出无量光明，说出真实不虚的言语，无不称颂无量寿佛不可思议的无量功德。在南方、西方、北方如恒河沙数一样多的世界里的一切佛，也毫无二致地交口称颂阿弥陀佛不可思议的无量功德。东南、西北、东北、西南、上方、下方等各个方向，也有如恒河沙数那么多的十方世界，其一切众佛，对于阿弥陀佛不可思议的无量功德的称颂，也同样别无二致。”

【原文】 “何以故？欲令他方所有众生，闻彼佛名，发清净心，忆念受持[①]，归依供养[②]，乃至能发一念净信，所有善根，至心回向，愿生彼国。随愿皆生，得不退转，乃至无上正等菩提。”

【注释】 ①忆念受持：“忆”是忆佛之功德，“念”是念佛之名号，“受持”是信受佛法、坚持念佛修持永不间断。②归依：又作“皈依”。指归敬依靠佛、法、僧三宝。归依的梵语含有“救济”“救护”之义，即依佛、法、僧三宝的功德威力，能加持、摄导归依之人，使其出离三途六道无边苦海而得最终解脱。

【译文】 “为什么会是这样的呢？因为他们一心要使十方世界的一切众生，都能听闻阿弥陀佛的名号，生发清净无垢的信心，对阿弥陀佛专一心志，忆佛念佛，信受乐持阿弥陀佛名号，皈依供养阿弥陀佛，乃至能发坚定不二的清净信心，将所积所累的所有功德善根，以至诚之心回向发愿，往生阿弥陀佛极乐净土。如其所愿坚定修行，便决定能够随其行愿而往生，并成就永不退转的阿惟越致果位，直至最终证得究竟圆满、无上正等正觉

的佛的智慧。”

三辈往生第二十四

【题解】

这一品主要是讲往生极乐世界的众生，根据其信愿的深浅、发心的大小、持诵的多寡以及修习的勤惰等等分殊，分为各种不同的品类，本经将此品类归纳为三大类，就是上辈往生者、中辈往生者和下辈往生者。《观无量寿经》说得比较详细，分为九品，佛教有“三辈九品”之说，就是把《无量寿经》和《观无量寿经》中有关往生极乐净土者的品类合起来讲的缘故。值得注意的是，本品尽管将往生弥陀净土者分为三类，但有一个基本原则是唯一不变的，即若论其所以能够往生的关键原因，则莫不在于能“发菩提心，一向专念阿弥陀佛”，而这也正是本经的纲领主旨所在。也就是说，如若往生，则信、愿、持名这三个条件，缺一不可。“三辈往生”，为阿弥陀佛“四十八大誓愿”中第十八“十念必生愿”的成就，亦是所有誓愿中的核心及其最终落实。

【原文】 **佛告阿难：“十方世界诸天人民，其有至心愿生彼国。凡有三辈[①]：其上辈者，舍家弃欲，而作沙门，发菩提心，一向专念阿弥陀佛[②]，修诸功德，愿生彼国。此等众生，临寿终时，阿弥陀佛，与诸圣众，现在其前，须经臾间，即随彼佛往生其国，便于七宝华中自然化生。智慧勇猛，神通自在。是故阿难，其有众生欲于今世见阿弥陀佛者，应发无上菩提之心，复当专念极乐国土，积集善根，应持回向。由此见佛，生彼国中，得不退转，乃至无上菩提。”**

【注释】 ①辈：辈分、等级、类别。这里主要是指类别。②一向：佛教习语。指专向于一处，无杂念，无散乱之心，也即一心、专心。也可指全然、彻底。这里主要是第一层意思。专念：即专心忆念或专心称念。关于念佛法门，净土宗内部有不同解说，一般认为念佛即称念阿弥陀佛名号，也有认为念佛是忆念佛及佛土的功德或形象，也有认为两者兼综。

【译文】 释迦牟尼佛告诉阿难说：“十方世界的一切众生，其有至诚信心追求往生西方极乐世界的，可分为三等人：上等的往生者，要舍弃家庭，捐弃情欲，出家为僧，发菩提心，一心一意，专念阿弥陀佛名号，至死不渝，修行六度波罗蜜等各种功德，发愿往生西方极乐世界。这些众生，临到寿终之时，阿弥陀佛与极乐世界的菩萨圣众，便会出现在他的面前，转瞬之间，便能随阿弥陀佛往生西方极乐净土。在七宝池的莲花中自然化生。一化生便得到智慧勇猛、神通自在的果报。所以，阿难，如果有众生想在今生今世就能见到阿弥陀佛，就应该生发无上菩提之心，同时应当专心持念西方极乐世界，积累种种功德善根，并把所修功德回向往生西方极乐净土之愿。由此便可以在现世得见阿弥陀佛，往生于极乐世界，成就永不退转的阿惟越致果位，乃至证得无上正等正觉。”

【原文】 **“其中辈者，虽不能行作沙门，大修功德，当发无上菩提之心，一向专念阿弥陀佛。随己修行，诸善功德，奉持斋戒，起立塔像[①]，饭食沙门，悬缯然灯[②]，散华烧香，以此回向，愿生彼国。其人临终，阿弥陀佛化现其身，光明相好，具如真佛。与诸大众，前后围**

绕，现其人前，摄受导引，即随化佛往生其国，住不退转，无上菩提。功德智慧，次如上辈者也。”

【注释】 ①塔像：“塔”指佛塔，“像”即佛像。“塔”是佛教的一种重要建筑类型，音译作“窣睹婆”“窣堵婆”等，略译作“塔婆”“佛图”“浮图”“浮屠”“佛塔”等，意译为“高显处”“功德聚”“方坟”“圆冢”“大冢”“塔庙”“归宗”“灵庙”等。原指为安置佛陀舍利等物，而以砖等构造而成的建筑物，后来又与不埋佛舍利的佛教建筑“支提”混同为一，泛指一切安置佛舍利、遗物以及诸佛菩萨像、佛陀足迹、祖师高僧遗骨、经文和各种法物等，而以堆土、石、砖、木等筑成，作为供养、礼拜、纪念的多层建筑物。佛塔的一般形制由台基、覆钵、平头、竿、伞五部分组成。早期的佛塔是一个半圆形的大土冢，如现存比较完整的印度桑奇大塔，中央是覆钵形塔体，塔顶上的方形平台和三层伞盖，塔的底部有基台和围栏，前面有阶梯上下。最外层还有绕塔围栏，供信徒环绕以作巡礼，围栏的四面各有一个牌坊状塔门。汉传佛教的最具代表性的佛塔则主要是在覆钵式佛塔的基础上，与中国传统的楼阁式建筑结合而形成的楼阁式佛塔。楼阁式佛塔的特征是：每层之间的距离较大，塔的一层相当于楼阁的一层，各层面大小与高度，自下而上逐层缩小，整体轮廓为锥形。楼阁式塔的平面，唐代为方形，宋、辽、金时代为八角形，宋代还出现过六角形。明、清时代仍采用八角形和六角形。塔的位置最初在中国寺院中是处于中心地位的，唐代开始逐步发展为以佛殿为中心，塔被建于寺旁或寺后，还有的更另建塔院。②悬缯然灯：悬挂彩幡，点燃灯烛。缯，原意为绢帛类织物，这里指佛教礼佛的幡幢。然，通“燃”，即点燃。

【译文】 “中等的往生者，虽然不能出家为沙门，大修功德，但也应当发无上菩提之心，一心一意，专念阿弥陀佛名号，至死不渝。随自己的所能勉力修行，积功累德，如奉斋持戒，建佛塔、造佛像，以饭食供养出家僧众，在佛殿悬挂彩幡，点燃灯烛，献花焚香，等等，并用以上功德回向，发愿往生西方极乐世界。这些众生，在其寿命终了之时，阿弥陀佛会向他示现其化身，化身的光明相好与佛真身没有区别。又有极乐世界的菩萨圣众前后围绕在这化身佛旁，出现在这人面前，接纳导引，立刻便随阿弥陀佛的化身往生西方极乐世界，也可以得到阿惟越致不退转菩萨果位和正等正觉。但是这人的功德和智慧，则要略比上等的往生者略逊一筹。”

【原文】 **“其下辈者，假使不能作诸功德，当发无上菩提之心，一向专念，阿弥陀佛。欢喜信乐，不生疑惑，以至诚心，愿生彼国。此人临终，梦见彼佛，亦得往生。功德智慧次如中辈者也。”**

【译文】 “下等的往生者，假使不能如上、中等的往生者一样行诸功德，也应当发无上菩提之心，一心一意，专念阿弥陀佛名号。能欢喜、信仰、爱好、修行这一法门，没有丝毫疑惑和动摇并以至诚之心，发愿求生西方极乐净土。这些众生，在其临终之时，便可梦见阿弥陀佛，也能够得以往生西方极乐净土。但其所成就的功德智慧，又要比中等的往生者差了一截。”

【原文】 **“若有众生住大乘者，以清净心，向无量寿，乃至十念，愿生其国。闻甚深法，即生信解，乃至获得一念净心。发一念心念于彼佛，此人命终时，如在梦中，见阿弥陀**

佛，定生彼国，得不退转无上菩提。"

【译文】"如果还有专一修习大乘菩萨道其他法门的众生，虽没有专门修习阿弥陀佛净土法门，但能以无垢清净之心，向慕无量寿佛，然后持名念佛，甚至只需十念，发愿往生极乐世界。这些众生，听到渊深的佛法教理，也能立即生发信仰和理解之心，以至于获得一心专念阿弥陀佛的净心。如果他用这一心专念的净心，诵念阿弥陀佛的名号，则在其命终之时，如同在梦中一样，得以见到阿弥陀佛，这也一定能够往生极乐世界，得永不退转的阿惟越致果位，证得无上正等正觉。"

往生正因第二十五

【题解】

本品为上一品"三辈往生"的进一步补充。"三辈往生"品更注重往生之后的位次，而本品则着重说明往生的因行。此两品互作经纬，彼此涵摄，上品三辈往生者之所行，其实就是往生正因；而本品中所揭示的往生正因，其结果就是上品中的往生三辈。具体而言，上辈往生者的正因在于：(一)受持本经，(二)求生净土，(三)发菩提心，(四)严守经戒，(五)饶益有情，(六)忆佛念佛。中辈往生者的正因在于：(一)修行十善，(二)昼夜念佛，(三)志心归依，(四)顶礼供养。下辈往生者的正因在于：(一)修行世俗善业，(二)忙里偷闲，一心清净，念佛往生。最后，本品还指出，往生极乐世界之人，尽管其因行有如上种种差异，但往生之后皆属大乘，皆能证得阿惟越致不退转果位，都具有三十二种大人相的黄金色身，都必将成佛。

【原文】**"复次阿难：若有善男子，善女人，闻此经典，受持读诵，书写供养，昼夜相续，求生彼刹，发菩提心，持诸禁戒，坚守不犯。饶益有情，所作善根，悉施与之，令得安乐。忆念西方阿弥陀佛，及彼国土。是人命终，如佛色相种种庄严，生宝刹中，速得闻法，永不退转。"**

【译文】"阿难，接下来继续听我说法：如果有善男信女，听说到这部《无量寿经》，能够信受、读诵、抄写、供养，无论白天黑夜，一刻不休地发愿往生西方极乐世界，发大菩提道心，奉持种种戒律，坚定恪守而无丝毫违犯。广做善事以利益众生，并将行善所积的一切功德善根，全无保留地奉献布施给一切众生，使他们离诸苦海而得安乐。同时又能发心忆念西方阿弥陀佛，追求往生极乐净土。则在其命终之时，便会有像佛一样庄严色相，往生于西方极乐净土，并立即能够听闻佛法，证得阿惟越致不退转菩萨果位。"

【原文】**"复次阿难：若有众生，欲生彼国，虽不能大精进禅定，尽持经戒，要当作善。所谓：一不杀生，二不偷盗，三不淫欲，四不妄言，五不绮语，六不恶口，七不两舌，八不贪，九不嗔，十不痴[①]。如是昼夜思惟，极乐世界阿弥陀佛，种种功德，种种庄严，志心归依，顶礼供养。是人临终，不惊不怖，心不颠倒，及得往生彼佛国土。"**

【注释】①"一不杀生"几句：为佛教所谓"十善"。"十善"以三种身业（不杀生、不偷盗、不淫欲）、四种语业（不妄语、不绮语、不恶口、不两舌）及三种意业（不贪欲、不嗔恚、不邪见）所组成的，又称"十善道""十善业道""十善根本业道"或"十白业道"。大乘

佛教认为,“十善”是世间善行的总称,也是一切出世间善行的基础。“不淫欲”又称“不邪淫”,指不与配偶之外的人行淫。“不妄言”指不说假话诓骗他人。“不绮语”指不说淫邪不正诱人为恶之语。“不恶口”即不恶语伤人。“不两舌”指不搬弄是非、离间他人。“不贪”即“不贪欲”,指对外物不起贪心。“不嗔”即“不嗔恚”,指对他人不生嗔怒恨恼之心。“不痴”即“不邪见”,指对事对理没有偏邪异见,不混淆是非,而能明白了解事理因果的真相。

【译文】“阿难,接下来继续听我说法:如果有众生想往生西方极乐世界,虽然不能在禅定等修习上勇猛精进,又不能完全奉行持守经教戒律,但务必要尽其所能断除恶业,修十善业。即所谓:一不杀生,二不偷盗,三不放纵淫欲,四不说假话,五不说奉承话,六不恶语伤人,七不搬弄是非,八不贪得无厌,九不憎愤怒恼,十不痴心妄想。依此十种善业为基础,集中精力,夜以继日地专心忆念阿弥陀佛的种种功德及其极乐净土的种种庄严,坚决信念,发心皈依,向佛虔心礼敬,悉心供养。在其临终之时,便不会惊慌恐怖,心神安定平和而不颠倒迷乱,立时往生西方极乐净土。”

【原文】“若多事物[①],不能离家,不暇大修斋戒[②],一心清净,有空闲时,端正身心,绝欲去忧,慈心精进。不当嗔怒、嫉妒,不得贪餮悭惜[③],不得中悔[④],不得狐疑。要当孝顺,至诚忠信。当信佛经语深,当信作善得福。奉持如是等法,不得亏失。思惟熟计,欲得度脱,昼夜常念,愿欲往生阿弥陀佛清净佛国。十日十夜,乃至一日一夜,不断绝者,寿终皆得往生其国,行菩萨道。”

【注释】①多事物:即俗间事务繁忙。②不暇:没有空闲的时间。③贪餮:“贪”即贪婪。“餮”即饕餮,为传说中的一种凶恶贪食的野兽,多用于比喻凶恶贪婪或贪吃不厌的人。这里可解释为贪得无厌。④中悔:即中途后悔,佛教代指先信后疑,信仰不坚固。

【译文】“如果有的众生因有诸多俗事缠身,不能够出家修行,又没有时间来大修斋戒而难得一心清净,那他应当一有空闲,便端身正意,断绝物欲诱惑,舍弃得失忧患,待人以慈悲之心,律己以精进修持。不憎怒愤恨,不生嫉妒之心,不贪得无厌、悭惜吝啬,不出尔反尔、中途反悔,不满腹狐疑、四下猜忌。要孝顺父母,诚心待人,恪尽职守,言出必果。要深信佛之经教义理深广,要深信行善得福的因果报应之理。至心奉持上面所说的诸条原则,不得有所亏失折扣。为了脱离生死苦海而深思熟虑,无论白天黑夜,时时忆念阿弥陀佛,发愿往生阿弥陀佛极乐净土。如此不停歇执持忆念十天十夜,甚至只要一天一夜,命终之后也一定可以往生西方极乐世界,修行菩萨道。”

【原文】“诸往生者,皆得阿惟越致,皆具金色三十二相,皆当作佛。欲于何方佛国作佛,从心所愿。随其精进早晚,求道不休,会当得之,不失其所愿也。”

【译文】“修行菩萨道往生西方极乐世界的人,都可证得阿惟越致不退转果位,都具有三十二种大人相的黄金色身,都必将成佛。想到哪一方佛国净土作佛,都可从心所愿。至于成佛之期,便要随其人精进努力的程度而有早晚之分,但只要求道不息,就决不会违失其成佛之本愿,一定能够成佛。”

【原文】“阿难,以此义利故,无量无数不可思议无有等等、无边世界[①],诸佛如来,皆共称赞无量寿佛所有功德。”

【注释】 ①无有等等：即没有差别等级。

【译文】 “阿难，由于这个往生法门能将如此众多真实究竟的利益普施众生，所以无量无数、不可思议、没有等差、无边世界里的诸佛如来，都共同称颂无量寿佛所具有的功德。”

礼供听法第二十六

【题解】

上两品主要讲极乐世界的菩萨，本品则是讲他方世界诸菩萨众，都来到极乐世界，礼拜供养阿弥陀佛。阿弥陀佛悯念来者，于是为他们宣演妙法，十方世界诸大菩萨无不欢喜听受，交口盛赞弥陀净土功德庄严。本品的主体是释迦牟尼佛以偈颂的形式展开，首先是诸大菩萨对于阿弥陀佛及其佛国净土的赞叹，并由此发往生之愿；其次是阿弥陀佛对众菩萨演说净土法门，要他们通达一切法的真如实相，了知一切法皆是空、无我，然后立大誓愿，专求净土，方能获得决定成佛不退转的授记。

【原文】 **“复次阿难！十方世界诸菩萨众，为欲瞻礼极乐世界无量寿佛，各以香华幢幡宝盖，往诣佛所，恭敬供养，听受经法，宣布道化[①]，称赞佛土功德庄严。”**

尔时世尊即说颂曰：

东方诸佛刹，数如恒河沙。
恒沙菩萨众，往礼无量寿。
南西北四维，上下亦复然。
咸以尊重心，奉诸珍妙供。
畅发和雅音，歌叹最胜尊[②]。
究达神通慧，游入深法门。
闻佛圣德名[③]，安稳得大利。
种种供养中，勤修无懈倦。
观彼殊胜刹，微妙难思议。
功德普庄严，诸佛国难比。
因发无上心，愿速成菩提。
应时无量尊，微笑现金容。
光明从口出，遍照十方国。
回光还绕佛，三匝从顶人。
菩萨见此光，即证不退位。
时会一切众，互庆生欢喜。
佛语梵雷震，八音畅妙声[④]。
十方来正士，吾悉知彼愿。
志求严净土，受记当作佛。
觉了一切法，犹如梦幻响。

满足诸妙愿，必成如是刹。
知土如影像，恒发弘誓心。
究竟菩萨道，具诸功德本。
修胜菩提行，受记当作佛。
通达诸法性，一切空无我。
专求净佛土，必成如是刹。
闻法乐受行，得至清净处。
必于无量尊，受记成等觉。
无边殊胜刹⑤，其佛本愿力。
闻名欲往生，自致不退转。
菩萨兴至愿，愿己国无异。
普念度一切，各发菩提心。
舍彼轮回身，俱令登彼岸。
奉事万亿佛，飞化遍诸刹⑥。
恭敬欢喜去，还到安养国⑦。

【注释】 ①宣布道化："宣布"即宣扬传布，"道化"指以佛道来化导。②最胜尊：即阿弥陀佛。③圣德名：即阿弥陀佛的名号。④八音：又作"八种清净音""八种梵音声""八梵"。谓如来所发音声，具有八种殊胜功德，能使众生闻即解悟。具体包括：（一）极好音，又作"最好声""悦耳声"。指一切诸天、二乘、菩萨，所发音声虽各有动听之处，但却未达最高境界，只有如来所发音声能使听闻者永无厌倦，甚至能由此契入佛道，为好中之最。（二）柔软音，又作"濡软声""发喜声"。指佛以慈善为心，所出音声巧顺物情，能使听者喜悦欢愉，皆舍刚强倔强之心。（三）和适音，又作"和调声""和雅声"。指佛所发出的音声和雅协调，能使听者内心融和妥适，因声会理。（四）尊慧音，又作"入心声"。指如来所发出的音声能使听者心生尊重敬仰，同时还能慧悟佛理。（五）不女音，又作"无厌声"。指佛有大雄之德，所发出的音声具足四无畏，能使一切听者心生敬畏，天魔外道，无不归伏，决不会像女子的娇声。（六）不误音，又作分明声。指佛智圆明，照了无碍，所发出的音声真实无谬，并使听者各获正见。（七）深远音，又作"深妙音"。指佛智幽深，行位高极，所发出的音声自近而远，彻至十方，远近皆宜，无不开悟深远佛理。（八）不竭音，又作"易了声"。指如来愿行无尽，妙义高远，所发出的音声使听者反复寻绎，回味无穷。⑤殊胜刹：指极乐世界。⑥飞化：即飞行游化。⑦安养国：极乐世界的别名。

【译文】 "阿难，接下来继续听我说法。十方世界的诸多菩萨大众，为了想瞻仰礼拜极乐世界的无量寿佛，都带着香花、幢幡、宝盖，来到极乐世界阿弥陀佛的住所，以无比恭敬之心供养阿弥陀佛，聆听接受阿弥陀佛讲授的经法，然后在十方世界宣传散布所闻经教，并以之化导众生，称颂极乐世界的功德庄严。"

释迦牟尼佛又随即口说一颂，以此偈颂称赞阿弥陀佛道：

东方诸佛刹，数如恒河沙。
恒沙菩萨众，往礼无量寿。

南西北四维，上下亦复然。
咸以尊重心，奉诸珍妙供。
畅发和雅音，歌叹最胜尊。
究达神通慧，游入深法门。
闻佛圣德名，安稳得大利。
种种供养中，勤修无懈倦。
观彼殊胜刹，微妙难思议。
功德普庄严，诸佛国难比。
因发无上心，愿速成菩提。
应时无量尊，微笑现金容。
光明从口出，遍照十方国。
回光还绕佛，三匝从顶入。
菩萨见此光，即证不退位。
时会一切众，互庆生欢喜。
佛语梵雷震，八音畅妙声。
十方来正士，吾悉知彼愿。
志求严净土，受记当作佛。
觉了一切法，犹如梦幻响。
满足诸妙愿，必成如是刹。
知土如影像，恒发弘誓心。
究竟菩萨道，具诸功德本。
修胜菩提行，受记当作佛。
通达诸法性，一切空无我。
专求净佛土，必成如是刹。
闻法乐受行，得至清净处。
必于无量尊，受记成等觉。
无边殊胜刹，其佛本愿力。
闻名欲往生，自致不退转。
菩萨兴至愿，愿己国无异。
普念度一切，各发菩提心。
舍彼轮回身，俱令登彼岸。
奉事万亿佛，飞化遍诸刹。
恭敬欢喜去，还到安养国。

歌叹佛德第二十七

【题解】

上一品是讲十方世界诸菩萨众来到西方极乐世界礼佛、听法，本品则谈到极乐世界的菩萨众遍至十方，礼供诸佛，随即还归本土听闻妙法。西方极乐世界的菩萨，仰承阿弥陀佛神威之力的加持，能够用一顿饭的工夫，往复于十方无边无量的佛国净土，供养诸佛。供佛所需的花、香、幢、幡等供养之具，随其心意，立时而至。品末还介绍了诸天圣众供奉阿弥陀佛及其净土菩萨的胜因，即都是由于无量寿佛本愿功德加持以及他们在过去世中曾经供养无量诸佛如来，所积累的善根延续下来而无丝毫缺失减损的缘故，同时也是他们善于修习、摄取、成就佛法的缘故。

【原文】 **佛语阿难："彼国菩萨，承佛威神，于一食顷，复往十方无边净刹，供养诸佛。华香幢幡，供养之具，应念即至，皆现手中。珍妙殊特，非世所有，以奉诸佛及菩萨众。"**

【译文】 释迦牟尼佛对阿难说："西方极乐世界的菩萨，仰承阿弥陀佛神威之力的加持，能够用一顿饭的工夫，往复于十方无边无量的佛国净土，供养诸佛。供佛所需的花、香、幢、幡等供养之具，随其心意，立时而至，出现于手中。这些供品珍贵、美妙，奇特超凡，绝非俗世所有，都被奉献给十方世界的一切诸佛及菩萨大众。"

【原文】 **"其所散华，即于空中，合为一华，华皆向下。端圆周匝，化成华盖，百千光色，色色异香，香气普薰。盖之小者，满十由旬，如是转倍[①]，乃至遍覆三千大千世界。随其前后，以次化没。若不更以新华重散，前所散华终不复落。于虚空中共奏天乐，以微妙音歌叹佛德。"**

【注释】 ①转倍：不断倍增扩大。

【译文】 "所有散下的香花，能立时在空中合成一花，所有花心全部向下，花边端正浑圆，完满周遍，化成一个硕大的华盖，华盖放射百千种缤纷斑斓的光色，每一种光色都放出不同的异香，香气遍熏十方世界。华盖中最小的也足有十由旬大，然后不断地自然倍增，直至能遍满覆盖三千大千世界。所有妙花都缓缓飘落，随着落下的先后顺序，渐次隐没。如果不再次在空中撒下新花，则前面所撒下的花就不会落下。在虚空之中，还有美妙天乐的合奏，并用极尽微妙的声音，歌颂着佛的殊胜功德。"

【原文】 **"经须臾间，还其本国，都悉集会七宝讲堂。无量寿佛，则为广宣大教，演畅妙法。莫不欢喜，心解得道。即时香风吹七宝树，出五音声。无量妙华，随风四散，自然供养，如是不绝。一切诸天，皆赍百千华香[①]，万种伎乐[②]，供养彼佛，及诸菩萨声闻之众。前后往来，熙怡快乐[③]。此皆无量寿佛本愿加威，及曾供养如来，善根相续，无缺减故，善修习故，善摄取故，善成就故。"**

【注释】 ①赍：携带，资助。这里指携带。②伎乐：由乐人演奏、表演的音乐、舞剧等。伎，多指女性歌舞艺人，或泛指一切歌舞表演。③熙怡：喜悦愉快。

【译文】 "极乐世界的菩萨圣众在同时供养十方世界诸佛之后，转瞬之间，便又全都回到极乐世界，全部聚集于七宝所成的讲堂。无量寿佛在此为他们宣说大教，畅演妙法。

菩萨们听闻阿弥陀佛的宣教之后莫不欢欣鼓舞，心开意解，悟入圣道。这时，便立时有香风吹拂七宝所成圣树，发出微妙和美的交响乐声。无数神奇美妙香花，一时随风四下散布，自然供养于佛。这样的神妙情景，相续不绝。一切诸天圣众，全都手捧百千种散发妙香的鲜花，演奏出万种器乐，来供养阿弥陀佛以及法会上的诸大菩萨和声闻大众。大众前后往来，熙熙攘攘，满心喜悦、欢欣。这都是由于无量寿佛本愿功德加持以及他们在过去世中曾经供养无量诸佛如来，所积累的善根延续下来而无丝毫缺失减损的缘故，同时也是他们善于修习佛法、善于摄取佛法、善于成就佛法的缘故。”

大士神光第二十八

【题解】

本品开始介绍极乐世界大菩萨众的神通光明，其神通可以做到“洞视、彻听八方、上下、去来、现在之事”，其光明或至一寻、或达百由旬。而在诸圣众之中，特别提到了观世音菩萨和大势至菩萨，认为他们在极乐世界诸菩萨众中，最尊第一。他们的威神光明，普照三千大千世界；他们利乐众生的功德，亦远在其他菩萨之上。品末还特别介绍，世间的善男信女，如果有紧急危难恐怖之事，只要一心皈依、称念观世音菩萨，就无不能够得到迅速解脱。

【原文】 **佛告阿难：“彼佛国中诸菩萨众，悉皆洞视，彻听八方、上下、去来、现在之事。诸天人民，以及蜎飞蠕动之类，心意善恶，口所欲言，何时度脱，得道往生，皆豫知之[①]。又彼佛刹诸声闻众，身光一寻[②]，菩萨光明，照百由旬。有二菩萨，最尊第一，威神光明，普照三千大千世界。”**

【注释】 ①豫知：预先知道。②寻：中国古代的一种长度单位，相当于两臂伸开的长度。多以八尺为一寻，也有以七尺为一寻。

【译文】 释迦牟尼佛对阿难说：“西方极乐世界中的一切菩萨大众，都能够透彻明晰地照察、倾听到八方上下、过去未来现在的一切事情。对十方世界的诸天人民乃至于飞蝇爬虫之类一切有情众生心意的善与恶、想要说出的话以及何时能够度脱苦海、何时能够得道往生极乐世界等等问题，他们都能预先知晓。另外，西方极乐世界的诸声闻众，身上发出的光明可以照亮一旬之地；而菩萨的光明，则可照亮方圆百由旬之地。其中有两尊菩萨，最为尊贵，堪称第一，他们的威神光明普照三千大千世界。”

【原文】 **阿难白言：“彼二菩萨，其号云何？”佛言：“一名观世音[①]，一名大势至[②]。此二菩萨，于娑婆世界[③]，修菩萨行，往生彼国，常在阿弥陀佛左右。欲至十方无量佛所，随心则到。现居此界，作大利乐[④]。世间善男子，善女人，若有急难恐怖，但自归命观世音菩萨，无不得解脱者。”**

【注释】 ①观世音：即“观世音菩萨”的简称，又作“光世音菩萨”“观自在菩萨”“观世自在菩萨”“观世音自在菩萨”“现音声菩萨”“窥音菩萨”，略称“观音菩萨”，别称“救世菩萨”“莲华手菩萨”“圆通大士”。观世音菩萨以大慈大悲救济众生的行愿而闻名。据称，凡遇难众生诵念其名号，菩萨能即时观其音声而前往施救，故称“观世音菩萨”；又

因其遍观众生苦乐，能随其机缘，随宜示现不周身相，自在无碍地拔苦施乐，故又称“观自在菩萨”。观世音菩萨与大势至菩萨同为西方极乐世界阿弥陀佛之胁侍（观世音菩萨为左胁侍），世称“西方三圣”。在整个佛教菩萨信仰中，观世音菩萨是最为人们熟知的菩萨，泛传于印度、西域，乃至中国、西藏、日本、南海等地，有关其信仰史事亦为数最多，其中有不少混入了后世当地所兴起的民间信仰的内容。自西晋竺法护《法华经》译出后，中国亦大兴观世音信仰。自北魏以后，造观世音像之风益盛，今大同、龙门等地存有遗品甚多。隋唐以后，随着密教之传入，诸种观世音像亦被造立，如敦煌千佛洞的菩萨像，观世音像即居大半。相传其显灵说法的道场在我国浙江普陀山，其生日为阴历二月十九日，出家日为九月十九日，成道日为六月十九日。②大势至：即“大势至菩萨”的简称。又译作“得大势菩萨”“大势志菩萨”“大精进菩萨”，或简称“势至”“势志”。与观世音菩萨同为阿弥陀佛的胁侍（大势至菩萨为右胁侍），亦为“西方三圣”之一。相对于观音的代表慈悲，大势至菩萨象征智慧。《观无量寿经》云：“以智慧光普照一切，令离三涂，得无上力，是故号此菩萨名大势至。”依《楞严经》所载，大势至菩萨在因地所修的是念佛三昧，因此，他也以念佛法门教导众生，他开示的法门是：“都摄六根，净念相继，得三摩地，斯为第一。”这种法门，在后世也成为我国净土修行者的重要准则。③娑婆世界：意译“忍”“堪忍”“能忍”“忍土”。即是指释迦牟尼进行教化的我们人类所在的现实世界。这一世界的众生安于十恶，忍受贪、嗔、痴等种种烦恼，不肯出离，刚强难化，故名为忍。娑婆国土为三恶五趣杂会之所，所以又译作“杂恶”“杂会”。“娑婆”一词原指我们人类所居住的阎浮提，后世逐渐成为释迦牟尼佛所教化的“三千大千世界”的代称，并以释迦牟尼佛为娑婆世界的本师。④大利乐：即大利益，大安乐。

【译文】 阿难问道：“这两尊菩萨的名号是什么呢？”释迦牟尼佛答道：“一尊名叫观世音菩萨，一尊名叫大势至菩萨。这两尊菩萨在娑婆世界修菩萨行，往生极乐世界时，便常常随侍于阿弥陀佛左右。他们如果想去十方无量佛国，都能随心所欲，立时到达。现在他们居住于我们所在的娑婆世界，教化众生远离恶趣，求生弥陀净土。世间的善男信女，如果有紧急危难恐怖之事，只要一心皈依、称念观世音菩萨，无不能够得到解脱。”

愿力宏深第二十九

【题解】

本品承接上一品，继续介绍西方极乐世界诸菩萨的功德，特别指出，弥陀净土的大菩萨无不愿力宏深，决定成就一生补处，也即能够一生而成佛。虽生极乐世界，也不舍弃他方世界六道众生，自愿示现于六道轮回的生死世间，为度化一切众生往生净土，而宣说弘扬德威并具的佛法。当然，尽管他们示现与五浊恶世众生同类的色身，但他们从修行之始直到成佛，都不会遭受真实的恶趣之苦。如此辗转救度，令无量众生皆得解脱，往生成佛。而西方极乐世界尽管往生者无量无边，但其人数规模，并不为之增加，堪称恒常不变的一真法界。因此，品末又盛赞了阿弥陀佛的恩德深广无极。本品所述，为阿弥陀佛“四十八大誓愿”中第三十五“一生补处愿”及三十六“教化随意愿”的成就。

【原文】“复次阿难：彼佛刹中，所有现在，未来，一切菩萨，皆当究竟一生补处。唯除大愿，入生死界[1]，为度群生，作师子吼。擐大甲胄[2]，以宏誓功德而自庄严。虽生五浊恶世[3]，示现同彼，直至成佛，不受恶趣。生生之处，常识宿命。”

【注释】 ①入生死界：指轮回于有生有死的六道之中。②擐大甲胄："擐"即穿，原意为身披铠甲。这里是比喻众菩萨严持戒律，示现无畏勇猛的德相。也有解为比喻诸菩萨以誓愿为铠甲，护卫本身慧命。③五浊：又作"五滓"。指减劫（人类寿命次第减短的时代）中所起之五种滓浊，也即末法时代一切众生的五种恶劣的生存状态。具体为：一、命浊，是众生因烦恼丛集，心身憔悴，寿命短促；二、众生浊，是世人每多弊恶，心身不净，不达义理；三、烦恼浊，是世人贪于爱欲，嗔怒诤斗，虚诳不已；四、见浊，是世人知见不正，不奉正道，异说纷纭，莫衷一是；五、劫浊，是生当末世，饥馑疾疫刀兵等相继而起，生灵涂炭，永无宁日。

【译文】“阿难，接下来继续听我说法。西方极乐世界中所有现在往生的、未来往生的一切菩萨，都决定能证得究竟'一生补处'的果位。除非他们发下宏大誓愿，自愿示现于六道轮回的生死世间，为度化众生，而宣说弘扬德威并具的佛法。这些大菩萨，身披宏深誓愿的铠甲，以修行宏深誓愿的功德而自行庄严。虽投生于五浊恶世，示现与五浊恶世众生同类的色身，但他们从修行之始直到成佛，都不会遭受真实的恶趣之苦。他们生生于现世，却都能知晓过去将来的一切宿命。”

【原文】“无量寿佛意欲度脱十方世界诸众生类，皆使往生其国，悉令得泥洹道[1]。作菩萨者，令悉作佛。既作佛已，转相教授，转相度脱。如是辗转，不可复计。十方世界，声闻菩萨，诸众生类，生彼佛国，得泥洹道，当作佛者，不可胜数。彼佛国中，常如一法，不为增多。所以者何？犹如大海，为水中王，诸水流行，都入海中，是大海水，宁为增减？”

【注释】 ①泥洹：为"涅槃"的异译，又名"灭度"，指灭尽烦恼和度脱生死的境界。

【译文】“无量寿佛为了度脱十方世界的一切众生，使他们都能往生西方极乐世界，使他们都证得涅槃之道。修行菩萨道的，令他们全部成佛。成佛之后，又都重回世间去教化众生，使众生度脱三界生死苦海。像这样辗转教化、辗转度脱，没有尽期，得度众生的数量，也无法数计。因此，十方世界的声闻、菩萨以及一切众生，其往生西方极乐世界、证得涅槃之道，必当成佛的人数，数不胜数，不可计量。西方极乐世界是恒常不变的一真法界，往生极乐净土的人数再多，其人数也不会有所增加。这是什么缘故呢？这种情形犹如大海，大海为众水之归、水中之王，江河湖渠中的所有水都同归于海，但这大海的水，难道会为此而有所增减吗？”

【原文】“八方上下，佛国无数，阿弥陀国，长久广大，明好快乐，最为独胜。本其为菩萨时，求道所愿，累德所至。无量寿佛，恩德布施八方上下，无穷无极，深大无量，不可胜言。”

【译文】“十方世界的佛国净土无量无尽，而阿弥陀佛的佛国净土，恒久长存，广大无边，清净光明，美好庄严，快乐适意，在无量无尽的诸佛国净土之中最为殊胜。这都是阿弥陀佛于因地做菩萨时求道所发弘深大愿，并于无量时劫积功累德的殊胜所造成的。无量寿佛以此恩德普施十方世界，功德无法穷尽没有极限，深广宏大，无可计量，难以

言表。”

菩萨修持第三十

【题解】

本品继续承续上一品，对西方极乐世界诸大菩萨中的功德进行解说。本品着重介绍弥陀净土菩萨自觉觉他的胜妙修行之道。其中包括：一、菩萨自利德行；二、菩萨利他德行；三、德行圆满境界。菩萨自利德行是指他们的禅定、智慧、神通、威德，无一不是圆满具足，对于诸佛如来所说的深秘玄奥的陀罗尼法，也都究竟契入，修行七觉圣道，并修佛果地上照真达俗的五眼神通。菩萨利他德行则又包括两个方面：(一)辩才无碍，善解方便，演说正法，度诸有情；(二)遍游佛刹，舍离执着，大悲心起，普利众生。德行圆满境界则指诸大菩萨们了知世间一切诸法皆是虚妄，平等空寂。故能于三界之中，平等勤修，最终“究竟一乘，至于彼岸”。

【原文】 **“复次阿难：彼佛刹中一切菩萨，禅定、智慧、神通、威德，无不圆满。诸佛密藏[①]，究竟明了。调伏诸根[②]。身心柔软[③]，深入正慧，无复余习[④]，依佛所行，七觉圣道[⑤]，修行五眼[⑥]。照真达俗，肉眼简择，天眼通达，法眼清净，慧眼见真，佛眼具足，觉了法性。”**

【注释】 ①密藏：是法身如来所说的深秘玄奥的真实语。《二教论》云：“法佛谈话谓之密藏，言秘奥实说。”也有将“密藏”解为能总持一切善法的陀罗尼。如《僧史略》称：“密藏者，陀罗尼法也。是法秘密，非二乘境界诸佛菩萨，所能游履也。”这即是说，诸佛“密藏”深善隐密，不是小乘圣人所能明了和实践的。②调伏诸根：“调”即调和，“伏”即制伏。“调伏诸根”是指调和控御身口意三业，制伏除灭诸恶烦恼，使六根清净无染。③身心柔软：指身心柔和而随顺于正道，与刚强倔强、桀骜不驯相对。④余习：又作“残习”“余气”“习气”。指虽能断除烦恼，但仍然存在残余习气。大乘佛教认为，二乘不能断除余习，只有佛能断除。⑤七觉圣道：即佛教所谓的“七觉支”与“八圣道”。“七觉支”全名“七等觉分”或“七遍觉支”，又称“七菩提分”“七觉分”“七觉意”“七觉”等。“三十七道品”分为七科时，此七法位列第六。所谓“觉支”，意指到达开悟之前的修行项目。“七觉支”即是指趣向菩提的七种修行法。在三十七菩提分法的七种修行道中，七觉支被认为是最高层次的修行法。具体而言，包括：1.择法觉支：择即拣择，指以智慧观察诸法时，能简别真伪，不谬取虚伪法。2.精进觉支：即对于所修法，努力精进不懈。也就是修诸道法时，能觉了且息止无益的苦行，而于真正法中，专心一意，无有间歇。3.喜觉支：喜谓欢喜，心契悟于真法而得欢喜时，能觉了此法是否从颠倒法生，因此而住于真正的法喜。4.除觉支：除谓断除，即断除诸见、烦恼时，能觉了、能弃除虚伪法，并增长真正的善根。5.舍觉支：舍是舍离，即舍离所见与所执着之境时，能觉了且永不追忆虚伪不实之法。6.定觉支：定指禅定，即发禅定时，能觉了诸禅不生烦恼妄想。7.念觉支：念是忆念，即修诸道法时，能忆念而令定慧均等，不昏沉、不浮动。“八圣道”即“八正道”，亦称“八支正道”“八支圣道”。意谓达到佛教最高理想境地(涅槃)的八种方法和途径。具体包括：1.正见：正确的见解，亦即坚持佛教四谛的真理；2.正思惟：又称“正志”，即根据四谛的真理进

行思维、分别;3.正语:即说话要符合佛陀的教导,不说妄语、绮语、恶口、两舌等违背佛陀教导的话;4.正业:正确的行为。一切行为都要符合佛陀的教导,不做杀生、偷盗、邪淫等恶行;5.正命:过符合佛陀教导的正当生活;6.正方便:又称"正精进",即毫不懈怠地修行佛法,以达到涅槃的理想境地;7.正念:念念不忘四谛真理;8.正定:专心致志地修习佛教禅定,于内心静观四谛真理,以进入清净无漏的境界。佛教也和其他宗教一样,认为只有自己的教义才是真理,其他宗教及各派哲学都是邪见。因而把"正见"当作最根本、最重要的一道,而其余七道则都是在正见的基础上进行精进不懈的修行。"八正道"最初是针对婆罗门教和耆那教的苦行主义和"六师"中一些派别的享乐主义而提出的,佛陀提倡不苦不乐的中道,因此原始佛教也把"八正道"称为"中道"。⑥五眼:即指肉眼、天眼、慧眼、法眼、佛眼。佛教认为,只有佛才能圆满具足五眼。详参本经"德遵普贤"品相关注释。

【译文】 "阿难,接下来继续听我说法:西方极乐世界中的一切菩萨,其禅定、智慧、神通、威德,无一不是圆满具足的。对于诸佛如来所说的深秘玄奥的陀罗尼法,也都究竟契入,无不洞达明了。他们调和、制伏身、口、意诸业,以离垢去恶。身心清净柔软而随顺正道,深入于如来的真实智慧,不再有烦恼断后的残余习气,依照阿弥陀佛的教化,修行慧(择法)觉、精进觉、喜觉、念觉、轻安觉、定觉、行舍觉七种觉悟;修行正见、正思惟、正语、正业、正命、正精进、正念、正定八种圣道;修行肉眼、天眼、法眼、慧眼、佛眼等佛果地五眼。照见诸法实相,洞达宇宙万法。'肉眼'只能分别现前色相;'天眼'能彻见远近、内外、前后、上下种种色相,得见十方恒沙世界众生的死生业果;'法眼'能遍观世间、出世间的一切诸法,及知一切众生的种种心理行为;'慧眼'能彻照宇宙人生万有的事实真相;'佛眼'无所不见,具足一切眼的圆满功用,对一切事理因果都通达明了,觉了诸法实性而不起分别。"

【原文】 "辩才总持①,自在无碍。善解世间无边方便。所言诚谛②,深入义味③。度诸有情,演说正法,无相无为④,无缚无脱,无诸分别,远离颠倒⑤。于所受用,皆无摄取,遍游佛刹,无爱无厌,亦无希求不希求想,亦无彼我违怨之想。"

【注释】 ①辩才总持:即总持辩才,指具足种种善权说法的才能。"总持"亦可解为持念一切善法不失的陀罗尼,则"辩才总持"意指获得辩才陀罗尼。②诚谛:即诚恳真实。③义味:义即义理,味即意趣。④无相:意指一切诸法皆无自性,本性为空,无形相可得,故称"无相"。另据北本《大般涅槃经》卷三十"师子吼菩萨品"载,涅槃无色相、声相、香相、味相、触相、生相、住相、坏相、男相、女相等十相,故涅槃又称"无相"。无为:即无造作。又作"无为法",指非由因缘所造作,离生灭变化而绝对常住之法。原为"涅槃"的异名,后世在"涅槃"以外又立种种无为,于是产生"三无为""六无为""九无为"等说。如小乘各部派中,说一切有部立择灭无为、非择灭无为、虚空无为,合为"三无为"。大众部等则于"三无为"之外,立空无边处、识无边处、无所有处、非想非非想处等四无色处,及缘起支性(十二缘起之理)、圣道支性(八圣道之理)等,总为"九无为"。大乘唯识宗在"三无为"外,别立不动无为、想受灭无为、真如无为,合为"六无为",等等。佛教认为,真如、法性、法界、实相等皆为无为法,而涅槃乃一切无为法中的最殊胜者。⑤颠倒:佛教术语。

略称“倒”。意指违背常道、正理，如以无常为常，以苦为乐等反于本真事理的妄见。对于颠倒的分类，诸经论所说有二颠倒、三颠倒、四颠倒、七颠倒、八颠倒、十颠倒、十二颠倒等多种说法，兹不具述。

【译文】“极乐世界的诸大菩萨，无不具足种种辩才，自在圆通，无障无碍，清楚了知一切众生的根性与好恶，随其根机，善巧说法。所说之法真切笃实，深入于义理法味。为济度一切有情众生，宣说如下正法：无假有之相，无造作之为，无烦恼之缚，无涅槃之想，无法界理体诸虚妄分别，远离一切颠倒妄想。极乐世界诸大菩萨对于一切受用之物，都不执着，遍游十方佛国世界，从无喜爱或厌恶的两执之念；没有希求、不希求的念头；也没有人我之分，更无亲疏恩怨的考量。”

【原文】“何以故？彼诸菩萨，于一切众生，有大慈悲利益心故，舍离一切执着，成就无量功德，以无碍慧，解法如如①。善知集灭②，音声方便③，不欣世语，乐在正论。知一切法，悉皆空寂。生身烦恼，二余俱尽④。于三界中，平等修勤，究竟一乘⑤，至于彼岸。决断疑网，证无所得⑥，以方便智⑦，增长知了。从本以来，安住神通。得一乘道，不由他悟。”

【注释】①如如：即如于真如，指不动、寂默、平等不二、不起颠倒分别的自性境界。②集灭：即佛教“四谛”中的“集、灭”二谛，这里用此二谛代指“苦、集、灭、道”四谛。具体地说，苦谛，苦即三界轮回生死逼恼之义，凡是有为有漏之法莫不皆含苦性，故佛经中说有无量众苦，如佛教所谓“三苦”“八苦”等说。集谛，集是积聚感招之意。说一切众生，无始以来，由贪嗔痴等烦恼，造积善恶业因，能招感三界生死等苦果。灭谛，又名“尽谛”，为息灭、灭尽之意，灭尽三界内之烦恼业因以及生死果报，称为“灭”，也称“了脱生死”，从此不再受三界内的生死苦恼，达到涅槃寂灭境界，即为解脱。道谛，道即道路，指达到寂灭解脱的方法和道路。原始佛教认为道谛是指八正道。以后大、小乘又各有发展，如前文提及的“七觉支”“八圣道”等“三十七道品”。③音声方便：意指“四谛”的教法乃是诸佛的善权方便而说，不能执着文句。④二余：即生身的苦报与烦恼的业因的余习。其中，生身是苦果，烦恼是业因。若再加业之残余，则为“三余”。⑤一乘：又称“一佛乘”，是与“三乘”相对的教法。三乘教法认为众生在修习佛法时，有声闻、缘觉、菩萨等三种差别，而一乘教法则认为声闻乘与缘觉乘的教法只是一种权巧方便，并不是佛陀的本怀。佛陀为一大事因缘出世的目的，是在引导一切众生终皆成佛。因此，以成佛为最终归趋的一乘教法才是佛陀弘法的真正意趣所在。这种主张是《法华经》最主要的特色所在。《法华经》指出：“诸佛以方便力，于一佛乘分别说三。……十方佛土中，唯有一乘法，无二亦无三。”并且以羊车、鹿车、牛车比喻“三乘”，而以大白牛车比喻“一乘”。可见该经的主张，显然以为“三乘法”仅是方便法门，唯有“一乘法”才是真实之教。关于“一乘法”的深意，后世天台、华严、唯识、真言等宗，各有独特的主张，兹不具述。⑥无所得：又称“无所有”，略称“无得”，为“有所得”的对称。即指体悟无相之真理，内心无所执着，无所分别。反之，执着诸法差别之相，堕入有无边邪之见，则称“有所得”。诸法均由因缘所生，本无自性，以无自性，故无决定相可得，称为“无所得”。此即不堕于生灭、常断、一异、来去等四双八计之中道正观。《大智度论》卷十八云：“诸法实相中，受决定相不可得故，名无所得。”又菩萨永断一切生死，出离三界，住于一切智，乃无所得大乘之至极，故菩萨亦

称无所得。⑦方便智:又作“权智”,为“实智”的对称。意指行善巧方便之智。据《大乘义章》卷十九云:“知一乘真实之法,名为实智。了知三乘权化之法,名方便智。”

【译文】 “这又是什么缘故呢?这是因为极乐世界的诸大菩萨,对于一切众生都有大慈悲利益之心,他们舍离了一切执着,成就了无量无尽的功德,以圆融周遍通达无碍的佛智,解知一切万法真如实相。深刻了知苦、集、灭、道四谛之真理,以众生能领会的声音‘方便’教化,不喜世间无义空谈,而乐于讲求正真佛法。诸大菩萨们了解世间、出世间一切诸法皆是虚妄。毕竟无所有,平等空寂。生身的苦报与烦恼两种余习都已断尽。因此而于欲界、色界、无色界等三界之中,平等勤修,探究成佛的唯一正确之道,最终到达涅槃彼岸。他们坚决断除疑惑之迷网的束缚,证无所得的空慧,用方便善巧之智,增长了知三乘权化之法。他们自性本具智慧神通,故能安住不移;他们所证得的一乘佛果,也是他们自心开悟的结果,绝不是从外面悟得的。”

真实功德第三十一

【题解】

本品承接上一品,继续解说西方极乐世界诸菩萨众自利利他的殊胜妙德。先以十五种譬喻来说明西方极乐世界菩萨们自利利他的真实功德。并在此基础上,从正面直接陈述菩萨们的真实功德:他们心地正直,安住一乘法中,随机权便地教化众生,从无厌怠和疲倦,他们奉持戒律,表里如一,故其所说佛法,皆使众生心悦诚服。他们内心纯净冲和,远离妄想、分别,引导众生舍离种种贪爱执着,他们威光奕奕,内心清凉自在,法喜充满;他们化度众生勇猛精进,大雄无畏。因此他们时时得到十方世界一切诸佛的交口称颂,达到了究竟圆满的果地。

【原文】 **“其智宏深,譬如巨海;菩提高广,喻若须弥。自身威光,超于日月;其心洁白,犹如雪山;忍辱如地[①],一切平等;清净如水,洗诸尘垢;炽盛如火,烧烦恼薪;不著如风,无诸障碍;法音雷震,觉未觉故;雨甘露法,润众生故;旷若虚空,大慈等故;如净莲华,离染污故;如尼拘树[②],覆荫大故;如金刚杵[③],破邪执故;如铁围山,众魔外道不能动故[④]。”**

【注释】 ①忍辱如地:即忍辱之心,犹如大地,平等无分别。《往生论注》释“心业无分别”云:“如地负荷,无轻重之殊。”即是说,大地承载万物,无论轻重,都一体负荷,无所拣择,没有分别,以比喻菩萨忍辱之德,远离一切彼我、恩怨、违顺之别。②尼拘树:即尼拘律树,又称“尼拘类树”“尼拘屡树”“尼拘卢陀树”“尼拘陀树”或“诺瞿陀树”等,意译为“无节”“纵广”“多根”。桑科植物。多产于印度、斯里兰卡、缅甸等南亚地区。其形状类似榕树,树干端直高大,叶呈长椭圆形,叶端为尖形,枝叶繁茂,覆地广大。有下垂的气根,达地后复生根而向四周扩张生长。果实似无花果,大如拇指头,内含无数的小种子。材质坚硬耐老,多用于建筑物的支柱或各种器具的横木等。过去七佛中,第六迦叶佛据传在此树下成佛,并以此树为道场树。③金刚杵:原为古代印度的一种兵器,由于坚固锐利,故冠以金刚之名。密教中,金刚杵象征摧灭烦恼之菩提心,为帝释天、执金刚神、大力

金刚、金刚手诸尊的执持物，也是密教行者修法所用的法器。最初金刚杵尖端非常锐利，用为佛教法具后，其形状已改变许多。有金、银、铜、铁、石、水晶、檀木、人骨等多种质料，长八指、十指、十二指、十六指、二十指不等，形状有独股、二股、三股、四股、五股、九股、人形杵羯磨金刚、塔杵、宝杵等，而以独股、三股、五股最为常见，分别象征独一法界、三密三身、五智五佛等。独股杵、三股杵、五股杵、宝杵、塔杵合称"五种杵"。④外道：佛教习语。又称"外教""外学""外法"。原意为神圣可尊敬的隐遁者，这些隐遁者的思想，依佛教的观点来说，都是佛教以外的教法，因此意译作"外道"。此词原义并无贬斥意味，然至后世，渐用以指持异见邪说者的贬称。泛指佛教以外的一切宗教。相当于儒家所谓的异端。有关外道之种类，一般多指《杂阿含经》卷四十六、《陀罗尼集经》卷一等所列举的富兰那迦叶、末迦利瞿舍黎子、删阇耶毗罗胝子、阿耆多枳舍钦婆罗、迦罗拘陀迦旃延、尼干陀若提子等六师外道，以及正统婆罗门思想的六派哲学，即数论派、瑜伽派、胜论派、正理派、弥曼差学派、吠檀多派。

【译文】 "极乐世界的菩萨们的智慧深邃宏远，犹如辽阔无际的大海；其菩提觉悟之心，犹如须弥山一般的崇高伟大；他们身上所散发的威德光明，远超日月之辉；他们的清净无垢之心，如同圣洁纯白的雪山；他们的含垢忍辱之心，又像厚德载物的大地，平等无差地包容一切；他们戒定慧的清净修行，能如清水一样洗除种种的尘劳垢染；他们的智慧炽盛猛利，能够如烈火烧薪般的断除万般烦恼孽障；他们从不执着，遍行于诸世界，皆能如风行空一样的自在无碍；他们宣说佛法的法音，如雷霆远震，觉醒那些尚未觉悟的群迷众生；他们的教法犹如甘露滋润大地万物一样，普润众生心田；他们的心量平等慈悲，犹如虚空之宽广无际，普遍平等地荫庇一切众生；他们如同出淤泥而不染的莲花一样置身秽土，不舍众生，以远离五欲六尘、烦恼执着的清净之道化导众生；他们的慈悲胸怀犹如枝叶繁茂的尼拘树，荫庇众生永离热恼，得清凉自在；他们深具般若妙智，犹如无坚不摧的金刚杵，断除众生烦恼、邪见等一切不正情执；他们的信心、愿力坚定不移，如牢不可破的铁围山一样，一切邪魔外道皆不能动摇。"

【原文】 "其心正直，善巧决定。论法无厌，求法不倦；戒若琉璃，内外明洁；其所言说，令众悦服。击法鼓，建法幢，曜慧日，破痴暗。淳净温和，寂定明察。为大导师，调伏自他。引导众生，舍诸爱著，永离三垢[1]，游戏神通。"

【注释】 ①三垢：即"贪、嗔、痴"三毒。

【译文】 "极乐世界的菩萨们心地正直，安住一乘法中，随机应缘，行权方便，所教所化，真实不二。为人讲论佛法心无厌怠，自己追求佛法不知疲倦；奉持戒律，明净清洁，譬如琉璃，表里如一；意业离垢无染，德表威仪具足，故其所说佛法，皆使众生心悦诚服。慧法远播，犹如击鼓，醒众远闻；威德摧邪，如建法幢，降魔得胜；智慧觉迷，如日遍照，尽破痴暗愚迷。内心纯净无染，冲淡谦和，远离妄想、分别，事无巨细，莫不明察。所以堪当众生的大导师，调伏抑制自、他之心。引导众生，舍离种种贪爱执着，彻底抛弃贪、嗔、痴三垢，运任于神通之中，自在无碍。"

【原文】 "因缘愿力，出生善根，摧伏一切魔军[1]。尊重奉事诸佛，为世明灯，最胜福田，殊胜吉祥，堪受供养。赫奕欢喜，雄猛无畏。身色相好，功德辩才，具足庄严，无与等

者。常为诸佛所共称赞,究竟菩萨诸波罗蜜,而常安住不生不灭诸三摩地,行遍道场,远二乘境。"

【注释】 ①魔军:喻指种种烦恼。如据《佛本行集经》卷二十五载,欲贪、不欢喜、饥渴寒热、爱着、睡眠、惊怖恐畏、狐疑惑、嗔恚愤怒、竞利争名、愚痴无知、自誉矜高、恒常毁他人等为十二种魔军。后期大乘经论也有类似说法,如《大智度论》卷五认为,欲、忧愁、饥渴、爱、眠睡、怖畏、疑、含毒、虚妄之名闻利养、自高慢他等,为十魔军。

【译文】 "极乐世界的菩萨们因为过去、今生的因缘和愿力,故能生出一切善根,降伏一切邪魔外道及一切烦恼。他们尊重侍奉诸佛的教法,成为世间众生破暗觉迷的明灯,成为世间众生最为殊胜的福田,如此殊胜吉祥的智慧功德,自当得到世间众生的悉心供养。他们威光赫赫,神采奕奕,内心清凉自在,法喜充满;他们化度众生勇猛精进,大雄无畏。身色形相,殊胜妙好,功德无边,辩才无碍,具足庄严,如此种种,无与伦比。他们时时得到十方世界一切诸佛的交口称颂,达到了究竟圆满的果地,而常安住于不生不灭的涅槃正定之中,在一切道场中遍修所有功行,永远不会落入声闻、缘觉二乘的境界。"

【原文】 **"阿难!我今略说,彼极乐界,所生菩萨,真实功德,悉皆如是。若广说者,百千万劫,不能穷尽。"**

【译文】 "阿难,我这里只是简略地介绍,那极乐世界中菩萨们的真实功德,大体就如我以上所说。若要广为详说,即使花百千万劫的时间,也不能巨细靡遗地说尽。"

寿乐无极第三十二

【题解】

本品经文继续反复陈说西方极乐世界中的诸大菩萨众的殊胜功德,他们遍行十方供养诸佛,广阅经藏,慧根猛利,法喜充满。外表看上去安闲宽缓,不急不躁,内心却念念相继,精进不已。他们的志向坚定,于法无疑,自度度他,决定解脱。由以上种种殊胜功德智慧,劝谕大众以弥陀净土菩萨为楷模,发心往生西方极乐世界。所以在品末又述及此净土的种种殊胜善好,认为它在十方世界之中,可谓无与伦比,以此进一步加固闻法众生的往生愿心。

【原文】 **佛告弥勒菩萨、诸天人等:"无量寿国,声闻菩萨,功德智慧,不可称说。又其国土微妙、安乐,清净若此,何不力为善,念道之自然。"**

【译文】 释迦牟尼佛又对弥勒菩萨和与会的天人大众说道:"西方极乐世界中的声闻、菩萨功德智慧无量无尽,无以言表。他们的佛国净土精微美妙,安逸和乐,清净异常,其殊胜庄严,同样无量无尽,无以言表。你们何不勉力行善,真信发愿念佛求生净土,自然就能得生那个极乐净土。"

【原文】 **"出入供养[①],观经行道,喜乐久习。才猛智慧,心不中回[②],意无懈时。外若迟缓,内独驶急。容容虚空[③],适得其中。中表相应,自然严整。检敛端直[④],身心整洁,无有爱贪。志愿安定,无增缺减,求道和正,不误倾邪[⑤]。随经约令[⑥],不敢蹉跌,若于绳墨[⑦]。咸为道慕,旷无他念,无有忧思。自然无为,虚空无立,淡安无欲[⑧]。作得善愿,尽心**

求索。含哀慈愍，礼义都合，苞罗表里，过度解脱⑨。自然保守，真真洁白。志愿无上，净定安乐。一旦开达明彻，自然中自然相⑩，自然之有根本⑪，自然光色参回⑫，转变最胜。郁单成七宝⑬，横览成万物。光精明俱出，善好殊无比。著于无上下，洞达无边际。”

【注释】 ①出入供养："出"指遍行十方世界供养他方一切诸佛；"入"返回极乐世界供养本师阿弥陀佛。②中回：即"中悔"，指信仰不坚固，先信后疑。也可解为中途退转。③容容：和同、宽容。④检敛：检点行为，收敛身心。⑤不误倾邪：不误于倾邪，也即不为倾邪所误。"误"指迷惑，"倾邪"指一切邪知邪见。⑥随经约令：即随顺佛的经典、教诫，约束自己的心行。"随"即随顺，"经"即佛之经教，"约"即约束，"令"即诫令。⑦绳墨：木工取直的工具，后借以比喻法度、规矩。⑧淡安：即淡泊安宁。⑨过度：即自度度他之意。意指自行脱离生死烦恼，同时又使人脱离生死烦恼。⑩中：契合。自然相：自性本然之实相。⑪根本：真如自性之本体。⑫参回："参"即参差交错，"回"即回转交融。⑬郁单："郁单越"的简称，即北俱卢洲，为须弥四洲之一，也是须弥四洲中果报最殊胜的一洲。据《俱舍论》卷十一等所载，北俱芦洲位于须弥山北之碱海中，洲形正方，每边各长二千由旬，状如盒盖，由七金山与大铁围山所围绕，黄金为地，昼夜常明。其地具有平等、寂静、净洁、无刺等四德。该洲人民面形正方，面色相同，身高都高达一丈四尺，生活平等安乐。此洲器物多为金银、琉璃、水晶所成，物皆共有，也没有盗贼、恶人以及争斗诉讼等事情发生。此洲人民都居住于林树之下，男女异处而居，无有婚姻，若起淫欲，共相娱乐。女子怀妊，七八日即产子，置之道路，四方来者皆共育养，予以指头吮之，乳汁自出。七日之后即长大，如阎浮提人之二十岁，寿足千年。命终之后，即生忉利天或他化自在天。诸经论有关此洲的记载极多，所载者不尽一致，但都以此洲为四洲之最胜处。

【译文】 "极乐世界的声闻、菩萨等，出入无碍地往来于十方世界供养阿弥陀佛及一切诸佛，阅读经藏，修行佛法，持之以恒，法喜充满。他们慧根猛利，才能卓世，信念坚定，永不退转，不懈不怠，一往直前。外表看上去安闲宽缓，不急不躁，内心却念念相继，精进不已。心广无边，似若虚空无物，故能广容万物，无物而成其容万物之量，适得空有俱泯，不落两边，从容中道。因此得于中而形于外，表里如一，自然相应，不假安排，严整有度。他们时时检点行为以使端正，刻刻收敛意念以使正直，由身及心，殊胜净洁，而无爱欲贪染。他们的志向、誓愿，坚定不移，而无忽增、忽减、忽过、忽缺之失；他们和平中正，以求无上至道，不会为一切邪知邪见所迷惑。他们依照佛的经典教诫来约束自己的身口意三业，所以他们的思想、行为都不会失足逾界，如同木工严格遵循墨线而施斧锯，不敢有毫厘之差。他们所仰慕的，皆是正真至道，其心旷达深远，而无丝毫妄想杂念，于世无虑，于法无疑，故无忧虑之思搅扰牵缠。他们于无为法中，自然安住，心如虚空，开广无际，离垢无染，无法可立，淡泊安宁，无妄念贪欲。以此结成大愿，精进修行，以求成就。他们心怀慈悲哀悯，符契世间道德，所行之事，所达之理，莫不融洽圆满，自度度他，均得出离生死，彻底解脱。他们任运自然，保守绝待真心，无垢无染。他们还有上求下化、至高无上的心愿，故能住于清净寂定之中，安然自适，任运常乐。如此日积月累，便能在一刹那之间豁然开悟，明彻了达自性本然之实相，顿见真如自性之根本，自然出生无量光明色相，相参互入，回转交融，千变万化，超逾十方众宝，殊胜难言。就如同那北俱芦洲的一切万物，皆

由自然七宝所成，因为阿弥陀佛大愿加持，十方虚空之中，万物自然涌现，光明、精妙、明净之一切妙相，一时并现；其殊胜善好，在十方世界之中无与伦比。所证之理体，本来平等，无有高下；智契之真谛，没有边际，不可穷竭。”

【原文】 **“宜各勤精进，努力自求之，必得超绝去，往生无量清净阿弥陀佛国。横绝于五趣，恶道自闭塞。无极之胜道，易往而无人。其国不逆违，自然所牵随。捐志若虚空，勤行求道德。可得极长生，寿乐无有极。何为著世事，譊譊忧无常[①]。”**

【注释】 ①譊譊：争竞喧闹之意。

【译文】 “你们应各自精进勤修，努力自为，求生净土，彻证本心，圆满佛智，如此必能超脱轮回，断除生死，往生无量清净的阿弥陀佛净土。娑婆五趣，一时顿绝，六道轮回之门，自然永闭。净土法门，胜德深广，究极方便，然而于秽土修行、信愿往生的人却少之又少。西方净土对于十方众生从来不逆不违，其所以信愿往生的人少之又少，实因秽土中人，久在烦恼缠缚之中，而无厌离之心的缘故。若能捐除烦恼，志如虚空，一法不立，无垢无染，精进修行，求得正道而不失去，便可以获得真正的长生不死，寿命与快乐皆无有极限。明晓此理，为什么还要贪着世间俗事俗利，没完没了地争竞喧闹，为世间本属无常的烦恼琐事所牵扰折磨呢？”

劝谕策进第三十三

【题解】

本品承接上品，进一步劝谕众生发往生极乐净土之愿，念佛往生，故名“劝谕策进”。上一品着重讲述西方极乐世界的殊胜超绝，净定安乐，以令大众生欣慕向往之心，从而发愿往生。本品则由上一品“何为著世事，譊譊忧无常”转入，着重讲述娑婆世界的种种秽恶，众生业障深重，贪嗔痴三毒炽盛，故由惑造业，苦报无尽，沉沦三途恶道苦海，痛不可言。由此劝谕众生，生发厌离娑婆世界之心，并进一步远离各种恶业，择善而从，精勤修行，求生极乐世界。

【原文】 **“世人共争不急之务[①]，于此剧恶极苦之中，勤身营务，以自给济。尊卑、贫富、少长、男女，累念积虑，为心走使[②]。无田忧田，无宅忧宅。眷属财物，有无同忧[③]。有一少一，思欲齐等。适小其有，又忧非常[④]，水火盗贼，怨家债主，焚漂劫夺，消散磨灭。心悭意固，无能纵舍。命终弃捐，莫谁随者？贫富同然，忧苦万端。”**

【注释】 ①不急之务：无关紧要的琐事俗务。②为心走使：即为妄惑贪欲之心所驱使。③有无同忧：即有也忧、无也忧，患得患失。意指没有的时候处心积虑，操心如何据为己有；得到了又忧心忡忡，思前想后，担心人去财空。④非常：意外的灾祸。即指本经下文提到的“水火盗贼，怨家债主，焚漂劫夺，消散磨灭”等。

【译文】 “世间的人们都在为那些无关紧要的俗事而蝇营狗苟，在痛苦不堪的五恶世间之中，辛勤劳作，经营生计，以求自给，以度余生。芸芸众生之中无论尊卑、贫富、长幼、男女，无不在愚痴贪欲之心的驱使之下，处心积虑，忧念重重，奔波劳碌，身心难安。没有田地的操心如何得到田地，没有房屋的烦恼如何得到房屋，家眷、亲属、财产、珍宝，种种身外之物，没有的时候处心积虑，盘算钻营，必欲据为己有；得到了又忧心忡忡，思前想后，担心人去财空。总之是欲壑难填，患得患失。得到了一些，又得陇望蜀，而与他人看齐。刚刚拥有了一些，立时又担心遭遇意外的横祸天灾，比如火灾焚烧，水灾漂流，强盗劫夺，贼人偷窃，冤家复仇，债主逼帐，凡此种种，皆可于顷刻之间，使所得财富，荡然无存。悭吝之心，贪婪之念，不会随财物消散磨灭而泯灭，相反会愈发的放不下、舍不得。但是在命终之时，全部都将烟消云散，哪一样可以带走呢？无论贵贱贫富，于此概莫能外，个中忧苦，万端无尽。"

【原文】"世间人民，父子兄弟，夫妇亲属，当相敬爱，无相憎嫉。有无相通，无得贪惜。言色常和，莫相违戾。或时心诤，有所恚怒，后世转剧，至成大怨。世间之事，更相患害。虽不临时[①]，应急想破。人在爱欲之中，独生独死，独去独来，苦乐自当，无有代者。善恶变化，追逐所生[②]，道路不同，会见无期。何不于强健时，努力修善，欲何待乎？"

【注释】 ①临时：意指立即显现于当时。②追逐所生：指所生之处果报追随不舍，根据善恶业因，感得善恶果报，丝毫不爽。

【译文】"世间人民，包括父子、兄弟、夫妇、亲属等等，都应当相互尊敬友爱，不可彼此憎恨嫉妒；都应当互帮互助，互通有无，受不贪求，施不吝惜；都应当说话和气，和颜悦色，不可悖逆乖戾。一时生起争讼之心，心里不免嗔恚愤怒，恶意积累，愈演愈烈，最终难免结成深仇大恨。世间若冤冤相报，因果回环，互为祸害，终无了时。报应即使不立即显现于当时，但因果相生，从来不爽，决当报应于后世。众生应当及早参透此理。世人沉溺在情爱贪欲之中，却不知生是孤身来，死时独自去，无人相随，无人能代，苦乐之果报，都是自作自受，亦无人能代。善与恶的因果报应，千变万化，因生果随，丝毫不爽。作业不同，善恶有别，善有善报，恶有恶报，辗转六道之中，故临终之别，终无重逢之期。何不趁此强健在世之时，精勤努力，修行善道，除此之外，还要等什么解脱之道呢？"

【原文】"世人善恶自不能见，吉凶祸福，竞各作之。身愚神暗，转受余教[①]。颠倒相续，无常根本。蒙冥抵突[②]，不信经法。心无远虑，各欲快意。迷于嗔恚，贪于财色，终不休止，哀哉可伤！"

【注释】 ①余教：泛指一切不能使人了脱生死、往生极乐的外道邪说。②蒙冥抵突：意指心不明、眼不亮，一味胡冲乱闯，而与实相事理相违逆。

【译文】"世间之人愚痴冥顽，不明何者为恶，何者是善，各逞己意，妄加分别，竞相造作恶业，身心愚昧，精神昏暗，不正信因果，不信受经法，反而接受其他的外道邪说。如此颠倒之见，相续不绝，即成为沉溺生死无常轮回的根本所在。眼暗心迷，却一味胡冲乱闯，难免触事违逆，事理淆乱。不信受佛教经法，心无远虑，一心追求当下快意、即时之乐。为嗔恚之气所迷惑，贪婪执着于财色，肆无忌惮，无休止地造业，没有终了之时，实在是可悲、可怜！"

【原文】"先人不善，不识道德，无有语者[①]，殊无怪也。死生之趣，善恶之道，都不之信，谓无有是。更相瞻视，且自见之。或父哭子，或子哭父，兄弟夫妇，更相哭泣。一死一生，迭相顾恋；忧爱结缚，无有解时。思想恩好，不离情欲，不能深思熟计，专精求道，年寿旋尽，无可奈何！惑道者众，悟道者少。各怀杀毒，恶气冥冥。为妄兴事，违逆天地，恣

意罪极，顿夺其寿，下入恶道，无有出期。”

【注释】 ①语：告知，告诫。

【译文】 “祖上不知行善积德，不懂道德功业，不以善恶因果报应之理教导后辈，如此世代恶业相袭，痴顽无知，就没有什么可奇怪的了。对生死轮回之理，善恶报应之道，完全不能相信奉受，甚至视若无物。这个道理如果仔细观察，从自家身边也不难见到。在临终死别之际，或父死子哭，或子死父哭，兄弟、夫妇等亲属死别之时，莫不相互哭泣。生生死死之际，亲人之间无不彼此眷恋难舍，昔日恩爱，化为今日忧苦，如绳纠结，自相牵缠，无有解脱之时。思念生前的恩爱友善，其实无不源于情欲的支配。如果对此不能深思熟虑，精勤专一地修行佛道，则人之生命转瞬即尽，到时只能徒感无可奈何了！世间不理解佛法正道的人很多，而真正觉悟得道的人很少。各人心怀残伤他人的毒念，恶气炽盛，冥冥昧昧，由此妄心造作种种事端，违逆天心人意，肆无忌惮地造罪，乃至罪大恶极，果报显现之时，必将顿时之间夺其阳寿，堕入地狱、饿鬼、畜生三恶道，所受报应，无有穷极。”

【原文】 “若曹当熟思计，远离众恶，择其善者，勤而行之。爱欲荣华，不可常保，皆当别离，无可乐者。当勤精进，生安乐国。智慧明达，功德殊胜。勿得随心所欲，亏负经戒，在人后也。”

【译文】 “你们应当深思熟虑，以远离各种恶业，择善而从，精勤修行。当知世间荣华富贵不可长久保持，一切浮华终将离你而去，根本不能给人带来真正的快乐。你们应当勤奋精进，求生极乐世界。如得往生净土，则智慧明了通达，成就殊胜功德。千万不要随心所欲，辜负佛之经教戒行，落于他人之后。”

心得开明第三十四

【题解】

本品在前两品释迦牟尼佛从正反两方面讲述众生当厌离六道、欣悦净土道理的基础上，指出弥勒领会佛陀深善教诲，心开意解，认为与会会众都能承蒙世尊慈悲之恩，闻法解脱，出离于六道轮回之忧苦。佛陀由此进一步为弥勒等会众垂训说法，要求大众应当断惑念佛，知苦修善，以自利利他精神，精进勤苦，转相拯济，如此则能往生极乐净土，得往生净土的种种之利，如寿乐无极、受用随意等等。切忌疑惑反悔，自造罪业，以免往生到西方极乐净土边地的七宝疑城，在五百年中，承受不得见佛、法、僧三宝，不得闻听佛法等等的恶果。

【原文】 弥勒白佛言：“佛语教戒，甚深甚善，皆蒙慈恩解脱忧苦。佛为法王[①]，尊超群圣。光明彻照，洞达无极，普为一切天人之师。今得值佛[②]，复闻无量寿声[③]，靡不欢喜，心得开明。”

【注释】 ①法王：佛的尊称。“王”有最胜、自在之义，佛为法门之主，能自在教化众生，故称“法王”。后来也引申为对菩萨、阎王及西藏、日本之某些佛教领袖的称呼。这里指前者，即“佛”。②值：即遇到、适逢之意。③无量寿声：指佛陀在此次法会中宣说的有

关阿弥陀佛及其净土的经教,也可指阿弥陀佛的名号本身。

【译文】 弥勒菩萨向释迦牟尼佛禀白道:“佛陀所说教诫,十分深刻非常善巧,我等会众都蒙佛慈悲之恩,得闻佛法要旨,以解脱于六道轮回之忧苦。佛为法王,智慧慈悲超过诸天圣人,至尊至上。佛法光明,彻照十方,洞达无极,因此堪为一切有缘众生的大导师。今日于此有幸见佛说法,殊为难得,又得听闻有关无量寿佛的名号,大家没有一个不欢欣鼓舞的,我们因此得以心开意解,明了自性本具佛智。”

【原文】 佛告弥勒:“敬于佛者,是为大善,实当念佛,截断狐疑,拔诸爱欲,杜众恶源。游步三界,无所挂碍,开示正道,度未度者。”

【译文】 释迦牟尼佛对弥勒菩萨说:“恭敬佛的人,皆是有大善根的人,都应当诚心念佛,断除疑惑猜忌,拔除贪爱执着,杜绝种种恶念得生的源头。即使奔走游化于三界秽土,也能无所牵挂,无所障碍,向众生开示演说佛法正道,度化那些还未得度化的有情众生。”

【原文】 “若曹当知十方人民,永劫以来,辗转五道,忧苦不绝。生时苦痛,老亦苦痛,病极苦痛,死极苦痛。恶臭不净,无可乐者。宜自决断,洗除心垢,言行忠信,表里相应。人能自度,转相拯济。至心求愿,积累善本。虽一世精进勤苦,须臾间耳。后生无量寿国,快乐无极,永拔生死之本,无复苦恼之患,寿千万劫,自在随意。宜各精进,求心所愿,无得疑悔,自为过咎,生彼边地①,七宝城中②,于五百岁受诸厄也。”

【注释】 ①边地:位于西方极乐世界边隅的一个地方,又名“胎宫”,往生到那里的人,五百岁间不得见闻三宝。详参本经第四十“边地疑城”品。②七宝城:即“七宝狱”,由七宝建成的牢狱。详参本经第四十一“惑尽见佛”品。

【译文】 “你们应当知道,十方世界的人民,从无量劫以来,辗转轮回于天、人、畜生、饿鬼和地狱五道,沉沦生死,烦忧苦痛,自始不绝。诞生之时有‘生苦’之痛,衰老之时有‘老苦’之痛,病患之时有‘病苦’之痛,寿终之际有‘死苦’之痛。身体臭恶而不清净,实在无乐可言。你们应当自下决心,洗涤心中的垢染,言语行为皆当忠诚守信,表里如一。如此方能自行度脱,由自度转而拯救济度他人。一心求愿往生净土,积功累德,断恶修善。虽一生一世精进修行十分勤苦,但这一生之苦,较之一个人的生生世世,只犹如片刻之间。此生之勤苦,使后世得以往生无量寿国,享受无穷无尽的快乐,拔除生死根本恶因,远离苦病烦恼之患,寿命长达千万时劫,自在神通,诸事随心所欲。你们应各自精进勤修,一心净土,对于所求所愿,不要疑惑反悔,自造罪业,以免往生到西方极乐净土边地的七宝疑城,在五百年中,承受不得见佛、法、僧三宝,不得闻听佛法等等的厄运。”

【原文】 弥勒白佛言:“受佛明诲,专精修学,如教奉行,不敢有疑。”

【译文】 弥勒菩萨向佛禀白说:“今天我们领受了佛明白完备的教诲,定当专一学习,精进修行,按佛的教导诚心奉行,不敢生出丝毫怀疑。”

浊世恶苦第三十五

【题解】

本品承接第三十三“劝谕策进”品,更加细致梳理讲述娑婆世界的种种秽恶痛苦。本

品提出,“恶”有“五恶”,即杀生恶、盗恶、邪淫恶、妄语恶、饮酒恶。由此“五恶”,导致“五痛”“五烧”之苦。具体而言,造作“五恶”之人,在现世之中,由王法惩治其罪,使其身遭厄难,称为“五痛”;其于未来世三途恶道辗转受报,其痛苦情状,犹如烈火焚身,称为“五烧”。本品意在劝诫众生明了世间一切事实真相,认清现实环境,断恶离苦,奉持“五善”,从而离苦得乐。

【原文】 **佛告弥勒:“汝等能于此世,端心正意,不为众恶,甚为大德。所以者何?十方世界善多恶少,易可开化。唯此五恶世间[①],最为剧苦。我今于此作佛,教化群生,令舍五恶,去五痛[②],离五烧[③],降化其意[④]。令持五善[⑤],获其福德。何等为五?”**

【注释】 ①五恶:五戒所反对的五种恶行,即杀生,偷盗,邪淫,妄语,饮酒。②五痛:指因造作五恶,而在现世之中所遭受的厄难、苦痛。③五烧:指因造作五恶,而在来世所遭受的沉沦鬼、畜、地狱三恶道的苦报。④降化其意:降伏转化众生贪嗔痴等一切的恶念。⑤五善:奉持五戒之行,即不杀生、不偷盗、不邪淫、不妄语、不饮酒。

【译文】 释迦牟尼佛告诉弥勒菩萨说:“你们能于此浊世之中正心诚意,不行种种恶业,堪称‘大德’。为什么这样说呢?十方诸佛世界善多恶少,容易开导教化,唯有此五恶世间,痛苦最为深重最大最多。我现在此作佛,教化众生,令他们舍弃五恶,除去五痛,永离五烧,降伏转化众生的贪嗔痴等一切的恶念。教他们受持五善(五戒),教他们如何获得福德。这五恶、五痛、五烧、五善都包括了什么呢?”

【原文】 **“其一者,世间诸众生类,欲为众恶,强者伏弱,转相克贼,残害杀伤,迭相吞啖[①]。不知为善,后受殃罚。故有穷乞、孤独、聋盲、喑哑、痴恶、尪狂[②],皆因前世不信道德、不肯为善。其有尊贵、豪富、贤明、长者、智勇、才达,皆由宿世慈孝,修善积德所致。世间有此目前现事,寿终之后,入其幽冥,转生受身,改形易道,故有泥犁、禽兽、蜎飞蠕动之属[③]。譬如世法牢狱,剧苦极刑,魂神命精,随罪趣向。所受寿命,或长或短,相从共生,更相报偿。殃恶未尽,终不得离,辗转其中,累劫难出。难得解脱,痛不可言。天地之间,自然有是,虽不即时暴应[④],善恶会当归之。”**

【注释】 ①吞啖:即吞食。②尪狂:“尪”有瘸跛、孱弱等意。“狂”即疯狂、疯癫。③泥犁:又作“泥黎”“泥梨”,意即地狱。该处没有任何喜乐之类,是十界之中最恶劣的境界。④暴应:即即时而至的报应。暴,有急猛突然之义。

【译文】 “第一,世间的普罗大众,为了满足自己的种种欲望而造作种种恶业,强者欺凌弱者,强者又有更强者欺凌他,辗转相欺,残害伤杀,弱肉强食,大的吞食小的,吞食者又被更大的所吞,无有穷竭。这都是由于不懂得相互为善的道理,造作恶业必将受到灾殃的惩罚。所以,这世间就有贫穷乞丐,有幼失父母,有老无儿女,有聋有瞎,有哑有痴,有恶毒,有残废,有疯狂,凡此种种,无一不是因为前世不信因果报应,不积功德,不行善业而所遭受的惩罚。另一方面,世间也有人尊贵,有人豪富,有人贤明,有人寿长,有人智勇双全,有人才精艺深,这都是由于他们在前世行慈尽孝、修善积德所得的善果。世间有此触目可见的果报之事,更有寿终之后下到冥界后不可见的尤为深剧的果报,在冥界转生投胎又随其业力而受色身,改变了原来的形相,在六道之中轮回转世,因此,便有地狱、禽兽、飞蝇、爬虫之类的不同身形。这就犹如世间的牢狱一样,受到剧苦极刑的惩罚,

他们的神魂精魄，随着与自己前生所造的罪业如影随形。所得到的寿命无论长短，过去的冤家债主总是互相追随，世世同生一处，定将前世的怨仇债务，一一报偿，丝毫不爽。只要所做的殃恶未能偿尽，则业因报身终不能离，如此辗转往复于恶趣之中，累世不得解脱，其中深痛剧苦，难以言表。天地之间，因果之事自然如影随形，有其因必有其果，分毫不爽，有时虽不即时报应，但善因善果，恶因恶果，因缘会合时，无不兑现。"

【原文】"其二者，世间人民不顺法度，奢淫骄纵，任心自恣。居上不明，在位不正，陷人冤枉，损害忠良，心口各异，机伪多端。尊卑中外[①]，更相欺诳，嗔恚愚痴，欲自厚己。欲贪多有，利害胜负，结忿成仇，破家亡身。不顾前后。富有悭惜，不肯施与。爱保贪重，心劳身苦。如是至竟，无一随者。善恶祸福，追命所生，或在乐处，或入苦毒。又或见善憎谤，不思慕及，常怀盗心，悕望他利[②]，用自供给，消散复取。神明克识[③]，终入恶道，自有三途无量苦恼，辗转其中，累劫难出，痛不可言。"

【注释】 ①中外：即亲疏，与前"贵贱"连称，意指无论亲疏贵贱。"中"指自己人、家中人。"外"指外人。②悕望：即"希望"。③神明克识："神明"这里指与人并生的司人善恶的神灵，因其与人并生，又称"俱生神"。晋译《华严经》曰："如人从生，有二种天，常随侍卫。一曰同生，二曰同名。天常见人，人不见天。"《药师经》曰："有俱生神，具书罪福，与阎魔王。"又本经《嘉祥疏》曰："一切众生皆有神，一名同生，二名同名。同生女在右肩上书其作恶，同名男在左肩上书其作善。""克"即必定，"识"指记录。

【译文】"第二，世间人民不遵守法律规则，奢侈淫乐，骄横放纵，为一己私欲而为所欲为。身居上位的官僚不能明察下情，律己正身，反而心行不正地诬陷他人，使人蒙受冤屈，陷害忠良之士，阿谀权贵，口是心非，投机取巧，诡诈虚伪。这世间无论尊卑上下，内外亲疏，都概莫能外地互相欺瞒诳骗，以嗔痴二毒，助长贪心。为了占有更多的利益，不惜以利相侵，互相算计谋害，损人肥己，于是结忿成仇，甚至家破人亡。这都是不顾前因后果的报应之理而造成的恶果。世间那些富有者，无不对财物悭吝贪惜，不肯施舍财物于人。爱欲坚牢，贪心深重，终生身心劳苦，就这样一直到死。到了寿命终尽之时，财物一样也不能带走。唯有一生所造的善恶祸福之业力，却如影随形地追随他到下一个轮回往生之处，或者作善得福而能于乐处往生，或者作恶得祸而入苦毒恶道。还有人见人之善，不仅没有见贤思齐的敬慕之心，反而憎恶心起，妄加诽谤，胸中常怀侵夺盗取之心，企图以他人之财物供己享用，挥霍完了，又重去盗取。凡此种种罪孽，当然逃不脱神明的功过记录，必将堕入三恶道，遭受三途恶道的无量苦恼，如此反复辗转于三恶道之中，旷劫累世也难以脱出，其深痛剧苦，难以言表。"

【原文】"其三者，世间人民，相因寄生，寿命几何？不良之人，身心不正，常怀邪恶，常念淫泆[①]，烦满胸中，邪态外逸，费损家财，事为非法。所当求者，而不肯为。又或交结聚会，兴兵相伐，攻劫杀戮，强夺迫胁。归给妻子[②]，极身作乐[③]。众共憎厌，患而苦之。如是之恶，著于人鬼，神明记识，自入三途。无量苦恼，辗转其中，累劫难出，痛不可言。"

【注释】 ①淫泆："淫"即邪淫，"泆"即放荡。②归给：拿来供给，意指取悦。③极身：纵情而不知疲倦。

【译文】"第三，世间人民，由于相互之间的宿业因缘而出生于世，寿命能有多长？

不良之人,身心不正,常怀邪恶狠毒之心,常沉溺于淫欲放荡,烦恼愤懑充塞胸中,淫邪放荡之丑态溢于言表,挥霍耗损家中财产,以造作非法不义勾当。应当努力追求的正业,反而视若无物,不肯亲力而为。或者是交结狐朋,聚集邪徒,动刀动枪,互相攻伐,侵略杀戮,武力胁迫,强取豪夺。如此种种恶行所得不义之财,拿来给自家妻妾儿女享用,不知疲倦地寻欢作乐。世间人众对此憎恶讨厌,以其为灾星祸源并遭受痛苦。这些恶人,罪恶昭彰,人鬼共愤,神明自会记录下他的罪行,命终之后必然会堕入三恶道以受无量苦恼。如此反复辗转恶道之中,累劫难得出离,其深痛剧苦,难以言表。"

【原文】"其四者,世间人民不念修善。两舌、恶口、妄言、绮语。憎嫉善人,败坏贤明,不孝父母,轻慢师长,朋友无信,难得诚实。尊贵自大,谓己有道,横行威势,侵易于人,欲人畏敬,不自惭惧,难可降化,常怀骄慢,赖其前世,福德营护。今世为恶,福德尽灭,寿命终尽,诸恶绕归。又其名籍,记在神明,殃咎牵引,无从舍离,但得前行,入于火镬[1],身心摧碎,神形苦极。当斯之时,悔复何及。"

【注释】 ①火镬:"火"指狱火,"镬"指镬汤。据《观佛三昧海经》卷五载,阴间有镬汤地狱,即以锅镬煮沸汤,置罪人于其中,以惩其生前罪行。此地狱共有十八镬,每一镬纵广皆四十由旬,有七重之铁网,其内充满沸铁。有五百罗刹,以大石炭烧其铜镬,其火焰焰相承,在地狱六十日(即此娑婆世界的十二万年)而不灭。系众生毁佛戒法、杀生祠祀、为食肉焚烧山野而伤害众生、烧煮生类等所招感而得的果报。

【译文】 "第四,世间人民不愿修善积德,却一门心思拨弄是非,恶语伤人,假话连篇,淫辞艳语,诱人行邪。他们还憎恨嫉妒善人的才德,中伤败坏贤明之人的名声,不孝敬父母,轻视慢待老师,与朋友交而无信,真诚信实,难得一见。他们还夸伐自大,妄称自己有道在身,横行霸道,仗势欺人,企图以此来使他人对自己畏惧敬重,俯首听命,可谓不知羞惭,不知戒慎恐惧,桀骜不驯,难以降伏教化,常怀自大傲慢之心,而浑不自知这只是依靠前生所修福德的庇护,方才没有立时报应而已。他今生今世作恶多端,前世辛勤修得的福德终归消耗殆尽,待到命终之时,种种恶业必将缠随着他一并归去。神明昭彰,他的名姓籍贯,无一例外地被登记在册,其所造灾殃罪孽,无一例外地牵引缠随着他,根本无计脱身,只要往前走,就必然进入到狱火汤镬之中,身心被摧毁破碎,精神肉体痛苦不堪。到了这个时候,自然追悔莫及了。"

【原文】"其五者,世间人民徙倚懈怠[1],不肯作善,治身修业。父母教诲,违戾反逆,譬如怨家,不如无子。负恩违义,无有报偿。放恣游散,耽酒嗜美,鲁扈抵突[2],不识人情,无义无礼,不可谏晓。六亲眷属,资用有无,不能忧念。不惟父母之恩[3],不存师友之义。意念身口,曾无一善。不信诸佛经法,不信生死善恶。欲害真人[4],斗乱僧众,愚痴蒙昧,自为智慧。不知生所从来,死所趣向,不仁不顺,希望长生。慈心教诲,而不肯信,苦口与语,无益其人。心中闭塞,意不开解。大命将终,悔惧交至。不豫修善,临时乃悔,悔之于后,将何及乎?"

【注释】 ①徙倚:意为徘徊、逡巡。这里意指心无定见,不思进取。②鲁:粗鲁无知。扈:跋扈自大。抵突:即胡冲乱撞,妄作冥行。参见第三十三"劝谕策进"品之"蒙冥抵突"注释。③惟:思虑。④真人:已证得真理的人,即指阿罗汉与佛。

【译文】“第五，世间人民，心无定见，不思进取，懈怠懒惰，苟安自利，不为善行，不思修身，不务正业。父母谆谆教诲，一概违背忤逆，形同冤家对头，有此儿女，实不如无。他们辜负父母养育之恩，违背世间礼义，对父母的种种恩德，全无报答之心。他们恣肆放荡，游乐散漫，好酒贪杯，嗜好美味，粗鲁无知，骄扬跋扈，胸无大志，妄作冥行，不近人情，毫无礼义，无法劝导，也难以理喻。他们对家亲眷属的生活日用所需，全然不顾，对于父母之恩师友情义，从不感念。他们心常念恶，口常言恶，身常行恶，可谓无善可言。他们不信奉诸佛的经教法言，不信生死轮回，善恶有报。甚至还有犯五逆重罪杀害阿罗汉的念头，离间僧众以使之争斗，蒙昧无知，反而自以为聪明。不知道生从何处而来，死后又到何方去，为人处事，不知仁爱和顺，却痴心梦想着长生不老。以慈悲之心教诲他，也不肯相信；苦口婆心劝勉他，也无动于衷。他们的心因痴愚冥顽而闭塞不通，自然对善意良言不能心开意解。到了生命将要终结之时，后悔恐惧交相迭至。不早做准备，修善积德，死到临头方生后悔，可为时已晚，怎么能追悔得及呢？”

【原文】“天地之间，五道分明。善恶报应，祸福相承。身自当之，无谁代者。善人行善，从乐入乐，从明入明。恶人行恶，从苦入苦，从冥入冥。谁能知者？独佛知耳。教语开示，信行者少。生死不休，恶道不绝。如是世人，难可具尽。故有自然三途，无量苦恼，辗转其中，世世累劫，无有出期，难得解脱，痛不可言。如是五恶、五痛、五烧，譬如大火，焚烧人身，若能自于其中一心制意，端身正念，言行相副，所作至诚，独作诸善，不为众恶，身独度脱，获其福德，可得长寿泥洹之道。是为五大善也。”

【译文】“天地之间，五道（天、人、饿鬼、畜生、地狱）生死流转，因果分明。行善作恶，皆得其果，为善得福，作恶遭罚，丝毫不爽。这些祸福果报，均由本人承当，他人无可替代。善人行善，乐于行善，必得乐果；明达乐施，自可层楼更进，前景光明。恶人作恶，由苦而入，苦上加苦；愚痴作业，必更愚痴。因果报应不爽的所以然之理有谁能知？唯独只有佛能知其根源。佛宣说教化之语，开显真实事相，对此信受不疑而依此笃行的人实在太少。所以世间生死轮回永无休止，辗转于三途恶道者络绎不绝。像这样的世间人众，一言难尽。所以才有三恶道的无量苦恼，众生辗转其中，旷劫累世，难得解脱，其间深痛剧苦，难以言表。这样的五恶、五痛、五烧，犹如大火焚身，若有人能在五痛五烧之中，专心一志，克制贪嗔痴诸恶，端正其行为思想，言行一致，诚意笃行，专行善事，不做恶事，其人之身便独得度脱，得到相应的福德，获得真正长生不死的涅槃之道。这才是真实的五大善啊。”

重重诲勉第三十六

【题解】

上一品着重揭明“五恶”“五痛”“五烧”辗转相生之祸。本品承接上品，进一步指出，造作恶因，必得恶果，或者今世就得现报，先遭重病灾殃折磨，求生不得，求死不能，或者在其寿终之后，堕入三途恶道之中，忧惧痛苦，酷烈惨毒，自业之火，焦灼烧身。宿世的冤家债主还将再次聚首，互相伤害残杀。恶因恶果，所谓天网恢恢，疏而不失，以使闻经大

众心生戒惧警惕,不敢胡作妄为。在此基础上,奉劝众生应当自行端正己身,不要顺逐嗜好欲望,要专一心志,精进修行。

【原文】 **佛告弥勒:"吾语汝等,如是五恶五痛五烧,辗转相生,敢有犯此,当历恶趣。或其今世,先被病殃[1],死生不得,示众见之。或于寿终,入三恶道,愁痛酷毒,自相燋然[2],共其怨家,更相杀伤。从小微起,成大困剧。皆由贪著财色,不肯施惠;各欲自快,无复曲直;痴欲所迫,厚己争利;富贵荣华,当时快意;不能忍辱,不务修善;威势无几,随以磨灭。天道施张,自然纠举。茕茕忪忪[3],当入其中。古今有是,痛哉可伤。"**

【注释】 ①被:同"披",意指遭受。②自相燋然:意指被自己的恶业所招感的烈火焦灼烧身。燋,即灼烧。③茕茕:孤独无靠的样子。忪忪:惊惶失措、心悸不安的样子。

【译文】 释迦牟尼佛对弥勒说:"我告诉了你们五恶、五痛、五烧辗转相生的道理,若还有人敢于犯此五恶,将来必定堕入恶道,长劫受苦,很难出离。有的今世就得现报,先遭重病灾殃折磨,求生不得,求死不能,让世人都能见到恶有恶报的后果。有的则是在其寿终之后,堕入三途恶道之中,忧惧痛苦,酷烈惨毒,自业之火,焦灼烧身,宿世的冤家债主还将再次聚首,互相伤害残杀。这些怨恨往往都是从微不足道的业因而起,愈演愈烈,最终酿成重灾大祸。凡此种种,都因缘有自:贪财恋色,不肯布施;只求一己之乐,不管是非曲直;甘受愚痴贪婪之心驱使,损人利己,不择手段;富贵荣华家业,满足一时快意;不愿忍辱精进,不能修善积德,纵有威权重势,旋即便磨灭殆尽。因果报应的天理,自然施立,昭彰不爽,自会审察裁决其人所为。无论其显得如何孤独无靠,失措惊惶,当入恶道,就决定随业堕入三恶道。古往今来,其例多有,何等痛心,何等感伤!"

【原文】 **"汝等得佛经语,熟思惟之,各自端守,终身不怠。尊圣敬善,仁慈博爱,当求度世,拔断生死众恶之本,当离三涂、忧怖苦痛之道。若曹作善[1],云何第一?当自端心,当自端身,耳目口鼻,皆当自端。身心净洁,与善相应。勿随嗜欲,不犯诸恶,言色当和,身行当专。动作瞻视,安定徐为。作事仓促,败悔在后。为之不谛[2],亡其功夫。"**

【注释】 ①若曹:同"尔曹",意指你们。②谛:慎重妥帖。

【译文】 "你们于此得到佛的教诲,就应当深加思考,细心体会,各自端正心意,如教奉行,终身不得懈怠。应当尊重圣贤,敬重善知识,仁爱慈悲,博施济众,当求济度世间众生永脱虚妄生死之道,拔除断灭生死和各种恶的根源,以脱离三途恶道的忧愁、恐怖和苦痛。你们做善事,首先要做的是什么呢?首先应当自行端正己身,耳、目、口、鼻,都当自行端正。身心洁净,方可与善相应。绝对不要顺逐嗜好欲望,造下诸种恶业,语言面貌应当敦厚和蔼,修行应当专一心志。一举一动,一言一行,都应当安详静定,从容不迫。如果做事张皇失措,必将导致失败与后悔的结果。若所行不能做到真切笃实,那下再大的功夫也都是徒劳。"

如贫得宝第三十七

【题解】

上一品主说恶因必得恶果,本品则着重说明善因善果之理。经中反复陈说广修善行

方能得到福报，可谓苦口婆心。并提出了修善的具体方法，就是要广修“六度”，不违教诫，要忍辱包容，精进不舍，以慈悲之心，专一修行。要守斋持戒，务使身心清净。对于这一法门，应当像贫穷的人得到珍宝一样的珍惜，受持思考，精勤奉行，并向一切众生如实转述，如有违犯，定要深自忏悔，自行改过。如此而行，必能使天下和顺太平，众生不断提升境界，最终证得无上佛果。

【原文】“汝等广植德本[1]，勿犯道禁，忍辱精进，慈心专一。斋戒清静[2]，一日一夜，胜在无量寿国为善百岁。所以者何？彼佛国土，皆积德众善，无毫发之恶。于此修善，十日十夜，胜于他方诸佛国中，为善千岁。所以者何？他方佛国，福德自然，无造恶之地。惟此世间，善少恶多，饮苦食毒[3]，未尝宁息。”

【注释】①德本：功德之根本，有两种解释，一是指“六度”为一切功德之根本，二是指称念阿弥陀佛名号为一切功德之本。②斋戒：广义指清净身心，谨防身心懈怠。其中，清除心的不净叫作“斋”，禁身的过非叫作戒。狭义则专指“八关斋戒”，或特指过午不食的戒法。“八关斋戒”又称“八关戒斋”“八支斋戒”“八分斋戒”“八关斋”“八戒斋”“八戒”“八禁”“八所应离”。指在家二众于六斋日受持一日一夜的出家戒律。六斋日，即阴历每月八日、十四日、十五日、二十三日，以及月底二日。由于学佛目的在于出离生死，所以佛教认为，在家二众应当在六斋日中的任何一天，到僧团中与出家人一齐过出家生活，受持不杀生、不盗、不淫、不妄语、不饮酒、不香华鬘严身歌舞观听、不坐卧高广严丽的床座、不非时食即过午不食等八戒，以长养出世善根。③饮苦食毒：“饮”“食”都是譬喻用法。“苦”是“三苦”“八苦”等种种苦难、痛苦。“毒”是贪、嗔、痴等三毒烦恼。这里主要是表明众生每日受苦造业从未间断。

【译文】“你们应当广修六度，培植功德之本，不可违犯教诫戒律。要忍辱包容，精进不舍，以慈悲之心专一修行。要守斋持戒，务使身心清净。若能在此秽土依此修行一天一夜，所获的功德胜过在无量寿国里行善百年。什么缘故呢？在西方极乐世界中，都是积功累德无量之人，所以没有丝毫造作恶业的因缘。而在我们这个五浊恶世之中，修习善行十天十夜，则胜过在其他诸佛国中修善千年。这又是什么缘故呢？因为他方佛国福德自然而有，没有造作恶业的余地。只有我们这个世间，善少恶多，饮八苦水，食三毒味，没有安宁休止的时候。”

【原文】“吾哀汝等，苦心诲喻，授与经法。悉持思之，悉奉行之。尊卑、男女、眷属、朋友，转相教语，自相约检，和顺义理，欢乐慈孝。所作如犯，则自悔过。去恶就善，朝闻夕改。奉持经典，如贫得宝。改往修来，洒心易行[1]，自然感降，所愿辄得。佛所行处[2]，国邑丘聚，靡不蒙化，天下和顺：日月清明，风雨以时，灾厉不起[3]，国丰民安，兵戈无用，崇德兴仁，务修礼让，国无盗贼，无有怨枉，强不凌弱，各得其所。”

【注释】①洒心易行：洒，为“洗”的古字。“洒心”即洗涤心中污垢烦恼；“易行”即转恶为善，改邪归正。②佛所行处：指佛所到之处。这里泛指佛法所流行、推行之处。③灾厉：“灾”指各种自然灾害，“厉”指疫疠。

【译文】“我哀悯你们，所以才苦口婆心地开示教导，传授给你们离苦得乐的方法。你们当受持思考，精勤奉行。对于我的教导，无论尊卑、男女还是你的亲眷、朋友，对于一

切众生都要如实转述，还要时时自相约束、反省、检点，使言行举止合顺于我的经法教义，以使众生皆得欢喜安乐，上慈下孝。所作所为如有违犯经戒的地方，定要深自忏悔，自行改过。远离恶业，亲近善行，发现过失，立即改正。奉行经典中的教诫，就像贫穷的人得到珍宝一样的珍惜。改正以往的恶行，修行善因以为将来积德，涤除心中的污垢，改正行为中的错失，如此则自然感应到佛力加持，凡所求愿，都能圆满获得。佛法所推行之处，大到国家、都市，小到乡镇、村落，一体众生无一例外地蒙受教化，天下由此一派祥和顺泰：日清月明，风调雨顺，灾害不生，疾疫不起，国家丰足，人民安乐，兵将解甲，刀枪入库，尊崇道德，兴施仁政，人民讲信修睦，礼让谦和，社会安定和谐，没有盗贼，亦无怨屈，强不欺弱，众不暴寡，人人各得其所，安居乐业。”

【原文】 “我哀汝等，甚于父母念子。我于此世作佛，以善攻恶，拔生死之苦，令获五德①，升无为之安②。吾般泥洹③，经道渐灭④，人民谄伪，复为众恶，五烧五痛，久后转剧。汝等转相教诫，如佛经法，无得犯也。”

【注释】 ①五德：即不杀生、不偷盗、不邪淫、不妄语、不饮酒等五善。②升无为之安：意指提升境界，最终证得无上佛果。③般泥洹：又作“般涅槃”。本意为熄灭或吹熄的状态。佛教中指当烦恼火熄灭之后，即至于智慧完成而臻于觉悟之境，故佛教以达到此一境界为最后目的。④经道渐灭：“经道”指佛法，“渐灭”即逐渐消失。这里是指佛法在佛灭后的末法时期就会逐渐消失。

【译文】 “我对你们的哀悯关切，胜过世间父母对于儿女的慈爱关怀。我在此五浊恶世上示现成佛，传授种种善法，以对治一切烦恼恶习，彻底拔除生死轮回之苦，教导众生修行五善、成就五德，不断提升境界，最终证得无上佛果。我圆寂之后，佛法经教势将逐渐湮灭，那时，人心谄曲伪诈，又会造作种种恶业，五烧五痛，愈演愈烈。你们务必要将我的经教辗转相告，互相劝导勉励，如佛在经上所说的理论和方法修学，依教奉行，决不可以违犯。”

【原文】 弥勒菩萨，合掌白言：“世人恶苦，如是如是。佛皆慈哀，悉度脱之。受佛重诲，不敢违失。”

【译文】 弥勒菩萨合掌顶礼，向释迦牟尼佛禀白道：“世间人民造作五恶，感得五痛、五烧的苦报，一切皆如我佛所言。佛以大慈大悲之心哀悯众生，普度一切众生出离苦海，得到解脱。我等接受佛陀深刻的教诲，绝不敢有丝毫违背、忘失。”

礼佛现光第三十八

【题解】

本品讲述阿弥陀佛及释迦牟尼佛以慈悲之心和无边法力加持与会大众，使在法会中听法的每一个人，都亲自耳闻目睹极乐世界的依正庄严。以“三转法轮”的说法，为了使众生信受佛法，有“示相转”“劝修转”“引证转”三转，本品属于“引证转”，或称“证转”“作证转”，就是拿出确切证据给与会大众看，西方极乐世界、弥陀净土，确确实实地存在，绝非虚无缥缈的存在。同时，本品中还反复指出了面向西方，恭敬顶礼，口中称念“南无

阿弥陀佛”的净土法门，这对后世净土宗教仪式的影响不可忽视。

【原文】 佛告阿难：“若曹欲见无量清净平等觉[①]，及诸菩萨、阿罗汉等所居国土，应起西向，当日没处，恭敬顶礼，称念南无阿弥陀佛[②]。”

【注释】 ①无量清净平等觉：即阿弥陀佛。本经汉代译本称无量寿佛为“无量清净平等觉”，或“无量清净觉”。②南无：又作“南牟”“那谟”“南谟”“那摩”等，意译为“礼敬”“归敬”“归依”“归命”“信从”。印度礼仪，低头合掌，口称“南无”，即表示致敬。原意含救我、度我、屈膝之意。佛教中多使用于佛、菩萨的名号或佛教经典之前，表示对佛、菩萨以及佛法的归依、信顺和尊崇。如“南无阿弥陀佛”“南无三宝”等。

【译文】 释迦牟尼佛告诫阿难说：“你们如果想见无量寿佛以及西方极乐世界诸菩萨、阿罗汉等所居住的净土，应当起身朝向西方，面对日落之处，恭敬地顶礼，称念‘南无阿弥陀佛’。”

【原文】 阿难即从座起，面西合掌，顶礼白言：“我今愿见阿弥陀佛，供养奉事，种诸善根。”顶礼之间，忽见阿弥陀佛，容颜广大，色相端严，如黄金山，高出一切诸世界上。又闻十方世界，诸佛如来，称扬赞叹阿弥陀佛种种功德，无碍无断。

【译文】 阿难立刻从座位上站起来，面向西方，合掌顶礼，并发愿道：“我今愿见极乐世界阿弥陀佛，供养侍奉阿弥陀佛，以此培植我的种种善根。”顶礼之间，阿弥陀佛忽然示现在他的面前。阿弥陀佛容颜广大，色相端正庄严，如黄金山一样，高出一切诸世界之上。又听到十方世界的诸佛如来，都在称颂赞叹阿弥陀佛的种种功德，称颂赞叹之声遍满虚空，没有阻隔，久久不断。

【原文】 阿难白言：“彼佛净刹，得未曾有，我亦愿乐生于彼佛诸土。”世尊告言：“其中生者，已曾亲近无量诸佛，植众德本。汝欲生彼，应当一心归依瞻仰。”

【译文】 阿难禀白道：“今日得见极乐世界清净庄严，都是我从来见所未见、闻所未闻的，我也乐意往生极乐世界。”世尊告诉他说：“西方极乐世界的往生者，过去都曾亲近、供养过无量诸佛，培植积累了种种福德善根。你想往生西方极乐世界，就应当一心一意地皈依和瞻仰阿弥陀佛。”

【原文】 作是语时，阿弥陀佛即于掌中放无量光，普照一切诸佛世界。时诸佛国，皆悉明现，如处一寻[①]。以阿弥陀佛殊胜光明，极清净故，于此世界所有黑山、雪山、金刚、铁围大小诸山[②]，江河、丛林、天人宫殿，一切境界，无不照见。譬如日出，明照世间，乃至泥犁、溪谷、幽冥之处[③]，悉大开辟，皆同一色。犹如劫水弥满世界[④]，其中万物，沉没不现，滉瀁浩汗[⑤]，唯见大水。彼佛光明，亦复如是，声闻菩萨，一切光明，悉皆隐蔽，唯见佛光，明曜显赫。

【注释】 ①一寻：寻为古代长度单位，相当于两臂伸开的长度，多以八尺为一寻。这里用来形容距离非常近。②黑山：又称“黑岭”，位于今阿富汗东部，喀布尔河支流卡瓦河及毕齐河上游处。据《大慈恩寺三藏法师传》卷二载，玄奘西游印度，从迦毕试国进入滥波国时，即曾跋涉峻峭峰岩而越过黑山。雪山：多指位于印度半岛北边的喜马拉雅山脉的总称，又称“大雪山”。因四时皆为雪所覆盖，故有此称。印度视此山为神圣山脉，经常为其国神话与传说的题材，佛典中也屡见其名。也有以雪山为葱岭西南兴都库什山脉的

总称者。金刚:即金刚铁围山,指围绕整个世界的铁围山。也有解作须弥山。③泥犁:即地狱。④劫水:是佛经上所说的世界坏灭时所起的大三灾之一的水灾。据说,坏劫来临时,水由地下水轮涌出,大雨倾盆而下,雨滴甚粗,或如车轴,或如巨杵,这一灾害经历多年而不止,第二禅天以下,全部将被浸没而败坏。⑤混瀁浩汗:指水深广,浩瀚无际。"滉瀁"有深广的意思,"浩汗"即浩瀚。

【译文】 释迦牟尼佛正说此话的时候,阿弥陀佛就在手掌中放出无量光明,普照一切诸佛世界。这时候,诸佛国都全部显现出来,如在眼前一寻之处。由于阿弥陀佛殊胜的光明,极其清净,所以整个世界,一时朗现:所有的黑山、雪山、金刚山、铁围山等大大小小的山,乃至所有的江河、丛林、天人宫殿等等一切境界,无一例外地照现出来。如同太阳升起,佛的光明普照世间,乃至于地狱、溪谷、幽冥之处,全都开明朗现,世上一切事物无不耀现出同样的金色光芒。就好像劫水弥漫于整个世界,其中的万物沉没不现,浩瀚无际,只能看见大水。阿弥陀佛的光明亦是这样,声闻、菩萨的一切光明,全都隐蔽不现,唯见佛光明耀无比,显赫非凡。

【原文】 此会四众、天龙八部、人非人等[1],皆见极乐世界,种种庄严。阿弥陀佛,于彼高座,威德巍巍,相好光明。声闻菩萨,围绕恭敬。譬如须弥山王[2],出于海面,明现照耀。清净平正,无有杂秽,及异形类,唯是众宝庄严,圣贤共住。

【注释】 ①天龙八部:略称"八部众",指天神、龙、蛇等护持佛法的八种神族。即天、龙、夜叉、乾闼婆、阿修罗,迦楼罗、紧那罗、摩睺罗伽。"八部众"中,以天、龙二众为上首,故标举其名,统称"天龙八部"。"八部众"不能为凡人肉眼所看到,所以又称"冥众八部"。人非人:即"天龙八部"中的紧那罗众,又称"疑神""疑人"。原为印度神话中之神,后被佛教所吸收。据《华严经探玄记》卷二载,此神形貌似人,然顶有一角,人见而起疑,故译为"疑人""疑神"。因其具有美妙的声音,能歌善舞,又称"歌神""乐神"。②须弥山王:即须弥卢山王,为佛教十山王之一,因其高于其他诸山,故称"山王"。此山由纯宝所成,大威德天皆住其中;比喻法云地之菩萨,具足如来之力,成就无畏。

【译文】 在此法会中的四众弟子、天龙八部、人非人等,都亲眼见到了极乐世界的种种庄严。阿弥陀佛端坐在他的高座之上,威严肃穆,功德巍巍,瑞相光明。声闻、菩萨弟子十分恭敬地拥立在他的身边。好像须弥山王,高高地升出于海面之上,散出无量光明,照耀四方。那里清净安稳,宽广平正,没有杂乱的污秽之物,也没有异形怪物,全由各种宝物庄严修饰,唯有圣人与贤者居住在一起。

【原文】 阿难及诸菩萨众等,皆大欢喜,踊跃作礼,以头着地,称念南无阿弥陀三藐三佛陀[1]。诸天人民,以至蜎飞蠕动,睹斯光者,所有疾苦,莫不休止,一切忧恼,莫不解脱。悉皆慈心作善,欢喜快乐。钟磬琴瑟,箜篌乐器,不鼓自然皆作五音。诸佛国中,诸天人民,各持花香,来于虚空散作供养。

【注释】 ①三藐三佛陀:又作"三藐三没驮""三耶三佛""三耶三佛陀",意译为"正遍知""正等觉""正等觉者"。为如来十号之一。所以"南无阿弥陀三藐三佛陀"即"南无阿弥陀佛"之意。

【译文】 阿难及诸菩萨见到阿弥陀佛及其极乐世界,都生大欢喜心,争相顶礼膜拜,

五体投地，口中称念“南无阿弥陀三藐三佛陀”。诸天界人民，以至飞蝇爬虫等一切众生，凡见到阿弥陀佛的殊胜光明者，所有的疾病痛苦，莫不消失，一切的忧愁烦恼，无不解脱。人人都生发慈悲之心，行善积德；各个法喜充满，欢欣快乐。钟、磬、琴、瑟、箜篌等乐器，不鼓不弹不吹不奏便自然地发出交响动人的音乐。十方诸佛世界中的诸天人民，也各持鲜花、供香，来到虚空之中，虔诚恭敬地供养佛。

【原文】 尔时，极乐世界，过于西方百千俱胝那由他国，以佛威力，如对目前，如净天眼，观一寻地，彼见此土，亦复如是。悉睹娑婆世界，释迦如来，及比丘众，围绕说法。

【译文】 那时，极乐世界虽远在西方百千俱胝那由他国度之外，以佛的威神之力加持，如同近在眼前，又如同以清净的天眼，观看一寻以外的地方那样清晰明了。极乐世界上的圣众看我们的娑婆世界也是如此清晰明了，他们也看到了释迦牟尼如来佛，以及与会的比丘大众，拥绕着释迦牟尼佛，听说佛法。

慈氏述见第三十九

【题解】

本品与上一品的目的一样，都是引证除疑，只是本品着重从阿难、弥勒对于耳闻目睹西方极乐世界种种境界之后的亲口证实，来证明佛言无妄，弥陀净土的依正庄严真实不虚。在本品中，释迦牟尼佛与阿难、弥勒一问一答，对于极乐净土的种种殊胜的真实性都做了确定无疑的回答。最后，通过佛陀提问、弥勒作答的形式，引出了一个作为下一品主题的问题，即是：是什么因缘，造成西方极乐世界中的人有的胎生，有的化生呢？

【原文】 尔时，佛告阿难，及慈氏菩萨①：“汝见极乐世界，宫殿、楼阁、泉池、林树，具足微妙、清净庄严不②？汝见欲界诸天③，上至色究竟天④，雨诸香华，遍佛刹不？”

【注释】 ①慈氏菩萨：即“弥勒菩萨”的意译。据《弥勒上生经》《弥勒下生经》所载，弥勒出生于婆罗门家庭，后为佛弟子，先佛入灭，以菩萨身为天人说法，住于兜率天。据传此菩萨欲成熟一切众生，由初发心即不食肉，因此而名为慈氏。而根据《大日经疏》卷一，又认为慈氏菩萨是因为在佛四无量中的“慈”为第一无量，是从如来种姓中所生，能使一切世间不断佛种，所以称为“慈氏”。释迦牟尼曾作预言为之授记，当弥勒在兜率天四千年（约人间五十七亿六千万年）寿尽时，将下生此世，在龙华树下成佛，分三会说法。以其代释迦牟尼佛说教之意，又称其为“一生补处菩萨”“补处菩萨”“补处萨埵”；到那时必将成佛，所以亦称“弥勒埵”“弥勒如来”。中国一般寺庙供奉的笑口常开胖弥勒像为五代时的契此和尚，因契此和尚传说为弥勒化身，因此而为后人塑像供奉。往生兜率天的弥勒净土信仰，自古与阿弥陀信仰同为佛教徒所重。②不：同“否”。下文皆同。③欲界诸天：即四王天、忉利天、夜摩天、兜率天、乐变化天、他化自在天。欲界六天的共同特质是仍有欲乐，是有淫食二欲的众生所住的世界。④色究竟天：又作“碍究竟天”“一究竟天”“一善天”“无结爱天”“无小天”。是色界四禅天的最顶位，色界十八天的第十八天，五净居天之一。此天为修最上品四禅者所生之处，其果报在有色界中为最胜，所以称“色究竟天”。

【译文】 那时，释迦牟尼对阿难以及弥勒菩萨说道："你们看见极乐世界的宫殿、楼阁、泉池、林树等一切景物，是否都无一例外的穷微尽妙、清净庄严？你们看见欲界诸天，上至色究竟天，降香花之雨，那花遍散十方佛国净土了吗？"

【原文】 阿难对曰："唯然已见。"

【译文】 阿难回答说："您所说的一切，我们确实都看见了。"

【原文】 "汝闻阿弥陀佛大音宣布一切世界，化众生不？"

【译文】 释迦牟尼佛又问道："你们是否听到阿弥陀佛说法的声音，周遍散布十方一切世界，以教化众生没有？"

【原文】 阿难对曰："唯然已闻。"

【译文】 阿难回答说："是的，我们确实都听到了。"

【原文】 佛言："汝见彼国净行之众[1]，游处虚空，宫殿随身，无所障碍，遍至十方供养佛不？及见彼等念佛相续不？复有众鸟，住虚空界，出种种音，皆是化作，汝悉见不？"

【注释】 ①净行之众：即具足清净行持的大众。这里指极乐世界的菩萨们。

【译文】 释迦牟尼佛又说："你们看见极乐世界清净修行的菩萨们，游行于空之中，他们所居住的宫殿亦紧随身后，没有任何障碍，他们如此飞行，遍至十方世界，供养诸佛了吗？你们看到他们念佛相续不断了吗？还有各种飞鸟，行于虚空之中，鸣叫出种种悦耳动听的声音，这些都是阿弥陀佛的变化所为，你们全都看见了吗？"

【原文】 慈氏白言："如佛所说，一一皆见。"

【译文】 弥勒菩萨禀白道："如佛所说，我们确实都一一看见了。"

【原文】 佛告弥勒："彼国人民有胎生者[1]，汝复见不？"

【注释】 ①胎生：本意为四生（胎生、卵生、化生、湿生）之一，即由母胎而生。劫初的人类，男女未分，所以都是化生，后来因为发生淫情，生出男女二根，才变为胎生。本经所谓胎生，则与此不同，主要是要说明因疑惑心而念佛往生极乐世界的众生，最初只能往生到极乐净土的边地的莲胎之中，不能见佛闻法。本经下一品对此情形进行了更为详尽的介绍。

【译文】 释迦牟尼佛又向弥勒菩萨发问道："西方极乐世界的人民中有的是胎生的，你看到了吗？"

【原文】 弥勒白言："世尊，我见极乐世界人民住胎者，如夜摩天[1]，处于宫殿。又见众生，于莲华内结跏趺坐[2]，自然化生，何因缘故？彼国人民，有胎生者，有化生者？"

【注释】 ①夜摩天：意译为"善时分""善时""善分""妙善""妙时分""妙唱""唱乐"等。欲界六天之第三天。据《正法念处经》卷三十六、《立世阿毗昙论》卷六、《佛地经论》卷五、《慧苑音义》卷上等所载，此天界光明赫奕，无昼夜之分，居于其中，时时刻刻享受不可思议的欢乐。②结跏趺坐：又作"结加趺坐""结跏跗坐""跏趺正坐""跏趺坐""加趺坐""跏坐""结坐"。即互交二足，结跏安坐。在诸坐法中，结跏趺坐最安稳而不易疲倦，因此佛教认为是圆满安坐之相，诸佛皆依此法而坐，所以又称"如来坐""佛坐"。其坐法即双膝弯曲，两足掌向上，又可分为"降魔坐""吉祥坐"两种：（一）先以右足压左股，后以左足压右股，二足掌仰于二股之上，手亦左手居上，称为"降魔坐"。天台、禅宗等显

教诸宗多传此坐。(二)先以左足压右股,后以右足压左股,手亦右手压左手,称为"吉祥坐",密宗亦称之为"莲花坐"。如来于菩提树下成正觉时,身安吉祥之坐,手作降魔印。吉祥坐多见于密教,是以右足表示佛界,左足表示众生界。以右足压左足,乃佛界摄取众生界,众生界归佛界之意,即表示生佛不二。

【译文】 弥勒菩萨回答说:"世尊,我看见极乐世界有胎生的人,犹如夜摩天人住在宫殿中一样快乐。但又看见往生极乐净土的众生,都在莲花内结跏趺坐而自然化生,那是什么因缘?西方极乐世界中的人又是什么因缘造成有的胎生,有的化生呢?"

边地疑城第四十

【题解】

本品承接上一品,回答弥勒有关往生极乐净土的众生,都应在莲花内结跏趺坐而自然化生,那为什么自己又亲眼看到西方极乐世界中,还有一些人尽管极享福乐,但仍属胎生的疑问。本品指出,众生尽管善恶因业,能造成六道轮回或往生极乐净土的因果报应,但由于对如来果地的圆满智慧持怀疑态度;或者尽管坚定相信佛智圆满,但对自己的善根却不够自信,则虽可因其持续念佛不辍,以念佛的功德,结成往生极乐世界的善愿之力,最终得以往生西方极乐世界,但由于其心念犹疑不坚,以疑惑心修诸功德,最终只能往生于极乐净土的边地疑城中,五百年中不能见佛,不得听佛说法,不得自在。从而由此劝导人们,应当深信切愿,无论对于圆满佛智还是自身慧根,都莫生疑虑,一心求生净土。

需要指出的是,本品所谓在"边地疑城"中的"胎生",并非果然由结胎而生,其实仍是在莲花中自然化生的,只是由于他们在七宝疑城中不能出离,所居住的房舍宅院只在地上,不能随心所欲的变化高低大小。在五百年之中,不能见到阿弥陀佛,也没有机会听闻佛的经教,不能见到菩萨、声闻圣众。智慧不够开通明达,对于佛法经典又知之不多,不能心开意解,法喜之心难得生起,所以称为"胎生"。

【原文】 佛告慈氏:"若有众生,以疑惑心修诸功德,愿生彼国,不了佛智、不思议智、不可称智、大乘广智、无等无伦最上胜智[①],于此诸智,疑惑不信,犹信罪福,修习善本,愿生其国。复有众生,积集善根,希求佛智、普遍智、无等智、威德广大不思议智[②],于自善根,不能生信,故于往生清净佛国[③],意志犹豫,无所专据,然犹续念不绝,结其善愿为本,续得往生。

【注释】 ①佛智:佛所具有的智慧。《大智度论》云:"佛智慧有二种:一者无上正智,名阿耨多罗三藐三菩提,二者一切种智,名萨般若。"而唯识法相则将佛智分为"大圆镜智""平等性智""妙观察智""成所作智"等四智,密教则再加上"法界体性智"而成五智。不思议智:意指佛的智慧深不可测,难以思议。唐海东元晓《无量寿经宗要》认为"不思议智"即是"成所作智"。不可称智:佛的智慧不是言语所能尽述的。《无量寿经宗要》认为"不可称智"即"妙观察智"。大乘广智:佛的智慧深妙无差别,能够普度无边有情,同登彼岸,同证无上菩提,所以《无量寿经宗要》认为"大乘广智"即平等性智。无等无伦最上胜智:即佛的智慧至高无上,究竟圆满,无与伦比,所以《无量寿经宗要》认为与大圆

镜智相应。②普遍智：即上段经文提及的“大乘广智”。无等智：即上段经文提及的“无等无伦最上胜智”。威德广大不思议智：即上段经文提及的“不可称智”与“不思议智”。③清净佛国：即阿弥陀佛佛国净土，也即西方极乐世界。

【译文】 释迦牟尼佛对弥勒菩萨说道：“如果有的众生用疑惑的态度去修称念佛号等种种功德，发愿往生西方极乐世界，但他们不能明了佛智、不思议智、不可称智、大乘广智、无等无伦最上胜智的奥妙，对于这些如来果地上的圆满智慧持怀疑而不相信的态度，但他们还相信五逆十恶等重罪以及五戒十善等福业，能造成六道轮回或往生极乐净土的因果报应，因而修习为善功德，发愿往生极乐世界。还有一类众生，积累功德善根，希望求得佛智、普遍智、无等智、威德广大不思议智，但对自己的善根却不够自信，因此，对于是否能往生西方极乐世界，犹疑不定，心志不专，但他仍然能够持续念佛不辍，以念佛的功德，结成其往生极乐世界的善愿之力，所以还是能够往生西方极乐世界。

【原文】 “是诸人等，以此因缘，虽生彼国，不能前至无量寿所。道止佛国界边[1]，七宝城中。佛不使尔[2]，身心所作，心自趣向。亦有宝池莲华，自然受身，饮食快乐，如忉利天。于其城中，不能得出，所居舍宅在地，不能随意高大。于五百岁，常不见佛，不闻经法，不见菩萨声闻圣众。其人智慧不明，知经复少，心不开解，意不欢乐。是故于彼，谓之胎生。

【注释】 ①道止：本意为半途而废之意。这里指停留。②佛不使尔：指上述往生之路只到极乐世界边上的七宝城中的后果，并不是阿弥陀佛所造成的。

【译文】 “上述两类人，以他们的因缘福报虽得以往生西方极乐世界，但不能直接前往阿弥陀佛的住所。他们的往生之路只到极乐世界边上的七宝城中。这并不是阿弥陀佛刻意而为，根本原因在于他们自身的行为和内心的取向不够坚定。他们也是从宝池莲花中自然化生，饮食方面的快乐，和忉利天人一样。但他们在七宝疑城中不能出离，所居住的房舍宅院只在地上，不能随心所欲地变化高低大小。在五百年之中，不能见到阿弥陀佛，也没有机会听闻佛的经教，不能见到菩萨、声闻圣众。这些人的智慧不开通明达，对于佛法经典又知之不多，不能心开意解，法喜之心难得生起。由于以上这些原因，所以称他们为‘胎生’。

【原文】 “若有众生，明信佛智，乃至胜智[1]，断除疑惑，信己善根，作诸功德，至心回向，皆于七宝华中，自然化生，跏趺而坐。须臾之顷，身相、光明、智慧、功德，如诸菩萨，具足成就。弥勒当知，彼化生者，智慧胜故。其胎生者，五百岁中，不见三宝[2]，不知菩萨法式，不得修习功德，无因奉事无量寿佛。当知此人，宿世之时[3]，无有智慧，疑惑所致。”

【注释】 ①胜智：指本品前面提及的四种殊胜智慧，即不思议智、不可称智、大乘广智、无等无伦最上胜智。②不见三宝：这里指见不到阿弥陀佛，也听不到阿弥陀佛说法，同时也见不到极乐世界的诸大菩萨。也即本品前面所说的“常不见佛，不闻经法，不见菩萨声闻圣众”的意思。③宿世：即前生、前世、过去世之意。宿世的生存状态，称为“宿命”；宿世的习性，称为“宿习”；宿世所结的因缘，称为“宿因”“宿缘”。宿世所造之业，称为“宿业”“宿行”。根据宿世业因而感得的果报，称为“宿报”。

【译文】 “如果有众生能明确坚定地信奉佛的圆满智慧，乃至四种殊胜智慧，断除对

佛智圆满的所有疑惑，同时也坚信自己的善根，勤修六度万行，做种种功德善事，并将所修功德全心全意地回向所愿，往生极乐净土，就可以在七宝莲花中自然化生，结跏趺而坐。片刻之间，身色相好、光明、智慧、功德，如同诸菩萨一样，具足成就。弥勒，你们应当知道，这些化生者之所以能得化生，是因为他们的智慧殊胜，超过上述胎生者的缘故。那些胎生者，在五百年中不得见佛法僧三宝，不得见菩萨修行作法的方法，不得修习种种功德，没有侍奉无量寿佛的因缘。应当知道，这是因为这些人在前世的时候，缺乏必要智慧，怀疑佛德圆满智慧以及自身善根，方才往生到边地疑城之中。"

惑尽见佛第四十一

【题解】

本品承接上一品，继续奉劝众生应当断除疑惑，坚定信心，以求往生极乐，得见弥陀。本品开首以王子被囚之喻，说明往生到西方极乐世界边地疑城的众生，也同被囚的王子一样。虽能往生净土，但犹如转轮圣王的犯罪王子们在七宝狱的园苑宫殿中禁闭一样，不得自在。所以只会以此为苦，而不会欣喜快乐。只有认识到自己往生边地、久处莲胎的根源，深刻地忏悔、自责，希望出离边地疑城，等到过去世的一切疑惑全部断尽之后，方才能够出离此地，得见阿弥陀佛，听佛说法。最后，本品又借弥勒的疑问，回答了能否往生极乐世界的根据，即众生应当以"信"为根本，信佛智圆满，信自根清净；同时又应以"愿"为前提，当诚心发愿，求生极乐世界；信愿具足，还要辅之以不执着、无分别的"无相"智慧，得到最终的解脱。

【原文】 **"譬如转轮圣王[1]，有七宝狱，王子得罪，禁闭其中。层楼绮殿[2]，宝帐金床，栏窗榻座，妙饰奇珍，饮食衣服，如转轮王。而以金鏁[3]，系其二足。诸小王子，宁乐此不？"**

【注释】 ①转轮圣王：另作"转轮王""转轮圣帝""轮王""飞行转轮帝""飞行皇帝"。即旋转轮宝之王，是佛教政治理想中的统治者。详参本经第八"积功累德"品"转轮圣帝"注释。②绮殿：以绮罗锦缎装饰而成的宫殿。这里喻指装饰得富丽堂皇的宫殿。③鏁："锁"的异体字。这里指锁链。

【译文】 释迦牟尼佛继续说道："譬如转轮圣王有七宝狱，如果有王子犯了罪，就被禁闭在里面。楼阁重重，宫殿华丽，里面的宝帐、金床、栏杆、窗户、卧榻、座椅，都用珍奇异宝装饰而成，饮食服饰，也同转轮王本人一样的规格。但他的双脚，却被金锁锁住。这些被禁闭的小王子，会喜欢这样吗？"

【原文】 **慈氏白言："不也，世尊！彼幽絷时[1]，心不自在。但以种种方便，欲求出离。求诸近臣，终不从心。轮王欢喜，方得解脱。"**

【注释】 ①幽絷：即幽禁。"絷"本义为拴住马足的绳索，转义为拘禁、束缚。

【译文】 弥勒菩萨回答道："不会喜欢的，世尊！王子被禁闭于七宝狱时，失去自由，他们的精神不会自在。只能采用种种办法，以求从其中出来。他求助于转轮王身边的近臣，终究不能如愿，只有等到转轮王高兴的时候，才能得到解脱。"

【原文】 佛告弥勒:"此诸众生,亦复如是。若有堕于疑悔,希求佛智,至广大智,于自善根,不能生信,由闻佛名,起信心故,虽生彼国,于莲华中,不得出现。彼处华胎,犹如园苑宫殿之想。何以故?彼中清净,无诸秽恶,然于五百岁中,不见三宝,不得供养奉事诸佛,远离一切殊胜善根[①]。以此为苦,不生欣乐。若此众生,识其罪本[②],深自悔责,求离彼处,往昔世中,过失尽已,然后乃出,即得往诣无量寿所,听闻经法,久久亦当开解欢喜,亦得遍供无数无量诸佛,修诸功德。汝阿逸多[③]!当知疑惑,于诸菩萨为大损害,为失大利,是故应当明信诸佛无上智慧。"

【注释】 ①一切殊胜善根:这里专指得见阿弥陀佛以及极乐世界的诸大菩萨,并得闻阿弥陀佛说法等善根。②罪本:指前面经文所说的对如来果地的圆满智慧持怀疑态度,或者对自己的善根不够自信这两种导致往生边地、久处莲胎的疑惑。③阿逸多:一般认为"阿逸多"即弥勒的字号,如鸠摩罗什《维摩经注》云:"弥勒,姓也。阿逸多,字也。南天竺婆罗门子。"但也有认为并非弥勒,而是与其同时的释迦牟尼佛的另一弟子。

【译文】 释迦牟尼告诉弥勒菩萨说:"这些往生到西方极乐世界边地疑城的众生,也同被囚的王子一样。他们对于佛智心存疑窦而生后悔,或者有求佛智乃至广大智之心,但又对自己的善根不能坚信不移,那么尽管由于听闻阿弥陀佛的名号而生起信心的缘故,得以往生西方极乐世界,但在莲花之中却不能出现。他们身处莲花的胎胞之中,犹如转轮圣王的犯罪王子们在七宝狱的园苑宫殿中禁闭一样。为什么呢?因为他们莲花的胎胞虽然无比清净而无秽垢染污,但是在五百年之久的实践中,不能见到佛、法、僧三宝,不能供养侍奉十方诸佛,无缘修习一切殊胜善根。他们只会以此为苦,而不会因此欣喜快乐。但如果这些往生边地疑城的众生,能够认识到自己往生边地、久处莲胎的根源,深刻地忏悔、自责,希望出离边地疑城,等到过去世的一切疑惑全部断尽之后,就能够出离此地,立时便得以来到阿弥陀佛的住所,听闻阿弥陀佛讲经说法,久而久之,其心也将得到开悟,心生欢喜,也将能够普遍无碍地供养十方无量诸佛,修行种种功德。弥勒!你应当明白,疑惑对于诸菩萨来说,损害甚大,只要有此疑惑,那种不退成佛的殊胜利益就不能成就,所以,应当明确坚定地相信诸佛的无上智慧。"

【原文】 慈氏白言:"云何此界一类众生,虽亦修善,而不求生?"佛告弥勒:"此等众生,智慧微浅,分别西方,不及天界,是以非乐,不求生彼。"慈氏白言:"此等众生,虚妄分别,不求佛刹,何免轮回?"

【译文】 弥勒菩萨又问道:"为什么我们这个世界中有这样一类众生,他们虽也肯修善积德,但却不求往生西方极乐世界?"释迦牟尼佛告诉弥勒:"这一类众生,由于智慧太过浅薄,以为西方极乐世界不如天界,以为到西方极乐世界得不到真实快乐,所以不求往生西方极乐世界。"弥勒菩萨接着又问道:"这一类的众生,以其愚痴妄加判断,不追求佛国净土,他们凭什么才得脱离轮回之苦呢?"

【原文】 佛言:"彼等所种善根,不能离相,不求佛慧,深着世乐,人间福报,虽复修福,求人天果。得报之时,一切丰足,而未能出三界狱中。假使父母、妻子、男女、眷属,欲相救免,邪见业王[①],未能舍离,常处轮回而不自在。汝见愚痴之人,不种善根,但以世智聪辩,增益邪心,云何出离生死大难[②]?复有众生,虽种善根,作大福田[③],取相分别[④],情

执深重，求出轮回，终不能得。若以无相智慧[5]，植众德本，身心清净，远离分别，求生净刹，趣佛菩提，当生佛刹，永得解脱。”

【注释】 ①邪见业王：即为邪见之业所主宰。“邪见业”指邪知邪见、分别执着所造之业。“王”喻指主宰。②生死大难：这里指沉沦六道轮回、生死苦海之中。③大福田：本经这里特指持名念佛。④取相：执着于事理的外相。⑤无相智慧：“无相”就是不执着，对世法、佛法都不起执着、分别之心。而由无执着的清净心生起的智慧便是“无相智慧”。

【译文】 释迦牟尼佛回答道：“这一类众生对所修的善根，著相难忘，不求佛的性相无碍的真实智慧，深深执着于世俗的快乐，贪图于世间的福报享受，所以他们虽然修福，所求的却是人天福报。得报的时候，一切所需都能满愿，但是终究不能出离三界牢狱。假如他们的父母、妻子、家亲眷属想要救他免除轮回之苦，但是因为他们的邪知邪见、分别、执着，根深蒂固，主宰着他们，使他们无法舍离，所以，这些人仍时时处在轮回之中，永远不会得到自在。你们看那些愚痴之人，他们从不修善积德培植善根，只凭着世俗人认为的智慧聪明和能言善辩，攫取世俗利益，助长邪知邪见，这样的人，怎么能够脱离生死轮回的苦海呢？还有一类众生，虽也修善积德，培植善根，做了能够得到大福报善业，但他们往往惑于取相，分别、执着的情执过于深重，这样，纵然有心出离轮回苦海，也是终不能成功。如果以不执着、无分别的‘无相’智慧，广修福德，培植善根，身心清净，无垢无染，远离妄想、分别、执着，一心追求往生净土，发求得佛觉悟的无上菩提之心，如此则决定往生西方极乐世界，得到最终的解脱。”

菩萨往生第四十二

【题解】

本经此前所论往生极乐世界者，或有所谓上中下三辈往生者，或有所谓疑惑未能断尽而往生边地疑城者，凡此种种往生者的身份，都属于众生往生，本品则进一步说明菩萨往生情状，可以视为本经前面内容的一个重要补充。十方世界无量无尽菩萨，发心趣向念佛成佛的净土法门，精进修行，决定往生西方极乐世界。由此凸显净土法门，圣凡齐收，利钝悉被，从而达到普劝众生，求生极乐的功效。

另外，本品通过罗列众多佛国的无量菩萨的踊跃往生，无疑能使普罗大众产生仿效之心，对此简便易行的念佛法门更易生起信向之愿；而动辄以千亿万亿计的菩萨往生数据，也无疑为他们的修行给予鼓舞和激励。还需指出的是，本品还具名列举了远照佛刹、宝藏佛刹、无量音佛刹等十三个佛刹，其具体方位、含义尚无确解，如《无量寿经会疏》说：“十三次序，为出世前后，为约方所，其义未明。”所以本经注释也不作深究，可理解为这十三所佛刹只是无量佛国刹土中的略例。因此品末最后有“十方世界诸佛名号及菩萨众，当往生者，但说其名，穷劫不尽”的说法。

【原文】 弥勒菩萨白佛言：“今此娑婆世界，及诸佛刹不退菩萨[1]，当生极乐国者，其数几何？”

【注释】 ①不退：即不再退转的意思。佛教一般有三种不退，一、即位不退，证到圆

教的初信位，破了见惑，进入圣人的境界，便永远不再退回到以前凡夫的地位；二、行不退，证到圆教的十信位，破了思惑与尘沙惑，此时专门济度一切众生，永远不会再退回到以前二乘的地位；三、念不退，证到圆教的初住位，不但证悟了自己的灵性，而且得到无生法忍，此时的心便安住在这种真实智慧的念头上，永远不会再退失。

【译文】 弥勒菩萨又向释迦牟尼佛请教道："现在我们这娑婆世界，以及在其他的诸佛国土上证得永不退转果位的菩萨，将来会有多少往生西方极乐世界呢？"

【原文】 佛告弥勒："于此世界，有七百二十亿菩萨，已曾供养无数诸佛，植众德本，当生彼国。诸小行菩萨[1]，修习功德，当往生者，不可称计。不但我刹诸菩萨等，往生彼国，他方佛土，亦复如是。从远照佛刹，有十八俱胝那由他菩萨摩诃萨[2]，生彼国土；东北方宝藏佛刹，有九十亿不退菩萨，当生彼国；从无量音佛刹、光明佛刹、龙天佛刹、胜力佛刹、师子佛刹、离尘佛刹、德首佛刹、仁王佛刹、华幢佛刹，不退菩萨当往生者，或数十百亿，或数百千亿，乃至万亿。其第十二佛名无上华，彼有无数诸菩萨众，皆不退转，智慧勇猛，已曾供养无量诸佛，具大精进，发趣一乘[3]，于七日中，即能摄取百千亿劫大士所修坚固之法。斯等菩萨，皆当往生。其第十三佛名曰无畏，彼有七百九十亿大菩萨众，诸小菩萨及比丘等，不可称计，皆当往生。十方世界诸佛名号及菩萨众，当往生者，但说其名，穷劫不尽。"

【注释】 ①小行菩萨：指不退位以下的菩萨。《无量寿经钞》云："小行等者，十信菩萨名为小行，对不退故。"这就是说相对前所提及的不退菩萨名为大行菩萨，十信菩萨称为小行菩萨。所谓"十信"全称"十信心"，略称"十心"。是指菩萨五十二阶位中的最初十位，为信顺佛之教法而不疑的位次。其名称、顺序，诸经所说不一，如《菩萨璎珞本业经》卷上说是信心、念心、精进心、慧心、定心、不退心、回向心、护法心、戒心、愿心。《仁王经》卷上说是信心、精进心、念心、慧心、定心、施心、戒心、护心、愿心、回向心。《大佛顶首楞严经》卷八所说大略同于《璎珞经》，唯回向心与护法心前后次序相反。后来中国佛教中天台宗多依《璎珞经》说法，法相宗则多依《仁王经》的说法。②摩诃萨："摩诃萨埵"的略称，"摩诃"为"大"的意思，"萨埵"为"众生""心"的意思，"摩诃萨埵"意译为"大心""大众生""大有情"，指有作佛之大心愿的众生，亦即大菩萨。③发趣一乘：意指发心趣向念佛成佛的净土法门。

【译文】 释迦牟尼佛回答弥勒菩萨说："在我们这个世界，有七百二十亿菩萨，已曾供养过无量诸佛，培植积累了无量的功德善本，将来决定往生极乐世界。至于那些小功行菩萨，也在精进不懈地修习功德，也将往生极乐世界，其人数之多，不可计量。不但是我们这世界的无数菩萨将往生极乐世界，他方诸佛世界的菩萨也一样要往生极乐世界。单从远照佛国往生极乐世界的，就有十八俱胝那由他大菩萨往生极乐世界；东北方的宝藏佛国，有九十亿的大菩萨将往生极乐世界；从无量音佛国、光明佛国、龙天佛国、胜力佛国、师子佛国、离尘佛国、德首佛国、仁王佛国、华幢佛国中将往生西方极乐世界的不退菩萨，有的有数十百亿，有的有数百千亿，甚至达到万亿。除了上述十一个佛国外，第十二个佛国名无上花佛国，那里也有无数的菩萨，都证得了阿惟越致不退转的菩萨果位，他们无不智慧勇猛，已曾供养了无量诸佛，在修学上都具足大精进之功，发心趣向一乘成佛法

门，在七天之中，即能摄受大菩萨历经百千亿劫所修的不退转法。这些菩萨都将得以往生西方极乐净土。第十三个佛国名叫无畏佛国，其佛国有七百九十亿大菩萨众，至于其他小行菩萨以及比丘等更是多得不可计数，都将决定往生。十方世界诸佛的名号，以及他们佛国中将要往生西方极乐世界的菩萨众，多得不可计数，单说其名号，历尽一劫也说不完。”

非是小乘第四十三

【题解】

本品以下诸品经文，都属于本经的“流通分”。进入“流通分”，就意味着本经进入了收尾阶段，主要就是要付嘱弟子令本经之教能流通远布于后代。弥陀净土信仰向来被称为“易行道”，所谓“易行”是指众生一向专念“南无阿弥陀佛”名号，乘阿弥陀佛本誓愿力，即得往生西方极乐净土，而又由于到了彼佛净土之后，所见所闻，都是阿弥陀佛说法教化的设施，耳濡目染，无非念佛、念法、念僧，所以容易成就菩提，且能直至位阶不退。如此方便简易的法门，又有如此殊胜的果德，所以反而难以令人生信，故此净土法门又被视为“难信之法”。本品主旨即在于说明，弥陀净土念佛法门，绝非小乘，而是大乘第一解脱之道，无疑是依法修行者增进信心的一剂强心针。故经文中反复强调“不生退屈谄伪之心”“不应疑悔”云云，都是出于坚定信仰、增进信心，以广流通的目的。

【原文】 **佛告慈氏：“汝观彼诸菩萨摩诃萨，善获利益。若有善男子、善女人，得闻阿弥陀佛，能生一念喜爱之心，归依瞻礼，如说修行，当知此人为得大利，当获如上所说功德。心无下劣[①]，亦不贡高[②]，成就善根，悉皆增上[③]。当知此人非是小乘，于我法中，得名第一弟子。”**

【注释】 ①心无下劣：不以自心为低下卑劣之意。这里可理解为不对自身善根缺乏自信。②贡高：傲慢自大之意。这里可理解为不能坚定相信佛智圆满。③增上：佛教习语。意指加强力量以使事物更形强大。

【译文】 释迦牟尼佛告诉弥勒菩萨：“你看这些十方世界的大菩萨，往生于西方极乐世界，可谓善巧获得念佛往生的真实利益。若有具足信愿行的善男子、善女人，得以听闻阿弥陀佛名号，便能生发出一念喜爱之心，皈依、礼敬阿弥陀佛，依佛所说如法修行，应当知道，这样的人是得了一念往生的大利，将获得如上所说的那些功德。他们心不自卑，也不骄慢自大，积累福德，成就善根，都不断增益。应当知道，这样的人绝非小乘中人，在我的教法中，称得上第一等的弟子。”

【原文】 **“是故告汝、天人、世间、阿修罗等[①]，应当爱乐修习，生希有心，于此经中，生导师想。欲令无量众生，速疾安住得不退转，及欲见彼广大庄严，摄受殊胜佛刹，圆满功德者，当起精进，听此法门。为求法故，不生退屈谄伪之心[②]，设入大火，不应疑悔。何以故？彼无量亿诸菩萨等，皆悉求此微妙法门，尊重听闻，不生违背。多有菩萨，欲闻此经而不能得。是故汝等，应求此法。”**

【注释】 ①阿修罗：“六道”之一，意译为“非天”“非同类”，因其有天之福而无天之

德,似天而非天。又译作“无端”,因其容貌丑陋,国中男丑女美。为印度最古诸神之一,属于战神一类,性好斗,常与帝释天(因陀罗神)争斗不休,宫殿在须弥山北,大海之下。②退屈谄伪:“退屈”指中途退缩、后悔之心。“谄伪”指谄曲奸佞,虚伪不实。

【译文】“因此之故,我告诉你们天人、阿修罗等参加法会的大众,应当喜欢乐于修习这个念佛成佛法门,并生稀有难得之心,将我现在所授的经典,视为出离苦海、一生平等成佛的导师。凡想让十方世界无量众生得以最快速度安住于决定不退转的果位,以及想要见到阿弥陀佛所摄受的广大、庄严、殊胜、微妙的极乐世界,想要圆满成就以上功德者,都应当发精进之心,顺从依持这念佛往生的净土法门。为求此正法,不应自生退转、畏缩、谄曲、虚妄之心,即使身入大火之中,也不应生起任何疑惑、后悔之心。为什么呢?因为那往生净土的无量亿的诸菩萨众,全都希求这个微妙的念佛法门,都能够对此法门尊重、依顺和听闻受持,不生违逆背犯之心。另外还有许多菩萨希望听闻此经,而无此因缘难遂其愿。所以,你们这些有缘大众,应当努力追求这念佛往生净土的无上法门。”

受菩提记第四十四

【题解】

本品主题在于指出,任何以坚定不退信愿,奉行、演说本经之人,都将普授成佛之记,也即将来一定成佛。本品起首即普劝众生,应当欢喜、信受此一法门,摄取、受持此一法门,并广向他人宣说,使他人也能以欢喜之心修习此一念佛往生法门。一切善男子、善女人,如果能够对此一念佛往生法门,不管是过去已求得,或是现在正在求,抑或来日将要求得,都可以获得往生净土的殊胜利益。而如果不能听闻阿弥陀净土法门,就有在修行无上正等正觉佛智的道路上,退失无上菩提心行的可能。因此,众生皆当书写、供养、受持、读诵本经,演说、劝令他人听闻本经,从而得到将来决定觉悟成佛的预记。

【原文】 “若于来世,乃至正法灭时[①],当有众生,植诸善本,已曾供养无量诸佛,由彼如来加威力故,能得如是广大法门。摄取受持,当获广大一切智智[②]。于彼法中,广大胜解[③],获大欢喜,广为他说,常乐修行。诸善男子,及善女人,能于是法,若已求、现求、当求者,皆获善利。汝等应当安住无碍,种诸善本,应常修习,使无疑滞,不入一切种类珍宝成就牢狱[④]。”

【注释】 ①正法:有两层含义:一指真正之法,亦即佛陀所说之法,又作“白法”“净法”,或称“妙法”。二指三时(正法、像法、末法)之一。佛陀入灭后,教法住世,依之修行即能证得正果,所以称为“正法”。本经这里指后者。所谓“三时”是指将释迦牟尼佛寂灭之后的佛法住世的时期划分为正法、像法及末法三个时期。如果将历代佛法的施行,分为教(教义)、行(实践)、证(开悟)三方面来衡量,则正法时期即指教、行、证具现的时期。像法时期是虽无得证者,但仍存教、行的时期。至于末法时期则是仅存教法而缺乏行、证的佛教衰微期。经过这三个时期之后,即进入教、行、证均无的法灭时代。②一切智智:为佛智的异名。意为一切智中最殊胜者,即佛陀自证的究竟圆满、尽知一切的真实智慧。③广大胜解:意指广泛、彻底地理解。④一切种类珍宝成就牢狱:泛指诸天、二乘、

懈慢国、边地疑城等极尽世俗之乐但不能彻底解脱的种种境界。"珍宝"喻指其中之乐，"牢狱"喻指未得究竟解脱而不自在。

【译文】"如果在将来之世，乃至到佛陀正法衰落后的像法、末法时代，应当有众生培植福德善本，宿世已曾供养过无量诸佛，由于佛如来的威神之力的加持，使他们能够修得如我当前所说的这个广大念佛法门。如能欢喜、信受此一法门，摄取、受持此一法门，即可获得究竟圆满真实智慧。对于此一法门有殊胜根本的理解，生大欢喜，以此广向他人宣说，使他人也能以欢喜之心修习此一法门。一切善男子、善女人，如果能够对此一念佛往生法门，不管是过去已求得，或是现在正在求，抑或来日将要求得，都可以获得往生净土的殊胜利益。你们应当对此法门坚信不疑，积功累德；应当时常修习，使心中没有疑惑、滞碍，不堕入于一切种类的由种种珍宝修砌而成的牢狱。"

【原文】"阿逸多！如是等类大威德者，能生佛法广大异门[①]，由于此法不听闻故，有一亿菩萨，退转阿耨多罗三藐三菩提。若有众生，于此经典，书写、供养、受持、读诵，于须臾顷为他演说，劝令听闻，不生忧恼，乃至昼夜思惟彼刹，及佛功德，于无上道，终不退转。彼人临终，假使三千大千世界满中大火[②]，亦能超过[③]，生彼国土。是人已曾值过去佛[④]，受菩提记，一切如来，同所称赞。是故应当专心信受、持诵、说行。"

【注释】①广大异门：泛指弥陀净土法门以外的一切大乘法门。②三千大千世界满中大火：即指坏劫"三灾"之一的"劫火"。佛教认为，现实世界要经历成、住、坏、空四劫，在坏劫之末，会起火灾、水灾、风灾，当火灾发生时，七日并出，山崩地裂，海枯石烂，大火从地狱烧到色界的初禅天，初禅天以下世界都将化为灰烬。③超过：即超越解脱。④值：遇到。

【译文】"弥勒！如上所述的所有净土法门之外的菩萨们虽能开显佛法中的种种大乘法门，但由于未能听闻此阿弥陀净土法门的缘故，有一亿个这样的菩萨在修行无上正等正觉佛智的道路上，退失了无上菩提的心行。倘若有人对于我今宣说的经典，能书写、供养、受持、读诵，哪怕仅用片刻的时间为他人演说，劝令他人听闻此经，不生忧愁烦恼，乃至于不分昼夜地思惟、想念西方极乐世界，以及阿弥陀佛的功德的，这样的人在修成无上佛道的道路上决定不会退转。这些人在临终之时，即使三千大千世界中到处都是劫火灾难，他们也能出离三界，往生西方极乐世界。因为这些人在过去世的过去佛那里，领受过将来决定觉悟成佛的预记，并得到一切诸佛如来的称赞。因此之故，你们应当专心信受、持诵、宣说、奉行此经。"

独留此经第四十五

【题解】

本品特为避免佛陀灭度之后，众生重新生出疑惑而宣说。本品认为，在将来世中，经道都将灭尽。释迦牟尼佛以慈悲哀悯之心，特留本经在世流通一百年。如有众生得遇此一经典，愿意依教奉行，发愿求生极乐净土，就都可得到度脱。佛示现于此一世间，可谓千载难逢，难得一遇。佛所宣说的经法，亦是千载难逢，难得听闻。而能遇到正知正见的

善知识的正确引导，同样殊为难得。由此可见，佛、法、僧三宝之于净土信仰的极端重要性。而佛陀灭度之后“独留此经”，亦愈发凸显本经的无与伦比，以及本经所宣示的念佛往生法门的究竟方便和不可思议之殊胜。

【原文】 “吾今为诸众生说此经法，令见无量寿佛，及其国土一切所有。所当为者，皆可求之，无得以我灭度之后[1]，复生疑惑。”

【注释】 ①灭度：音译为“涅槃”，意译为“圆寂”，即灭除烦恼，度脱生死。

【译文】 “我今日为一切众生宣说此一经法，就是希望能使一切众生能够见到阿弥陀佛，以及西方极乐世界的种种殊胜庄严。你们所应当做的，都可随顺此一经法一一求得，不要等到我灭度之后，重新生出疑惑。”

【原文】 “当来之世[1]，经道灭尽，我以慈悲哀愍，特留此经止住百岁。其有众生，值斯经者，随意所愿，皆可得度。如来兴世，难值难见。诸佛经道，难得难闻。遇善知识[2]，闻法能行，此亦难为。若闻斯经，信乐受持，难中之难，无过此难。若有众生得闻佛声[3]，慈心清净，踊跃欢喜，衣毛为起[4]，或泪出者，皆由前世曾作佛道，故非凡人。若闻佛号，心中狐疑，于佛经语，都无所信，皆从恶道中来，宿殃未尽，未当度脱，故心狐疑，不信向耳。”

【注释】 ①当来之世：这里指释迦牟尼佛示现灭度之后的正法、像法、末法三个时期之后的教、行、证均无的法灭时代，所以本品下文接着讲“经道灭尽”。②善知识：又作“知识”“善友”“亲友”“胜友”“善亲友”，音译作“迦罗蜜”。指正直而有德行，能教导正道之人。反之，教导邪道之人，称为“恶知识”。据智𫖮《摩诃止观》卷四载，善知识有三种，即：(一)外护，指从外护育，使能安稳修道。(二)同行，指行动与共，相互策励。(三)教授，指善巧说法。而《华严经》卷三十六“离世间品”则更有十种善知识之说。③佛声：这里当指称念阿弥陀佛名号的声音。④衣毛为起：指遍体毛孔开张，汗毛竖立。

【译文】 “在将来世中，经道都将灭尽，我以慈悲哀悯之心，特留此经在世流通一百年。如有众生得遇此一经典，愿意依教奉行，发愿求生极乐净土，都可得到度脱。佛示现于此一世间，可谓千载难逢，难得一遇。佛所宣说的经法，同样千载难逢，难得听闻。能遇到正知正见的善知识的正确引导，闻法之后又能依教奉行，也是殊为难得。如果能听到这部经，并真正相信，欢喜受持，那更是难中之难，没有比这更难得的了。倘若有众生听到阿弥陀佛的名号，能生起慈悲之心、清净之心，同时内心踊跃欢喜，甚而遍体汗毛竖立，乃至感动落泪，这些众生都是在前世曾经依佛道进行修行的人，所以都是非凡之人。如果听到阿弥陀佛的名号，心中生起狐疑，对佛经上的话都不相信，则这些人都应是从三途恶道中来，过去的殃灾习气还未了尽，不应该得到度脱，所以他们心存狐疑，不相信念佛往生不退成佛的真实法门。”

勤修坚持第四十六

【题解】

本品承接上一品，反复叮咛、殷勤咐嘱与会众生，务必全力守护本经，依教奉行，为人演说本经，广利众生——使世间一切有情众生脱离苦海，免遭六道辗转轮回，同时要精勤修行，坚定不移地受持此经，不可使他毁坏损失，不可妄自增添削减本经所教法门。对于此一经典，应当时时诵念，无有间断，等等。总之，如来佛法尽在本经之中，众生应当随顺佛陀教诲，追从如来所行，行解相资，修善种福，一念专求往生西方极乐世界。

【原文】 佛告弥勒："诸佛如来无上之法[①]，十力无畏[②]，无碍无著，甚深之法，及波罗蜜等菩萨之法，非易可遇。能说法人，亦难开示。坚固深信，时亦难遭。我今如理宣说如是广大微妙法门，一切诸佛之所称赞。付嘱汝等，作大守护。为诸有情长夜利益[③]，莫令众生沦堕五趣，备受危苦。应勤修行，随顺我教。当孝于佛，常念师恩。当令是法，久住不灭。当坚持之，无得毁失。无得为妄，增减经法。常念不绝[④]，则得道捷[⑤]。我法如是，作如是说。如来所行，亦应随行。种修福善，求生净刹。"

【注释】 ①无上之法：即究竟涅槃之法。如《大智度论》卷五十五云："如阿毗昙中说，有上法者，一切有为法，及虚空非智缘尽。无上法者，智缘尽所得涅槃，是故知无法胜涅槃者。"②十力无畏：详参本经第十七"泉池功德"品之"十力无畏"注释。③长夜：比喻轮回六道生死苦海。也即下文"沦堕五趣，备受危苦"之意。④常念不绝：有两层含义，首先是指常念本经，如本经"往生正因"品所谓"闻此经典，受持读诵，书写供养，昼夜相续，求生彼刹。""受菩提记"品亦有"于此经典，书写、供养、受持、读诵"等，皆是这一层含义。另一层含义则是称念"南无阿弥陀佛"名号不绝，这也是本经的最终落脚点。⑤道捷：即修道成道的捷径。净土信仰以持名念佛之法为弥陀大愿之本，认为最易下手，最易成就，所以称为"易行法"。

【译文】 释迦牟尼佛对弥勒菩萨说："诸佛如来的无上涅槃大法及十力、四无所畏，自在通达，无所执着，义理深奥，还有菩萨的六波罗蜜等超出世间之法，皆是难逢难遇的大法。虽有善能说法之人，于此超情离见、不可思议之甚深法门，亦难于用语言文字而为开示。坚心深信这念佛往生的难信之法的人，在当今也是难逢难遇。我现在契合义理而宣说这广大微妙的净土法门，为十方世界一切诸佛所交口称赞。我今日将此法门嘱咐给你们，你们要当全力守护本经，依教奉行，为人演说，广利众生。为了让世间一切有情众生能获得脱离长夜黑暗苦海的利益，为了不让众生沉沦堕入六道轮回，遭受艰辛苦难的煎熬，你们应精勤修行，受持、读诵、为人演说，随顺我的教法。应当孝敬佛法，时刻铭记导师的恩德。应当让这净土法门久住世间而不湮灭。应当坚定不移地受持此经，不可使它毁坏损失。同时，不可妄自增添削减我的经教法门。对于此一经典，应当时时诵念，无有间断，果能如此，便是得到了成佛捷径。我的法门即是如此，我也是如实地讲说给你们。如来所行之道，你们也应随之而行。修善种福，一念专求往生西方极乐世界。"

福慧始闻第四十七

【题解】

本品以偈颂的形式，对经文主旨进行了总结。偈颂为七言，共八首，可分为三层意思。即(一)坚心受持本经之人，决定往生西方极乐世界；(二)慨叹佛法难闻难见，佛智难明，佛果难知，听闻净土法门而能信乐受持，更是难中之难，由此点出他力解脱的念佛

法门的必要性；(三)念佛法门为往生极乐净土的唯一津梁，不但自己信受本经，称念佛号，而得度脱生死，往生极乐，更当以大乘慈悲普度精神，广泛弘扬本经，劝人念佛，出离生死，如此方是真正的“真善友”，也即同于如来的善知识。

【原文】 尔时世尊而说颂曰：

若不往昔修福慧，于此正法不能闻。
已曾供养诸如来，则能欢喜信此事。
恶骄懈怠及邪见，难信如来微妙法。
譬如盲人恒处暗，不能开导于他路。
唯曾于佛植众善，救世之行方能修。
闻已受持及书写，读诵赞演并供养。
如是一心求净方，决定往生极乐国。
假使大火满三千，乘佛威德悉能超。
如来深广智慧海，唯佛与佛乃能知。
声闻亿劫思佛智，尽其神力莫能测。
如来功德佛自知，唯有世尊能开示。
人身难得佛难值，信慧闻法难中难。
若诸有情当作佛，行超普贤登彼岸。
是故博闻诸智士，应信我教如实言。
如是妙法幸听闻，应常念佛而生喜。
受持广度生死流[①]，佛说此人真善友[②]。

【注释】 ①生死流：指沉沦于六道轮回、生死苦海的一切众生。②善友：即“善知识”。详参本经第四十五“独留此经”品“善知识”注释。

【译文】 于是，世尊宣说了这样的偈颂：

若不往昔修福慧，于此正法不能闻。已曾供养诸如来，则能欢喜信此事。恶骄懈怠及邪见，难信如来微妙法。譬如盲人恒处暗，不能开导于他路。唯曾于佛植众善，救世之行方能修。闻已受持及书写，读诵赞演并供养。如是一心求净方，决定往生极乐国。假使大火满三千，乘佛威德悉能超。如来深广智慧海，唯佛与佛乃能知。声闻亿劫思佛智，尽其神力莫能测。如来功德佛自知，唯有世尊能开示。人身难得佛难值，信慧闻法难中难。若诸有情当作佛，行超普贤登彼岸。是故博闻诸智士，应信我教如实言。如是妙法幸听闻，应常念佛而生喜。受持广度生死流，佛说此人真善友。

闻经获益第四十八

【题解】

本品为全经最后一品，如同进入最后高潮的大团圆结尾，本品极力宣说列举闻听释迦牟尼佛说法之后，与会大众所获得的种种真实利益，以及三千大千世界所现出的种种神奇瑞相。与会大众，莫不欢欣喜悦，法喜充满，信受乐行本经所示的弥陀净土法门。

【原文】 **尔时世尊说此经法，天人世间有万二千那由他亿众生，远离尘垢，得法眼净[1]；二十亿众生，得阿那含果；六千八百比丘，诸漏已尽，心得解脱；四十亿菩萨，于无上菩提住不退转，以弘誓功德而自庄严；二十五亿众生，得不退忍[2]；四万亿那由他百千众生，于无上菩提未曾发意，今始初发，种诸善根愿生极乐，见阿弥陀佛。皆当往生彼如来土，各于异方次第成佛[3]，同名"妙音如来"。**

【注释】 ①法眼净：又作"净法眼""清净法眼"。指具有观见真理等诸法而无障碍、疑惑之眼。吉藏《维摩经略疏》卷四认为，小乘于初果见四圣谛之理，大乘于初地得"真无生法"，均称为"法眼净"。②不退忍：念念皆无退转，相当于"三不退"中的"念不退"。详参本经第四十二"菩萨往生"品的"不退"注释。③异方：指十方世界。

【译文】 在释迦牟尼佛宣说这一经法的时候，天界和世间有一万二千那由他亿众生得以远离尘世垢土，获得了见知四真谛的法眼净；有二十亿众生证得阿那含果位；六千八百名比丘永脱三界，心开意解，证得阿罗汉果位；四十亿菩萨在修行无上菩提的道路上得阿惟越致不退转果位，他们以四十八大誓愿利益众生的功德来庄严自己；二十五亿众生获得了念念皆无退转的"不退转忍"果位；有四万亿那由他百千众生，原先并未发心成就无上佛果，听佛说此法门之后，才开始发心念佛往生之道，由此广行善事，积功累德，培植善根，发愿往生西方极乐净土，亲见阿弥陀佛。他们也将全部往生阿弥陀佛的极乐净土，将来各自在十方世界，陆续成佛，都被称为"妙音如来"。

【原文】 **复有十方佛刹若现在生，及未来生，见阿弥陀佛者，各有八万俱胝那由他人，得授记法忍，成无上菩提。彼诸有情，皆是阿弥陀佛宿愿因缘，俱得往生极乐世界。**

【译文】 又有许许多多十方佛土中或是现在往生或是未来往生西方极乐世界以见阿弥陀佛陀佛的众生，每个佛国各有八万俱胝那由他的众生，蒙佛授记，得无生法忍，终将证得无上菩提之道。那些有情众生，全都因为阿弥陀佛在宿世中所立大愿功德的缘故，一定得以往生到极乐世界。

【原文】 **尔时三千大千世界六种震动[1]，并现种种希有神变，放大光明，普照十方。复有诸天，于虚空中，作妙音乐，出随喜声。乃至色界诸天，悉皆得闻，叹未曾有。无量妙花纷纷而降。尊者阿难、弥勒菩萨及诸菩萨声闻、天龙八部、一切大众，闻佛所说，皆大欢喜，信受奉行。**

【注释】 ①六种震动：详参本经第七"必成正觉"品相关注释。

【译文】 这时，三千大千世界出现六种震动，并出现种种稀有难逢的神奇变化，放出盛大光明，普照十方世界。又有诸天天人在虚空中演奏美妙绝伦的音乐，发出随喜赞叹的声音。甚至色界诸天的天人也全都得到，赞叹这是前所未有的奇迹。无量无计的妙花此时纷纷而降。阿难长老、弥勒菩萨以及参加法会的诸菩萨、声闻、天龙八部等一切大众，听闻佛所说经法之后，莫不欢喜，并且真正地相信、接受，切实地依照本经的教诲修行。

圆觉经

【导语】

《圆觉经》为佛教大乘经典,其思想义理属佛教如来藏体系,教法以顿教为主,并统摄渐修法门。《圆觉经》宣讲佛陀脱离无明烦恼的圆觉理论,注重成就圆觉的具体行法,是华严宗、禅宗等宗派盛行讲习的经典,对中国佛教产生了广泛的影响。

《圆觉经》,全称为《大方广圆觉修多罗了义经》,此经名具有丰富的内涵。大方广,又名“大方等”,“方”是义理方正的意思,“广”是广大的意思;“大方广”是各种大乘经的通名,意为佛说方正广大真理的经文,也指十二部经(经教的十二种分类,即长行、重颂、孤起、譬喻、因缘、自说、本生、本事、未曾有、方广、论议、授记)中的“方广部”。“圆”即圆满,“觉”即菩提;“圆觉”就是圆满菩提,即指佛果,是对世间一切事理无不彻底了知其事实真相。圆觉为人人本具的真心,也是万法的平等真如性。修多罗,为梵语,是指佛学常见词汇,意为贯穿法义,使不散失,所以又译为“契经”,含有契理、契机的意思,即上契诸佛妙理,下契众生根机。了义,是说理非常透彻、究竟的意思。

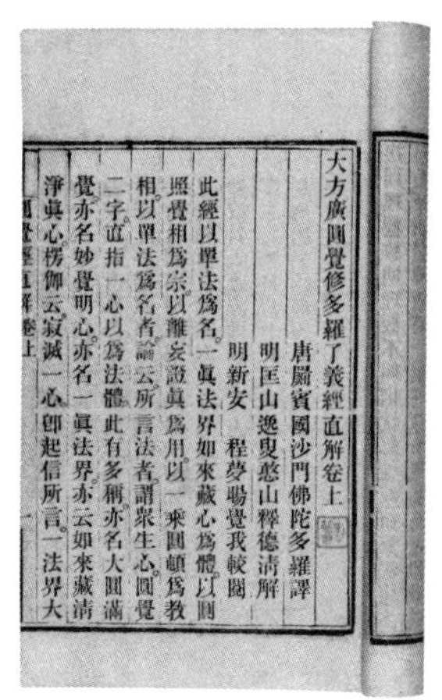

大方廣圓覺修多羅了義經直解卷上
唐罽賓國沙門佛陀多羅譯
明匡山逸叟憨山釋德清解
明新安　程夢暘覺我較閱
此經以單法爲名。一眞法界如來藏心爲體。以圓
照覺相爲宗。以離妄證眞爲用。以一乘圓頓爲教
相。以單法爲名者。論云所言法者。謂衆生心。圓覺
二字。直指一心以爲法體。此有多稱。亦名大圓滿
覺。亦名妙覺明心。亦名一眞法界。亦云如來藏清
淨眞心。楞伽云。寂滅一心。卽起信所言。一法界大

《圆觉经》书影

《圆觉经》为唐时佛陀多罗所译。佛陀多罗,又称“觉救”,意为“觉悟救世”,生卒年无考,生平事迹不详,北天竺罽宾(今克什米尔一带)人。《宋高僧传》称其“赍多罗夹,誓化脂那”,即携带梵文佛经,誓愿化度中国。多罗是一种植物,因古印度将佛经写在多罗树叶上,所以称“多罗夹”。佛陀多罗在洛阳白马寺译出《大方广圆觉了义经》,但不知具体是于何年翻译出来。而《佛祖统记》则称:唐高宗永徽六年(655),罽宾国佛陀多罗,于白马寺译《圆觉经》。自古以来,就不断有人怀疑此经为伪经。太虚大师通过对各种相关记述梳理后认为,此经为最早贞观(627~649)、最迟开元之八九十年间(720~722)所译。

序　　分

【题解】

此为本经的“序分”部分,表明当时佛说法时证入的境界,以及参与法会的大众,并强调经中所载法门确实为佛陀所说,内容真实可信。

【原文】　如是我闻[①]。一时,婆伽婆[②],入于神通大光明藏[③],三昧正受[④],一切如来光严住持[⑤],是诸众生清净觉地[⑥]。身心寂灭[⑦],平等本际[⑧],圆满十方[⑨],不二随顺[⑩],于不二境,现诸净土[⑪]。

【注释】 ①如是我闻：即我闻如是，意为我听到佛这样说。如是，指这部经文。我，阿难自称。闻，从佛陀处亲闻。此语出于佛涅槃前。当时，以“多闻第一”著称的阿难问佛：“一切经首置何字？”佛回答：“一切经首置‘如是我闻’等言。”②婆伽婆：梵语音译。也称“薄伽梵”，意译为“世尊”，为佛的尊号。有自在、炽盛、端严、名称、吉祥、尊贵六种含义。③神通大光明藏：即指佛说法的处所，不是指具体的外在场所，而是指自性境界。神，则莫测。通，则无碍。大光明，即智慧。藏，即一切法所依之平等真如法性体。④三昧：梵语。又译“三摩地”，意译为“定”或“正定”。即摒除杂念，心不散乱，专注于一境。正受：是与“三昧”相应的禅定。⑤光严：光明庄严。住持：久住护持佛法。⑥清净觉地：正觉的境界。因正觉之体离染污，故称“清净”。⑦寂灭：即指涅槃，是没有烦恼和生死的境界。⑧本际：根本究竟的边际，即绝对平等的理体。此指涅槃而言。⑨圆满：周遍充足，无所缺减。⑩不二：又作“离两边”，指对一切现象应无分别，或超越各种区别。随顺：随从他人之意而不拂逆。⑪净土：指佛所居的处所，全称“清净国土”“清净佛刹”，又作“净世界”“佛国”。与此相对，世俗众生居住之所，有烦恼污秽，故称“秽土”“秽国”。

【译文】 我听佛这样说的。那时，佛得入神通大光明藏，心念大定，一切佛都久住此光明庄严境界，这也是所有众生能够真正清净觉悟的本性境界。身心无生无灭，寂静无为，涅槃平等，遍足十方，超越了分别，随顺迎合了涅槃正道。在这个境界中，可以显现出佛国净土。

【原文】 与大菩萨摩诃萨十万人俱[①]。其名曰文殊师利菩萨[②]，普贤菩萨[③]，普眼菩萨[④]，金刚藏菩萨[⑤]，弥勒菩萨[⑥]，清净慧菩萨[⑦]，威德自在菩萨[⑧]，辩音菩萨[⑨]，净诸业障菩萨[⑩]，普觉菩萨[⑪]，圆觉菩萨[⑫]，贤善首菩萨等而为上首[⑬]，与诸眷属皆入三昧[⑭]，同住如来平等法会[⑮]。

【注释】 ①大菩萨摩诃萨：大菩萨即摩诃萨，摩诃萨为梵语音译，又称“大有情”“大众生”，此大众生的愿大、行大、度众生大，在世间诸众生中为最上。②文殊师利菩萨：文殊，是“妙”的意思；师利，是“德”或“吉祥”的意思。文殊师利即妙吉祥的意思。该菩萨以大智著称，与普贤菩萨常侍于释迦如来左右。③普贤菩萨：是具足无量行愿、普现于一切佛刹的大乘圣者。④普眼菩萨：因其能普观一切众生故称。⑤金刚藏菩萨：此菩萨能以智慧破除愚暗，表现为愤怒的形象，或持金刚杵以伏恶魔，也称“金刚藏王”。⑥弥勒菩萨：弥勒为梵语音译，意译为“慈氏”。依《弥勒上生经》《弥勒下生经》所载，弥勒出生于婆罗门家庭，后成为佛的弟子，先佛入灭，以菩萨身为天人说法，住于兜率天。据传此菩萨因发心不食肉，故名为“慈氏”。⑦清净慧菩萨：此菩萨得自在，同佛境界，从法而生，故称“法生”，即从自性清净之法而生。⑧威德自在菩萨：可畏为威，可爱为德，进退无碍、心离烦恼的系缚为自在。⑨辩音菩萨：能以声音做佛事而利益众生。⑩净诸业障菩萨：能为众生除去各自所作种种恶业。⑪普觉菩萨：能够普遍地觉悟众生。⑫圆觉菩萨：显示圆满的灵觉，对世间一切事理，无不彻底了知其事实真相。⑬贤善首菩萨：贤而行善者，又同前十一位菩萨共居十万大菩萨眷属之首，故名“贤善首菩萨”。上首：大众中之主位，称为“上首”。或举其中一人为上首，或举多人为上首。⑭眷属：指亲近、顺从者。眷为亲爱，属为隶属。⑮法会：讲说佛法及供佛施僧等所举行的集会。

【译文】 佛陀当时与十万大菩萨在一起。名为文殊师利菩萨、普贤菩萨、普眼菩萨、

金刚藏菩萨、弥勒菩萨、清净慧菩萨、威德自在菩萨、辩音菩萨、净诸业障菩萨、普觉菩萨、圆觉菩萨、贤善首菩萨的十二大士坐在上席，并率各自眷属一起入于心定安住的境界，他们和佛一样安住在此净土法会。

一　文殊师利菩萨

【题解】

本章节为文殊师利菩萨所请教的问题，以及佛陀的回答。主要在于说明佛所观照的圆觉清净境界，此境界为修行的根本，认识此境界则能了知万法的虚空本性，免于产生邪见，堕入生死轮转。菩萨及众生发清净心，证入此境界，能够断除无明，获得正觉。

【原文】　于是文殊师利菩萨在大众中，即从座起，顶礼佛足[①]，右绕三匝[②]，长跪叉手而白佛言[③]："大悲世尊[④]，愿为此会诸来法众[⑤]，说于如来本起清净因地法行[⑥]，及说菩萨于大乘中发清净心[⑦]，远离诸病，能使未来末世众生求大乘者[⑧]，不堕邪见。"

作是语已，五体投地，如是三请，终而复始。

【注释】　①顶礼：印度最上之敬礼。即两膝、两肘及头着地，以头顶敬礼，承接所礼者双足。其义与"五体投地"同。②右绕：即以右向中央之尊像旋绕以表尊敬之意，尊像在行者之右手边，是表示礼敬的行道方式。③叉手：印度致敬方式的一种，也称"合十""合掌"。④世尊：佛的尊号，即为世间所尊重者之意，也指世界中最尊者。⑤法众：即归顺于佛法之众，为出家众的总称。⑥因地：为"果地"的对称。地，即位地、阶位之意。指修行佛道之阶位，也即指由因行至证果间的阶位。⑦清净心：无疑的信心，没有污染和烦恼的净心。⑧末世：释迦牟尼入灭后五百年为正法时，次一千年为像法时，后万年为末法时。末世，即末法时。大乘：指能将众生从烦恼的此岸载至觉悟的彼岸的教法而言，以救世利他为宗旨，最高的果位是佛果。乘是运载之义。大乘、小乘是释迦牟尼入灭后一段时期，大乘佛教兴起后，由于大、小乘对立而起的名词。一般而言，"小乘"是大乘佛教徒对原始佛教与部派佛教的贬称。

【译文】　于是文殊师利菩萨在大众中离座而起，以顶礼礼敬佛足，然后起立右转，绕佛三圈，又长跪在佛前双手合掌，对佛禀告道："大悲世尊，希望您能为来参加本此法会的诸位弟子宣说如来清净因地法的修持，以及菩萨在大乘修行中怎样发清净心，远离诸种恶业，以使未来末世的众生在追求大乘教法的过程中，不至于堕于不正确的见解。"

文殊师利菩萨说完后，再次五体投地向佛祖致礼，循环往复，这样连续请求三次。

【原文】　尔时，世尊告文殊师利菩萨言："善哉！善哉！善男子[①]，汝等乃能为诸菩萨咨询如来因地法行，及为末世一切众生求大乘者，得正住持，不堕邪见。汝今谛听[②]，当为汝说。"

时，文殊师利菩萨奉教欢喜，及诸大众默然而听。

【注释】　①善男子：佛称呼信佛的男子为善男子。善，是对信佛、闻法、行善业者的美称。②谛听：仔细地听。

【译文】 那时,佛开口对文殊师利菩萨说:"善哉!善哉!善男子,你能为诸位菩萨咨询如来因地修行法,为末世的一切众生乞求大乘教法,使他们能得到正确的认识,并在世间保持正确的道法,而不至于堕入不正确的邪见之中。现在你就仔细地听,我为你演说这一根本大法。"

当时,文殊师利菩萨以能接受佛的教导而心生欢喜,和其他参加法会的大众安静地听佛说法。

【原文】 "善男子,无上法王有大陀罗尼门[①],名为圆觉。流出一切清净真如[②],菩提涅槃及波罗蜜[③],教授菩萨。一切如来本起因地,皆依圆照清净觉相[④],永断无明[⑤],方成佛道[⑥]。"

【注释】 ①无上法王:如来的尊号。无上,即至高无上,无有过于此者。法王,即众法之王。陀罗尼:梵语音译。意为总持,总是总摄一切法,持是能持无量义,也就是能掌握一切法的总纲领的意思。②清净真如:如来所说涅槃清净寂灭之理,本无染污,所以称为"清净真如"。清净,是不垢不染之义。真如,事物的真实现状。真是真实之义;如是如常,不变不改之义。③菩提:梵语音译。意译为"觉",是指能觉知法性的智慧,也就是能断尽烦恼的大智慧,是对佛教真理的觉悟。涅槃:梵语"涅槃那"的音译。意译为"灭""灭度""寂灭""不生""无为""安乐""解脱"等。波罗蜜:梵语音译。又称"波罗蜜多",意译为"到彼岸",即由生死苦恼的此岸,度到涅槃安乐的彼岸。④清净觉相:正觉的真相,正觉的理体离诸染污,故称。相,表现于外而又能想象于心的各种事物的相状。⑤无明:不明白道理,即愚痴的别名。⑥佛道:佛的觉悟,佛所证悟的道法,即无上菩提。

【译文】 "善男子,成了佛的无上法王有个总持的法门叫作圆觉,即圆满的觉性,人人本具的真心。它能流出一切清净佛性以及成佛的觉悟,它还能流出涅槃寂灭的智慧和由生死此岸到涅槃彼岸的波罗蜜,并依此来教诲授受菩萨。一切如来发心修行的起点,无不依靠圆满遍照的清净觉悟相,这样才能永远断除无明,从而成就佛果。"

【原文】 "云何无明?善男子,一切众生从无始来[①],种种颠倒[②],犹如迷人,四方易处;妄认四大为自身相[③],六尘缘影为自心相[④]。譬彼病目,见空中华及第二月[⑤]。善男子,空实无华,病者妄执[⑥]。由妄执故,非唯惑此虚空自性[⑦],亦复迷彼实华生处,由此妄有轮转生死[⑧],故名无明。善男子,此无明者,非实有体。如梦中人,梦时非无,及至于醒,了无所得。如众空华,灭于虚空,不可说言有定灭处。何以故?无生处故。一切众生于无生中,妄见生灭,是故说名轮转生死。"

【注释】 ①无始:没有开始。诸法都由因缘生,因上有因,如此辗转推究,一切众生及诸法的原始,皆不可得。②颠倒:指违背常道、正理。③四大:即地、水、火、风,可称之为四种元素,即构成一切物质的元素。④六尘:色尘、声尘、香尘、味尘、触尘、法尘。尘,染污之义,能染污人们清净的心灵,使真性不能显发。六尘,又名"六境",即六根所攀缘的外境。缘影:是心识攀缘外尘有所思虑而生起的外尘影像。⑤空中华:病眼之人见空中有如花一样的东西浮动,喻指本无实体的境界,由于妄见而起错觉,以为实有。第二月:眼有疾而误认为有两个月亮。⑥妄执:虚妄的执着。执,即把而不离,执着而不舍。

⑦虚空：虚与空都是“无”的别名。虚无形质，空无障碍。自性：诸法各自有不变不改之性，称为“自性”。⑧轮转：与“轮回”同义，即众生从无始以来，辗转生死于三界六道之中，如车轮一样的旋转，没有脱出之期。

【译文】“什么是无明呢？善男子，一切众生从无始以来，就有种种违背正理的颠倒认识，如同迷途的人一样，分不清东西南北；错误地认为地、水、火、风四种元素组合成了自己的身体，认为心识攀缘外部六尘有所思虑而生起的外尘影像为自心的相状。这如同有眼疾的人看到空中有花，有两个月亮。善男子，空中实际上并没有花，只是迷惑者虚妄的执着。因为虚妄执着的缘故，不但迷惑了本空无相的真如自性，还迷惑地以为有实在的花及其生处，正因为错误地认为有实有，也就有了生死轮回，这就是无明。善男子，这个无明没有实在体性。就如做梦的人一样，梦中的境界并非没有，等到梦醒的时候却空无一物。又如空中的花消失在虚空中，不能说有一定的消失之处。为什么呢？因为它本来就虚幻不实，没有生处。一切众生在原本没有生灭变化之中，迷惑见到生灭，如此就是妄见生死轮回。”

【原文】“善男子，如来因地修圆觉者，知是空华，即无轮转，亦无身心受彼生死。非作故无，本性无故。彼知觉者[①]，犹如虚空。知虚空者[②]，即空华相。亦不可说无知觉性。有无俱遣，是则名为净觉随顺。”

“何以故？虚空性故，常不动故，如来藏中无起灭故[③]，无知见故[④]。如法界性[⑤]，究竟圆满遍十方故。是则名为因地法行。菩萨因此于大乘中，发清净心。末世众生依此修行，不堕邪见。”

【注释】①知觉者：即前面“知是空华”的觉。②知虚空者：指了知觉相如空的心。③如来藏：指于一切众生的烦恼身中，所隐藏的本来清净的如来法身。通常把它看作是佛性的异名。④知见：知识和见解。就意识云“知”，就眼识曰“见”。⑤法界性：单名“法界”，又称“法性”，合称“法界性”。即指诸法的本体、本性。在有情方面，叫作“佛性”；在无情方面，叫作“法性”。

【译文】“善男子，一切诸佛发愿开始修圆觉法门，知道一切都是虚空中的花，就知道没有所谓的轮转生死，也没有承受生死的身心。不是因为经过造作或修行而成为无，而是因为本性空无的原因。知道一切都是空花的觉是虚空的。了知觉相如空的心，也是空花般的相状。既然是心证知空花相，也就不可说没有知觉的心。对知觉心的有与无都放下不执着，就能随顺证入清净圆满觉悟。”

“为什么呢？因为觉悟的清静心是虚空的，性体不动；如来藏中没有独立的法生灭，自然也就没有知见。此法界性究竟圆满，普遍十方。这些就被称为‘因地法行’。菩萨因此在大乘法门中，发起清净心。末世众生依照此法修行。就不会堕于不正确的偏见里。”

【原文】尔时，世尊欲重宣此义而说偈言：

文殊汝当知，一切诸如来，
从于本因地，皆以智慧觉，了达于无明。
知彼如空华，即能免流转，
又如梦中人，醒时不可得。

觉者如虚空，平等不动转，
觉遍十方界，即得成佛道。
众幻灭无处，成道亦无得，本性圆满故。
菩萨于此中，能发菩提心。
末世诸众生，修此免邪见。

【译文】 这时，世尊为了重新阐述这个道理，于是说偈语：
文殊汝当知，一切诸如来，
从于本因地，皆以智慧觉，了达于无明。
知彼如空华，即能免流转。
又如梦中人，醒时不可得。
觉者如虚空，平等不动转，
觉遍十方界，即得成佛道。
众幻灭无处，成道亦无得，本性圆满故。
菩萨于此中，能发菩提心。末世诸众生，修此免邪见。

二　普贤菩萨

【题解】

本章节为普贤菩萨所请教的问题，以及佛陀的回答。主要说明听闻圆觉清静境界后，证入此等境界的修行方法，即修习“如幻三昧”，也就是了知身心一切都是幻化的道理，进而远离诸种幻化现象。

【原文】 **于是普贤菩萨在大众中，即从座起，顶礼佛足，右绕三匝，长跪叉手而白佛言：“大悲世尊，愿为此会诸菩萨众，及为末世一切众生修大乘者，闻此圆觉清净境界，云何修行[①]？世尊，若彼众生知如幻者，身心亦幻，云何以幻还修于幻？若诸幻性一切尽灭，则无有心，谁为修行？云何复说修行如幻？若诸众生本不修行，于生死中常居幻化，曾不了知如幻境界，令妄想心云何解脱？愿为末世一切众生，作何方便[②]，渐次修习[③]，令诸众生永离诸幻。”**

作是语已，五体投地，如是三请，终而复始。

【注释】 ①修行：实行修正自己的思想行为。②方便：指为了引导和教化众生而采用的手段、方法或语言。③修习：依如来所说之法，精修复习而成道果。

【译文】 于是普贤菩萨在大众中离座而起，以顶礼礼敬佛足，然后起立右转，绕佛三圈，又长跪在佛前双手合掌，对佛禀告道：“大悲世尊，我希望来参加本此法会的菩萨众，以及在末世修习大乘的一切众生都听闻到这个圆觉清净境界，那又应该如何修行呢？世尊，假如众生知道一切都是幻而不实的，身心都是幻化的，为什么还要用幻化的身心来修幻化之行？如果一切幻法都灭尽了，也就没有心了，那么谁来修行？为什么还说修行如幻？如果众生本来不修行，而在生死幻化中，从来不知道这一切是幻化境界，那又怎样使妄想心得到解脱？希望佛为末世一切众生，教授一些方便法门，能够渐次修习，令诸众生

永离诸幻。”

普贤菩萨说完后，再次五体投地向佛祖致礼，循环往复，这样连续请求三次。

【原文】 尔时，世尊告普贤菩萨言：“善哉！善哉！善男子，汝等乃能为诸菩萨及末世众生，修习菩萨如幻三昧[1]，方便渐次，令诸众生得离诸幻。汝今谛听，当为汝说。”

时，普贤菩萨奉教欢喜，及诸大众默然而听。

【注释】 ①如幻三昧：达于一切诸法如幻之理的正定。

【译文】 那是，佛开口对普贤菩萨说：“善哉！善哉！善男子，你能为诸位菩萨以及末世众生，向佛请求讲解修习菩萨如幻三昧的方法，通过方便法门，能够渐次修习，进而使众生远离诸幻。现在你就仔细地听。我为你解说。”

当时，普贤菩萨以能接受佛的教导而心生欢喜，和其他参加法会的大众安静地听佛说法。

【原文】 “善男子，一切众生种种幻化，皆生如来圆觉妙心[1]，犹如空华，从空而有，幻华虽灭，空性不坏。众生幻心[2]，还依幻灭，诸幻尽灭，觉心不动。依幻说觉，亦名为幻。若说有觉，犹未离幻。说无觉者，亦复如是。是故幻灭，名为不动。”

【注释】 ①妙心：不可思议的心体，即佛的真心。②幻心：心识由缘而生，毕竟无实如幻。

【译文】 “善男子，一切众生的种种幻化现象，都依如来圆觉真心而生出，就像空花，从空中生出，幻化境界虽然消失，但它的空性并没有改变。众生的幻心还必须依于幻化的身心来修行，才能得以消灭，当这些幻化的事物都灭除，觉心并没有动过。依幻来说觉，便不是真觉，所以也称为幻。如果说有‘觉’，仍未离幻。如果说‘无觉’，也是同样没有离幻。所以说幻化现象尽灭，但真正的觉心不动。”

【原文】 “善男子，一切菩萨及末世众生，应当远离一切幻化虚妄境界。由坚执持远离心故，心如幻者，亦复远离。远离为幻，亦复远离。离远离幻，亦复远离。得无所离，即除诸幻。譬如钻火，两木相因，火出木尽，灰飞烟灭。以幻修幻，亦复如是。诸幻虽尽，不入断灭。善男子，知幻即离，不作方便。离幻即觉，亦无渐次。一切菩萨及末世众生，依此修行，如是乃能永离诸幻。”

【译文】 “善男子，一切菩萨及末世众生，应当远离一切幻化的虚妄境界。因为存有了这种坚持远离幻境的心，而这种远离心也是幻，也应当远离。远离幻心的心，同样也是幻，也应当远离。远离‘远离幻心’的心，仍是幻，也应当远离。最后没有什么可以远离的，也就除去了各种幻。譬如钻木取火，两根木头相互摩擦，产生的火把自己都烧尽了。以幻修幻也是这样。种种幻化虽已灭尽，但还不能进入彻底断灭。善男子，知道幻化即刻就要远离，不需用任何权宜方法。离开妄念幻想就是觉悟，没有渐进的圆觉。一切菩萨以及末世众生，依照这样修行，这样才能永远远离种种幻化。”

【原文】 尔时，世尊欲重宣此义而说偈言：

普贤汝当知，一切诸众生，

无始幻无明，皆从诸如来，

圆觉心建立，犹如虚空华，
依空而有相，空华若复灭，
虚空本不动，幻从诸觉生，
幻灭觉圆满，觉心不动故。
若彼诸菩萨，及末世众生，
常应远离幻，诸幻悉皆离。
如木中生火，木尽火还灭。
觉则无渐次，方便亦如是。

【译文】 这时，世尊为了重新阐述这个道理，于是说偈语：

普贤汝当知，一切诸众生，无始幻无明，皆从诸如来，圆觉心建立，犹如虚空华，依空而有相，空华若复灭，虚空本不动，幻从诸觉生，幻灭觉圆满，觉心不动故。若彼诸菩萨，及末世众生，常应远离幻，诸幻悉皆离。如木中生火，木尽火还灭。觉则无渐次，方便亦如是。

三　普眼菩萨

【题解】

本章节为普眼菩萨所请教的问题，以及佛陀的回答。意在表明修行阶次及方便说法。在闻知圆觉境界后，众生应当先心存正念，止息妄念，远离幻境和幻心，如此就能成就虚空平等的清静圆觉。

【原文】 于是普眼菩萨在大众中，即从座起，顶礼佛足，右绕三匝，长跪叉手而白佛言："大悲世尊，愿为此会诸菩萨众，及为末世一切众生，演说菩萨修行渐次，云何思惟[1]？云何住持？众生未悟，作何方便普令开悟[2]？世尊，若彼众生无正方便及正思惟，闻佛如来说此三昧，心生迷闷，即于圆觉不能悟入。愿兴慈悲，为我等辈及末世众生，假说方便。"

作是语已，五体投地，如是三请，终而复始。

【注释】 ①思惟：思量所对之境而起分别。②开悟：开智悟理，即开智慧、悟道理。

【译文】 于是普眼菩萨在大众中离座而起，以顶礼礼敬佛足，然后起立右转，绕佛三圈，又长跪在佛前双手合掌，对佛禀告道："大悲世尊，希望您能为来参加本此法会的诸菩萨众，以及末世修习大乘的一切众生演说菩萨修行的逐步次序，什么是思惟？如何能够安住于世而保持佛法？众生没有开悟，应用什么方法使他们普遍开悟？世尊，如果众生没有正确的方法和正确的思维，即使听了佛所说的三昧正定法门，仍会心生迷惑，不能悟入圆满觉悟的境界。希望佛大发慈悲，为我们以及末世众生解说方便法门。"

普眼菩萨说完后，再次五体投地向佛祖致礼，循环往复，这样连续请求三次。

【原文】 尔时，世尊告普眼菩萨言："善哉！善哉！善男子，汝等乃能为诸菩萨及末世众生，问于如来修行渐次，思惟住持，乃至假说种种方便。汝今谛听，当为汝说。"

时，普眼菩萨奉教欢喜，及诸大众默然而听。

【译文】 那时，世尊对普眼菩萨说："善哉！善哉！善男子，你能为诸位菩萨以及末世众生，向我问及修行的次序，正确的思考，住世保持佛法，以及修行的简便方法。现在你就仔细地听，我为你解说。"

当时，普眼菩萨以能接受佛的教导而心生欢喜，和其他参加法会的大众安静地听佛说法。

【原文】 "善男子，彼新学菩萨及末世众生，欲求如来净圆觉心①，应当正念②，远离诸幻。先依如来奢摩他行③，坚持禁戒④，安处徒众，宴坐静室⑤。恒作是念：我今此身，四大和合。所谓发毛爪齿，皮肉筋骨，髓脑垢色，皆归于地；唾涕脓血，津液涎沫，痰泪精气，大小便利，皆归于水；暖气归火，动转当风。四大各离，今者妄身，当在何处？即知此身，毕竟无体⑥，和合为相，实同幻化。四缘假合⑦，妄有六根⑧。六根四大，中外合成，妄有缘气，于中积聚，似有缘相⑨，假名为心⑩。"

【注释】 ①净圆觉心：净妙的圆满觉悟心。②正念：正确的念头，念念不忘佛法真理。③奢摩他：梵语音译。意译为"止""寂静"。"禅定"的另一称谓。④禁戒：禁非戒恶。⑤宴坐：默然静坐，此指坐禅。⑥无体：无实体。⑦四缘：缘是指一切物事之间生起一种互相交涉的关系，这种关系共有四种，即因缘、等无间缘、所缘缘、增上缘。⑧六根：指眼、耳、鼻、舌、身、意。根为能生长的意思。⑨缘相：攀缘事物而又思虑的心的相状。⑩假名：假立名字。

【译文】 "善男子，那些刚开始学佛的菩萨和末世众生，要想求得如来清净圆满觉悟心，就应当坚持正确的念想，远离各种各样的幻象。先依照佛教授的修定的方法，坚持禁戒，要安置好徒众，安处静室。应常有这样的观念：我现在的身体是由地、水、火、风四种自然元素缘合而成。所谓头发、毛、爪、齿，皮、肉、筋、骨，髓、脑等，以及身体上的污垢，都属于地元素；我的唾液、鼻涕、脓、血，津液、涎末，痰、泪、精气，大小便等，都属于水元素；我的生命中含有的燥热之气，属于火元素；我的生命之所以能够延续是因为有呼吸的作用，它属于风元素。四大各有所归，此身究竟当在何处？即知道身体终究是没有实体的，它只是地、水、火、风四大元素互相缘和而合成的相状，实际是一种幻化的相状。地、水、火、风四大元素互相缘和而合成的身体，又有了眼、耳、鼻、舌、身、意六根。眼、耳、鼻、舌、身、意六根和地、水、火、风四大元素，一个为内，一个为外，内外合成，组成了称之为'身'的东西。在这个过程中产生了各种习气，在其中积聚，好像有思虑的相状出现，于是就有了假名为'心'的这个东西。"

【原文】 "善男子，此虚妄心，若无六尘，则不能有。四大分解，无尘可得，于中缘尘①，各归散灭，毕竟无有缘心可见②。"

【注释】 ①缘尘：攀缘色、声等六尘。②缘心：攀缘事物的心。

【译文】 "善男子，这个虚妄的心，如果没有色、声、香、味、触、法六尘，就不可能存在。如果地、水、火、风四大分离，就没有六尘存在，既是所缘之尘各归散灭，那么终究也不见有能攀缘事物的心了。"

【原文】“善男子,彼之众生幻身灭故,幻心亦灭;幻心灭故,幻尘亦灭;幻尘灭故,幻灭亦灭;幻灭灭故,非幻不灭。譬如磨镜,垢尽明现。善男子,当知身心皆为幻垢,垢相永灭,十方清净。”

【译文】“善男子,由于众生的幻身灭掉了,所以幻心也就灭掉了;幻心一旦灭掉了,幻尘也就灭掉了;因为幻尘灭掉了,所以幻灭也会灭掉了;幻灭被灭掉,那些不是幻的‘非幻’,即空的自性却是不灭的。这好比磨镜,将镜子上的污垢全部磨去后,就会再现镜子明亮的本质。善男子,应当知道身心都是幻垢,只有把这些幻垢永远消灭了,才能显现十方清净。”

【原文】“善男子,譬如清净摩尼宝珠[①],映于五色[②],随方各现。诸愚痴者,见彼摩尼,实有五色。”

【注释】①摩尼宝珠:如意珠。摩尼,梵语音译。意为珠。②五色:青、黄、赤、白、黑,又称“五正色”。

【译文】“善男子,比如清净摩尼宝珠,五种颜色映入宝珠,随着不同方向会映现出不同的颜色。但愚痴的人看到摩尼宝珠所映出的五种颜色,误以为摩尼宝珠上的颜色是实有的。”

【原文】“善男子,圆觉净性现于身心,随类各应。彼愚痴者,说净圆觉,实有如是身心自相,亦复如是,由此不能远于幻化。是故我说身心幻垢,对离幻垢,说名菩萨。垢尽对除,即无对垢及说名者。”

【译文】“善男子,圆满觉悟的清静本性,显现于身心,随着众生的种类应现出不同的身心影像。愚痴的人认为,清净圆觉心与身心自身的相状都是实有的,正是因为有了这种认识,才使他不能远离幻化。因此,我说身心都是幻垢,能够对治远离幻垢,才能称得上是菩萨。幻垢全部除去,即没有所谓的要对治幻垢这回事了,也就没有对离幻垢的人。”

【原文】“善男子,此菩萨及末世众生,证得诸幻灭影像故,尔时便得无方清净,无边虚空,觉所显发。觉圆明故,显心清净。心清净故,见尘清净。见清净故,眼根清净。根清净故,眼识清净。识清净故,闻尘清净。闻清净故,耳根清净。根清净故,耳识清净。识清净故,觉尘清净。如是乃至鼻、舌、身、意,亦复如是。”

【译文】“善男子,菩萨和末世众生,能够证得各种虚幻假相都灭绝时,即刻便能得到无限量的清净,无边虚空,这都是圆明觉性的显现。由于觉性圆明,所以心本来是清净的。由于心是清净的,所以看到的外境是清净的。由于所看到的外境是清净的,所以眼根是清净的。由于眼根清净,所以眼识是清净的。由于眼识是清净的,所以听到的声尘是清净的。由于所听到的声尘是清净的,所以耳根是清净的。由于耳根是清净的,所以耳识是清净的。由于耳识清净,所以人的思维觉察也是清净的。由此类推,以至鼻、舌、身、意的根、尘也都清净。”

【原文】“善男子,根清净故,色尘清净。色清净故,声尘清净。香、味、触、法亦复如是。”

【译文】“善男子，由于根清净，色尘也就清净。色尘清净，声尘也就清净。香尘、味尘、触尘、法尘也都清净。”

【原文】“善男子，六尘清净故，地大清净。地清净故，水大清净。火大、风大亦复如是。”

【译文】“善男子，由于六尘清净，地大也就清净。由于地大清净，水大也就清净。由此，火大、风大也都清净。”

【原文】“善男子，四大清净故，十二处、十八界、二十五有清净[①]。彼清净故，十力、四无所畏、四无碍智、佛十八不共法、三十七助道品清净[②]。如是乃至八万四千陀罗尼门，一切清净。”

【注释】①十二处:“六根”加“六尘”，合称为“十二处”。处，是出生之义。十八界:合眼、耳、鼻、舌、身、意六根，色、声、香、味、触、法六尘，眼识、耳识、鼻识、舌识、身识、意识六识，名为“十八界”。②十力:如来所具有的十种智力，即:一、觉处非处智力，即能知一切事物的道理和非道理的智力;二、三世业报智力，即能知一切众生三世因果业报的智力;三、诸禅解脱三昧智力，即能知各种禅定及解脱三昧等的智力;四、诸根胜劣智力，即能知众生根性的胜劣与得果大小的智力;五、种种解智力，即能普知众生种种境界不同的智力;六、种种界智力，即能普知众生种种境界不同的智力;七、一切至所道智力，即能知一切众生行道因果的智力;八、天眼无碍智力，即能以天眼见众生生死及善恶业缘而无障碍的智力;九、宿命无漏智力，即知众生宿命及知无漏涅槃的智力;十、永断习气智力，即于一切妄惑余气，永断不生，能如实知之的智力。四无所畏:也称“四无畏”。无畏，即教化他人的心没有惧怕。有佛四无畏与菩萨四无畏两种。四无碍智:又名“四无碍解”，或“四无碍辩”，即法无碍智、义无碍智、词无碍智、乐说无碍。法无碍智是通达诸法的名字，分别无滞;义无碍智是了知一切法之理;词无碍智是通晓各种言语，能随意演说;乐说无碍是辩说法义，为众生乐说自在。十八不共法:只限于佛所有的十八种功德法，因为只限于佛，不与三乘共有，所以称为“不共法”。具体包括:身无失、口无失、念无失、无异想、无不定心、无不知己舍、欲无减、精进无减、念无减、慧无减、解脱无减、解脱知见无减、一切身业随智慧行、一切口业随智慧行、一切意业随智慧行、智慧知过去世无碍、智慧知未来世无碍、智慧知现在世无碍。三十七助道品:即三十七菩提分法，包括:四念住、四正断、四神足、五根、五力、七觉支及八圣道支。三世:即过去世、现在世、未来世。

【译文】“善男子，由于四大都清净，十二处、十八界、二十五有也都清净。由于十二处、十八界、二十五有都清净，十力、四无所畏、四无碍智、佛十八不共法、三十七助道品也都清净。由此，乃至八万四千种法门也都一切清净。”

【原文】“善男子，一切实相性清净故，一身清净。一身清净故，多身清净。多身清净故，如是乃至十方众生圆觉清净。”

【译文】“善男子，一切事物实相真如的体性清净，所以自身清净。由于自身是清净的，所以多身清净。由于多身是清净的，乃至十方众生都是圆觉清净的。”

【原文】“善男子，一世界清净故，多世界清净。多世界清净故，如是乃至尽于虚空，

圆裹三世,一切平等,清净不动。"

【译文】 "善男子,由于一个世界清静,多个世界也就清净。由于多个世界清静,如此,乃至充满无尽虚空,三世圆满,一切平等,清净不动。"

【原文】 "善男子,虚空如是平等不动,当知觉性平等不动。四大不动故,当知觉性平等不动。如是乃至八万四千陀罗尼门平等不动,当知觉性平等不动。"

【译文】 "善男子,由于虚空平等不动,应当知道觉悟的自性平等不动。由于四大不动,应当知道觉性平等不动。如此,乃至八万四千陀罗尼门平等不动,应当知道觉性平等不动。"

【原文】 "善男子,觉性遍满,清净不动,圆无际故,当知六根遍满法界。根遍满故,当知六尘遍满法界。尘遍满故,当知四大遍满法界。如是乃至陀罗尼门遍满法界。"

【译文】 "善男子,由于觉性周遍圆满、清净不动、没有边际,应当知道六根遍满法界。由于六根遍满法界,应当知道六尘遍满法界。六尘遍满法界,应当知道四大遍满法界。由此乃至总持法门遍满法界。"

【原文】 "善男子,由彼妙觉性遍满故,根性尘性无坏无杂。根尘无坏故,如是乃至陀罗尼门无坏无杂。如百千灯光照一室,其光遍满无坏无杂。"

【译文】 "善男子,由于微妙的觉性遍满法界,六根、六尘的本性没有坏灭杂乱。由于六根、六尘的本性没有坏灭杂乱,如此乃至总持法门没有坏灭杂乱。犹如百千灯光照耀一室,灯光遍满房间,相互间没有坏灭杂乱。"

【原文】 "善男子,觉成就故,当知菩萨不与法缚,不求法脱;不厌生死,不爱涅槃;不敬持戒,不憎毁禁;不重久习,不轻初学。何以故?一切觉故。譬如眼光,晓了前境,其光圆满,得无憎爱。何以故?光体无二,无憎爱故。"

【译文】 "善男子,成就圆觉妙心,应当知道菩萨不被任何的法束缚,不求从法中解脱;不厌恶生死,不贪爱涅槃;不崇敬持戒的人,不憎恶毁戒的人;不特别尊重久学的人,不轻视初学的人。为什么呢?因为一切众生都有圆觉妙心。比如眼光,直接知晓眼前事物,眼光圆满映照没有憎爱。为什么呢?因为光体没有两样,没有憎恨和贪爱。"

【原文】 "善男子,此菩萨及末世众生,修习此心得成就者,于此无修亦无成就。圆觉普照,寂灭无二。于中百千万亿阿僧祇不可说恒河沙诸佛世界[1],犹如空华,乱起乱灭,不即不离,无缚无脱,始知众生本来成佛,生死涅槃犹如昨梦。"

【注释】 ①阿僧祇:印度数目之一。又作"阿僧伽""阿僧企耶""阿僧""僧祇"等,意谓无量数或无穷极之数。此词多用于计量劫数,而计量劫数时,有小阿僧祇劫与大阿僧祇劫两种。恒河沙:印度恒河中的细沙,以此形容数目极多。

【译文】 "善男子,这些菩萨及末世众生修习圆觉妙心得到成就者,于圆觉妙心中不见有可修之行,也没有可成就之果。圆觉妙心普照一切,其体性又寂灭无二。于圆觉心中,无数的诸佛世界,犹如空花,乱起乱灭,与圆觉心不即不离,没有束缚,没有解脱,由此得知,众生本来是佛,生死、涅槃就像昨日的梦一样。"

【原文】 "善男子,如昨梦故,当知生死及与涅槃,无起无灭,无来无去。其所证者,

无得无失，无取无舍。其能证者，无作无止，无任无灭。于此证中，无能无所，毕竟无证，亦无证者。一切法性平等不坏。”

【译文】“善男子，既然如昨日的梦一样，应当得知生死以及涅槃没有生起没有灭谢，没有来去。所证悟的道果，既无所得也无所失，既无获得也无舍弃。那些能够证悟的人，没有造作什么也没有止息什么，没有随顺什么也没有灭除什么。在这种修证中，没有能证之人也没有所证之法，终究没有什么修证，也没有进行修证的人。这是因为一切的法性都是平等、永远不坏灭的。”

【原文】“善男子，彼诸菩萨如是修行，如是渐次，如是思惟，如是住持，如是方便，如是开悟，求如是法，亦不迷闷。”

【译文】“善男子，那些菩萨们应该这样修行，像这样循序渐进，像这样思维，像这样住持，像这样运用方便手段，像这样开悟，追求这样的法门，才不会感到迷惑。”

【原文】尔时，世尊欲重宣此义而说偈言：

普眼汝当知，一切诸众生，身心皆如幻。
身相属四大，心性归六尘。
四大体各离，谁为和合者？
如是渐修行，一切悉清净。
不动遍法界，无作止任灭，亦无能证者。
一切佛世界，犹如虚空华，
三世悉平等，毕竟无来去。
初发心菩萨，及末世众生，
欲求入佛道，应如是修习。

【译文】当时，世尊为了重新阐述这个真义，于是又说偈语：

普眼汝当知，一切诸众生，身心皆如幻。身相属四大，心性归六尘。四大体各离，谁为和合者？如是渐修行，一切悉清净。不动遍法界，无作止任灭。亦无能证者。一切佛世界，犹如虚空华，三世悉平等，毕竟无来去。初发心菩萨，及末世众生，欲求入佛道，应如是修习。

四　金刚藏菩萨

【题解】

本章节为金刚藏菩萨所请教的问题，以及佛陀的回答。通过辨明无明与觉性的关系，揭示圆觉本性平等不坏，表明如要修习圆觉，就应当断除虚妄分别心，脱离轮回。

【原文】于是金刚藏菩萨在大众中，即从座起，顶礼佛足，右绕三匝，长跪叉手而白佛言：“大悲世尊，善为一切诸菩萨众，宣扬如来圆觉清净大陀罗尼，因地法行，渐次方便，与诸众生开发蒙昧。在会法众，承佛慈诲，幻翳朗然，慧目清净。世尊，若诸众生本来成佛，何故复有一切无明？若诸无明，众生本有，何因缘故如来复说本来成佛？十方异生本

成佛道①,后起无明,一切如来何时复生一切烦恼?惟愿不舍无遮大慈②,为诸菩萨开秘密藏③,及为末世一切众生,得闻如是修多罗教了义法门④,永断疑悔。"

作是语已,五体投地,如是三请,终而复始。

【注释】 ①异生:"凡夫"的别名。因凡夫在六道中轮回,受种种别异的果报而生。佛道:佛所证悟的道法,即无上菩提,无上觉悟。②无遮:没有遮止限制。③秘密藏:秘密的法藏。④修多罗:译为"契经"。契是上契诸佛妙理,下契众生根机。了义:说理非常透彻究竟的意思。

【译文】 于是金刚藏菩萨在大众中离座而起,用最尊贵的礼仪,以顶礼礼敬佛足,然后起立右转,绕佛三圈,又长跪在佛前双手合掌,对佛禀告道:"大悲世尊,善于为一切菩萨宣扬如来圆觉清净最上乘的修行法门,由因地开始依法修行,渐次方便,开发众生的智慧,令其不再蒙昧。在此法会的出家众承蒙佛慈悲教诲,如同病眼的翳障已除,慧眼清净。世尊,如果众生本来成佛,为什么又有一切无明?如果众生本来就有诸种无明,佛又为什么说众生本来成佛?假如十方凡夫本来就能成就佛道,后来才生起无明,那么一切佛又是何时生起的烦恼呢?希望您能不舍弃平等宽容的大慈大悲,为诸菩萨开示秘密法藏,令末世一切众生得闻此经中的究竟法门,永远断除疑虑和懊悔。"

金刚藏菩萨说完后,再次五体投地向佛祖致礼,循环往复,这样连续请求三次。

【原文】 **尔时,世尊告金刚藏菩萨言:"善哉!善哉!善男子,汝等乃能为诸菩萨及末世众生,问于如来甚深秘密究竟方便,是诸菩萨最上教诲,了义大乘①,能使十方修学菩萨及诸末世一切众生,得决定信,永断疑悔。汝今谛听,当为汝说。"**

时,金刚藏菩萨奉教欢喜,及诸大众默然而听。

【注释】 ①大乘:乘,以运载为义,以名教法,即大教。以救世利他为宗旨,最高的果位是佛果。

【译文】 那时,世尊对金刚藏菩萨说:"善哉!善哉!善男子,你能为诸位菩萨以及末世众生,问如来深奥隐秘的究竟方便法门,此是开示菩萨的最上教诲、最了义的大乘教法,能使十方修学菩萨及所有的末世众生得到决定的信心,永远断除疑虑与懊悔。现在你就仔细地听,我为你解说。"

当时,金刚藏菩萨以能接受佛的教导而心生欢喜,和其他参加法会的大众安静地听佛说法。

【原文】 **"善男子,一切世界,始终生灭,前后有无,聚散起止,念念相续,循环往复;种种取舍,皆是轮回。未出轮回而辨圆觉,彼圆觉性即同流转①。若免轮回,无有是处。譬如动目,能摇湛水;又如定眼,由回转火。云驶月运,舟行岸移,亦复如是。"**

【注释】 ①流转:在"六道"之中,流来转去,不停地生死轮转。

【译文】 "善男子,世间万物的开始结束、生灭变化,前后有无存在,聚合散灭、开始消止,都是念念相续,循环往复的;种种欣取和厌舍,都是在轮回中。未能跳出轮回而想辨明圆觉境界,则其所辨的圆觉性如同虚妄情识一样仍在轮回中流转。如果想就此免除轮回,则没有这样的道理。比如转动眼目就以为是摇动了清水;又好比长时间瞪眼,就容

易看成火是旋转的。云飘动而好比是月在运动，舟行驶而好比是岸在移动，都是一样的道理。”

【原文】“善男子，诸旋未息，彼物先住尚不可得，何况轮转生死垢心曾未清净，观佛圆觉而不旋复。是故汝等，便生三惑。”

【译文】“善男子，种种旋转没有停止，若想让所见事物先停住不动，尚且不可得，更何况轮转生死的污垢心都还没有清净，以此心观照佛的圆觉性，哪有不旋转的道理。因此你们就生起三种迷惑。”

【原文】“善男子，譬如幻翳，妄见空华，幻翳若除，不可说言此翳已灭，何时更起一切诸翳。何以故？翳华二法[①]，非相待故[②]。亦如空华灭于空时，不可说言虚空何时更起空华。何以故？空本无华，非起灭故。生死涅槃同于起灭，妙觉圆照离于华翳。”

【注释】①翳华：翳为看物不能明见的眼目，华为空中之花。②相待：相对的意思。

【译文】“善男子，比如患眼翳的人，妄见空花，如果眼翳去除了，不可说眼病已经灭除，什么时候再生起种种眼病。为什么呢？因为眼翳和空花没有相互待缘的关系。也像空花消失于虚空中时，不可说虚空什么时候再生出空花。为什么呢？虚空中原本没有空花，也就没有空花生起与消灭。生死、涅槃如同空花的生起和消灭，妙觉圆照与虚幻空花相离相异。”

【原文】“善男子，当知虚空非是暂有，亦非暂无，况复如来圆觉随顺，而为虚空平等本性。”

【译文】“善男子，应当知道虚空不是暂时存在也不是暂时不存在，何况如来的圆觉妙心随顺万法而无碍，是虚空等一切法的平等本性。”

【原文】“善男子，如销金矿，金非销有，既已成金，不重为矿。经无穷时，金性不坏，不应说言本非成就。如来圆觉，亦复如是。”

【译文】“善男子，如同熔炼金矿，金不是经熔炼才有的，但既然已经炼成金，就不会再变为矿石。金经历无穷尽的时间，金的本性不变，不应该说它原本不存在。如来的圆觉心性也是同样道理。”

【原文】“善男子，一切如来妙圆觉心，本无菩提及与涅槃，亦无成佛及不成佛，无妄轮回及非轮回。”

【译文】“善男子，一切如来的圆觉妙心本来没有觉悟智慧和涅槃境界，也没有成佛不成佛，没有虚妄的轮回和非轮回。”

【原文】“善男子，但诸声闻所圆境界[①]，身心语言皆悉断灭，终不能至彼之亲证所现涅槃，何况能以有思惟心，测度如来圆觉境界。如取萤火，烧须弥山[②]，终不能著。以轮回心，生轮回见，入于如来大寂灭海，终不能至。是故我说：一切菩萨及末世众生，先断无始轮回根本。”

【注释】①声闻：听闻佛说四谛法的声音而悟道的人。②须弥山：又作“苏迷庐山”“须弥庐山”“须弥留山”“修迷楼山”等，译为“妙高山”“好高山”“善高山”“妙光山”等，此山是由金、银、琉璃、水晶四宝所成，所以称“妙”，其他山不能与它比高，所以称“高”。

原为印度神话中之山名，后佛教延用之，把它视为一小世界中央之最高的山，以它为中心，周围有八山、八水环绕，而形成一个小世界。

【译文】“善男子，那些小乘徒众所修证的境界，将对身心、语言的执着都断除了，终究还不能到达他们向往的涅槃境界，更何况有思维分别心的人，又怎能测度如来的圆觉境界。这如同以萤火来燃烧须弥山，终究不能点着。同理，以生灭轮回的心识生起生灭轮回的知见，要想进入如来圆觉境界，也是终究不能达到的。因此我说：一切菩萨及末世众生当务之急应先断除无始轮回根本的虚妄心。”

【原文】“善男子，有作思惟，从有心起，皆是六尘妄想缘气[①]，非实心体，已如空华。用此思惟，辨于佛境，犹如空华复结空果。展转妄想，无有是处。”

【注释】①缘气：又称“缘影”，见分缘虑外尘而生成外尘影像。

【译文】“善男子，所有造作的思维，都是从妄心生起的，都是由根尘相对所成的经验习气，不是真实的圆觉心性，如同虚幻的空花。假如用这样的思维，推测佛的圆觉境界，就好像虚幻的空花结出空果。这种变幻妄想，没有一点好处。

【原文】“善男子，虚妄浮心，多诸巧见，不能成就圆觉方便。如是分别，非为正问。”

【译文】“善男子，虚幻的妄心多生邪见，不能成为成就圆满妙觉的方便法门。由这种虚妄分别思维提出的问题，不是正确的问题。”

【原文】尔时，世尊欲重宣此义而说偈言：

金刚藏当知，如来寂灭性，未曾有始终。
若以轮回心，思惟即旋复。
但至轮回际，不能入佛海。
譬如销金矿，金非销故有。
虽复本来金，终以销成就。
一成真金体，不复重为矿。
生死与涅槃，凡夫及诸佛。
同为空华相，思惟犹幻化，何况诸虚妄。
若能了此心，然后求圆觉。

【译文】当时，世尊为了重新阐述这个真义，于是说偈语：

金刚藏当知，如来寂灭性，未曾有始终。
若以轮回心，思惟即旋复。
但至轮回际，不能入佛海。
譬如销金矿，金非销故有。
虽复本来金，终以销成就。
一成真金体，不复重为矿。
生死与涅槃，凡夫及诸佛。
同为空华相，思惟犹幻化，何况诸虚妄。
若能了此心，然后求圆觉。

五　弥勒菩萨

本章节为弥勒菩萨所请教的问题，以及佛陀的回答。重在辨明爱欲为轮回的根本，因贪欲而显五性差别。众生如能明了佛法真理，断除理障；明了因缘和合之法，不生执着贪欲，断除事障，就能证入圆觉境界。

【原文】　**于是弥勒菩萨在大众中，即从座起，顶礼佛足，右绕三匝，长跪叉手而白佛言："大悲世尊，广为菩萨开秘密藏，令诸大众深悟轮回，分别邪正，能施末世一切众生无畏道眼[①]，于大涅槃生决定信，无复重随轮转境界，起循环见。世尊，若诸菩萨及末世众生，欲游如来大寂灭海[②]，云何当断轮回根本？于诸轮回有几种性？修佛菩提几等差别？回入尘劳，当设几种教化方便度诸众生？惟愿不舍救世大悲，令诸修行一切菩萨及末世众生，慧目肃清，照耀心镜，圆悟如来无上知见。"**

作是语已，五体投地，如是三请，终而复始。

【注释】　①道眼：能见正道的眼。②大寂灭海：即指圆觉。大，广遍。寂灭，没有形迹。海，指不可测度之意。

【译文】　于是弥勒菩萨在大众中离座而起，用最尊贵的礼仪，以顶礼礼敬佛足，然后起立右转，绕佛三圈，又长跪在佛前双手合掌，对佛禀告道："大悲世尊，广为菩萨开示秘密法藏，令所有大众深刻领悟轮回，分别邪正，能施予末世一切众生无所怖畏的道眼，对大涅槃生起坚决的信心，不再随轮转境界生起轮转的循环见。世尊，如果诸位菩萨以及末世众生，想进入如来圆觉境界，要如何断除轮回根本？轮回有几种？修佛觉悟有几等差别？觉悟后重回世间，应当设施几种教导方法以方便度脱众生？只希望您不舍弃救世的大慈大悲，令学佛的人、一切菩萨及末世众生慧眼清净，认识到心似明镜，圆满地觉悟佛最无上的知见。"

弥勒菩萨说完后，再次五体投地向佛祖致礼，循环往复，这样连续请求三次。

【原文】　**尔时，世尊告弥勒菩萨言："善哉！善哉！善男子，汝等乃能为诸菩萨及末世众生，请问如来深奥秘密微妙之义，令诸菩萨洁清慧目，及令一切末世众生永断轮回，心悟实相[①]，具无生忍[②]。汝今谛听，当为汝说。"**

时，弥勒菩萨奉教欢喜，及诸大众默然而听。

【注释】　①实相：又称"佛性""法性""真如""法身""真谛"等，所有相都是虚妄，唯有它不变不坏，故称"实相"。②无生忍："无生法忍"的简称。无生法是指不生不灭的真如实相理体。真智安住在此理上，不再退堕，叫作"无生法忍"。

【译文】　那时，世尊对弥勒菩萨说："善哉！善哉！善男子，你能为诸位菩萨以及末世众生，请问如来深奥微妙的教义，使菩萨慧目更加清净，使所有的末世众生永远断除轮回之苦，心悟真如实相，具有了知诸法无生灭的智慧。现在你就仔细地听，我为你解说。"

当时，弥勒菩萨以能接受佛的教导而心生欢喜，和其他参加法会的大众安静地听佛说法。

【原文】“善男子,一切众生从无始际,由有种种恩爱贪欲,故有轮回。若诸世界一切种性[1],卵生、胎生、湿生、化生皆因淫欲而正性命[2]。当知轮回,爱为根本。由有诸欲,助发爱性,是故能令生死相续。欲因爱生,命因欲有,众生爱命,还依欲本。爱欲为因,爱命为果。”

【注释】①种性:各种的根性。②湿生:依靠湿气而受形的生命,如虫类。化生:无所依托,只凭业力忽然而生的生命,如诸天和地狱及劫初的人类。

【译文】“善男子,一切众生从久远的过去以来,因为有种种恩爱贪欲,所以有生死轮回。世界的一切种性的众生,不论卵生、胎生、湿生、化生都是因为淫欲而有性命。应当知道生死轮回是以贪爱为其根本。由于有诸种欲求,更助长生发贪爱之性,由此就能令生死相续。贪欲因爱念而生,生命因淫欲而有,众生贪爱生命,还是以欲求为根本。贪爱欲求为因,贪爱生命为果。”

【原文】“由于欲境,起诸违顺[1]。境背爱心而生憎嫉,造种种业,是故复生地狱饿鬼。知欲可厌,爱厌业道,舍恶乐善,复现天人。又知诸爱可厌恶故,弃爱乐舍,还滋爱本,便现有为增上善果[2]。皆轮回故,不成圣道。是故众生欲脱生死,免诸轮回,先断贪欲及除爱渴[3]。”

【注释】①违顺:违境和顺境。②增上:增强其向上之势。③爱渴:凡夫爱着五欲(色、声、香、味、触),就像人渴时爱水一样。

【译文】“由于贪欲境界而生起违境和顺境。外境违背贪爱之心就会生起憎恶嫉妒,进而造作种种恶业,所以就会投生到地狱、恶鬼道。知道贪欲应当厌恶,厌恶淫欲与贪爱的业道,于是就舍弃恶业、乐于行善,便会投生在天上、人间。进而当众生知道贪爱是可厌恶时,弃舍爱乐境界,但仍滋爱自身,于得到有为的增上善果。因未能逃离生死轮回,所以不能成就圣道。因此众生如要逃脱生死,免于轮回,应当先断除贪欲和爱渴。”

【原文】“善男子,菩萨变化示现世间,非爱为本,但以慈悲令彼舍爱,假诸贪欲而入生死。若诸末世一切众生,能舍诸欲及除憎爱,永断轮回,勤求如来圆觉境界,于清净心便得开悟。”

【译文】“善男子,菩萨变化示现在世间,并不是以贪爱为根本,只是以慈悲心令众生舍离贪爱,假借贪欲的行为因果而进入生死轮回。如果末世一切众生能够舍除各种贪欲和憎爱,永远断除轮回,勤求佛的圆觉境界,在清净心中就得开悟。”

【原文】“善男子,一切众生由本贪欲,发挥无明,显出五性差别不等[1],依二种障而现深浅。云何二障?一者理障[2],碍正知见;二者事障[3],续诸生死。”

【注释】①五性:即将一切众生的根机,分为五类。具体是:声闻、缘觉、菩萨、不定性、无种性。②理障:即邪见能碍正知见。③事障:即贪、嗔、痴等,能使生死相续,障大涅槃。

【译文】“善男子,一切众生都是由于贪欲而产生无明,显出五性的差别不等,并依两种障而显现深浅差别。什么是二障?一是理障,妨碍正知见;二是事障,使生死持续轮转。”

【原文】“云何五性？善男子，若此二障未得断灭，名未成佛。若诸众生永舍贪欲，先除事障，未断理障，但能悟入声闻缘觉，未能显住菩萨境界。”

【译文】“什么是五性？善男子，如果未能断灭这二障，只能名为未成佛。如果众生能永远舍离贪欲，先断除事障，但未能断除理障，只能悟入声闻、缘觉二乘，不能证入菩萨境界。”

【原文】“善男子，若诸末世一切众生，欲泛如来大圆觉海，先当发愿[1]，勤断二障，二障已伏，即能悟入菩萨境界。若事理障已永断灭，即入如来微妙圆觉，满足菩提及大涅槃。”

【注释】①发愿：立下誓愿。

【译文】“善男子，如果末世一切众生想进入如来圆觉境界，应当先发起誓愿，勤加断除二障，将二障调伏，就能悟入菩萨境界。如果事障、理障已永远断灭，就能进入如来微妙圆觉境界，得到觉悟智慧和涅槃境界。”

【原文】“善男子，一切众生皆证圆觉，逢善知识[1]，依彼所作因地法行，尔时修习，便有顿渐[2]。若遇如来无上菩提正修行路，根无大小，皆成佛果。若诸众生虽求善友，遇邪见者未得正悟，是则名为外道种性[3]。邪师过谬，非众生咎。是名众生五性差别。”

【注释】①善知识：能教导众生远离恶法和修行善法的人。②顿渐：顿教和渐教。顿教是立刻速成的教法；渐教是逐渐成功的教法。③外道：在佛教以外立道，或道外之道，称为“外道”，也即真理以外的邪教。

【译文】“善男子，一切众生都能证入圆觉境界，如遇到善知识，依据其所修的法门而修行，便会有顿、渐之分。如果能遇到如来教以无上觉悟智慧的修行方法，不分根器大小，都能成就佛果。如果众生虽然努力寻求善友，但却遇见持邪见的人而未能得到正确的觉悟，这就叫作外道种性。这是邪师的过错谬误，不是众生的过失。以上就是众生五性差别。”

【原文】“善男子，菩萨唯以大悲方便[1]，入诸世间，开发未悟，乃至示现种种形相，逆顺境界，与其同事，化令成佛，皆依无始清净愿力[2]。若诸末世一切众生，于大圆觉起增上心，当发菩萨清净大愿。应作是言：愿我今者住佛圆觉，求善知识，莫值外道及与二乘[3]。依愿修行，渐断诸障，障尽愿满，便登解脱清净法殿，证大圆觉妙庄严域。”

【注释】①大悲：伟大的悲心。②愿力：誓愿的力量。③二乘：声闻乘和缘觉乘。凡属修四谛法门而悟道的人，总称为“声闻乘”；凡属修十二因缘而悟道的人，总称为“缘觉乘”。

【译文】“善男子，菩萨只是以大慈大悲的方便法门，示现在世间，开示未悟的众生，乃至于示现种种形相，逆顺境界，与众生做相同的事，感化并使他们成佛，这都是本于菩萨所发的清净愿力。如果末世一切众生对于圆觉境界生起增长上进的心念，应当发菩萨一样的清净大愿。应立下这样的誓言：愿我从今以后常住佛的圆觉修行法门，寻求善知识，不要遇到外道以及声闻、缘觉二乘。依此愿力修行，逐渐断除种种障碍，障碍全部断除，誓愿圆满完成，便能获得清净解脱，证得圆觉的庄严境界。”

【原文】 尔时，世尊欲重宣此义而说偈言：

弥勒汝当知，一切诸众生，
不得大解脱，皆由贪欲故，堕落于生死。
若能断憎爱，及与贪嗔痴。
不因差别性，皆得成佛道。
二障永销灭，求师得正悟。
随顺菩萨愿，依止大涅槃。
十方诸菩萨，皆以大悲愿，示现入生死。
现在修行者，及末世众生，
勤断诸爱见，便归大圆觉。

【译文】 当时，世尊为了重新阐述这个真义，于是说偈语：

弥勒汝当知，一切诸众生，不得大解脱，皆由贪欲故，堕落于生死。若能断憎爱，及与贪嗔痴。不因差别性，皆得成佛道。二障永销灭，求师得正悟。随顺菩萨愿，依止大涅槃。十方诸菩萨，皆以大悲愿，示现入生死。现在修行者，及末世众生，勤断诸爱见，便归大圆觉。

六 清净慧菩萨

【题解】

本章节为清净慧菩萨所请教的问题，以及佛陀的回答。说明圆觉自性平等无差，因人修证觉悟的境界不同，所以存在不同的觉性差别。

【原文】 于是清净慧菩萨在大众中，即从座起，顶礼佛足，右绕三匝，长跪叉手而白佛言："大悲世尊，为我等辈广说如是不思议事，本所不见，本所不闻。我等今者蒙佛善诱，身心泰然，得大饶益。愿为诸来一切法众，重宣法王圆满觉性，一切众生及诸菩萨如来世尊所证所得，云何差别？令末世众生闻此圣教，随顺开悟，渐次能入。"

作是语已，五体投地，如是三请，终而复始。

【译文】 于是清净慧菩萨在大众中离座而起，用最尊贵的礼仪，以顶礼礼敬佛足，然后起立右转，绕佛三圈，又长跪在佛前双手合掌，对佛禀告道："大悲世尊，为我们广泛论说不可思议事，本来一向是不得见、不得闻的。我等今天承蒙佛谆谆诱导，身心泰然，得受大益。愿您为来参加法会的一切法众，重新宣说佛的圆满觉性，一切众生及菩萨如来世尊所证所得，有什么差别？使末世众生听闻此圣教而随顺开悟，循序渐次进入清净圆觉境界。"

清净慧菩萨说完后，再次五体投地向佛祖致礼，循环往复，这样连续请求三次。

【原文】 尔时，世尊告清净慧菩萨言："善哉！善哉！善男子，汝等乃能为末世众生，请问如来渐次差别。汝今谛听，当为汝说。"

时，清净慧菩萨奉教欢喜，及诸大众默然而听。

【译文】 那时，世尊对清净慧菩萨说：“善哉！善哉！善男子，你能为末世众生，问如来渐修次第以及所证所得的差别。现在你就仔细地听，我为你解说。”

当时，清净慧菩萨以能接受佛的教导而心生欢喜，和其他参加法会的大众安静地听佛说法。

【原文】“善男子，圆觉自性，非性性有，循诸性起，无取无证。于实相中，实无菩萨及诸众生。何以故？菩萨众生皆是幻化，幻化灭故，无取证者。譬如眼根，不自见眼，性自平等，无平等者。众生迷倒，未能除灭一切幻化，于灭未灭妄功用中，便显差别。若得如来寂灭随顺，实无寂灭及寂灭者。”

【译文】“善男子，圆满觉悟的自性，不是前面所说的五种性，因随缘而起，所以说是‘性有’；又随缘而起不是实有，所以无处取、无所证。在真如实相中，实则没有菩萨和众生可言。这是为什么呢？菩萨和众生都是幻化的，因为幻化的都将消亡，也就没有可用以取证的。比如眼睛不能看到自己本身，自性本来平等，不是强制使他们平等的。迷惑颠倒的众生不能除灭一切幻化，对于一切幻化或除灭，或未能除灭，除灭的功力不等，则便显有差别。如果随顺寂灭圆觉，平等无待，也就没有寂灭以及证悟寂灭的人。”

【原文】“善男子，一切众生从无始来，由妄想我及爱我者，曾不自知念念生灭，故起憎爱[①]，耽著五欲。若遇善友，教令开悟净圆觉性，发明起灭，即知此生性自劳虑。若复有人劳虑永断，得法界净，即彼净解为自障碍，故于圆觉而不自在。此名凡夫随顺觉性。”

【注释】 ①憎爱：憎怨爱亲。

【译文】“善男子，一切众生从久远的过去以来，便妄想有实在的自我和爱我的人，而不知道因为有念念生灭，所以才生起憎爱，沉迷于五欲中。如果能够遇到好的教友，教导他开悟清净圆觉本性，明了诸法起灭，则会知道此生空自担负忧悲苦痛的劳虑。如果有人永远断除劳虑，就能得知法界清净，如果执着于清净见解又会成为自己的障碍，不能自在证入圆觉境界。这就称为‘凡夫随顺觉性’。”

【原文】“善男子，一切菩萨见解为碍，虽断解碍，犹住见觉，觉碍为碍而不自在。此名菩萨未入地者随顺觉性。”

【译文】“善男子，一切菩萨知道执着清净见解是一种障碍，虽然心中断除了这种障碍，但仍执着于想断除这种障碍的名相，这种‘觉碍’还是一种障碍，而不得自在。这就叫作‘菩萨未入地者随顺觉性’。”

【原文】“善男子，有照有觉，俱名障碍，是故菩萨常觉不住，照与照者同时寂灭。譬如有人自断其首，首已断故，无能断者。则以碍心自灭诸碍，碍已断灭，无灭碍者。修多罗教，如标月指，若复见月，了知所标毕竟非月。一切如来种种言说开示菩萨，亦复如是。此名菩萨已入地者随顺觉性。”

【译文】“善男子，如有观照和觉知都称为障碍，所以菩萨常洞察万物而不执着于心，所照之碍与能照之觉同时寂灭。比如有人砍断自己的头，头已经断了，也就没有砍断头的人了。以断灭障碍的心去断灭所有障碍，障碍已经断灭，那么也就没有断灭障碍的心了。佛的经教如同指示月亮的手指，如果看见了月亮，就知道指示月亮的手指毕竟不

是月亮。一切如来用种种言说来开示菩萨也是同样的道理。这就叫作‘菩萨已入地者随顺觉性’。”

【原文】“善男子，一切障碍即究竟觉，得念失念无非解脱[1]，成法破法皆名涅槃，智慧愚痴通为般若[2]，菩萨外道所成就法同是菩提，无明真如无异境界，诸戒定慧及淫怒痴俱是梵行[3]，众生国土同一法性[4]，地狱天宫皆为净土，有性无性齐成佛道，一切烦恼毕竟解脱。法界海慧照了诸相[5]，犹如虚空，此名如来随顺觉性。”

【注释】①解脱：脱离束缚而得自在的意思，即“涅槃”的别名。②般若：译为“智慧”，但这个智慧，不是世间凡夫的聪明智慧，而是如来的圆常大觉。③梵行：清净的行为，即断绝淫欲的行为。④法性：诸法的本体、本性。⑤法界海慧：观法界平等的大智慧，深广如海。

【译文】“善男子，一切障碍即是究竟觉，正念和妄念都是解脱，佛法精进和佛法退失都是涅槃，智慧和愚痴都是般若，菩萨和外道所成就法同是菩提觉悟，无明和真如并非不同的境界，戒、定、慧以及淫、怒、痴都是清净的行为，众生和一切有情的住处是同样的法性，地狱和天宫都是净土，有佛性的众生和无佛性的一阐提都能成就佛道，一切烦恼都是解脱。用法界平等智慧观照各种事相都如同虚空，这就叫作‘如来随顺觉性’。”

【原文】“善男子，但诸菩萨及末世众生，居一切时不起妄念，于诸妄心亦不息灭，住妄想境不加了知，于无了知不辨真实。彼诸众生闻是法门，信解受持不生惊畏[1]，是则名为随顺觉性。”

【注释】①信解：确信和了解。

【译文】“善男子，菩萨及末世众生在任何时候不要生起妄念，也不要刻意熄灭妄心，听任耽住妄境不特意去计度分别，虽无计度分别之心，但也不辨别是否真实。那些众生听闻了这个法门，能够确信和了解并能领受修持，而不产生惊畏心理，这就叫作‘随顺觉性’。”

【原文】“善男子，汝等当知，如是众生已曾供养百千万亿恒河沙诸佛及大菩萨[1]，植众德本，佛说是人名为成就一切种智[2]。”

【注释】①供养：奉养的意思。对上含有亲近、侍奉、尊敬的意思，对下含有同情、怜惜、爱护的意思。②一切种智：佛通达诸法总相别相，化道断惑的智。

【译文】“善男子，你们应当知道，以上所说的众生已曾供养了像百千万亿恒河沙那样多的佛及大菩萨，积了很多功德，佛说这样的人就叫作‘成就一切种智’。”

【原文】尔时，世尊欲重宣此义而说偈言：

清净慧当知，圆满菩提性，

无取亦无证，无菩萨众生。

觉与未觉时，渐次有差别，

众生为解碍，菩萨未离觉，入地永寂灭。

不住一切相，大觉悉圆满，名为遍随顺。

末世诸众生，心不生虚妄，

佛说如是人，现世即菩萨。

供养恒沙佛，功德已圆满，

虽有多方便，皆名随顺智。

【译文】 当时，世尊为了重新阐述这个真义，于是说偈语：

清净慧当知，圆满菩提性，无取亦无证，无菩萨众生。觉与未觉时，渐次有差别，众生为解碍，菩萨未离觉，入地永寂灭。不住一切相，大觉悉圆满，名为遍随顺。末世诸众生，心不生虚妄，佛说如是人，现世即菩萨。供养恒沙佛，功德已圆满，虽有多方便，皆名随顺智。

七　威德自在菩萨

【题解】

本章节为威德自在菩萨所请教的问题，以及佛陀的回答。主要说明证入圆觉的方便修行法门。随顺众生根性机宜的不同，修行法门有禅定等三种。

【原文】 于是威德自在菩萨，在大众中即从座起，顶礼佛足，右绕三匝，长跪叉手而白佛言："大悲世尊，广为我等分别如是随顺觉性，令诸菩萨觉心光明。承佛圆音①，不因修习而得善利。世尊，譬如大城，外有四门，随方来者非止一路②，一切菩萨庄严佛国及成菩提，非一方便。唯愿世尊广为我等，宣说一切方便渐次，并修行人总有几种，令此会菩萨及末世众生求大乘者速得开悟，游戏如来大寂灭海。"

作是语已，五体投地，如是三请，终而复始。

【注释】 ①圆音：圆妙的声音，即佛的声音。②随方：不拘何方，任何方面。

【译文】 于是威德自在菩萨在大众中离座而起，用最尊贵的礼仪，以预礼礼敬佛足，然后起立右转，绕佛三圈，又长跪在佛前双手合掌，对佛禀告道："大悲世尊，您广为我们分别开示各种随顺觉性，令菩萨们的本觉妙心发放光明。由于承接了佛的圆音说法，不必修习就能得到善妙利益。世尊，比如一座大城池，城外有四个城门，从任何方向到来的人要进城的话并不局限于从一个方向进入，一切菩萨及庄严佛国的众生要成就觉悟智慧，并不只有一个方便法门。希望世尊广为我们宣说一切方便法门和修行渐次，以及修行人共有几种，使参加这个法会的菩萨以及末世众生中追求大乘佛法的人迅速领悟圆觉，无所障碍地悟入清净觉悟境界。"

威德自在菩萨说完后，再次五体投地向佛祖致礼，循环往复，这样连续请求三次。

【原文】 尔时，世尊告威德自在菩萨言："善哉！善哉！善男子，汝等乃能为诸菩萨及末世众生，问于如来如是方便。汝今谛听，当为汝说。"

时，威德自在菩萨奉教欢喜，及诸大众默然而听。

【译文】 那时，世尊对威德自在菩萨说："善哉！善哉！善男子，你能为诸菩萨及末世众生，问如来修行的方便法门。现在你就仔细地听，我为你解说。"

当时，威德自在菩萨以能接受佛的教导而心生欢喜，和其他参加法会的大众安静地

听佛说法。

【原文】“善男子，无上妙觉遍诸十方[1]，出生如来与一切法，同体平等。于诸修行实无有二，方便随顺，其数无量。圆摄所归，循性差别，当有三种。”

【注释】 ①无上妙觉：指如来的觉悟。因其至高无上，所以称“无上”；因其不可思议，所以称“妙”。

【译文】 “善男子，至高无上的圆满妙觉遍满十方，能生出佛及一切万法，而这些都具有同一个本体，相互平等。各种修行本质上没有区别，如果随顺众生根性机宜的不同，则修行方法多得无法计量。圆觉修法按众生根性的差别而归纳的话，应当有三种。”

【原文】“善男子，若诸菩萨悟净圆觉，以净觉心，取静为行，由澄诸念，觉识烦动。静慧发生[1]，身心客尘从此永灭[2]，便能内发寂静轻安[3]。由寂静故，十方世界诸如来心，于中显现，如镜中像。此方便者，名奢摩他[4]。

【注释】 ①静慧：安静的智慧，即空慧。②客尘：常用来形容烦恼，或称“客尘烦恼”。③轻安：是一种在禅定中感到身心轻松安详的状态。④奢摩他：译为“止”，即止息一切杂念的意思。

【译文】 “善男子，如果菩萨们能够体悟清净圆觉，就取净觉心上的寂静为观行之本，从澄清一切妄念入手，便会觉知识心上有烦动。这样就能引得静慧发生，身心烦恼从此永远断灭，由此内心便能生发寂静，感觉轻松安详。由于自心寂静的缘故，十方世界的如来觉心都能在其中显现，就如同镜中的影像。这种方便法门，叫作‘奢摩他’。

【原文】“善男子，若诸菩萨悟净圆觉，以净觉心，知觉心性及与根尘皆因幻化[1]，即起诸幻以除幻者，变化诸幻而开幻众。由起幻故，便能内发大悲轻安。一切菩萨从此起行[2]，渐次增进。彼观幻者，非同幻故，非同幻观，皆是幻故。幻相永离，是诸菩萨所圆妙行，如土长苗。此方便者，名三摩钵提[3]。

【注释】 ①根尘：六根和六尘。六根是眼、耳、鼻、舌、身、意；六尘是色、声、香、味、触、法。②起行：往生之行。③三摩钵提：等持。昏沉、掉举皆离是等，令心专注一境是持。其中“昏沉”意为神识昏钝。“掉举”意为一种令心高举而不得安宁的烦恼。

【译文】 “善男子，如果菩萨们能够体悟清净圆觉，以清净觉心了知分别心以及六根、六尘都是因为幻化而有的，于是生起如幻的智慧以去除如幻的无明，或者变化出种种如幻的法门开导如幻众生。由于生起虚幻以及虚幻智慧的缘故，内心便会生发大慈悲，感觉轻松安详。一切菩萨从此修行往生，渐次增进。他们观照幻化的幻慧与各种幻化事物不同，与诸幻不同的幻观也是幻化。渐渐断离幻相，才是菩萨们所追求的圆满行法，如同土里逐渐长出苗芽。这种方便法门，叫作‘三摩钵提’。

【原文】“善男子，若诸菩萨悟净圆觉，以净觉心，不取幻化及诸静相，了知身心皆为挂碍，无知觉明，不依诸碍，永得超过碍无碍境。受用世界及与身心，相在尘域，如器中锽[1]，声出于外。烦恼涅槃不相留碍，便能内发寂灭轻安。妙觉随顺寂灭境界，自他身心所不能及，众生寿命皆为浮想。此方便者，名为禅那[2]。”

【注释】 ①锽：钟鼓声。②禅那：译为“禅定”“静虑”“思惟修”等，即住心一境以静

息念虑和思惟真理的意思。

【译文】 “善男子，如果菩萨们能够体悟清净圆觉，以清净觉心为本，不执取幻化以及寂静相，了知身心都是障碍，没有妄想分别的光明觉性，不依随各种障碍，永远超越有障碍和没有障碍的境地。所受用的外部世界和自己身心虽都在外尘烦恼中，但却像器物中的钟鼓声，声音可以溢出于外。烦恼和涅槃都不能滞碍圆觉心，于是内心便能生发寂静，感觉轻松安详。圆觉妙心能与寂灭境界相契合，而非拘泥于自身他身、自心他心者所能比及的，因为众生寿命都是虚幻浮想。这种方便法门，叫作‘禅那’。”

【原文】 “善男子，此三法门，皆是圆觉亲近随顺，十方如来因此成佛。十方菩萨种种方便，一切同异，皆依如是三种事业，若得圆证，即成圆觉。”

【译文】 “善男子，这三个法门，随顺修习都能直证圆觉，十方如来都是因此而成佛。十方菩萨种种或同或异的方便法门都以这三个法门为本，如果能圆融修证，就能成就圆满觉行。”

【原文】 “善男子，假使有人修于圣道，教化成就百千万亿阿罗汉辟支佛果[①]，不如有人闻此圆觉无碍法门，一刹那顷随顺修习。”

【注释】 ①阿罗汉：声闻乘中的最高果位名，含有杀贼、无生、应供等义。杀贼是杀尽烦恼之贼，无生是解脱生死不受后有，应供是应受天上人间的供养。辟支佛：“辟支迦佛陀”的简称，译为“缘觉”，或“独觉”。

【译文】 “善男子，如果有人修行二乘圣道，又能教化成就百千万亿人证得阿罗汉、辟支佛果，不如有人听闻此圆觉无碍法门，一刹那就能随顺修习，转为成佛正因。”

【原文】 尔时，世尊欲重宣此义而说偈言：

威德汝当知，无上大觉心，
本际无二相，随顺诸方便，其数即无量。
如来总开示，便有三种类。
寂静奢摩他，如镜照诸像。
如幻三摩提，如苗渐增长。
禅那唯寂灭，如彼器中锽。
三种妙法门，皆是觉随顺。
十方诸如来，及诸大菩萨，因此得成道。
三事圆证故，名究竟涅槃。

【译文】 当时，世尊为了重新阐述这个真义，于是说偈语：

威德汝当知，无上大觉心，
本际无二相，随顺诸方便，其数即无量。
如来总开示，便有三种类。
寂静奢摩他，如镜照诸像。
如幻三摩提，如苗渐增长。
禅那唯寂灭，如彼器中锽。

三种妙法门，皆是觉随顺。

十方诸如来，及诸大菩萨，因此得成道。

三事圆证故，名究竟涅槃。

八　辩音菩萨

【题解】

本章节为辩音菩萨所请教的问题，以及佛陀的回答。主要说明依于上文的三种法门，衍生出的具体修习方法，即三种法门的变化离合、轮替修习。

【原文】　于是辩音菩萨，在大众中，即从座起，顶礼佛足，右绕三匝，长跪叉手，而白佛言："大悲世尊，如是法门，甚为希有。世尊，此诸方便，一切菩萨于圆觉门，有几修习？愿为大众及末世众生，方便开示，令悟实相。"

作是语已，五体投地，如是三请，终而复始。

【译文】　于是辩音菩萨在大众中离座而起，用最尊贵的礼仪，以顶礼礼敬佛足，然后起立右转，绕佛三圈，又长跪在佛前双手合掌，对佛禀告道："大悲世尊，这些法门非常稀有少见。世尊，依据这些法门，一切菩萨要修成圆觉，有哪些修习方法？愿您为大众及末世众生方便开导，使我们能够了悟诸法的真实相状。"

辩音菩萨说完后，再次五体投地向佛祖致礼，循环往复，这样连续请求三次。

【原文】　尔时，世尊告辩音菩萨言："善哉！善哉！善男子，汝等乃能为诸大众及末世众生，问于如来如是修习。汝今谛听，当为汝说。"

时，辩音菩萨奉教欢喜，及诸大众默然而听。

【译文】　那时，世尊对辩音菩萨说："善哉！善哉！善男子，你能为诸菩萨众及末世众生，问如来的这些修行的方便法门。现在你就仔细地听，我为你解说。"

当时，辩音菩萨以能接受佛的教导而心生欢喜，和其他参加法会的大众安静地听佛说法。

【原文】　"善男子，一切如来圆觉清净，本无修习及修习者。一切菩萨及末世众生，依于未觉幻力修习，尔时便有二十五种清净定轮①。"

【注释】　①清净定轮：文中的三种法门通称为"定"，变化离合，轮替修习，故称"定轮"。又，轮是摧碾义，定是决定义，二十五种皆决定可摧断二障，以趋于菩提、涅槃的果地，故称"清净定轮"。

【译文】　"善男子，一切如来的圆满觉性清净，根本没有修习方法和修习的人。一切菩萨以及末世众生依从没有觉悟时虚幻的修习功用，这样便有了二十五种轮替修习定心的修习类型。"

【原文】　"若诸菩萨唯取极静①，由静力故，永断烦恼，究竟成就，不起于座，便入涅槃。此菩萨者，名单修奢摩他。"

【注释】　①极静：至极的静虑。

【译文】“如果菩萨们只取至极的静虑法门,因为静虑的功用能断除烦恼,即能获得最高成就,不起身离座就能证入涅槃境界。这种菩萨的修行类型,叫作单修‘奢摩他’。”

【原文】“若诸菩萨唯观如幻,以佛力故,变化世界,种种作用,备行菩萨清净妙行。于陀罗尼,不失寂念及诸静慧。此菩萨者,名单修‘三摩钵提’。”

【译文】“如果菩萨们只是观见诸法如幻,能依靠佛力自在变化世界,起种种作用,广修菩萨清净殊妙行法。于圆觉总持法门,也不失令念虑寂静的禅定功夫以及获得寂静智慧的修止功夫。这种菩萨的修行类型,叫作单修‘三摩钵提’。”

【原文】“若诸菩萨唯灭诸幻,不取作用,独断烦恼。烦恼断尽,便证实相。此菩萨者,名单修‘禅那’。”

【译文】“如果菩萨们只是灭除一切无明幻法,又不执取种种变化作用,能以寂灭之性而自断烦恼。等到烦恼断尽,证入圆觉真心,就能了知真如实相。这种菩萨的修行类型,叫作单修‘禅那’。”

【原文】“若诸菩萨先取至静,以静慧心照诸幻者,便于是中起菩萨行①。此菩萨者,名先修‘奢摩他’,后修‘三摩钵提’。”

【注释】 ①菩萨行:菩萨自利利他圆满佛果的大行,也就是布施等之“六度”。

【译文】“如果菩萨们先取至极的静虑法门,以静虑生出的智慧心观照种种虚幻相状,便从这里始起菩萨行。这种菩萨的修行类型,叫作先修‘奢摩他’,后修‘三摩钵提’。”

【原文】“若诸菩萨以静慧故,证至静性,便断烦恼,永出生死。此菩萨者,名先修‘奢摩他’,后修‘禅那’。”

【译文】“如果菩萨们以定静中生起的智慧,证入圆觉心的静性,便能断灭烦恼,逃出生死轮回。这种吾萨的修行类型,叫作先修‘奢摩他’,后修‘禅那’。”

【原文】“若诸菩萨以寂静慧,复现幻力,种种变化度诸众生,后断烦恼而入寂灭。此菩萨者,名先修‘奢摩他’,中修‘三摩钵提’,后修‘禅那’。”

【译文】“如果菩萨们以寂静中生出的智慧又示现幻化的功用,借用种种变化教化济度众生,最终断灭烦恼而进入寂灭涅槃境界。这种菩萨的修行类型,叫作先修‘奢摩他’,中修‘三摩钵提’,后修‘禅那’。”

【原文】“若诸菩萨以至静力,断烦恼已,后起菩萨清净妙行,度诸众生。此菩萨者,名先修‘奢摩他’,中修‘禅那’,后修‘三摩钵提’。”

【译文】“如果菩萨们用定静的功用断除烦恼后,再生起菩萨清净殊妙行法,化度众生。这种菩萨的修行类型,叫作先修‘奢摩他’,中修‘禅那’,后修‘三摩钵提’。”

【原文】“若诸菩萨以至静力,心断烦恼,复度众生,建立世界。此菩萨者,名先修‘奢摩他’,齐修‘三摩钵提’‘禅那’。”

【译文】“如果菩萨们用定静的功用,在决心断灭烦恼时,同时化度众生,并建立世界。这种菩萨的修行类型,叫作先修‘奢摩他’,齐修‘三摩钵提’‘禅那’。”

【原文】“若诸菩萨以至静力,资发变化,后断烦恼。此菩萨者,名齐修‘奢摩他’

‘三摩钵提’，后修‘禅那’。”

【译文】“如果菩萨们用定静的功用，发起修观的变化作用，然后进入禅定断灭烦恼。这种菩萨的修行类型，叫作齐修‘奢摩他’‘三摩钵提’，后修‘禅那’。”

【原文】“若诸菩萨以至静力，用资寂灭，后起作用，变化世界。此菩萨者，名齐修‘奢摩他’‘禅那’，后修‘三摩钵提’。”

【译文】“如果菩萨们用定静的功用来断烦恼而取寂灭，后起种种作用，变化世界。这种菩萨的修行类型，叫作齐修‘奢摩他’‘禅那’，后修‘三摩钵提’。”

【原文】“若诸菩萨以变化力，种种随顺而取至静。此菩萨者，名先修‘三摩钵提’，后修‘奢摩他’。”

【译文】“如果菩萨们以修观所成就的变化力，随顺种种妙行而取修止念所得的至极静虑。这种菩萨的修行类型，叫作先修‘三摩钵提’，后修‘奢摩他’。”

【原文】“若诸菩萨以变化力，种种境界而取寂灭。此菩萨者，名先修‘三摩钵提’，后修‘禅那’。”

【译文】“如果菩萨们以修观所成就的变化力，起种种如幻境界，进而自断烦恼，取禅定的寂灭境界。这种菩萨的修行类型，叫作先修‘三摩钵提’，后修‘禅那’。”

【原文】“若诸菩萨以变化力，而作佛事，安住寂静，而断烦恼。此菩萨者，名先修‘三摩钵提’，中修‘奢摩他’，后修‘禅那’。”

【译文】“如果菩萨们以修观所成就的变化力，而做佛事教化众生，安住寂静，断除烦恼。这种菩萨的修行类型，叫作先修‘三摩钵提’，中修‘奢摩他’，后修‘禅那’。”

【原文】“若诸菩萨以变化力，无碍作用，断烦恼故，安住至静。此菩萨者，名先修‘三摩钵提’，中修‘禅那’，后修‘奢摩他’。”

【译文】“如果菩萨们以修观所成就的变化力，起圆融无碍的作用，后又断除烦恼，再修止念而安住寂静。这种菩萨的修行类型，叫作先修‘三摩钵提’，中修‘禅那’，后修‘奢摩他’。”

【原文】“若诸菩萨以变化力，方便作用，至静寂灭二俱随顺。此菩萨者，名先修‘三摩钵提’，齐修‘奢摩他’‘禅那’。”

【译文】“如果菩萨们以修观所成就的变化力，用种种方便化度众生，又同时随顺修习止念的至静和禅定的寂灭。这种菩萨的修行类型，叫作先修‘三摩钵提’，齐修‘奢摩他’‘禅那’。”

【原文】“若诸菩萨以变化力，种种起用，资于至静，后断烦恼。此菩萨者，名齐修‘三摩钵提’‘奢摩他’，后修‘禅那’。”

【译文】“如果菩萨们以修观成就的变化力，所起种种作用，资助于修习止念法门的至静，最后断除烦恼。这种菩萨的修行类型，叫作齐修‘三摩钵提’‘奢摩他’，后修‘禅那’。”

【原文】“若诸菩萨以变化力，资于寂灭，后住清净无作静虑。此菩萨者，名齐修‘三摩钵提’‘禅那’，后修‘奢摩他’。”

【译文】“如果菩萨们以修观成就的变化力，资助于禅定寂灭，最后住于清净的无须造作修习的清净静虑境界。这种菩萨的修行类型，叫作齐修‘三摩钵提’‘禅那’，后修‘奢摩他’。”

【原文】“若诸菩萨以寂灭力，而起至静，住于清净。此菩萨者，名先修‘禅那’，后修‘奢摩他’。”

【译文】“如果菩萨们以禅定的寂灭功用，而生起至极的静虑，住于清净境界。这种菩萨的修行类型，叫作先修‘禅那’，后修‘奢摩他’。”

【原文】“若诸菩萨以寂灭力，而起作用，于一切境寂用随顺。此菩萨者，名先修‘禅那’，后修‘三摩钵提’。”

【译文】“如果菩萨们以禅定的寂灭功用，而起教化众生的作用，一切境界中都有寂灭的功用随顺。这种菩萨的修行类型，叫作先修‘禅那’，后修‘三摩钵提’。”

【原文】“若诸菩萨以寂灭力，种种自性，安于静虑，而起变化。此菩萨者，名先修‘禅那’，中修‘奢摩他’，后修‘三摩钵提’。”

【译文】“如果菩萨们以禅定的寂灭功用，随顺众生种种自性教化众，先止念安于静虑，而后起种种变化教化众生。这种菩萨的修行类型，叫作先修‘禅那’，中修‘奢摩他’，后修‘三摩钵提’。”

【原文】“若诸菩萨以寂灭力，无作自性，起于作用，清净境界归于静虑。此菩萨者，名先修‘禅那’，中修‘三摩钵提’，后修‘奢摩他’。”

【译文】“如果菩萨们以禅定的寂灭功用，证得不假造作的自性，起种种神通作用，后又依此清净境界而归于静虑境界。这种菩萨的修行类型，叫作先修‘禅那’，中修‘三摩钵提’，后修‘奢摩他’。”

【原文】“若诸菩萨以寂灭力，种种清净，而住静虑，起于变化。此菩萨者，名先修禅那，齐修奢摩他、三摩钵提。

【译文】“如果菩萨们以禅定的寂灭功用，得种种无碍清净，而住于静虑定静境界，同时生起种种变化来教化众生。这种菩萨的修行类型，叫作先修‘禅那’，齐修‘奢摩他’、‘三摩钵提’。

【原文】“若诸菩萨以寂灭力，资于至静，而起变化。此菩萨者，名齐修禅那、奢摩他，后修三摩钵提。

【译文】“如果菩萨们以禅定的寂灭功用，达到至静境界，而后起种种变化教化众生。这种菩萨的修行类型，叫作齐修‘禅那’、‘奢摩他’，后修‘三摩钵提’。

【原文】“若诸菩萨以寂灭力，资于变化，而起至静清明境慧。此菩萨者，名齐修‘禅那’‘三摩钵提’，后修‘奢摩他’。”

【译文】“如果菩萨们以禅定的寂灭功用，生起种种变化来教化众生，而后进入至静境界，证得清净明朗智慧。这种菩萨的修行类型，叫作齐修‘禅那’‘三摩钵提’，后修‘奢摩他’。”

【原文】“若诸菩萨以圆觉慧，圆合一切[①]，于诸性相，无离觉性。此菩萨者，名为

‘圆修三种自性清净随顺[2]’。”

【注释】 ①圆合：圆满融合诸法。②三种自性：即遍计所执自性、依他起自性、圆成实自性。

【译文】 “如果菩萨们以随顺圆觉的智慧圆满融合一切，一切性相不离圆觉性。这种菩萨的修行类型，叫作‘圆修三种自性清净随顺’。”

【原文】 **“善男子，是名菩萨二十五轮，一切菩萨修行如是。若诸菩萨及末世众生依此轮者，当持梵行，寂静思惟，求哀忏悔。经三七日，于二十五轮各安标记，至心求哀[1]，随手结取，依结开示，便知顿渐。一念疑悔，即不成就。”**

【注释】 ①至心：诚挚之心，诚心。

【译文】 “善男子，这就叫作‘菩萨二十五轮’，所有菩萨都是这样修行。如果菩萨们以及末世众生依照这二十五种类型轮替修习，应当修持清净的行为，寂静心念，请求哀悯，忏悔自己的恶业。经二十一天后，对二十五种修行类型合作标记，诚心请求哀悯，随便抽取一个，依据所取的修行类型去修行，便知道自己应采用顿修还是渐修。如果心存一念怀疑和反悔，就不能有所成就。”

【原文】 **尔时，世尊欲重宣此义而说偈言：**

辩音汝当知，一切诸菩萨，
无碍清净慧，皆依禅定生。
所谓奢摩他，三摩提禅那。
三法渐次修，有二十五种。
十方诸如来，三世修行者，
无不因此法，而得成菩提。
唯除顿觉人，并法不随顺。
一切诸菩萨，及末世众生，
常当持此轮，随顺勤修习，
依佛大悲力，不久证涅槃。

【译文】 当时，世尊为了重新阐述这个真义，于是说偈语：

辩音汝当知，一切诸菩萨，
无碍清净慧，皆依禅定生。
所谓奢摩他，三摩提禅那。
三法渐次修，有二十五种。
十方诸如来，三世修行者，
无不因此法，而得成菩提。
唯除顿觉人，并法不随顺。
一切诸菩萨，及末世众生，
常当持此轮，随顺勤修习，
依佛大悲力，不久证涅槃。

九　净诸业障菩萨

【题解】

本章节为净诸业障菩萨所请教的问题，以及佛陀的回答。重在宣示有碍修行的自心病障。圆觉本性原本清静，但由于众生妄执我、人、众生、寿命四相，并认为四相为实有，生起造作妄业，进而流转生死，不能证入圆觉境界。

【原文】　**于是净诸业障菩萨在大众中，即从座起，顶礼佛足，右绕三匝，长跪叉手而白佛言："大悲世尊，为我等辈演说如是不思议事，一切如来因地行相[①]，令诸大众得未曾有。睹见调御，历恒沙劫勤苦境界，一切功用，犹如一念，我等菩萨深自庆慰。世尊，若此觉心本性清净，因何染污，使诸众生迷闷不入？唯愿如来广为我等开悟法性，令此大众及末世众生，作将来眼。"**

作是语已，五体投地，如是三请，终而复始。

【注释】　①行相：行事的相状。

【译文】　于是净诸业障菩萨在大众中离座而起，用最尊贵的礼仪，以顶礼礼敬佛足，然后起立右转，绕佛三圈，又长跪在佛前双手合掌，对佛禀告道："大悲世尊，您为我们演说如此不可思议的妙理，一切如来因地学佛的修行法门，使我们获得未曾有过的知识。好像看见佛历经长久时间的勤苦修行，令我们一念之间了知一切功用，我们这些菩萨深感庆幸欣慰。世尊，如果觉心本性清净，为什么会有被污染，致使众生迷闷不能证入？只希望您广为我们开示法性，使我们大家以及末世众生能作为将来修习佛法的眼目。"

净诸业障菩萨说完后，再次五体投地向佛祖致礼，循环往复，这样连续请求三次。

【原文】　**尔时，世尊告净诸业障菩萨言："善哉！善哉！善男子，汝等乃能为诸大众及末世众生，咨问如来如是方便。汝今谛听，当为汝说。"**

时，净诸业障菩萨奉教欢喜，及诸大众默然而听。

【译文】　那时，世尊对净诸业障菩萨说："善哉！善哉！善男子，你能为诸菩萨众以及末世众生，问如来的这些方便法门。现在你就仔细地听，我为你解说。"

当时，净诸业障菩萨以能接受佛的教导而心生欢喜，和其他参加法会的大众安静地听佛说法。

【原文】　**"善男子，一切众生从无始来，妄想执有我、人、众生及与寿命。认四颠倒为实我体[①]，由此便生憎爱二境，于虚妄体重执虚妄。二妄相依，生妄业道。有妄业故，妄见流转。厌流转者，妄见涅槃。由此不能入清净觉，非觉违拒诸能入者。有诸能入，非觉入故。是故动念及与息念，皆归迷闷。"**

【注释】　①四颠倒：凡夫的四颠倒为，常颠倒（无常认为有常）、乐颠倒（苦当作乐）、净颠倒（不净为净）、我颠倒（无我认为有我）。另有二乘的四颠倒，即无常颠倒、无乐颠倒、无我颠倒、无净颠倒。

【译文】　"善男子，一切众生从无始以来，就虚妄地执着自我相、他人相、众生相和寿

命相。认为‘四颠倒’是实在自我的本体,由此便生出憎恨、贪爱,于虚妄的我执之上更加有虚妄的憎爱。这两种虚妄相依,便产生了虚妄的业道。因为有虚妄的业道,就会虚妄地认为有六道的生死流转。厌恶流转的人,就会虚妄地认为有涅槃境界。因此不能证入清净本觉,这并不是觉性违拒能证入的人。能证入的人也不是觉性使他证入的。所以起心动念以及止息心念都归于迷闷。”

【原文】“何以故?由有无始本起无明,为己主宰,一切众生生无慧目[①],身心等性皆是无明。譬如有人不自断命。是故当知,有爱我者,我与随顺;非随顺者,便生憎怨。为憎爱心养无明故,相续求道,皆不成就。”

【注释】①慧目:智慧的眼目。

【译文】“为什么呢?因为有不知何时产生的无明做了自己的主宰。一切众生没有生来就有慧目,身心自性也都是无明的。比如人不会自己了断自己的生命。由此得知,有爱我的人,我就随顺他们;不随顺我的,便生起憎恶怨恨。因为憎爱心能滋养无明,如果憎爱与无明相续不断,虽然修行求道,也不能成就。”

【原文】“善男子,云何我相[①]?谓诸众生心所证者。善男子,譬如有人,百骸调适[②],忽忘我身,四肢弦缓[③],摄养乖方[④],微加针艾[⑤],即知有我,是故证取方现我体。善男子,其心乃至证于如来,毕竟了知清净涅槃,皆是我相。”

【注释】①我相:即在五蕴法中执着有一个实在的我。②百骸:指人的各种骨骼或全身。③弦缓:软弱麻木。④乖方:失当。⑤针艾:针刺艾灸。

【译文】“善男子,什么是我相?是指众生心所证知了别的善男子,比如有人全身协调,忘记了自身的存在,如果四肢麻木,调养失当,稍加针刺或艾灸,就会知道有我,所以,只有了知证取时才能感到我的身体。善男子,修道者的心证至诸佛境界,了知清净涅槃,其所证取,也都是我相。”

【原文】“善男子,云何人相[①]?谓诸众生心悟证者。善男子,悟有我者,不复认我,所悟非我,悟亦如是。悟已超过一切证者,悉为人相。善男子,其心乃至圆悟涅槃,俱是我者;心存少悟,备殚证理,皆名人相。”

【注释】①人相:因为执着有实在的我,站在我的立场,就称他人为人。

【译文】“善男子,什么是人相?是指众生心中悟到有能证知的心。善男子,悟到有我相存在,但不认为是我相的,或所悟到是我相之外的,都是执着于所悟。超过一切证者本身的能证之智都是人相。善男子,乃至心圆满悟到涅槃境界,然而有涅槃可证,这还是‘我相’;如果还有些微能悟之心,殚尽其修行过程中所证之理,还是分别有‘我’,这一类的‘我’,都称为人相。”

【原文】“善男子,云何众生相[①]?谓诸众生心自证悟所不及者。善男子,譬如有人作如是言,我是众生,则知彼人说众生者,非我非彼。云何非我?我是众生,则非是我。云何非彼?我是众生,非彼我故。善男子,但诸众生了证了悟,皆为我人,而我人相所不及者,存有所了,名‘众生相’”。

【注释】①众生相:与我对待的众生不止一个,所有人及非人的差别相,是为“众生

相”。

【译文】“善男子，什么是众生相？是指我的自心无法证知的众生能知的自心。善男子，比如有人说这样的话，我是‘众生’，则知道他所说的‘众生’，既不是指自己也不是指别人。为什么不是指自己？我是‘众生’，所以‘众生’不是专指自己的我。为什么说不是别人？只说我是‘众生’，所以‘众生’不是他人的我。善男子，众生了知所证都是我相，了知所悟都是人相，在我相、人相之外，还认为有能了悟的心，都称为‘众生相’。”

【原文】“善男子，云何寿命相[1]？谓诸众生心照清净觉所了者。一切业智所不自见，犹如命根。”

【注释】①寿命相：是指众心存有能觉证的“知”，潜藏心中，如同心识的命根，称为“寿命相”。

【译文】“善男子，什么是寿命相？是指众生心已得清静圆满，能觉察所了知的对象，这是执着了寿命相。在一切业智中不能照见自己的生灭，就像不知道是命根在维持生存。”

【原文】“善男子，若心照见一切觉者，皆为尘垢。觉所觉者，不离尘故。如汤销冰，无别有冰知冰销者。存我觉我，亦复如是。”

【译文】“善男子，心照见一切法而认为其有知觉，实则都是尘垢。能觉知的心和所觉知的法都不离妄心尘垢。就像用热水销溶冰，冰融化后，不会存有些微的冰以了知冰的销溶。存有些微我相以觉知其余我相的断除，就不是真的净心。存在的我与觉知的我之间也是同样的道理。”

【原文】“善男子，末世众生不了四相，虽经多劫勤苦修道，但名有为，终不能成一切圣果，是故名为正法末世[1]。”

【注释】①正法末世：正法的末世时期。佛法共分为三个时期，即正法时期、像法时期、末法时期。正法时期，正即证，佛虽灭度，法仪未改，称“正法时期”；像法时期，像即似，这一时期有教、有行，但证果的人已经很少；末法时期，末即微，这一时期只有教而无行，更无证果之人。

【译文】“善男子，末世众生不能了知我、人、众生、寿命四相，虽经长时间勤苦修道，但还是有为造作，不能成就圣果，所以称为正法的末世时期。”

【原文】“何以故？认一切我为涅槃故，有证有悟名成就故。譬如有人认贼为子，其家财宝终不成就。”

【译文】“为什么呢？因为妄认一切我相能入涅槃，因为认为有证有觉悟可以去成就。比如有人，认贼为儿子，那么他家里的财宝就会被损败。”

【原文】“何以故？有我爱者[1]，亦爱涅槃，伏我爱根为涅槃相。有憎我者，亦憎生死，不知爱者真生死故，别憎生死名不解脱。”

【注释】①我爱：爱着自己所妄执的我。

【译文】“为什么呢？热爱自我的人，也以此心而爱涅槃，以为俘灭我爱就是涅槃。有憎我心，也就憎恶生死轮回，但不知爱才是生死轮回的根源，而只是憎恶生死，这就叫

作不解脱。”

【原文】“云何当知法不解脱？善男子，彼末世众生习菩提者，以己微证为自清净，犹未能尽我相根本。若复有人赞叹彼法，即生欢喜，便欲济度。若复诽谤彼所得者，便生嗔恨，则知我相坚固执持[①]，潜伏藏识[②]，游戏诸根，曾不间断。善男子，彼修道者不除我相，是故不能入清净觉。”

【注释】①执持：坚持不变，②藏识：含藏一切善恶种子的识，即阿赖耶识。

【译文】“怎么知道所证的法不解脱？善男子，那些修习菩提智慧的末世众生，以为自己微少的证悟就是清净，这实则还没有断尽我相的根本。如果有人赞叹他所修法门，就心生欢喜，便想救济化度别人。如果有人诽谤他所证得的境界，便会心生愤怒怨恨，由此则知他仍坚固地执持‘我相’，并且这种‘我相’潜伏在藏识中，与六根交相作用，未曾间断过。善男子，那些修道者不断除‘我相’，所以不能证入清净的圆满觉悟。”

【原文】“善男子，若知我空，无毁我者；有我说法，我未断故。众生寿命，亦复如是。”

【译文】“善男子，修道者如果知道‘无我’，我是空的，就不见有毁谤我的人。如果还存在我宣说佛法，则我相还没有断除。众生相、寿命相也可这样辨明。”

【原文】“善男子，末世众生说病为法，是故名为可怜愍者。虽勤精进[①]，增益诸病，是故不能入清净觉。”

【注释】①精进：又叫作“勤”，即努力向善、向上。

【译文】“善男子，末世众生将错误的修行方法当作佛法，所以这些人是很可怜的。虽然勤奋修行，但也只能增长各种弊病，所以不能证入清净的圆满觉悟。”

【原文】“善男子，末世众生不了四相，以如来解及所行处为自修行[①]，终不成就。或有众生未得谓得，未证谓证，见胜进者心生嫉妒。由彼众生未断我爱，是故不能入清净觉。”

【注释】①解：知解义理。

【译文】“善男子，末世众生不能了知四相，以如来的知解和修行为自己的修行境界，终不能成就佛道。又有一种人未得清净涅槃而自认为已得涅槃；未证圆觉菩提，而自认为已证圆觉菩提，见到有胜于自己而更求进步的人，其心必生嫉妒。由于这些众生未能断除我爱，所以不能证入清净的圆满觉悟。”

【原文】“善男子，末世众生希望成道，无令求悟，唯益多闻，增长我见。但当精勤降伏烦恼，起大勇猛，未得令得，未断令断，贪嗔爱慢，谄曲嫉妒[①]，对境不生，彼我恩爱一切寂灭。佛说是人渐次成就，求善知识，不堕邪见。若于所求别生憎爱，则不能入清净觉海。”

【注释】①谄曲：曲意逢迎。

【译文】“善男子，末世众生希望成就圆满佛道，但不可使他们以为求悟只是以多增益见闻为能事。应当专心勤勉降伏烦恼，发起猛勇之心，未能证得的道果让他证得，未能断除的烦恼让其断除，贪心、嗔心、爱心、轻慢心、谄曲心、嫉妒心能够对境不生，对于自我

和他人的恩爱都彻底灭除。佛说这样的人渐渐能够成就佛道，追求修行善法，不堕于不合正法的外道之见。如果对于所求的善法又生出憎爱的分别心，则就不能证入清净圆满的觉悟境界。”

【原文】 尔时，世尊欲重宣此义而说偈言：

净业汝当知，一切诸众生，
皆由执我爱，无始妄流转，
未除四种相，不得成菩提。
爱憎生于心，谄曲存诸念，
是故多迷闷，不能入觉城。
若能归悟刹，先去贪嗔痴，
法爱不存心，渐次可成就。
我身本不有，憎爱何由生？
此人求善友，终不堕邪见。
所求别生心，究竟非成就。

【译文】 当时，世尊为了重新阐述这个真义，于是说偈语：

净业汝当知，一切诸众生，
皆由执我爱，无始妄流转，
未除四种相，不得成菩提。
爱憎生于心，谄曲存诸念，
是故多迷闷，不能入觉城。
若能归悟刹，先去贪嗔痴，
法爱不存心，渐次可成就。
我身本不有，憎爱何由生？
此人求善友，终不堕邪见。
所求别生心，究竟非成就。

十　普觉菩萨

【题解】

本章节为普觉菩萨所请教的问题，以及佛陀的回答。重在宣说寻求正知见的良师，远离邪师，去除作、任、止、灭四病，发心破除人我相。

【原文】 于是普觉菩萨在大众中，即从座起，顶礼佛足，右绕三匝，长跪叉手，而白佛言：“大悲世尊，快说禅病[1]，令诸大众得未曾有，心意荡然，获大安隐[2]。世尊，末世众生去佛渐远，贤圣隐伏，邪法增炽[3]，使诸众生求何等人，依何等法，行何等行，除去何病，云何发心，令彼群盲不堕邪见。”

作是语已，五体投地，如是三请，终而复始。

【注释】 ①快：痛快，爽利，直截了当。禅病：指妨害禅定修行的一切妄念。妄念为禅定的病魔。②安隐：即安稳。身安心稳。③增：增长。炽：旺盛。

【译文】 于是普觉菩萨在大众中离座而起，用最尊贵的礼仪，以顶礼礼敬佛足，然后起立右转，绕佛三圈，又长跪在佛前双手合掌，对佛禀告道："大悲世尊，痛快淋漓地说出了修习禅法的弊病，使大众得知未曾明白的道理，心意也随之坦荡，身安心稳。世尊，末世众生离佛的时代逐渐久远，圣贤隐藏不出，邪法增多炽盛，此时应当让众生去求什么人，遵依什么样的教法，修行什么样的行法，除却什么样的弊病，发起什么样的誓愿？能使这些没有慧目的众生不堕落于邪见。"

普觉菩萨说完后，再次五体投地向佛祖致礼，循环往复，这样连续请求三次。

【原文】 尔时，世尊告普觉菩萨言："善哉！善哉！善男子，汝等乃能咨问如来如是修行，能施末世一切众生无畏道眼，令彼众生得成圣道。汝今谛听，当为汝说。"

时，普觉菩萨奉教欢喜，及诸大众默然而听。

【译文】 那时，世尊对普觉菩萨说："善哉！善哉！善男子，你能询问如来的这些修行法门，能将无畏道眼施予众生，使这些众生得以成就圣道。现在你就仔细地听，我为你解说。"

当时，普觉菩萨以能接受佛的教导而心生欢喜，和其他参加法会的大众安静地听佛说法。

【原文】 "善男子，末世众生将发大心[1]，求善知识欲修行者，当求一切正知见人，心不住相，不著声闻缘觉境界。虽现尘劳，心恒清净。示有诸过，赞叹梵行，不令众生入不律仪[2]。求如是人，即得成就阿耨多罗三藐三菩提[3]。

【注释】 ①大心：大乘心，或大愿心。②不律仪：恶戒，作恶止善。③阿耨多罗三藐三菩提：略称"阿耨三菩提""阿耨菩提"等。"阿耨多罗"意译为"无上"，指所悟之道为至高无上，"三藐三菩提"意译为"正遍知"，表示所悟之道周遍而无所不包。因此"阿耨多罗三藐三菩提"可译为"无上正等正觉"，乃佛陀所觉悟之智慧，是真正平等觉知一切真理的无上智慧。

【译文】 "善男子，末世众生想发大乘心，寻求教导众生修行善法的人，应当找有正确知识和见解的人，心不执着于名相，不执着于小乘境界。虽现被世俗事务所烦扰的尘劳相，但内心永远清净。有时虽示现有过错，但仍然赞叹清净的行为，不使众生作恶止善。求得这样的人就能成就无上正等正觉。

【原文】 "末世众生见如是人，应当供养不惜身命。彼善知识四威仪中[1]，常现清净，乃至示现种种过患[2]，心无骄慢，况复抟财妻子眷属[3]。若善男子于彼善友不起恶念，即能究竟成就正觉，心华发明，照十方刹[4]。

【注释】 ①四威仪：是比丘、比丘尼所必须遵守的仪则，以保持严肃和庄重，具体包括行、住、坐、卧四个方面。②过患：过失与灾患。③抟：即抟食，又称"揣食""段食"，即分段而食。④十方刹：十方刹土，即十方国土的意思。

【译文】 "末世众生见到这样的人，应当不惜生命去供养他。这些善知识在行、住、

坐、卧时都显现清净，有时也示现种种过失，但不要对其心生傲慢，更何况仅贪恋食物、钱财、妻子、眷属。如果善男子对这些好的教友不起丝毫恶念，就能最终成就圆满正觉，心花散发光明，普照十方国土。

【原文】 “善男子，彼善知识所证妙法，应离四病。云何四病？

【译文】 “善男子，那些善知识所修证的圆觉法门，应当远离四种弊病。这四种弊病是什么？

【原文】 “一者作病[1]。若复有人作如是言，我于本心作种种行，欲求圆觉。彼圆觉性非作得故，说名为病。

【注释】 ①作病：即生心造作。

【译文】 “一是作病。如果有人这样说，我于本心上生起种种造作行法，以此欲求圆满觉悟。但是圆满觉性不是由造作而得来的，所以说是弊病。

【原文】 “二者任病[1]。若复有人作如是言，我等今者不断生死，不求涅槃，涅槃生死无起灭念，任彼一切随诸法性，欲求圆觉。彼圆觉性非任有故，说名为病。

【注释】 ①任病：即随顺诸法自性，任其自然。

【译文】 “二是任病。如果有人这样说，我们现在不必断除生死轮回，不必去求涅槃境界，生死涅槃的概念在我的心念中不会生起也没有消灭，任由一切事物随顺本性，以此欲求圆满觉悟。但是圆满觉性不是由任其自然而得来的，所以说是弊病。

【原文】 “三者止病[1]。若复有人作如是言，我今自心永息诸念，得一切性寂然平等，欲求圆觉。彼圆觉性非止合故，说名为病。

【注释】 ①止病：即认为止住妄念就能求真。

【译文】 “三是止病。如果有人这样说，我现在于自心上止息所有妄念，即得一切法性寂然平等，以此欲求圆满觉悟。但是圆满觉性不是由止息妄念而得来的，所以说是弊病。

【原文】 “四者灭病[1]。若复有人作如是言，我今永断一切烦恼，身心毕竟空无所有，何况根尘虚妄境界。一切永寂，欲求圆觉。彼圆觉性非寂相故，说名为病。

【注释】 ①灭病：即耽住于诸法的寂灭相。

【译文】 “四是灭病。如果有人这样说，我现在永远断除一切烦恼，身心彻底地空无所有，更何况那些六根六尘等虚妄境界。一切都永远寂灭，以此欲求圆满觉悟。但是圆觉性不是寂灭相，所以说是弊病。

【原文】 “离四病者，则知清净。作是观者，名为正观，若他观者，名为邪观。

【译文】 “只有远离四种弊病，才能知道所修的法门是为清净法门。这样观察所修证法才是正当的观法，其他观法都是不正当的观法。

【原文】 “善男子，末世众生欲修行者，应当尽命供养善友，事善知识。彼善知识欲来亲近，应断骄慢，若复远离，应断嗔恨。现逆顺境，犹如虚空。了知身心毕竟平等，与诸众生同体无异。如是修行，方入圆觉。

【译文】 “善男子，末世众生要修行的人，应当竭尽全力供养善友，服侍善知识。那

些善知识要来亲近你，你应当断除骄慢。如果他们又远离你了，你还应当断除气愤怨恨。逆顺境地都如同虚空。了知身心都毕竟平等，与众生的本体一样。这样修行才能证得圆满觉悟。

【原文】“善男子，末世众生不得成道，由有无始自他憎爱一切种子，故未解脱。若复有人观彼怨家，如己父母，心无有二，即除诸病。于诸法中自他憎爱，亦复如是。

【译文】“善男子，末世众生之所以不能成就佛道，是由于无始以来心中都潜藏着对自己和他人憎爱的种子，所以未能解脱。如果有人将自己的冤家视同自己的父母一样，心中没有不一样的态度，那么他就可以除去心中的种种病患。对于万物中事物的自他、憎爱，也是以这样的方法认识。

【原文】“善男子，末世众生欲求圆觉，应当发心作如是言，尽于虚空一切众生，我皆令入究竟圆觉，于圆觉中无取觉者，除彼我人一切诸相。如是发心，不堕邪见。”

【译文】“善男子，末世众生要求得圆满觉悟，应该发愿并这样说，在无边虚空中的一切众生，我都让他们证入究竟的圆满觉悟境界，但在圆觉中并没有可取的觉法，已经完全断除我相、人相以及一切相。这样发愿，就不会堕于错误恶劣的知见。”

【原文】尔时，世尊欲重宣此义而说偈言：

普觉汝当知，末世诸众生，
欲求善知识，应当求正见。
心远二乘者，法中除四病，谓作止任灭。
亲近无骄慢，远离无嗔恨。
见种种境界，心当生希有，还如佛出世。
不犯非律仪，戒根永清净。
度一切众生，究竟入圆觉，
无彼我人相，当依正智慧，
便得超邪见，证觉般涅槃。

【译文】当时，世尊为了重新阐述这个真义，于是说偈语：

普觉汝当知，末世诸众生，
欲求善知识，应当求正见。
心远二乘者，法中除四病，谓作止任灭。
亲近无骄慢，远离无嗔恨。
见种种境界，心当生希有，还如佛出世。
不犯非律仪，戒根永清净。
度一切众生，究竟入圆觉，
无彼我人相，当依正智慧，
便得超邪见，证觉般涅槃。

十一 圆觉菩萨

【题解】

本章节为圆觉菩萨所请教的问题，以及佛陀的回答。开示修行的入手方便法门，详细说明了安居方法，以及禅定等三种修行观法的方便法门和所证境界。

【原文】 **于是圆觉菩萨在大众中，即从座起，顶礼佛足，右绕三匝，长跪叉手而白佛言："大悲世尊，为我等辈广说净觉种种方便，令末世众生有大增益。世尊，我等今者已得开悟，若佛灭后，末世众生未得悟者，云何安居修此圆觉清净境界[①]？此圆觉中三种净观[②]，以何为首？惟愿大悲，为诸大众及末世众生施大饶益[③]。"**

作是语已，五体投地，如是三请，终而复始。

【注释】 ①安居：又称"坐夏"，即在夏季的三个月中，僧徒们不得随便外出，以致力于坐禅和修习佛法。②净观：清净的观法。此处指奢摩他（止）、三摩钵提（等持，即定）、禅那（禅定）。③饶益：丰足利人，给人丰饶的利益。

【译文】 于是圆觉菩萨在大众中离座而起，以顶礼礼敬佛足，然后起立右转，绕佛三圈，又长跪在佛前双手合掌，对佛禀告道："大悲世尊，为我们宣说清净觉悟的种种方便法门，使末世众生获得极大利益。世尊，我们现在已经得以开悟，如果佛入灭后，末世众生未能得以开悟的人，应该如何建设道场，安置净居来修习这个圆满觉悟的清净境界？修证圆觉境界的三种清净观法，应该以哪个法门为首？只希望大慈大悲的世尊，为参加法会的大众以及末世众生布施丰饶的利益。"

圆觉菩萨说完后，再次五体投地向佛祖致礼，循环往复，这样连续请求三次。

【原文】 **尔时，世尊告圆觉菩萨言："善哉！善哉！善男子，汝等乃能问于如来如是方便，以大饶益施诸众生。汝今谛听，当为汝说。"**

时，圆觉菩萨奉教欢喜，及诸大众默然而听。

【译文】 那时，世尊对普觉菩萨说："善哉！善哉！善男子，你能向如来询问这些方便法门，以便将丰饶的利益布施给众生。现在你就仔细地听，我为你解说。"

当时，圆觉菩萨以能接受佛的教导而心生欢喜，和其他参加法会的大众安静地听佛说法。

【原文】 **"善男子，一切众生，若佛住世，若佛灭后，若法末时，有诸众生具大乘性，信佛秘密大圆觉心。欲修行者，若在伽蓝[①]，安处徒众，有缘事故随分思察[②]，如我已说。若复无有他事因缘，即建道场，当立期限。若立长期百二十日，中期百日，下期八十日，安置净居。**

【注释】 ①伽蓝："僧伽蓝摩"的简称，译为"众园"，即僧众所居住的园庭，亦即寺院的通称。②缘事：因果报应的事相。随分：随力量的大小。

【译文】 "善男子，一切众生，无论佛陀在世，还是灭度，或者佛法的末法时期，都有一类众生具有大乘根性，深信佛的秘密大圆满觉心。而这些想要修行的人，如果在寺院

里，有安置信徒等杂事影响修行，因为这样的因果关系，所以应当随自己能力大小思维体察各种法门，如同我已经讲过的。如果没有其他杂事因缘，就应建修行的道场，设定修行期限，长期一百二十天，中期一百天，短期八十天，安心地居住在清净居所。

【原文】“若佛现在，当正思惟。若佛灭后，施设形象，心存目想，生正忆念，还同如来常住之日。悬诸幡华[①]，经三七日，稽首十方诸佛名字，求哀忏悔。遇善境界，得心轻安，过三七日，一向摄念。”

【注释】 ①幡华：幡和鲜花。幡，即旌旗的总称。

【译文】 “佛现今在世，就应当正念思维。如果佛灭度后，就应当设置佛的形象，对佛心存目想，明记不忘，如同佛在世常住时一样。悬挂幡和鲜花，经过二十一天的礼佛忏悔，求佛哀悯我的忏悔心。遇到好的境界，身心轻松安详，经过二十一天之后，一直保持正念。”

【原文】“若经夏首，三月安居，当为清净菩萨止住，心离声闻，不假徒众。至安居日，即于佛前作如是言：我比丘、比丘尼、优婆塞、优婆夷——某甲，踞菩萨乘，修寂灭行，同入清净实相住持，以大圆觉为我伽蓝，身心安居平等性智[①]，涅槃自性无系属故。今我敬请，不依声闻，当与十方如来及大菩萨三月安居，为修菩萨无上妙觉大因缘故，不系徒众。善男子，此名菩萨示现安居。过三期日，随往无碍。”

【注释】 ①平等性智：证自他平等之理而得的智慧。

【译文】 “到了初夏，安居三个月，应当按照清净的菩萨教法而安居，心离声闻小乘法，不依靠徒众。到了开始安居那天，即在佛前说这样的话：我是比丘、比丘尼、优婆塞、优婆夷某某，遵依菩萨乘，修习寂灭法行，同入清净佛性真如境界，大圆觉性是我修行证果的处所，身心安居于平等圆满的觉性智慧，这是因为圆满的清净自性没有任何牵系。现在我恭敬地请求，不依据声闻乘教法，与十方如来以及大菩萨同作三月安居的行法，为了修证菩萨无上圆妙觉性的原因，不牵系徒众。善男子，这叫作菩萨示现安居。过了三期中自立的期限后，就可以随意到任何地方，没有障碍了。”

【原文】“善男子，若彼末世修行众生，求菩萨道入三期者[①]，非彼所闻一切境界，终不可取。”

【注释】 ①菩萨道：菩萨所修的道法，即自利利他的道法。

【译文】 “善男子，如果末世修行的众生，求菩萨道而按照三期法修行的人，如果不是依据佛教导的修行方法而得到的境界，都不可取。”

【原文】“善男子，若诸众生修奢摩他，先取至静，不起思念，静极便觉，如是初静，从于一身至一世界，觉亦如是。”

【译文】 “善男子，如果众生修习奢摩他，要先取至静，心中不生起念想，静到极处便产生觉悟智慧，这样的极静能从一身而扩展到一个世界，觉悟智慧也是同样的道理。”

【原文】“善男子，若觉遍满一世界者，一世界中有一众生起一念者，皆悉能知，百千世界亦复如是。非彼所闻一切境界，终不可取。”

【译文】 “善男子，如果觉悟智慧遍满一个世界，那么一个世界中有一个人生起一个

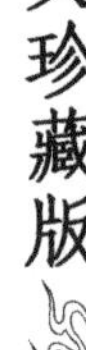

念头，就都能觉知，百千个世界也是同样的道理。如果不是依据佛教导的修行方法而得到的境界，都不可取。"

【原文】 "善男子，若诸众生修三摩钵提，先当忆想十方如来，十方世界一切菩萨，依种种门，渐次修行勤苦三昧[1]，广发大愿，自熏成种。非彼所闻一切境界，终不可取。"

【注释】 ①三昧：译为"定"，是定心于一处的意思。修行的人六根接触外面的六尘境界时，若能做到不起心、不动念、不分别、不执着，就叫作"定"。

【译文】 "善男子，如果众生修习三摩钵提，应当专心念想十方如来和十方世界一切菩萨，依据种种法门，逐渐次序勤苦修订，广发大的誓愿，自己熏习自心成为根性种子。如果不是依据佛教导的修行方法而得到的境界，都不可取。"

【原文】 "善男子，若诸众生修于禅那，先取数门[1]，心中了知生、住、灭、念，分剂头数。如是周遍四威仪中，分别念数，无不了知，渐次增进，乃至得知百千世界一滴之雨，犹如目睹所受用物。非彼所闻一切境界，终不可取。"

【注释】 ①数门："数息门"的简称。即数息观，数出入之息，停止心想散乱的观法。

【译文】 "善知识，如果众生修习禅那，先从数息入手，心中就会了知生、住、灭，以及其始末长短，多少头数。在行、住、坐、卧的四威仪中，对于自己心念的分别状态和心念的次数，无不明白知晓。如此这样逐渐进步，乃至于能够知道百千世界中的一滴雨，好像亲眼目睹自己所用的东西。如果不是依据佛教导的修行方法而得到的境界，都不可取。"

【原文】 "是名三观初首方便。若诸众生遍修三种，勤行精进，即名如来出现于世。若后末世钝根众生，心欲求道，不得成就，由昔业障，当勤忏悔。常起希望，先断憎爱嫉妒谄曲，求胜上心。三种净观随学一事，此观不得，复习彼观，心不放舍，渐次求证。"

【译文】 "以上这些就是三种清净观法初入手的方便法门。如果众生能全面修习三种清净观法，勤奋践行努力上进，就好像是佛出现一样。如果后世的愚钝众生，心想求道，但不能取得成就，这是由于以前所做的恶业障碍，应当经常忏悔。要常常生起希望，先断除憎、爱、嫉妒、谄曲的心念，求胜进增上的心。随便修习三种清净观法中的一种，这个观法不能成功，就再修习其他观法，心不放弃，逐渐求证。"

【原文】 尔时，世尊欲重宣此义而说偈言：

圆觉汝当知，一切诸众生，
欲求无上道，先当结三期，忏悔无始业。
经于三七日，然后正思惟。
非彼所闻境，毕竟不可取。
奢摩他至静，三摩正忆持。
禅那明数门，是名三净观。
若能勤修习，是名佛出世。
钝根未成者，常当勤心忏，无始一切罪。
诸障若消灭，佛境便现前。

【译文】 当时，世尊为了重新阐述这个真义，于是说偈语：

圆觉汝当知，一切诸众生，
欲求无上道，先当结三期，忏悔无始业。
经于三七日，然后正思惟。
非彼所闻境，毕竟不可取。
奢摩他至静，三摩正忆持。
禅那明数门，是名三净观。
若能勤修习，是名佛出世。
钝根未成者，常当勤心忏，无始一切罪。
诸障若消灭，佛境便现前。

十二　贤善首菩萨

【题解】

本章节前半部分为贤善首菩萨所请教的问题，以及佛陀的回答，是本经总结部分，宣说经名，信闻此经的功德利益。后半部分为本经的流通分，叙述金刚、天王、鬼王等誓愿护佑持经人。

【原文】　于是贤善首菩萨在大众中，即从座起，顶礼佛足，右绕三匝，长跪叉手而白佛言："大悲世尊，广为我等及末世众生，开悟如是不思议事。世尊，此大乘教，名字何等？云何奉持？众生修习得何功德？云何使我护持经人？流布此教至于何地。"

作是语已，五体投地，如是三请，终而复始。

【译文】　于是贤善首菩萨在大众中离座而起，以顶礼礼敬佛足，然后起立右转，绕佛三圈，又长跪在佛前双手合掌，对佛禀告道："大悲世尊，广为我们以及末世众生开示这些不可思议的修行方法。世尊，这种大乘教法，应该叫什么名字？应该怎样修持奉行？众生修习后可以得到什么功德？我们怎样保护奉持这部经的人？流通这部经典到什么地方？"

贤善首菩萨说完后，再次五体投地向佛祖致礼，循环往复，这样连续请求三次。

【原文】　尔时，世尊告贤善首菩萨言："善哉！善哉！善男子，汝等乃能为诸菩萨及末世众生，问于如来如是经教功德名字。汝今谛听，当为汝说。"

时，贤善首菩萨奉教欢喜，及诸大众默然而听。

【译文】　那时，世尊对贤善首菩萨说："善哉！善哉！善男子，你能为菩萨们和末世众生，向如来询问这部经典教法的功德和名字。现在你就仔细地听，我为你解说。"

当时，贤善首菩萨以能接受佛的教导而心生欢喜，和其他参加法会的大众安静地听佛说法。

【原文】　"善男子，是经百千万亿恒河沙诸佛所说，三世如来之所守护，十方菩萨之所皈依，十二部经清净眼目。"

【译文】　"善男子，这部经经像百千万亿恒河沙那么多的佛所讲说，过去、现在、未来

这三世的佛都护持它，十方菩萨都归投依靠它，这部经还是所有类别佛经的关键内容。”

【原文】 “是经名《大方广圆觉陀罗尼》，亦名《修多罗了义》，亦名《秘密王三昧》[1]，亦名《如来决定境界》，亦名《如来藏自性差别》，汝当奉持。”

【注释】 ①秘密王：《圆觉经》所说的行法十分秘密深奥，而又统摄万行，故称“秘密王”。

【译文】 “这部经称为《大方广圆觉陀罗尼》，也称为《修多罗了义》，也称为《秘密王三昧》，也称为《如来决定境界》，也称为《如来藏自性差别》，你们应当奉行修持。”

【原文】 “善男子，是经唯显如来境界，唯佛如来能尽宣说。若诸菩萨及末世众生依此修行，渐次增进，至于佛地。”

【译文】 “善男子，这部经彰显佛所证的境界，只有佛才能详尽解说。如果菩萨们和末世众生依据这部经修行，逐渐进步，就能达到成佛的地位。”

【原文】 “善男子，是经名为顿教大乘，顿机众生从此开悟[1]，亦摄渐修一切群品。譬如大海，不让小流，乃至蚊虻及阿修罗[2]，饮其水者，皆得充满。”

【注释】 ①顿机：顿大（顿教、大乘教）的根机，即听闻顿教就能顿悟佛道的根机。②阿修罗：“六道”之一。因其有天的福而没有天的德，似天而非天，译为“非天”；因其容貌很丑陋，又译作“无端”。

【译文】 “善男子，这部经被称为顿教大乘，具有大乘顿教根机的众生可以通过学习这部经而开悟，也统摄一切品类的渐修法门。比如大海不排斥溪流的水。蚊虻以及阿修罗喝了它的水后，都能充满欢喜。”

【原文】 “善男子，假使有人纯以七宝积满三千大千世界以用布施，不如有人闻此经名及一句义。善男子，假使有人教百恒河沙众生得阿罗汉果，不如有人宣说此经分别半偈”。

【译文】 “善男子，假如有人只是用积满三千大千世界的七种珍宝去布施，还不如有人听闻这部经的名字或理解其中一句经文义理。善男子，假如有人能教导像百恒河沙那么多的众生证得阿罗汉果，也不如有人宣讲这部经，解说半偈文句。”

【原文】 “善男子，若复有人闻此经名，信心不惑，当知是人非于一佛二佛种诸福慧，如是乃至尽恒河沙一切佛所种诸善根，闻此经教。汝善男子，当护末世修行者，无令恶魔及诸外道恼其身心，令生退屈。”

【译文】 “善男子，如果有人听到这部经的名字，生起不疑惑的信心，应当知道此人得到的不是一两个佛种下福田智慧，而是有如恒河沙般多的一切佛所种下的诸种善根的福田智慧，才能够听闻这部经的教法。你们这些善男子应当守护末世中这种修行的人，不要使恶魔和外道扰乱他们的身心，使他们生起退缩屈服之心。”

【原文】 尔时，会中有火首金刚、摧碎金刚、尼蓝婆金刚等八万金刚[1]，并其眷属，即从座起，顶礼佛足，右绕三匝而白佛言：“世尊，若后末世一切众生，有能持此决定大乘，我当守护，如护眼目。乃至道场所修行处，我等金刚自领徒众，晨夕守护，令不退转。其家乃至永无灾障，疫病消灭，财宝丰足，常不乏少。”

尔时，大梵王[2]，二十八天王[3]，并须弥山王，护国天王等[4]，即从座起，顶礼佛足，右绕三匝而白佛言："世尊，我亦守护是持经者，常令安隐[5]，心不退转。"

尔时，有大力鬼王，名吉槃荼，与十万鬼王，即从座起，顶礼佛足，右绕三匝而白佛言："世尊，我亦守护是持经人，朝夕侍卫，令不退屈。其人所居一由旬内[6]，若有鬼神侵其境界，我当使其碎如微尘。"

佛说此经已，一切菩萨天龙鬼神八部眷属[7]，及诸天王梵王等，一切大众，闻佛所说，皆大欢喜，信受奉行。

【注释】 ①火首金刚：金刚以手执金刚杵而得名，意即力士，是佛或大菩萨所现武装护法的形相。火首金刚因头有火焰，故而得名。②大梵王：又称"大梵天王""梵王"，是色界诸天的初禅天之王。③二十八天王：欲界的六天、色界的十八天以及无色界的四天的天王。④护国天王：又名"护世四天王"，即持国、增长、广目、多闻四天王，常护持四天下。⑤安隐：即安稳。⑥由旬：印度计里程的单位。指一日行军之里程，约四十里。⑦八部：天众、龙众、夜叉（勇健鬼）、乾闼婆（香神）、阿修罗（非天）、迦楼罗（金翅鸟）、紧那罗（非人）、摩睺罗迦（大蟒神或大腹行地龙）。此八部众非人类的眼睛所能看到。又叫作"天龙八部"，或"龙神八部"。

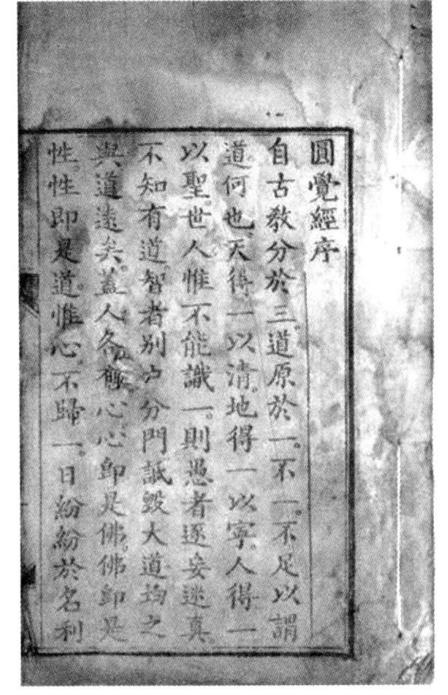

圓覺經序
自古教分於三道原於一不一不足以謂
道何也天得一以清地得一以寧人得一
以聖世人惟不能識一則愚者逐妄迷真
不知有道智者別户分門詆毁大道均之
與道遠矣蓋人各有心心即是佛佛即是
性性即是道惟心不歸一日紛紛於名利

《圆觉经》书影

【译文】 当时，法会中有火首金刚、摧碎金刚、尼蓝婆金刚等八万金刚和他们的眷属离座而起，以顶礼礼敬佛足，起来后右转，绕佛三圈，对佛禀告道："世尊，如果末世一切众生中有能够坚定持守大乘信仰的人，我们一定像保护自己的眼睛一样守护他们。乃至他们的修行道场，我们这些金刚会各自带领徒众，从早到晚地守护着，使他们不退缩。他们的家永远没有灾难，疫病消灭，财宝丰足而不缺少。"

当时，大梵王、二十八天王和须弥山王、护国天王等离座而起，以头顶礼礼敬佛足，起来后右转，绕佛三圈，对佛禀告道："世尊，我们也守护那些奉持这部经的人，令他们常常身安心稳，信心不退减。"

当时，有大力鬼王，名吉槃荼，与十万鬼王离座而起，以顶礼礼敬佛足，起来后右转，绕佛三圈，对佛禀告道："世尊，我们也守护那些奉持这部经的人，朝夕侍卫，使他们不生起退缩屈服之心。他们住所方圆一由旬之内，如果有鬼神侵犯，我们就让他们碎得像细微的灰尘。"

佛演说完了这部经，一切菩萨、天龙、鬼神等八部众和他们的眷属，以及各位天王、梵王等一切大众，听到佛所说教法，都十分高兴，相信并接受如来所说的法，切实地奉承行持。

金光明经

【导语】

《金光明经》是大乘佛教中有着重要影响力的经典之一。由于经中所说的诵持本经能够带来不可思议的护国利民功德,能使国中饥馑、疾疫、战乱得以平息,国土丰饶,人民欢乐,故历代以来《金光明经》被视为护国之经,在大乘佛教流行的所有地区都受到了广泛重视。加之经中的金鼓忏悔法、流水长者子治病护生以及萨埵王子舍身饲虎的著名故事,使得这部经成为被广泛持诵的大乘经典。在尼泊尔,此经自古以来被视为九部大经之一,并在此发现了原始梵本。在日本,这部经从七世纪开始就被列为“镇护国家三经”之一(《妙法莲华经》《仁王护国般若经》《金光明经》),在全国的寺庙诵读。这部经在蒙藏地区也持诵得非常普遍,过去在蒙古地区有各家轮流供养僧人每天念诵《金光明最胜王经》的习俗。

金光明經卷第一
北涼三藏法師曇無讖譯
序品第一
如是我聞。一時佛住王舍大城耆闍崛山。是時如來
遊於無量甚深法性諸佛行處過諸菩薩所行清淨
是金光明　諸經之王　若有聞者　則能思惟
無上微妙　甚深之義　如是經典　常爲四方
四佛世尊　之所護持　東方阿閦　南方寶相
西無量壽　北微妙聲　我今當說　懺悔等法
所生功德　爲無有上　能壞諸苦　盡不善業

《金光明经》书影

(一)、北凉玄始年间(412~427)昙无谶译《金光明经》四卷,十八品(以下简称谶本)。

(二)、梁承圣元年(552)真谛再译成七卷(或六卷),名《金光明帝王经》,是在谶本基础上补译《三身分别》《业障灭》《陀罗尼最净地》《依空满愿》四品,而成二十二品。今不存。

(三)、北周武帝时(561~578)耶舍崛多再译成五卷,名《金光明更广寿量大辩陀罗尼经》。《开元释教录》说也是谶本的增译本,主要是对《寿量品》增补其文,对《大辩品》增加了咒法,故称为“更广寿量、大辩陀罗尼经”。今不存。

(四)、隋开皇十七年(597)大兴善寺沙门宝贵综合各家译本,删同补缺,主要依据谶译本,合以真谛补译四品及耶舍崛多对《寿量》《大辩》二品的增补文,同时从当时新传入中土的梵本中发现有《嘱累》《银主陀罗尼》二品,更请阇那崛多译出,由此而成《合部金光明经》八卷,二十四品(以下简称合本)。

(五)、武周长安三年(703)义净译出《金光明最胜王经》十卷,三十一品(以下简称净本)。这一译本品目义理最为完备,译文华质得中,慈恩宗慧沼曾据以注疏弘扬。

其中一、四、五译本今存,品目对照如下:

卷一

序品第一

【题解】

佛经解释通常分成三个部分:序分、正宗分、流通分,称为“三分科经”。初段叙一经之由来、教起因缘,称为序分;次段论一经之宗旨,称正宗分;末段说受持本经的利益,复劝广为流传,称流通分。此处序品即属于序分,是一经的序说。其中,"如是我闻"称为证信序,"一时"以下是发起序。谶译四卷本会众介绍极略,只在《寿量品》中略为叙说,净译本序品中则全面叙述了听闻佛陀宣说本经的会众。本经序品开宗明义,标举《金光明经》为诸经之王,并在偈颂中提叙一经大意:首先提出本经蕴含诸佛甚深微妙义(如前述"金光明"三字玄义,以及《寿量》《忏悔》《赞叹》《空品》所讨论的佛寿量及法身法性问题),为四方四佛所护持;接着标出本经正宗分的重点,金光明忏悔法的功德,以上对应《寿量品》至《空品》等四品;其次叙说听闻读诵本经将得到护世四天王及诸天神的护卫,使得人民、国土的一切诸苦灭除,得到无量安乐,即明确了本经的护世功德,对应《四天王品》至《散脂鬼神品》等五品;最后复劝听闻、供养本经之功德利益,以及深乐此经的善业果报,对应《正论品》至《赞佛品》等八品。

【原文】 **如是我闻[1],一时佛住王舍大城耆阇崛山[2]。是时如来游于无量甚深法性[3],诸佛行处[4],过诸菩萨所行清净。**

是金光明,诸经之王,若有闻者,则能思惟,无上微妙,甚深之义。如是经典,常为四方,四佛世尊[5],之所护持:东方阿閦,南方宝相,西无量寿,北微妙声。我今当说,忏悔等法[6],所生功德,为无有上,能坏诸苦,尽不善业,一切种智[7],而为根本,无量功德,之所庄严,灭除诸苦,与无量乐。诸根不具[8],寿命损减,贫穷困苦,诸天舍离,亲厚斗讼,王法所加,各各忿诤,财物损耗,愁忧恐怖,恶星灾异[9],众邪蛊道[10],变怪相续[11],卧见恶梦,昼则愁恼。当净洗浴,听是经典,至心清净,着净洁衣,专听诸佛,甚深行处;是经威德,能悉消除,如是诸恶,令其寂灭。护世四王[12],将诸官属,并及无量,夜叉之众[13],悉来拥护,持是经者;大辩天神,尼连河神[14],鬼子母神,地神坚牢,大梵尊天,三十三天,大神龙王,紧那罗王,迦楼罗王,阿修罗王,与其眷属,悉共至彼,拥护是人,昼夜不离。我今所说,诸佛世尊,甚深秘密,微妙行处,亿百千劫[15],甚难得值。若得闻经,若为他说,若心随喜[16],若设供养[17],如是之人,于无量劫,常为诸天,八部所敬[18]。如是修行,生功德者[19],得不思议,无量福聚,亦为十方,诸佛世尊,深行菩萨,之所护持。着净衣服,以上妙香,慈心供养,常不远离;身意清净,无诸垢秽,欢喜悦豫,深乐是典。若得听闻,当知善得,人身人道,及以正命[20];若闻忏悔,执持在心,是上善根,诸佛所赞。

【注释】 ①如是我闻:意为如此的教法是我阿难亲自从佛陀那里听闻的,这是为了使听法的人生起信顺。据佛教经论上记载,释迦牟尼佛将要入灭的时候,阿难请问四事:"一佛灭度后,诸比丘云何行道?二诸比丘以何为师?三恶性比丘云何共居?四一切经首置何字?"佛回答说:"一依四念处住。二以戒为师。三默摈恶性比丘。四一切经首置'如是我闻'等言。"②一时:指佛说法的那时,非确指。王舍大城:古代中印度摩羯陀国之都城。位于恒河中游巴特那市南侧比哈尔地方之拉查基尔。为频婆娑罗王、阿阇世王、韦提希夫人等在位时的都城。此城为佛陀传教中心地之一,城内有许多初期佛教的遗迹,如灵鹫山、竹林精舍及祇园精舍等。耆阇崛山:又译"阇崛",义译为"灵鹫山""鹫峰山",简称"灵山""灵岳""鹫峰"等。因山上岩形似鹫头,又以山中多鹫,故得名。位于中

印度摩揭陀国王舍城东北。释迦牟尼佛曾于此讲《般若》《法华》《金光明》《无量寿》等诸多大乘经,遂成为佛教圣地。③如来:梵语 tathagata,音译作"多陀阿伽陀""多他阿伽度""多陀阿伽度"等。又作"如去"。为佛十号之一。即佛之尊称。由真理而来(如实而来),而成正觉之义,故称"如来"。佛陀即乘真理而来,由真如而现身,故尊称佛陀为"如来"。《长阿含经》卷十二《清净经》:"佛于初夜成最正觉及末后夜,于其中间有所言说尽皆如实,故名如来。复次,如来所说如事,事如所说,故名如来。"游于无量甚深法性:游,意为游涉进入。法性指诸法之真实体性,甚深法界,非入住出,无所从来,亦无所去;如同《法华经》说"善入出住百千三昧"。根据经末《嘱累品》中说"尔时释迦牟尼佛从三昧起"来看,这里应是指佛陀入定进入甚深三昧之意。④诸佛行处:指佛的智慧光明境界。⑤四方四佛:即指位于四方不同世界的四佛。即东方香积世界阿閦佛,南方欢喜世界宝相佛,西方极乐世界无量寿佛,北方莲华庄严世界微妙声佛。又阿閦佛:义为"无动"或"不动佛"。《维摩经·阿阙佛品》中说"国名妙喜,佛号无动"。⑥忏悔等法:《金光明经》正宗分中行分所叙说的主要法门是忏悔法,即《忏悔品》中梦见金鼓演说忏悔法,这是成就法身之因行。⑦一切种智:即佛智,佛尽知诸法总相、别相,所以称为"一切种智"。⑧诸根:指眼、耳、鼻、舌、身等五根。诸根不具是指五根有所缺陷,如盲聋喑哑、挛躄背偻等。按,从"诸根不具"以下到"昼则愁恼",译文为文义顺畅起见,比原文偈颂数目增加了两个。⑨恶星:古代天人感应观念,以为天空忽然出现的变异星象会预示人间不吉祥事的出现,故称为"恶星"。⑩蛊道:一种以蛊虫咒术害人的迷信法术。⑪变怪:指各种奇奇怪怪的事情。⑫护世四王:关于护世四天王及诸天鬼神的解释,见后面《四天王品》以下诸品。⑬夜叉:梵语 yaksa,又译作"药叉",八部众之一。通常与"罗刹"并称。意译"轻捷""勇健""能啖""贵人""威德""祠祭鬼""捷疾鬼"。指住于地上、空中,或以威势恼害人,或守护正法的鬼类;或谓为半人半神的群类。《大智度论》卷十二举出三种种类的夜叉,即地行夜叉、虚空夜叉、宫殿飞行夜叉。经典中常述及身为正法守护神的夜叉。如《药师琉璃光如来本愿经》中有十二药叉大将等。⑭尼连河神:即尼连河的河神。尼连河,又译作"尼连禅河""尼连禅那河",为恒河之支流,位于中印度摩揭陀国伽耶城之东方,由南向北流。释迦牟尼出家后,于尼连河畔静坐思维,修苦行六年。后舍苦行而入此河沐浴,并接受牧牛女难陀波罗的乳糜供养,至此河对岸的毕波罗树(即菩提树)下发愿而成道,故此河沿岸颇多佛陀成道的古迹。⑮劫:梵语 kalpa,音译"劫波"等,简称劫。意译"分别时分""长时""大时""时"。原为古印度婆罗门教极大时限之时间单位。佛教沿用,而视为不可计算之长大年月,故经论中多以譬喻说明。⑯随喜:随顺欢喜之意,即见他人所作善根功德,随之心生欢喜。佛教理论认为,若有真诚善巧的发心,则随喜者的功德胜于行善者本人。⑰供养:意指供食物、衣服等予佛法僧三宝、师长、父母、亡者等。初期教团所受供养以衣服、饮食、卧具、汤药等为主,称为"四事供养"。除财供养外,尚有法供养,如以恭敬、赞叹、礼拜以及观行、说法等亦称"供养"。⑱八部:天龙等八部众。据《舍利弗问经》说有:(一)天众,指梵天、帝释天、四天王等天神。果报殊胜,光明清净。(二)龙众,指八大龙王等水族之主。(三)夜叉众,又名"药叉",指能飞腾空中的鬼神。

(四)乾闼婆众,系帝释天的音乐神,以香为食。(五)阿修罗众,意译作"非天""无端正""无酒"。此神性好斗,常与帝释战。(六)迦楼罗众,又名"揭路荼",即金翅鸟,身形巨大,其两翅相去数千甚至数万里,取龙为食。(七)紧那罗众,又名"紧捺洛",似人而有角,故又名"人非人",乃是天伎神、歌神。(八)摩睺罗伽众,又名"莫呼落伽",即大蟒神。此八部众受佛威德所化,而护持佛法。八部众中,以天、龙二众为上首,故标举其名,统称天龙八部。⑲功德:指行善之功所获的福报善果。慧远《维摩义记》卷一中说:"功德者,亦名福德,福谓福利,善能资润福利行人,故名为福。…功谓功能,善有资润利益之功,故名为功。"功德有"有漏""无漏"之分。佛教所谓真功德,指净智妙圆的佛智证悟。⑳正命:佛学中"八正道"之一,指远离非法而依正当的生活规范之生活。这里指符合道德真理追求的有价值的生活方式。

【译文】 如是教言我亲从佛听闻。一时,佛在王舍大城附近的灵鹫山。那时释迦如来安住出入于无量甚深清净法界,这是只有佛才能安住的境界,其清净境界超过一切菩萨所安住的。

此《金光明》诸经王,若有听闻可思维,无上微妙甚深义。如来宣说此经典,四方四佛常护持:东方阿閦佛,南方宝相佛,西方无量寿佛,北方微妙声佛。我今当说忏悔法,所生功德无有上,能灭诸苦除不善,一切种智为根本,无量功德所庄严,灭除诸苦与安乐。诸根不具苦众生,寿命也将遭损减,贫穷困苦恶相现,所有天神悉舍离,亲友斗讼犯王法,个个乖违共忿诤,珍宝财物皆耗失。恶星灾异及变怪,或被邪蛊相续侵,忧愁恐怖众苦逼,夜眠噩梦昼烦恼。当净洗浴着净衣,至心清净听此经,闻听诸佛甚深行;由此妙经王威力,灾横恶恼悉灭除。护世四王诸眷属,并及无量夜叉众,悉来拥护持经者。大辩天神尼连神,鬼子母神及地神,大梵天王帝释主,大神龙王紧那罗,以及金翅鸟王众,还有阿修罗天众;如是众多天神等,并率部众诸眷属,拥护是人不相离。我今所说佛世尊,甚深秘密微妙行,百千亿劫难值遇。若得听闻是妙经,随喜供养为他说,如是持经诸人等,常为诸天所敬护。如是修行生功德,得不思议无量福,亦为十方诸佛尊,深行菩萨所护持。着净衣服燃妙香,慈心供养不远离;身意清净无垢秽,欢喜悦豫乐此经。若得听闻将善得,人身人道及正命;闻忏悔法持在心,是上善根诸佛赞。

寿量品第二

【题解】

此品是明果,明本经以常果为宗。由王舍城的信相菩萨对佛寿命仅八十的疑惑,引出四方四佛集会解说佛的寿命是无量无边,不可计算。论说佛之寿量以及法身法性之体,这是本经要旨,是本经所论诸佛甚深微妙义所在,也是历代注家发挥本经玄义所在。但这个问题在谶译四卷本中以比喻的形式简略论说,文字简短,与《法华经·寿量品》所说相通。由此引发的对于佛之法报化三身及涅槃问题的讨论,在合本、净本中则有《寿量品》《三身分别品》两品详为论说。又从本品言佛寿八十可以推知,本经当在距佛陀入涅槃比较近的时间讲说,与《法华经》《涅槃经》的讲说应属同期,也因此之故,本经的玄义

解释往往与二经有相通之处。

【原文】 尔时王舍城中有菩萨摩诃萨名曰信相[1]，已曾供养过去无量亿那由他百千诸佛[2]，种诸善根[3]。是信相菩萨作是思惟：何因何缘，释迦如来寿命短促，方八十年。复更念言：如佛所说，有二因缘寿命得长。何等为二？一者不杀，二者施食。而我世尊于无量百千亿那由他阿僧祇劫[4]，修不杀戒，具足十善[5]，饮食惠施，不可限量，乃至己身骨髓肉血，充足饱满饥饿众生，况余饮食。大士如是至心念佛、思是义时[6]，其室自然广博严事。天绀琉璃[7]，种种众宝，杂厕间错，以成其地，犹如如来，所居净土。有妙香气，过诸天香，烟云垂布，遍满其室。其室四面，各有四宝上妙高座，自然而出，纯以天衣而为敷具[8]。是妙座上，各有诸佛，所受用华，众宝合成。于莲华上，有四如来：东方名阿閦，南方名宝相，西方名无量寿，北方名微妙声。是四如来自然而坐师子座上，放大光明照王舍城，及此三千大千世界[9]，乃至十方恒河沙等诸佛世界[10]，雨诸天华，作天伎乐。尔时三千大千世界所有众生，以佛神力，受天快乐，诸根不具即得具足[11]。举要言之，一切世间所有利益、未曾有事，悉具出现。尔时信相菩萨见是诸佛及希有事，欢喜踊跃，恭敬合掌，向诸世尊，至心念佛，作是思惟：释迦如来无量功德，唯寿命中心生疑惑，云何如来寿命如是方八十年？尔时四佛以正遍知告信相菩萨[12]：“善男子，汝今不应思量如来寿命短促。何以故？善男子，我等不见诸天、世人、魔众、梵众、沙门、婆罗门、人及非人有能思算如来寿量[13]，知其齐限，唯除如来。”时四如来将欲宣畅释迦文佛所得寿命，欲、色界天诸龙、鬼神、乾闼婆、阿修罗、迦楼罗、紧那罗、摩睺罗伽及无量百千亿那由他菩萨摩诃萨[14]，以佛神力，悉来聚集信相菩萨摩诃萨室。尔时四佛于大众中，略以偈喻说释迦如来所得寿量，而作颂曰：

一切诸水，可知几滴，无有能数，释尊寿命。诸须弥山[15]，可知斤两，无有能量，释尊寿命。一切大地，可知尘数，无有能算，释尊寿命。虚空分界，尚可尽边，无有能计，释尊寿命。不可计劫，亿百千万，佛寿如是，无量无边，以是因缘，故说二缘，不害物命，施食无量，是故大士，寿不可计，无量无边，亦无齐限。是故汝今，不应于佛，无量寿命，而生疑惑。

尔时信相菩萨摩诃萨闻是四佛宣说如来寿命无量，深心信解，欢喜踊跃。说是如来寿量品时，无量无边阿僧祇众生发阿耨多罗三藐三菩提心[16]。时四如来忽然不现。

【注释】 ①菩萨摩诃萨：菩萨，梵文音译“菩提萨埵”的略称，新译为“觉有情”。菩提，觉、智、道之意；萨埵，众生、有情之义，意即求大觉的有情众生。摩诃萨，梵文音译“摩诃萨埵”的略称。摩诃，意译作大；萨埵同上。摩诃萨埵即大有情、大众生。谓此大众生系愿大、行大、度众生大，于世间诸众生中为最上，不退其大心，故称摩诃萨埵。一般以菩萨摩诃萨指称登地菩萨，也称为大士。②那由他：梵文 Nayuta，又作“那庾多”等，印度的数目名，相当于此方的亿，但诸师所定数目多有不同，有十万、百万、千万等。③善根：指能够出生善法的种子、根苗、根本。④阿僧祇：阿僧祇，梵语 Asamkhya 的音译，为印度数目之一，无量数或极大数之意。⑤十善：又称“十善业”。身口意三业中所行的十种善行为：三种身善业（不杀生、不偷盗、不邪淫）、四种语善业（不妄语、不恶口、不两舌、不绮语）及三种意善业（不贪欲、不嗔恚、不邪见）。⑥大士：菩萨可以通称大士，然特别指称登地以上的菩萨摩诃萨。⑦绀琉璃：绀，天青色，深青透红之色。琉璃，七宝之一，青色的石类宝。⑧天衣：天人之衣，重量甚轻。⑨三千大千世界：古印度以四大洲及日月诸天为一"小世界"，合一千小世界为"小千世界"；合一千小千世界为"中千世界"；合一千中千世界为"大千世界"。小千、中千、大千并提，则称"三千大千世界"。⑩十方：四方、四维、上下的总称。即东、西、南、北、东南、西南、东北、西北、上、下等十个方位。大乘佛教主张十方有无数世界及净土，称为十方世界、十方刹等。其中的诸佛众生则称为十方诸佛、十方众生。恒河沙：恒河，印度三大河流之一。恒河沙即恒河中的沙粒，其量无法计算。诸经中凡形容无法计算之数，多以"恒河沙"一词为喻。⑪诸根不具即得具足：此处译文根据义净译本增添译出了六根不具之人恢复正常的具体情况。"瞎子重见了光明……乱心癫狂的人恢复了神志等等"一句，即据义净译本添入。⑫正遍知：梵语"三藐三菩提"(samyak-sanbodhi)的意译，又译为"正遍觉知""正等正觉"，为佛十号之一。谓佛能真正无倒遍知诸法。《瑜伽师地论》谓"如其胜义觉诸法故，名正等觉"，则是显诸佛智德圆满以立号。⑬梵众：指一类非沙门、非婆罗门的古印度修行众。沙门：梵语 Sumeru，音译"室罗末拏""舍啰摩拏"等。又作"沙门那""娑门""桑门"等。意译"息""息心""静志""净志""乏道""勤劳""贫道"等。为出家者之总称，通于内、外二道。亦即指剃除须发，止息诸恶，善调身心，勤行诸善，期以行趣涅槃之出家修道者。婆罗门：印度四种姓中，最上位的僧侣、学者阶级，为古印度一切知识之垄断者，自认为印度社会之最胜种姓。⑭诸龙、鬼神、乾闼婆、阿修罗、迦楼罗、紧那罗、摩睺罗伽：见前面"八部"注释。⑮须弥山：梵语 naraka 的音译，又作"苏迷卢山""须弥卢山""须弥留山"，意译作"妙高山"。佛教之宇宙观，谓耸立于一小世界中央之高山。以此山为中心，周围有八山、八海环绕，四面是四大部洲，日月旋绕于须弥山的山腰，而形成一世界(须弥世界)。以须弥山为山中最高者，故又称"妙高山王"。⑯阿耨多罗三藐三菩提：梵语 anuattara-samyak-sambodhi 之音译，意译"无上正等正觉""无上正遍知"。"阿耨多罗"意译为"无上"，以所悟之道为至高，故称无上；"三藐三菩提"意译为"正等正觉""正遍知"，指佛陀所觉悟之智慧，其道周遍，无所不包，平等圆满，故称"正遍知"。

【译文】 那时，王舍城中有一位菩萨摩诃萨名叫信相，已曾供养了过去无量亿那由他百千数量的佛，种下了种种善根。信相菩萨这时思量：是什么因缘，释迦如来寿命短促，才八十年。又思维：如同佛所说的，有两种因缘能得寿命长久。哪两种呢？一者不杀生，二者布施饮食。而我们的世尊，在无量百千亿那由他阿僧祇劫中受持不杀戒，具足了十善；惠施饮食也不可限量，乃至以自己的身体、骨髓、血肉来布施那些饥饿的众生，让他们充足饱满，何况以其他的妙好饮食来布施。信相大士这样至心忆念佛、思维此义的时候，他的宫室忽然变得广博严丽，有帝青琉璃宝及各式各样的珍宝，杂色间错，装饰其地。有妙香气，芬馥充满，超过天香。烟云弥漫，布满其室。其室四面，各有四宝所成的上妙高座自然出现，纯以天衣敷设在上面。妙高座上坐着诸佛，所坐的妙莲花由种种珍宝合成。莲花上有四位如来：东方阿閦如来、南方宝相如来、西方无量寿如来、北方微妙声如来。这四如来自然出现，坐在狮子座上，放大光明照耀王舍城，以及三千大千世界，乃至

十方恒河沙数量的诸佛世界。天花缤纷飘下,天乐歌舞响起。那时三千大千世界的所有众生,因为佛神力的缘故,都得到了如天人般的胜妙快乐。六根不具足的当时就得到具足,瞎子重见了光明,聋子听到了声音,哑巴开口说话了,愚昧的人具有了智慧,乱心癫狂的人恢复了神志等等。举要来说,一切世间的所有利益、未曾有过的奇妙事,都出现了。那时,信相菩萨见到四位如来及稀有奇妙事,欢喜踊跃,向四位如来恭敬合掌,至心忆念;同时思维,释迦牟尼如来具有无量功德,然佛之寿命令人心中疑惑,为何释迦如来以无量功德,寿命才八十年?这时四位如来以佛的正遍知告诉信相菩萨说:"善男子,你不应该思维释迦如来的寿命短促。为什么呢?善男子,我等从未见过一切天众、人众、魔众、梵众、沙门众、婆罗门众以及人与非人等众生,有能算知释迦如来寿命数量,知道他寿命极限的,除非是已得无上正遍知的如来。"这时,四如来将要畅说释迦牟尼佛所得的寿命,欲界天、色界天的众生,种种龙众、鬼神众、乾闼婆众、阿修罗众、迦楼罗众、紧那罗众、摩睺罗伽众,以及无量百千亿那由他的大菩萨,在佛的神力加持下都来聚集于信相菩萨的宫室中。这时,四如来在大众中宣说偈颂,以种种比喻解说释迦牟尼如来所得的寿命数量。作偈颂说:

一切诸海水,可知其水滴,无有能数知,释尊之寿命。所有须弥山,可知其斤两,无有能称量,释尊之寿命。一切大地土,可知其尘数,无有能算知,释尊之寿命。虚空划分界,尚可尽其边,无有能计度,释尊之寿命。不可计算劫,百千到万亿,佛寿亦如是,无量亦无边,如此之因缘,故说二种缘:不杀害物命,施食复无量,是故释迦尊,寿命不可计,无量而无边,亦复无齐限。信相你当知,不应于世尊,无量之寿命,而生疑惑念!

那时,信相菩萨听了四位如来宣说释迦牟尼佛的寿命无量之后,深心信解,欢喜踊跃。在说此《如来寿量品》的时候,无量无边阿僧祇的众生,发起了阿耨多罗三藐三菩提心。这时,四如来倏忽不见了。

忏悔品第三

【题解】

《寿量品》明法身常住,即是明果;《忏悔品》则明修道,即是因行。故《忏悔品》及下一品《赞叹品》明行,是本经正宗分中的重点。信相菩萨夜梦一婆罗门以枹击大金鼓,出微妙声,此金鼓妙音具有不可思议的功德力,能灭种种恶业,生起种种善法,并说金鼓忏悔法。依《金光明经文句》解释,"金鼓光明"喻法身法性,般若妙智;"婆罗门"喻净行;"以枹击鼓"喻观智之机,叩击法身之境;"出微妙声"喻法界大用,起教利益众生。这是以比喻的形式论说法身之理及修法身之因,而所宣说的忏悔法则是大乘中的重要忏悔思想。本品金鼓所说忏悔法以法性为本,善恶因果为行,具有了作法、取相、观无生三类忏法,包含了忏悔、赞叹劝请、随喜、回向、发愿五门忏悔的内容,十分完整。在忏悔的内容中,忏除业障、报障、烦恼障三障,遮断过去、现在、未来所造之罪,对于要遮断的罪业内容分析得很全面。由此灭十恶,生十善,转证三身佛果。本品的别译《五悔法门经》是西土行人昼夜六时行道的通轨[①]。天台宗智者大师依本经作《金光明忏法》行仪,为天台宗四

种忏法之一。在合本、净本中，此后又有《最净地陀罗尼品》，说十地行。

【原文】 尔时信相菩萨即于其夜梦见金鼓，其状姝大[2]，其明普照，喻如日光。复于光中得见十方无量无边诸佛世尊，众宝树下坐琉璃座，与无量百千眷属围绕而为说法。见有一人，似婆罗门，以桴击鼓[3]，出大音声，其声演说，忏悔偈颂。时信相菩萨从梦寤已[4]，至心忆念梦中所闻忏悔偈颂，过夜至旦，出王舍城。尔时，亦有无量无边百千众生与菩萨俱往耆阇崛山，至于佛所。至佛所已，顶礼佛足，右绕三匝[5]，却坐一面，敬心合掌，瞻仰尊颜，目不暂舍，以其梦中所见金鼓及忏悔偈，向如来说：

昨夜所梦，至心忆持。梦见金鼓，妙色晃耀，其光大盛，明逾于日，遍照十方，恒沙世界。又因此光，得见诸佛，众宝树下，坐琉璃座，无量大众，围绕说法。见婆罗门，击是金鼓，其鼓音中，说如是偈：是大金鼓，所出妙音，悉能灭除，三世诸苦[6]，地狱饿鬼、畜生等苦，贫穷困厄及诸有苦[7]。是鼓所出，微妙之音，能除众生，诸恼所逼。断众怖畏，令得无惧，犹如诸佛，得无所畏；诸佛圣人，所成功德，离于生死，到大智岸[8]；如是众生，所得功德，定及助道[9]，犹如大海。是鼓所出，如是妙音，令众生得，梵音深远[10]，证佛无上，菩提胜果[11]；转无上轮[12]，微妙清净，住寿无量，不思议劫；演说正法，利益众生，能害烦恼，消除诸苦，贪嗔痴等，悉令寂灭。若有众生，处在地狱，大火炽然，烧炙其身，若闻金鼓，微妙音声，所出言教，即寻礼佛；亦令众生，得知宿命[13]，百生千生，千万亿生；令心正念，诸佛世尊，亦闻无上，微妙之言。是金鼓中，所出妙音，复令众生，值遇诸佛，远离一切，诸恶业等，善修无量，白净之业[14]。诸天世人，及余众生，随其所思，诸所愿求，如是金鼓，所出之音，皆悉能令，成就具足。若有众生，堕大地狱[15]，猛火炎炽，焚烧其身，无有救护，流转诸难，当令是等，悉灭诸苦；若有众生，诸苦所切，三恶道报[16]，及以人中，如是金鼓，所出之音，悉能灭除。一切诸苦，无依无归，无有救护，我为是等，作归依处。是诸世尊，今当证知，久已于我，生大悲心。在在处处，十方诸佛，现在世雄，两足之尊[17]，我本所作，恶不善业，今者忏悔，诸十力前[18]。不识诸佛，及父母恩，不解善法，造作众恶；自恃种姓[19]，及诸财宝，盛年放逸，作诸恶行；心念不善，口作恶业，随心所作，不见其过；凡夫愚行，无知暗覆，亲近恶友，烦恼乱心；

五欲因缘[20]，心生忿恚[21]，不知厌足，故作众恶；

亲近非圣，因生悭嫉，贫穷因缘，奸谄作恶；系属于他，常有怖畏，不得自在，而造诸恶；贪欲恚痴，扰动其心，渴爱所逼，造作众恶；依因衣食，及以女色，诸结恼热，造作众恶。身口意恶，所集三业，如是众罪，今悉忏悔；或不恭敬，佛法圣众，如是众罪，今悉忏悔；或不恭敬，缘觉菩萨，如是众罪，今悉忏悔；以无智故，诽谤正法，不知恭敬，父母尊长，如是众罪，今悉忏悔；愚惑所覆，骄慢放逸，因贪恚痴，造作诸恶，如是众罪，今悉忏悔。我今供养，无量无边，三千大千，世界诸佛；我当拔济，十方一切，无量众生，所有诸苦；我当安止，不可思议，阿僧祇众，令住十地[22]，已得安止，住十地者，悉令具足，如来正觉。为一众生，亿劫修行，使无量众，令度苦海。我当为是，诸众生等，演说微妙，甚深悔法，所谓金光，灭除诸恶。千劫所作，极重恶业，若能至心，一忏悔者，如是众罪，悉皆灭尽。我今已说，忏悔之法，是金光明，清净微妙，速能灭除，一切业障。我当安止，住于十地，十种珍宝，以为

脚足[23]，成佛无上，功德光明，令诸众生，度三有海[24]。诸佛所有，甚深法藏，不可思议，无量功德，一切种智，愿悉具足；百千禅定，根力觉道[25]，不可思议，诸陀罗尼[26]，十力世尊，我当成就。诸佛世尊，有大慈悲，当证微诚，哀受我悔。若我百劫，所作众恶，以是因缘，生大忧苦，贫穷困乏，愁热惊惧，怖畏恶业，心常怯劣，在在处处，暂无欢乐；十方现在，大悲世尊，能除众生，一切怖畏，愿当受我，诚心忏悔，令我恐惧，悉得消除。我之所有，烦恼业垢，唯愿现在，诸佛世尊，以大悲水，洗除令净。过去诸恶，令悉悔过，现所作罪，诚心发露，所未作者，更不敢作，已作之业，不敢覆藏。身业三种，口业有四，意三业行，今悉忏悔；身口所作，及以意思，十种恶业，一切忏悔；远离十恶，修行十善[27]，安止十住，逮十力尊；所造恶业，应受恶报，今于佛前，诚心忏悔。若此国土，及余世界，所有善法，悉以回向[28]；我所修行，身口意善，愿于来世，证无上道。若在诸有，六趣险难[29]，愚痴无智，造作众恶，今于佛前，皆悉忏悔；世间所有，生死险难，种种淫欲，愚烦恼难，如是诸难，我今忏悔；心轻躁难，近恶友难，三有险难，及三毒难[30]，遇无难难，值好时难，修功德难，值佛亦难，如是诸难，今悉忏悔。诸佛世尊，我所依止，是故我今，敬礼佛海，金色晃耀，犹如须弥，是故我今，顶礼最胜。其色无上，犹如真金，眼目清净，如绀琉璃；功德威神，名称显著，佛日大悲，灭一切暗。善净无垢，离诸尘翳[31]，无上佛日，大光普照；烦恼火炽，令心燋热[32]，唯佛能除，如月清凉；三十二相，八十种好[33]，庄严其身，视之无厌。功德巍巍，明网显耀，安住三界[34]，如日照世；犹如琉璃，净无瑕秽，妙色广大，种种各异，其色红赤，如日初出，颇梨白银[35]，校饰光网，如是种种，庄严佛日。三有之中，生死大海，潦水波荡，恼乱我心，其味苦毒，最为粗涩，如来网明，能令枯涸。妙身端严，相好殊特，金色光明，遍照一切，智慧大海，弥满三界，是故我今，稽首敬礼。如大海水，其量难知，大地微尘，不可称计，诸须弥山，难可度量，虚空边际，亦不可得，诸佛亦尔，功德无量，一切有心，无能知者。于无量劫，极心思惟，不能得知，佛功德边；大地诸山，尚可知量，毛滴海水，亦可知数，诸佛功德，无能知者。相好庄严，名称赞叹，如是功德，令众皆得。我以善业，诸因缘故，来世不久，成于佛道，讲宣妙法，利益众生，度脱一切，无量诸苦，摧伏诸魔[36]，及其眷属，转于无上，清净法轮，住寿无量，不思议劫，充足众生，甘露法味。我当具足，六波罗蜜[37]，犹如过佛，之所成就，断诸烦恼，除一切苦，悉灭贪欲，及恚痴等；我当忆念，宿命之事，百生千生，百千亿生，常当至心，正念诸佛，闻说微妙，无上之法；我因善业，常值诸佛，远离诸恶，修诸善业。一切世界，所有众生，无量苦恼，我当悉灭，若有众生，诸根毁坏，不具足者，悉令具足；十方世界，所有病苦，羸瘦顿乏[38]，无救护者，悉令解脱，如是诸苦，还得势力，平复如本；若犯王法，临当刑戮[39]，无量怖畏，愁忧苦恼，如是之人，悉令解脱；若受鞭挞[40]，系缚枷锁[41]，种种苦事，逼切其身，无量百千，愁忧惊畏，种种恐惧，扰乱其心，如是无边，诸苦恼等，愿使一切，悉得解脱。若有众生，饥渴所恼，令得种种，甘美饮食；盲者得视，聋者得听，瘂者能言[42]，裸者得衣，贫穷之者，即得宝藏，仓库盈溢，无所乏少，一切皆受，安隐快乐[43]，乃至无有，一人受苦。众生相视，和颜悦色，形貌端严，人所喜见，心常思念，他人善事，饮食饱满，功德具足。随诸众生，之所思念，皆愿令得，种种伎乐，箜篌筝笛[44]，琴瑟鼓吹，如是种种，微妙音声，江湖池沼，流泉诸水，金华遍布，及优钵罗[45]；随诸众生，之所思念，即得种种，衣服饮食，钱财珍宝，金银琉璃，真珠璧玉，杂厕璎珞[46]。愿诸众生，不闻恶声，乃至无有，可恶见者；愿诸众生，色貌微妙，各各相于，共相爱念，世间所有，资生之具，随其所念，悉令具足。愿诸众生，诸所求索，如其所须，应念即得，香华诸树，常于三时[47]，雨细末香，及涂身香[48]，众生受者，欢喜快乐。愿诸众生，常得供养，不可思议，十方诸佛，无上妙法，清净无垢，及诸菩萨，声闻大众[49]。愿诸众生，常得远离，三恶八难[50]，值无难处，觐睹诸佛，无上之王。愿诸众生，常生尊贵，多饶财宝，安隐丰乐，上妙色像，庄严其身，功德成就，有大名称。愿诸女人，皆成男子，具足智慧，精勤不懈，一切皆行，菩萨之道，勤心修习，六波罗蜜，常见十方，无量诸佛，坐宝树下，琉璃座上，安住禅定，自在快乐，演说正法，众所乐闻。若我现在，及过去世，所作恶业，诸有险难，应得恶果，不适意者，愿悉尽灭，令无有余。若诸众生，三有系缚，生死罗网，弥密牢固，愿以智刀，割断破裂，除诸苦恼，早成菩提。若此阎浮[51]，及余他方，无量世界，所有众生，所作种种，善妙功德，我今深心，随其欢喜。我今以此，随喜功德，及身口意，所作善业，愿于来世，成无上道，得净无垢，吉祥果报。若有敬礼，赞叹十力，信心清净，无诸疑网，能作如是，所说忏悔，便得超越，六十劫罪。诸善男子，及善女人，诸王刹利，婆罗门等，若有恭敬，合掌向佛，称叹如来，并赞此偈，在在生处，常识宿命，诸根具足，清净端严，种种功德，悉皆成就，在在处处，常为国王，辅相大臣，之所恭敬。非于一佛，五佛十佛，种诸功德，闻是忏悔，若于无量，百千万亿，诸佛如来，种诸善根，然后乃得，闻是忏悔。

【注释】 ①见《周叔迦佛学论著集》（下集），北京：中华书局，1991 年，第 1009 页。②姝：美好。③桴：鼓槌。④寤：醒来。⑤匝：周、圈。⑥三世：指过去世、现在世、未来世。⑦诸有：众生所作业，因缘果报而有迷界的万象差别。分为三有、四有、七有、九有、二十五有等类，总称诸有。⑧大智岸：即佛果大智慧的涅槃彼岸。⑨定及助道：定谓四空定。助道谓三十七道品等。⑩梵音深远：指梵音相。佛三十二相之一。佛报得清净音声最妙，号为梵音。据《大智度论》卷四载，佛之梵音如大梵天王所出之声，有五种清净之音：（一）甚深如雷。（二）清彻远播，闻而悦乐。（三）入心敬爱。（四）谛了易解。（五）听者无厌。⑪菩提：梵语 bodhi，意译觉、智、道。这里指佛果之觉智。⑫转无上轮：即转法轮。佛之教法，谓之法轮；宣说教法，谓之转法轮。“轮”一词本为印度古代之战车，以回转战车即可粉碎敌人，譬喻佛陀所说之教法于众生之中回转，即可破碎众生之迷惑。又转轮圣王转动金轮，以降伏怨敌；而释尊以说法降伏恶魔，故称转法轮。⑬宿命：宿世生命，无量生中的受报差别、善恶苦乐等情状。佛教认为世人于过去世皆有生命，或为天或为人，或为饿鬼畜生，辗转轮回，谓之宿命。能知宿命者，谓之宿命通。⑭白净之业：即“白业”，佛教以善为清白之法，故称善业为白业，称不善业为黑业。⑮地狱：梵语 nataka 或 niraya，音译作“捺落迦”“那落迦”“泥梨”等，意为不乐、可厌、苦具、苦器、无有等。佛教中地狱总有三类：一根本地狱，即八大地狱及八寒地狱等。二近边地狱，即十六游增地狱等。三孤独地狱，在山间旷野树下空中等。⑯三恶道：即地狱、饿鬼、畜生等三趣，均为恶业所生，故称“三恶道”，又称“三恶趣”。⑰两足之尊：佛之尊号。一以佛在人天善趣两足有情中为第一尊贵，二以佛的福德、智慧圆满具足。⑱十力：因佛具足十种不共智力，故称

佛为十力尊。十力为:(一)处非处智力,(二)业异熟智力,(三)静虑解脱等持等至智力,(四)根上下智力,(五)种种胜解智力,(六)种种界智力,(七)遍趣行智力,(八)宿住随念智力,(九)死生智力,(十)漏尽智力。⑲种姓:印度自吠陀时代,因出生之身分、阶级、职业等不同而定其种姓,构成一种不平等的社会阶级制度。古代印度社会分为婆罗门(僧侣、知识阶层)、刹帝利(王侯武士阶层)、吠舍(农工商庶民)、首陀罗(贱民奴隶)四等种姓,以前二种姓为高等。⑳五欲:指染着色、声、香、味、触五境而起的五种情欲。㉑恚:嗔怒。佛教称贪、恚、痴或贪、嗔、痴为"三毒",即贪欲、嗔恚、愚痴等三种烦恼。㉒十地:大乘菩萨道的修行阶位。《华严经》云:一欢喜地、二离垢地、三发光地、四焰慧地、五难胜地、六现前地、七远行地、八不动地、九善慧地、十法云地。㉓十种珍宝,以为脚足:《金光明经文句》:"珍宝者,十地因可贵,诸地即是珍宝也。脚足者,十地是果家之基本,故言脚足。又十度是十地之脚足,……檀足若满得入初地。乃至智度足满得入十地。故十度为十地脚足也。"意为十地是佛果之脚足,又十度为十地之脚足。十度,依《华严经》为布施、持戒、忍辱、精进、禅定、智慧、方便、愿、力、智。㉔三有:谓生有、中有、死有。三有海,指生死流。㉕根力觉道:根指信、勤、念、定、慧五根;力指信、勤、念、定、慧五力,觉指念、择法、精进、喜、轻安、定、舍等七觉支;道指正见、正思维、正语、正业、正命、正精进、正念、正定等八正道。这里泛指三十七道品,即四念处(身、受、心、法)、四正勤(已生恶令永断,未生恶令不生,未生善令生,已生善令增长)、四如意足(欲、精进、念、思维)、五根、五力、七觉支、八正道。㉖陀罗尼:梵语 dharani 之音译。意译"总持""能持"。《瑜伽师地论》卷四十五举出四陀罗尼:(一)法陀罗尼,能记忆经句不忘。(二)义陀罗尼,能理解经义不忘。(三)咒陀罗尼,依禅定力起咒术,能消除众生之灾厄。(四)忍陀罗尼,通达诸法离言之实相,了知其本性,忍法性而不失。这里指咒陀罗尼。㉗十善:身口意三业中所行的十种善行为。又作"十善业""十善道"。反之,身口意所行的十种恶行为,称为"十恶""十不善业"。身三善业为:不杀生、不偷盗、不邪淫。口四善业为:不妄语、不两舌、不绮语、不恶口,意三善业为:不贪、不嗔、不痴(非邪见)。反之即是十恶业。㉘回向:回转趣向之义,意谓回转自己所做的功德善根以趣向菩提,或往生净土,或施与众生等。㉙六趣:佛教中众生由业因差别而有六个趣向之处,即地狱、饿鬼、畜生(傍生)、阿修罗、人、天等,谓之六趣,又称"六道"。㉚三毒:指贪欲、嗔恚、愚痴三种烦恼。又作"三火""三垢"。一切烦恼本通称为毒,然此三种烦恼通摄三界,系毒害众生出世善心中之最甚者,能令有情长劫受苦而不得出离,故特称三毒。㉛翳:云雾。㉜燋:通"焦"。㉝三十二相、八十种好:又称"三十二大丈夫相、八十随好"。佛、菩萨之应化身所具足之殊胜容貌形相中,显著易见者有三十二种,称为"三十二相";微细隐密难见者有八十种,称为"八十种好"。两者亦合称"相好"。转轮圣王亦能具足三十二相,而八十种好则唯佛、菩萨始能具足。㉞三界:即欲界、色界、无色界。㉟颇梨:又作"玻璃""颇璃""颇胝"等,七宝之一。意译"水玉""白珠"、"水精"。㊱诸魔:梵文 mara,音译"魔罗",意为杀者、扰乱、障碍、夺命等,能够扰乱身心,障碍善法,破坏胜事。有二魔,为内魔、外魔;有四魔,谓烦恼魔、五阴魔、死魔、天魔等。㊲六波罗蜜:即"六度",一布施,二持戒,三忍辱,四精进,五禅定,六智慧。

㊳羸：衰病、瘦弱。㊴戮：杀。㊵鞭挞：用鞭子或棍子打。㊶系缚枷锁：系，拘囚之义。缚，捆绑。枷锁，古代刑具。㊷痖：同"哑"。㊸安隐：即"安稳"。"隐"通假"稳"字，音义皆同"稳"。或以"隐""稳"为古今字。㊹箜篌：一种古代拨弦乐器。筝：一种拨弦乐器。㊺优钵罗：即青莲花。㊻璎珞：由珠玉或花等编缀成之饰物，可挂在头、颈、胸或手脚等部位。印度一般王公贵人皆佩戴。㊼三时：指晨朝、日中、日没。㊽涂身香：又称"涂香"。古印度人的生活习惯之一，即以香涂身，以消除体臭或热恼。或焚烧香料，以薰衣服与室内，称作烧香、薰香。又有"末香"，或作"抹香"，即以香粉撒地或燃熏。涂香、烧香、末香也都是供佛的方法之一。㊾声闻：指听闻佛陀声教而证悟之出家弟子。㊿三恶：即地狱、饿鬼、畜生等三恶趣。八难：指不得遇佛、不闻正法之八种障难。即地狱、畜生、饿鬼、长寿天、边地、盲聋喑哑、世智辩聪、佛前佛后。处在这八种情境中的众生，或恒受众苦，或无暇修行善事，故又名"八无暇"或"八非时"。51阎浮：梵文 Jambudvipa，音译"阎浮提""阎浮提鞞波"，新译为"赡部洲"。此洲为须弥山四大洲之南洲，故又称"南阎浮提""南阎浮洲""南赡部洲"。即地球人类居住之处。

【译文】 那时信相菩萨，就在当天夜里梦见一个金鼓，形体巨大而漂亮，光明闪耀，好比太阳一般。又在光中看到了十方无量无边的诸佛，都在妙宝树下，坐琉璃座，有无量百千的大众围绕，佛为他们说法。见有一人，好像是个婆罗门，以槌击鼓，发出很大的鼓声，声中演说着忏悔偈颂。那时，信相菩萨从梦中醒来，一心专注地回忆梦中所听到的忏悔偈颂。就这样从夜里直到天明，出王舍城，往灵鹫山，到佛陀的住处。那时也有无量百千的大众和信相菩萨一起去灵鹫山见佛。到了佛的住处，顶礼佛足，右绕三匝，退坐一边，恭敬合掌，目不暂舍地瞻仰佛的尊颜，向佛禀告昨晚梦中所见的金鼓和忏悔偈颂：

我忆昨夜中，梦见大金鼓，其形极殊妙，金光普晃耀，犹如盛日轮，遍照十方界。又于此光中，得见于诸佛，各于宝树下，坐琉璃座上，无量百千众，围绕而说法。有一婆罗门，以槌击金鼓，于其鼓声内，宣说如是偈：

金光明鼓出妙音，悉能灭除三世苦，地狱饿鬼畜生苦，贫穷困苦诸有苦；由此金鼓声威力，悉除众生烦恼逼。断众怖畏得无惧，犹如诸佛得无畏，佛成功德离生死，到一切智之彼岸，如是众生得觉品，亦如佛之功德海。由此金鼓出妙音，闻者普得梵音相，证佛无上菩提果，常转清净妙法轮。住寿不可思议劫，演说正法利众生，能断烦恼除诸苦，贪嗔痴等令寂灭。若有众生处地狱，大火炽燃烧其身，若闻金鼓妙音教，即能归佛而离苦，亦得成就宿命智，能忆百生亿万生，令心正念佛世尊，得闻无上甚深教。由闻金鼓胜妙音，复令众生值遇佛，远离一切诸恶业，善修无量白净业。诸天世人余众生，随其心想及所愿，得闻金鼓微妙音，所求悉皆得满足。众生若堕入地狱，猛火炎炽烧其身，八难流转无救护，闻者能令苦悉灭。三恶道报及人中，众生现受诸苦逼，得闻金鼓微妙音，一切诸苦悉灭除。无依无归无救护，我为是等作依处。是诸世尊当证知，于我生起大悲心。在在处处十方佛，现在世雄两足尊，我本所作不善业，今对十力前忏悔。不识诸佛父母恩，不解善法造恶业，自恃种姓及财宝，盛年放逸造恶业；心念不善口恶言，随心所作造恶业，愚行无知暗障覆，亲近恶友造恶业；五欲因缘心嗔忿，不知厌足造诸恶，近不善人生悭嫉，贫

穷奸谄造诸恶；系属于他常怖畏，不得自在造诸恶，贪欲恚痴躁动心，渴爱所逼造诸恶；由因衣食及女色，烦恼火烧造诸恶。身口意集三恶业，如是众罪今忏悔；或不恭敬佛法僧，如是众罪今忏悔，不敬缘觉与菩萨，如是众罪今忏悔；由无智慧谤正法，不敬父母及尊长，如是众罪今忏悔；愚惑所覆骄慢逸，因贪恚痴造作恶，如是众罪今忏悔。我于三千大千界，供养无量无数佛，当愿拔济十方众，令离所有诸苦难；我当安止僧祇众，皆令安住于十地，已得安住十地者，悉皆成佛圆满觉。为一众生亿劫修，度无量众离苦海。我当为诸众生等，演说深妙之悔法，所谓最胜金光明，能除千劫极重业。若能至心一忏悔，如是罪孽悉尽灭，我今已说忏悔法，清净微妙金光明，能速灭除一切业。我当安住于十地，十种珍宝为脚足，功德光明悉圆满，济度众生三有海。诸佛甚深之法藏，妙智功德难思议，一切种智悉具足。百千禅定觉道品，不可思议陀罗尼，十力世尊我成就。唯愿世尊大慈悲，证察微诚受我悔。若我百劫造恶业，以是因缘大忧苦，贫穷困乏愁惊惧，怖畏恶业心怯劣，在在处处无暂乐；十方诸佛大悲尊，能除众生诸怖畏，愿受我之诚心忏，令我忧苦悉消除。我之所有烦恼垢，唯愿现在诸世尊，以大悲水洗除净。过去作罪今悉忏，现在作罪诚发露，所未作者更不作，已作之业不覆藏。身业三种口业四，意三业行今悉忏，身口意业之一切，十种恶业皆忏悔。远离十恶行十善，安止十住圆十力。所造恶业应受报，今于佛前至心忏。若此国土余世界，所有善法悉回向，我以身口意所行，愿将证得无上道。若在诸有六趣难，愚痴无智造恶业，今于佛前悉忏悔；世间生死之险难，种种淫欲烦恼难，狂心散动颠倒难，近恶友难三有难，三毒难及无难难，值好时难修德难，值佛亦难如是难，今对佛前悉忏悔。我今依止诸世尊，我礼佛海无上尊，金色晃耀如须弥，我今顶礼最胜尊。身色无上如天金，眼目清净绀琉璃，功德威神名称著，大悲慧日灭众暗；佛日大光普照耀，善净无垢离尘翳，牟尼月照极清凉，能除众生烦恼热；三十二相遍庄严，八十随好视无厌。功德巍巍光网耀，安住三界如日照；色如琉璃净无瑕，妙色广大种种异，颇梨白银饰光网，如日初出流霞光，种种光明以严饰。三有生死大海中，忧恼愁水漂我心，毒涩苦海难堪忍，佛日舒光令永竭。妙身庄严相好殊，金色光明遍一切，智慧大海满三界，是故我今稽首礼。如大海水量难知，大地微尘不可计，如妙高山叵称度，亦如虚空无边际，诸佛功德亦如是，一切有情不能知。于无量劫极思维，不能得知佛功德；大地微尘能算知，毛端滴海尚可量，佛之功德无能数。相好庄严名称赞，如是功德令众得。我以善业诸因缘，愿得速成于佛道，讲宣妙法利众生，悉令度脱无量苦；摧伏诸魔及眷属，转于无上正法轮，住寿无量难思议，充足众生甘露味。犹如过去诸最胜，六波罗蜜皆圆满，灭诸贪欲及嗔痴，降伏烦恼除众苦；我当忆念宿命事，百生千生万亿生，亦常至心念诸佛，所说无上微妙法，我因善业常值佛，远离诸恶修诸善。一切世界诸众生，愿我悉灭彼苦恼，所有诸根不具足，令彼身相皆圆满；若有众生遭病苦，身形羸瘦无所依，咸令病苦得消除，诸根色力皆充满；若犯王法当刑戮，无量怖畏生忧恼，如是之人令解脱；若受鞭挞枷锁系，种种苦痛逼切身，无量百千愁忧畏，种种恐惧扰其心，如是无边诸苦恼，愿使一切悉解脱。若有众生饥渴逼，令得种种甘美食；盲者得视聋得听，哑者得言裸得衣，贫穷之者得宝藏，仓库盈溢无所乏。一切皆受安稳乐，乃至无有一受苦。众生相视和悦色，形貌端严人喜见，心常思念他人善，饮食饱满功德具。随彼众生之所念，所愿皆令得满足。随念种种伎乐声，箜篌琴瑟妙音现，念水即现流泉池，金色莲花泛其上。随彼众生心所念，饮食衣服及床敷，金银珍宝妙琉璃，璎珞庄严皆具足。愿众生不闻恶声，乃至不见可恶者，愿众生容貌端严，个个慈心相爱念，世间所有资生具，随心念时皆满足，所有众生之求索，随其所念悉具足。烧香末香及涂香，香华诸树三时雨，随心受用生欢喜。愿诸众生常供养，不可思议十方佛，无上清净妙法门，菩萨独觉声闻众。愿诸众生常远离，三恶无暇八难中，亲睹诸佛无上王。愿得常生尊贵家，财宝丰饶安稳乐，妙色颜容身庄严，功德成就大名称。愿诸女人转为男，精勤不懈具智慧，一切皆行菩萨道，勤修六度到彼岸。常见十方无量佛，宝王树下琉璃座，安住禅定自在乐，演说正法众乐闻。若我现在及过去，若于过去及现在，轮回三有造诸业，能招可厌不善趣，愿得消灭永无余。一切众生于有海，生死罥网坚牢缚，愿以智剑为断除，离苦速证菩提处。若此阎浮及他方，无量世界诸众生，所作种种妙功德，我今身心皆欢喜。以此随喜之功德，及身口意之善业，愿证无上大菩提，得净无垢胜果报。若有礼赞佛功德，信心清净无疑网，如是所作之忏悔，当超六十劫重罪。诸善男子善女人，国王刹利婆罗门，合掌恭敬而向佛，称叹如来说此偈，生生常知宿命事，诸根具足身端严，种种功德皆成就，在在生处常为王，辅相大臣行恭敬。非于一佛十佛所，种诸功德得闻忏，已于无量千万亿，诸佛如来种善根，乃得闻是忏悔法。

赞叹品第四

【题解】

《忏悔》灭恶，《赞叹》生善，忏悔法门与赞佛功德，正是取证佛果菩提涅槃的修因。本品以偈颂说明信相夜梦金鼓并闻知金光明忏悔法的过去世因缘。信相菩萨前世为金龙尊王时，修金光明法门，常礼敬赞叹十方三世诸佛的佛身微妙，并发愿于未来世常常夜梦金鼓昼宣说，闻忏悔法，行菩提道，济拔众生；以此果报，当来之世，值释迦佛，得受记别，功德净土，与佛无异。又，以偈颂等赞叹佛的种种相好功德是大小乘的传统功行之一，并在《普贤行愿品》中被列入普贤行的十大愿之一。除了本品外，本经中《四天王品》《赞佛品》中也有赞叹佛相好功德的内容。

【原文】 **尔时佛告地神坚牢："善女天！过去有王名金龙尊，常以赞叹，赞叹去来现在诸佛。"**

我今尊重，敬礼赞叹，去来现在，十方诸佛。诸佛清净，微妙寂灭；色中上色，金光照耀。于诸声中，佛声最上，犹如大梵，深远雷音；其发绀黑，光螺炎起，蜂翠孔雀，色不得喻；其齿鲜白，犹如珂雪[①]，显发金颜，分齐分明；其目修广，清净无垢，如青莲华，映水开敷；舌相广长，形色红晖，光明照耀，如华初生；眉间毫相，白如珂月，右旋润泽，如净琉璃；眉细修扬，形如月初，其色黑耀，过于蜂王；鼻高圆直，如铸金铤[②]，微妙柔软，当于面门；如来胜相，次第最上，得味真正，无与等者。一一毛孔，一毛旋生，软细绀青，犹孔雀项。即于生时，身放大光，普照十方，无量国土，灭尽三界，一切诸苦，令诸众生，悉受快乐；地狱畜生，及以饿鬼，诸人天等，安隐无患，悉灭一切，无量恶趣。身色微妙，如融金聚；面貌清

净,如月盛满;佛身明耀,如日初出;进止威仪,犹如师子[3];修臂下垂,立过于膝,犹如风动,娑罗树枝[4];圆光一寻[5],能照无量,犹如聚集,百千日月。佛身净妙,无诸垢秽,其明普照,一切佛刹;佛光巍巍,明炎炽盛,悉能隐蔽,无量日月;佛日灯炬,照无量界,皆令众生,寻光见佛。本所修习,百千行乐,聚集功德,庄严佛身。臂牖纤圆[6],如象王鼻,手足净软,敬爱无厌。去来诸佛,数如微尘,现在诸佛,亦复如是,如是如来,我今悉礼,身口清净,意亦如是,以好香华,供养奉献,百千功德,赞咏歌叹。设以百舌,于千劫中,叹佛功德,不能得尽;如来所有,现世功德,种种深固,微妙第一。设复千舌,欲赞一佛,尚不能尽,功德少分,况欲叹美,诸佛功德。大地及天,以为大海,乃至有顶[7],满其中水,尚以一毛,知其滴数,无有能知,佛一功德。我今以礼,赞叹诸佛,身口意业,悉皆清净,一切所修,无量善业,与诸众生,证无上道。如是人王,赞叹佛已,复作如是,无量誓愿:若我来世,无量无边,阿僧祇劫,在在处处,常于梦中,见妙金鼓,得闻忏悔,深奥之义;今所赞叹,面貌清净,愿我来世,亦得如是。诸佛功德,不可思议,于百千劫,甚难得值,愿于当来,无量之世,夜则梦见,昼如实说。我当具足,修行六度,济拔众生,越于苦海,然后我身,成无上道,令我世界,无与等者。奉贡金鼓,赞佛因缘,以此果报,当来之世,值释迦佛,得受记莂[8];并令二子,金龙金光,常生我家,同共受记。若有众生,无救护者,众苦逼切,无所依止,我于当来,为是等辈,作大救护,及依止处,能除众苦,悉令灭尽,施与众生,诸善安乐。我未来世,行菩提道,不计劫数,如尽本际[9];以此金光,忏悔因缘,使我恶海,及以业海,烦恼大海,悉竭无余;我功德海,愿悉成就,智慧大海,清净具足,无量功德,助菩提道,犹如大海,珍宝具足。以此金光,忏悔力故,菩提功德,光明无碍,慧光无垢,照彻清净;我当来世,身光普照,功德威神,光明炎盛,于三界中,最胜殊特,诸功德力,无所减少。当度众生,越于苦海,并复安置,功德大海,来世多劫,行菩提道,如昔诸佛,行菩提者。三世诸佛,净妙国土,诸佛至尊,无量功德,令我来世,得此殊异,功德净土,如佛世尊。信相当知,尔时国王,金龙尊者,则汝身是;尔时二子,金龙金光,今汝二子,银相等是[10]。

【注释】 ①珂:白色似玉的美石。②铤:同"锭"。③师子:同"狮子"。④娑罗树:一种树,乔木,产于印度、孟加拉国国等热带地方。高达十丈,叶呈长椭圆形而尖,种子可食。⑤一寻:古代长度单位。伸张两臂为一寻,约六尺至八尺左右。⑥牖:同"傭",直,均齐。⑦有顶:即有顶天。一说为色究竟天。乃色界四禅天之第九天,为有形世界之最顶峰,故称"有顶"。一说为无色界之第四天,即非想非非想处天,以其为三有(三界)之绝顶,故称有顶。⑧记莂:又作"记别""授记""受记",佛记弟子成佛之事,分别劫数、国土、佛名、寿命等事。⑨本际:指根本究竟之边际,即绝对平等的理体,多指涅槃而言。这里是指尽未来际的无尽时间之义。⑩银相等:后文提到,信相的二子名为银相、银光。

【译文】 那是佛告诉坚牢地神说:"善女天啊!过去世有一个国王名叫金龙尊,常以歌偈来赞叹过去未来现在一切诸佛。"

我今殷重礼赞叹,去来现在十方佛。清净微妙善寂灭,色中上色身金光。一切声中最为上,如大梵响震雷音,其发绀黑色难喻,宛转螺光如焰起,蜂翠碧绿孔雀色,其色妙美不可喻。其齿鲜白如珂雪,平正齐密显光明,其目修广净无垢,如青莲华映水开,舌相广

长色红辉，柔软光耀如红莲，眉间常有白毫光，右旋宛转琉璃色，眉细修扬类初月，其色黑耀比蜂王，鼻高圆直如金锭，微妙柔软当面门，如来胜相最为上，得味真正无与等。一一毛孔毛旋生，软细绀如孔雀项。初诞生有妙光明，普照一切十方界，灭尽三界一切苦，令诸众生受快乐；地狱畜生及饿鬼，诸人天等得安稳，悉灭一切恶趣苦。身色微妙如金聚，面貌清净如月满，佛身明耀如日出，进止威仪如狮子，修臂下垂立过膝，状如风动娑罗枝，圆光一寻照无边，赫奕犹如百千日。佛身净妙无诸垢，其明普照一切刹；佛光巍巍明焰盛，悉能映蔽诸日月；佛目光照无量界，众生遇光得见佛。本所修习诸行业，聚集功德严佛身。臂纤圆如象王鼻，手足净软爱无厌。过去未来现在佛，数如大地诸微尘，我以清净身语意，一切如来悉顶礼，以妙香华诚供献，赞佛无边功德海。设我口中有百舌，于千劫中赞如来，佛之功德难思议，深固微妙为第一。设复千舌赞一佛，功德少分不能尽，况诸佛德无边际。假使大地及诸天，乃至有顶满海水，以一毛端知滴数，佛一功德无能知。我以清净身语意，礼赞诸佛德无边，所修无量诸善业，回施众生成佛道。彼王赞叹如来已，复发如是弘誓愿：愿我当于未来世，无数劫中生生处，梦中常见妙金鼓，得闻忏悔深奥音；今所赞叹佛功德，愿我来世得如是。诸佛功德不思议，于百千劫难值遇，愿于当来无量世，夜梦金鼓昼说忏。我当圆满修六度，拔济众生越苦海，我身得成无上道，佛土清净无与等。梦见金鼓赞如来，以此功德愿来世，遇释迦佛得受记，并金龙金光二子，常生我家同受记。若有众生无救护，众苦逼切无依止，我于当来为等辈，作大救护依止处，三有众苦令灭尽，愿施众生安乐处。愿我来世无数劫，行菩萨道尽本际，以此金光忏悔福，愿使恶海及业海、烦恼大海竭无余；我功德海愿得成，智慧大海亦圆满，菩提资粮悉圆满，犹如大海珍宝具。以此金光忏悔力，当获福德光无碍，亦得智慧光无垢；愿我来世身光照，功德威神光明焰，于三界中最殊胜，威力自在无伦匹。愿度众生出苦海，安置无为功德海，多劫常行菩萨道，修菩提行如诸佛。三世诸佛妙净土，尊胜无量功德海，愿我来世皆成满，福智刹土如世尊。信相当知时国王，金龙尊者汝身是，二子金龙与金光，汝子银相银光是。

空品第五

【题解】

本品明境，明我法二空之理。《忏悔品》不得空性之理则恶不除灭，《赞叹品》不得空性之理则善不清净，故文中说“本性空寂”“本自不生”。又三论宗吉藏《金光明经疏》中解释说：《忏悔》《赞叹》二品明功德门，是方便道；《空品》明智慧门，是般若道[1]。然如同本品开头所说，“无量余经，已广说空，是故此中，略而解说”，本经对于空义只是略说，也就是说，从理论上解说空性的道理并不是本经的重点内容。本品所说的空义，与般若经所说的空义大致相同，以四大、五蕴、十二入、十八界解说我空、法空，以十二因缘解说流转，进而修我法二空观，以性空不生之理，断见缚烦恼而证菩提，求证如来真实法身，广修供养，利益有情。

【原文】 **无量余经，已广说空，是故此中，略而解说。众生根钝，鲜于智慧，不能广**

知，无量空义，故此尊经，略而说之。异妙方便，种种因缘，为钝根故，起大悲心，今我演说，此妙经典。如我所解，知众生意。是身虚伪，犹如空聚[②]，六入村落[③]，结贼所止[④]，一切自住，各不相知。眼根受色，耳分别声，鼻嗅诸香，舌嗜于味，所有身根，贪受诸触，意根分别，一切诸法。六情诸根[⑤]，各各自缘，诸尘境界，不行他缘[⑥]。心如幻化，驰骋六情，而常妄想，分别诸法，犹如世人，驰走空聚，六贼所害，愚不知避；心常依止，六根境界，各各自知，所伺之处，随行色声，香味触法。心处六情，如鸟投网，其心在在，常处诸根，随逐诸尘，无有暂舍。身空虚伪，不可长养[⑦]，无有诤讼，亦无正主。从诸因缘，和合而有，无有坚实，妄想故起；业力机关[⑧]，假伪空聚，地水火风[⑨]，合集成立。随时增减[⑩]，共相残害，犹如四蛇，同处一箧[⑪]。四大蚖蛇[⑫]，其性各异，二上二下，诸方亦二[⑬]，如是蛇大，悉灭无余。地水二蛇，其性沉下，风火二蛇，性轻上升。心识二性，躁动不停，随业受报，人天诸趣，随所作业，而堕诸有。水火风种，散灭坏时，大小不净，盈流于外，体生诸虫，无可爱乐，捐弃冢间[⑭]，如朽败木[⑮]。善女当观，诸法如是，何处有人，及以众生。本性空寂，无明故有，如是诸大，一一不实；本自不生，性无和合，以是因缘，我说诸大，从本不实，和合而有。无明体性[⑯]，本自不有，妄想因缘，和合而有。无所有故，假名无明。是故我说，名曰无明，行识名色，六人触受，爱取有生，老死愁恼，众苦行业，不可思议，生死无际，轮转不息。本无有生，亦无和合，不善思惟，心行所造。我断一切，诸见缠等[⑰]，以智慧刀，裂烦恼网，五阴舍宅[⑱]，观悉空寂，证无上道，微妙功德。开甘露门，示甘露器，入甘露城，处甘露室，令诸众生，食甘露味。吹大法螺，击大法鼓，然大法炬，雨胜法雨；我今摧伏，一切怨结，竖立第一，微妙法幢[⑲]。度诸众生，于生死海，永断三恶，无量苦恼。烦恼炽然，烧诸众生，无有救护，无所依止，我以甘露，清凉美味，充足是辈，令离燋热。于无量劫，遵修诸行，供养恭敬，诸佛世尊；坚固修习，菩提之道，求于如来，真实法身[⑳]。舍诸所重，肢节手足，头目髓脑，所爱妻子，钱财珍宝，真珠璎珞，金银琉璃，种种异物。

【注释】 ①“《忏悔》《赞叹》二品明功德门”四句：见吉藏《金光明经疏》卷一，《大正藏》第 39 册，第 162 页。②空聚：无人之聚落。人身之六根，假和合而无实主，譬之无人之聚落。③六入：眼、耳、鼻、舌、身、意等六根为“内六入”，色、声、香、味、触、法等六境为“外六入”，总称“十二入”，亦作“十二处”。入者，涉入、趋入之义；处者，所依之义。六根与六境互相涉入而生六识，故称入。④结贼：结即结使，烦恼的异称。诸烦恼缠缚众生，不使出离生死，故称结；驱役而恼乱众生，故称使。结有九种，使有十种，称为九结十使。结使伏于众生心中，如贼一样，故称为“结贼”。⑤六情：即“六根”。旧译经论多译六根为六情。以眼、耳、鼻、舌、身、意等六根皆具有情识，故称“六情”。⑥不行他缘：六根的每一根，与六境是个个相对的。如眼一定缘色境而不他缘声境等。⑦长养：即没有真正的实体性的我，故并没有一个真正的我出生、长养，不过是缘聚缘灭的聚散现象而已。这是佛学的无我论观点。⑧业力：善恶之业有生起苦乐果之力用，称为“业力”。一切苦乐之果皆因业力所致，故通常有“业力不可思议”之语。⑨地水火风：即佛学四大。地为坚性，水为湿性，火为暖性，风为动性。这里以四蛇比喻四大。⑩随时增减：《文句》：竖论增减者，从入胎时名增，壮时名盛，老时名减。横论增减者，火增水减，水增火减，指四大各自增减不定。比如有时候火大盛而发高烧,则害其他,故说“共相残害”。⑪箧:小箱子。佛经以假身为箧,身中四大,如箧贮蛇。⑫虮蛇:指蝾螈或蜥蜴一类的动物,这里泛指毒蛇。⑬诸方亦二:《文句》:诸方亦二者,四大对四方,风东火南地西水北。对四时,风春火夏地秋水冬。东与南属阳而上升,西与北属阴而下沈。故言二上二下,诸方亦二。⑭冢:坟。⑮如朽败木:《文句》:气命尽是风去故言散,暖尽是火去故言灭。水尽则身烂,故言大小不净盈流于外。地散灭是骨肉离解,故言如朽败木。⑯无明:就通义而言,一切烦恼皆有暗障迷惑真如本际理体之义,通称为无明;就别义而言,无明烦恼迷于本际,集起生死,为十二因缘之根本。《起信论》分为根本无明和枝末无明。⑰见缠:见指见缚、见惑、见网等,即五利使(身见、边见、邪见、见取见、戒禁取见)、五钝使(贪、嗔、痴、慢、疑)等十惑。缠则为烦恼的异名,指无惭、无愧、嫉、悭、悔、睡眠、掉举、昏沉、忿、覆等贪嗔痴烦恼,缠缚众生于生死流转之中而不得解脱。⑱五阴:新译“五蕴”,即色、受、想、行、识。⑲法幢:幢指幢幡,与旌旗同义。幢旗以表战胜之相,故以法幢譬喻佛菩萨之说法能降伏众生烦恼之魔军。⑳法身:佛所得之无漏法及佛之自性真如如来藏。佛的二身之一,或三身之一。又作“法佛”“理佛”“法身佛”“自性身”“法性身”“如如佛”“实佛”、“第一身”等。

【译文】 无量余经广说空,是故此处略解说,众生根钝少智慧,不能广知甚深义,故我于此重敷演。大悲哀愍有情故,以善方便胜因缘,我今演说妙经典,令彼得解空性义。此身虚幻如空聚,六入村中结使贼,个个止住不相知。眼受诸色耳闻声,鼻嗅诸香舌嗜味,身根贪受诸触乐,意根分别一切法。六根各自缘六境,根境相缘不杂乱。心如幻化骋六根,而常妄想生诸法,如人驰走空聚中,为六贼害不知避。心常依止六根境,托根缘境随寻伺,六尘境中随处转。其心常处于六根,犹鸟在网乍出入,随逐诸尘无暂舍。身空虚伪不长养,根境缘成无正主。从诸因缘和合有,虚妄分别无坚实,业力机关假伪聚,地水火风共成身。随时增减共相害,犹如四蛇处一箧。四大虮蛇性各异,二上二下方亦二,如是蛇大悉无余。地水二蛇性沉下,风火二蛇性轻上。心识二性躁不停,随业受报人天趣,随所作业堕诸有。地水火风散灭时,大小不净盈流外,体生诸虫无可爱,捐弃冢间如朽木。善女当观法如是,云何执有我众生。本性空寂无明有,如是四大皆不实;本自不生无和合,以是因缘说诸大,从本不实和合有。无明体相本无有,妄想因缘和合生,假名无明无所有。是故我说名无明,行、识、名色、六入、触,受、爱、取、有、生、老死,忧悲苦恼恒随逐,生死轮回无息时。本无有生体是空,由不如理生分别。我断一切诸见缠,以智慧剑裂缠网,五阴舍宅观悉空,证无上道微妙德。开甘露门兮示甘露器,入甘露城兮处甘露室,令诸众生兮食甘露味。吹大法螺兮击大法鼓,燃大法炬兮雨胜法雨。我今摧伏诸怨结,竖立第一妙法幢。度众生于生死海,永断三途无量苦。烦恼炽燃苦众生,无有救护无依止,我以甘露清凉味,充足是辈离热恼。于无量劫修诸行,供养恭敬佛世尊,坚固修习菩提道,证得如来真法身。舍诸所爱身手足,头目髓脑及妻子,钱财珍宝珠璎珞,金银琉璃种种宝。

卷二

四天王品第六

【题解】

从《寿量品》至《空品》明常住因果，即是经体；从《四天王品》至《舍身品》明经功德而劝学，即经力用。《四天王品》以下至《嘱累品》都属于流通分的内容，但却是本经极为重要的内容。本经被列为护国之经，在整个大乘佛教流行的地区都受到广泛持诵，是与《四天王品》《大辩天神品》《功德天品》《坚牢地神品》《散脂鬼神品》等五品宣说的受持读诵宣讲《金光明经》能够带来不可思议护国利益密不可分的。这五品经说明诵持流通本经所带来的诸天护国、除灾增福等各种现世利益，是《金光明经》成为护国经典的主要根据，对于历代提倡《金光明经》以镇护国家起到了很大作用。这五品经一再宣说诵持流通《金光明经》能够得到护世四天王及诸天神的镇护，拥护持诵及说法者，并使此地的一切灾难、痛苦及不吉祥都得到灭除，一切善法功德都得到增长，国土转为丰饶，人民得到安乐。其中尤其劝说国王要亲自供养宣说《金光明经》的人，能够给国土人民带来种种的利益安乐。《四天王品》叙说四天王因供养读诵宣说本经而服甘露味，增益身力，威德勇猛，镇护国家，灭除一切国土衰耗、怨贼侵境、饥馑疾疫等种种灾难，消除一切衰恼，护卫国土人民得到一切安乐。《大辩天神品》《功德天品》《坚牢地神品》《散脂鬼神品》四品也是宣说诸天神拥护说法者，得到种种利益安乐。同时，诸天拥护，都能使说法者除灾获福，并值遇诸佛，速疾证得阿耨多罗三藐三菩提。诸天护国的内容反映了大乘思想发展中，出现了把诸天神视为是不同修证层次的菩萨化身的思想，所谓外现诸天鬼王身，内密大乘菩萨行，这成为大乘思想的一个重要观点。

【原文】 尔时毗沙门天王、提头赖吒天王、毗留勒叉天王、毗留博叉天王[1]，俱从座起，偏袒右肩，右膝着地，胡跪合掌，白佛言："世尊！是金光明微妙经典众经之王，诸佛世尊之所护念，庄严菩萨深妙功德，常为诸天之所恭敬，能令天王心生欢喜，亦为护世之所赞叹[2]。此经能照诸天宫殿，是经能与众生快乐，是经能令地狱、饿鬼、畜生诸河焦干枯竭，是经能除一切怖畏，是经能却他方怨贼，是经能除谷贵饥馑[3]，是经能愈一切疫病，是经能灭恶星变异，是经能除一切忧恼。举要言之，是经能灭一切众生无量无边百千苦恼。世尊！是金光明微妙经典，若在大众广宣说时，我等四王及余眷属，闻此甘露无上法味，增益身力，心进勇锐，具诸威德。世尊！我等四王，能说正法，修行正法，为世法王，以法治世。世尊！我等四王及天龙鬼神、乾闼婆、阿修罗、迦楼罗、紧那罗、摩睺罗伽，以法治世，遮诸恶鬼啖精气者[4]。世尊！我等四王二十八部诸鬼神等及无量百千鬼神[5]，以净天眼过于人眼，常观拥护此阎浮提。世尊！是故我等名护世王。若此国土有诸衰耗、怨贼侵境、饥馑疾疫种种艰难，若有比丘受持是经，我等四王当共劝请，令是比丘以我等力故，疾往彼所国邑郡县[6]，广宣流布是金光明微妙经典，令如是等种种百千衰耗之事悉皆灭

尽。世尊！如诸国王所有土境，是持经者若至其国，是王应当往是人所，听受如是微妙经典，闻已欢喜，复当护念、恭敬是人。世尊！我等四王，复当勤心拥护是王及国人民，为除衰患，令得安隐。世尊！若有比丘、比丘尼、优婆塞、优婆夷受持是经，若诸人王有能供给，施其所安，我等四王亦当令是王及国人民一切安隐，具足无患。世尊！若有四众受持读诵是妙经典[7]，若诸人王有能供养恭敬，尊重赞叹，我等四王，亦复当令如是人王于诸王中常得第一供养恭敬，尊重赞叹，亦令余王钦尚羡慕，称赞其善。"

【注释】 ①毗沙门天王、提头赖吒天王、毗留勒叉天王、毗留博叉天王：即四大天王，分别为北方多闻天王、东方持国天王、南方增长天王、西方广目天王。各率部众守护一方，故又称护世四天王。为佛教世界观中欲界天四大王天的天主，居须弥山腰四方，率部属护持佛法。《四天王经》载，四天王皆从属于帝释天。②护世：又作"护国四王""四大天王"。四天王因常守护佛法，护持四天下，令诸恶鬼神不得侵害众生，故称"护世"，又称"护国"。③馑：饥荒。④啖：吞食。⑤二十八部：指下文说到的正了知散脂大将所率领的二十八部药叉鬼神众。依义净译《正了知王药叉眷属法》及不空译《孔雀经》所载，四方各有一大将各自统领五百眷属二十八部众。二十八部众为四方各四部、思维四部、地上四部、空中四部，共二十八部。这些部众又都归四大天王统辖。本经一般把二十八部众与散脂大将连在一起说，意为由散脂大将统率的二十八部众。⑥邑：指国都或诸侯国。又大曰都，小曰邑，泛指村落、城镇。⑦四众：即比丘、比丘尼、优婆塞、优婆夷。

【译文】 这时北方多闻天王、东方持国天王、南方增长天王、西方广目天王，都从座位上起来，偏袒右肩，右膝着地，向佛合掌顶礼后说："世尊！这部《金光明》微妙经典、众经之王，为诸佛世尊之所护念，能够庄严菩萨的深妙功德，常为诸天之所恭敬，能令天王心生欢喜，也为护世四天王之所赞叹。这部经能够照耀诸天的宫殿，能够给予众生快乐，能够令地狱、饿鬼、畜生三恶道之流干涸枯竭，能够除去众生的一切怖畏，能够退却他方的怨贼，能够消除灾荒饥饿，能够治愈一切疫病，能够灭除恶星变异，能够去除众生的一切忧恼。举要言之，这部经能够灭除一切众生无量无边的苦恼！世尊！这部《金光明》微妙经典，若在大众中广为宣说的时候，我等四天王及眷属部从，听闻这个无上甘露法味之后，增益了身心力量，变得勇猛无畏，具足种种威德。世尊！我们四天王，能说正法，修行正法，为世间的法王，以正法治世。世尊！我们四天王及天龙鬼神、乾闼婆、阿修罗、迦楼罗、紧那罗、摩睺罗伽等，以正法治理世间，阻止那些恶鬼夺吸人的精气。世尊！我们四天王及二十八部鬼神以及无量百千的鬼神等，因为我们的净天眼超过人间的眼睛，常常用天眼观察人间的善恶，拥护阎浮提世界。世尊！因此我们也有护世王的称号。如果此国土有诸如衰耗、怨贼侵境、饥馑疾疫等种种艰难的时候，如果有比丘受持这部经，我等四天王将一起去劝请，以我们劝请力的缘故，使得这位比丘赶快前往那个有灾难的国土郡县，广为宣说流布这部《金光明》微妙经典，使得种种的衰耗之事全部灭除无余。世尊！各个国王的土地上，如果有受持这部经的人到了这个国土，国王应当前往此人的住所听闻受持这部微妙经典；听了以后欢喜踊跃，还应当护念恭敬此人。世尊！我们四天王就会尽心尽力拥护这个国王和国中的人民，让他们灭除衰耗之患，得到安稳之乐。世尊！

如果有比丘、比丘尼、优婆塞、优婆夷受持这部经，如果国王能够供给布施，让他们得到安乐，我们四天王也会让这个国王以及国中的人民得到一切的安乐，没有任何忧难。世尊！若有四众弟子受持读诵这部微妙经典，如果有国王能够供养受持此经者，对他们恭敬、尊重、赞叹，我们四天王也将让这个国王在诸国王中经常得到第一等的供养及恭敬、尊重、赞叹，使其他国王都钦佩羡慕，称赞他的德行。

【原文】 尔时世尊赞叹护世四天王等："善哉！善哉！汝等四王，过去已曾供养恭敬、尊重赞叹无量百千万亿诸佛，于诸佛所种诸善根，说于正法，修行正法，以法治世，为人天王。汝等今日长夜利益于诸众生，行大悲心，施与众生，一切乐具，能遮诸恶，勤与诸善；以是义故，若有人王能供养恭敬此金光明微妙经典，汝等正应如是护念，灭其苦恼，与其安乐。汝等四王及诸眷属，无量无边百千鬼神，若能护念如是经者，即是护持去来现在诸佛正法。汝等四王及余天众百千鬼神与阿修罗共战斗时，汝等诸天常得胜利。汝等若能护念此经，悉能消伏一切诸苦，所谓怨贼、饥馑、疾疫，若四部众有能受持读诵此经，汝等亦应勤心守护，为除衰恼，施与安乐。"

【译文】 这时，世尊赞叹护世四天王说："善哉！善哉！你们四天王，过去已经供养恭敬、尊重赞叹过无量百千万亿的诸佛，在诸佛那里种下了种种善根，宣说正法，修行正法，以正法治世，作世间天王。你们长久以来，常常想着利益众生，起大悲心，施与众生一切安乐，阻止各种恶行，增长各种善法，因为这个缘故，如果有国王能供养恭敬这部《金光明》微妙经典，你们应该给予护念，灭除他们的苦恼，给予他们安乐。你们四天王及无量无边的眷属部从鬼神，若能护念这部经，即是护持过去未来现在诸佛的正法；你们四天王及其他天众、百千鬼神等，一起与阿修罗战斗时，你们诸天常得胜利。你们若能护念这部经，能够消除一切的苦难，比如怨贼、饥馑、疾疫等。若四部弟子有能受持读诵此经的，你们也应尽心守护，为他们除去忧恼，获得安乐。"

【原文】 尔时四王复白佛言："世尊！是金光明微妙经典，于未来世，在所流布，若国土城邑、郡县村落，随所至处，若诸国王以天律治世，复能恭敬至心听受是妙经典，并复尊重供养、供给持是经典四部之众，以是因缘，我等时时得闻如是微妙经典，闻已即得增益身力，心进勇锐，具诸威德。是故我等及无量鬼神，常当隐形，随其妙典所流布处而作拥护，令无留难；亦当护念听是经典诸国王等及其人民，除其患难，悉令安隐，他方怨贼，亦使退散。若有人王听是经时，邻国怨敌兴如是念，当具四兵坏彼国土。世尊！以是经典威神力故，尔时邻敌更有异怨为作留难，于其境界起诸衰恼、灾异、疫病。尔时怨敌起如是等诸恶事已，备具四兵，发向是国，亲往讨伐，我等尔时当与眷属无量无边百千鬼神，隐蔽其形，为作护助，令彼怨敌自然退散，起诸怖惧，种种留难。彼国兵众尚不能到，况复当能有所破坏。"

【译文】 那时，四天王又对佛说："世尊！这部《金光明》微妙经典，在未来世中，所流布的地方，如城市都邑、郡县村落等，随这部经所在之处，如果诸国王能够以天律治理世间，复能至心恭敬听受这部经典，并且还尊重供养、供给受持这部经典的四部众，因为这个因缘，我们能够时时听闻这部微妙经典，听闻之后就增益了身心力量，勇猛无畏，具

足种种威德。所以,我们四天王率无量的鬼神,随这部经典流布之处,经常隐形而作拥护,使该地没有任何忧难。也护念听闻这部经典的各个国王和人民,除去他们的患难,让他们都得到安乐,他方的怨贼敌人也使其退散。如果有国王听这部经时,邻国的怨敌起念想:可以发起象、马、车、步四兵袭击其国土。世尊!因为这部《金光明经》威神力的缘故,这时,邻国敌人突然出现异常怨敌造作灾难之事,扰乱其国,在国中引起种种的灾异、流行疾疫等衰败忧恼事;这时,如果怨敌在发生这么多内乱变故的情况下依然发出四兵,向这个国家进兵征伐,我们这时将与成百上千、无量无边的鬼神部从,于无形中帮助保护这个国家,让怨敌的兵众中生起种种恐怖畏惧,遇到种种的阻难,自然退散。敌国的兵众尚不能到,何况能够有所破坏。"

【原文】 **尔时佛赞四天王等:"善哉!善哉!汝等四王,乃能拥护我百千亿那由他劫所可修习阿耨多罗三藐三菩提,及诸人王受持是经恭敬供养者,为消衰患,令其安乐。复能拥护宫殿舍宅,城邑村落,国土边疆,乃至怨贼悉令退散,灭其衰恼,令得安隐。亦令一切阎浮提内所有诸王无诸凶衰斗讼之事。四王当知,此阎浮提八万四千城邑聚落、八万四千诸人王等,各于其国娱乐快乐,各各于国而得自在;于自所有钱财珍宝,各各自足,不相侵夺,如其宿世所修集业,随业受报,不生恶心,贪求他国;各各自生利益之心,生于慈心、安乐之心、不诤讼心、不破坏心、无系缚心、无楚挞心[1],各于其土,自生爱乐,上下和睦,犹如水乳,心相爱念,增诸善根。以是因缘故,此阎浮提安隐丰乐,人民炽盛,大地沃壤,阴阳调和,时不越序,日月星宿不失常度,风雨随时,无诸灾横;人民丰实,自足于财,心无贪吝,亦无嫉妒,等行十善;其人寿终多生天上,天宫充满,增益天众。若未来世有诸人王听是经典,及供养恭敬受持是经四部之众[2],是王则为安乐利益汝等四王及余眷属无量百千诸鬼神等。何以故?汝等四王,若得时时闻是经典,则为已得正法之水,服甘露味,增益身力,心进勇锐,具诸威德。是诸人王,若能至心听受是经,则为已能供养于我,若供养我则是供养过去未来现在诸佛,若能供养过去未来现在诸佛,则得无量不可思议功德之聚。以是因缘,是诸人王应得拥护,及后妃采女、中宫眷属、诸王子等亦应得护[3],衰恼消灭,快乐炽盛;宫殿堂宇安隐清净,无诸灾变,护宅之神增长威德,亦受无量欢悦快乐。是诸国土所有人民,悉受种种五欲之乐,一切恶事悉皆消灭。"**

【注释】 ①挞:用鞭子或棍子打。②四部之众:指佛弟子的出家二众(比丘、比丘尼)和在家二众(优婆塞、优婆夷)。③采女:原为汉代六宫的一种称号,因其选自民家,故曰"采女"。后用作宫女的通称。中宫:皇后居住之处。因以借指皇后。

【译文】 这时佛称赞四天王等说:"善哉!善哉!你们四天王,能够拥护我百千亿那由他劫所应修习阿耨多罗三藐三菩提,并拥护受持及恭敬供养这部经的国王,为他们消除患难,得到安乐;又能够保护宫殿宅舍、城镇村落、国土边疆,使得怨贼敌人都退散,灭除国中人民的衰耗烦恼,使他们得到安稳;也使得南阎浮提内所有国王没有凶险、衰败、争讼、战斗之事。四天王你们应当知道,此南阎浮提的八万四千城镇村落、八万四千大小国王等,各自在其国内欢娱快乐,各在国内得到自在;各自拥有丰足的钱财珍宝,都心怀自足,不相侵夺。能够各自安于过去世所修福业而领受的现世果报,不生恶心,贪求他国

的丰足受用。各自生出利益他人的心、慈悲的心、安乐的心、不诤讼的心、不破坏的心、无系缚鞭挞他人的心。各在他们的土地上，生出爱乐之心，上下和睦相处，犹如水乳交融，心相爱念，增长善根。由于这个因缘，南阎浮提安稳丰乐，人口繁多，土地肥沃，阴阳调和，时不越序。日月星宿，不失常度，风雨随时，无诸灾横。人民丰实，自足于财，心无贪吝，亦无嫉妒，都能够平等地奉行十善业。人命寿终的时候，多数生于天上，使得天众增加，天宫充满。如果未来世的时候，若有国王听闻这部经典，以及恭敬供养受持这部经的四部众，这个国王将为你们四天王及无量百千的鬼神眷属部从等带来安乐和利益。为什么呢？你们四天王，如果能够时时听闻这部经典，即是得到了正法之水、甘露上味的滋润，增益了身心力量，勇猛无畏，具足种种威德。这些国王，如果能至心听闻受持这部经，即是已经供养了我，如果供养我，即是供养过去未来现在诸佛，如果供养过去未来现在诸佛，就会得到无量不可思议的大功德之汇聚。因为这个因缘，这些国王应得到拥护，以及后宫的妃嫔宫女眷属和诸王子等也应得到拥护，使得衰败烦恼消灭，快乐增盛。宫殿堂宇安稳清净，没有任何灾变，护宅之神也增长威德，也受到无量的欢悦快乐。这个国土的所有人民都享受种种五欲快乐，一切恶事全部消灭。”

【原文】 **尔时四天王白佛言：“世尊！未来之世，若有人王欲得护身及后妃采女、诸王子等、宫殿屋宅，得第一护，身所王领，最为殊胜，具不可思议王者功德，欲得摄取无量福聚，国土无有他方怨贼，无诸忧恼及诸苦事。世尊！如是人王，不应放逸散乱其心，应生恭敬谦下之心，应当庄严第一微妙最胜宫宅，种种香汁持用洒地，散种种华，敷大法座师子之座，兼以无量珍奇异物而为校饰，张施种种无数微妙幢幡宝盖。当净洗浴，以香涂身，着好净衣，缨络自严，坐卑小座，不自高大；除去自在；离诸放逸，谦下自卑，除去骄慢，正念听受，如是妙典，于说法者，生世尊想。复于宫内后妃王子采女眷属生慈哀心，和颜与语，劝以种种供养之具供养法师。是王尔时既劝化已，即生无量欢喜快乐，心怀悦豫，倍复自励，不生疲倦，多作利益，于说法者倍生恭敬。”**

【译文】 此时四大天王又对佛说：“世尊！未来世的时候，如果有国王想要保护自身以及后宫的妃嫔宫女、诸王子和宫殿屋宅，得到最上第一的护佑，所治理的国土最为殊胜安乐，具有不可思议的王者功德，想要获得无量的福德，国土中没有他方怨敌的侵扰，也没有任何忧恼痛苦之事。世尊！如果国王想要得到这样的殊胜功德，就不要放逸散乱自心，应生恭敬谦下的心，布置一个微妙最胜、第一庄严的宫殿，以种种香汁洒地，散种种鲜花，敷设大狮子法座，座上装饰以无量的珍奇宝物，悬挂种种无数的微妙幢幡、宝盖。洗浴净洁，以香涂身，穿着新净衣，佩戴璎珞；坐卑小座，不自高自大。舍去随意，远离放逸，谦下自卑，除去骄慢，正念听受这部妙典，把说法法师视作如同世尊一样。又于宫内的后妃、王子、宫女眷属等，生哀愍慈悲之心，和颜软语，劝他们以种种供养之具供养法师。这个国王在劝化供养之后，即生出无量的欢喜快乐，欢悦盈怀，倍加自励，没有疲倦，多作供养利益，对说法法师倍生恭敬。”

【原文】 **尔时佛告四天大王：“尔时人王应着白净鲜洁之衣，种种缨络齐整庄严，执持素帛微妙上盖，服饰容仪不失常则，躬出奉迎说法之人。何以故？是王如是随其举足**

步步之中，即是供养值遇百千亿那由他诸佛世尊，复得超越如是等劫生死之难，复于来世尔所劫中，常得封受转轮王位。随其步步，亦得如是现世功德不可思议自在之力。常得最胜极妙七宝人天宫殿，在在生处，增益寿命，言语辩了，人所信用；无所畏忌，有大名称，常为人天之所恭敬，天上人中受上妙乐；得大势力，具足威德，身色微妙，端严第一；常值诸佛，遇善知识，成就具足，无量福聚。汝等四天王！如是人王见如是等种种无量功德利益，是故此王应当躬出奉迎法师，若一由旬至百千由旬[①]，于说法师应生佛想。应作是念，今日释迦如来正智入于我宫，受我供养，为我说法，我闻是法即不退转于阿耨多罗三藐三菩提，已为得值百千万亿那由他佛，已为供养过去未来现在诸佛，已得毕竟三恶道苦，我今已种百千无量转轮圣王释梵之因，已种无边善根种子，已令无量百千万亿诸众生等度于生死，已集无量无边福聚，后宫眷属已得拥护，宫宅诸衰悉已消灭，国土无有怨贼棘刺，他方怨敌不能侵陵。汝等四王！如是人王应作如是供养正法，清净听受是妙经典，及恭敬供养、尊重赞叹持是经典四部之众，亦当回此所得最胜功德之分，施与汝等及余眷属诸天鬼神，聚集如是诸善功德，现世常得无量无边不可思议自在之利，威德势力成就具足，能以正法摧伏诸恶。”

【注释】 ①由旬：印度的里程单位。梵语 yojana，又译作“逾缮那”“逾阇那”等。意译为“一程”。原指牡牛挂轭行走一日的里程。但有关此一日里程的距离，有四十里、三十二里、十六里、十二里等多种说法。

【译文】 这时佛又对四大天王说：“这时那个国王应该穿着白净鲜洁的衣服，佩戴种种璎珞，齐整庄严，亲手执持素白微妙宝伞盖，服饰仪容具足国王的仪仗，亲自出宫奉请迎接说法法师。为什么要这样做呢？如果这个国王这样做，那么他在举足下足的步步之中，即是供养、承事百千亿那由他的诸佛世尊，同时也得以超越同等劫数的生死之难，又于来世同样的劫数之中，常得到转轮王尊位；随着他举足下足的步步之中，也得到了现世不可思议的功德和自在之力，经常得到最胜极妙的七宝人天宫殿，所在生处，寿命增益，言语清辩，人所信用；无所畏惧，有大名称，常为人天所恭敬。天上人中享受上妙快乐；得大势力，具足威德，身相奇妙，端严无比；常值遇诸佛，遇到善知识，成就具足无量的福聚。你们四天王啊！这个国王，见到这样无量种种的功德利益，因此这个国王应当亲自奉迎法师，从一由旬至百千由旬，于说法师应生佛想。应这样观想，今天是释迦牟尼如来正遍知来到我宫殿，受我供养，为我说法，我闻法后，即不退转于阿耨多罗三藐三菩提，即是值遇百千万亿那由他的佛，即是供养过去未来现在诸佛，已经究竟脱离三恶道苦；我今天已经种下了百千无量的转轮圣王及帝释天主、大梵天主的因，已种下了无量的善根种子，已使得无量百千万亿的众生度脱生死，已聚集了无量无边的福德；后宫眷属已得到拥护，宫殿屋宅的种种衰败悉已消灭，国土没有如棘刺般的怨贼，他方的敌人也不能侵扰。四天王啊！这个国王，应该这样供养正法，以清净的因缘听受这部微妙经典，并恭敬供养、尊重赞叹受持这部经典的四部众，也应该把所得最胜功德的一部分回向布施给你们四天王及眷属部从等诸天鬼神，聚集不可思议的善法功德，现世常得无量无边不可思议的自在之利，威德势力成就具足，能以正法摧伏诸恶。”

【原文】 尔时四王白佛言:"世尊!若未来世有诸人王作如是等恭敬正法,至心听受是妙经典,及恭敬供养尊重赞叹持是经典四部之众,严治舍宅,香汁洒地,专心正念听说法时,我等四王亦当在中共听此法,愿诸人王为自利故,以己所得功德少分施与我等。世尊!是诸人王于说法者所坐之处,为我等故烧种种香供养是经,是妙香气于一念顷即至我等诸天宫殿,其香即时变成香盖,其香微妙,金色晃耀,照我等宫,释宫、梵宫,大辩天神、功德天神、坚牢地神、散脂鬼神最大将军、二十八部鬼神大将、摩醯首罗、金刚密迹、摩尼跋陀鬼神大将、鬼子母与五百儿子周匝围绕、阿耨达龙王、娑竭罗龙王,如是等众自于宫殿各各得闻是妙香气,及见香盖光明普照,是香盖光明亦照一切诸天宫殿。"佛告四王:"是香盖光明非但至汝四王宫殿。何以故?是诸人王手擎香炉供养经时[①],其香遍布,于一念顷遍至三千大千世界;百亿日月、百亿大海、百亿须弥山、百亿大铁围山小铁围山及诸山王、百亿四天下、百亿四天王、百亿三十三天乃至百亿非想非非想天[②],于此三千大千世界百亿三十三天,一切龙、鬼、乾闼婆、阿修罗、迦楼罗、紧那罗、摩睺罗伽宫殿,虚空悉满种种香烟云盖,其盖金光亦照宫殿。如是三千大千世界所有种种香烟云盖,皆是此经威神力故。是诸人王手擎香炉供养经时,种种香气不但遍此三千大千世界,于一念顷亦遍十方无量无边恒河沙等百千万亿诸佛世界,于诸佛上虚空之中亦成香盖,金光普照,亦复如是。诸佛世尊闻是妙香,见是香盖及金色光,于十方界恒河沙等诸佛世界,作如是等神力变化已,异口同音于说法者称赞:善哉善哉!大士!汝能广宣流布如是甚深微妙经典,则为成就无量无边不可思议功德之聚。若有闻是甚深经典所得功德则为不少,况持读诵为他众生开示分别演说其义。何以故?善男子!此金光明微妙经典,无量无边亿那由他诸菩萨等若得闻者,即不退于阿耨多罗三藐三菩提。"尔时十方无量无边恒河沙等诸佛世界现在诸佛,异口同声作如是言:"善男子!汝于来世必定当得坐于道场菩提树下,于三界中最尊最胜,出过一切众生之上。勤修力故,受诸苦行,善能庄严菩提道场,能坏三千大千世界外道邪论,摧伏诸魔怨贼异形,觉了诸法第一寂灭清净无垢甚深无上菩提之道。善男子!汝已能坐金刚座处[③],转于无上诸佛所赞十二种行甚深法轮[④],能击无上最大法鼓,能吹无上极妙法螺,能竖无上最胜法幢,能然无上极明法炬,能雨无上甘露法雨,能断无量烦恼怨结,能令无量百千万亿那由他众度于无涯可畏大海,解脱生死无际轮转,值遇无量百千万亿那由他佛。"

【注释】 ①擎:持举。②铁围山:又作"铁轮围山""轮围山"。佛教的世界观以须弥山为中心,其周围共有八山八海围绕,最外侧围绕须弥四洲外海之山为铁所成之山,称铁围山。或谓大中小三千世界,各有大中小之铁围山环绕。三十三天:即忉利天。在佛教的宇宙观中,此天位居欲界第二天的须弥山顶上,中央宫殿(善见城)为帝释天所住,四方各有八城,加中央一城,合为三十三天城。非想非非想天:又作非非想天、非有想非无想处天、非想非非想处天。乃无色界之第四天,无色相,以所系的受想行识等四蕴为其自性。此天位于三界九地之顶上,故又称有顶天。③金刚座:指佛陀成道时所坐之座,位于中印度摩揭陀国伽耶城南之菩提树下。以其犹如金刚一般坚固不坏,故称"金刚座"。据《大唐西域记》卷八载,菩提树垣正中有金刚座,昔贤劫初成时,与大地俱起,据三千大千

世界中，下极金轮，上侵地际，金刚所成，周百余步，贤劫千佛坐之而入金刚定，故称金刚座。④十二种行甚深法轮：指佛成道后最初在鹿野苑为五比丘说法，三转四谛法轮，即示转四相、劝转四相、证转四相，故有十二行相。

【译文】 这时四天王对佛说："世尊！如果未来世有国王如此恭敬正法，至心听受这部微妙经典，并恭敬供养、尊重赞叹受持这部经典的四部众，布置庄严的宫殿，香汁洒地等等，这样专心正念听闻说法的时候，我们四天王也会在其中一起听闻这部经法；愿诸国王为了自利，把自己所得的功德少分些许回向布施给我们。世尊！这些国王在说法法师所坐之处，为我们烧种种名香，供养此经。此妙香气，在一念之间即到达我们诸天的宫殿，这时香气都变成香盖，香气微妙，金色晃耀，照耀我们的宫殿，乃至帝释天、大梵天、大辩天神、功德天神、坚牢地神、散脂鬼神最大将军、二十八部鬼神大将、摩醯首罗、金刚密迹、摩尼跋陀鬼神大将、鬼子母及五百儿子周匝围绕、阿耨达龙王、娑竭罗龙王等诸天部众，也各自在宫殿中闻到了妙香气，并看到香盖光明普照。这个香盖的光明也照耀了一切诸天的宫殿。"佛告诉四天王说："这个香盖的光明，不是只到达你们四天王的宫殿。为什么呢？当这个国王手端香炉供养这部经的时候，香气遍布，于一念之间遍至三千大千世界；百亿日月、百亿大海、百亿须弥山、百亿大铁围山、小铁围山及诸山王，百亿四天下、百亿四天王、百亿三十三天乃至百亿非想非非想天，于此三千大千世界百亿三十三天，一切龙、鬼、乾闼婆、阿修罗、迦楼罗、紧那罗、摩睺罗伽的宫殿虚空中，都布满了种种的香云盖，发出金光，照耀宫殿。这样三千大千世界中所有的种种香云盖，都是此经威神力的缘故。当国王手端香炉供养这部经的时候，种种香气不但遍至三千大千世界，也于一念间遍至十方无量无边恒河沙等百千万亿的诸佛世界，在诸佛世界的虚空中，也形成香盖，也是金光普照。诸佛世尊闻到了妙香，见到了这个香盖及金色光，在十方界恒河沙等诸佛世界中做这样的神力变化，都异口同声地对说法者给予称赞：善哉！善哉！大士！你能广宣流布这样的甚深微妙经典，将会成就无量无边不可思议的功德之聚。如果有人能够听闻到这部甚深经典，所得的功德即为不少，何况能够受持、读诵，为其他众生开示，分别演说其义。为什么呢？善男子，这部《金光明》微妙经典，无量无边亿那由他的诸菩萨等，如果听闻到，即不退转于阿耨多罗三藐三菩提。"这时，十方无量无边恒河沙诸佛世界中的现在诸佛，都异口同声说："善男子！你于来世必定当得坐于道场菩提树下，于三界中最尊最胜，出过一切众生之上，勤修诸法，行诸苦行，以善德庄严菩提道场，能够摧破三千大千世界的一切外道邪论，摧伏一切可畏形状的魔军怨贼等，觉了诸法第一寂灭、清净无垢、甚深无上的正等菩提。善男子！你将坐于金刚座上，转于诸佛所赞无上十二妙行甚深法轮，能击无上最大法鼓，能吹无上极妙法螺，能竖无上最胜法幢，能燃无上极明法炬，能降无上甘露法雨，能断无量烦恼怨结；能令无量百千万亿那由他的众生，度于无涯可畏大海，解脱生死无际轮回，值遇无量百千万亿那由他诸佛。"

【原文】 尔时四天王复白佛言："世尊！是金光明微妙经典，能得未来现在种种无量功德。是故人王若得闻是微妙经典，则为已于百千万亿无量佛所种诸善根，我以敬念是人王故，复见无量福德利故，我等四王及余眷属无量百千万亿鬼神，于自宫殿见是种种香

烟云盖瑞应之时，我当隐蔽不现其身，为听法故，当至是王所，至宫殿讲法之处。大梵天王、释提桓因、大辩天神、功德天神、坚牢地神、散脂鬼神大将军等二十八部鬼神大将、摩醯首罗、金刚密迹、摩尼跋陀鬼神大将、鬼子母及五百儿子周匝围绕、阿耨达龙王、娑竭罗龙王、无量百千万亿那由他鬼神诸天[1]，如是等众为听法故，悉自隐蔽不现其身，至是人王所止宫殿讲法之处。世尊！我等四王及余眷属无量鬼神，悉当同心以是人王为善知识，同共一行，善相应行，能为无上大法施主，以甘露味充足我等，我等应当拥护是王，除其衰患，令得安隐，及其宫宅国土城邑诸恶灾患，悉令消灭。世尊！若有人王，于此经典心生舍离，不乐听闻，其心不欲恭敬供养尊重赞叹，若四部众有受持读诵讲说之者，亦复不能恭敬供养尊重赞叹，我等四王及余眷属无量鬼神即便不得闻此正法，背甘露味，失大法利，无有势力及以威德，减损天众，增长恶趣。世尊！我等四王及无量鬼神舍其国土，不但我等，亦有无量守护国土诸旧善神皆悉舍去。我等诸王及诸鬼神既舍离已，其国当有种种灾异，一切人民失其善心，唯有系缚嗔恚斗诤[2]，互相破坏，多诸疾疫，彗星现怪，流星崩落，五星诸宿违失常度，两日并现，日月薄蚀[3]，白黑恶虹数数出现，大地震动，发大音声，暴风恶雨，无日不有，谷米勇贵，饥馑冻饿，多有他方怨贼侵掠其国，人民多受苦恼。其地无有可爱乐处。世尊！我等四王及诸无量百千鬼神并守国土诸旧善神远离去时，生如是等无量恶事。世尊！若有人王，欲得自护及王国土多受安乐，欲令国土一切众生悉皆成就具足快乐，欲得摧伏一切外敌，欲得拥护一切国土，欲以正法正治国土，欲得除灭众生怖畏。世尊！是人王等应当必定听是经典，及恭敬供养读诵受持是经典者。我等四王及无量鬼神以是法食善根因缘，得服甘露无上法味，增长身力，心进勇锐，增益诸天。何以故？以是人王至心听受是经典故，如诸梵天说出欲论，释提桓因种种善论，五通之人神仙之论[4]。世尊！梵天、释提桓因、五神通人虽有百千亿那由他无量胜论，是金光明于中最胜。所以者何？如来说是金光明经，为众生故，为令一切阎浮提内诸人王等以正法治，为与一切众生安乐，为欲爱护一切众生，欲令众生无诸苦恼，无有他方怨贼棘刺，所有诸恶背而不向，欲令国土无有忧恼，以正法教，无有诤讼。是故人王各于国土，应然法炬，炽然正法，增益天众。我等四王及无量鬼神，阎浮提内诸天善神，以是因缘得服甘露法味充足，得大威德进力具足，阎浮提内安隐丰乐，人民炽盛，安乐其处。复于来世无量百千不可思议那由他劫，常受微妙第一快乐。复得值遇无量诸佛，种诸善根，然后证成阿耨多罗三藐三菩提。得如是等无量功德，悉是如来正遍知说。如来过于百千亿那由他诸梵天等，以大悲力故；亦过无量百千亿那由他释提桓因，以苦行力故。是故如来为诸众生演说如是金光明经。若阎浮提一切众生及诸人王，世间出世间所作国事，所造世论皆因此经。欲令众生得安乐故，释迦如来示现是经广宣流布。世尊！以是因缘故，是诸人王应当必定听受供养恭敬尊重赞叹是经。”

【注释】 ①释提桓因：即忉利天（三十三天）的天主，略称“帝释”，又作“天帝释”“天主”。并有“因陀罗”“尸迦”“娑婆婆”“千眼”等异称。住于须弥山顶上。忉利天含有三十三天宫，帝释天住在中央的善见城（又作喜见城）统领一切，周围环绕着三十二天宫，分别由三十二位辅臣镇守。大辩天神：义净译“大辩才天女”。此天专以智慧辩才流通佛法。功德天神：义净译“大吉祥天女”。为施福德、财宝的女神。坚牢地神：乃主掌大地的女神。散脂鬼神大将军：散脂，梵名 Samjneya，音译“僧慎尔耶”。又作“散脂迦大将”“散支大将”或“散脂鬼神”，义净译为“僧慎尔耶药叉大将”。意译作“正了知”。系北方毗沙门天王八大将之一，二十八部众之总司。此大将护持佛法不遗余力，率二十八部药叉诸神，随处隐形拥护说法师及救护诸善男信女，离苦得乐。摩醯首罗：即大自在天。此天原为婆罗门教之主神湿婆，然进入佛教后，即成为佛教之守护神，称为“大自在天”，住在第四禅天。金刚密迹：又称“密迹金刚”“密迹力士”“金刚力士”“金刚手”“执金刚”等。总为执金刚杵现大威势拥护佛法之天神的通称。摩尼跋陀鬼神大将：夜叉八大将之一。译曰“宝贤”“满贤”。鬼子母：夜叉女之一。音译“诃利帝”“诃利帝母”。意译又作“欢喜母”“鬼子母”“爱子母”。《根本说一切有部毗奈耶杂事》卷三十一载，鬼子母神生五百子，因前生有恶邪愿，故常啖食王舍城中之幼儿，人皆恶之而求佛。佛乃将鬼子母之幼子藏于钵中。鬼子母神不见其幼子，悲恸万分。佛乃诫云：汝仅失五百子中之一小儿，犹忧伤若是，而汝食他人之子，其父母之苦如何？鬼子母神闻后皈佛，立誓为安产与幼儿之保护神，并接受佛陀“拥护诸伽蓝及僧尼住处令得安乐”之咐嘱。阿耨达龙王：八大龙王之一。“阿耨达”意为“无恼热”或“清凉”。在一切马形龙王中，其德最胜。因住阿耨达池（无热池），离三患，故得此名。娑竭罗龙王：又作“娑伽罗龙王”。娑竭罗，意译为海。八大龙王之一。依其所住之海而得名。龙宫居大海底，纵广八万由旬，七重宫墙，七重栏楯，七重罗网，七重行树，周匝皆以七宝严饰，无数众鸟和鸣。然诸龙皆为金翅鸟所食，仅娑竭罗龙王、难陀龙王等十六龙王幸免此难。此龙为降雨龙神，古来祈雨皆以之为本尊。②系缚：又作“结缚”。指众生之身心为烦恼、妄想或外界事物所束缚而失去自由，长时流转于生死之中。③薄：迫近。蚀：亏缺。④五通之人：指修仙学而得五种神通的人。

【译文】 这时四天王又对佛说：“世尊！这部《金光明》微妙经典，能得未来现在种种的无量功德。因此国王若是听闻这部微妙经典，即是已经于百千万亿无量佛所种下了种种善根。我因为敬念这个国王，也因为将获无量福德利益的缘故，我们四天王及眷属，还有无量百千万亿的鬼神，在自己的宫殿看到种种香云盖瑞应之时，即隐蔽不现身形，为了听法，来到国王宫殿的讲法之处。大梵天王、帝释天王、大辩天神、功德天神、坚牢地神、散脂鬼神大将军等二十八部鬼神大将、摩醯首罗、金刚密迹、摩尼跋陀鬼神大将、鬼子母及五百儿子周匝围绕、阿耨达龙王、娑竭罗龙王等无量百千万亿那由他的鬼神诸天等众，也为了听法，都隐蔽不现身形，来到国王宫殿的讲法之处。世尊！我等四天王及余眷属无量鬼神，都善行相应，一心以这位国王为善知识，能作为无上大法的施主，以甘露法味令我们充足，我们应当拥护此王，除去衰患，令得安稳，所有国土城邑宫宅的各种灾患恶事，全部令其消灭。世尊！若有国王，对这部经典心生舍离，不乐听闻，心中不愿意恭敬供养、尊重赞叹这部经，四部众中有受持读诵讲说者也不能恭敬供养、尊重赞叹，我等四天王及余眷属无量鬼神，便不能听闻到这一正法，得不到甘露法味滋润，失去听闻大法的利益，不能增长势力及威德，使得天众减少，恶趣增长。世尊！我等四天王及无量鬼神即舍离他的国土，不但我们舍离而去，无量守护国土的诸旧善神也都舍离而去。我等诸

天王及诸鬼神既舍离之后，这个国土当有种种灾异，一切人民失去善心，唯有烦恼系缚身心，嗔恨斗争，互相谋害，疾疫流行，彗星出现，流星崩落，五星诸宿失去常度，两日并现，日月薄蚀，白黑二恶虹屡屡出现；大地震动，发出大音声，暴风恶雨，无日不有，谷米短缺，价格昂贵，人民遭受饥馑冻饿；他方怨敌趁机侵掠其国，人民多受苦难。这个国土没有任何安乐之处！世尊！我等四天王及诸无量百千鬼神，并守护国土的诸旧善神，远离舍去国土时发生这样的无量恶事。世尊！若有国王想自身得到保护及王国土中多有安乐，想使国土中的一切众生都具足快乐，想摧伏一切外敌，使得一切国土得到保护，想以正法治理国土，除灭众生的所有怖畏。世尊！这个国王应当一定要听闻这部经典，并恭敬供养读诵受持这部经典的人。我等四天王及无量鬼神，因为听闻《金光明经》的法食因缘，得服无上甘露法味，增长身心力量，勇猛无畏，诸天得到增益。为什么呢？因为这位国王至心听受这部经典的缘故。如大梵天说出的种种出欲论、帝释天说出的种种善论、具有五神通的人说出的神仙之论，世尊！大梵天、帝释天及具有五神通的人，虽然也有百千亿的无量论说，然而在各种论说中《金光明经》最为殊胜。为什么呢？如来说这部《金光明经》，为了一切众生的缘故。为了令一切南阎浮提的国王以正法治世，为了给予一切众生安乐，为了保护一切众生，使得众生没有任何苦恼，没有他方怨敌的侵扰；所有诸恶悉皆离去，使得国土没有忧恼，以正法教化，没有诤讼相斗。所以，国王各于国土，应当燃大法炬，兴隆正法，增益天众。我等四天王及无量鬼神、南阎浮提的诸天善神，因为这个因缘，得服甘露法味，得大威德，种种势力具足，南阎浮提内安稳丰乐，人民繁盛，普得安乐。又于未来世无量百千不可思议那由他劫数，常受微妙第一快乐。又得值遇无量诸佛，种下种种善根，然后证成阿耨多罗三藐三菩提。这样种种无量的功德，都是如来正遍知宣说的。如来以大悲力超过百千亿那由他的梵天众，以苦行力胜过无量百千亿那由他的帝释天众，所以如来为诸众生，演说这部《金光明经》。阎浮提一切众生及各位国王，所有世间出世间的正法治化之事，都依据此经。为了普令众生得到安乐，释迦如来宣说此经，广为流布。世尊！因为这个因缘，世间国王应当一定要听闻供养、恭敬尊重赞叹此经。”

【原文】 尔时佛复告四天王：“汝等四王及余眷属无量百千那由他鬼神，是诸人王，若能至心听是经典，供养恭敬尊重赞叹，汝等四王正应拥护，灭其衰患，而与安乐。若有人能广宣流布如是妙典，于人天中大作佛事，能大利益无量众生，如是之人，汝等四王必当拥护，莫令他缘而得扰乱，令心恬静，受于快乐，续复当得广宣是经。”

尔时四天王即从座起，偏袒右肩，右膝着地，长跪合掌，于世尊前以偈赞曰：

佛月清净，满足庄严，佛日晖曜，放千光明[1]。如来面目，最上明净，齿白无垢，如莲华根；功德无量，犹如大海，智渊无边，法水具足，百千三昧，无有缺减；足下平满，千辐相现[2]，足指网缦，犹如鹅王；光明晃耀，如宝山王，微妙清净，如炼真金，所有福德，不可思议，佛功德山，我今敬礼。佛真法身，犹如虚空，应物现形，如水中月，无有障碍，如焰如化，是故我今，稽首佛月。

尔时世尊，以偈答曰：

此金光明，诸经之王，甚深最胜，为无有上，十力世尊，之所宣说，汝等四王，应当勤

护。以是因缘，是深妙典，能与众生，无量快乐，为诸众生，安乐利益，故久流布，于阎浮提，能灭三千，大千世界，所有恶趣，无量诸苦。阎浮提内，诸人王等，心生慈愍，正法治世，若能流布，此妙经典，则令其土，安隐丰熟，所有众生，悉受快乐。若有人王，欲爱己身，及其国土，欲令丰盛，应当至心，净洁洗浴，往法会所，听受是经。是经能作，所有善事，摧伏一切，内外怨贼，复能除灭，无量怖畏。是诸经王，能与一切，无量众生，安隐快乐。譬如宝树，在人家中，悉能出生，一切珍宝，是妙经典，亦复如是，悉能出生，诸王功德；如清冷水，能除渴乏，是妙经典，亦复如是，能除诸王，功德渴乏；譬如珍宝，异物箧器，悉在于手，随意所用，是金光明，亦复如是，随意能与，诸王法宝。是金光明，微妙经典，常为诸天，恭敬供养，亦为护世，四大天王，威神势力，之所护持，十方诸佛，常念是经。若有演说，称赞善哉，亦有百千，无量鬼神，从十方来，拥护是人。若有得闻，是妙经典，心生欢喜，踊跃无量，阎浮提内，无量大众，皆悉欢喜，集听是经，听是经故，具诸威德，增益天众，精气身力。

尔时四天王闻是偈已，白佛言："世尊！我从昔来未曾得闻如是微妙寂灭之法。我闻是已，心生悲喜，涕泪交流，举身战动，肢节怡解，复得无量不可思议具足妙乐。"以天曼陀罗华、摩诃曼陀罗华供养奉散于如来上③。作如是等供养佛已，复白佛言："世尊！我等四王，各各自有五百鬼神，常当随逐是说法者而为守护！"

【注释】①佛月、佛日：佛月，喻应身；佛日，喻报身。《金光明经文句》："初一行叹三身。夫三身有通别。依文是别：空是法身，日是报身，月是应身。通意者，空是法身，日是报身，水日是应身。空是法身，月是报身，水月是应身。……依结叹文，空是法身，月是报身，水月是应身。空是法身，日是报身，焰是应身。"②千辐相：指具足千辐轮之妙相，乃佛三十二相之一。又称"足下轮相""足下千辐轮相"。即佛足下纹样分明之千辐轮宝妙相。此相感得之业因，乃佛于过去世为父母、师长、善友乃至一切众生，往返奔走，做种种供养及布施之事。③曼陀罗华：音译又作"曼陀勒华""曼那罗华"等。佛典译为"适意""成意""杂色"等名。又称"佛花""颠茄""闷陀罗草""天茄弥陀花"。此植物茎高三、四尺，枝叶皆似茄子。此华在印度向来被当作是天界的花。其花大者，称为"摩诃曼陀罗华"。

【译文】这时佛又告诉四天王说："你们四天王及无量百千那由他鬼神眷属，如果世间的人王能够至心听闻这部经典，供养恭敬、尊重赞叹，你们四天王应当拥护，灭除他们的衰败忧患，给予安乐。如果有人能够广为宣说流布这部妙经，于人天中大作佛事，能大利益无量众生，这样的人，你们四天王一定要拥护，不要让其他的外缘来扰乱，使他的身心寂静安乐，能够继续广为宣说流布此经。

这时四大天王即从座位起来，偏袒右肩，右膝着地，长跪合掌，在世尊前，以偈赞叹说：

佛月清净具庄严，佛日晖耀千光明。眉目修长若青莲，齿白齐密如莲根；功德无量如大海，智慧无边法水具。百千三昧无缺减；足下平满辐相现，足指网缦如鹅王；佛身光耀如宝山，微妙清净融金聚，所有福德不思议，佛功德山我敬礼！佛真法身如虚空，应物现

形如水月，如焰如化不可测，故我稽首礼佛月！

这时世尊以偈回答说：

此《金光明》最胜经，甚深微妙无有上，十力世尊所宣说，四大天王常拥护。以此因缘令众生，获得无量安稳乐。为利有情安乐故，常得流通南阎浮，能灭三千大千界，所有恶趣无量苦。南阎浮提诸国王，心念正法治世间，若能流布此妙经，则令国土得丰熟，所有众生得安乐。若有国王求尊贵，欲令国土常丰乐，应当澡浴着净衣，至心听受此妙经，随心所愿悉皆从，内外怨贼悉摧伏，无量怖畏灭无余。由此最胜经王力，无量众生得安稳。犹如宝树在家中，能生一切诸珍宝，是妙经典亦如是，能与国王胜功德；如清凉水除干渴，是妙经典亦如是，能与国王甘露味；如入室有珍宝箧，随意受用悉在手，是《金光明》亦如是，能与国王如意宝。是《金光明》妙经典，常为诸天所供养，亦为护世四天王，威神势力之护持。十方常住一切佛，咸共护念此经王，若有演说称赞者，无量鬼神护是人。若有人能听此经，身心踊跃生欢喜，阎浮提内无量众，亦皆欢喜听此经，由听经故具威德，增益一切天人众。

这时，四大天王听了偈语之后，对佛说："世尊！我们往昔以来没有听闻过这样甚深微妙的法。我们听了以后，心生悲喜，涕泪交流，全身颤动，手足怡然，又得到了无量不可思议的妙乐。"于是以天曼陀罗华、大曼陀罗华，撒在世尊身上。这样供养佛之后，又对佛说："世尊！我们四大天王，各自有五百鬼神部从，将常常跟随宣说此经的法师，并给予守护。"

大辩天神品第七

【题解】

大辩天神，义净译作大辩才天女，此天专以智慧辩才流通佛法。此品叙述大辩天神向佛陀宣说护法誓言，令宣说本经的说法者获得总持妙慧辩才，广为流布此经，使得听闻此经的人都获得大智慧、大辩才、大福德等果报。

【原文】 **尔时大辩天白佛言："世尊！是说法者我当益其乐说辩才，令其所说，庄严次第，善得大智。若是经中有失文字，句义违错，我能令是说法比丘次第还得，能与总持[①]，令不忘失。若有众生于百千佛所种诸善根，是说法者为是等故，于阎浮提广宣流布是妙经典，令不断绝。复令无量无边众生得闻是经，当令是等悉得猛利不可思议大智慧聚，不可称量福德之报，善解无量种种方便，善能辩畅一切诸论，善知世间种种技术，能出生死得不退转，必定疾得阿耨多罗三藐三菩提。"**

【注释】 ①总持：即能总摄忆持无量佛法而不忘失之念慧力。有法、义、咒、忍等四种总持。

【译文】 这时大辩天对佛说："世尊！那些宣说《金光明经》的法师，我将增益他的说法意乐和辩才，使他的宣说义理谨严，得大智慧。若对经中的文字句义有错失的地方，我能使这位说法比丘依次纠正，并使他得到总持大智，对于经义毫无忘失。若有众生在百千佛前种下了善根，因为这个善因，说法者在阎浮提广为宣说流布这部妙经，使不断

绝。又使无量无边的众生能够听闻此经，使他们得到猛利不可思议的大智慧聚、不可称量的福德果报，善解无量种种的方便，善能论辩通达一切诸论，善知世间的种种技术，能出离生死，得不退转果位，必定速得阿耨多罗三藐三菩提。"

功德天品第八

【题解】

功德天神，义净译作大吉祥天女，经中记述为布施福德、财宝的女神，在《散脂鬼神品》中称为"第一威德成就众事大功德天"。本品叙述功德天向佛陀宣说护法誓言，给予宣说本经的说法者增益财物等一切所需，成就一切吉祥。又讲述了功德天供养仪轨法。天台宗金光明忏法中(见《国清百录》之五)，极为重视功德天，在释迦像左边首先安置功德天座，如果道场宽大，更安置大辩天、四天王座在释迦像右边。

【原文】 **尔时功德天白佛言："世尊！是说法者，我当随其所须之物，衣服饮食、卧具医药及余资产，供给是人，无所乏少，令心安住，昼夜欢乐，正念思惟是经章句，分别深义。若有众生于百千佛所种诸善根，是说法者为是等故，于阎浮提广宣流布是妙经典，令不断绝。是诸众生听是经已，于未来世无量百千那由他劫，常在天上人中受乐，值遇诸佛，速成阿耨多罗三藐三菩提，三恶道苦悉毕无余。世尊！我已于过去宝华功德海琉璃金山照明如来、应供、正遍知、明行足、善逝、世间解、无上士、调御丈夫、天人师、佛、世尊所种诸善根[①]，是故我今随所念方，随所视方，随所至方，能令无量百千众生受诸快乐。若衣服饮食资生之具，金银七宝、真珠、琉璃、珊瑚、琥珀、璧玉、珂贝，悉无所乏。若有人能称金光明微妙经典，为我供养诸佛世尊，三称我名，烧香供养，供养佛已，别以香华种种美味供施于我，洒散诸方，当知是人即能聚集资财宝物，以是因缘，增长地味，地神诸天，悉皆欢喜，所种谷米芽茎枝叶果实滋茂；树神欢喜，出生无量种种诸物。我时慈念诸众生故，多与资生所须之物。世尊！于此北方毗沙门天王有城名曰阿尼曼陀[②]，其城有园名功德华光，于是园中有最胜园，名曰金幢七宝极妙，此即是我常止住处。若有欲得财宝增长，是人当于自所住处，应净扫洒，洗浴其身，着鲜白衣，妙香涂身，为我至心三称彼佛宝华琉璃世尊名号，礼拜供养，烧香散华，亦当三称金光明经，至诚发愿；别以香华种种美味，供施于我，散洒诸方。尔时当说如是章句：**

波利富楼那遮利　三曼陀达舍尼罗怯　摩诃毗呵罗伽帝　三曼陀毗陀那伽帝摩诃迦梨波帝　波婆祢萨婆哆咶　三曼陀　修钵梨富隶　阿夜那达摩帝　摩诃毗鼓毕帝　摩诃弥勒簸僧祇帝　醯帝簁三博祇悕帝　三曼陀阿咃　阿㝹婆罗尼[③]

是灌顶章句，必定吉祥，真实不虚。等行众生及中善根，应当受持，读诵通利。七日七夜受持八戒[④]，朝暮净心，香华供养十方诸佛。常为己身及诸众生，回向具足阿耨多罗三藐三菩提，作是誓愿：令我所求皆得吉祥。自于所居房舍屋宅净洁扫除，若自住处，若阿兰若处[⑤]，以香泥涂地，烧微妙香，敷净好座，以种种华香布散其地，以待于我。我于尔时如一念顷，入其室宅，即坐其座，从此日夜令此所居，若村邑、若僧坊、若露地[⑥]，无所乏少。若钱、若金银、若珍宝、若牛羊、若谷米，一切所须即得具足，悉受快乐。若能以己所

作善根最胜之分回与我者，我当终身不远其人，于所住处至心护念，随其所求令得成就。应当至心礼如是等诸佛世尊，其名曰：宝胜如来、无垢炽宝光明王相如来、金焰光明如来、金百光明照藏如来、金山宝盖如来、金华焰光相如来、大炬如来、宝相如来。亦应敬礼信相菩萨、金光明菩萨、金藏菩萨、常悲菩萨、法上菩萨。亦应敬礼东方阿闳如来、南方宝相如来、西方无量寿佛、北方微妙声佛。"

【注释】 ①应供：梵语 arhat 或 arhant，音译"阿罗汉""阿罗诃"，又译为"应"。为佛十号之一。谓佛已断尽一切烦恼，智德圆满，应受人天供养而无愧德。《成唯识论》释，谓应永害烦恼怨贼，应受世间微妙供养，应不复受分段生死，故得"应"名。《瑜伽师地论》云："已得一切所应得义，应作世间无上福田，应为一切恭敬供养，是故名应。"又"阿罗汉"原具三义，曰杀贼，曰无生，曰应供，为声闻乘人极果所共有；在佛的十号中，以"应永害一切烦恼怨贼"的断德圆满而立称。明行足：梵语，音译"鞞侈遮罗那三般那"，意译"明行圆满"或"明行足"，为佛十号之一。"明"，指智证；"行"指实践修行，佛于二者圆满具足，故得是称号。善逝：梵语 sugata，音译作"修伽陀""苏揭多""修伽多"，为佛十号之一。也译为"善去""善解""善说无患""好说""好去"等。"逝"，是"去"或"到"义；"善"，是有不退转或究竟无余义。由不退转义，安稳而逝，说名"善逝"。外道异学虽也有得定得通，但其功德定会退失，不名善逝；二乘有学、无学所得功德虽不退失，然非圆满通达一切所知境，也不名"善逝"。于此二义唯佛为最，故立是号。世间解：梵语，音译"路伽惫"，意译作"知世间"，为佛十号之一。佛常以佛眼洞察世间诸有情类之升沉诸趣，方便济拔，置人天路，趣涅槃城。故佛于世间，不唯洞解有情世间，亦能洞解非情的器世间，以是智德号"世间解"。故《瑜伽师地论》说，佛是"善知世界及有情界，一切品类染净相故，名世间解。"无上士：梵语 anuttara，音译"阿耨多罗"，佛十号之一。又作"无上""无上丈夫"。如来之智德，于人中最胜，无有过之者，故称无上士。又涅槃法无上，佛自知之，如诸法中涅槃无上，佛于众生中亦最胜无上。调御丈夫：梵语 purusa-damya-sarathi，音译"富楼沙昙藐娑罗提"，佛十号之一。意指可化导一切丈夫之调御师。《瑜伽师地论》言："一切世间唯一丈夫，善知调心最胜方便，是故名无上士调御丈夫。"显示出佛化有情随机设教的功德。天人师：梵语 sastadevamanusy-anam，音译作"舍多提婆魔菟舍喃"，如来十号之一。谓佛说法利生事业所依止处，唯天与人二趣，度天、人者众，度余道者寡。有情诸趣中，唯人与天是能堪受佛法的法器，也唯佛能教导令其受益，故佛称为天人之师。《瑜伽师地论》言："能正教诫，教授天人，令其离一切众苦，是故说佛名人天师。"佛：梵语 buddha 之音译，音译"佛陀""佛驮""休屠""浮陀""浮屠""浮图"等。意译"觉者""知者""觉"，"觉悟真理者"之意。亦即具足自觉、觉他、觉行圆满，如实知见一切法之性相，成就等正觉的圣者。一是约断德圆满，二是约悲德圆满，三是约智德圆满，故得"佛陀"称号。世尊：梵语，音译"薄伽梵"，又译作"婆伽婆""婆哦缚帝"等，意译作"世尊"，如来十号之一。《大乘义章》卷十二说："佛备众德，为世钦重，故号世尊"。即为世间所尊重者之意，亦指世界中之最尊者。在印度一般用为对尊贵者之敬称，即"富有众德、众佑、威德、名声、尊贵者"之意，若于佛教，则特为佛陀之尊称。②阿尼曼陀：依义净译，名为"有财”。③㝹：译音用字。④八戒：又作八关戒斋、八分斋戒、八支斋戒等。指在家二众于六斋日受持一日一夜的出家戒律，是佛陀为在家弟子所制定暂时出家之学处。所谓：受持远离杀生（杀有情之生命）、不与取（取他不与之物）、非梵行（男女之媾和）、虚诳语（与心相违之言说）、饮诸酒、眠坐高广大床（坐卧于高广严丽之床座上）、涂饰香鬘及歌舞观听（身涂香饰花鬘，观舞蹈，听歌曲）、非时食（午后之食）等八戒。八戒中前七支为戒，后一支不非时食为斋，合称八关斋戒。关者，禁闭之义，受持八戒，能闭一切诸恶趣门，长养出世善根。又因受此八戒，近于僧伽或阿罗汉而住，故又称近住律仪。⑤阿兰若处：译为“远离处”“寂静处”“最闲处”“无诤处”。即距离聚落一定距离而适于修行的山林、荒野空闲处。⑥僧坊：又作“僧房”。僧尼所住之坊舍。亦指寺院。

【译文】 这时功德天对佛说：“世尊！对于受持、宣说《金光明经》的人，我当供养他的所须之物，如衣服、饮食、卧具、医药及其余种种资用，不使缺少；令他能够昼夜安乐而住，正念思维这部妙经的文句，分别经中甚深义理。若有众生在百千佛前种下了善根，因为这个善因，说法者在阎浮提广为宣说流布这部妙经，令不断绝。这些众生听闻这部经后，于未来世无量百千那由他劫中，常在天上人间享受快乐，值遇诸佛，速成阿耨多罗三藐三菩提，三恶道苦全部灭除无余。世尊！我已于过去宝华功德海琉璃金山照明如来、应供、正遍知、明行足、善逝、世间解、无上士、调御丈夫、天人师、佛、世尊所种下了善根，所以我今随心念所念，随目光所及，随行走所至，能令无量百千的众生享受快乐，如衣服饮食等资生用具，金银七宝、珍珠琉璃、珊瑚、琥珀、璧玉、珂贝，都没有缺少。若有人能称赞读诵《金光明》微妙经典，为我供养诸佛世尊，并三称我名，烧香供养。供养佛后，另外以种种香华、美味，供养于我，洒散在各个方位，当知此人即能够聚集资财和宝物。因为这个因缘也能够增长地味，地神和诸天神都欢喜，所种的谷米枝叶荣茂，果实累累；树神欢喜，生出无量种种果实。我在这慈心愍念众生，多给予他们生活所需之物。世尊！在此北方毗沙门天王有一个城名叫阿尼曼陀，城中有一个园名叫功德华光园，园中又有一个最殊胜的园，名叫金幢七宝极妙园，这里是我经常住的地方。如果有人想要得到财宝增长，应当在自己住处洒扫清净，洗浴身体，穿新净白衣，妙香涂身，为我至心三称彼佛宝华琉璃世尊的名号，礼拜供养，烧香散华；亦当三称《金光明经》，至诚发愿；另以种种香华、美味供养于我，洒散在各个方位。同时念诵咒语：

波利富楼那遮利　三曼陀达舍尼罗怯　摩诃毗呵罗伽帝　三曼陀毗陀那伽帝　摩诃迦梨波帝　波婆祢萨婆哆呫三曼陀　修钵梨富隶　阿夜那达摩帝　摩诃毗鼓毕帝　摩诃弥勒簸僧祇帝　醯帝蓰三博祇烯帝　三曼陀阿咃　阿㝹婆罗尼

念诵这个咒语，必定吉祥，真实不虚。中等善根的众生，应该受持这个咒语，流利读诵，七日七夜受持八关斋戒，早晚净心，以香华供养十方诸佛，常为自己及一切众生回向，愿成就阿耨多罗三藐三菩提。这样回向发愿之后，令所有希求，皆得圆满成就。自于所住屋宅房舍扫除洁净，或在自己住处，或在阿兰若处，用香泥涂地，烧微妙香，敷设庄严好座，以种种香华撒在地上，来等待我。我于这一念之间就进入屋内，坐其座上，接受供养。从此之后，使这一方，不论是村落、道场，或阿兰若处，随所希求，没有缺少。金银财宝、牛

羊谷米等一切所需资财都得到满足，获得快乐。如果能把这样做所获的最殊胜功德的一部分回向给我，我会终身不远离这人，对于他的住处，至心护念，随他有所希求，都令得到成就。应当至心礼敬如是等诸佛世尊，其名为：宝胜如来、无垢炽宝光明王相如来、金焰光明如来、金百光明照藏如来、金山宝盖如来、金华焰光相如来、大炬如来、宝相如来，也应礼敬信相菩萨、金光明菩萨、金藏菩萨、常悲菩萨、法上菩萨，也应敬礼东方阿闳如来、南方宝相如来、西方无量寿佛、北方微妙声佛。”

坚牢地神品第九

【题解】

坚牢地神，经中记述为主掌大地的女神。本品叙述坚牢地神向佛陀宣说护法誓言，若有本经所在之处，使地味增长，出生地利，百谷药草树木的花果滋茂，美色香味悉皆具足，土地丰饶，人民富庶；并昼夜护卫说法者，广为流布此经。

【原文】 **尔时地神坚牢白佛言：“世尊！是金光明微妙经典，若现在世，若未来世，在在处处，若城邑聚落，若山泽空处，若王宫宅；世尊！随是经典所流布处，是地分中敷师子座，令说法者坐其座上，广演宣说是妙经典，我当在中常作宿卫[1]，隐蔽其身于法座下，顶戴其足。我闻法已，得服甘露无上法味，增益身力，而此大地深十六万八千由旬，从金刚际至海地上，悉得众味增长具足，丰壤肥浓过于今日。以是之故，阎浮提内药草树木根茎枝叶华果滋茂，美色香味皆悉具足，众生食已增长寿命，色力辩安，六情诸根具足通利，威德颜貌端严殊特。成就如是种种等已，所作事业多得成办，有大势力，精勤勇猛。是故世尊！阎浮提内安隐丰乐，人民炽盛，一切众生多受快乐，应心适意，随其所乐。是诸众生得是威德大势力已，能供养是金光明经，及恭敬供养持是经者四部之众，我于尔时当往其所，为诸众生受快乐故，请说法者广令宣布如是妙典。何以故？世尊！是金光明若广说时，我及眷属所得功德倍过于常，增长身力，心进勇锐。世尊！我服甘露无上味已，阎浮提地纵广七千由旬丰壤倍常。世尊！如是大地，众生所依，悉能增长一切所须之物；增长一切所须物已，令诸众生随意所用，受于快乐，种种饮食、衣服、卧具、宫殿屋宅、树木林苑、河池井泉，如是等物依因于地，悉皆具足。是故世尊！是诸众生为知我恩应作是念，我当必定听受是经，供养恭敬，尊重赞叹。作是念已，即从住处，若城邑聚落、舍宅空地，往法会所听受是经。既听受已，还其所止，各应相庆，作如是言：我等今者闻此甚深无上妙法，已为摄取不可思议功德之聚，值遇无量无边诸佛，三恶道报已得解脱，于未来世常生天上人中受乐。是诸众生各于住处，若为他人演说是经，若说一喻一品一缘，若复称叹一佛一菩萨一四句偈乃至一句，及称是经首题名字；世尊！随是众生所住之处，其地具足丰壤肥浓，过于余地；凡是因地所生之物，悉得增长，滋茂广大，令诸众生受于快乐，多饶财宝，好行惠施，心常坚固深信三宝。”**

尔时佛告地神坚牢：“若有众生，乃至闻是金光明经一句之义，人中命终随意往生三十三天。地神！若有众生，为欲供养是经典故，庄严屋宅，乃至张悬一幡一盖及以一衣，欲界六天已有自然七宝宫殿[2]，是人命终即往生彼。地神！于诸七宝宫殿之中，个个自然

有七天女，共相娱乐，日夜常受不可思议微妙快乐。”

尔时地神白佛言：“世尊！以是因缘，说法比丘坐法座时，我常昼夜卫护不离，隐蔽其形在法座下，顶戴其足。世尊！若有众生于百千佛所种诸善根，是说法者为是等故，于阎浮提广宣流布是妙经典，令不断绝。是诸众生听是经已，未来之世无量百千那由他劫，于天上人中常受快乐，值遇诸佛，疾成阿耨多罗三藐三菩提，三恶道苦悉断无余。”

【注释】 ①宿卫：这里指昼夜守卫。②欲界六天：佛教世界观中有欲界、色界、无色界三界，欲界有六重天，称为“六欲天”：一、四王天，即四大天王之天。二、忉利天，即三十三天。三、夜摩天，译言时分天。四、兜率天，译言喜足天。五、乐变化天。六、他化自在天。此中四王天在须弥山之半腰，忉利天在须弥山之顶，因此称为“地居天”，兜率天已上住在空中，谓之“空居天”。

【译文】 这时地神坚牢对佛说：“世尊！这部《金光明》微妙经典，假若现在世、未来世，在在处处，不论在城邑村落，或山林空闲阿兰若处，或王宫殿堂处；世尊！如有这部经典流布之处，如果在其处布置了狮子宝座，请说法者坐在座上，广演宣说这部微妙经典，我将会在其中常作护卫，隐蔽身形在法座下，顶戴说法者之足，我听闻法后，得以服食无上甘露法味，增益身力，喜悦无量。自身得到这样的利益后，也使得大地深至十六万八千由旬，从金刚轮际至海面及陆地上，地味都得到增益，土壤肥沃浓厚倍过平时；由此使得阎浮提内的所有树木药草及种种花果苗稼都根茎丰壮，枝叶繁茂，华果滋盛，美色香味，悉皆具足。众生吃了地上的种种果实庄稼之后，身体健壮，寿命增长，身心灵活勇健，六根明利安和，容貌端严，威德具备。所作事业，多得成功，精勤勇猛，有大势力。世尊！因为这个因缘，阎浮提内人民繁盛，安稳丰乐，身心欢悦，一切众生多受快乐。此方众生得到这样的威德大势力后，能供养这部《金光明经》，并恭敬供养受持这部经的四部众，这时我会到受持这部经的四部众的住所，为了让众生得到种种利益安乐，劝请说法者广为宣说此微妙经典。为什么呢？世尊！这部《金光明经》广为宣说的时候，我及眷属所得的功德超过寻常多倍，增长身力，勇猛无畏。世尊！我尝到无上甘露法味之后，阎浮提地上深广七千由旬的土地丰饶肥沃数倍平常。世尊！大地是众生的依住之处，能够增长一切所需之物，使得所有众生种种资用，随意即得，皆受安乐。种种饮食衣服卧具、宫殿屋宅、树木林苑、河池井泉等物，因为地味增长，都全部具足了。世尊！因此这些众生了知我的恩德之后，应该有这样的心念，我应该一定听闻受持此经，供养恭敬、尊重赞叹此经。这样思维之后，即从城邑村落或阿兰若住处，前往法会处听受此经；在听闻受持之后，回到住处，相互庆贺，都这样说，我们今天听闻了无上甚深妙法，即是已经获得了不可思议的大功德藏，将来会遇到无量无边的诸佛，三恶道苦报永远解脱，未来世常生天上人中，得受快乐。那时这些听闻此经的人，各自在自己的住处为他人演说这部经的内容。如果演说了经中的一个比喻、一品或一个因缘；或者又称叹了一佛、一菩萨、一四句偈、乃至于一个句子，或者读了这部经的经首题名；世尊！那么这些众生的所住之处，土地具足丰饶肥沃超过其余地方；凡是此地所有的生长之物，全部得到增长，广大丰茂，使得众生得到快乐，财宝丰足，好行布施，深信三宝，信念坚固。”

这时佛对地神坚牢说："如果有众生，乃至于听闻了这部《金光明经》的一句之义，人间命终之后，随意往生三十三天。地神！若有众生为了供养这部经典，庄严布置屋宅，乃至悬挂一个幡，张设一伞盖，欲界六天已经自然生出七宝宫殿，此人命终即往生到那里。地神！在那些七宝宫殿中，各各自然有七天女，一起娱乐，日夜常受不可思议的微妙快乐。"

这时地神对佛说："世尊！因为这个因缘，当说法比丘坐在法座宣说此经时，我常昼夜护卫不离，隐蔽身形在法座下，顶戴其足。世尊！若有众生在百千佛前种下了善根，因为这个善因，说法者在阎浮提广为宣说流布这部妙经，使不断绝。这些众生听闻这部经后，于未来世无量百千那由他劫中，常在天上人间享受快乐，值遇诸佛，速成阿耨多罗三藐三菩提，三恶道苦全部灭除无余。"

卷三

散脂鬼神品第十

【题解】

散脂，梵名 Samjneya，音译"僧慎尔耶"。散脂鬼神，又作"散脂迦大将""散支大将"或"散脂鬼神大将军"，义净译为"僧慎尔耶药叉大将"。意译作"正了知"，即了知一切诸法体性差别。系北方毗沙门天王八大将之一，二十八部众之总司。此大将护持佛法不遗余力，率二十八部药叉诸神，随处隐形拥护说法师及救护诸善男信女，离苦得乐。本品叙述散脂大将向佛陀宣说护法誓言，若有本经所在之处，正了知散脂大将及所率领的二十八部鬼神众则拥护说法者，令消灭诸恶，获得不可思议的功德聚。

【原文】 **尔时散脂鬼神大将及二十八部诸鬼神等，即从座起，偏袒右肩，右膝着地，白佛言："世尊！是金光明微妙经典，若现在世及未来世，在在处处，若城邑聚落，若山泽空处，若王宫宅，随是经典所流布处，我当与此二十八部大鬼神等往至彼所，隐蔽其形，随逐拥护是说法者，消灭诸恶，令得安隐；及听法众，若男、若女、童男童女，于是经中乃至得闻一如来名、一菩萨名及此经典首题名字，受持读诵，我当随侍宿卫拥护，悉灭其恶，令得安隐；及国邑城郭，若王宫殿、舍宅空处，皆亦如是。世尊！何因缘故，我名散脂鬼神大将？唯然世尊，自当证知。世尊！我知一切法，一切缘法；了一切法，知法分齐。如法安住，一切法如性，于一切法含受一切法[①]。世尊！我现见不可思议智光、不可思议智炬、不可思议智行、不可思议智聚、不可思议智境[②]。世尊！我于诸法正解正观，得正分别，正解于缘，正能觉了[③]。世尊！以是义故，名散脂大将。世尊！我散脂大将，令说法者庄严言辞，辩不断绝，众味精气从毛孔入，充益身力，心进勇锐，成就不可思议智慧，入正忆念。如是等事悉令具足，心无疲厌，身受诸乐，心得欢喜。以是意故，能为众生广说是经。若有众生，于百千佛所种诸善根，说法之人为是众生，于阎浮提内广宣流布是妙经典，令不断绝。无量众生闻是经已，当得不可思议智聚，摄取不可思议功德之聚，于未来世无量百**

千劫，人天之中常受快乐，于未来世值遇诸佛，疾得证成阿耨多罗三藐三菩提，一切众苦，三恶趣分，永灭无余。南无宝华功德海琉璃金山光照如来、应供、正遍知！南无无量百千亿那由他庄严其身释迦如来、应供、正遍知，炽然如是微妙法炬！南无第一威德成就众事大功德天！南无不可思量智慧功德成就大辩天。"

【注释】①"我知一切法"至"于一切法含受一切法"数句：按，此段文字标点颇难，文义难以确定。笔者依据《文句》的句读标点为："我知一切法、一切缘法。了一切法（《文句》云此是从假入空观也），知法分齐（《文句》云此是从空入假观）。如法安住，一切法如性，于一切法含受一切法（《文句》云此是中道第一义谛观）。"义净译文为："我知诸法，我晓一切法。随所有一切法，如所有一切法。诸法种类，体性差别。"依大乘义，一切法不出两类：如所有性，即是诸法的体性；尽所有性，即是诸法的差别种类、各别自性。此段文字虽然标点颇难，但要义不出此二：一是了知一切法的体性——空性实相，此是如所有性；二是了知一切法的差别种类、各别自性，此是尽所有性。此段及下文的五智光，不同宗派有不同解释。或以二智解释，或以天台宗三观三智解释，或以唯识之四智解释，或以密乘五智解释。②现见：指证悟到了此种境界，故译作现量亲证见。③"我于诸法正解正观"四句：这里五种正解观，有不同解释。《文句》配合佛之三身解释。

【译文】这时，散脂鬼神大将及二十八部诸鬼神众等，即从座位起来，偏袒右肩，右膝着地，对佛说："世尊！这部《金光明》微妙经典，假若现在世，或未来世，在在处处，不论在城邑村落，或山林空闲阿兰若处，或王宫殿堂处，如有这部经典流布之处，我将与此二十八部大鬼神等，来到说法之处，隐蔽身形，昼夜跟随卫护这个说法的人，灭除一切恶，让他们得到安稳。又听法的会众，不论是男是女、童男童女，在这部经中乃至听闻了一如来名号、一菩萨名号以及这部经典的题名等，受持读诵，我将日夜跟随卫护，灭除一切恶，让他们得到安稳。不论在国土城邑，在王宫殿宇、还是在舍宅空处，我也都会同样保护。世尊！是什么因缘，我名叫正了知散脂鬼神大将。是的，世尊！其中的因缘，佛心中知。世尊！我了知一切法、一切因缘所生之法，通达一切法之空性实相及其分齐差别；如其法性安住，一切法性相如如，于一切法中含受一切法。世尊！我现量亲证见不可思议智光、不可思议智炬、不可思议智行、不可思议智聚、不可思议智境。世尊！我对于诸法能够正解、正观，得正分别，正解因缘，能正知觉。世尊！因此缘故，我名叫正了知散脂大将。世尊！我散脂大将，能使宣说《金光明经》的说法者言辞精辟究竟，辩才无尽，具足庄严；无形的精气从毛孔进入，身心精力充足，威神勇健；成就不可思议智慧，得正忆念，如此等事全部具足。心无疲厌，身受诸乐，心得欢喜。因为有这样的意乐心，所以能为众生广说此经。若有众生在百千佛前种下了善根，说法者为了众生得利益而在阎浮提广为宣说流布这部妙经，令不断绝。无量众生听闻这部经后，将得到不可思议智境，集积不可思议功德，于未来世无量百千那由他劫中，常在天上人间享受快乐，值遇诸佛，速疾证得阿耨多罗三藐三菩提，三恶道苦永远灭除无余。南无宝华功德海琉璃金山光照如来、应供、正遍知！南无无量百千亿那由他庄严其身释迦如来、应供、正遍知，点燃如此微妙大法炬！南无第一威德成就众事大功德天！南无不可思量智慧功德成就大辩天！"

正论品第十一

【题解】

《金光明经》以护国之经著名，但本品却赋予了国王以正法治理国家的重要责任，没有把国家治乱的责任完全置于宗教式的天神护国一边，恰当地说明了二者的因缘关系。本品讲述在过去世中，力尊相王对其子信相讲述的治世正论，是一个很具体实在的正法治世正论。要点有二：一是遮止十恶，推行十善；二是不得放纵亲近眷属的奸恶而不治理，应当亲疏平等，以正法治理。本品阐述了人王被称为天子的理由是，需以正法治世，如此则会得到诸天拥护，风雨随时，无诸灾祸，国土丰实，人民安乐；如果人王不以正法治世，不行平等，亲近恶小，不修善事，则诸天远离不护，导致灾难、疾疫、战乱生起，国家败乱。这与中国传统儒家的天人感应思想颇有相通之处。对于国家治乱、人民安乐幸福的切实关注是本品的一大特点。

【原文】 尔时佛告地神坚牢："过去有王名力尊相，其王有子名曰信相，不久当受灌顶之位[1]，统领国土。尔时父王告其太子信相：'世有正论，善治国土。我于昔时曾为太子，不久亦当绍父王位，尔时父王持是正论，亦为我说。我以是论于二万岁善治国土，未曾一念以非法行，于自眷属，情无爱著。'何等名为治世正论？地神！尔时力尊相王为信相太子说是偈言：

我今当说，诸王正论，为利众生，断诸疑惑，一切人王，诸天天王，应当欢喜，合掌谛听。

诸王和合，集金刚山[2]，护世四镇[3]，起问梵王：

大师梵尊，天中自在，能除疑惑，当为我断，云何是人，得名为天，云何人王，复名天子，生在人中，处王宫殿，正法治世，而名为天。护世四王，问是事已，时梵尊师，即说偈言：汝今虽以，此义问我，我要当为，一切众生，敷扬宣畅，第一胜论。因集业故，生于人中，王领国土，故称人王。处在胎中，诸天守护，或先守护，然后入胎，虽在人中，生为人王，以天护故，复称天子。三十三天，各以己德，分与是人，故称天子。神力所加，故得自在，远离恶法，遮令不起，安住善法，修令增广，能令众生，多生天上。半名人王，亦名执乐，罗刹魁脍[4]，能遮诸恶；亦名父母，教诲修善，示现果报，诸天所护[5]。善恶诸业，现在未来，现受果报，诸天所护。若有恶事，纵而不问，不治其罪，不以正教，舍远善法，增长恶趣，故使国中，多诸奸斗，三十三天，各生嗔恨。由其国王，纵恶不治，坏国正法，奸诈炽盛，他方怨敌，竞来侵掠，自家所有，钱财珍宝，诸恶盗贼，共来劫夺。如法治世，不行是事，若行是者，其国殄灭[6]。譬如狂象，踏莲华池，暴风卒起，屡降恶雨，恶星数出，日月无光，五谷果实，咸不滋茂。由王舍正，使国饥馑，天于宫殿，悉怀愁恼。由王暴虐，不修善事，是诸天王，各相谓言：是王行恶，与恶为伴，以造恶故，速得天嗔，以天嗔故，不久国败。非法兵仗，奸诈斗讼，疾疫恶病，集其国土，诸天即便，舍离是王，令其国败，生大愁恼。兄弟姊妹，眷属妻子，孤迸流离[7]，身亦灭亡；流星数堕，二日并现；他方恶贼，侵掠其土，人民饥饿，多诸疾疫；所重大臣，舍离薨亡[8]；象马车乘，一念丧灭；诸家财产，国土所有，互相劫夺，刀兵而死；五星诸宿[⑨]，违失常度；诸恶疾疫，流遍其国。诸受宠禄，所任大臣，及诸群僚，专行非法，如是行恶，偏受恩遇，修善法者，日日衰灭。于行恶者，而生恭敬，见修善者，心不顾录，故使世间，三异并起[⑩]，星宿失度，降暴风雨；破坏甘露，无上正法，众生等类，及以地肥。恭敬弊恶，毁诸善人，故天降雹，饥饿疫病，谷米果实，滋味衰减，多病众生，充满其国；甘美盛果，日日损减，苦涩恶味，随时增长；本所游戏，可爱之处，悉皆枯悴[⑪]，无可乐者；众生所食，精妙上味，渐渐损减，食无肥肤。颜貌丑陋，气力衰微，凡所食啖，不知厌足，力精勇猛，悉灭无有，懒惰懈怠，充满其国，多有病苦，逼切其身，恶星变动，罗刹乱行[⑫]。若有人王，行于非法，增长恶伴，损人天道，于三有中，多受苦恼。起如是等，无量恶事，皆由人王，爱著眷属，纵之造恶，舍而不治。若为诸天，所护生者，如是人王，终不为是；有行善者，得生天中，行不善者，堕在三涂[⑬]。三十三天，皆生焦热，由王纵恶，舍而不治，违逆诸天，及父母敕[⑭]，不能正治，则非孝子。起诸奸恶，坏国土者，不应纵舍。当正治罪，是故诸天，护持是王，以灭恶法，修习善故，现世正治，得增王位。应各为说，善不善业，能示因果，故得为王，诸天护持，邻王佐助。为自为他，修正治国。有坏国者，应当正教，为命及国，修行正法，不应行恶，恶不应纵。所有余事，不能坏国；要因多奸，然后倾败。若起多奸，坏于国土，譬如大象，坏莲华池；怨恨诸天，故天生恼，起诸恶事，弥满其国。是故应随，正法治世，以善化国，不顺非法，宁舍身命，不爱眷属，于亲非亲，心常平等，视亲非亲，和合为一。正行名称，流布三界，正法治国，人多行善，常以善心，仰瞻国王；能令天众，具足充满，是故正治，名为人王。一切诸天，爱护人王，犹如父母，拥护其子，故令日月，五星诸宿，随其分齐，不失常度，风雨随时，无诸灾祸，令国丰实，安乐炽盛，增益人民，诸天之众。以是因缘，诸人王等，宁舍身命，不应为恶；不应舍离，正法珍宝，由正法宝，世人受乐。常当亲近，修正法者，聚集功德，庄严其身。于自眷属，常知止足，当远恶人，修治正法，安止众生，于诸善法，教敕防护，令离不善。是故国土，安隐丰乐，是王亦得，威德具足，随诸人民，所行恶法，应当调伏，如法教诏，是王当得，好名善誉，善能摄护，安乐众生。”

【注释】：

①灌顶：印度古代国王登基的加冕礼。②金刚山：这里即指须弥山。③护世四镇：即四大天王，有护世镇国之功德。④罗刹魁脍：指能够遮制恶鬼的药叉将等。《文句》云："魁脍名典军，遮制恶鬼。"⑤诸天所护：《文句》注释为：半名人王已下答有三义故称半为王：一名执乐者，乐由于王。王执此乐使天下和平，…故执乐者名王。二者遮恶为民除害，…故遮恶名王。三父母者，诲示祸福导语善恶，制礼作乐而民知禁，谁不归德。故父母名之为王。《文句》：护世四大天王发四问："一问云何呼人为天？二问非天所生而名天子？三问处王宫殿何故名天？四问以人法治世那得名天？"问既有四，答亦为四："一答天护其入胎，虽是人子而称天子。三十三天各分己德，虽是于人而称为天。虽处人宫殿用天律治世，虽是人主而称为天。虽是人法治世，令众生行善多生天上，以因中说果故称为天。"⑥殄：灭尽。⑦迸：散逃。⑧薨：古代诸侯之死称薨。⑨宿：星宿。⑩三异：指风、雨、星三者的异常。⑪悴：憔悴。⑫罗刹：梵语 raksasa，恶鬼之名。又作"罗刹娑"（罗刹婆为

误写)、"罗叉娑"等。意译为"可畏""速疾鬼""护者"。女则称"罗刹女""罗叉私"。男即极丑,女即甚殊美,并皆食啖于人。另有一说谓罗刹系地狱之狱卒,职司惩罚罪人。⑬三涂:又称"三途",指火涂、刀涂、血涂,分别对应地狱、饿鬼、畜生三恶趣。谓地狱名火途,火聚多故;畜生名血途,因屡受残害故;饿鬼名刀途,刀杖加于身故。⑭敕:告诫。

【译文】 那时,佛对地神坚牢说:"过去有一个国王名叫力尊相,国王有儿子名叫信相,不久当受灌顶之位,统领国土。那时父王告诉太子信相说:'世间有正论,能够很好地治理国家。我以前也是太子,不久也要继承父亲的王位。当时父王给我讲说了这个治世正论,我依着这个治世正论,在两万年中很好地治理着国家,未曾有一念偏离这个正论,施行不合乎正论的政令,对于自己的亲近眷属也没有给予特别偏爱。'为什么名叫治世正论呢?地神!那时力尊相王为信相太子说了如下教言:

我今当说王正论,为利众生断疑惑,一切人王诸天王,应当欢喜合掌听:诸王集会金刚山,护世四王问梵王:大师梵主尊,天中大自在,愿哀愍我等,为断诸疑惑。云何处人世,而得名为天;云何为人王,称名为天子;云何生人间,或处王宫殿,

或正法治世,亦得名为天?护世四王请问已,大梵天主为说偈:

护世汝虽以,此义请问我,我以此机缘,利益一切众,开演广宣说,第一义胜论。因集善业故,出生于人中,统领诸国土,故称为人王。处在母胎中,诸天共守护,或先共加护,然后入母胎,虽在人世中,生而为人王,由诸天护持,亦得名天子。三十三天主,各以己天德,分与此人王,亦得名天子。由诸天神力,加持得自在,除灭诸恶法,遮止令不生,安住于善法,教众生修善,多数生天上,亦得名为天。半名为人王,亦名为执乐;能遮止诸恶,如罗刹魁脍;教诲令修善,亦名为父母,现示因果报,诸天所共护。示其善恶业,现在未来世,现受诸果报,诸天所共护。国人造恶业,人王不禁制,放纵不治罪,不施以正教,舍离远善法,增长诸恶趣,故使国土中,奸诈日增多,三十三天众,咸生愤怒心。国王不治政,纵恶炽然盛,坏乱国正法,谄伪行世间,被他方怨敌,侵掠其国土,所有资生具,钱财珍宝等,悉被恶盗贼,共来劫夺去。如法治世者,不行非正法,若行非正法,其国将灭亡。譬如有狂象,践踏莲花池,亦如暴风起,降注恶霪雨,妖星多变怪,日月蚀无光,五谷及花果,果实皆不成。由王舍正法,国中遭饥馑,诸天处宫殿,见已生愁恼。由王行暴虐,不修诸善事,彼诸天王众,共作如是言:此王行非法,恶党相亲附,因造众恶业,诸天皆愤怒;由诸天愤怒,其国当败亡。盗贼刀兵起,争斗谋乱生,恶病及疾疫,流行其国土;诸天不护念,舍离此国王,使其国败亡,令生大愁恼。父母及妻子,兄弟并姊妹,国乱身流离,生死两不知;变怪流星坠,二日俱时出,他方怨敌来,国人遭战乱,灾荒及饥饿,疾疫并流行;谋国之重臣,遭枉而身死,象马车兵乘,转瞬皆散失;国土及人民,财产遭劫夺,处处有刀兵,人多非法死;五星及诸宿,违失于常度,诸恶病疾疫,流行遍国中。所任诸大臣,及其官僚众,恃宠信谄媚,专门行非法,如此奸恶人,偏受恩宠遇,而行善法人,日日遭贬退。见行恶事者,却心生爱敬,见行善法者,而心不看顾,因此使世间,三灾异并起,星宿失常度,非时暴风雨。失坏甘露味,正法当隐没。由近奸恶人,舍弃诸善人,众生及地力,皆得大衰减。天降下雹雨,饥饿疫病起,谷米诸果实,滋味都损减,多病之众生,充满于国中。园林中树

木，先有甘美果，由此皆损减，苦涩恶味增；先有妙园林，可爱游戏处，忽然都枯悴，毫无可乐者；所食诸稻麦，精妙味渐减，饭食无滋味，不能增体力；颜貌光色减，势力尽衰微，食饮虽然多，不能令饱足。于其国界中，所有众生类，少力无勇猛，所作多情怠；国人多疾病，众苦逼切身，妖星鬼魅动，罗刹随处生。若有诸人王，行于非正法，亲近于恶人，损减人天道，于三恶道中，多受诸大苦。如此无量过，使得国衰乱，皆因诸人王，宠信奸恶人，纵容亲眷属，不以正法治。由诸天加护，生而为人王，终不行非法，以正法治世。若人修善行，当得生天中，若行诸不善，必堕三恶道。国王纵容恶，舍正不治理，三十三天众，皆生热恼心；不顺诸天教，及顺父母言，不以正法治，则是不孝子。国中起奸邪，坏乱于国法，当正法治罪，切勿姑放纵；因此诸天众，皆护持此王，灭除诸恶法，劝修习众善，现世正法治，王位得增固。应当常宣说，行善劝不善，示善恶因果，故得作人王；诸天共护持，邻国互帮助。为自利利他，治国以正法。见有坏国法，应当如法治，假使失王位，及遇害命缘，终不行恶法，见恶不治理。害中极重者，无过国坏乱，起因在奸恶，致使国倾败。若国起奸恶，将坏乱国土，譬如恶大象，踏坏莲花池；诸天生忧恼，共愤不护念，灾戾不祥起，恶乱满国中。是故彼人王，应正法治世，善法治化国，不顺于非法；宁舍于身命，不宠纵亲眷，于亲与非亲，心常怀平等，视亲与非亲，和合为一体。正行有名称，流布三界中，正法治国家，人多行善法，常以善爱心，敬仰于国王；能令诸天众，增长及充满，以正法治世，得名为人王。一切诸天众，爱护此人王，犹如人父母，常护念其子；故使诸日月、五星众星宿，依位随时行，不失于常度；风雨随时节，无有诸灾祸，国土皆丰饶，人民得安乐，一切诸天众，增广得充满。是故诸人王，当知正法利，宁舍于身命，也不为恶伴；不应遂舍离，正法珍宝藏，由行正法宝，世人得安乐。应当常亲近，修行正法者，聚集善功德，庄严于自身。于亲近眷属，常知有节度，远谄佞恶人，严修治正法。常以十善法，教化一切众，令防护身心，远离十不善。由此国大治，国土常丰乐，此王亦将得，具足大威德。随有国中人，若行诸恶法，即当予调伏，如法而教化；人王行正法，当得好名称，善能护人民，安乐诸众生。”

善集品第十二

【题解】

本品是对《正论品》内容的续说。《正论》论理，本品叙事，举了释迦牟尼佛的一个本生故事为例，来说明国王尊重供养宣说《金光明经》所带来的功德利益。释迦牟尼佛过去世曾为善集圣王，劝请供养宝冥比丘（阿閦佛前世）敷扬宣说《金光明经》，王闻正法，发愿以满四天下无量珍宝供养，以此因缘，国安民乐，而国王也因此善根而成就了百福庄严的菩提正法之身。

【原文】 **尔时如来复为地神说往昔因缘，而作偈言：**

我昔曾为，转轮圣王[1]，舍四大地[2]，及以大海，又于是时，以四天下，满中珍宝，奉上诸佛，凡所布施，皆舍所重，不见可爱，而不舍者。于过去世，无数劫中，求正法故，常舍身命。又过去世，不可议劫，有佛世尊，名曰宝胜，其佛世尊，般涅槃后[3]，时有圣王，名曰善集，于四天下，而得自在，治正之势，尽大海际。其王有城，名水音尊，于其城中，止住治

化，夜睡梦中，闻佛功德，及见比丘，名曰宝冥，善能宣畅，如来正法，所谓金光，微妙经典，明如日中，悉能遍照。是转轮王，梦是事已，即寻觉寤，心喜遍身，即出宫殿，至僧坊所，供养恭敬，诸大圣众，问诸大德，是大众中，颇有比丘，名曰宝冥，成就一切，诸功德不？尔时宝冥，在一窟中，安坐不动，思惟正念，读诵如是，金光明经。时有比丘，即将是王，至其所止，到宝冥所。时此宝冥，故在窟中，形貌殊特，威德炽然，即示王言，是窟中者，即是所问，宝冥比丘，能持甚深，诸佛所行，名金光明，诸经之王。时善集王，即寻礼敬，宝冥比丘，作如是言：面如满月，威德炽然，惟愿为我，敷演宣说，是金光明，诸经之王。时宝冥尊，即受王请，许为宣说，是金光明。三千大千，世界诸天，知当说法，悉生欢喜，于净微妙，鲜洁之处，种种珍宝，厕填其地，上妙香水，持用洒之，散诸好华，遍满其处。王于是时，自敷法座，悬缯幡盖[④]，宝饰交络，种种微妙，殊特末香，悉以奉散，大法高座；一切诸天，龙及鬼神，摩睺罗伽，紧那罗等，即雨天上，曼陀罗华，遍散法座，满其处所；不可思议，百千万亿，那由他等，无量诸天，一时俱来，集说法所。是时宝冥，寻从窟出，诸天即时，以娑罗华[⑤]，供养奉散，宝冥比丘。是时宝冥，净洗身体，着净妙衣，至法座所，合掌敬礼，是法高座。一切天王，及诸天人，雨曼陀罗、大曼陀罗、摩诃曼殊[⑥]，众妙宝华，无量百千，种种伎乐，于虚空中，不鼓自鸣。宝冥比丘，能说法者，寻上高座，结跏趺坐[⑦]，即念十方，不可思议，无量千亿，诸佛世尊，于诸众生，兴大悲心，及善集王，所得王领[⑧]，尽一日月，所照之处。时说法者，即寻为王，敷扬宣说，是妙经典。是时大王，为闻法故，于比丘前，合掌而立。闻于正法，赞言善哉！其心悲悼，涕泪交流，寻复踊悦，心意熙怡。为欲供养，此经典故，尔时即提，如意珠王[⑨]，为诸众生，发大誓愿：愿于今日，此阎浮提，悉雨无量，种种珍异，瑰奇七宝，及妙璎珞，以是因缘，悉令无量，一切众生，皆受快乐。即于尔时，寻雨七宝，及诸宝饰，天冠耳珰[⑩]，种种璎珞，甘馔宝座[⑪]，悉皆充满，遍四天下。时王善集，即持如是，满四天下，无量七宝，于宝胜佛，遗法之中，以用布施，供养三宝[⑫]。尔时为王，说法比丘，于今现在，阿閦佛是；时善集王，听受法者，今则我身，释迦文是。我于尔时，舍此大地，满四天下，珍宝布施，得闻如是，金光明经，闻是经已，一称善哉，以此善根，业因缘故，身得金色，百福庄严，常为无量，百千万亿，众生等类，之所乐见。既得见已，无有厌足，过去九十，九亿千劫，常得作于，转轮圣王；亦于无量，百千劫中，常得王领，诸小国土；不可思议，劫中常作，释提桓因，及净梵王；复得值遇，十力世尊，其数无量，不可称计。所得功德，无量无边，皆由闻经，及称善哉。如我所愿，成就菩提，正法之身，我今已得。

【注释】 ①转轮圣王：佛教中的圣王理想。轮王有四种：金轮王、银轮王、铜轮王、铁轮王。铁轮王统摄南方一洲，铜轮王统摄南、西二洲，银轮王统摄南、西、东三洲，金轮王则统摄四洲。金轮王生时现有七宝，即轮宝、象宝、马宝、珠宝、女宝、主藏宝与主兵臣宝，御此宝轮巡游四洲，能以威德感化四天下有情，修十善道，使得世界和平，人民安乐。②四大地：即四大部洲。③涅槃：梵语 nirvana，又作“泥洹”“涅隶槃那”等。意译作“灭”“寂灭”“灭度”“无生”。与择灭、离系、解脱等词同义。或作“般涅槃”（般，为梵语 pari 之音译，完全之义，意译作“圆寂”）、“大般涅槃”（大，即殊胜之意。又作“大圆寂”）。指燃烧烦恼之火灭尽，完成悟智（即菩提）的境地。此为超越生死（迷界）之悟界，也是佛教终

极的实践目的，故被列为法印之一，称“涅槃寂静”。小乘有有余涅槃、无余涅槃二义，大乘又增加了自性涅槃和无住涅槃二义。④缯：丝帛。⑤娑罗华：娑罗树之花，其色淡黄。⑥摩诃曼殊：又译作“柔软华”“白圆华”“如意华”“槛花”“曼殊颜华”。其花大者，称为“摩诃曼殊沙华”。曼殊沙华为四种天华之一，乃天界花名。其花鲜白柔软，诸天可随意降落此花，以庄严说法道场，见之者可断离恶业。⑦跏趺：一种修禅坐法。两足交叉置于左右股上，称“全跏趺坐”。或单以左足押在右股上，或单以右足押在左股上，称“半跏趺坐”。⑧王领：王所领治的国土。⑨如意珠王：佛教中传说的一种宝珠。从宝珠出种种所求如意，故名如意。出自龙王或摩竭鱼之脑中，或为佛舍利所变成。⑩耳珰：玉制的耳饰。⑪甘馔：美食。⑫三宝：指为佛教徒所尊敬供养的佛宝、法宝、僧宝等。

【译文】 这时如枭又为地神讲说往昔的因缘，而作偈说：

我昔曾为转轮王，舍此大地并大海，又以四洲满珍宝，奉献供养诸如来。布施皆舍最珍重，如不珍爱即不施，我于往昔无数劫，为求正法常舍身。又于过去难思劫，有佛世尊名宝胜，其佛世尊涅槃后，时有圣王名善集，为转轮王化四洲，尽大海际得正治，其王有城水音尊，住此城中行治化。夜梦闻说佛功德，见有比丘名宝冥，善能宣畅佛正法，谓《金光明》微妙经，如日光明悉遍照。彼王梦此寻觉寤，心生欢喜充遍身，即出王宫至僧院，恭敬供养诸圣众，问诸大德僧众中，可有比丘名宝冥，成就一切功德否？那时宝冥在一窟，安坐不动持正念，诵此《金光明》妙经。时一比丘引导王，至彼宝冥所居处，见在窟中端身坐，妙相殊胜具威德。即对国王说此人，即是所寻之比丘，能持甚深佛所行，《金光明经》诸经王。善集王即礼宝冥，恭敬合掌赞请说：面如满月具威德，惟愿为我广宣说，此《金光明》诸经王。那时宝冥受王请，许为宣说《金光明》，三大千界中诸天，闻将说法生欢喜。王于净妙鲜洁处，种种珍宝而严饰，上妙香水持洒净，鲜妙杂华遍散布，王自敷设高法座，幢幡宝盖缯交络，微妙末香及涂香，悉以奉散大法座，一切天龙及鬼神，摩睺罗伽、紧那罗，即雨天上曼陀华，遍散法坐满会所。不可思议千万亿，无量诸天一时来，俱来集会闻正法。这时宝冥从窟出，诸天即以娑罗华，供养奉散大法师。那时宝冥净浴身，着鲜净衣至法座，合掌敬礼高法座；一切天王及天人，雨曼陀罗、大曼陀，摩诃曼殊众妙华，无量百千诸伎乐，于虚空中出妙声。那时宝冥说法师，即升法座跏趺坐，念彼十方诸刹土，百千万亿大慈尊，亦兴大悲于众生，及善集王所领治，尽一日月所照处。那时宝冥即为王，敷扬广说此妙经。善集恭敬合掌立，一心谛听此正法，赞叹善哉唱随喜，闻法稀有泪交流，身心欢喜意熙怡。为欲供养此经故，彼时王持如意珠，为诸众生发大愿：愿于今日阎浮提，普雨无量种种宝，珍妙七宝及璎珞，以此殊胜之因缘，无量众生得安乐。即时天遍雨七宝，天冠耳珰种种宝，璎珞宝座妙饮食，悉皆充遍四天下。那时国主善集王，以满四洲之七宝，咸持供养宝胜佛，以及遗法中三宝。那时说法宝冥者，即今现在阿閦佛，听受法者善集王，即我释迦牟尼是。我于昔时舍大地，满四洲宝以布施，因此得闻此经王，一称善哉心随喜，以此善业因缘故，身得金色百福严，常为无量千万亿，众生等类所乐见，既得见已无餍足。过去九十九亿劫，常居转轮圣王位；亦于无量百千劫，常为小国之国王；亦于不可思议劫，常为帝释、梵天主；又得值遇十力尊，其数无量不可计。我闻妙经称善哉，

所获福聚量无边,如我所愿证菩提,妙智法身今已得。

鬼神品第十三

【题解】

本品是对从《四天王品》至《散脂鬼神品》五品内容的总结,或者说是对全经的法义(正宗分)和诸天护法义(诸天流通分)两部分内容的重新宣说。首先论说了本经甚深功德的依据所在—法性,“若入是经,即入法性,如深法性,安住其中,即于是典,金光明中,而得见我,释迦牟尼”。“金光明”中“金”比喻诸佛法身、诸法法性,这是一切功德之所依,安住法性才是进入本经,真见释迦牟尼佛,这是三世诸佛的“甚深行处”;“光明”比喻法身所起的不可思议力用,故具有无量威德,摧伏一切烦恼怨敌,由此而得诸天拥护。其次讲述了许多诸天神名号及功德,这是后世供天仪轨的主要经典依据。

【原文】 **佛告功德天:“若有善男子善女人,欲以不可思议妙供养具供养过去、未来、现在诸佛世尊,及欲得知三世诸佛甚深行处,是人应当必定至心,随有是经流布之处,若城邑村落、舍宅空处,正念不乱,至心听是微妙经典。”尔时世尊欲重宣此义,而说偈言:**

若欲供养,一切诸佛,欲知三世,诸佛行处,应当往彼,城邑聚落,有是经处,至心听受,是妙经典。不可思议,功德大海,无量无边,能令一切,众生解脱,度无量苦,诸有大海。是经甚深,初中后善[1],不可得说,譬喻为比。假使恒沙,大地微尘,大海诸水,一切诸山,如是等物,不得为喻。若入是经,即入法性[2],如深法性,安住其中,即于是典,金光明中,而得见我,释迦牟尼;不可思议,阿僧祇劫,生天人中,常受快乐。以能信解,听是经故,如是无量,不可思议,功德福聚,悉已得之。随所至处,若百由旬,满中盛火,应从中过。若至聚落,阿兰若处,到法会所,至心听受;听是经故,恶梦蛊道,五星诸宿,变异灾祸,一切恶事,消灭无余。于说法处,莲华座上,说是经典,书写读诵,是说法者,若下法座,尔时大众,犹见坐处,故有说者,或佛世尊,或见佛像、菩萨色像,普贤菩萨、文殊师利、弥勒大士,及诸形象。见如是等,种种事已,寻复灭尽,如前无异。成就如是,诸功德已,而为诸佛,之所赞叹。威德相貌,无量无边,有大名称,能却怨家,他方盗贼,能令退散,勇捍多力,能破强敌;恶梦恼心,无量恶业,如是恶事,皆悉寂灭。若入军阵,常能胜他,名闻流布,遍阎浮提;亦能摧伏,一切怨敌,远离诸恶,修习诸善,入阵得胜,心常欢喜。大梵天王,三十三天,护世四王,金刚密迹,鬼神诸王,散脂大将,禅那英鬼[3],及紧那罗,阿耨达龙,娑竭罗王,阿修罗王,迦楼罗王,大辩天神,及功德天,如是上首,诸天神等,常当供养,是听法者,生不思议,法塔之想。众生见者,恭敬欢喜,诸天王等,亦各思惟,而相谓言:令是众生,无量威德,皆悉成就。若能来至,是法会所,如是之人,成上善根。若有听是,甚深经典,故严出往,法会之处,心生不可,思议正信,供养恭敬,无上法塔,如是大悲,利益众生,即是无量,深法宝器,能入甚深,无上法性。由以净心,听是经典,如是之人,悉已供养,过去无量,百千诸佛,以是善根,无量因缘,应当听受,是金光明。如是众生,常为无量,诸天神王,之所爱护。大辩、功德,护世四王,无量鬼神,及诸力士[4],昼夜精进,拥护四方,令无灾祸,永离诸苦;释提桓因,及日月天[5],阎摩罗王[6],风水诸神,韦陀天神[7],及毗

纽天[8]，大辩天神，及自在天，火神等神，大力勇猛，常护世间，昼夜不离；大力鬼王，那罗延等[9]，摩醯首罗，二十八部，诸鬼神等，散脂为首，百千鬼神，神足大力，拥护是等，令不怖畏；金刚密迹，大鬼神王，及其眷属，五百徒党，一切皆是，大菩萨等，亦悉拥护，听是经者；摩尼跋陀，大鬼神王，富那跋陀，及金毗罗，阿罗婆帝，宾头卢伽，黄头大神[10]，一一诸神，各有五百，眷属鬼神，亦常拥护，听是经者；质多斯那，阿修罗王，及乾闼婆，那罗罗阁，祁那娑婆，摩尼乾陀，及尼揵陀[11]，主雨大神，大饮食神，摩诃伽吒，金色发神，半祁鬼神，及半支罗[12]，车钵罗婆，有大威德，婆那利神，昙摩跋罗，摩竭婆罗，针发鬼神，绣利蜜多，勤那翅奢，摩诃婆那，及军陀遮，剑摩舍帝，复有大神，奢罗蜜帝，醯摩跋陀[13]，萨多琦梨，多醯波醯，阿伽跋罗，支罗摩伽，央掘摩罗，如是等神，皆有无量，神足大力，常勤拥护，听受如是，微妙经者；阿耨达龙，娑伽罗王，目真邻王，伊罗钵王，难陀龙王，跋难陀王，有如是等，百千龙王，以大神力，常来拥护，听是经者，昼夜不离；波利罗睺，阿修罗王，毗摩质多，及以茂脂，睒摩利子[14]，波诃梨子，怯罗骞陀[15]，及以揵陀，是等皆是，阿修罗王，有大神力，常来拥护，听是经者，昼夜不离；诃利帝南，鬼子母等，及五百神，常来拥护，听是经者，若睡若寤；旃陀旃陀，利大鬼神，女等鸠罗，鸠罗檀提，啖人精气，如是等神，皆有大力，常勤拥护，十方世界，受持经者；大辩天等，无量天女，功德天等，各与眷属，地神坚牢，种植园林，果实大神，如是诸神，心生欢喜，悉来拥护，爱乐亲近，是经典者。于诸众生，增命色力，功德威貌，庄严倍常，五星诸宿，变异灾怪，皆悉能灭，无有遗余；夜卧恶梦，寤则忧悴，如是恶事，皆悉灭尽。地神大力，势分甚深，是经力故，能变其味，如是大地，至金刚际，厚十六万，八千由旬，其中气味，无不遍有，悉令涌出，润益众生；是经力故，能令地味，悉出地上，厚百由旬，亦令诸天，大得精气，充益身力，欢喜快乐。阎浮提内，所有诸神，心生欢喜，受乐无量。是经力故，诸天欢喜，百谷果实，皆悉滋茂，园苑丛林，其华开敷，香气馝馚[16]，充溢弥满，百草树木，生长端直，其体柔软，无有斜戾。阎浮提内，所有龙女，其数无量，不可思议，心生欢喜，踊跃无量，在在处处，庄严华池，于其池中，生种种华，优钵罗华，波头摩华，拘物头华，分陀利华[17]。于自宫殿，除诸云雾，令虚空中，无有尘翳，诸方清彻，净洁明了，日王赫焰，放千光明，欢喜踊跃，照诸暗蔽；阎浮檀金，以为宫殿，止住其中，威德无量，日之天子，及以月天，闻是经故，精气充实。是日天子，出阎浮提，心生欢喜，放于无量，光明明网，遍照诸方，即于出时，放大光网，开敷种种，诸池莲华，阎浮提内，无量果实，随时成熟，饱诸众生。是时日月，所照殊胜，星宿正行，不失度数，风雨随时，丰实炽盛，多饶财宝，无所乏少。是金光明，微妙经典，随所流布，读诵之处，其国土境，即得增益，如上所说，无量功德。

【注释】 ①初中后善：即初善、中善、后善。配合一部经的序分、正宗分、流通分解释，则序分为初善，正宗分为中善，流通分为后善。②法性：指诸法的真实体性，甚深法界。③禅那英鬼：按，“禅那英鬼”诸注疏中都没有解释。“散脂大将，禅那英鬼”，疑为一句，意为散脂大将及诸鬼神，所谓“二十八部诸鬼神等，散脂为首”。对照义净译文，没有列一个单独的“禅那英鬼”，其余皆同。④力士：指金刚力士。或为故密迹金刚力士，或为那罗延，皆具有大力。⑤日月天：即日天子与月天子。⑥阎摩罗王：即俗称“阎罗王”“阎

王魔”“琰魔王”等，为佛教中冥界之总司，地狱之主神。⑦韦陀天神：佛教护法神。《金光明经照解》称此天姓韦名琨，乃南方增长天王下八将之一。四王下合三十二将，韦陀为首。此天神生知聪慧，早离欲尘，受佛付嘱护出家众。⑧毗纽天：意为“遍净天”。印度神话中的天神之一。⑨那罗延：乃具有大力之印度古神。又作“那罗延那天”“那罗野拏天”。意译为“坚固力士”“金刚力士”“钩锁力士”“人中力士”“人生本天”。据慧琳《一切经音义》卷六载，那罗延系欲界中之天名。或谓乃是毗纽天的异名。⑩黄头大神：本经许多鬼神名注疏中没有解释，不知何意。《金光明经照解》卷二中说：“禅那英鬼、阿罗婆帝、黄头大神、质多斯那、那罗罗阇、祈那娑婆、摩尼乾陀及尼楗陀、摩诃伽咤、半祈鬼神、婆那利神、针发鬼神、摩诃婆那及军陀遮、及以茂脂、及以楗陀、旃陀旃陀、利大鬼神、女等鸠罗，以上一十九鬼神名，疏记不翻，古今译梵亦不载，准经中总结云一切皆是大菩萨等，即知并是法身大士权现护教也。”⑪揵：译音用字。⑫支：译音用字。⑬醯：译音用字。⑭睒：译音用字。⑮佉：译音用字。骞：译音用字。⑯馝馚：浓香，香气浓郁。⑰优钵罗华、波头摩华、拘物头华、分陀利华：四种都是莲花。或谓优钵罗华为青莲花，波头摩华为赤莲花，拘物头华为黄莲花，分陀利华为盛开的莲花。

【译文】 佛对功德天说：“若有善男子善女人，想以不可思议的妙供养具供养过去未来现在的诸佛世尊，并想知道三世诸佛的甚深行处，此人应当一定要发至诚心，随有这部《金光明经》流布的地方，不论是在城邑村落舍宅，还是在树林空闲之处，正念不乱，至心听闻这部微妙经典。”那时，世尊再次宣说此义，即说偈语：

若欲供养一切佛，欲知三世佛行处，当往城邑及聚落，有此经处至心听。此妙经典难思议，功德大海广无边，能令众生皆解脱，出离轮回大苦海。此经初中后皆善，甚深难测不可喻，恒沙大地析为尘，无边大海之滴水，无能譬喻其少分。若入此经即是入，甚深法性安住中，于此《金光明》妙经，而得见我牟尼尊。由此不可思议劫，常生人天受妙乐，以能信解听此经，无量不可思议福，诸功德聚皆已得；假使大火百由旬，为听此经应直过。若至聚落兰若处，到法会所至心受，由听此经诸恶消，噩梦、蛊道、星变异，一切灾祸灭无余。于说法处莲座上，书写、读诵并解说，说法法师下座后，大众犹见在座上，或有见为佛世尊，或有见为菩萨像，或见普贤或文殊，或见弥勒及诸天，暂见诸相种种事，忽然不见还如初。成就如是诸功德，而为诸佛所赞叹。相貌威德悉具足，有大名称能却敌。他方盗贼令退散，勇悍多力破强敌，噩梦恼心恶业苦，皆使除灭尽无余。军阵战斗常得胜，名称流布遍阎浮。亦能摧伏一切敌，远离诸恶修诸善，入阵得胜心欢喜。大梵天王、三十三天，护世四王、金刚密迹，鬼神诸王、散脂大将，禅那英鬼及紧那罗，阿耨达龙、娑竭罗王，阿修罗王、迦楼罗王，大辩天及功德天，如是上首天神众，常当供养听法者，生不思议法塔想。众生恭敬赞此经，诸天王众各思维，相互言说令此人，无量功德皆成就。若能来到法会所，此人即成上善根，若能听受此妙经，敬心前往法会处，心生正信不思议，供养无上大法塔，以大悲心利众生，即为深法之宝器，能入甚深之法性。由以净心听此经，此人即是已供养，过去无量百千佛。以此善根及因缘，应当听受《金光明》，如是众生则常为，无量天神所护念。大辩、功德、四天王，无量鬼神及力士，各于四方昼夜护，令无灾祸永离苦；

帝释天及日月天，阎摩罗王、风水神，韦驮天神、毗纽天，大辩天神、自在天，火神等神有勇力，常护此人不相离；大力鬼王、那罗延，摩醯首罗、散脂大将，二十八部诸鬼神，百千鬼神有大力，常护此人令不怖；金刚密迹大鬼神王，及其眷属五百众，一切皆是大菩萨，亦皆拥护听经人；摩尼跋陀大鬼神王，富那跋陀、金毗罗，阿罗婆帝、宾头卢伽，黄头大神等诸神，各有五百眷属众，亦常拥护听经人；质多斯那、阿修罗王，及乾闼婆、那罗罗阇，祁那娑婆、摩尼乾陀，及尼楗陀、主雨大神，大饮食神、摩诃伽吒，金色发神、半祁鬼神，及半支骞、车钵罗婆，有大威德婆那利神，昙摩跋罗、摩竭婆罗，针发鬼神、绣利蜜多，勤那翅奢、摩诃婆那，及军陀遮、剑摩舍帝，复有大神奢罗蜜帝，醯摩跋陀、萨多琦梨，多醯波醯、阿伽跋罗，支罗摩伽、央掘摩罗，如是等神以无量，神足大力常拥护，听受此部妙经人；阿耨达龙、娑伽罗王，目真邻王、伊罗钵王，难陀龙王、跋难陀王，如是百千龙王众，有大神力常拥护，昼夜不离听经人；波利罗睺、阿修罗王、毗摩质多、及以茂脂，睒摩利子、波诃梨子、怯罗骞陀、及以楗陀，皆是阿修罗王众，有大神力常拥护，昼夜不离听经人；诃利帝南、鬼子母等，及五百神常拥护，昼夜不离听经人；旃陀旃陀、利大鬼神，女等鸠罗、鸠罗檀提，啖人精气等神众，皆有大力常拥护，十方世界持经人；大辩天等众天女，功德天等眷属众，地神坚牢及种种，园林果实诸神众，皆生欢喜来拥护，爱乐亲近此经者。于诸众生增色力，相貌威德倍庄严，五星诸宿之变异，悉皆灭除尽无余，白昼忧悴夜噩梦，如此恶事悉灭尽。由听此经地神喜，以大神力转地味，从金刚际至地上，十六万八千由旬，地气充遍土肥沃，华果滋盛益众生。由此经力令地味，涌出地上百由旬，亦令诸天得精气，充益身力得快乐。阎浮提内诸天神，心生欢喜乐无量。由听此经诸天喜，百谷果实皆滋茂，园苑丛林华开敷，香气芬馥遍充满；百草树木枝干壮，叶繁果茂味具足。阎浮提内诸龙女，其数无量不可思，心生欢喜而踊跃，共入池中种莲花，优钵罗华、波头摩，拘物头华、分陀利，种种莲花满池中。于自宫殿除云雾，虚空之中无尘翳，诸方清澈净洁明，赫日流晖放千光，欢喜踊跃照暗蔽。阎浮檀金为宫殿，止住其中具威德，日光天子及月天，听闻此经精气充；日光天子出阎浮，心生欢喜放光明，明网无量遍诸方；即于出时放光网，开敷池中诸莲华，果实遍满阎浮提，随时成熟饱众生。日月殊胜照临处，星宿正行不失度，风雨随时盛丰实，国土富饶咸欢乐。故此《金光明》妙经，随所讲诵流布处，国土诸事皆增益，悉得如上无量福。

授记品第十四

【题解】

授记，又作"受记"、"记别"，是佛对弟子未""来世成佛之事的预言，并预先记述将来成佛的名号、国土、寿命、分别劫数等事。本品叙说佛陀为信相菩萨及其二子银相、银光授记；又为在场的十千天子授记。当时菩提树神见此事后，向佛请问十千天子并没有经过无量难行苦行的菩萨行，为什么也给予授记？随后的《流水长者子品》中佛陀详述了其中的因缘。

【原文】 尔时如来将欲为是信相菩萨及其二子银相银光授阿耨多罗三藐三菩提记，是时即有十千天子，威德炽王而为上首，俱从忉利来至佛所，顶礼佛足，却坐一面。尔时

佛告信相菩萨："汝于来世，过无量无边百千万亿不可称计那由他劫，金照世界，当成阿耨多罗三藐三菩提，号金宝盖山王如来、应供、正遍知、明行足、善逝、世间解、无上士、调御丈夫、天人师、佛、世尊。乃至是佛般涅槃后，正法像法皆灭尽已，长子银相当于是界次补佛处，世界尔时转名净幢，佛名阎浮檀金幢光照明如来、应供、正遍知、明行足、善逝、世间解、无上士、调御丈夫、天人师、佛、世尊。乃至是佛般涅槃后，正法像法悉灭尽已，次子银光复于是后次补佛处，世界名字如本不异，佛号曰金光照如来、应供、正遍知、明行足、善逝、世间解、无上士、调御丈夫、天人师、佛、世尊。"是十千天子，闻三大士得受记莂，复闻如是金光明经，闻已欢喜，生殷重心，心无垢累，如净琉璃，清净无碍，犹如虚空。尔时如来知是十千天子善根成熟，即便与授菩提道记："汝等天子，于当来世，过阿僧祇百千万亿那由他劫，于是世界，当成阿耨多罗三藐三菩提，同共一家一姓一名，号曰青目优钵罗华香山如来、应供、正遍知、明行足、善逝、世间解、无上士、调御丈夫、天人师、佛、世尊。如是次第出现于世凡一万佛。"

尔时道场菩提树神，名等增益，白佛言："世尊！是十千天子于忉利宫为听法故，故来集此，云何如来便与授记？世尊！我未曾闻是诸天子修行具足六波罗蜜，亦未曾闻舍于手足头目髓脑、所爱妻子、财宝谷帛，金银、琉璃、砗磲[①]、玛瑙、真珠、珊瑚、珂贝、璧玉、甘馔饮食、衣服卧具、病瘦医药、象马车乘、殿堂屋宅、园林泉池、奴婢仆使，如余无量百千菩萨以种种资生供养之具，恭敬供养过去无量百千万亿那由他等诸佛世尊。如是菩萨于未来世亦舍无量所重之物，头目髓脑、所爱妻子、财宝谷帛乃至仆使，次第修行，成就具足六波罗蜜。成就是已，备修苦行[②]，动经无量无边劫数，然后方得受菩提记。世尊！是天子等何因何缘，修行何等胜妙善根，从彼天来暂得闻法便得受记，惟愿世尊，为我解说，断我疑网。"尔时佛告树神善女天："皆有因缘，有妙善根，以随相修。何以故？以是天子于所住处舍五欲乐[③]，故来听是《金光明经》，既闻法已，于是经中净心殷重，如说修行；复得闻此三大菩萨受于记莂，亦以过去本昔发心誓愿因缘，是故我今皆与授记，于未来世，当成阿耨多罗三藐三菩提。"

【注释】 ①砗磲：一种玉，七宝之一。②苦行：身体所难以承受的种种艰苦修行。③五欲乐：指染着色、声、香、味、触等五境所起之五种情欲快乐。

【译文】 那时，世尊将为信相菩萨和他的两个儿子银相、银光授阿耨多罗三藐三菩提记。这时即有以威德炽王为上首的十千天子一起从忉利天来到佛说法道场，顶礼佛足，在一边坐下。那时佛对信相菩萨说："你于未来世经过无量无边百千万亿不可称计那由他劫之后，在金照世界将证得阿耨多罗三藐三菩提，佛号为金宝盖山王如来、应供、正遍知、明行足、善逝、世间解、无上士、调御丈夫、天人师、佛、世尊。及至这位佛入大涅槃后，正法像法都已灭尽之后，长子银相将在这个世界随后成佛，那时世界的名称转为叫净幢，佛名号为阎浮檀金幢光照明如来、应供、正遍知、明行足、善逝、世间解、无上士、调御丈夫、天人师、佛、世尊。及至这位佛入大涅槃后，正法像法都已灭尽之后，次子银光又将随后成佛，世界名字同原来一样，佛号为金光照如来、应供、正遍知、明行足、善逝、世间解、无上士、调御丈夫、天人师、佛、世尊。"在旁边的十千天子听到三大士被授记，又听闻

了这部《金光明经》,心大欢喜,生起了极大的敬重之心,心如同净琉璃那样清净无垢,如同虚空那样清净无碍。这时,如来知道这十千天子的善根成熟了,就给他们授菩提道记说:"你们十千天子于未来世,经过无数百千万亿那由他劫之后,将在这个世界证得阿耨多罗三藐三菩提,同为一家,同一种姓,同一名号,名号为青目优钵罗华香山如来、应供、正遍知、明行足、善逝、世间解、无上士、调御丈夫、天人师、佛、世尊,这样次第出现于世,共一万位佛。"

那时道场的菩提树神,名叫等增益,对佛说:"世尊!这十千天子为了听法的缘故从忉利天来到这里,为什么如来就给他们授记呢?世尊!我未听说过这些天子修行具足了六波罗蜜,也没有听说过他们施舍了手足、头颅、眼睛、骨髓、大脑等,所珍爱的妻子、财宝、粮食、布帛等,金、银、琉璃、砗磲、玛瑙、真珠、珊瑚、珂贝、璧玉等,美味饮食、衣服、床具、医药等,以及象马车辆、殿堂屋宅、园林泉池、奴婢仆使等;就像其他无量百千的菩萨,以种种资生供养之具,恭敬供养过去无量百千万亿那由他等诸佛世尊,这些菩萨也于未来世,施舍了无量的珍爱难舍之物,如头目髓脑,所爱的妻子、财宝、谷物布帛乃至仆从等等,就这样次第修行,成就具足了六波罗蜜。成就了这些功德,还需要修许多的苦行,动辄经过无量无边的劫数,然后才能得到证菩提成佛的授记。世尊!这些天子是什么因缘,修行了什么胜妙善根,从他们天宫来,听了一会儿的法,就得到授记。特别希望世尊为我解说,断除我的疑网。"那时佛告诉树神善女天说:"这都是有因缘的,因为他们有胜妙善根,也因为他们能随顺如来法教而修行。为什么呢?这些天子在他们住的宫殿中舍弃了五欲之乐,来听这部《金光明经》,听经之后,对这部经生起了至诚敬信,能够像经中说的那样修行;又能够听到给三大菩萨授予记别,也因为他们过去世本来就有过发菩提心的誓愿因缘,因此我今天都给他们授记,于未来世将证得阿耨多罗三藐三菩提。"

除病品第十五

【题解】

本品通过佛陀的本生故事流水长者子的事迹,叙说大乘菩萨行的救苦救难实际行动。佛陀过去世的时候,曾经是一位流水长者子,在遇到瘟疫流行的时候发心学医,疗治众生的病苦,于是成为名医,解除了城市乡村众多人的病苦,受到大家的赞扬,称他为"大医王"。佛经中常以"大医王"喻称佛陀善能治疗众生烦恼三毒之病,随病授药,令得解脱,谓之法药;犹如世间之良医善能医治众病,谓之世药。本经中的流水长者子法药与世药并施,特别显示大乘菩萨行中济度众生苦难的现实行动。经中细致讲述了流水长者子学习医法的过程和内容,突出了为疗治众生疾苦而付诸实际行动的过程,其法药与世药并施的菩萨行思想,与《药师经》十二大愿以及《华严经》善财童子五十三参中第十六参普眼居士了知一切众生诸病并满足众生所有需求的思想相一致。

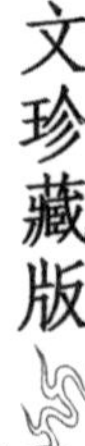

【原文】 佛告道场菩提树神:"善女天!谛听谛听!善持忆念!我当为汝演说往昔誓愿因缘。过去无量不可思议阿僧祇劫,尔时有佛出现于世,名曰宝胜如来、应供、正遍知、明行足、善逝、世间解、无上士、调御丈夫、天人师、佛、世尊。善女天!尔时是佛般涅

槃后正法灭已，于像法中有王名曰天自在光王，修行正法，如法治世，人民和顺，孝养父母。是王国中有一长者名曰持水，善知医方，救诸病苦，方便巧知四大增损。善女天！尔时持水长者家中后生一子名曰流水，体貌殊胜，端正第一，形色微妙，威德具足，受性聪敏，善解诸论，种种技艺、书疏、算计无不通达。是时国内天降疫病，有无量百千诸众生等皆无免者，为诸苦恼之所逼切。善女天！尔时流水长者子见是无量百千众生受诸苦恼故，为是众生生大悲心，作是思惟：如是无量百千众生受诸苦恼，我父长者虽善医方，能救诸苦，方便巧知四大增损，年已衰迈，老耄枯悴[①]，皮缓面皱，羸瘦颤掉，行来往反要因几杖，困顿疲乏，不能至彼城邑聚落，而是无量百千众生，复遇重病，无能救者。我今当至大医父所谘问治病医方秘法，谘禀知已[②]，当至城邑聚落村舍治诸众生种种重病，悉令得脱无量诸苦。时长者子思惟是已，即至父所，头面着地，为父作礼，叉手却住，以四大增损而问于父。即说偈言：

云何当知，四大诸根，衰损代谢，而得诸病；云何当知，饮食时节，若食食已，身火不灭[③]；云何当知，治风及热，水过肺病[④]，及以等分[⑤]；

何时动风，何时动热，何时动水，以害众生。时父长者，即以偈颂，解说医方，而答其子：

三月是夏，三月是秋，三月是冬，三月是春，是十二月，三三而说，从如是数，一岁四时。若二二说，足满六时[⑥]。三三本摄，二二现时。随是时节，消息饮食，是能益身，医方所说。随时岁中，诸根四大，代谢增损，令身得病。有善医师，随顺四时，三月将养，调和六大[⑦]，随病饮食，及以汤药。多风病者，夏则发动；其热病者，秋则发动；等分病者，冬则发动；其肺病者，春则增剧。有风病者，夏则应服，肥腻醎酢[⑧]，及以热食；有热病者，秋服冷甜；等分冬服，甜酢肥腻；肺病春服，肥腻辛热。饱食然后，则发肺病；于食消时，则发热病；食消已后，则发风病；如是四大，随三时发。风病羸损，补以酥腻[⑨]；热病下药，服诃梨勒[⑩]；等病应服，三种妙药，所谓甜辛，及以酥腻；肺病应服，随能吐药。若风、热病，肺病、等分，违时而发，应当任师，筹量随病，饮食汤药。

善女天！尔时流水长者子问其父医四大增损，因是得了一切医方。时长者子知医方已，遍至国内城邑聚落，在在处处，随有众生病苦者所，软言慰喻，作如是言：我是医师，我是医师！善知方药！今当为汝疗治救济，悉令除愈。善女天！尔时众生闻长者子软言慰喻，许为治病，心生欢喜，踊跃无量。时有百千无量众生遇极重病，直闻是言，心欢喜故，种种所患，即得除差[⑪]，平复如本，气力充实。善女天！复有无量百千众生病苦深重难除差者，即共来至长者子所，时长者子即以妙药授之令服，服已除差，亦得平复。善女天！是长者子于其国内治诸众生所有病苦，悉得除差。”

【注释】 ①耄：高龄。古称约八九十岁的年纪。③谘：征询。③身火：指体内元阳真火，故后文译为“命火”。④肺：有版本为胇字，同“肺”。义净译文为“痰癃”。故这里“肺”字乃是指与风、热对应的痰湿类病，不是严格指肺脏病。⑤这里主要论说了四种类型的病症：风病、热病、水过肺病、等分病，义净译文为“风、热、痰癃及以总集”。“等分”病，义净译文为“总集”，一种解释是按照一年四季的理论，各个季节都会有的病；一种解

释是前面说的风、热、肺三种病症都有的病。⑥六时：义净译文为："二二为一节，便成岁六时：初二是花时，三四名热际，五六名雨际，七八谓秋时，九十是寒时，后二名冰雪。"⑦六大：《金光明经文句》说为六腑，或为六根。⑧醎：卤水。酢：醋，他本作"酸"字。⑨酥腻：如同肥腻，酥之浓厚者。⑩诃梨勒：果名，译曰"天主将来"。五药之一，又曰"诃子"。善见律十七云："诃罗勒，大如枣大，其味酢苦，服便利。"⑪差：同"瘥"，病愈之义。

【译文】 佛对道场菩提树神说："善女天！谛听谛听！善为记忆！我现在为你讲说往昔过去世的誓愿因缘。过去无量不可思议阿僧祇劫的时候，那时有佛出现于世，名叫宝胜如来、应供、正遍知、明行足、善逝、世间解、无上士、调御丈夫、天人师、佛、世尊。善女天！那时这位佛入大涅槃后，正法灭了之后，在像法中有一位国王名叫天自在光王，修行正法，如法治世，人民和顺，孝养父母。这个国王的国中有一位长者名叫持水，善知医方，治病救苦，精通人体地水火风四大的增减病因。善女天！那时持水长者家中生了一个儿子名叫流水，相貌殊胜，端正第一，神采微妙，威德具足。秉性聪敏，善解经论，种种技艺、书写算术无不通达。这时国内发生了流行疫病，有无量百千的众生等都不能幸免，受到种种病苦逼迫。善女天！那时，流水长者子看到无量百千的众生遭受流行病的痛苦之后，为了救助这些众生而生起了大悲心。他心中想，这样无量百千的众生受到病苦，我父亲是个长者，虽然精通医方，能救病苦，巧知人体四大增减病因，但是年纪老迈，身体衰枯，面布皱纹，瘦弱不支，行走要靠拄杖，气力微小不能到城市村落中，而这些无量百千的众生，遇到了重病无人救治。我现在应当到大医父那里谘问学习治病医方和秘法，学会以后，就可以去城市村落中治疗众生的种种重病，让他们都脱离病苦。流水这样想之后，就到了父亲那里，头面着地，为父亲作礼。然后坐下来问父亲人体四大增减的医法，以偈语问道：

云何当知身四大，衰损代谢得诸病；云何当知食时节，若食、食已命火存；云何当知治风、热，水过肺病及等分；何时动风何时热，何时动水及等分。

那时父亲长者也以偈颂解说医方，回答儿子道：

三月是夏三月秋，三月是冬三月春，十二月中三三说，如此一年有四时。若二二说为六时，三三本摄二二时。随此时节调配食，能够益身医方说。此身四大随时节，代谢增损身得病，医师当知顺四时，三月调养和六大，随症调食下汤药。多风病者夏发动，其热病者秋发动，等分病者冬发动，其肺病者春增剧。有风病者夏应服，肥腻醎、醎及热食；热病秋服冷与甜；等分冬服甜、酢、腻；肺病春服腻、辛、热。饱食然后发肺病，于食消时发热病，食消以后发风病，如是四大三时发。风病羸损补酥腻，热病下药诃梨勒，等分应服三妙药，所谓甜、辛及酥腻，肺病应服能吐药。如果风、热、肺、等分，违时而发应当知，医师观症施汤药。

善女天！那时流水长者子问了父亲四大增减的医法之后，通达了一切医方。流水长者子了知医方后，就到国内城市村落各个地方，随处到患病人那里，亲切安慰说：我是医师，我是医师，善知药方，现在就为你们治疗救助，让你们的病都得到痊愈。善女天！那时众生听到流水长者子的亲切慰问、要为他们治好病后，心生欢喜，踊跃无量。这时，有

无量百千的众生,患上了极重的病,听到了这个消息后,因为心大欢喜的缘故,种种病患都好了,恢复了健康,身体气力充足。善女天!又有无量百千的众生,病苦深重,很难治愈,都来到流水长者子的住所,这时流水就给他们服用对症的妙药,服了以后病就好了,身体得到康复。善女天!这位流水长者子,在他的国内给所有的众生治病,让所有的痛苦都得到了解除。"

卷四

流水长者子品第十六

【题解】

以实际行动救护众生,法药和世药并施的思想,在《流水长者子品》中体现得更为充分。本品接续上一品流水长者子医师的故事。流水长者子在一次治病途中,遇到一个水池中有十千鱼因为没有水快要被晒死了,流水长者子就与两个儿子想办法从国王那里借来二十头大象驮水倒入水池中,终于救活了十千鱼,又从家里取回吃的东西喂鱼,又给这十千鱼念诵宝胜如来名号及说十二因缘法,使之转生忉利天,终于救度了池水中的十千鱼。特别要注意本品对于流水长者子救度十千鱼的实际行动过程的细致描述,这里丝毫没有大乘经论中经常出现的不可思议神迹内容,而就是通过流水长者子父子三人以凡夫力量得以达成的实际行动。这显示本经所宣说的大乘菩萨行立足于发心救度众生的真切行愿,对于以实际行动解除众生当下的苦难、获得当下的安乐给予了特别重视。联系当今动物保护和环境保护的先进理念来说,流水长者子的自觉行为可以说代表了佛教的生态伦理思想。十千鱼从被救活到转生忉利天乃至被授记的故事,对于显示大乘菩萨行法药与世药并施的精神具有特别的隐喻意义。汉传佛教最初设立放生池,与本品有莫大关系,通行的《放生仪轨》也参照了本品内容。

【原文】 佛告树神:"尔时流水长者子,于天自在光王国内,治一切众生无量苦患已,令其身体平复如本,受诸快乐。以病除故,多设福业[①],修行布施,尊重恭敬是长者子,作如是言:善哉长者!能大增长福德之事,能益众生无量寿命,汝今真是大医之王!善治众生无量重病,必是菩萨,善解方药!善女天!时长者子有妻名曰水空龙藏,而生二子:一名水空,二名水藏。时长者子将是二子,次第游行城邑聚落,最后到一大空泽中,见诸虎狼狐犬鸟兽多食肉血,悉皆一向驰奔而去。时长者子作是念言:是诸禽兽何因缘故一向驰走?我当随后逐而观之。时长者子遂便随逐,见有一池,其水枯涸[②],于其池中,多有诸鱼。时长者子见是鱼已,生大悲心。时有树神示现半身,作如是言:'善哉善哉!大善男子!此鱼可愍[③],汝可与水,是故号汝名为流水。复有二缘名为流水:一能流水,二能与水。汝今应当随名定实。'时长者子问树神言:'此鱼头数为有几所?'树神答言:'其数具足,足满十千。'善女天!尔时流水闻是数已,倍复增益生大悲心。善女天!时此空池为日所曝[④],唯少水在,是十千鱼将入死门,四向宛转,见是长者心生恃赖,随是长者所至方

面，随逐瞻视，目未曾舍。是时长者驰趣四方，推求索水，了不能得。便四顾望，见有大树，寻取枝叶，还到池上，与作阴凉。作阴凉已，复更推求是池中水本从何来，即出四向周遍求觅，莫知水处。复更疾走远至余处，见一大河名曰水生。尔时复有诸余恶人，为捕此鱼故，于上流悬险之处决弃其水不令下过。然其决处悬险难补，计当修治经九十日，百千人功犹不能成，况我一身。时长者子速疾还反至大王所，头面礼拜，却住一面，合掌向王说其因缘，作如是言：'我为大王国土人民治种种病，渐渐游行，至彼空泽，见有一池，其水枯涸，有十千鱼，为日所曝，今日困厄，将死不久。惟愿大王，借二十大象，令得负水，济彼鱼命，如我与诸病人寿命。'尔时大王即敕大臣速疾供给。尔时大臣奉王告敕，语是长者：'善哉大士！汝今自可至象厩中随意选取，利益众生，令得快乐。'是时流水及其二子将二十大象，从治城人借索皮囊，疾至彼河上流决处盛水象负，驰疾奔还，至空泽池，从象背上下其囊水，泻置池中，水遂弥满，还复如本。时长者子于池四边彷徉而行，是鱼尔时亦复随逐，循岸而行。时长者子复作是念：是鱼何缘随我而行，是鱼必为饥火所恼，复欲从我求索饮食，我今当与。善女天！尔时流水长者子告其子言：'汝取一象最大力者，速至家中，启父长者，家中所有可食之物，乃至父母饮啖之分及以妻子奴婢之分，一切聚集，悉载象上，急速来还。'尔时二子如父教敕，乘最大象往至家中，白其祖父说如上事。尔时二子收取家中可食之物，载象背上疾还父所，至空泽池。时长者子见其子还，心生欢喜，踊跃无量。从子边取饮食之物散着池中，与鱼食已，即自思惟：我今已能与此鱼食，令其饱满，未来之世，当施法食。复更思惟：曾闻过去空闲之处有一比丘，读诵大乘方等经典，其经中说：若有众生临命终时，得闻宝胜如来名号，即生天上。我今当为是十千鱼解说甚深十二因缘[5]，亦当称说宝胜佛名。时阎浮提中有二种人：一者深信大乘方等[6]，二者毁呰不生信乐[7]。时长者子作是思惟：我今当入池水之中为是诸鱼说深妙法。思惟是已，即便入水，作如是言：南无过去宝胜如来、应供、正遍知、明行足、善逝、世间解、无上士、调御丈夫、天人师、佛、世尊。宝胜如来本往昔时，行菩萨道作是誓愿：若有众生于十方界，临命终时闻我名者，当令是辈即命终已寻得上生三十三天。尔时流水复为是鱼解说如是甚深妙法：所谓无明缘行，行缘识，识缘名色，名色缘六入，六入缘触，触缘受，受缘爱，爱缘取，取缘有，有缘生，生缘老死忧悲苦恼。

"善女天！尔时流水长者子及其二子，说是法已，即共还家。是长者子复于后时宾客聚会醉酒而卧，尔时其地卒大震动。时十千鱼同日命终，既命终已生忉利天，既生天已作是思惟：我等以何善业因缘得生于此忉利天中。复相谓言：我等先于阎浮提内堕畜生中，受于鱼身，流水长者子与我等水及以饮食，复为我等解说甚深十二因缘，并称宝胜如来名号，以是因缘令我等辈得生此天，是故我等今当往至长者子所报恩供养。尔时十千天子从忉利天下阎浮提，至流水长者子大医王家。时长者子在楼屋上露卧眠睡。是十千天子以十千真珠天妙璎珞置其头边，复以十千置其足边，复以十千置右胁边，复以十千置左胁边，雨曼陀罗华、摩诃曼陀罗华，积至于膝，作种种天乐，出妙音声。阎浮提中有睡眠者皆悉觉寤，流水长者子亦从睡寤。是十千天子于上空中飞腾游行，于天自在光王国内处处皆雨天妙莲华。是诸天子复至本处空泽池所，复雨天华，便从此没，还忉利宫，随意自在，

受天五欲。时阎浮提过是夜已，天自在光王问诸大臣：'昨夜何缘示现如是净妙瑞相，有大光明？'大臣答言：'大王当知，忉利诸天于流水长者子家雨四十千真珠璎珞及不可计曼陀罗华。'王即告臣：'卿可往至彼长者家，善言诱喻，唤令使来。'大臣受敕即至其家，宣王教令，唤是长者。是时长者寻至王所，王问长者：'何缘示现如是瑞相？'长者子言：'我必定知是十千鱼其命已终。'时大王言：'今可遣人审实是事。'尔时流水寻遣其子至彼池所，看是诸鱼死活定实。尔时其子闻是语已，向于彼池，既至池已，见其池中多有摩诃曼陀罗华，积聚成積[8]，其中诸鱼悉皆命终。见已即还，白其父言：'彼诸鱼等悉已命终。'尔时流水知是事已，复至王所，作如是言：'是十千鱼悉皆命终。'王闻是已，心生欢喜。"

"尔时世尊告道场菩提树神：善女天！欲知尔时流水长者子，今我身是。长子水空，今罗睺罗是[9]。次子水藏，今阿难是[10]。时十千鱼者，今十千天子是，是故我今为其授阿耨多罗三藐三菩提记。尔时树神现半身者，今汝身是。"

【注释】①福业：能够带来福报的善行为。②涸：水枯竭。③愍：哀怜。④曝：晒。⑤十二因缘：又名十二缘起，即谓无明缘行，行缘识，识缘名色，名色缘六处，六处缘触，触缘受，受缘爱，爱缘取，取缘有，有缘生，生缘老死。⑥方等：十二部经之一。指广说广大甚深之义的大乘经典。故大乘经典亦称大乘方等经典。⑦呰：同"訾"，诋毁。⑧積：积聚；(草)堆。⑨罗睺罗：释迦牟尼佛的儿子。⑩阿难：全称"阿难陀"。意为"欢喜""庆喜""无染"。系佛陀堂弟，出家后二十余年作佛陀的侍者。善记忆，对于佛陀的说法多能记诵，被誉为"多闻第一"，为佛陀十大弟子之一。

【译文】佛告诉树神："那时流水长者子，在天自在光王的国内治好了一切众生的无量苦患后，使他们的身体康复如初，得到快乐。众生因为病苦解除的缘故，多造福业，修行布施，尊重恭敬这位流水长者子，并称赞说：'善哉长者！能做大增长福德的事，能够利益无量众生的寿命，您真是一位大医王啊！善于治疗众生的无量重病，善解药方，必定是一位菩萨！'善女天！那时流水长者子有妻子名叫水空龙藏，生了两个儿子，大儿子名叫水空，二儿子名叫水藏。流水长者子带着两个儿子，在城市村落中依次游走行医。经过一处大空地沼泽中，见许多虎狼狐犬等鸟兽多吃肉血，都朝一个方向奔跑而去。这时流水长者子起了疑念，这些鸟兽朝一个方向奔跑是什么缘故呢？我应该跟随过去看一看。流水长者子于是就跟随过去，最后看见有一个大池，中间的水源枯竭接近干涸。大池中有许多的鱼，流水长者子看见鱼生命危险而生起了大悲心。这时有一个树神示现了半身，对流水说：'善哉，善哉！大善男子！这些鱼真可怜，你应给他们找些水来，这样你才称得上名叫流水。又有两种因缘称名为流水，一是能流水，二是能给与水。你现在应该随名定实。'这时流水长者子问树神说：'这些鱼共有多少头数？'树神回答说：'数目为整，恰好十千。'善女天！那时流水听到这么多数目后，心中更加生起了悲心。善女天！这时大空池被太阳曝晒，只有很少的水。这十千鱼将入死门，四处徊游，遇见了流水长者子，心中生起了依赖，随流水走向什么方向，都跟随游到什么方向，眼巴巴地一直凝视着流水长者子。这时流水长者子急忙跑着四处找水，多方寻求却了无所得。四下观望，看见大树上的树叶子，就摘下来拿到池上给鱼暂作荫凉。这样做了之后，又更寻求池中的

水本来是从哪里来的，就在池四周到处查找，没有找到水源之处。又赶快走到更远的地方，发现了一条大河，河名叫水生。那时却有许多恶人，为了捕捉这些鱼，故意在河上流的险隘之处，朝一边决开河水，让水不能正常流到大池中。但是这个决口处，危险难补，长者子想：需要九十天才能够修好，而且数百千的人也未必能够成功，何况就我一个人。这时流水长者子急速回到国王那里，敬礼之后在一边合掌，对国王禀告了这件事。他说：'我为国土人民治疗种种病，渐次游走，到了一处大空地沼泽中，见有一个大池，其中的水快枯涸了，有十千鱼被太阳曝晒，遭受困厄，都快要死了。希望大王借给我二十头大象，让这些大象驮水，救活那些鱼的命，如同我治好病人的病一样。'那时国王就下令给大臣，让迅速供给。这时大臣根据国王的敕令，对流水长者子说：'善哉，大士！你现在就可以到象厩中随意选用，利益众生，让他们得到快乐。'这时流水长者子和他的两个儿子，牵着二十头大象，向城里的人借了皮囊，赶紧到那条河上流的决口处，用皮囊盛上水，用象驮着飞奔到大池，把水倒入池中。就这样池水又满满的，恢复到了原来一样。这时流水长者子在池四边徜徉而行，池中这些鱼又跟随着他在池边游来游去。这时流水又想：'这些鱼为什么又随我而行呢？这些鱼一定是腹中饥饿，想从我这里索要食物，我现在就给他们。'善女天！那时流水长者子对他儿子说：'你牵一头力气最大的象，赶快回到家中，禀告老父长者，让把家中所有可吃的食物，乃至父母要吃的部分以及妻子奴婢要吃的部分，都收集在一起，装在象上，快快驮回。'两个儿子遵照父亲的指示，骑着力气最大的大象回到家里，禀告了祖父上述事。那时，两个儿子收集了家中的食物，装在象背上又快速返回水池处。这时流水长者子看到儿子驮来了食物，心生欢喜，踊跃无量。即取下食物，散在池中，喂给鱼吃。心中并想，我现在已经能让这些鱼吃饱，未来之世，应当给他们施以法食。又更思维，过去曾经听过树林阿兰若处有一位比丘读诵大乘方等经典，经中说：若有众生临命终时，能够听闻到宝胜如来的名号，就能生到天上。我现在应当给这十千鱼解说甚深十二因缘法，也应当称说宝胜佛的名号。当时阎浮提中有两类人：一类人深信大乘方等经典，另一类人则毁谤而没有信乐。这时流水长者子即思维，我现在应当进入池水中，为这些鱼讲说深妙的法。这样思维之后，就进入水池中，这样宣说：南无过去宝胜如来、应供、正遍知、明行足、善逝、世间解、无上士、调御丈夫、天人师、佛、世尊。宝胜如来在往昔行菩萨道时做过这样的誓愿，如果有十方世界的众生，在临命终时听到我的名号，就让这些人命终之后随即上生三十三天。那时，流水长者子又为这些鱼解说这样的甚深妙法：所谓无明缘行、行缘识、识缘名色、名色缘六入、六入缘触、触缘受、受缘爱、爱缘取、取缘有、有缘生、生缘老死忧悲苦恼。

"善女天！那时流水长者子和他的两个儿子说了这样的法后，一起回到家里。这位流水长者子又在后来的一次宾客聚会上，喝醉了酒，睡在那里。那时大地忽然发生大震动，这十千鱼同日命终，命终之后一起生到了忉利天。生天以后都这样想，我们以什么善业因缘能够生到此忉利天中。又互相说：我们先前在阎浮提内，堕入了畜生中，受报为鱼身。流水长者子给我们水及饮食救活了我们，又为我们解说甚深十二因缘，并称宝胜如来名号，因为这样的因缘使得我们得生此天，因此我们现在应当到流水长者子住处报恩

供养。那时十千天子从忉利天下到阎浮提，来到流水长者子大医王的家。这时流水长者子在屋子楼上袒身眠睡。这十千天子把十千个真珠天妙璎珞放在他的头边，又以十千个放在足边，又以十千个放在右胁边，又以十千个放在左胁边；从天空撒下了曼陀罗华、摩诃曼陀罗华，积到了膝盖，演奏出种种天乐的美妙音声。阎浮提中正在睡眠的人都醒来了，流水长者子也醒来了。这十千天子在天空中飞腾游行，在天自在光王的国内处处散下了天妙莲华。这些天子又到他们原来所在的大空地沼泽中水池处，遍降天华，即从空中消失，回到了忉利天宫，随意自在，享受天人的五欲快乐。这时阎浮提内经过这个夜晚后，天自在光王问诸位大臣：'昨夜是什么因缘，出现了这样的净妙瑞相，有大光明出现。'大臣回答说：'大王您当知，忉利天的各位天子在流水长者子家中，降下了四万件真珠璎珞及不可计数的曼陀罗华。'国王即告诉大臣：：卿相你去那位长者的家中，好言软语，让他来王宫。'大臣受命后就到了流水家，宣说了国王的教令，请长者到王宫。这时流水长者子就到了王宫。国王问流水长者子：'什么因缘出现了这样的瑞相？'流水长者子说：'我知道必定是十千鱼命终后转生到了忉利天上。'这时国王说：'现在就派人核实这件事。'那时流水就派他的儿子到那个大池处，看看那些鱼的死活情形。他的儿子闻命后就到了大池处，见池中有许多大曼陀罗华，积聚成堆，其中的鱼都已经死了。看后就返回禀告他父亲说：'那些鱼都已经命终。'那时流水确知这事后，又到国王处说：'的确是十千鱼都已经命终。'国王听后心生欢喜。"

那时世尊告诉道场菩提树神说："善女天！你要知道，那时的流水长者子，就是现在的我身；长子水空，就是现在的罗睺罗；次子水藏，就是现在的阿难。那时的十千鱼，就是现在的十千天子，因此我给他们授阿耨多罗三藐三菩提记。那时现了半身的树神，就是现在的你身啊。"

舍身品第十七

【题解】

本品所述的舍身饲虎是佛教中著名本生故事。因道场菩提树神的请问，佛陀讲述了过去世舍去生命救活饿虎的感人故事。过去世佛陀曾是一位国王的第三儿子，名叫萨埵王子，长得非常端严。有一天兄弟三人去树林中游观，遇到一个母虎产了七个小虎，因没有吃的快要饿死了，于是萨埵王子就舍自己的身体喂虎，救活了母虎和七个小虎。随后他的父王收集遗骸在萨埵王子舍身处建造了七宝塔作为纪念。通过佛陀过去世作为萨埵王子舍身饲虎的本生故事，一方面表达了大乘菩萨行舍己为人的献身精神，另一方面也突出了大乘菩萨行中为求一切种智、以大悲心救度众生，通过捐舍身命血肉骨髓而达成难行能行、难舍能舍的为法忘躯的勇猛愿行。这一段故事在大乘佛教中极为著名，与《法华经药王菩萨本事品》中药王菩萨燃身供佛和《大涅槃经》卷十四中雪山童子为求半偈而舍身给罗刹的故事齐名。经中所讲的礼塔因缘，也促进了大乘中的舍利崇拜。

【原文】　尔时道场菩提树神复白佛言："世尊！我闻世尊过去修行菩萨道时，具受无量百千苦行，捐舍身命肉血骨髓，惟愿世尊少说往昔苦行因缘，为利众生，受诸快乐。"尔

时世尊即现神足，神足力故，令此大地六种震动[1]，于大讲堂众会之中有七宝塔从地涌出，众宝罗网弥覆其上。尔时大众见是事已，生希有心。尔时世尊即从座起，礼拜是塔，恭敬围绕，还就本座。尔时道场菩提树神白佛言："世尊！如来世雄出现于世，常为一切之所恭敬，于诸众生最胜最尊，何因缘故礼拜是塔？"佛言："善女天！我本修行菩萨道时，我身舍利安止是塔[2]，因由是身，令我早成阿耨多罗三藐三菩提。"尔时佛告尊者阿难："汝可开塔，取中舍利，示此大众。是舍利者，乃是无量六波罗蜜功德所熏。"尔时阿难闻佛教敕即往塔所，礼拜供养，开其塔户，见其塔中有七宝函，以手开函，见其舍利色妙红白，而白佛言："世尊！是中舍利其色红白。"佛告阿难："汝可持来，此是大士真身舍利。"尔时阿难即举宝函，还至佛所，持以上佛。尔时佛告一切大众："汝等今可礼是舍利。此舍利者是戒定慧之所熏修，甚难可得，最上福田[3]。"尔时大众闻是语已，心怀欢喜，即从座起，合掌敬礼大士舍利。

【注释】 ①六种震动：指大地震动的六种相。《大品般若经》卷一序品，依地动之方向，举出东涌西没、西涌东没、南涌北没、北涌南没、边涌中没、中涌边没等六相。《华严经》卷十六则举出动、起、涌、震、吼、击等六相，各相复分小、中、大等三种，故计有动、遍动、等遍动，起、谝起、等遍起，涌、遍涌、等遍涌，震、遍震、等遍震，吼、遍吼、等遍吼，击、遍击、等遍击等十八相。②舍利：意为体、身、身骨或遗身。最早指佛陀去世火化之后留下的遗骨、坚固子，后来也指高僧去世火化后遗留的骨或坚固子。依《长阿含经》卷四《游行经》记载，释迦牟尼佛于拘尸城双树间入涅槃后，佛舍利八分，由八个国家各自起塔供养。另据《阿育王传》卷一载，佛灭度百年后，阿育王搜集佛遗存的舍利，建造八万四千宝塔供养。③福田：谓可生福德之田。如农人耕田，能有收获，凡敬侍佛、僧、父母、悲苦者，则可收获福德、功德，故称能出生福德处为福田。

【译文】 那时，道场菩提树神又对佛说："世尊！我听闻世尊过去修行菩萨道的时候，受了无量百千的苦行，捐舍了生命、血肉、骨髓等。唯愿世尊您大略给我们讲说一些往昔的苦行因缘，以利益众生，得到快乐。"那时世尊即现神足通，由神足力使得大地发生六种震动。在大讲堂众会中，有七宝塔从地涌出，众宝罗网覆盖其上。大众见到这事后都生起了稀有想。那时世尊即从座位上起来，礼拜此塔，恭敬围绕后又回到座位上。这时道场菩提树神对佛说："世尊！如来大雄出现在世间，常为一切有情所恭敬，在诸众生中最胜最尊，因什么缘故而礼拜这个塔呢？"佛说："善女天！我原来过去世修行菩萨道的时候，我的身舍利安放在这个塔中，由于这个身的缘故，使我提早成就了阿耨多罗三藐三菩提。"那时佛对尊者阿难说："你可以打开这个塔，取出其中的舍利给与会大众看。这个舍利，乃是无量六波罗蜜功德所熏修而得来。"阿难听了佛的教敕后就到塔前，礼拜供养后打开塔门，见塔中有一个七宝函，开函后见有舍利子，颜色妙洁，有红的，有白的。就禀告佛说："世尊！里面的舍利颜色有红有白。"佛对阿难说："你可以拿来，这是大士的真身舍利。"那时阿难即捧着七宝函，到了佛前，奉上给佛。那时佛告诉一切大众："你们现在可以来礼拜这个舍利。这个舍利是戒定慧功德所熏修而成的，极为难得，是最上福田。"那时大众听闻佛这样说之后，心怀欢喜，即从座位上起来，合掌敬礼大士的舍利。

【原文】　尔时世尊欲为大众断疑网故，说是舍利往昔因缘："阿难！过去之世有王名曰摩诃罗陀[1]，修行善法，善治国土，无有怨敌。时有三子端正微妙，形色殊特，威德第一。第一太子名曰摩诃波那罗，次子名曰摩诃提婆，小子名曰摩诃萨埵[2]。是三王子于诸园林游戏观看，次第渐到一大竹林憩驾止息[3]。第一王子作如是言：'我于今日心甚怖懅[4]，于是林中将无衰损。'第二王子复作是言：'我于今日不自惜身，但离所爱，心忧愁耳。'第三王子复作是言：'我于今日独无怖慷，亦无愁恼，山中空寂，神仙所赞，是处闲静，能令行人安隐受乐。'时诸王子说是语已，转复前行，见有一虎，适产七日而有七子，围绕周匝，饥饿穷悴，身体羸瘦，命将欲绝。第一王子见是虎已，作如是言：'怪哉！此虎产来七日，七子围绕，不得求食，若为饥逼，必还啖子。'第三王子言：'此虎经常所食何物？'第一王子言：'此虎唯食新热肉血。'第三王子言：'君等谁能与此虎食？'第二王子言：'此虎饥饿，身体羸瘦，穷困顿乏，余命无几，不容余处为其求食，设余求者命必不济。谁能为此不惜身命？'第一王子言：'一切难舍，不过己身。'第二王子言：'我等今者以贪惜故，于此身命不能放舍，智慧薄少故，于是事而生惊怖。若诸大士欲利益他，生大悲心为众生者，舍此身命不足为难。'时诸王子心大愁忧，久住视之，目未曾舍。作是观已，寻便离去。尔时第三王子作是念言：我今舍身时已到矣。何以故，我从昔来多弃是身，都无所为，亦常爱护，处之屋宅；又复供给衣服、饮食、卧具、医药、象马车乘，随时将养，令无所乏，而不知恩，反生怨害，然复不免无常败坏。复次是身不坚，无所利益，可恶如贼，犹若行厕。我于今日当使此身作无上业，于生死海中作大桥梁。复次若舍此身，即舍无量痈疽瘭疾[5]、百千怖畏，是身唯有大小便利，是身不坚，如水上沫，是身不净，多诸虫户，是身可恶，筋缠血涂，皮骨髓脑，共相连持，如是观察甚可患厌。是故我今应当舍离，以求寂灭无上涅槃，永离忧患、无常、变异，生死休息，无诸尘累。无量禅定智慧功德具足，成就微妙法身，百福庄严，诸佛所赞，证成如是无上法身，与诸众生无量法乐。是时王子勇猛堪任，作是大愿，以上大悲熏修其心，虑其二兄心怀怖懅，或恐固遮为作留难，即便语言：'兄等今者可与眷属还其所止。'尔时王子摩诃萨埵还至虎所，脱身衣裳置竹枝上，作是誓言：我今为利诸众生故，证于最胜无上道故，大悲不动舍难舍故，为求菩提智所赞故，欲度三有诸众生故，欲灭生死怖畏热恼故。是时王子作是誓已，即自放身卧饿虎前。是时王子以大悲力故，虎无能为。王子复作如是念言：虎今羸瘦，身无势力，不能得我身血肉食。即起求刀，周遍求之，了不能得，即以干竹刺颈出血，于高山上投身虎前。是时大地六种震动，日无精光，如罗睺罗阿修罗王捉持障蔽[6]。又雨杂华、种种妙香。时虚空中有诸余天，见是事已，心生欢喜，叹未曾有，赞言：'善哉！善哉！大士！汝今真是行大悲者！为众生故能舍难舍，于诸学人第一勇健！汝已为得诸佛所赞，常乐住处，不久当证无恼无热清凉涅槃！'是虎尔时见血流出，污王子身，即便舐血，啖食其肉，唯留余骨。

【注释】　①摩诃罗陀：《文句》云意为"大无罪"，慧沼《金光明最胜王经疏》云意为"大车"。②根据《文句》：摩诃波那罗意为"大度"，摩诃提婆意为"大天"，摩诃萨埵意为"大心"。根据《金光明最胜王经疏》，摩诃波那罗意为"大渠"，摩诃提婆意为"大天"，摩诃萨埵意为"大勇猛"。③憩：休息。④懅：惧怕。⑤痈：脓肿。疽：毒疮。瘭：脓疮。⑥罗睺罗阿修罗王：罗睺罗，又作“罗护”，星名，传说能障蔽日月而使得发生日月蚀，故印度传说谓之阿修罗王。

【译文】 这时，世尊为了断除大众心中的种种疑团，讲说了这个舍利的往昔因缘：

“阿难啊！过去世的时候，有一个国王名叫摩诃罗陀，修行善法，以善政治理国土，没有怨敌。当时他有三个王子，都容貌端正，神采焕发，形色殊特，威德第一。第一王子名叫摩诃波那罗，二王子名叫摩诃提婆，小王子名叫摩诃萨埵。这三个王子，有一天在各处园林中观看游戏，渐渐到了一个大竹林子中停驾休息。第一王子说：“我今天心中甚为惊惶恐惧，在这个林中不会有猛兽来侵害吧。”第二王子随后说：“我倒是不吝惜自己的身体，只是担忧所爱的不会有散失吧。”第三王子随后说：“我今天没有惶怖，也没有忧恼。山中空闲幽静，是神仙的好居所。这个娴静的地方，能使行人得到安稳快乐。”三位王子各说了自己心想的话后，又宛转向前走，看到了一只母虎，刚生产了七个虎子，已经过了七天，虎子都围绕在母虎身边，嗷嗷待哺，母虎却饿得瘦弱憔悴，身体皮包骨头，没有气力，快要饿死了。第一王子看到这只虎后说：“奇怪啊，这只虎生产幼仔后已过七天，七个虎子围绕却没有奶吃，母虎若是饿极了，肯定要吃幼仔。”第三王子说：“这只虎经常吃什么食物？”第一王子说：“这只虎只吃新鲜的热血和肉。”第三王子说：“你们谁能给这只虎找些吃的食物。”第二王子说：“这只虎饿得身体瘦弱，没有气力，快要饿死，来不及在其他地方给找吃的了。如果在其他地方找吃的，肯定要来不及而饿死了。谁能为此不惜生命啊！”第一王子说：“一切难舍中，最难舍的是自己的身体。”第二王子说：“我们现在因为贪惜爱恋自己，对于这个生命不能放下捐舍，因为智慧很少，对于这件事心有恐怖。如果是那些大士，为了利益他人，生出大悲心，为了众生舍此生命也不足为难。”这时三个王子心中愍念凄伤，站在那里看饿虎，目不暂舍，徘徊了很长时间才离去。那时第三王子起了这样的心念，自言自语说：“现在我舍身的时候到了。为什么呢？

我从昔来持此身，然身多弃无所为。爱护处之于屋宅，复供衣食及卧具，象马车乘及医药，随时供养令无乏，而不知恩反怨害，无常败坏终弃去。

这个身体危脆不坚，对我并没有什么利益；心中经常产生可恶的想法，不过像个贼人；臭秽脓流，不过像个移动的厕所。今天我要用这个身体做一个无上的善业，在生死海中作济度轮回的大桥梁。又想，如果舍了此身，即是舍了无量的痈疽恶疾等种种怖畏。这个身体有大小便的不净，这个身体如同水上泡沫一样不坚实，这个身体是由许多小虫聚集起来的，身体是由血脉筋肉、皮骨髓脑等连聚在一起的，细细观察令人生厌。因此我现在应当舍弃这个身体，以求寂灭之无上涅槃，永离无常变异等忧患，让生死得到大休歇处，没有尘世无常之累；而且获得无量的禅定智慧功德，具足成就百福庄严、为诸佛所赞的微妙法身，既得成就这样的无上法身，施与一切众生无量的法乐。这时王子发起了大勇猛心，发出弘誓大愿，大悲心切更增加了他的勇猛心。思虑二位兄长心怀惶怖，如果看到后一定会坚决阻止他舍弃生命，就对两位兄长说：“二位兄长先回，我随后就来。”那时王子摩诃萨埵，回到饿虎处，脱下身上衣裳放在竹枝上，发下了这样的誓言：

我今为利法界诸众生，为证最胜无上菩提道，大悲不动舍难舍之身，为求智者所赞之

菩提,欲度三有苦海诸众生,欲灭生死轮回怖畏之热恼!

这时王子做了这样的誓言后,就到了饥饿的母虎前放身躺在那里。由于王子的大慈悲心威德力,母虎伏在那里未动。王子又想:此虎现在体弱无力,不能吃我的身体血肉。随即起身寻找一把刀子,到处找也没找到。于是王子就以干竹尖刺破了颈部,鲜血涌出,从高山上投身而下,摔在母虎前面。这时大地六种震动,太阳黯淡无光,就像被罗睺罗阿修罗王捉持障蔽了一样,各种颜色的鲜花妙香如雨一般纷纷从天而降。这时天界诸众生看到这一幕后,心生欢喜,感叹不已,赞叹说:太伟大了!太伟大了!大士!您真是一位行大慈悲的人啊!为了救度众生,难舍能舍,在诸学人中应是第一勇健!您将得到诸佛的称赞,安住在胜妙喜乐中,不久证得无恼无热、清凉无上的大涅槃!饿虎那时见鲜血流出,满身都是,就开始舐血吃肉,全部吃尽了,只留下一堆骸骨。

【原文】 尔时第一王子见地大动,为第二王子而说偈言:

震动大地,及以大海,日无精光,如有覆蔽。于上虚空,雨诸华香,必是我弟,舍所爱身。

第二王子复说偈言:

彼虎产来,已经七日,七子围绕,穷无饮食,气力羸损,命不云远。小弟大悲,知其穷悴,惧不堪忍,还食其子,恐定舍身,以救彼命。

时二王子心大愁怖,涕泣悲叹,容貌憔悴,复共相将还至虎所。见弟所著帔服衣裳皆悉在一竹枝之上[①],骸骨发爪布散狼藉,流血处处,遍污其地。见已闷绝,不自胜持,投身骨上,良久乃苏,即起举首号天而哭[②]。我弟幼稚才能过人,特为父母之所爱念,奄忽舍身以饲饿虎,我今还宫,父母设问当云何答?我宁在此并命一处,不忍见是骸骨发爪,何心舍离,还见父母、妻子眷属、朋友知识?时二王子悲号懊恼,渐舍而去。时小王子所将侍从,各散诸方,互相谓言:今者我天为何所在?尔时王妃于睡眠中梦乳被割,牙齿坠落,得三鸽雏,一为鹰食。尔时王妃大地动时即便惊寤,心生愁怖而说偈言:

今日何故,大地大水,一切皆动,物不安所,日无精光,如有覆蔽,我心忧苦,目睫瞤动[③],如我今者,所见瑞相,必有灾异,不祥苦恼。

于是王妃说是偈已,时有青衣在外已闻王子消息[④],心惊惶怖,寻即入内,启白王妃,作如是言:'向者在外闻诸侍从推觅王子,不知所在。'王妃闻已,生大忧恼,涕泣满目,至大王所:'我于向者传闻外人,失我最小所爱之子。'大王闻已而复闷绝,悲哽苦恼,拭泪而言[⑤]:'如何今日失我心中所爱重者?'"

【注释】 ①帔服:即披肩等。②号:大声哭喊。③睫:眼睫毛。瞤:眼皮跳动。④青衣:即僮仆。⑤拭:擦拭。

【译文】 那时第一王子见大地震动,对第二王子说:大地山河皆震动,诸方暗蔽日无光,天花香末缤纷下,定是我弟舍身相!

第二王子也说道:

彼虎产来经七日,七子围绕饮食尽,气力羸弱命不远,小弟大悲欲救度,惧不堪忍还食子,我疑弟定舍身命!

这时二位王子心中大为忧愁恐慌，抽泣悲叹，容貌憔悴，又一起回到母虎所卧的地方，只看见弟弟所穿的衣裳、披肩挂在一个竹枝上，身骨、头发、指爪四散各处，地上是一滩一滩的血迹，一片狼藉。兄弟二人看到这个情形后哀不自持，闷绝在地，倒身在遗骨上。良久才醒，即抬头向天，号啕大哭。哭喊着说：我小弟才智过人，特别被父母疼爱，忽然间舍身饲虎，我们回到宫中，父母问起来，该如何交代啊！哎呀，我们宁可在这里一起舍去性命，也不忍心见这些骸骨头发指爪，如何能够舍离此地回去见父母妻子眷属和朋友善知识啊！这时二位王子忧恼悲哭，依依不舍地离去。这时小王子带领的侍从，散落在各处互相问：今天我们王子到哪里去了。那时王妃在睡梦中，梦到双乳被割，牙齿坠落，得到三只雏鸽，一只被老鹰叼去吃了。那时，王妃在大地震动时被惊醒了，心中非常惶恐不安，说道：

今日何故大地动，江河林树皆摇震，日无精光如覆蔽，目睫跳动心不安，我之所梦不祥兆，必有非常灾变事！

王妃说了偈后，这时有一个侍女从外面听说王子的消息，心中惊慌，急急忙忙跑回来对王妃说："我刚才在外面听说，侍卫们都在寻找王子，到处都找不到。"王妃听到这话，担忧恐惧涌上心头，眼睛含着泪水，哭哭啼啼来到国王住处说："我刚才听外面的人说，我们心爱的小儿子丢失不见了。"国王听了以后也如雷轰顶，呆在那里，悲痛哽咽，擦着眼泪说："苦啊！为什么要让我失去最心爱的儿子呢？"

【原文】 尔时世尊欲重宣此义，而说偈言：

我于往昔，无量劫中，舍所重身，以求菩提。若为国王，及作王子，常舍难舍，以求菩提。我念宿命，有大国王，其王名曰，摩诃罗陀，是王有子，能大布施。其子名曰，摩诃萨埵，复有二兄，长者名曰，大波那罗；次名大天。三人同游，至一空山，见新产虎，饥穷无食。时胜大士，生大悲心，我今当舍，所重之身。此虎或为，饥饿所逼，傥能还食，自所生子，即上高山，自投虎前，为令虎子，得全性命。是时大地，及诸大山，皆悉震动，惊诸虫兽，虎狼师子，四散驰走，世间皆暗，无有光明。是时二兄，故在竹林，心怀忧恼，愁苦涕泣，渐渐推求，遂至虎所，见虎虎子，血污其口，又见骸骨，发毛爪齿，处处迸血，狼藉在地。时二王子，见是事已，心更闷绝，自躄于地[①]，以灰尘土，自涂坌身[②]，忘失正念，生狂痴心。所将侍从，睹见是事，亦生悲恸，失声号哭，互以冷水，共相喷洒，然后苏息，而复得起。是时王子，当舍身时，正值后宫，妃后采女，眷属五百，共相娱乐。王妃是时，两乳汁出，一切肢节，痛如针刺，心生愁恼，似丧爱子。于是王妃，疾至王所，其声微细，悲泣而言：大王今当，谛听谛听，忧愁盛火，今来烧我。我今二乳，俱时汁出，身体苦切，如被针刺。我见如是，不祥瑞相，恐更不复，见所爱子。今以身命，奉上大王，愿速遣人，求觅我子。梦三鸽雏，在我怀抱，其最小者，可适我心，有鹰飞来，夺我而去；梦是事已，即生忧恼，我今愁怖，恐命不济，愿速遣人，推求我子。是时王妃，说是语已，实时闷绝，而复躄地。王闻是语，复生忧恼，以不得见，所爱子故，其王大臣，及诸眷属，悉皆聚集，在王左右，哀哭悲号，声动天地。尔时城内，所有人民，闻是声已，惊愕而出，各相谓言：今是王子，为活来耶，为已死亡？如是大士，常出软语，为众所爱，今难可见；已有诸人，入林推求，不久自当，得定消

息。诸人尔时，悼惶如是[3]，而复悲号，哀动神祇[4]。尔时大王，即从座起，以水洒妃，良久乃苏，还得正念，微声问王：我子今者，为死活耶？尔时王妃，念其子故，倍复懊恼，心无暂舍。可惜我子，形色端正，如何一旦，舍我终亡？云何我身，不先薨没，而见如是，诸苦烦事？善子妙色，犹净莲华，谁坏汝身，使令分离？将非是我，昔日怨仇，挟本业缘[5]，而杀汝耶？我子面目，净如满月，不图一旦，遇斯祸对，宁使我身，破碎如尘，不令我子，丧失身命。我所见梦，已为得报，直我无情，能堪是苦。如我所梦，牙齿堕落，二乳一时，汁自流出，必定是我，失所爱子。梦三鸽雏，鹰夺一去，三子之中，必定失一。尔时大王，即告其妃：我今当遣，大臣使者，周遍东西，推求觅子，汝今且可，莫大忧愁。大王如是，慰喻妃已，即便严驾，出其宫殿，心生愁恼，忧苦所切，虽在大众，颜貌憔悴，即出其城，觅所爱子。尔时亦有，无量诸人，哀号动地，寻从王后。是时大王，既出城已，四向顾望，求觅其子，烦惋心乱[6]，靡知所在。最后遥见，有一信来，头蒙尘土，血污其衣，灰粪涂身，悲号而至。尔时大王，摩诃罗陀，见是使已，倍生懊恼，举首号叫，仰天而哭。先所遣臣，寻复来至，既至王所，作如是言：愿王莫愁，诸子犹在，不久当至，令王得见。须臾之顷，复有臣来，见王愁苦，颜貌憔悴，身所著衣，垢腻尘污：大王当知，一子已终，二子虽存，哀悴无赖。第三王子，见虎新产，饥穷七日，恐还食子，见是虎已，深生悲心，发大誓愿，当度众生，于未来世，证成菩提。即上高处，投身虎前，虎饥所逼，便起啖食，一切血肉，已为都尽，唯有骸骨，狼藉在地。是时大王，闻臣语已，转复闷绝，失念躄地，忧愁盛火，炽然其身，诸臣眷属，亦复如是。以水洒王，良久乃苏，复起举首，号天而哭。复有臣来，而白王言：向于林中，见二王子，愁忧苦毒，悲号涕泣，迷闷失志，自投于地，臣即求水，洒其身上，良久之顷，及还苏息，望见四方，大火炽然，扶持暂起，寻复躄地，举首悲哀，号天而哭，乍复赞叹，其弟功德。是时大王，以离爱子，其心迷闷，气力惙然[7]，忧恼涕泣，并复思惟，是最小者，我所爱重，无常大鬼，奄便吞食[8]。其余二子，今虽存在，而为忧火，之所焚烧，或能为是，丧失命根，我宜速往，至彼林中，迎载诸子，急还宫殿，其母在后，忧苦逼切，心肝分裂，或能失命，若见二子，慰喻其心，可使终保，余年寿命。尔时大王，驾乘名象，与诸侍从，欲至彼林，即于中路，见其二子，号天扣地，称弟名字。时王即前，抱持二子，悲号涕泣，随路还宫，速令二子，觐见其母[9]。佛告树神，汝今当知：尔时王子，摩诃萨埵，舍身饲虎，今我身是；尔时大王，摩诃罗陀，于今父王，输头檀是[10]；尔时王妃，今摩耶是[11]；

第一王子，今弥勒是；第二王子，今调达是[12]；尔时虎者，今瞿夷是[13]；时虎七子，今五比丘[14]，

及舍利弗，目犍连是[15]。尔时大王[16]，摩诃罗陀，及其妃后，悲号涕泣，悉皆脱身，御服璎珞，与诸大众，往竹林中，收其舍利，即于此处，起七宝塔。是时王子，摩诃萨埵，临舍命时，作是誓愿，愿我舍利，于未来世，过算数劫[17]，常为众生，而作佛事。

说是经时，无量阿僧祇诸天及人发阿耨多罗三藐三菩提心。树神！是名礼塔往昔因缘。尔时佛神力故，是七宝塔即没不现。

【注释】 ①躄：仆倒。②坌：用细末撒在物体上面。③慞惶：亦作“嫜徨”，慌张忙乱。④神祇：天地神灵的总称。在天为神，在地为祇。⑤挟：胁持，挟制。⑥惋：怨叹烦

闷。⑦惙:衰弱。⑧奄:忽然。⑨覲:朝见,或拜见。⑩输头檀:即佛陀的父亲净饭王。⑪摩耶:即佛陀的母亲摩耶夫人。⑪调达:即“提婆达多”,释迦牟尼佛的堂弟。又义净译文则作“曼殊室利”。⑫瞿夷:释迦牟尼出家前为悉达多王子时的妃子,意为明女。《华严经探玄记》卷二十谓佛为太子时,有三夫人:瞿夷第、耶输陀罗、摩奴舍。⑭五比丘:指释迦牟尼修苦行时的五位随从,也是佛陀成道后,最早在鹿野苑初转法轮受到教化的五位比丘。⑮舍利弗、目犍连:释迦牟尼佛的两位上首弟子,常跟随佛陀游化。也是佛的十大弟子之一,舍利弗被誉为智慧第一,目犍连被誉为神通第一。⑯“尔时大王”至“而作佛事”数句:按,“尔时大王,……而作佛事”,有版本也列为偈颂。⑰算数劫:指算数譬喻所不能及的劫数。

【译文】 那时,世尊为了重新宣说此义,又说偈颂:我于往昔无量劫,舍所爱身求菩提,或为国王或王子,常舍难舍求菩提。我念昔时有大国,国王名摩诃罗陀,其子能做大布施,名字叫摩诃萨埵;又有二位好兄长,长名大渠次大天。三人同游至一山,见新产虎饥无食,萨埵大士生大悲,思今当舍所爱身。此虎或为饥饿逼,恐其还食所生子,即上高山投虎前,为令虎子全性命。这时大地及高山,悉皆震动惊虫兽,虎狼狮子四散走,世间皆暗无光明。这时二兄在竹林,心怀忧恼而啼泣,渐渐推求至虎所,见虎虎子血污口,骸骨、发毛及爪齿,处处迸血遍狼藉。二兄见状心大惊,悲痛闷绝扑于地,以灰尘土自涂身,忘失正念生狂痴,所领侍从见此事,也生悲恸失声哭,互以冷水相喷洒,然后苏息复得起。正当王子舍身时,后宫王妃与宫女,眷属五百共娱乐,王妃忽然乳汁出,肢节疼痛如针刺,心生忧愁似丧子。王妃急忙找国王,声音哽咽啼泣言:大王你今仔细听,忧愁盛火来烧我,我今二乳俱汁出,身体苦切如针刺,我见如此不祥兆,恐怕不见心爱子,今以生命奉大王,愿速派人寻我子。梦三雏鸽在我怀,其最小者称我心,有鹰飞来忽夺去,梦见此事我心愁。我今忧恐怖不济,愿速派人寻我子。王妃如此哭诉后,当即昏厥倒在地。国王听后生忧恼,因不见其爱子故,其王大臣及僚属,悉皆聚集王左右,哀号悲哭动天地。那时城内诸人民,听到消息惊愕出,互相询问并议论,王子为活为已亡?萨埵大士常软语,为众爱戴今不见,已经有人入林寻,不久当有消息回。诸人彼时心慌张,哀号悲哭动神祇。那时国王从座起,以水洒妃渐苏醒,正念微声问国王:儿今为死还是活?王妃忧念其爱子,心中挂念倍增恼,叹言可惜端正儿,为何一旦舍我去?为何我身不先没,而见此等痛心事!吾儿容色如净莲,谁坏你身令分离?莫非是我昔怨仇,由于业缘而杀耶?吾儿面目如满月,不料一旦遇斯祸,宁使我身碎如尘,勿令吾儿失生命!我所做梦已预示,何其无情令我受!梦见牙齿忽坠落,二乳一时汁自流,必定是我失爱子;梦三雏鸽鹰夺一,三子之中定失一。那时大王即告妃:我即派遣诸臣僚,周遍东西去寻子,你且不必太忧愁。国王安慰王妃后,即整仪仗出宫殿,心中愁恼忧苦切,虽在大众貌憔悴。即出大城寻爱子。亦有无量城中人,哀号复随王出城。这时国王出城后,四处张望求其子,心烦意乱随处行。最后遥见一人来,头蒙尘土衣涂血,遍体蒙尘悲号至。那时摩诃罗陀王,见此信使倍生恼,举首仰天而号叫。先遣臣使又回来,到了王前而禀告:愿王莫愁诸子在,不时即来令王见。须臾之间有臣来,容貌痛切而憔悴,风尘仆仆秉王说:大王一子已命终,二子

虽存甚哀怜。第三王子见虎产，饥饿七日恐食子，看见饿虎生悲心，发大誓愿度众生，于未来世证菩提，即上高处投虎前，虎饥所逼便起食，一切血肉都已尽，唯剩骸骨在地上。那时国王听闻后，闷绝失念扑在地，忧愁盛火炽燃身，群臣僚属也如是。以水洒王久乃苏，又复抬头向天哭。又有臣来告王说：现在林中二王子，痛苦悲叹而啼哭，昏厥不支倒地上。臣即求水洒其身，良久之时还复苏，眼望四方如大火，刚刚扶起又倒地，举首悲哀向天哭，忽又赞叹弟功德。这时国王因爱子，其心迷闷气力少，忧痛啼泣又思维：最小儿子我最爱，无常大鬼忽吞食；其余二子今虽在，而被忧火所焚烧，可能因此而失命，我应速往彼林中，迎载二子回宫殿。其母在宫忧苦逼，心肝分裂或失命，若见二子慰喻心，可使保全余寿命。那时国王乘象车，与诸侍从往林中，即在半路遇二子，哭天抢地称弟名。国王上前抱二子，痛苦之后还宫中，速令二子见其母。佛告树神你当知：时王子摩诃萨埵，舍身饲虎今我身，时国王摩诃罗陀，即今父王输头檀，时王妃即今摩耶，第一王子今弥勒，第二王子今调达，那时母虎今瞿夷，虎七子今五比丘，及舍利弗、目犍连。那时国王摩诃罗，及其妃后悲号泣，悉脱御服及璎珞，与诸大众往竹林，收起王子之舍利，于其处起七宝塔。王子萨埵舍命时，曾作如是之誓愿：愿我舍利未来世，常为众生作佛事。

世尊说此经的时候，有无量无数的诸天及人发起了阿耨多罗三藐三菩提心。树神！这就是礼拜舍利塔的往昔因缘。那时因为佛的神力，七宝塔也随即隐没不现了。

赞佛品第十八

【题解】

本品主题是赞佛，但难以理解的是，赞一位名叫“金宝盖山王如来”的未来佛。这位未来佛金宝盖山王如来是前面《授记品》中佛陀为信相菩萨授记将来成佛的名号，但现在却与法会会众一起来到了这位未来佛的国土，像是进入了“时空隧道”，由现在来到了未来，令人难以思议。这与《法华经》过去佛多宝如来忽然出现于多宝塔中，与现在佛释迦牟尼一起宣化的情况非常类似。这一段内容特别突显了本经与《法华经》在经义上的相似之处，即二经都有速疾成佛之意。《金光明经》中多次说到“速成”、“疾得证成阿耨多罗三藐三菩提”。在合本、净本《空品》之后的《依空满愿品》中，还说依诸法性空义，行菩提法，修平等行，如意宝光耀善女天因此即转女身作梵天身，得佛授记，与《法华经》中龙女转为男身成佛的故事也极为相似。

【原文】 **尔时无量百千万亿诸菩萨众，从此世界至金宝盖山王如来国土，到彼土已五体投地，为佛作礼，却住一面，合掌向佛，异口同音而赞叹曰：如来之身，金色微妙，其明照耀，如金山王，身净柔软，如金莲华。无量妙相，以自庄严，随形之好，光饰其体，净洁无比，如紫金山。圆足无垢，如净满月；其音清彻，妙如梵声，师子吼声，大雷震声，六种清净，微妙音声，迦陵频伽[1]，孔雀之声，清净无垢，威德具足。百福相好，庄严其身，光明远照，无有齐限，智慧寂灭[2]，无诸爱习。世尊成就，无量功德，譬如大海，须弥宝山，为诸众生，生怜愍心，于未来世，能与快乐。如来所说，第一深义，能令众生，寂灭安隐，能与众生，无量快乐，能演无上，甘露妙法，能开无上，甘露法门，能入一切，无患窟宅[3]；能令众**

生，悉得解脱，度于三有，无量苦海，安住正道[4]，无诸忧苦。如来世尊，功德智慧，大慈悲力，精进方便，如是无量，不可称计。我等今者，不能说有，诸天世人，于无量劫，尽思度量，不能得知。如来所有，功德智慧，无量大海，一滴少分，我今略赞，如来功德，百千亿分，不能宣一，若我功德，得聚集者，回与众生，证无上道。

尔时信相菩萨即于此会从座而起，偏袒右肩，右膝着地，合掌向佛而说赞言：

世尊百福，相好微妙，功德千数，庄严其身，色净远照，视之无厌，如日千光，弥满虚空，光明炽盛，无量无边，犹如无数，珍宝大聚。其明五色，青红赤白，琉璃颇梨[5]，如融真金，光明赫奕，通彻诸山，悉能远照，无量佛土。能灭众生，无量苦恼，又与众生，上妙快乐，诸根清净，微妙第一，众生见者，无有厌足。发绀柔软[6]，犹孔雀项，如诸蜂王，集在莲华。清净大悲，功德庄严，无量三昧，及以大慈，如是功德，悉以聚集。相好妙色，严饰其身，种种功德，助成菩提。如来悉能，调伏众生，令心柔软，受诸快乐，种种深妙，功德庄严，亦为十方，诸佛所赞，其光远照，遍于诸方，犹如日月，充满虚空。功德成就，如须弥山[7]，在在示现，于诸世界。齿白齐密，犹如珂雪，其德如日，处空明显，眉间毫相，右旋宛转，光明流出，如琉璃珠，其色微妙，如日处空。

尔时道场菩提树神复说赞曰：南无清净，无上正觉，甚深妙法，随顺觉了。远离一切，非法非道，独拔而出，成佛正觉。知有非有，本性清净，希有希有，如来功德，希有希有，如来大海，希有希有，如须弥山，希有希有，佛无边行，希有希有，佛出于世，如优昙华，时一现耳。希有如来，无量大悲，释迦牟尼，为人中日，为欲利益，诸众生故，宣说如是，妙宝经典。善哉如来，诸根寂灭，而复游入，善寂大城，无垢清净，甚深三昧[8]，入于诸佛，所行之处，一切声闻[9]，身皆空寂，两足世尊，行处亦空。如是一切，无量诸法，推本性相[10]，亦皆空寂。一切众生，性相亦空，狂愚心故，不能觉知。我常念佛，乐见世尊，常作誓愿，不离佛日。我常于地，长跪合掌，其心恋慕，欲见于佛。我常修行，最上大悲，哀泣雨泪，欲见于佛。我常渴仰，欲见于佛，为是事故，忧火炽然。惟愿世尊，赐我慈悲，清冷法水，以灭是火。世尊慈愍，悲心无量，愿赐我身，常得见佛。世尊常护，一切人天，是故我今，渴仰欲见。声闻之身，犹如虚空，焰幻响化[11]，如水中月，众生之性，如梦所见，如来行处，净如琉璃，入于无上，甘露法处，能与众生，无量快乐。如来行处，微妙甚深，一切众生，无能知者。五通神仙，及诸声闻，一切缘觉，亦不能知。我今不疑，佛所行处，惟愿慈悲，为我现身。

尔时世尊，从三昧起[12]，以微妙音，而赞叹言：善哉善哉！树神善女！汝于今日，快说是言，一切众生，若闻此法，皆入甘露，无生法门。

【注释】 ①迦陵频伽：产于印度的鸟，属于雀类，以音声美妙著称。意为好声鸟、美音鸟、妙声鸟。其色黑似雀，羽毛甚美，喙部呈赤色，在卵壳中即能鸣，音声清婉，和雅微妙。佛教经典中，常以其鸣声比喻佛菩萨之妙音。②寂灭：指佛三涅槃境界，法身空性境界，故下文译为“澄明”。③无患窟：义净译文为“涅槃城”，指一切贪嗔痴烦恼永灭的涅槃境界。④正道：即“八正道”。⑤颇梨：又作“玻璃”，意译“水玉”“白珠”、“水精”等。七宝之一。“琉璃颇梨”指诸色珍宝。⑥发绀：头发绀青色。⑦如须弥山：此处对照义净译文，当是

指佛之身光。⑧三昧：又作“三摩地”，意为“等持”“定”“正定”等。心止于一处而不动、心一境性名为定。⑨一切声闻：此处指声闻弟子。⑩性相：指体性与相状。不变而绝对之真实本体，或事物之自体，称为“性”；差别变化之现象的相状，称为“相”。本经以性相皆为空寂。⑪焰幻响化：焰幻指水泡之阳焰，响化指声音倏忽消失。⑫三昧：指禅定。

【译文】 那时，无量百千万亿的诸菩萨众，从此世界到金宝盖山王如来的国土。到了彼土后，五体投地，为佛作礼，安坐一边，合掌向佛，异口同音而赞叹说：

如来金色微妙身，光明照耀如金山，身净柔软如莲华。三十二相遍庄严，八十种好皆圆备，光饰其体洁无比。圆足无垢如满月，其音清彻似梵声，如狮子吼雷震音；六种清净微妙声，迦陵频伽孔雀声，清净无垢威德具。百福相好庄严身，光明远照无齐限，智慧澄明无爱染。世尊成就无量德，譬如大海须弥山，哀愍利益诸众生，于未来世与安乐。如来所说第一义，令证涅槃真寂静，能与众生无量乐。能演无上甘露法，能开无上甘露门，能入一切无患窟，能令众生悉解脱。已度三有大苦海，安住正道无诸苦。如来功德与智慧，慈悲、精进与方便，德海无量不可计，我等今者不能说。诸天世人无量劫，尽其思维不能知，如来功德智慧海，无量大海之一滴。我今略赞如来德，百千亿分不及一，我所聚集之功德，回向众生证菩提。

那时，信相菩萨在此会中，即从座起，偏袒右肩，右膝着地，合掌向佛赞叹说：

世尊百福相圆满，功德千数庄严身，色净远照视无厌，如日千光弥满空。光明炽盛无边际，犹如无数珍宝聚，青红赤白及杂色，五色光耀如融金；光明赫奕彻诸山，悉能远照无量土，能灭众生无量苦，又与无边上妙乐。诸根清净妙第一，众生乐睹无厌足。发绀柔软孔雀项，犹如蜂王集妙华，清净大悲德庄严，无量三昧及大慈，如是功德悉聚集，相好妙色严饰身，种种功德成菩提。如来调伏诸众生，令心柔软受诸乐。种种妙德共庄严，亦为十方诸佛赞，其光远照遍十方，犹如日月满虚空。功德成就如须弥，示现周遍诸世界。齿白齐密如珂雪，德如日处空明显。眉间毫相右旋转，光明流出如琉璃，妙如赫日遍空中。那时，道场菩提树神又赞叹说：南无清净无上觉，甚深妙法随顺觉，远离一切非法道，独拔而出成正觉。知有非有本清净，希有如来功德海，希有如来智慧海，希有光相如须弥，希有世尊无边行，希有如来出于世，如优昙华时一现；希有如来大慈悲，释迦牟尼人中日，为欲利益众生故，宣说如是妙宝经。善哉如来诸根定，能入寂静涅槃城，无垢清净深三昧，入于诸佛所行处。声闻弟子身空寂，两足尊行处亦空，如是一切无量法，推本性相皆空寂，一切众生亦空寂。狂愚心故不能觉，我常念佛乐见佛，我常誓愿不离佛。常于地上跪合掌，其心恋慕欲见佛；常行最上之大悲，哀泣雨泪欲见佛；心中忧火炽然盛，我常渴仰欲见佛。惟愿世尊赐慈悲，清凉法水灭忧火！世尊无量慈悲心，愿赐我身常见佛！世尊常护诸人天，是故我今欲见佛，声闻之身如虚空，如焰如响如水月，众生之性如梦幻。如来行处如琉璃，入于无上甘露法，能与众生无量乐。如来行处妙甚深。一切众生无能知，五通神仙及声闻、一切缘觉亦不知。我今不疑佛行处，惟愿慈悲为现身！

那时世尊即从禅定中出，以微妙梵音赞叹说：“善哉善哉！树神善女天！你于今日宣扬妙言，一切众生若听闻到此法，皆入甘露无生法门。”

嘱累品第十九

【题解】

按照三分科经的惯例,本品属于流通分的付嘱部分。佛陀从定中起,付嘱诸天神护持流通此经,勿使断绝;又叙说受持本经的利益,劝诸天众等广为流传,使流通久远,令未来世众生得到大利益。诸天神殷重宣说誓言,依照世尊付嘱而护持此经。

【原文】 尔时释迦牟尼佛从三昧起,现大神力,以右手摩诸菩萨摩诃萨顶。与诸天王及诸龙王、二十八部散脂鬼神大将军等而作是言:"我于无量百千万亿恒河沙劫修习是金光明微妙经典,汝等当受持读诵,广宣此法,复于阎浮提内无令断绝。若有善男子、善女人,于未来世中有受持读诵此经典者,汝等诸天常当拥护,当知是人于未来世无量百千人天之中常受快乐,于未来世值遇诸佛,疾得证成阿耨多罗三藐三菩提。"

尔时诸大菩萨及天龙王、二十八部散脂大将等,即从座起,到于佛前,五体投地,俱发声言:"如世尊敕,当具奉行!"如是三白,"如世尊敕!当具奉行!"于是散脂大将等而白佛言:"如世尊敕!若未来世中有受持是经,若自书,若使人书,我等与此二十八部诸鬼神等常当随侍拥护,隐蔽其身,是说法者皆悉消灭诸恶,令得安隐。愿不有虑!"

尔时释迦牟尼佛现大神力,十方无量世界悉皆六种震动。是时诸佛皆大欢喜,嘱累是经故,赞美持法者,现无量神力。于是无量无边阿僧祇菩萨摩诃萨大众,及信相菩萨、金光、金藏、常悲、法上等,及四天大王、十千天子,与道场菩提树神、坚牢地神及一切世间天人阿修罗等,闻佛所说,皆发无上菩提之道,踊跃欢喜,作礼而去。

【译文】 那时释迦牟尼佛从三昧起,示现大神力,以右手遍摩诸菩萨摩诃萨的头顶,对诸天王、诸龙王、二十八部散脂鬼神大将军等说了这样付嘱的话:"我于无量百千万亿恒河沙劫修习这部《金光明》微妙经典,你们应当受持读诵,广为宣说此法,不要让此经在阎浮提内的流通断绝。如果有善男子善女人,在未来世中有受持读诵这部经典的,你们诸天应当常常拥护,当知此人在未来世无量百千人天之中常受快乐,于未来世会值遇诸佛,速疾得证阿耨多罗三藐三菩提。"

那时诸大菩萨及诸天、龙王、二十八部散脂大将等,即从座起,到了佛前,五体投地,同声说:"遵照世尊敕令,我等完全奉行!"这样说了三遍,"遵照世尊敕令,我等完全奉行!"于是散脂大将等对佛说:"遵照世尊敕令!如果未来世中有人受持这部经,若是自己书写,若是让别人代为书写,我们将与二十八部诸鬼神等隐蔽身形,常常跟随护卫这人,使得这位受持说法的人消灭一切诸恶,得到安稳。请您不必挂念!"

那时释迦牟尼佛示现大神力,十方无量世界都发出了六种震动。这时诸佛皆大欢喜,为了付嘱这部经的缘故,赞美持法的人,示现了无量的神力。于是无量无边阿僧祇的菩萨摩诃萨大众及信相菩萨、金光、金藏、常悲、法上等菩萨,及四大天王、十千天子,与道场菩提树神、坚牢地神及一切世间天人、阿修罗等听闻了佛的说法之后,都发起了无上菩提之心,踊跃欢喜,作礼而去。

地藏经

【导语】

在中国佛教中，地藏与观音、文殊、普贤一起被尊为四大菩萨。地藏菩萨以"众生度尽，方证菩提；地狱不空，誓不成佛"的宏大誓愿与自我牺牲精神而著称，更以"幽冥教主"的身份和神秘的死后世界联系起来，从而得到了普遍的崇敬与膜拜，在民众的信仰生活中扮演了重要的角色。《地藏菩萨本愿经》是与地藏信仰有关的最重要的经典，叙述地藏菩萨在因地修行、所发誓愿及度化众生的过程与事迹，是一部在中国佛教发展史、特别是大众信仰层面曾经产生过重大影响的佛教经典。

地藏

卷上

忉利天宫神通品第一

【题解】

本品首先交代了释迦牟尼佛讲述地藏菩萨本愿经的时间、地点、缘起、对象。释迦牟尼佛在忉利天为母说法，十方诸佛菩萨皆来集会赞叹，十方天龙鬼神亦来集会，如来含笑，放大光明，出微妙音。继而，佛陀为号称智慧第一的文殊菩萨讲说了地藏菩萨发愿救度众生的宿世往因。地藏菩萨一世曾为大长者子，一世曾为婆罗门女，分别以不同的因缘于狮子奋迅具足万行如来及觉华定自在王如来前发愿，"尽未来际不可计劫，为是罪苦六道众生，广设方便，尽令解脱，而我自身方成佛道"，因此，虽经百千亿劫，如今尚为菩萨。佛告诉文殊菩萨，今来集会忉利天者，无量无数，皆是地藏菩萨久远劫来，已度，当度，未度，已成就，当成就，未成就，地藏菩萨之威神誓愿，不可思议。

品：梵文 Varga，音译跋渠，品类之义，聚类同者为一段。又有品别之义，彼此章段，义理差别，故名品。佛经当中，一品表示一个段落，与"章"同义。

【原文】 **如是我闻[1]。一时佛在忉利天[2]，为母说法。尔时十方无量世界[3]，不可说不可说一切诸佛，及大菩萨摩诃萨[4]，皆来集会。赞叹释迦牟尼佛，能于五浊恶世[5]，现不可思议大智慧神通之力[6]，调伏刚强众生，知苦乐法。各遣侍者，问讯世尊[7]。**

是时如来含笑[8]，放百千万亿大光明云，所谓大圆满光明云、大慈悲光明云[9]、大智慧

光明云、大般若光明云[10]、大三昧光明云[11]、大吉祥光明云、大福德光明云、大功德光明云、大归依光明云、大赞叹光明云。放如是等不可说光明云已，又出种种微妙之音，所谓檀波罗蜜音[12]、尸波罗蜜音[13]、羼提波罗蜜音[14]、毗离耶波罗蜜音[15]、禅波罗蜜音[16]、般若波罗蜜音、慈悲音、喜舍音[17]、解脱音、无漏音[18]、智慧音、大智慧音、狮子吼音[19]、大狮子吼音[20]、云雷音、大云雷音[21]。出如是等不可说不可说音已，娑婆世界[22]，及他方国土，有无量亿天龙鬼神，亦集到忉利天宫，所谓四天王天[23]、忉利天、须焰摩天[24]、兜率陀天[25]、化乐天[26]、他化自在天[27]、梵众天[28]、梵辅天[29]、大梵天[30]、少光天[31]、无量光天[32]、光音天[33]、少净天[34]、无量净天[35]、遍净天[36]、福生天[37]、福爱天[38]、广果天[39]、无想天[40]、无烦天[41]、无热天[42]、善见天[43]、善现天[44]、色究竟天[45]、摩醯首罗天[46]，乃至非想非非想处天[47]，一切天众、龙众、鬼神等众，悉来集会。复有他方国土，及娑婆世界，海神、江神、河神、树神、山神、地神、川泽神、苗稼神、昼神、夜神、空神、天神、饮食神、草木神，如是等神，皆来集会。复有他方国土，及娑婆世界，诸大鬼王，所谓恶目鬼王[48]、啖血鬼王[49]、啖精气鬼王[50]、啖胎卵鬼王[51]、行病鬼王[52]、摄毒鬼王[53]、慈心鬼王[54]、福利鬼王[55]、大爱敬鬼王[56]，如是等鬼王，皆来集会。

【注释】 ①如是我闻：为佛教经典固定的开篇用语，又作“闻如是”。据经典记载：释迦牟尼佛于入灭之际，嘱托多闻第一的阿难，在将其一生言教整理为经藏时，须于卷首加“如是我闻”一语，以与外道经典有所区别。“如是”，指经中所叙佛陀之言行举止；“我闻”，即经藏结集者阿难自言听闻佛陀之言行。又，“如是”意为信顺自己所闻之法；“我闻”则为坚持其信之人。此即信成就、闻成就，又作证信序。②一时：指说法的时间，亦即法会开始至法会圆满结束之某时，系经典序文六种成就之一，可径直理解为往昔某一个时候。佛：佛陀的简称。佛陀，的音译，意为觉者。觉有三义，即自觉、觉他、觉行圆满。三项俱全者，方名为佛。在佛教创立的最初阶段，“佛”仅限于对释迦牟尼的尊称，后来则除了指释迦牟尼之外，也泛指一切觉悟成道、觉行圆满者。此处专指释迦牟尼佛。忉利天：忉利天，音译怛唎耶怛唎舍，亦称作三十三天。根据佛教的宇宙观，此天位居欲界第二天之须弥山顶，四面各为八万由旬，山顶四隅各有一蜂，高五百由旬，由金刚手药叉神守护。中央之宫殿(善见城)为帝释天所居住，城外周围有四苑，是诸天众游乐之处。城之东北有圆生树，花开妙香薰远，城之西南有善法堂，诸天众群聚于此，评论法理。四方各有八城，加中央一城，合为三十三天城。据《正法念经》卷二十五载，佛母摩耶夫人命终后升入此天，佛成道后乃至忉利天为母说法三个月。③十方：为四方、四维、上下之总称，即东、西、南、北、东南、西南、东北、西北、上、下。佛教主张十方有无数世界及净土，称为十方世界、十方法界、十方净土、十方刹等。其中之诸佛及众生，则称为十方诸佛、十方众生。世界：佛教以东西南北、上下等空间观为“界”，以过去、未来、现在等时间观为“世”，合起来称为“世界”。④菩萨摩诃萨：乃菩提萨埵与摩诃萨埵之简称。菩萨，意译作道众生、觉有情、道心众生等。菩提，觉、智、道之意；萨埵，众生、有情之意，菩萨，即指以智上求无上菩提，以悲下化众生，修诸波罗蜜行，于未来成就佛果之修行者。摩诃萨，摩诃汉译为大，摩诃萨埵即大有情、大众生，谓此大众生愿大、行大、度众生大，于世间诸众生中为最上，不退其大心，故称摩诃萨埵。⑤五浊：在恶世、末世中出现的五种污浊。即劫浊，

整个世界灾难不断;见浊,众生持邪恶见解;烦恼浊,众生具有贪、嗔、痴等烦恼;众生浊,众生的果报衰竭,心智迟钝,身体羸弱,苦不堪言;命浊,众生的寿命次第缩减,最后只有十岁。⑥神通:又作神通力。即依修禅定而得的无碍自在、超人间的、不可思议的能力和妙用。一般谓神通有六种:(一)神足通,又称神境智证通、身如意通、神境通、如意通、身通,即身能飞天入地,出入三界,变化自在的作用;(二)天眼通:又称天眼智证通、天眼智通,即能见一切事物的作用;(三)天耳通:又称天耳智证通、天耳智通,即能听闻一切声音的作用;(四)他心通:又称他心智证通、知他心通,即能洞悉他人思想的作用;(五)宿命通:又称宿住随念智证通、宿住智通、识宿命通,即能知前世事迹的作用;(六)漏尽通:又称漏尽智证通,即能断一切烦恼惑业,永远脱离生死轮回的作用。此中,前五通系依禅定而生起,故外道、声闻、缘觉及菩萨皆可得之;漏尽通,则仅有达小乘之无学位(阿罗汉)、大乘之等觉位者始能获得。神通虽然是禅定达到一定层次的自然显现,是说明修行境界的一种指标,但佛陀并不强调这种力量,而是强调靠智慧来开悟,随意显示神通甚至为菩萨戒律所禁止。⑦世尊:音译为薄伽梵,佛的尊称,意思是为世间所尊敬的人。⑧如来:佛的十种德号之一,意思是乘如实道,从因来果而成正觉,通俗地说,即已经觉悟的人。如来之含义又分如来、如去两种:若作如去解,有乘真如之道,而往于佛果涅槃之义;若作如来解,则为由如实道而来,垂化三界。在佛教当中,如来为诸佛之通号。⑨慈悲:慈爱众生并给与快乐(与乐),称为慈;同感其苦,怜悯众生,并拔除其苦(拔苦),称为悲;二者合称为慈悲。⑩般若:智慧之意。特别指观照空理的智慧,这不是一般的知解,而是一种觉悟的慧观,所观的不是在相对格局下的对象,而是诸法缘起,因而是空无自性、空无所得的理境,即是绝对的真理。⑪三昧:音译作三昧定、三摩地,定的异名,汉译作等持,即将心定于一处(或一境)的一种安定状态。行者住于三摩地,观想凝照,智慧明朗,即能断除一切烦恼而证得真理。⑫檀:译作檀那,布施、施舍之义,六度中的施度,即以慈悲心而施福利与人之义。佛教中的施有三种:(一)财施,即以财物去救济疾病贫苦的人;(二)法施,即以正法去劝人修善断恶;(三)无畏施,即不顾虑自己的安危去解除别人的怖畏。波罗蜜:意译到彼岸、度无极、度。其本意为完全、绝对圆满,指修行的完成,但一般作菩萨的修行解。它包括:布施(檀那)、持戒(尸罗)、忍辱(羼提)、精进(毗离耶)、禅定(禅那)、智慧(般若),总称六波罗蜜。⑬尸:即持戒。意思是制止恶行不为,遇到善事恭敬去做。尸罗波罗蜜为六波罗蜜即六度之一。⑭羼提:即令心安稳,堪忍外在之侮辱、恼害等,亦即凡加诸身心之苦恼、苦痛,皆堪忍之,而不愤怒、不结怨、不怀恶意。⑮毗离耶:汉译为精进。精进有身精进、心精进。身精进是昼夜六时诵经拜忏礼佛;心精进即昼夜六时,念兹在兹,一心忆念佛法而不忘失。⑯禅:意译作静虑、止他想、系念专注一境、正审思虑、思惟修等,寂静审虑之意,指将心专注于某一对象,极寂静以详密思惟之定慧均等的状态。禅为大乘、小乘、外道、凡夫所共修,然其目的及思惟对象则各异。⑰喜舍:指四无量心(慈、悲、喜、舍)中之第三喜无量心、第四舍无量心。思惟无量之众生离苦得乐,而入于喜,称为喜无量心;思惟自己对于无量之众生,无爱亦无憎,而入于舍,称为舍无量心。又欢喜供养三宝而施给金钱、物品等,也称作喜舍。⑱无漏:漏,为漏泄、漏落之意,

乃烦恼之异名。烦恼能令人落入三恶道,故称有烦恼之法为有漏;称离烦恼垢染之清净法为无漏,如涅槃、菩提等。⑲狮子吼:狮子乃众兽之王,譬喻佛说法,一切外道皆远避之。⑳大狮子吼:喻佛说大乘法门,令闻者振作无畏,勇猛精进发大菩提心。㉑云雷音、大云雷音:譬喻佛身像云,佛说法像雨,佛的音像雷一样能够远震,使众生听了雷音,猛然警悟,生欢喜心。㉒娑婆世界:亦译为沙诃、娑诃楼陀,意为堪忍、忍土。谓此界众生安忍于十恶而不肯出离,故名为忍。又诸佛菩萨行利乐时,堪受诸苦恼,表其无畏与慈悲,故名。又此界众生有贪、嗔、痴等烦恼,相互忍受,故名。佛教常以此为三千大世界之名,实即指释迦牟尼进行教化的现实世界。㉓四天王天:是欲界六天中之第一天,在须弥山腰。东边是持国天,南边是增长天,西边是广目天,北边是多闻天。以人间五十岁为一昼夜,定寿五百岁。㉔须焰摩天:又作夜摩天,欲界六天之第三天,意译为善时分。此界光明赫奕,无昼夜之分,居于其中时时享受不可思议之欢乐,以人间二百岁为一昼夜,定寿两千岁。㉕兜率陀天:又作兜率天,意译知足天、妙足天,乃欲界六天中之第四天。此天有内、外二院,兜率内院乃补处菩萨之居处,现在则有弥勒菩萨在其中说法。此中的天人寿命为四千岁,其一昼夜,相当于人寿的四百年。㉖化乐天:又称化自在天,为欲界六天之第五天,能自己造妙乐的境地而自得其乐,以人间八百岁为一昼夜,定寿八千岁。㉗他化自在天:又作他化乐天。此天假他所化之乐事以成己乐,故称。其主名自在天王,乃欲界之主,以人间一千六百岁为一昼夜,定寿一万六千岁。㉘梵众天:色界的初禅三天之第一天。梵,清净无欲的意思,梵众,谓此天的众生清净无染欲,乃初禅天主之民众。㉙梵辅天:色界的初禅三天之第二天,为大梵天的辅臣。㉚大梵天:色界初禅天之天主,梵名尸弃。大梵天在印度婆罗门教中,是这世界的造物主,也是婆罗门教最推尊的主神,但在佛教里,则被视之为佛教的护法神。从佛教的“三界”(欲界、色界、无色界)世界观来看,帝释天生活在欲界,而大梵天则在色界。色界众生与欲界众生有显著的不同,他们没有淫欲与食欲,但具有净妙形质,且都在禅定境界中。㉛少光天:色界第二禅天之第一天。此天于二禅天中光明最少,故名。㉜无量光天:色界第二禅天之第二天。此天光明增胜,无有限量,故名。㉝光音天:色界第二禅天之第三天。此界众生无有音声,以定心所发之光明为语音。㉞少净天:色界第三禅天之第一天。意识受净妙之乐,故名净;第三禅天之中,此天所受净妙之乐最少,故名少净。㉟无量净天:色界第三禅天之第二天。此天意地之乐受,于此转增,胜于少净天,难以量测,故名。㊱遍净天:色界第三禅之第三天。谓此天乐受最胜,其净周遍,故名。㊲福生天:色界十八天之一。修胜福力的菩萨,方才可以生到这重天上。㊳福爱天:色界十八天之一。此天已舍苦乐之心与定心圆融一体,生清净胜解之力,所得之福,受用无穷。㊴广果天:色界十八天之一。谓此天之果报广大,无有胜之者。㊵无想天:色界十八天之一。修习无想定而达到的境界。生此天者,念想灭尽,仅存色身及不相应行蕴,故称。㊶无烦天:色界十八天之一。此天离欲界之苦与色界之乐,而无烦恼,故名。㊷无热天:色界十八天之一。此天已除杂修静虑之上中品诸障,意乐调柔,离诸热恼,故名。㊸善见天:色界十八天之一。此天以定力殊胜而所见清澈,故称善见。㊹善现天:色界十八天之一。此天天众已得上品之杂修静虑,果德易彰,故

名。㊺色究竟天：色界十八天之一。此天乃修最上品四禅者所生之处，其果报于有色界中为最胜，故名。㊻摩醯首罗天：乃大自在天之梵文音译。其主为色界之吏，名自在天王，住在第四禅天，形象通常为八臂三目，手执白拂，乘白牛。此天原为婆罗门教之主神湿婆，与毗湿奴同居梵天之下，后来成为三者同位。在印度教中，大自在天被视为世界最高位的神，是宇宙世界的创造者。此神被吸收入佛教后，成为居住在色究竟天的圣者，在大乘佛教中，更被视为是位居法云地的圣者。㊼非想非非想处天：又作非非想天，此乃无色界之第四天。此天位于三界九地之顶上，故称有顶天，非想非非想乃就此天之禅定而称之。此天之定心，至极静妙，已无粗想，故称非想；尚有细想，故称非非想。㊽恶目鬼王：这种鬼王的眼睛非常可怕，有青色、红色、白色，又大又凶，令人一见毛骨悚然。㊾啖血鬼王：这种鬼王专门吸人的血，多数住在屠杀的刑场中。㊿啖精气鬼王：这种鬼王专门吃人及五谷之精气。51啖胎卵鬼王：这种鬼王专门吃人胎和各种蛋类，不是整个吞下，而只吸其气而已。52行病鬼王：若谁应该受报生病，行病鬼王就到他那里去撒些病菌，那人就会得病。53摄毒鬼王：这个鬼王能把一切毒气毒物收摄，以免各种瘟疫毒症，伤害众生。54慈心鬼王：这个鬼王，虽然长得很丑陋，但是他心肠很慈悲，特别爱护小孩。55福利鬼王：这个鬼王虽然头大肚大，像个大头怪，但是常常福利人们。56大爱敬鬼王：他对一切人都爱护与尊敬。

【译文】 这部经是我（阿难）亲闻佛陀这样宣说的：

一时，释迦牟尼佛为报母生育之恩，知道母亲已生在忉利天，就上升到忉利天专门为母亲说法。当时，十方无数世界，有不可说、不可说一切诸佛及大菩萨摩诃萨，听说释迦牟尼佛到忉利天为母说法，都来随喜参加这个法会。法会中，无量诸佛及大菩萨摩诃萨同声赞叹释迦牟尼佛，能够在娑婆世界的五浊恶世里，现种种不可思议大智慧神通之力，调伏刚强众生，使他们明了离苦得乐的佛法。诸佛及大菩萨摩诃萨，都分别派遣侍者来向世尊致敬。

这时，释迦牟尼佛慈悲含笑，放出百千万亿大光明云，分别是大圆满光明云、大慈悲光明云、大智慧光明云、大般若光明云、大三昧光明云、大吉祥光明云、大福德光明云、大功德光明云、大归依光明云、大赞叹光明云。呈现如此不可胜数的光明云以后，又出种种微妙的声音，分别是布施波罗蜜音、持戒波罗蜜音、忍辱波罗蜜音、精进波罗蜜音、禅定波罗蜜音、般若波罗蜜音、慈悲音、喜舍音、解脱音、无漏音、智慧音、大智慧音、狮子吼音、大狮子吼音、云雷音、大云雷音，发出如此不可胜数的声音之后，娑婆世界及他方世界种种国土，有无量亿的天龙鬼神，也集合到这忉利天宫，他们是四天王天、忉利天、须焰摩天、兜率陀天、化乐天、他化自在天、梵众天、梵辅天、大梵天、少光天、无量光天、光音天、少净天、无量净天、遍净天、福生天、福爱天、广果天、无想天、无烦天、无热天、善见天、善现天、色究竟天、摩醯首罗天，直到非想非非想处天，一切天众、龙众、鬼神等众，都来集会。另外，还有其他世界及娑婆世界上的各种神祇亦来集会，包括海神、江神、河神、树神、山神、地神、川泽神、苗稼神、昼神、夜神、空神、天神、饮食神、草木神等。还有他方世界及娑婆世界中的各种鬼王，所谓恶目鬼王、啖血鬼王、啖精气鬼王、啖胎卵鬼王、行病鬼王、摄毒鬼王、慈心鬼王、福利鬼王、大爱敬鬼王等，这许多鬼王也来参加法会。

【原文】 尔时释迦牟尼佛，告文殊师利法王子菩萨摩诃萨①：汝观是一切诸佛菩萨，及天龙鬼神，此世界、他世界，此国土、他国土，如是今来集会，到忉利天者，汝知数否？文殊师利白佛言：世尊，若以我神力，千劫测度②，不能得知。佛告文殊师利：吾以佛眼观故③，犹不尽数。此皆是地藏菩萨久远劫来，已度、当度、未度，已成就、当成就、未成就。文殊师利白佛言：世尊，我已过去久修善根，证无碍智④，闻佛所言，即当信受。小果声闻⑤、天龙八部⑥，及未来世诸众生等，虽闻如来诚实之语，必怀疑惑。设使顶受，未免兴谤。唯愿世尊，广说地藏菩萨摩诃萨，因地作何行⑦、立何愿，而能成就不思议事。

佛告文殊师利：譬如三千大千世界⑧，所有草木丛林、稻麻竹苇、山石微尘，一物一数，作一恒河⑨；一恒河沙，一沙一界；一界之内，一尘一劫；一劫之内，所积尘数，尽充为劫。地藏菩萨证十地果位以来⑩，千倍多于上喻，何况地藏菩萨在声闻、辟支佛地⑪。文殊师利，此菩萨威神誓愿，不可思议。若未来世，有善男子善女人⑫，闻是菩萨名字，或赞叹，或瞻礼，或称名，或供养，乃至彩画、刻镂、塑漆形象，是人当得百返生于三十三天，永不堕恶道。

文殊师利，是地藏菩萨摩诃萨，于过去久远不可说不可说劫前，身为大长者子⑬。时世有佛，号曰狮子奋迅具足万行如来⑭。时长者子，见佛相好⑮，千福庄严⑯。因问彼佛，作何行愿，而得此相？时狮子奋迅具足万行如来告长者子：欲证此身，当须久远度脱一切受苦众生。文殊师利，时长者子因发愿言：我今尽未来际，不可计劫，为是罪苦六道众生⑰，广设方便⑱，尽令解脱，而我自身方成佛道。以是于彼佛前立斯大愿，于今百千万亿那由他不可说劫⑲，尚为菩萨。

【注释】 ①文殊师利法王子：文殊师利，意译为妙吉祥，音译另有曼殊室利。是大乘佛教中以智慧为特德的菩萨，往昔曾为诸佛之师，为释迦牟尼的左胁侍，中国佛教四大菩萨之一；法王子，是指文殊菩萨将来会作佛的事业的继承人，如同王子之要继承国王的位置。佛陀自己也宣布过，我为法王，于法自在，所以文殊菩萨被称为法王子。②劫：音译作劫波。这是印度表示极其长久时间的一个单位，分为小劫、中劫、大劫。按佛教说法，起初人寿有八万四千岁，每百年人寿减一岁，当减至人寿仅十岁时，已过了八万三千九百九十个一百年，然后又每百年增一岁，直至人寿达八万四千岁，即又过了一个八万三千九百九十个一百年，称为一小劫；如是二十个小劫，称为一中劫；如是八十个小劫，称为一大劫。③佛眼：指诸佛照破诸法实相，而慈心观众生之眼。佛眼具足肉眼、天眼、慧眼、法眼四种眼之作用，此眼无事不见、无事不知、无事不闻，闻见互用，无所思惟，一切皆见。④证：修习正法，如实体验而悟入真理，称为证。有契会真理而悟入之意，故有契证、证契、证会、证悟、证入等语词。又证之境地，乃唯有自己体验之意，故有已证、内证、自内证之称。就能证而言，称为证智、证知；对修因而言，称为证得、证果。⑤声闻：指听闻佛陀声教而证悟的出家弟子。声闻原指佛陀在世时的诸弟子，后与缘觉、菩萨相对，而为二乘或三乘之一。声闻乘，是专为声闻所说的教法，其主要内容是观四谛之理，修三十七道品，断见、思二惑而次第证得四沙门果，以期入于“灰身灭智”之无余涅槃。⑥天龙八部：

守护佛法的八种神。天龙为别称，八部是总称。这就是：天人、龙、夜叉、乾达婆（乐神）、阿修罗、迦楼罗（金翅鸟）、紧那罗（歌神）、摩睺罗伽（大蟒蛇、地龙）。⑦因地：为“果地”之对称。地者，位地，阶位之意，指修行佛道，由因行至证果间的阶位。相对佛果之果位而言，等觉以下者悉为因地；对于初地以上之菩萨而言，地前菩萨之阶位皆为因地，即对已证位者，称未证位者为因地。⑧三千大千世界：又称三千世界，这是古代印度人对全宇宙的称呼。按一般所谓的世界，以须弥山为中心，其周围有四大洲，其四周又有九山八海，这便是人所居的世界，是一小世界。一千个小世界构成一小千世界；小千世界的一千倍，是中千世界；中千世界的一千倍，则是大千世界。这大千世界由小、中、大三种千世界而成，故称三千世界或三千大千世界。⑨恒河：印度最大的河流，在今印度与孟加拉国境内。发源于雪山南部，其流域即恒河平原，四通八达，丰饶广阔，为数千年来印度文明之中心，佛陀说法亦多在恒河流域。恒河多沙，其数无量，故经中遇说数目极多时，为通晓起见，即以恒河沙为喻。⑩十地：指佛教修行过程中的十个阶位，即欢喜地、离垢地、发光地、焰慧地、难胜地、现前地、远行地、不动地、善慧地、法云地。证了这十地，渐开佛眼，成一切种智。⑪辟支佛：意译为缘觉或独觉。共有二义：一、出生于无佛之世，当时佛法已灭，但因其前世修行的因缘，自以智慧得道；二、自觉不从他闻，观悟十二因缘之理而得道。⑫善男子、善女人：佛教经典中对在家的信男、信女，每用善男子、善女人称呼。所谓的“善”，系对信佛、闻法、行善业者之美称。亦可将善男子、善女人理解为优婆塞、优婆夷，即皈依佛法，受持五戒的男子、女人。⑬长者：为家主、居士之意，一般则通称富豪或年高德劭者为长者。⑭狮子奋迅：狮子奋起之时，诸根开张，身毛皆竖，其势迅速勇猛，以其威仪啸吼之相，令其余兽类尽失其威，以此喻佛之大威神力。具足万行，指一切具足，福慧圆满。如来是佛之通称。⑮相好：佛的身体所具足的微妙的特征。相是大的特征，好是小的特征。佛有三十二种相，八十种好。⑯千福庄严：此种相须在百劫之中修福方可得。每修一百福可得一相，称为百福庄严；修成三十二相则需三千二百福，因称千福庄严。⑰六道：指众生根据其生前的善恶行为，有六种轮回转生的趋向或境地，即地狱、饿鬼、畜生、阿修罗、人、天，也叫“六趣”。前三道为恶道，后三道为善道。⑱方便：或译善权、权宜。有三重意义：一指大乘菩萨不能像小乘一样自利，还必须运用各种手段利益他人；一是指为软化众生不得不园地因人制宜采取各种灵活方法，也即所谓权方便、权宜；有时也指为证见真理而修的加行。⑲那由他：译为那由多、那庾多，为数目的单位。意约为中国所说之“亿”，通常只是表示数目甚大之意。

【译文】 这时，释迦牟尼佛对文殊师利法王子菩萨摩诃萨说：“你看，这一切诸佛、菩萨及天龙鬼神，有来自此世界的；有来自其他世界的；有来自这方国土（即阎浮提）的；有来自他方国土的，如今都来到忉利天集会，你知道他们的数目一共有多少吗？”文殊师利回答佛说：“世尊，以我所拥有的神通和力量，即使花上一千大劫这么长的时间来测算，也还是不能得知有多少数啊！”佛告诉文殊师利菩萨说：“我以佛眼智慧来测算，也无法得知其确切数目，这些都是地藏菩萨从久远的、不可计量的劫数直到现在，已度脱使令成佛、正度脱使令成佛以及将度脱使令成佛的众生。”文殊菩萨代一切众生向佛恭敬启问：“世

尊啊！我于过去无量阿僧祇劫以前直到现在，勤修善根福德智慧，已彻底证悟了无碍智。因此，凡是听到佛所说的一切，都能够坚信受持。但对那些小果位的声闻、天龙八部以及未来世的一切众生，即使听到了如来真实不虚的话语，一定心里还是要生起疑惑的。即使出于恭敬，勉强接受，难免在外界的影响下说出诽谤的话来，反而使这些众生因此而造罪了。因此，我请求世尊，能否为这些众生，比较详细地介绍一下地藏菩萨摩诃萨，他从初发心时起直到现在，一直在作哪种修行，立哪种大愿，才能成就现在所说的那样不可思议的功德神力呢?"

佛告诉文殊师利菩萨说："譬如说，将三千大千世界里所有的草木、丛林、稻麻、竹子、芦苇、山石、微尘等每一件东西记一个数，每一个数算作一条恒河，每一条恒河里有那么多的沙，将这么多的恒河里所有的沙，每一粒沙子算作一个世界，每一个世界都碎成微尘，每一粒微尘算作一个大劫，将一个大劫里所积的微尘数，再统统算为劫数，地藏菩萨自从证到十地果位以来所经过的劫数、度化的众生，远远超过上述比喻的数量之千倍。更何况地藏菩萨在声闻、辟支佛时所修行的时间与度化的众生，那更是多得无法想象了。文殊师利，这位菩萨的神通威力、宏誓大愿真是不可思议，倘若在未来世界里，有善男子或善女人，有缘能听到地藏菩萨的名号，或是赞叹；或是恭敬瞻礼；或是称念地藏菩萨的名号；或是拿灯烛、香花、饮食、衣服、燃香、果品等供于菩萨像前；或是绘画地藏菩萨形象、用玉石雕刻地藏菩萨形象、用土木胶漆彩帛等塑造地藏菩萨的形象，此人即能够以上述的功德，上升至忉利天，往返生于三十三天，永不会堕落到恶道中去。

"文殊师利，这位地藏菩萨摩诃萨，在过去久远不可说不可说大劫之前，有一次投生为一位大长者家的儿子。在那个时代里，正好有一位佛住世，佛的名号称狮子奋迅具足万行如来。这位大长者子见到佛的相貌威仪非常的美好，兼备了千种的福慧与庄严，因此想要知道其原因，就来到佛前恭敬发问，立了什么样的誓愿，做了什么样的功德，才能感应到这种圆满的妙相。当时狮子奋迅具足万行如来就告诉长者子说：'要想修证到这样圆满微妙的相貌和身形，应当在非常长久的遥远年代里，以佛法的清净智慧去度脱一切受苦的众生。'长者子听佛这样说了以后，当时就在佛前立下宏誓大愿说：'我现在发愿，从今天起，以至尽未来际无数劫的岁月里，为一切六道中受苦的众生，以佛法的智慧，用种种方便使他们都能解脱生死，而后我自身再证得涅槃而成佛。'正是由于大长者子在狮子奋迅具足万行如来前发了如此誓愿，所以直到今天，虽然已经经过了百千万亿那由他不可说的大劫这么长的时间，仍然行菩萨道，度化众生。"

【原文】 又于过去不可思议阿僧祇劫[①]，时世有佛，号曰觉华定自在王如来[②]，彼佛寿命四百千万亿阿僧祇劫。像法之中[③]，有一婆罗门女[④]，宿福深厚[⑤]，众所钦敬，行住坐卧，诸天卫护。其母信邪，常轻三宝[⑥]。是时圣女广设方便，劝诱其母，令生正见[⑦]。而此女母，未全生信，不久命终，魂神堕在无间地狱[⑧]。时婆罗门女，知母在世不信因果[⑨]，计当随业，必生恶趣[⑩]。遂卖家宅，广求香华，及诸供具，于先佛塔寺，大兴供养。见觉华定自在王如来，其形象在一寺中，塑画威容，端严毕备。时婆罗门女，瞻礼尊容，倍生敬仰。私自念言：佛名大觉，具一切智[⑪]。若在世时，我母死后，倘来问佛，必知处所。时婆罗门女，

垂泣良久，瞻恋如来。忽闻空中声曰：泣者圣女，勿至悲哀，我今示汝母之去处。

婆罗门女合掌向空，而白空曰：是何神德，宽我忧虑？我自失母已来，昼夜忆恋，无处可问，知母生界[12]。

时空中有声，再报女曰：我是汝所瞻礼者，过去觉华定自在王如来。见汝忆母，倍于常情众生之分，故来告示。

婆罗门女闻此声已，举身自扑，肢节皆损。左右扶侍，良久方苏。而白空曰：愿佛慈愍，速说我母生界。我今身心，将死不久。

时觉华定自在王如来，告圣女曰：汝供养毕，但早返舍，端坐思惟吾之名号，即当知母所生去处。

时婆罗门女，寻礼佛已，即归其舍。以忆母故，端坐念觉华定自在王如来，经一日一夜。忽见自身到一海边，其水涌沸，多诸恶兽，尽复铁身，飞走海上，东西驰逐。见诸男子女人，百千万数，出没海中，被诸恶兽争取食啖。又见夜叉[13]，其形各异，或多手多眼，多足多头，口牙外出，利刃如剑。驱诸罪人，使近恶兽。复自搏攫，头足相就。其形万类，不敢久视。时婆罗门女，以念佛力故，自然无惧。

有一鬼王，名曰无毒，稽首来迎，白圣女曰：善哉菩萨，何缘来此？

时婆罗门女问鬼王曰：此是何处？

无毒答曰：此是大铁围山西面第一重海[14]。

圣女问曰：我闻铁围之内，地狱在中，是事实否？

无毒答曰：实有地狱。

圣女问曰：我今云何得到狱所？

无毒答曰：若非威神，即须业力[15]。非此二事，终不能到。

圣女又问：此水何缘，而乃涌沸，多诸罪人，及以恶兽？

无毒答曰：此是阎浮提造恶众生[16]，新死之者。经四十九日后，无人继嗣，为作功德，救拔苦难；生时又无善因。当据本业所感地狱，自然先渡此海。海东十万由旬[17]，又有一海，其苦倍此。彼海之东，又有一海，其苦复倍。三业恶因之所招感[18]，共号业海，其处是也。

圣女又问鬼王无毒曰：地狱何在？

无毒答曰：三海之内，是大地狱，其数百千，各各差别。所谓大者，具有十八。次有五百，苦毒无量。次有千百，亦无量苦。

圣女又问大鬼王曰：我母死来未久，不知魂神当至何趣？

鬼王问圣女曰：菩萨之母，在生习何行业？

圣女答曰：我母邪见，讥毁三宝。设或暂信，旋又不敬。死虽日浅，未知生处。

无毒问曰：菩萨之母，姓氏何等？

圣女答曰：我父我母，俱婆罗门种。父号尸罗善现，母号悦帝利。

无毒合掌启菩萨曰：愿圣者却返本处，无至忧忆悲恋。悦帝利罪女，生天以来，经今三日。云承孝顺之子，为母设供修福，布施觉华定自在王如来塔寺。非唯菩萨之母得脱

地狱,应是无间罪人,此日悉得受乐,俱同生讫。

鬼王言毕,合掌而退。

婆罗门女寻如梦归。悟此事已,便于觉华定自在王如来塔像之前,立弘誓愿:愿我尽未来劫,应有罪苦众生,广设方便,使令解脱。

佛告文殊师利:时鬼王无毒者,当今财首菩萨是。婆罗门女者,即地藏菩萨是。

【注释】 ①阿僧祇:意译为无数、无央数。佛教用以表示极为大量,无法以一般算数表示的计算单位。②觉华定自在王如来:觉悟时心境开朗,如莲华开放,故称觉华;摄心入定,抉破罗网,得大自在,所以称作定自在王。③像法:佛法有正法时代、像法时代、末法时代,这是就佛入灭后其教法的流行状态而分的三个时期。正法时代,这是教、行、证都具体显现的时期;像法时代,证已不存在,只有教与行二者存留,这是模仿正法的时期,故称像法时代;末法时代,只有教,而无行、证的时期,是佛教衰微的时代。其时间长短说法不一,一般正法为五百年或一千年,像法一千年,末法一万年。④婆罗门:意为清净。古印度四种姓之首,称最胜种姓,属祭司阶层,掌握社会的一切知识,包括宗教解脱的知识。专求解脱的婆罗门又称梵志。通常认为,婆罗门的责任有六法,即研习吠陀,传授吠陀,为自己祭祀,为他人祭祀,接受他人的施舍与布施他人。⑤宿福:过去世所作之善根功德。若以一生为限,从前迄今所作之善事亦称宿福,又称宿作福、宿善。⑥三宝:即佛、法、僧。佛是已开悟的人;法是指佛的教法;僧是信奉佛的教法的僧众。以上三者,威德至高无上,永不变移,如世间之宝,故称三宝。⑦正见:指正确的知见,即能解知世间出世间因果,如实审虑诸法性相之有漏无漏的般若智慧。正见是八正道和十善之一,也就是对因果、事理、四圣谛及三法印等信受理解,并以之作为自己的见地。八正道以正见为首,因为有了正见,才能够对于事理有正确的认识,从而破除虚妄与偏见,悟入正道。⑧无间地狱:无间,音译作阿鼻、阿鼻旨,为八热地狱之第八。位于南赡部洲(即阎浮提)之地下二万由旬处,深广亦二万由旬,堕此地狱之有情,受苦无间。凡造五逆罪之一者,死后必堕于此。所谓无间之义有五,即(一)趣果无间,命终之后,直接堕此狱中,无有间隔;(二)受苦无间,一堕此狱,直至罪毕出狱,其间所受之苦无有间断;(三)时无间,一劫之间,相续而无间断;(四)命无间,一劫之间,寿命无间断;(五)身形无间,地狱纵横八万四千由旬,身形遍满其中而无间隙。⑨因果:指原因与结果,亦即指因果律。因果,是佛教教义体系中用来说明一切事物相互关系的基本理论。盖一切诸法之形成,"因"为能生,"果"为所生。也就是说,能引生结果者为因,由因而生者为果。在时间上,因果遍于过去、现在、未来三世。在空间上,则除无为法之外,一切事物皆受因果律支配,佛、菩萨亦然。一切事象,都依因果法则而生灭变化,这一理论反映在伦理方面,则体现为"善有善报,恶有恶报",确切地说,"善因乐果,恶因苦果",也就是人们通常所理解的因果报应。⑩恶趣:趣,为往到之义。恶趣即由恶业所感,而应趣往之处所,又称恶处、恶道。这是作为恶业结果的一种生存状态,是痛苦迷惘的生存环境。具体地说,指的是地狱、饿鬼、畜生三个处所。⑪一切智:音译为萨婆若、萨云然,为佛教所说的三智(一切智、道种智、一切种智)之一,指了知内外一切法相之智。具体地说,如实了知一切世界、众生界、有为、

无为事、因果界趣之差别，及过去、现在、未来三世者，称为一切智。⑫生界：现生结束后受生、托生的境地。⑬夜叉：梵文又音译为药叉、夜乞叉，汉译为捷疾鬼。佛教八部众之一，以昆沙门天眷属的身份，守护北方。通常指住于地上或空中，以威势恼害人，或守护正法之鬼类。⑭铁围山：以须弥山为中心，外有九山八海，第八海为咸海。南赡部洲等四大洲在此，围绕咸海者即是铁围山。⑮业力：即善恶之业有生起苦乐果之力用，称为业力。业：音译作羯磨，为造作之义，意谓行为、所作、行动、作用、意志等身心活动，或单由意志所引生之身心生活。过去的作为有招感现在果的力量；现在的作为有招感来世果的力量，因此，业力是轮回的基础。⑯阎浮提：南赡部洲的别称。按印度人的地理观，作为宇宙中心的须弥山四面有咸海，海中有四大部洲，分别为东胜神洲，南赡部洲，西牛贺洲，北俱芦洲。佛经中云阎浮提有三大特点胜于其他三洲：一勇猛强记，于诸教法勇猛读诵、记闻广博、心不忘失；二勤修梵行，谓南洲之人，于诸清净梵行，则能精勤修习；三佛出其土，谓南洲众生，其人易化，一切圣贤，皆出其中，所以佛陀在此土降生。⑰由旬：系古印度计算距离的单位。以帝王一日行军的路程为一由旬，约四十里。⑱三业：即身、口、意三业。㈠身业，指身所作及无作之业，有善有恶，若杀生、不与取、欲邪行等为身恶业；若不杀、不盗、不邪淫，即为身善业。(二)口业，又作语业，指口所作及无作之业，有善有恶，若妄语、离间语、恶语、绮语等为口恶业；若不妄语、不两舌、不恶语、不绮语则为口善业。(三)意业，指意所起之业，有善有恶，若贪欲、嗔恚、邪见等为意恶业；若不贪、不嗔、不邪见则为意善业。

【译文】 再者，在过去不可思议无量数劫以前，当时世上有佛住世，号为觉华定自在王如来，寿命为四百千万亿无量数劫。在觉华定自在王佛教化的像法时代中，有一位出身婆罗门的女子，由于曾在过去无量世当中积累了无量的善根与福德，因此为大众所尊重钦佩，无论何时何地，行住坐卧之时总有天神在暗中保护着她。她的母亲不幸信了邪教邪说，非但不信佛，反而还常常轻视佛法僧三宝。为此，这位圣女想尽了种种方法，劝说、诱导她母亲，希望母亲能产生正知正见。但其母由于业障太重，善根太少，始终对佛法三心二意，不能完全信仰奉持。不久之后，她母亲寿终，魂神堕落到无间地狱中去了。婆罗门女知道其母亲在世时不相信因果报应，以其所做的恶业，命终之后，一定会堕入恶趣。为了救度母亲，她就变卖了自己的家园房舍及种种资产，筹办购买了上好名贵的香和花，以及其他各种供佛所用的器具物品，在各处佛像、宝塔、寺院当中一心供养。在一座寺院里，她见到一尊觉华定自在王如来的塑像，其形象威严慈祥、亲切端庄，惟妙惟肖，形神兼备，栩栩如生。当时，婆罗门女恭敬瞻礼佛的尊容时，心里升起加倍的敬仰，心想"佛的名号既然称为大觉，具备一切智而无所不知，倘若佛在世时，母亲死后，倘若我来问佛我母死后所去的生地，佛肯定能知道并会告诉我的"。怀着遗憾与悲伤，婆罗门女在佛像前，一边伤心地哭泣，一边不停地礼拜念佛。不知过了多久，忽然空中有个声音在说："那位正在哭泣的圣女，不要太过悲伤了，我现在就来告诉你母亲死后所生的地方。"

婆罗门女听到这声音之后，非常激动，合掌向空中问道："是哪一位有德之神，来安慰我的忧虑？我自从失去母亲以来，日日夜夜怀着悲伤的心情忆念我的母亲，不知道她现

在生在什么世界了。"

这时空中的声音再次告诉婆罗门女说："我就是你现在正在瞻仰礼拜的过去佛觉华定自在王如来，见你思母心切，远远超过人之常情，所以来告诉你母亲的生处。"

婆罗门女听到这声音，激动万分，情不自禁扑倒在地，以至于手足关节折损了。旁人赶紧过来扶住她，安慰她，过了好一会才苏醒过来，泪流满面地对空中说："愿佛慈悲于我，快点告诉我母亲所生之处吧！我如今长久思念母亲，身心交瘁，都快要死了。"

这时，觉华定自在王如来再次告诉圣女说："你等供养仪式完毕以后，早点回家，在家中净室里，端身正坐，排除一切杂念，专心忆念我的名号，到一定的时候之后，即可知道你母亲所生的去处了。"

婆罗门女礼佛供养之后，立刻回到自己家中，端正坐好，因思念母亲心切，一刻不敢分心，全心全意称念觉华定自在王如来的名号。经一日一夜之久，忽然间觉得自己来到了一个大海边。这大海里的水，犹如滚汤一样，沸涌不止，海水中还有许许多多极其凶恶的怪兽，身子都是以铁化成，来来往往地在海面上飞行，东奔西跑。只见海里有成千上万的男男女女，一会儿漂上来，一会儿沉下去，被这些恶兽争来抢去地吞吃，又见到各种各样形状不同的夜叉：有的生了好多只眼，有的生了好多只头，有的生了好多只脚等等。这些夜叉露出白森森锋利的牙齿好像刀剑一样，它们追赶驱逐着这些罪人，使他们挨近恶兽，好让这些恶兽吞吃他们。不但如此，这些夜叉也亲自动手争夺、攫取这些罪人，随意玩弄。有的把罪人的头和脚弯在一起，捆作一团；有的把他们的身体拉长压扁，如搓面团一般。这些夜叉的形状千奇百怪，种类多到数不清，令人毛骨悚然，不敢久视。婆罗门女因为有佛力加被，看到这些骇人的景象，当然不会产生恐惧的心理。

正在这时，有一位鬼王，名字叫无毒，恭敬作礼来迎接圣女，对他说："善哉，菩萨，您为什么到这里来呀？"

婆罗门女问鬼王说："这儿是什么地方？"

无毒鬼王回答说："这儿是大铁围山西面的第一重海。"

圣女问："我听说大铁围山内是地狱，这是真的吗？"

无毒回答说："大铁围山里边，确确实实是地狱的所在。"

圣女又问："我现在怎么会来到地狱呢？"

无毒回答说："倘若不是依靠佛菩萨的威神之力，那便是因为本身所造地狱之业而来。除了这两种力量，谁也无法到这个地方来"。

圣女又问："这里的海水为什么会像沸汤一样上下涌沸啊？为什么在海里有那么多的罪人和种种凶恶的怪兽呢？"

无毒回答说："这些都是阎浮提的造恶众生，新死不久，经过七七四十九天后，由于没有亲戚、子女、朋友为他们作超度功德，使他们能脱离这地狱的苦难；同时，他们生前又没有好好修善，没有求得佛法僧三宝力量的加持，所以按照他们生前所做的恶业，就感应到地狱来了。一般来说，在进入地狱之前，要先渡过这一重海，此海往东过去有十万由旬，又有一海，那里的痛苦比这一重海还要加重一倍。在那重海的东边，又有一海，其中的苦

楚更是倍上加倍。这三个业海都是由于众生身、口、意三业所造的恶因,而感召的痛苦之果。通常所称的业海,指的就是这儿。"

圣女又问鬼王无毒说:"那么,地狱又在什么地方呢?"

无毒回答说:"在三重海之内就是大地狱,其数有好几千,大大小小都不一样。所谓最大的,就有十八个。其次大的,有五百个,那里边的苦难和刑罚真是一言难尽。再其次的,也就是小地狱也有千百之数,每个里边也有无量的苦难,真是苦海无边啊。"

圣女又问大鬼王说:"我母亲去世时间不长,不知道她的魂神现在在哪里?"

鬼王问圣女道:"菩萨,您的母亲生前的所作所为是怎样的呢?"

圣女回答说:"我母执着邪见,相信外道,以至于常常讥讽毁谤三宝。虽然有时经过劝说,暂时相信三宝,过不久就又不信不敬了。现在虽然去世时间不长,可我却不知道她投生到什么地方去了。"

无毒再问圣女说:"菩萨的母亲姓什么,叫什么呀?"圣女回答说:"我父我母都属于婆罗门种姓,父亲叫尸罗善现,母亲叫悦帝利。"

无毒听了以后,恭敬合掌告诉圣女说:"圣女,您不必再忧伤挂怀,可以放心地回家了。这位悦帝利罪女已脱离地狱,升到天上,如今已经有三天了。据说多亏有孝顺的子女为她设供修福,布施觉华定自在王如来塔寺,不但菩萨的母亲得以脱离了地狱之苦,就是在无间地狱里受苦的一切罪人,也都在这一天里解脱了地狱之苦,升到善道受乐了。"

鬼王说完之后,恭敬地向圣女合掌,抽身而退。

此时婆罗门女仿佛大梦初醒,又回到了自己家中的佛堂。待明白了此事的前因后果,觉悟到生死业缘、因缘果报、佛力加持的不可思议,随即来到觉华定自在王如来的塔像之前,立下宏誓大愿说:"愿自今日起直到遥远的未来之际,所有一切造罪受苦的众生,我都要用种种方法和智慧,使他们得到彻底解脱。"

佛告诉文殊师利菩萨说:"刚才所说的无毒鬼王,就是现在的财首菩萨,婆罗门女就是现在的地藏菩萨。"

分身集会品第二

【题解】

本品讲述在无量世界所有地狱处度生的分身地藏菩萨,以及经地藏菩萨的救度从业道解脱者,皆来到忉利天宫的法会。世尊以金色臂摩无量分身地藏菩萨顶,殷勤咐嘱地藏"令娑婆世界,至弥勒出世已来众生,悉使解脱,永离诸苦,遇佛授记"。无量分身地藏菩萨共复一形,奉劝世尊"不以后世恶业众生为虑",并承诺,只要众生于佛法中做些微善事,如毫发许,都将不遗余力,善加度脱,使获大利。

【原文】 **尔时百千万亿不可思不可议不可量不可说无量阿僧祇世界,所有地狱处分身地藏菩萨[①],俱来集在忉利天宫。以如来神力故,各以方面,与诸得解脱从业道出者[②],亦各有千万亿那由他数,共持香华,来供养佛。彼诸同来等辈,皆因地藏菩萨教化,永不退转于阿耨多罗三藐三菩提[③]。是诸众等,久远劫来,流浪生死,六道受苦,暂无休息。以**

地藏菩萨广大慈悲，深誓愿故，各获果证。既至忉利，心怀踊跃，瞻仰如来，目不暂舍。

尔时世尊舒金色臂，摩百千万亿不可思不可议不可量不可说无量阿僧祇世界诸分身地藏菩萨摩诃萨顶，而作是言：吾于五浊恶世，教化如是刚强众生，令心调伏，舍邪归正。十有一二，尚恶习在。吾亦分身千百亿，广设方便。或有利根[④]，闻即信受。或有善果，勤劝成就。或有暗钝，久化方归。或有业重，不生敬仰。如是等辈众生，各各差别，分身度脱。或现男子身，或现女人身，或现天龙身，或现神鬼身，或现山林川原、河池泉井，利及于人，悉皆度脱。或现天帝身[⑤]，或现梵王身[⑥]，或现转轮王身[⑦]，或现居士身[⑧]，或现国王身，或现宰辅身[⑨]，或现官属身[⑩]，或现比丘[⑪]、比丘尼[⑫]、优婆塞[⑬]、优婆夷身[⑭]，乃至声闻、罗汉、辟支佛、菩萨等身，而以化度。非但佛身独现其前。

汝观吾累劫勤苦，度脱如是等难化刚强罪苦众生。其有未调伏者，随业报应，若堕恶趣，受大苦时，汝当忆念吾在忉利天宫殷勤付嘱，令娑婆世界至弥勒出世已来众生[⑮]，悉使解脱，永离诸苦，遇佛授记[⑯]。

尔时诸世界分身地藏菩萨，共复一形，涕泪哀恋，白其佛言：我从久远劫来，蒙佛接引，使获不可思议神力，具大智慧。我所分身，遍满百千万亿恒河沙世界。每一世界，化百千万亿身。每一身，度百千万亿人。令归敬三宝，永离生死，至涅槃乐[⑰]。但于佛法中所为善事，一毛一渧、一沙一尘，或毫发许，我渐度脱，使获大利。唯愿世尊，不以后世恶业众生为虑。如是三白佛言[⑱]：唯愿世尊，不以后世恶业众生为虑。

尔时佛赞地藏菩萨言：善哉善哉！吾助汝喜，汝能成就久远劫来发弘誓愿，广度将毕，即证菩提[⑲]。

【注释】 ①分身：分身，即化身。佛菩萨为了化导众生，应众生的机缘而化作不同的身份，将一身化出无穷无尽的分身来，像天上的月亮映入水中一样。前品佛说出地藏菩萨作为孝女的因地修行，所以地藏菩萨就来集会，亲自证明一切，同时顶受如来的嘱咐。

②业道：善恶业招感苦乐果报的场所或通路。一般分十善业道与十恶业道两类，这里主要指恶趣恶道。③阿耨多罗三藐三菩提：意为无上正等正觉。无上，指最高和无以伦比，再不能有超乎其上者；正，即不偏不倚；等，即等同；正觉，指非凡夫的大觉悟。无上正等正觉，指大乘菩萨成佛时所具有的由知诸法实性而对一切事物无不知无不解的智慧。这也就是佛陀的智慧，是修大乘法的圆满果德。④利根：利，速疾之义；根，为根机、根性、根器，利根，即聪明的素质，殊胜的根器。就佛教来说，特别指易于觉悟得解脱的根器。⑤天帝：即释提桓因，帝释天原为摩揭陀国之婆罗门，由于修布施等福德，遂生忉利天，且成为三十三天之天主。⑥梵王：大梵天王的异称。大梵天为初禅天之王，所以叫大梵天王，总管色界诸天。⑦转轮王：转轮圣王的简称，指成就七宝，具足四德，统一须弥四洲，以正法治世的大帝王，是佛教政治理想中的统治者。转轮圣王于人寿八万四千岁时出现，统辖四天下。轮王有四种福报：一、大富，珍宝、财物、田宅等众多，为天下第一；二、形貌庄严端正，具三十二相；三、身体健康无病，安稳快乐；四、寿命长远，为天下第一。转轮圣王出现之时，天下太平，人民安乐，没有天灾人祸。此乃由过去生中，多修福业，可惜不修出世慧业，所以仅成统治世界有福报之大王，却不能修行悟道证果。⑧居士：居家之

佛教徒。意译为长者、家主、家长。在印度,是指从事工商业的富豪,或在家有道之士;在中国,则称学德高而未有出仕的人为居士,即处士之意。现代的用法,凡在家修行的佛教信徒,都称为居士。⑨宰辅:即辅助皇帝、身居要位的官员。现代而言,指一个国家里执掌党、政、军等的高级干部或官员。⑩官属:为政府所用的官僚。现代而言,指一般地方上的官员。⑪比丘:音译比丘、苾刍、备刍、比呼等,意译为乞士,言其上从如来乞求佛法而养育法身慧命,下从世俗乞求衣食以存活色身,指受过具足戒的男性出家人。比丘之含义有五种:乞士(行乞食以清净自活者)、破烦恼、出家人、净持戒、怖魔。比丘依法出家,舍弃家财,游化人间,乞食活命,随处宣教,度诸有缘,威仪端严。⑫比丘尼:指受过具足戒的女性出家人。⑬优婆塞:汉译作清信士、近善男、近事男、善宿男。指归依三宝,受持五戒、八戒等男性在家信徒。⑭优婆夷:又作优婆私,汉译作清信女、近善女、近事女、近宿女。指归依三宝,受持五戎、八戒等女性在家信徒。⑮弥勒:音译梅咀丽耶、末怛唎耶等,意译为慈氏。依《弥勒上生经》《弥勒下生经》所载,弥勒出生于婆罗门家庭,后为佛弟子,先佛入灭,以菩萨身为天人说法,住于兜率天。据传此菩萨欲成熟诸众生,由初发心即不食肉,以此因缘而名为慈氏。《大日经疏》卷一,谓慈氏菩萨系以佛四无量中之慈为首,此慈从如来种姓中生,能令一切世间不断佛种,故称为慈氏。释迦牟尼佛曾预言,弥勒菩萨将下生此世,于龙华树下成佛,分三会说法,故亦称弥勒佛、弥勒如来。中国寺庙一般在山门殿供奉笑口常开的胖弥勒像,传说五代时的契此和尚为弥勒化身,故后人塑像供奉之。⑯授记:又作授决、受别、记别等。本指分析教说。或以问答方式解说教理;转指弟子所证或死后之生处;后专指未来世证果及成佛名号之预言。如释尊于过去世得燃灯佛授记,弥勒菩萨经受释迦牟尼佛授记于未来世成佛。大乘经典中,成佛授记之说更为普遍,如《无量寿经》记载,法藏比丘经世自在王佛授记,而成阿弥陀佛;《法华经》卷二记载,舍利弗等声闻之授记;《法华经》卷四记载,恶人提婆达多,与一般视作不可成佛之女人皆获授记。⑰涅槃:音译作泥洹、涅槃那等,汉译灭、灭度、寂灭、不生、圆寂。涅槃的含义有多种:息除烦恼业因,灭掉生死苦果,生死因果都灭,而人得度,故称灭或灭度;众生流转生死,皆由烦恼业因,若熄灭了烦恼业因,则生死苦果自息,名为寂灭或解脱;永不再受三界生死轮回,故名不生;惑无不尽,德无不圆,故又称圆寂;达到安乐无为,解脱自在的境界,称为涅槃。佛教大小乘对涅槃有不同的说法,一般分有余涅槃和无余涅槃两种。修行者证得阿罗汉果,业报之因已尽,但还有业报身心的存在,故称有余涅槃;及至身心果报也不存在,称无余涅槃。⑱三白佛言:指地藏菩萨用同样的话对佛连说三次,表明他下了很坚定的决心。⑲菩提:意译为智慧、知、觉,旧译为道,指佛的最高的智慧。菩提为佛教的根本理念与最高目标,佛教主要在说明菩提之内容,及证取菩提的实践方法。佛陀为获得菩提的觉者,他所觉悟的菩提,其内容是诸法皆空,即所谓一切万有皆无实体的真理。

【译文】 就在这时,百千万亿不可思议、不可称量、不可说的无量阿僧祇世界里,所有在地狱当中救度众生的分身地藏菩萨统统集合到忉利天宫。与此同时,由于依仗佛力的加持,那些曾经得到地藏菩萨教化与救度,从业道中解脱出来的千万亿那由他数的种

种众生，也都有幸同到忉利天宫来，手捧种种名贵的香和花来供养佛。这些众生，从无量劫以来，一直在生死苦海里流浪，在六道轮回中受苦，片刻也得不到安宁。正因为受到地藏菩萨誓愿的召感与慈悲的教化，他们对于佛法具有了坚定的信念，每一位都证到了一定的果位，在走向无上正等正觉的路程当中永不退转。承蒙佛力的加持来到忉利天宫，心里十分的欢喜激动，以无比恭敬心瞻仰如来，目不暂舍。

这时，释迦牟尼世尊伸出金色的手臂，以神通力摩百千万亿不可思、不可议、不可量、不可说无量阿僧祇世界中所有分身地藏菩萨顶，对他们说："我在五浊恶世当中教化这些冥顽固执的众生，使他们的心性趋于调伏、柔和，抛弃邪恶的思想和行为，归到佛法的正道上来。大多数的众生经过我的教化，都有不同程度的改变，有的也证到一定的果位；但还有十分之一、二的众生很难改得了他们无始生死以来所染的种种恶习。为此，我也曾分身千百亿，用尽种种的方法去教化。有的善根比较深厚，智慧比较开明的，听了我的教导后，当即就信服并接受我的教化；有的善根比较深厚，而智慧稍差些的，经过我多次的劝化，也有了种种的成就；有的善根比较肤浅，智慧也很低下，那就要经过长期耐心的教化方能使他们归向佛道；有的众生业障深重，根本对三宝不生敬仰心，极其难以教化。像这些众生，有各种各样不同的情况，我都分成无量化身去度脱他们：或是化现男子的形象；或是化现女人的形象；或是化现天龙的形象；或是化现神鬼的形象；或是化现山、河、树林、平原、湖泊、池塘、泉水、井水去利益众生，使他们感到佛力的不可思议而得到度脱；或是化现天帝的形象；或是化现梵王的形象，或是化现转轮王的形象，或是化现居士的形象，或是化现国王的形象；或是化现宰辅的形象；或是化现官属形象；或是化现比丘、比丘尼、优婆塞、优婆夷的形象；乃至化现为声闻罗汉、辟支佛、菩萨等种种形象，随众生的根基和机缘来度脱他们，而非仅仅以佛身的形象来化度众生。

"你看我从久远劫来辛勤劳苦地度脱这些难教难化、冥顽固执的罪苦众生，那些至今还没有教化、调伏过来的，免不了要受因果规律的支配，依照自己所造的种种恶业得到应有的报应。这些罪苦众生倘若堕落到恶道中受大苦时，你应当想到我在忉利天宫再三殷切地嘱咐——让娑婆世界里那些从现在起直到弥勒佛出世以来的一切众生，你都要以神通智慧使他们都得到解脱，永远脱离种种苦难，直到他们在将来能够遇佛授记，决定成佛。"

这时，从一切世界出来的无量分身地藏菩萨，恢复合为一身，深为本师释迦牟尼佛为一切众生的解脱所做的种种难行苦行及佛陀对他的殷切期望与郑重嘱托所感动，泪流满面，伤感而仰慕地对佛表白自己的心意："我从遥远的往昔无数大劫以来，承蒙佛的接引与教导，使我获得了不可思议的神通威力，具足无量的般若真智。我所有的分身，遍布百千万亿恒河沙数的世界；每一世界里，又化现百千万亿的化身；每一个化身又度脱百千万亿人，使他们都能归依、尊敬三宝，永远脱离生死轮回，得到不生不灭的涅槃之乐。这些人中，为护持佛法久住所做的善事，哪怕轻如鸿毛，小如水滴，细如微尘，尖如毛端的点滴功德，我都会想方设法度化他，使他走上佛法的正道，获得了脱生死、永离苦难的利益。请世尊放心，不必担心后来世造恶业的众生。"地藏菩萨就这样连说了三遍："请世尊放

心,不必担心后来世造恶业的众生。”

这时,佛称赞地藏菩萨说:“善哉善哉,我也随喜赞叹你的功德和你救度一切众生的伟大心愿。你从久远的大劫以来一直诚恳地发度脱一切众生的宏誓大愿。我也向你保证,一旦你把这些众生度尽之后,马上就可以证得菩提而成佛。”

观众生业缘品第三

【题解】

在本品中,佛母摩耶夫人向地藏菩萨询问阎浮提众生的造业差别及所感恶趣的情形,地藏菩萨首先为佛母讲述了无间地狱的造业因缘。若是犯了不孝父母,或至杀害;出佛身血,毁谤三宝,不敬尊经;侵损常住,玷污僧尼;伪作沙门,欺诳白衣;偷窃常住财物等罪行,则当堕五无间地狱。继而,地藏菩萨解释了该地狱之所以号称“无间”,是因为在该地狱中,日夜受罪,无时间绝;一人亦满,多人亦满;罪器刑罚,苦不堪言;不论男女、贵贱,罪行业感,悉同受之;一日一夜,万死万生,求一念间,暂住不得。最后,地藏菩萨告诉佛母摩耶夫人,若是广说地狱罪器等名,及诸苦事,即使用上一劫的时间也说不尽。

【原文】 尔时佛母摩耶夫人[①],恭敬合掌,问地藏菩萨言:圣者,阎浮众生,造业差别,所受报应,其事云何?

地藏答言:千万世界,乃及国土,或有地狱,或无地狱;或有女人,或无女人;或有佛法,或无佛法;乃至声闻、辟支佛,亦复如是。非但地狱罪报一等。

摩耶夫人重白菩萨:且愿闻于阎浮罪报所感恶趣。

地藏答言:圣母,唯愿听受,我粗说之。

佛母白言:愿圣者说。

尔时地藏菩萨白圣母言:南阎浮提罪报名号如是:若有众生,不孝父母,或至杀害,当堕无间地狱,千万亿劫,求出无期。若有众生,出佛身血,毁谤三宝,不敬尊经,亦当堕于无间地狱,千万亿劫,求出无期。若有众生,侵损常住[②],玷污僧尼,或伽蓝内恣行淫欲[③],或杀或害,如是等辈,当堕无间地狱,千万亿劫,求出无期。若有众生,伪作沙门[④],心非沙门,破用常住,欺诳白衣[⑤],违背戒律,种种造恶,如是等辈,当堕无间地狱,千万亿劫,求出无期。若有众生,偷窃常住财物、谷米、饮食、衣服,乃至一物不与取者,当堕无间地狱,千万亿劫,求出无期。

地藏白言:圣母,若有众生作如是罪,当堕五无间地狱,求暂停苦一念不得。

摩耶夫人重白地藏菩萨言:云何名为无间地狱?

地藏白言:圣母,诸有地狱,在大铁围山之内。其大地狱,有一十八所。次有五百,名号各别。次有千百,名字亦别。无间狱者,其狱城周匝八万余里,其城纯铁,高一万里,城上火聚,少有空缺。其狱城中,诸狱相连,名号各别。独有一狱,名曰无间。其狱周匝万八千里,狱墙高一千里,悉是铁为,上火彻下,下火彻上。铁蛇铁狗,吐火驰逐,狱墙之上,东西而走。狱中有床,遍满万里。一人受罪,自见其身遍卧满床。千万人受罪,亦各自见身满床上。众业所感,获报如是。又诸罪人,备受众苦。千百夜叉,及以恶鬼,口牙如剑,

眼如电光，手复铜爪，拖拽罪人。复有夜叉，执大铁戟，中罪人身，或中口鼻，或中腹背，抛空翻接，或置床上。复有铁鹰，啖罪人目。复有铁蛇，缴罪人颈。百肢节内，悉下长钉，拔舌耕犁，抽肠锉斩，烊铜灌口，热铁缠身。万死千生，业感如是。动经亿劫，求出无期。此界坏时，寄生他界。他界次坏，转寄他方。他方坏时，展转相寄。此界成后，还复而来。无间罪报，其事如是。

又五事业感，故称无间。何等为五？一者，日夜受罪，以至劫数，无时间绝，故称无间。二者，一人亦满，多人亦满，故称无间。三者，罪器叉棒，鹰蛇狼犬，碓磨锯凿，锉斫镬汤，铁网铁绳，铁驴铁马，生革络首，热铁浇身，饥吞铁丸，渴饮铁汁，从年竟劫，数那由他，苦楚相连，更无间断，故称无间。四者，不问男子女人、羌胡夷狄、老幼贵贱、或龙或神、或天或鬼，罪行业感，悉同受之，故称无间。五者，若堕此狱，从初入时，至百千劫，一日一夜，万死万生，求一念间暂住不得，除非业尽，方得受生，以此连绵，故称无间。

地藏菩萨白圣母言：无间地狱，粗说如是。若广说地狱罪器等名，及诸苦事，一劫之中，求说不尽。

摩耶夫人闻已，愁忧合掌，顶礼而退⑥。

【注释】 ①摩耶夫人：释迦牟尼之母，为古印度迦毗罗卫城净饭王之妃。临产前依时俗返回娘家待产，途中于其父天臂城蓝毗尼园（今尼泊尔境内）休息时，生下释尊，七日后逝世，生于忉利天。②常住：指往来僧众办道的地方。此外，亦指属于寺院全体的东西，如田园、杂具之类，为僧众所共用。③伽蓝：音译为僧伽蓝摩，或作僧伽蓝，汉译为僧园、僧院。原指可供建设众僧居住之房舍的用地，后指僧人聚合修行的清净闲静之所，也就是通常所说的寺院。④沙门：又音译为沙门那；汉译的名称很多，如息、息心、静志、净志、乏道、贫道、功劳、勤息等等，指出家的僧人。在印度，原是出家者的总称，其特征是剃发，止息种种罪恶，制御身心，使之向善，不断精进，务求得到解脱。⑤白衣：原意白色之衣，转称著白衣者，即指在家人。印度人一般皆以鲜白之衣为贵，故僧侣以外者皆著用白衣，佛典中亦多以“白衣”为在家人之代用语；相对于此，沙门则称为缁衣、染衣。⑥顶礼：又称头顶礼足、头面礼足、头面作礼、头面礼、五体投地等。这是古印度的最高的敬礼：在尊者前，以两膝、两肘及头著地，以头顶敬礼。以我所高者为顶，彼所卑者为足；以我所尊，敬彼所卑者，即礼之极。

【译文】 这时，佛的生母摩耶夫人向地藏菩萨恭敬合掌询问道：“圣者，阎浮提的众生造业有大有小，千差万别，他们所受的果报也有种种不同，具体来说又是怎样的呢？”

地藏菩萨回答说：“千千万万的世界或国土中，有的有地狱，有的没地狱；有的有女人，有的没女人；有的有佛法流传教化，有的没有；或者如声闻、辟支佛一样的圣者及其教法，有的有，有的没有。不单单是地狱才算是罪报。”

摩耶夫人重又请教菩萨说：“圣者，我只想听听阎浮提的众生，因造种种罪而遭受种种果报的情形是怎样的。”

地藏菩萨回答说：“圣母，请您细听，我将阎浮提众生造罪受报的情形大略说一下。”

佛母回答说：“请圣者讲一讲吧！”

这时，地藏菩萨就对圣母讲："南阎浮提众生造罪所得报应的情况是这样的：倘若有众生，不孝顺父母，甚至起恶心杀害父母的话，那就要堕入无间地狱，即使经过千万亿劫的久远时日也还没有出头之日。倘若有众生出佛身血，毁谤三宝，不恭敬、不尊重佛教经典，也将要堕入无间地狱，即使经过千万亿劫的久远时日也还没有出头之日。倘若有众生侵占、损坏佛经、佛像、经典及寺院的财产物品，勾引僧人或奸污尼众，或是在寺庙里恣意搞邪淫的活动，或是杀害、打骂出家僧尼等等，作了这些恶事，也要堕入无间地狱，即使经过千万亿劫的久远时日也还没有出头之日。倘若有的众生，穿了出家人的服装，假装虔诚向佛，但内心贪恋俗世，将寺庙及僧众公共财产据为己有，为了名闻和利养，欺骗居士信众，违背佛门戒律，造出种种恶业。像这样的人，也要堕入无间地狱，即使经过千万亿劫的久远时日也还没有出头之日。倘若有众生偷窃寺院的用具、财物、粮食、衣物等，哪怕只是一件小东西，不经寺院或出家人同意而私自取用的话，也得要堕入无间地狱，即使经过千万亿劫的久远时日也还没有出头之日。"

地藏菩萨总结说："圣母，若有众生做了如上面所说的种种罪行的话，那就一定会堕入到五无间地狱里去受极大苦，在这期间，想要祈求哪怕刹那之间的停止都不可能啊！"

摩耶夫人再次问地藏菩萨说："为什么将这个地狱叫作无间呢？"

地藏菩萨解释说："圣母，所有的地狱都在大铁围山里边。要说大地狱，那就有十八所，其次有五百所，名称都不一样。再其次有千百所，名称也都不一样。所谓无间地狱，它的狱城周长有八万多里，城墙全都是用铁化成，城高一万里，在城墙顶上大火弥漫，连一点空隙都没有。在狱城之内，各个地狱互相连结，名称各不相同，特别有一个地狱，名字就叫'无间'。这个无间地狱，周围有一万八千里，狱墙高一千里，也都是纯铁化成。狱墙上燃烧的火焰一直通到墙根，墙根的火焰烧到墙上，铁蛇、铁狗也都是烧得火红，喷出火来，在狱墙顶上来回奔跑，驱赶那些想爬出城去的罪人。狱中有大铁床，绵延布满一万里。若一个人受罪，可以亲眼看到自己的周身躺在铁床上遭受折磨；若千万人受罪，也都看见各自的周身躺在铁床上遭受折磨。这都是由于众生犯了众多严重的罪恶，所得到的苦报啊。另外，这些罪人还要承受许许多多各种各样其他的痛苦折磨。那里有千百个夜叉、恶鬼，张开了血盆大口，暴露出像剑一样锋利的牙齿，眼睛像闪电一样在黑暗的地狱里发光，手像铜爪一样结实，把犯人们拖来拽去。有的夜叉用大铁戟来戳罪人，有的刺中罪人的嘴巴、鼻子，有的刺中腹部或背部，把他们挑起来扔向空中，再用铁戟把罪人刺中接住，扔到大火烧红的铁床上。在空中还有许多铁鹰，专门啄食罪人的双眼；还有铁蛇缠住罪人的头颈使他们喘不过气来。罪人全身的关节骨骼里，都被钉上长长的铁钉。或者把罪人的舌头拔出来，用铁犁在上面耕犁；或者把罪人的肠子抽出来寸寸斩断；或者把烧熔的铜汁灌在罪人的口中；或者用烧红的铁水浇在罪人的身上……种种刑罚，万死千生，生了死，死了生。无间地狱里如此种种残酷的折磨，都是由于众生过去所造的种种恶业所招感的恶报啊！罪人一旦堕入无间地狱，就要经过千万亿劫漫长的折磨，出离之日，遥遥无期。一旦这个世界毁灭之时，便会自动转生到其他世界的地狱中去；那个世界毁灭之时，再转寄到另一个世界的地狱当中，就这样循环转寄，无有休止。当这个世界重新生

成之后，还会再转到这个世界的地狱中来。无间地狱里罪报的大致情况就是这样。

“此外，这个地狱之所以称为无间，是因为它是由五种特别严重的报应所组成的，所以叫五无间。第一、日日夜夜折磨不断，以至于累经劫数，也没有片刻时间的间断，故称为无间。第二、一个人身在狱中，其狱是满无间隙的，许多人身在狱中，其狱也是满无间隙的，从这个意义上来说，亦称为无间。第三、该狱中的种种刑具和刑罚的方式五花八门，种类俱全。如铁叉、铁棒、铁鹰、铁蛇、铁狼、铁狗、石碓、石磨、铁锯、铁凿、铁锉、铁斧、铁水、铁网、铁绳、铁驴、铁马等等。或用铁链绞罪人的颈；或用铁水浇罪人的身体；饥饿时以铁丸子令罪人吞食；干渴时让罪人喝滚烫的铁水……，就这样痛苦不堪地承受刑罚，一种接着一种，在无数大劫的时间里从不间断，所以称为无间。第四、无论是男是女，是汉族或是少数民族，是中国人或是外国人，无论是成人或是小孩，无论贵如君主还是贱如乞儿，无论是人类还是龙、神、天人、鬼道，不管是六道中哪一类的众生，只要生前犯有上述罪行的，都会感应到这地狱来，共同受苦，没有丝毫差别，所以称为无间。第五、一旦进入这个地狱当中，从一开始起直到百千大劫，期间的每日每夜每时每刻，都要经历万死万生的痛苦。在任何时候想要有一念间的暂停生死都不可能。除非业报已尽，方能离开地狱去别处受生，从这意义上讲，称为无间。（注：这与第一点不同。第一点说明累经劫数，强调时间的长久。这里说明一天一夜之间即经历万死万生，生死苦楚连绵不断，连一念的休息都没有，强调痛苦的程度。）”

地藏菩萨最后对圣母说：“无间地狱的情形，粗略地来说就是这样，假如要详细叙说地狱里的刑具刑罚，众生受苦的惨状，那就是用上一个大劫的时间也说不完啊！”

摩耶夫人听完地藏菩萨的讲述之后，深为那些在地狱当中受苦的众生而悲忧痛心，恭敬合掌，并向地藏菩萨顶礼，退回到原来的座位中去了。

阎浮众生业感品第四

【题解】

在本品中，世尊首先为定自在王菩萨讲述了地藏菩萨因地发愿的两件事迹。地藏菩萨一世曾为小国王，发愿永度罪苦众生，然后成佛。一世曾为光目女，遇阿罗汉指点，为度亡母，供养瞻礼清净莲花目如来，并于佛前，发愿“却后百千万亿劫中，应有世界，所有地狱及三恶道诸罪苦众生，誓愿救拔，令离地狱恶趣、畜生、饿鬼等，如是罪报等人，尽成佛竟，我然后方成正觉”。佛告定自在王菩萨，志心归敬地藏菩萨，可得无量种种善报，诸菩萨当广演是经，以利益众生。接着，四天王请问地藏菩萨利益人天之事，世尊为其略述地藏菩萨度化众生所说报应之法。

【原文】 尔时地藏菩萨摩诃萨白佛言：世尊，我承佛如来威神力故，遍百千万亿世界，分是身形，救拔一切业报众生。若非如来大慈力故，即不能作如是变化。我今又蒙佛付嘱，至阿逸多成佛已来[①]，六道众生，遣令度脱。唯然世尊，愿不有虑。

尔时佛告地藏菩萨：一切众生未解脱者，性识无定[②]。恶习结业，善习结果。为善为恶，逐境而生。轮转五道[③]，暂无休息，动经尘劫，迷惑障难。如鱼游网，将是长流，脱入暂

出，又复遭网。以是等辈，吾当忧念。汝既毕是往愿、累劫重誓，广度罪辈，吾复何虑！

说是语时，会中有一菩萨摩诃萨，名定自在王[4]，白佛言：世尊，地藏菩萨累劫以来，各发何愿，今蒙世尊殷勤赞叹？唯愿世尊，略而说之。

尔时世尊告定自在王菩萨：谛听谛听，善思念之，吾当为汝分别解说。乃往过去无量阿僧祇那由他不可说劫，尔时有佛，号一切智成就如来[5]、应供[6]、正遍知[7]、明行足[8]、善逝[9]、世间解[10]、无上士[11]、调御丈夫[12]、天人师[13]、佛世尊，其佛寿命六万劫。未出家时，为小国王，与一邻国王为友，同行十善[14]，饶益众生。其邻国内，所有人民，多造众恶。二王议计。广设方便。一王发愿：早成佛道，当度是辈，令使无余。一王发愿：若不先度罪苦，令是安乐，得至菩提，我终未愿成佛。

佛告定自在王菩萨：一王发愿早成佛者，即一切智成就如来是。一王发愿永度罪苦众生，未愿成佛者，即地藏菩萨是。

复于过去无量阿僧祇劫，有佛出世，名清净莲华目如来[15]，其佛寿命四十劫。像法之中，有一罗汉[16]，福度众生。因次教化，遇一女人，字曰光目，设食供养。

罗汉问之：欲愿何等？

光目答言：我以母亡之日，资福救拔，未知我母生处何趣？

罗汉愍之，为入定观，见光目女母，堕在恶趣，受极大苦。罗汉问光目言：汝母在生，作何行业？今在恶趣，受极大苦。

光目答言：我母所习，唯好食啖鱼鳖之属。所食鱼鳖，多食其子，或炒或煮，恣情食啖，计其命数，千万复倍。尊者慈愍，如何哀救？

罗汉愍之，为作方便，劝光目言：汝可志诚念清净莲华目如来，兼塑画形象，存亡获报。

光目闻已，即舍所爱，寻画佛像而供养之，复恭敬心，悲泣瞻礼。忽于夜后，梦见佛身，金色晃耀，如须弥山，放大光明，而告光目：汝母不久当生汝家，才觉饥寒，即当言说。

其后家内婢生一子，未满三日，而乃言说。稽首悲泣，告于光目：生死业缘，果报自受。吾是汝母，久处暗冥。自别汝来，累堕大地狱。蒙汝福力，方得受生，为下贱人，又复短命，寿年十三，更落恶道。汝有何计，令吾脱免？

光目闻说，知母无疑，哽咽悲啼，而白婢子：既是我母，合知本罪，作何行业，堕于恶道？

婢子答言：以杀害、毁骂二业受报。若非蒙福救拔吾难，以是业故，未合解脱。

光目问言：地狱罪报，其事云何？

婢子答言：罪苦之事，不忍称说。百千岁中，卒白难竟。

光目闻已，啼泪号泣，而白空界：愿我之母，永脱地狱。毕十三岁，更无重罪，及历恶道。十方诸佛，慈哀愍我，听我为母所发广大誓愿：若得我母永离三涂，及斯下贱，乃至女人之身永劫不受者。愿我自今日后，对清净莲华目如来像前，却后百千万亿劫中，应有世界，所有地狱及三恶道诸罪苦众生，誓愿救拔，令离地狱恶趣、畜生、饿鬼等。如是罪报等人，尽成佛竟，我然后方成正觉！

发誓愿已，具闻清净莲华目如来而告之曰：光目，汝大慈愍，善能为母发如是大愿。吾观汝母十三岁毕，舍此报已，生为梵志[17]，寿年百岁。过是报后，当生无忧国土[18]，寿命不可计劫。后成佛果，广度人天，数如恒河沙。

佛告定自在王：尔时罗汉，福度光目者，即无尽意菩萨是[19]。光目母者，即解脱菩萨是。光目女者，即地藏菩萨是。过去久远劫中，如是慈愍，发恒河沙愿，广度众生。

未来世中，若有男子女人，不行善者、行恶者，乃至不信因果者、邪淫妄语者、两舌恶口者、毁谤大乘者，如是诸业众生，必堕恶趣。若遇善知识[20]，劝令一弹指间归依地藏菩萨，是诸众生即得解脱三恶道报。若能志心归敬及瞻礼赞叹，香华、衣服、种种珍宝、或复饮食，如是奉事者，未来百千万亿劫中，常在诸天，受胜妙乐。若天福尽，下生人间，犹百千劫常为帝王，能忆宿命因果本末。定自在王，如是地藏菩萨有如此不可思议大威神力，广利众生。汝等诸菩萨，当记是经，广宣流布。

定自在王白佛言：世尊，愿不有虑。我等千万亿菩萨摩诃萨，必能承佛威神，广演是经，于阎浮提，利益众生。

定自在王菩萨白世尊已，合掌恭敬，作礼而退。

【注释】 ①阿逸多：为佛陀弟子之一。又作阿氏多、阿恃多、阿嗜多。意译无胜、无能胜或无三毒。古来或以阿逸多即为弥勒菩萨，也有一种说法阿逸多与弥勒实为两人，同为佛陀时代受佛教化之弟子。此处当指弥勒菩萨。②性：与相、修相对，体之义，因之义，不变之义，即受外界影响亦不改变之本质，本来具足之性质、事物之实体（自性）、对相状而言之自体、众生之素质（种性）等。这里主要指众生长期以来为恶的习气，已经形成了一种天性。识：音译作毗阇那、毗若南。了别之义，重在对境界的认识。识为五蕴，即构成人身的五种要素之一。识是佛教义理，特别是法相唯识学的重要范畴。大、小乘佛教皆立有六识说，即眼识、耳识、鼻识、舌识、身识、意识等六种心识。唯识宗另举末那识（思量识）与阿赖耶识（异熟识），成立八识说。这里主指善恶种子，特别是烦恼种子在众生的八识田中持续不断地现行。③五道：又称五趣，指地狱、饿鬼、畜生、人间、天这五种存在的境地。这五者都不能免于生死轮回。大乘经中则多说六道（趣），即于五道之外别立阿修罗一道。④定自在王：众生性识不定，所以出入罗网，不得解脱。这位菩萨摄心入定，所以能抉破网罗，得大自在，所以叫作定自在王。⑤一切智成就如来：能知一切之智，称一切智。佛教所说的智慧三种：一是一切智，能成就二乘小果；二是道种智，能成就菩萨道；三是一切种智，能成就佛道。一切智成就如来即指具一切种智能成就觉悟的人。⑥应供：音译阿罗诃，亦作应、应真。指断尽一切烦恼，智德圆满，应受人天供养、尊敬者。⑦正遍知：亦作正等觉，真正普遍平等的觉悟，乃三藐三菩提之意译。⑧明行足：亦作明行圆满，明善行、明行成。明，即阿耨多罗三藐三菩提；行足，即戒、定、慧等。佛陀以智慧为先导而修万行，故成就福慧圆满。⑨善逝：又作善去、善解、善说无患、好说、好去。善是好，逝是去，善逝者，即如实去彼岸不再退没生死之义。⑩世间解：指佛能了知世间与出世间的一切真理，既了知世间之因、世间之灭，亦了知出世间之道，于世间出世间一切事理性相，明解照了。⑪无上士：指如来之智德，于人中最胜，无有过之者，故称无上士。

⑫调御丈夫：佛善能摧伏魔军，勇敢无畏，善能调御一切，故称调御丈夫。⑬天人师：佛陀为诸天与人类之导师，示导一切应作不应作、是善是不善，若能依教而行，不舍道法，能得解脱烦恼之报，故称天人师。又以佛陀度天、人者众，度余道者寡，故称为天人师。⑭十善：佛教对世间善行的总称，又称十善道、十善业道、十善根本业道或十白业道。它是以三种身业（不杀生、不偷盗、不邪淫）、四种语业（不妄语、不恶口、不两舌、不绮语）及三种意业（不贪欲、不嗔恚、不邪见）所组成的。⑮清净莲华目如来：由于佛诸恶断净，德行圆满，因此他的面容，像净满的月亮一样光亮明洁；又由于佛常以慈悲的眼看待众生，因此他的眼睛像青色的莲花一样清澈无染。⑯罗汉：即阿罗汉，意译应供、杀贼、不生、无生、无学、等。指断尽三界见、思之惑，证得尽智，面堪受世间大供养之圣者。一般专指小乘佛教中所得之最高果位而言，证得了阿罗汉果，就解脱了生死轮回。⑰梵志：音译婆罗门、梵士，意译为净裔、净行，又称净行者、净行梵志。婆罗门志求无垢清净得生梵天，并自称由梵天之口而生，为四姓中之最殊胜者，故独取梵为名。梵志亦为一切外道出家者之通称。⑱无忧国土：即西方极乐世界。⑲无尽意菩萨：又作无尽慧菩萨。此菩萨因观一切事相之因果报应皆为无尽，而发心上求无尽之诸功德，下度无尽之众生，故名无尽意菩萨。⑳善知识：能够说法引导人们至于善处者，是善友，亦称善知识。

【译文】 这时，地藏菩萨摩诃萨恭敬地对佛说："世尊，我依仗诸佛如来威神之力的加持，能够在无量百千万亿世界里，示现种种不同的化身与形象，去救度教化一切罪孽缠身的众生。倘若没有如来的慈悲威神的加持，我则不可能有这样的神通变化之力。现在，我又承蒙佛陀的嘱托，将弥勒菩萨成佛之前在六道生死当中的轮回的众生全部度脱，使他们脱离苦难。唯愿世尊安心释怀，无须挂虑，我一定不辜负您的嘱托。"

这时，佛对地藏菩萨说："那些还没能得到解脱的众生，于无量生死当中造业作恶形成了坚固的习气与强大的业力，形成善、恶、无记的种子含藏于八识之中，随缘现行，没有定数，随着环境、条件的变化而变化，遇到善缘，会做点善事，得到好报，遇到恶缘，就会做坏事，得到恶报，不能自主。因此永远在天、人、畜生、饿鬼、地狱这五道中轮回不已，得不到片刻的休息。经过无量无边如同把三千大千世界化为微尘之多的劫数，受尽苦楚，却依然心存迷惑，自己制造了难以脱苦的无数障碍。就像鱼儿游入网中，在长长的生死大河里，一会儿刚出了这个网，不知不觉又游进了另一个网。这些众生，正是我忧虑挂念的。你能于无量劫以来，一次次发救度众生的宏誓大愿，一旦能圆满这些大愿，救度无量无边的罪苦六道众生，使他们最终能得到涅槃的安稳之处，那我还有什么可忧虑的呢？"

佛赞叹地藏菩萨的宏誓大愿时，会中有一位菩萨摩诃萨，名叫定自在王，恭敬问佛道："地藏菩萨从无量劫以来，都发了些什么愿，这么不可思议，令世尊在这大会中郑重其事地反复赞叹，请世尊给我们简要地说说吧！"世尊回答定自在王菩萨说："仔细听好，善加思维，我现在就为你们分别解说地藏菩萨往昔所发大愿。在过去无量无数不可说大劫之前，有一尊佛在世宏法，佛号为一切智成就如来、应供、正遍知、明行足、善逝、世间解、无上士、调御丈夫、天人师、佛、世尊。这尊佛住世的寿命为六万劫，在还没出家修行前，曾经是一个小国里的国王，同与他相邻的另一个小国的国王是朋友。他们相互约定，在

国中共同推行十善法，作为治理国家的法律和道德规范，并以善政来利益国中的人民。但邻国中的人民常造种种恶业，难免要堕入三涂受苦。为此，这两个国王商议，如何才能妥善救度这些百姓，令其不遭恶道之苦。一国的国王发愿：愿自己早日成佛来度脱这些众生，使他们全部都脱离苦海，得到最终的解脱；而邻国的国王发愿：若不能先使这些众生解脱三恶道苦，获得安乐，成就佛道，我将誓不成佛。”

佛接着告诉定自在王菩萨说：“发愿早日成佛，度尽众生的国王，就是当时的一切智成就如来！发愿先度罪苦众生，如有一众生尚未得度，自己就不愿成佛的，就是现在的地藏菩萨！”

“再举一个例子：在过去无量无数劫之前，有佛出世，名为清净莲华目如来。这尊佛的寿命长达四十劫。在佛涅槃后的像法时代里，有一位阿罗汉，游化世间，为众生作福田，施以教化，令得安乐。有一天，他遇见一个女人，名字叫作光目。这位光目女准备了许多美味的食物来供养阿罗汉。”

“阿罗汉就问她：‘你知道供养阿罗汉是会得到大福报的。你想要求些什么呢？’”

“光目回答说：‘我从母亲亡故那天起，就想为她做些功德，以救拔她的苦难。现在不知道我母亲死后，究竟投生到什么地方去了？’”

“罗汉怜悯光目女一片纯孝之心，为她入定作观，只见光目女的母亲堕落到恶道中，正在受极大的苦。罗汉就问光目：‘你母亲活着的时候都造了些什么业啊？她现正在恶道里受极大的痛苦。’”

“光目回答说：‘我母亲生前有个坏习气，专门喜欢吃鱼、鳖之类的东西，而且特别喜欢吃鱼籽、鳖蛋之类，或是炒，或是煮，放纵地大吃大嚼，所以这一辈子所吃掉的生命成千上万，不知道有多少！尊者！请您发发慈悲，告诉我用什么方法才可以救度我母亲呢？’”

“阿罗汉对她十分同情，就为她想了个办法，说：‘你应当至诚恳切地称念清净莲华目如来的圣号，同时雕塑、彩画这尊佛的形象。这样，无论是死者或生者，都将获得好报。’”

“光目女听了这话之后，马上把自己家中心爱之物变卖了，用这些钱财来塑画清净莲华目如来的形象，同时又以种种灯、香、花、烛、食品、幢幡等供养清净莲华目如来。在佛像前恭敬瞻礼，痛哭祈求清净莲华目如来。正在午夜之时，忽然梦见佛的金身，金光闪闪，如同须弥山那样高大，辉煌遍照。佛开口告诉光目说：‘你母亲不久就会托生在你家里，出生后，才觉出饥寒，马上就会开口说话。’”

“后来没有多久，光目女家里的一个婢女生了一个孩子，还不到三天就会说话，低头作礼，悲切啼哭着对光目说：‘生死都受业力因缘所支配，各人所造的业，各人自己承受。我是你母亲，一直在黑暗的恶道里轮转，与你分别以来，几度堕入地狱里受苦。承蒙你供佛、念佛的福力，方才得以获得投生为人的机会，但也只能做一个下贱人，而且寿命很短，只有十三年，死了以后还得再次堕入恶道中去。你有什么办法可以使我脱离恶道之苦啊？’”

“光目听了这话，知道这婴儿就是她母亲的转世，因此更加悲痛，哽哽咽咽地哭着说：‘你既然是我母亲转世，应当知道你自己是犯了什么罪，造了什么业，才会堕入到恶道中

去的呀?'"

"婢女的孩子说:'因为犯了杀生害命以及毁谤恶口的罪才受这苦报。如果不是蒙你替我供佛修福,我是不可能暂时离开这恶道呢!'"

"光目又问道:'地狱里的罪报情形又是怎样的呢?'

"这婴儿说:'地狱中所受的罪惨不忍说,要是详细说的话,就是几百年,几千年也说不完。'"

"光目听了这话之后,悲痛得放声大哭,对着苍天发愿说:'愿我的母亲能永远脱离地狱,在这十三年之后,消去一切重罪,永远不再经历三恶道。十方一切诸佛啊,请你们慈悲怜悯我,听我为母亲所发的广大誓愿。倘若能使得我母亲永远脱离三恶道、脱离下贱的人身乃至脱离女人之身,所有这些永劫不再重受,我今天对清净莲华目如来像前发下大愿:愿我从今日起,直至将来百千万亿劫,所有世界、一切地狱以及三恶道中的罪苦众生,发誓要救济、超度他们,使他们永远脱离地狱、饿鬼、畜生这三恶道。不仅如此,还要使这所有的罪苦众生全都成佛以后,我才最后证得菩提而成佛。'"

"光目女发下这个广大誓愿之后,就听到清净莲华目如来的声音对她说:'光目,你能以大慈悲心,为你母亲发这么大的愿心。我以佛眼来观察,你母亲在这十三年的生命结束之后,就可以解脱往昔的罪报,转世为修行清净道的梵志,寿命为一百岁。再过了一期寿命之后,将往生无忧国土西方极乐世界,寿命不可限量,并在那里,勤修佛道,成就正果,决定成佛,将来度化的天众、人众亦如恒河沙一样无量无边难以计数。"

接着,佛告诉定自在王菩萨说:"当时以福力来度光目女的阿罗汉,就是现在的无尽意菩萨;光目女的母亲,就是现在的解脱菩萨;光目女就是现在的地藏菩萨!在过去无数久远的大劫之中,以慈悲心、怜悯心,发下如恒河沙之多的大愿,来普度一切众生。"

"在未来的世界中,如果有哪些不愿行善、专门作恶的男子女人,以及不信因果、邪淫妄语,挑拨离间、恶言伤人,甚至毁谤大乘的造恶众生,死了之后必定会堕落到恶道中去承受苦报。假如能有缘遇到通晓佛法的善知识,劝他们在一念间归依地藏菩萨,这些众生,就能够有机会从堕落三恶道的果报之中解脱出来。如果这些众生能进一步至诚恳切地归依礼敬、瞻仰赞叹地藏菩萨,并用种种上好的香花、种种上好的衣服、种种稀有的珍宝和种种上妙的饮食来供养侍奉地藏菩萨,那么这些众生在将来的百千万亿劫中,常常托生在各重天界之中享受种种适意美好快乐的生活。即使天福享尽了,下生到人间来,还能在百千劫的长久时间里,在人间做国王,具有宿命神通之力,能够回忆起自己过去世生生死死的因果业缘。定自在王,地藏菩萨有如此不可思议的大威神力,普遍地利益一切众生。在座的诸大菩萨们,应当牢记我现在所说的这部经,在各个世界当中广泛地宣扬、流通。"

定自在王菩萨回答佛说:"世尊,请您不要心怀忧虑,我们千万亿的菩萨摩诃萨,必定能承蒙佛陀威神之力,在阎浮提世界中广泛地宣传、演说、讲解、流通这部经,以利益一切众生。"

定自在王菩萨说完这番话之后,恭敬地向世尊合掌顶礼,退回到自己的座位中去了。

【原文】 尔时四方天王俱从座起，合掌恭敬，白佛言："世尊，地藏菩萨于久远劫来，发如是大愿，云何至今犹度未绝，更发广大誓言？唯愿世尊，为我等说。"

佛告四天王："善哉善哉！吾今为汝及未来、现在天人众等广利益故，说地藏菩萨于娑婆世界阎浮提内，生死道中，慈哀救拔度脱一切罪苦众生，方便之事。"

四天王言："唯然世尊，愿乐欲闻。"

佛告四天王："地藏菩萨久远劫来，迄至于今，度脱众生，犹未毕愿。慈愍此世罪苦众生，复观未来无量劫中，因蔓不断，以是之故，又发重愿。如是菩萨，于娑婆世界阎浮提中，百千万亿方便，而为教化。"

"四天王，地藏菩萨若遇杀生者，说宿殃短命报。若遇窃盗者，说贫穷苦楚报。若遇邪淫者，说雀鸽鸳鸯报。若遇恶口者，说眷属斗诤报。若遇毁谤者，说无舌疮口报。若遇嗔恚者，说丑陋癃残报。若遇悭吝者，说所求违愿报。若遇饮食无度者，说饥渴咽病报。若遇畋猎恣情者，说惊狂丧命报。若遇悖逆父母者，说天地灾杀报。若遇烧山林木者，说狂迷取死报。若遇前后父母恶毒者，说返生鞭挞现受报。若遇网捕生雏者，说骨肉分离报。若遇毁谤三宝者，说盲聋喑哑报。若遇轻法慢教者，说永处恶道报。若遇破用常住者，说亿劫轮回地狱报。若遇污梵诬僧者，说永在畜生报。若遇汤火斩斫伤生者，说轮回递偿报。若遇破戒犯斋者，说禽兽饥饿报。若遇非理毁用者，说所求阙绝报。若遇吾我贡高者[①]，说卑使下贱报。若遇两舌斗乱者，说无舌百舌报。若遇邪见者，说边地受生报[②]。"

"如是等阎浮提众生，身口意业，恶习结果，百千报应，今粗略说。如是等阎浮提众生业感差别，地藏菩萨百千方便而教化之。是诸众生，先受如是等报，后堕地狱，动经劫数，无有出期。是故汝等护人护国，无令是诸众业迷惑众生。"

四天王闻已，涕泪悲叹，合掌而退。

【注释】 ①贡高：又作贡高我慢，自以为高人一等，倨傲自矜，侮慢他人。为五种根本烦恼（五盖：贪、嗔、痴、慢、疑）之一。②边地：阎浮提洲之边隅，谓之边地。又指不能见闻佛法之边隅下贱之种族。

【译文】 这时，东西南北四大天王一起从座位上站起来，合掌作礼，向世尊白言："世尊，地藏菩萨从久远的过去劫至今以来，一直发了这么多的宏誓大愿，为什么到现在还没有把众生度完，而要发更为广大的宏誓大愿呢？但愿世尊能为我们说说这其中的道理。"佛告诉四天王说："善哉善哉，我现在为你们、同时也是为未来的天界及人间的众生能得到广大的利益，来说说地藏菩萨在这娑婆世界阎浮提内的六道生死之中，是如何慈悲为怀，以他的智慧神通之力，运用种种方便法门，度脱一切罪苦众生的。"

四天王说："是的，世尊，我们非常乐意听到这些事。"

佛告诉四天王说："地藏菩萨从久远的大劫以来直到现在，一直在各个世界、各个生死道中辛勤地度脱众生，至今还没有了毕自己的宏誓大愿。因为悲悯这个世界的罪苦众生，同时也因为将来无量劫中，众生所做的恶因，就像藤蔓一样连绵不断，生生死死被业报所牵连，不能解脱，因此又再发宏誓重愿，要在娑婆世界阎浮提中，通过无量无数、百千

万亿的方便法门，善巧地引导众生、教化众生。"

"四天王，若遇到杀生的人，地藏菩萨就对他们说将会因杀生而短命的报应；若遇到偷盗的人，就对他们说受苦受穷的报应；若遇到犯不正当淫欲的人，就对他们说转生为雀、鸽、鸳鸯等鸟类的报应；若遇到出口伤人的人，就对他们说家庭不和，亲属间相互争斗的报应；若遇到恶意毁谤他人的人，就对他们说缺舌、短舌、喑哑、生口疮等的报应；若遇到脾气暴躁的人，就对他们说生得丑陋残缺、四肢偏瘫的报应；若遇到小气吝惜的人，就对他们说常常不能如愿甚至事与愿违的报应；若遇到饮食没有节制、狂饮滥食的人，就对他们说饥饿、干渴或是咽喉得病的报应；若遇到经常打猎、杀生无度的人，就对他们说无端精神受刺激、突然害怕惊惶、突然如痴如狂想要自杀、终致丧命的报应；若遇到不孝父母，常常悖逆父母的意愿，甚至打骂父母，加害父母的人，就对他们说因天地灾祸来夺取他生命的报应（如雷击、地震、掉崖、堕海等）；若遇到无故焚烧山林树木的人，就对他们说突然的精神错乱、癫狂痴乱最终导致死亡的报应；若遇到继父母，心不公平，残酷虐待非亲生子女，就对他们说，来生将要反过来投生为他们（非亲生子女）的儿女，也要受到现在这样的鞭打与虐待；若遇到用种种机关网罟捕捉幼禽雏鸟的人，就对他们说将要受到骨肉分离、亲人离散的报应；若遇到毁谤佛、法、僧三宝的人，就对他们说将要受到眼瞎、耳聋、哑巴的报应；若遇到轻视佛法、欺慢佛教的人，就对他们说将会永远流转在恶道的报应；若遇到毁损、私用三宝财物的人，就对他们说将会得到千百亿劫永远轮回在地狱的报应；若遇到破坏僧尼清净梵行或是冤枉陷害僧人的人，就对他们说将会得到永远轮回在畜生道的报应；若遇到用开水、大火、刀斧杀伤生命的人，就对他们说将会得到轮回流转、相互烧杀的报应，或是自己投生畜生道遭报，或是成为战争中遇难者；若遇到犯戒破斋的人，就对他们说将会得到投生到禽兽道中受种种惊恐、鞭挞、劳苦、饥渴的报应；若遇到不知节约，随意浪费，挥霍无度的人，就对他们说将会得到在将来求什么都不会如愿的报应；若遇到自高自大、自以为了不起而轻视他人的人，就对他们说将会得到来生作下贱人，被人使唤、辱骂的报应；若遇到搬弄是非，挑拨他人争斗的人，就对他们说将会投生到没有舌头或是以舌为生的畜生道中去（如蚯蚓之类无舌，如黄莺、鹦鹉之类学舌）的报应。若遇到有邪见的众生，就会对他们说来世将会投生到边远荒蛮之地，无缘听受佛法的报应。"

"像以上所说的阎浮提众生，由于身口意三业所造，结成种种恶果，形成百千万种各个不同的报应，今天只是粗略地说个大概。虽然阎浮提众生造业多端，而感应到千差万别的各种果报，地藏菩萨总是以他智慧神通，方便之力千方百计地化导他们。凡是犯了以上种种恶业的众生，先是受到上述提到的种种报应，然后还有可能堕入地狱，经过无数大劫的时间，罪孽都还无法了结，一时半刻不要想有脱离地狱的指望。正因为如此，四天王，你们既然担当了护人、护国的职责，就应当协助地藏菩萨一起来教化众生，不要让这众多的恶习、罪孽迷惑了众生。"

四大天王听了佛陀的教示与嘱托，不禁泪流满面，悲叹不已，恭敬地向世尊合掌顶礼，退回到自己的座位中去了。

卷中

地狱名号品第五

【题解】

本品讲述了普贤菩萨请地藏菩萨为与会的天龙四众，及未来现在一切众生讲一讲阎浮提世界的地狱名号及恶报等事，以使未来世末法众生，知道因果报应的真实不虚。地藏菩萨受请为大众略说了地狱名号，指出地狱的无量苦报皆是众生业力所感，“业力甚大，能敌须弥，能深巨海，能障圣道”，因此，众生不要以为偶尔做一点小小的恶事，没有罪过，死后有报，纤毫受之，父子至亲，无肯代受。地狱之苦，若广为解说，穷劫不尽。

【原文】 **尔时普贤菩萨摩诃萨白地藏菩萨言[①]：“仁者[②]，愿为天龙四众，及未来、现在一切众生，说娑婆世界及阎浮提罪苦众生，所受报处、地狱名号及恶报等事。使未来世末法众生[③]，知是果报。”**

地藏答言：“仁者，我今承佛威神，及大士之力[④]，略说地狱名号，及罪报、恶报之事。仁者，阎浮提东方有山，号曰铁围，其山黑邃，无日月光。有大地狱，号极无间。又有地狱，名大阿鼻[⑤]。复有地狱，名曰四角。复有地狱，名曰飞刀。复有地狱，名曰火箭。复有地狱，名曰夹山。复有地狱，名曰通枪。复有地狱，名曰铁车。复有地狱，名曰铁床。复有地狱，名曰铁牛。复有地狱，名曰铁衣。复有地狱，名曰千刃。复有地狱，名曰铁驴。复有地狱，名曰烊铜。复有地狱，名曰抱柱。复有地狱，名曰流火。复有地狱，名曰耕舌。复有地狱，名曰锉首。复有地狱，名曰烧脚。复有地狱，名曰啖眼。复有地狱，名曰铁丸。复有地狱，名曰诤论。复有地狱，名曰铁鈇。复有地狱，名曰多嗔。”

地藏白言：“仁者，铁围之内，有如是等地狱，其数无限。更有叫唤地狱、拔舌地狱、粪尿地狱、铜锁地狱、火象地狱、火狗地狱、火马地狱、火牛地狱、火山地狱、火石地狱、火床地狱、火梁地狱、火鹰地狱、锯牙地狱、剥皮地狱、饮血地狱、烧手地狱、烧脚地狱、倒刺地狱、火屋地狱、铁屋地狱、火狼地狱，如是等地狱。其中各各复有诸小地狱，或一或二，或三或四，乃至百千，其中名号，各各不同。”

地藏菩萨告普贤菩萨言：“仁者，此者皆是南阎浮提行恶众生，业感如是。业力甚大，能敌须弥，能深巨海，能障圣道。是故众生，莫轻小恶，以为无罪。死后有报，纤毫受之。父子至亲，歧路各别，纵然相逢，无肯代受。我今承佛威力，略说地狱罪报之事，唯愿仁者暂听是言。”

普贤答言：“吾以久知三恶道报，望仁者说，令后世末法一切恶行众生，闻仁者说，使令归佛。”

地藏白言：“仁者，地狱罪报，其事如是：或有地狱，取罪人舌，使牛耕之。或有地狱，取罪人心，夜叉食之。或有地狱，镬汤盛沸，煮罪人身。或有地狱，赤烧铜柱，使罪人抱。或有地狱，使诸火烧，趁及罪人。或有地狱，一向寒冰。或有地狱，无限粪尿。或有地狱，

纯飞蒺藜。或有地狱，多攒火枪。或有地狱，唯撞胸背。或有地狱，但烧手足。或有地狱，盘缴铁蛇。或有地狱，驱逐铁狗。或有地狱，尽驾铁骡。”

“仁者，如是等报，各各狱中，有百千种业道之器，无非是铜、是铁、是石、是火，此四种物，众业行感。若广说地狱罪报等事，一一狱中，更有百千种苦楚，何况多狱。我今承佛威神及仁者问，略说如是。若广解说，穷劫不尽。”

【注释】 ①普贤菩萨：梵文Samanthabhadra，音译为“三曼多跋陀罗”，即普遍贤善的意思，中国佛教四大菩萨之一。普贤菩萨是大乘佛教之行愿的象征，他曾经在过去无量劫中，行菩萨行、求一切智，修集了菩萨救护众生的无边行愿。因此，他也是大乘佛教徒在实践菩萨道时的行为典范。他和文殊菩萨一起，作为释迦牟尼佛的胁侍菩萨，一个象征智慧（文殊），一个象征真理（普贤）——其塑像多骑白象。在《华严经》里，普贤菩萨劝人广修十大行愿，此即礼敬诸佛、称赞如来、广修供养、忏悔业障、随喜功德、请转法轮、请佛住世、常随佛学、恒顺众生、普皆回向等十项，普贤菩萨以此十愿为众生成就如来功德的主要法门。我国四川省的峨眉山，相传即为普贤菩萨应化的道场，是我国普贤信仰的中心所在。②仁者：系菩萨与菩萨之间的敬称。③末法：相对于正法、像法而言，指佛法衰颓之时代。关于末法之时限，有若干异说。若正法、像法各一千年，则佛灭满二千年以后为末法时期；若正法、像法各五百年，则佛灭一千年以后为末法时期；若正法五百年、像法一千年，则末法为佛灭一千五百年以后。末法时期，众生根机渐次低下，虽有如来教法而无行证者。④大士：菩萨的通称。士者凡夫之通称，区别于凡夫而称为大。又，士者事也，为自利利他之大事者，谓之大士。⑤阿鼻：又作阿鼻旨，汉译为无间，这是最低的地狱，称阿鼻地狱、无间地狱，略称阿鼻狱，为八大地狱之一，是诸地狱中最苦者。有情众生犯了五逆、谤法的重罪，便要堕落到这个地方。由于在阿鼻地狱受苦之众生皆不堪种种煎熬而痛苦叫唤，故此处又称阿鼻叫唤地狱。又因阿鼻之猛火烧人，而称阿鼻焦热地狱。又阿鼻地狱极广漠，非凡力所能脱出，其坚固犹如大城堡，故亦称阿鼻大城。

【译文】 这时，普贤菩萨摩诃萨见教化众生机缘成熟，起来向地藏菩萨说：“仁者，请您为天龙四众以及未来现在的一切众生说一说娑婆世界及阎浮提罪苦众生所受业报的地方、地狱的名称以及恶报的各种情况，使得未来世的末法众生能明了这些果报，心有所惧而免遭种种恶业。”

地藏菩萨回答说：“仁者，我现在承蒙佛的威神之力以及大士您的慈悲愿力，在这里简略地说一说地狱的名称以及罪报恶报等情形。仁者，在阎浮提的东方有一座山，名叫铁围山，这座山长年累月黑暗幽深，是日月的光明永远照不到的地方。其中有个大地狱，名字叫极无间；又有地狱，名叫大阿鼻；又有地狱，名叫四角；又有地狱，名叫飞刀；又有地狱，名叫火箭；又有地狱，名叫夹山；又有地狱，名叫通枪；又有地狱，名叫铁车；又有地狱，名叫铁床；又有地狱。名叫铁牛；又有地狱，名叫铁衣；又有地狱，名叫千刃；又有地狱，名叫铁驴；又有地狱，名叫烊铜；又有地狱，名叫抱柱；又有地狱，名叫流火；又有地狱，名叫耕舌；又有地狱，名叫锉首；又有地狱，名叫烧脚；又有地狱，名叫啖眼；又有地狱，名叫铁丸；又有地狱，名叫诤论；又有地狱，名叫铁铁；又有地狱，名叫多嗔。”

地藏菩萨接着说："仁者！铁围山内的地狱其数之多，是数都数不过来的。更有称为叫唤地狱、拔舌地狱、粪尿地狱、铜锁地狱、火象地狱、火狗地狱、火马地狱、火牛地狱、火山地狱、火石地狱、火床地狱、火梁地狱、火鹰地狱、锯牙地狱、剥皮地狱、饮血地狱、烧手地狱、烧脚地狱、倒刺地狱、火屋地狱、铁屋地狱、火狼地狱等许多地狱。在这些地狱中，有的还包括有各种小地狱，有一个两个，三个四个不等，乃至包括成百上千个小地狱，这些小地狱的名称也都不相同。"

地藏菩萨进一步告诉普贤菩萨说："仁者！这许多的地狱，都是南阎浮提作恶众生的恶业所感应而形成的。业力之大不可思议，其高大要超过须弥山，其深广如大海水，它能障碍众生修习佛法圣道。业力的作用如此巨大，因此一切有情众生千万不要轻视那些小小的过恶，以为不算什么，要知道一切罪孽在死后都有报应，哪怕是一丝一毫也不会空过。即使如父子一般的至亲骨肉，在黄泉路上，按照各人的业力，各走各的路，即使是偶然碰到了，也是相见不相识，更不用说代为受罪了。我如今承佛威神之力，在这里将地狱中罪恶报应的具体情形大略再说一下，请仁者耐心再听我讲述一番。"

普贤菩萨回答说："我早已知道三恶道由恶业所感的苦报有多么深重，希望仁者再讲述一遍，以使后世末法时期一切造恶的众生，有机会听到这些以后，明了因果报应真实不虚，从而发心皈依佛法，永离恶道！"

地藏菩萨讲："仁者！地狱里罪报的情形大致上是这样的：或有地狱，拔出罪人的舌头，让牛用犁来耕它；或有地狱，挖出罪人的心脏，让夜叉来吞食；或有地狱，在大铁锅里装满了沸腾的开水，把罪人放到里面去煮；或有地狱，把铜柱烧得通红，让罪人抱；或有地狱，遍地都是大火，追赶着焚烧那些罪人；或有地狱，终年寒冰不化，永远是寒天冻地；或有地狱，到处都是恶臭冲天的粪尿；或有地狱。空中到处飞撞着铁蒺藜；或有地狱，烧红铁枪横冲直撞；或有地狱，大铁锤不停地撞击罪人的胸背；或有地狱，地面全都是烧红的铁板，让罪人无法落脚；或有地狱，到处爬满了铁蛇，缠绕在罪人的颈项上；或有地狱，满地奔跑着铁狗，追逐撕咬着罪人；或有地狱，让罪人骑在铁骡背上上下颠簸……

""仁者！如此这般的报应，在各种各样的地狱中，有百千种。无论地狱中刑具有多少种，无非都是由以下这四种材料构成的：那就是铜、铁、石、火之类的东西。这四种东西正是同众生造恶的心一一对应，是由众生的罪业所感召的。如果要详细地说清地狱里种种罪报的情形，那么在每一个或大或小的地狱中，都有说不完的百千种痛苦之事，更何况有无量无数的地狱啊。我如今承蒙佛的威神之力和仁者的方便提问，借此因缘大略地讲述了地狱罪报的情形。如果要想把所有地狱以及每个地狱的种种苦处都说出来的话，那即使穷尽一劫的时间，也是说不完的。"

如来赞叹品第六

【题解】

在本品中，世尊放大光明，出大音声，称扬赞叹地藏菩萨以大不可思议威神慈悲之力，救护一切罪苦众生，并为普广菩萨及与会四众等略说了地藏菩萨利益人天的福德之

事。若有众生闻地藏菩萨名，见地藏菩萨像，或合掌赞叹，礼敬恋慕；或彩画形象，尽心供养；或执持名号，转读尊经，皆获现在未来无量无边之利。世尊告诉普广菩萨，此经有三名：一名地藏本愿、一名地藏本行、一名地藏本誓力经，并嘱诸菩萨依愿流布，使众生获大利益。

【原文】 尔时世尊举身放大光明，遍照百千万亿恒河沙等诸佛世界。出大音声，普告诸佛世界一切诸菩萨摩诃萨，及天龙鬼神、人非人等[1]："听吾今日称扬赞叹地藏菩萨摩诃萨，于十方世界，现大不可思议威神慈悲之力，救护一切罪苦之事。吾灭度后[2]，汝等诸菩萨大士，及天龙鬼神等，广作方便，卫护是经，令一切众生证涅槃乐。"

说是语已，会中有一菩萨，名曰普广[3]，合掌恭敬而白佛言："今见世尊赞叹地藏菩萨，有如是不可思议大威神德。唯愿世尊，为未来世末法众生，宣说地藏菩萨利益人天因果等事，使诸天龙八部，及未来世众生，顶受佛语。"

尔时世尊告普广菩萨及四众等："谛听谛听，吾当为汝略说地藏菩萨利益人天福德之事。"

普广白言："唯然世尊，愿乐欲闻。"

佛告普广菩萨："未来世中，若有善男子善女人，闻是地藏菩萨摩诃萨名者，或合掌者、赞叹者、作礼者、恋慕者，是人超越三十劫罪。"

"普广，若有善男子善女人，或彩画形象，或土石胶漆、金银铜铁，作此菩萨，一瞻一礼者，是人百返生于三十三天，永不堕于恶道。假如天福尽故，下生人间，犹为国王，不失大利。"

"若有女人，厌女人身，尽心供养地藏菩萨画像，及土石胶漆铜铁等像，如是日日不退，常以华香、饮食、衣服、缯彩、幢幡、钱宝物等供养。是善女人，尽此一报女身，百千万劫，更不生有女人世界，何况复受。除非慈愿力故，要受女身，度脱众生。承斯供养地藏力故，及功德力，百千万劫不受女身。"

"复次普广，若有女人，厌是丑陋多疾病者。但于地藏像前，志心瞻礼食顷之间，是人千万劫中，所受生身，相貌圆满。是丑陋女人，如不厌女身，即百千万亿生中，常为王女，乃及王妃，宰辅大姓、大长者女，端正受生，诸相圆满。由志心故，瞻礼地藏菩萨，获福如是。"

"复次普广，若有善男子善女人，能对菩萨像前，作诸伎乐，及歌咏赞叹、香华供养，乃至劝于一人多人。如是等辈，现在世中，及未来世，常得百千鬼神日夜卫护，不令恶事辄闻其耳，何况亲受诸横。"

"复次普广，未来世中，若有恶人，及恶神、恶鬼，见有善男子善女人归敬、供养、赞叹、瞻礼地藏菩萨形象，或妄生讥毁、谤无功德及利益事，或露齿笑，或背面非，或劝人共非，或一人非，或多人非，乃至一念生讥毁者。如是之人，贤劫千佛灭度[4]，讥毁之报，尚在阿鼻地狱，受极重罪。过是劫已，方受饿鬼。又经千劫，复受畜生。又经千劫，方得人身。纵受人身，贫穷下贱，诸根不具，多被恶业来结其心，不久之间，复堕恶道。是故普广，讥毁他人供养，尚获此报，何况别生恶见毁灭。"

复次普广，若未来世，有男子女人，久处床枕，求生求死，了不可得。或夜梦恶鬼，乃及家亲，或游险道，或多魇寐[⑤]，共鬼神游。日月岁深，转复尪瘵[⑥]，眠中叫苦，惨凄不乐者。此皆是业道论对，未定轻重，或难舍寿，或不得愈。男女俗眼，不辨是事。但当对诸佛菩萨像前，高声转读此经一遍。或取病人可爱之物，或衣服、宝贝、庄园、舍宅，对病人前，高声唱言：我某甲等，为是病人，对经像前舍诸等物，或供养经像，或造佛菩萨形象，或造塔寺，或燃油灯，或施常住。如是三白病人，遣令闻知。假令诸识分散，至气尽者，乃至一日、二日、三日、四日至七日以来，但高声白、高声读经，是人命终之后，宿殃重罪，至于五无间罪[⑦]，永得解脱；所受生处，常知宿命。何况善男子善女人，自书此经，或教人书，或自塑画菩萨形象，乃至教人塑画，所受果报，必获大利。是故普广，若见有人读诵是经，乃至一念赞叹是经，或恭敬者。汝须百千方便，劝是等人，勤心莫退，能得未来、现在千万亿不可思议功德。

"复次普广，若未来世诸众生等，或梦或寐，见诸鬼神，乃及诸形，或悲或啼，或愁或叹，或恐或怖。此皆是一生、十生、百生、千生过去父母、男女、弟妹、夫妻、眷属，在于恶趣，未得出离，无处希望福力救拔，当告宿世骨肉，使作方便，愿离恶道。普广，汝以神力，遣是眷属，令对诸佛菩萨像前，志心自读此经，或请人读，其数三遍或七遍。如是恶道眷属，经声毕是遍数，当得解脱，乃至梦寐之中，永不复见。"

"复次普广，若未来世，有诸下贱等人，或奴或婢，乃至诸不自由之人，觉知宿业，要忏悔者，志心瞻礼地藏菩萨形象，乃至一七日中，念菩萨名，可满万遍。如是等人，尽此报后，千万生中，常生尊贵，更不经三恶道苦。"

"复次普广，若未来世中，阎浮提内，刹利、婆罗门、长者、居士、一切人等，及异姓种族，有新产者，或男或女。七日之中，早与读诵此不思议经典，更为念菩萨名，可满万遍。是新生子，或男或女，宿有殃报，便得解脱，安乐易养，寿命增长。若是承福生者，转增安乐，及与寿命。"

"复次普广，若未来世众生，于月一日、八日、十四日、十五日、十八日、二十三、二十四、二十八、二十九日乃至三十日，是诸日等，诸罪结集，定其轻重。南阎浮提众生，举止动念，无不是业，无不是罪。何况恣情杀害、窃盗、邪淫、妄语，百千罪状。能于是十斋日[⑧]，对佛菩萨、诸贤圣像前，读是经一遍，东、西、南、北百由旬内，无诸灾难。当此居家，若长若幼，现在、未来百千岁中，永离恶趣。能于十斋日每转一遍，现世令此居家，无诸横病，衣食丰溢。"

"是故普广，当知地藏菩萨，有如是等不可说百千万亿大威神力利益之事。阎浮众生，于此大士，有大因缘。是诸众生，闻菩萨名，见菩萨像，乃至闻是经三字五字，或一偈一句者[⑨]，现在殊妙安乐，未来之世，百千万生，常得端正，生尊贵家。"

尔时普广菩萨，闻佛如来称扬赞叹地藏菩萨已，胡跪合掌[⑩]，复白佛言："世尊，我久知是大士有如此不可思议神力，及大誓愿力，为未来众生遣知利益，故问如来，唯然顶受。世尊，当何名此经？使我云何流布？"

佛告普广："此经有三名，一名地藏本愿[⑪]，亦名地藏本行[⑫]，亦名地藏本誓力经[⑬]。缘

此菩萨久远劫来发大重愿，利益众生，是故汝等，依愿流布。”

普广闻已，合掌恭敬，作礼而退。

【注释】 ①人非人：人与非人之并称。非人，指人类以外的某类众生。佛典当中对“非人”的解释，所说并非完全相同。有时指天、龙、阿修罗等八部众；有时也包括地狱、饿鬼等众生；有时专指鬼神所幻化而成的“变化人”，彼等虽非人类，然参诣佛陀时，皆现人形。②灭度：即涅槃之别称。所谓灭度者，灭生死之因果，渡烦恼之瀑流，是灭即度也。③普广：谓此菩萨智满法界为普，行满虚空为广，故名普广。④贤劫：为佛典中所述之宇宙循环过程中之一阶段。指过去、现在、未来三阶段中之“现在住劫”而言。依佛典所载，现在大劫有成、住、异、灭四劫，其中住劫有千佛等贤圣出世救度众生，故称贤劫。又据《三千佛名经》记载，过去千佛之世称为庄严劫，现在千佛之世称为贤劫，未来千佛之世称为星宿劫。⑤魇寐：即夜梦不安，睡梦中受到惊吓而喊叫，或觉得有东西压在身上，不能动弹。⑥尫瘵：尫，胸背弯曲或瘦弱；瘵，是五痨七伤等病。⑦五无间罪：五种重大的罪过，又称五逆或五逆罪。这即是杀父、杀母、杀阿罗汉、仿佛身体使流血，破坏僧团的团结等。犯了这些罪，要堕入无间地狱。⑧斋：清净之意，谓忏悔罪障，或谓谨言慎行、斋戒沐浴。佛教未创之前，印度早已使用此语，佛教沿用后逐渐衍生成各种不同意义，如过午不食。斋食即正午以前所做的食事。在戒律上，食时分时与非时。正午以前为时，以后为非时，时则宜进食，非时则不宜进食。故在时中的食事为斋食，或斋法。再如，在家信徒于六斋日（每月之一、八、十四、十五、二十三、三十日）谨守八斋戒，过着近似出家的清净生活，这是斋的本义，守之即称持斋。丛林中白天所食之米饭曰斋，又称斋食，其后又转指素食为斋。⑨偈：音译为伽陀、偈他，即诗、颂。在佛教经、律、论中，通常会使用诗句、韵文的形式来表达思想，通常以四句为一偈。中国佛教的禅宗，也常有禅师将其悟境以偈颂的形式表现出来。⑩胡跪：胡人之跪拜，又作胡跽。关于胡跪之相有种种说法：（一）谓胡跪乃胡人之敬相，跽即印度屈膝之相，是唯屈膝便称胡跪。（二）指长跪，谓双膝着地，竖两足以支身。（三）指互跪，即右膝着地，竖左膝危坐。盖古时印度、西域地方总称为胡，故胡跪乃意味一般胡人跪拜之敬仪。长跪、互跪亦通称胡跪，而以经中所说右膝着地者为正仪。⑪本愿：即佛及菩萨于过去世未成佛果以前为救度众生所发起之誓愿。于因位发愿至今日得其果，故对果位而称本愿。又“本”作根本解，虽然菩萨之心广大，誓愿亦无量，唯以此愿为根本，故称“本愿”。本愿又有总愿与别愿之分。所谓总愿，指四弘誓愿，即众生无边誓愿度，烦恼无尽誓愿断，法门无量誓愿学，佛道无上誓愿成，这是所有大乘菩萨皆应牢记与实践的。所谓别愿，指佛、菩萨由各自之意乐所立之誓愿，如阿弥陀佛有异于他佛之四十八愿，药师佛亦有十二愿。本经中地藏菩萨所发“地狱不空，誓不成佛”之大愿，可视为地藏菩萨的别愿，因此佛说本经有三种名称，因地藏菩萨利益众生之大愿尤其殊胜，故现在本经的经名，只取本愿。⑫本行：行，即对于知解言说之实地践行。本行，指菩萨成佛以前在因位时的行迹，也就是成佛之因的根本行法。⑬本誓力：即本愿与本行两者的共同作用。有愿而无行，其愿要落空，无所成就。有行而无愿，其行是盲行，没有结果。所以愿必赅行，行必赅愿，誓力即是愿行。

【译文】 这时，世尊全身放射出巨大的光辉，遍照无量百千万亿恒河沙数的佛世界，并以大音声普告诸佛世界中的一切诸菩萨摩诃萨，以及天众、龙众、鬼神等众及人类、非人类等一切众生："在座大众，你们都听到了我刚才称扬赞叹地藏菩萨摩诃萨能在十方世界，以不可思议的慈悲威神之力，为了满足历劫所发的种种宏誓大愿、救护十方一切罪苦众生的度生事业。我灭度后，你们这些菩萨大士以及天、龙、鬼神等大众，应当以种种方便、种种善巧来卫护这部经，使一切众生能通过这部经的教导，如法修行，而证得永断生死的涅槃之乐。"

佛说完这些话之后，忉利天宫大会上有一位菩萨，名字叫普广，从座位上起身，恭敬合掌对佛说："世尊，今天听到世尊称扬赞叹地藏菩萨有种种不可思议的大威神、大福德、大神通之力。唯愿世尊为后世的末法众生宣讲一下地藏菩萨利益人天的因果之事，使天龙八部和未来世的一切众生能明了因果，领受佛的言教，依照佛法来修行。"

这时，佛告诉普广菩萨及在座的人、天、龙、鬼等与会四众说："你们仔细倾听，我现在就为你们简略地说一说地藏菩萨利益人天，使他们都得到种种福德的事迹。"

普广菩萨欢喜地说："请世尊讲说，我们大家都很想听到地藏菩萨利益人天的因果等事。"

佛就告诉普广菩萨说："在未来世中，倘若有善男子、善女人有缘听到地藏菩萨名号，继而能以恭敬心、欢喜心、虔诚心，合掌、赞叹、礼拜、仰慕地藏菩萨，以此恭敬地藏菩萨的功德，就可以超脱三十大劫的生死重罪。"

"普广，若有善男子、善女人，或是自画、或是请人画，彩绘地藏菩萨的形象；或者用土、石、胶、漆或金、银、铜、铁等材料雕塑地藏菩萨的形象，恭敬瞻礼，哪怕仅有一瞻一礼，以此塑画地藏菩萨，瞻仰礼拜的功德，就可以一百次托生于三十三天享受天福，永远不会堕落到三恶道中去。假如天福享尽之时，下生到人间来的话，还可以在人间做国王，不会失去人中的利益福报。

"如果有女人，厌恶自己的女人之身，只要至心诚意地用种种庄严供具来供养菩萨的画像或土石、胶漆、铜铁铸成的塑像，从初发心到临命终，天天如此，一天不缺地用鲜花、烧香、饮食、衣服、丝绸、幢幡、钱财、珍宝等供养地藏菩萨。那么在舍去了这一世的女人之身以后，百千万劫都不会投生到有女人的世界里去，更不用说自己再受女身了。除非发下利益众生的大愿，以慈悲心去救度那些受苦受罪的女人们，自己愿意化作女身去度脱众生。"

"另外，普广，倘若有的女人，由于宿世的业障，今世生得丑陋、又疾病缠身的，只要在地藏菩萨像前至心诚意瞻仰礼拜，哪怕只有一顿饭的功夫，以此功德，她也会在以后的百千万劫当中所受的生身相貌圆满，令人欢喜爱敬。如果她愿意在未来世中继续做女人的话，也可以借此礼敬功德，在未来的百千万亿生中，托生于帝王之家做公主或王妃，或者投生为宰相、官员等大户人家的千金小姐，从一生下来便健康有福，美貌端正。这都是由于以志诚心瞻仰礼拜地藏菩萨的功德才获得的福报。"

"还有，普广，倘若有善男子、善女人，能够在地藏菩萨像前，或是亲自，或是请人，演

奏种种高雅、美妙的音乐，以歌唱、朗诵来赞叹地藏菩萨的功德，以种种妙好的香华等供养菩萨，不仅自己这么做，还劝他人乃至多人也这么做。像这样的人，在现在世及未来世中，常常会得到百千的鬼神日夜保护，不让任何恶事来干扰他，甚至连恶事之名也无法听到，更不用说亲自遭受种种苦楚与横祸了。"

"另外，普广，在未来世中，倘若有恶人或恶神恶鬼，看见善男子、善女人皈依、供养、赞叹、瞻礼地藏菩萨的形象象，不随喜赞叹，反而讥笑毁谤，说这是没有任何功德与利益的。要么当面哈哈大笑，要么在背后冷嘲热讽，要么挑唆旁人或许多人一起诽谤。像这样的恶人、恶神、恶鬼，哪怕只是生起一念讥毁之心的，直到贤劫中最后的第一千位佛灭度了，其因讥毁他人供养地藏菩萨功德所生的罪报，还会令他在阿鼻地狱里受极重的罪。过了地狱罪报的劫数之后，方能从地狱中出，转到饿鬼道中受苦；在饿鬼道中经过一千大劫之后，转到畜生道中受苦；在畜生道中经过一千大劫之后，方才得到人身，即使得到人身，也是个贫穷下贱、六根残缺，一辈子经常碰到恶报，怨家、疾病、劳苦、贫穷追随一生。不久之后，由于恶业结集，又会再次堕落到恶道中去，轮回不息。因此，普广你看，讥笑毁谤他人供养地藏菩萨的罪业，尚且要得到这么重的报应，更何况自己产生别的种种阴险邪恶的念头，去诽谤损毁佛法呢。"

"还有，普广，在将来世中，若有男子或女人，长时间地卧病在床，被折磨得求生不得，求死不能。或常常在夜里梦见恶鬼；或见到已故的亲人；或于梦中在危险的地方奔波；或是梦中被恶鬼扑身，吓得惊醒过来；或是被恶鬼缠缚，与之同行，这样日复一日，年复一年，年久岁深，病入膏肓，骨瘦如柴，在梦中叫苦叫痛，悲惨之极。这都是因为之前曾造了种种恶业，到了临欲命终之时，各种业力相互较量，而未来的去向悬而未决，所以长期卧病在床，一时难以命绝，其病又久久不得痊愈。这其中的缘由，以世间男女的俗眼，又如何能够明辨通晓呢？遇到这种情况，其家人应当赶紧在诸佛菩萨的像前，恭敬至诚地高声朗读此经一遍。同时，拿出病人最喜欢的东西，如衣服、宝贝，或是舍出自己部分的庄园、房舍，在病人面前大声宣布：我某某人，替这位病人，在佛经、佛像前诚心做此布施，或是用这些钱塑画佛菩萨形象，或是用这些钱造塔、造寺，或是用这些钱来燃灯供佛，或是用这些钱供养寺院、三宝常住。像这样在病人面前再三陈说，一定要让他清醒地意识到有人在替他作这样的功德。倘若病人已经神识昏迷失去知觉，或者已经命终气绝，那么，在一天、两天、三天、四天乃至七天之内，仍然要这样不断地高声念经，高声向病人表白。病人在命终之后，所有过去所犯下的祸殃与重罪，甚至于应堕落无间地狱的深重罪孽，也能够得到永远的解脱。并且在以后所生的各世里，常常还知道过去世因果报应的情形。如果善男子、善女人能于身强体健之时，自己抄写或请别人代为抄写此经；自己塑画或是请人代为塑画地藏菩萨形象象，必定能获善果，其功德利益是很大的。因此，普广，倘若见到有人读诵这部经，哪怕只是生起一念恭敬赞叹此经之心，你一定要以百千种方便来劝说这些人，千万不要退失这宝贵的初发心，而是应当勤勤恳恳、持之以恒地恭敬赞叹、受持、读诵这部经，这样做，可以得到在现在和未来千万亿不可思议的功德！"

"还有，普广，倘若在未来世里有些众生，在梦中见到种种鬼神及其他种种形状的众

生，有的悲伤，有的啼哭，有的忧愁，有的恐惧，这些都是他们以前一生、十生、百生、千生中的父母、兄弟、姐妹、夫妻、亲戚、朋友等堕落在恶趣中得不到解脱，希望这些众生，能做种种功德来超度他们。普广，你应当以神力方便，劝导这些众生做种种功德以使过去的亲人能够脱离恶道。恭敬地对佛菩萨像前，志诚恳切地读诵，或请人代读这部不可思议的经典，三遍或七遍。果真能这么做的话，那些身处恶道当中受苦渴望救拔的眷属，等到上述遍数的经文读诵完毕之后，当即可以得到解脱，在今后的梦里也再不会遇见了。"

"另外，普广，倘若在将来世中，有些人身处下贱，或当男仆，或当女婢，以及因各种原因失去自由的人，觉悟到这种痛苦来自过去世所造的恶业，想要诚心忏悔时，可以恭敬瞻礼地藏菩萨的形象，在一到七天之中，每日称念地藏菩萨名号满一万遍。果真能这么做的话，他们在结束了这一世的报身寿命之后，未来千万生中，都能够投生到尊贵的家庭里，再不会到三恶道里去受苦。"

"再有，普广，在未来世中阎浮提内，刹帝利、婆罗门、长者、居士等一切人等还是其他异姓的种族，如果有新生儿降生，无论是男是女，在生后的头一个七天中，应当尽早为他(或她)读诵这部不可思议的经典，同时称念地藏菩萨的名号满一万遍。那么，这新生的男婴或女婴，倘若过去世有罪报的话，便可借此功德得以解脱，使他们在成长过程中健康安乐，容易养育，寿命增长。倘若这孩子本来就是有福之人，那么，借此功德，其寿命与福报也能大大地增长。"

"还有，普广，未来世的众生在每月的十斋日，即初一、初八、十四、十五、十八、二十三、二十四、二十八、二十九及三十日，都应当斋戒为善。因为这几个日子是各路神祇对阎浮提众生所犯的一切罪孽清算定罪的时间。南阎浮提众生，举心动念，所作所为，可以说没有一件不是业、没有一件不是罪的，更何况那些不信因果的众生随心所欲地造下杀生、偷盗、邪淫、妄语、两舌、恶口等百千罪孽。倘若能在这十斋日里，对诸佛菩萨或罗汉、辟支佛等贤圣像前读诵一遍地藏经，那么，居家东西南北一百由旬的范围内，都将没有灾难，家庭成员无论男女老少，在未来的百千年中永离种种恶道之苦。若能在这十斋日里每天念一遍地藏经，在现在世，可以使家人远离种种横病，衣食丰盈有余。"

"所以，普广，你现在应当知道了地藏菩萨有百千万亿威神方便之力来利益众生。阎浮提的众生，同这位大菩萨有很深的因缘，这些众生，听到地藏菩萨的名号，见到地藏菩萨的形象，哪怕能听到这部经的三字、五字，或一句、一偈的话，在现在世可以得到殊胜微妙的安乐，在将来世的百千万生里，常能生得相貌端庄，投生于尊贵之家。"

这时，普广菩萨在听了佛称扬赞叹地藏菩萨之后，右膝着地，恭敬合掌再对佛说："世尊，我早就知道地藏菩萨有如此不可思议的神通誓愿之力，为了使未来世的众生能有机会知道地藏菩萨利益众生的种种功德利益之事，所以才请问如来的，当然会全心全意地信守奉行，世尊，应当如何称呼这部不可思议的经典？又应当如何让它得到更广泛的流通与传播呢？"

佛告诉普广菩萨说："这部经有三个名称，可以叫作《地藏本愿》，也可以叫作《地藏本行》，还可以叫作《地藏本誓力经》。因为这位菩萨从久远的无量劫以来，一直发种种大

誓愿来利益众生，因此你们应当依据地藏菩萨不可思议的大愿去弘扬、流通这部经。”

普广菩萨听了以后，恭敬合掌，向佛顶礼之后，退回到自己的座位去了。

利益存亡品第七

【题解】

在本品中，地藏菩萨普劝众生修善，特别是临终之际，父母眷属，宜为设福。具体方法是或悬幡盖，或燃油灯，或转读尊经，或供养佛像，特别应大声称念佛菩萨名号，使临终之人闻在本识。七七日内，广造诸善，能使临终之人永离恶趣，得生人天，现在眷属也获利无量。接着，大辩长者请问荐亡的功德，地藏菩萨回答说，为临终之人所做的功德，“七分之中，而乃获一，六分功德，生者自利”。因此，未来现在的众生，在了知这些情形之后，应从现在起便精进修行，以免无常大鬼，不期而至，随业受报，堕入恶道，了无出期。

【原文】 尔时地藏菩萨摩诃萨白佛言：“世尊，我观是阎浮众生，举心动念，无非是罪。脱获善利，多退初心。若遇恶缘，念念增益[①]。是等辈人，如履泥途，负于重石，渐困渐重，足步深邃。若得遇知识，替与减负，或全与负。是知识有大力故，复相扶助，劝令牢脚，若达平地，须省恶路，无再经历。”

“世尊，习恶众生，从纤毫间，便至无量。是诸众生有如此习，临命终时，父母眷属宜为设福，以资前路。或悬幡盖[②]，及燃油灯；或转读尊经；或供养佛像，及诸圣像；乃至念佛菩萨及辟支佛名字，一名一号，历临终人耳根，或闻在本识[③]。是诸众生所造恶业，计其感果，必堕恶趣。缘是眷属为临终人修此圣因，如是众罪，悉皆消灭。若能更为身死之后，七七日内，广造众善，能使是诸众生永离恶趣，得生人天，受胜妙乐，现在眷属利益无量。”

“是故我今对佛世尊，及天龙八部、人非人等，劝于阎浮提众生，临终之日，慎勿杀害，及造恶缘，拜祭鬼神，求诸魍魉。何以故？尔所杀害，乃至拜祭，无纤毫之力利益亡人，但结罪缘，转增深重。假使来世，或现在生，得获圣分，生人天中，缘是临终被诸眷属造是恶因，亦令是命终人殃累对辩，晚生善处。何况临命终人，在生未曾有少善根，各据本业，自受恶趣，何忍眷属更为增业？譬如有人从远地来，绝粮三日，所负担物，强过百斤，忽遇邻人，更附少物，以是之故，转复困重。世尊，我观阎浮众生，但能于诸佛教中，乃至善事，一毛一渧、一沙一尘，如是利益，悉皆自得。”

说是语时，会中有一长者，名曰大辩[④]，是长者久证无生[⑤]，化度十方，现长者身，合掌恭敬，问地藏菩萨言：“大士，是南阎浮提众生，命终之后，小大眷属，为修功德，乃至设斋、造众善因，是命终人得大利益，及解脱否？”

地藏答言：“长者，我今为未来、现在一切众生，承佛威力，略说是事。长者，未来、现在诸众生等，临命终日，得闻一佛名、一菩萨名、一辟支佛名，不问有罪无罪，悉得解脱。若有男子女人，在生不修善因，多造众罪。命终之后，眷属小大为造福利、一切圣事，七分之中，而乃获一；六分功德，生者自利。以是之故，未来、现在善男女等，闻健自修，分分己获。”

“无常大鬼[⑥]，不期而到。冥冥游神，未知罪福。七七日内，如痴如聋。或在诸司，辩

论业果，审定之后，据业受生。未测之间，千万愁苦，何况堕于诸恶趣等。是命终人，未得受生，在七七日内，念念之间，望诸骨肉眷属，与造福力救拔。过是日后，随业受报。若是罪人，动经千百岁中，无解脱日。若是五无间罪，堕大地狱，千劫万劫，永受众苦。"

"复次长者，如是罪业众生，命终之后，眷属骨肉为修营斋，资助业道。未斋食竟，及营斋之次，米泔菜叶，不弃于地；乃至诸食未献佛僧，勿得先食。如有违食及不精勤，是命终人，了不得力。如精勤护净，奉献佛僧，是命终人，七分获一。是故长者，阎浮众生，若能为其父母，乃至眷属，命终之后，设斋供养，志心勤恳。如是之人，存亡获利。"

说是语时，忉利天宫有千万亿那由他阎浮鬼神，悉发无量菩提之心⑦。大辩长者，作礼而退。

【注释】 ①念念：即刹那，意谓极其短暂的时间。经典中常以念念一词，形容现象界生、住、异、灭之迁流变化。②幡盖：幡及伞盖乃佛殿之庄严具。造幡有降魔、延寿及不堕恶道等福德，造黄色的幡以及伞盖，在死亡之日悬于佛像之前为亡者积福，可以使亡者离去八苦，受生到十方诸佛的净土。③本识：即阿赖耶识，因阿赖耶识是有为无为诸法的根本。阿赖耶，原指贮藏物品的仓库或藏，有潜藏、贮藏、执着等义。所谓的阿赖耶识有如下三种特质：(一)潜藏于身体中的阿赖耶识，此识被认为潜藏于身体中，是以生理方式维持身体的根源性的心。它存在于身体的每个部位；不管睡觉或觉醒，都在心的深处持续活动；(二)贮藏所有种子的阿赖耶识，阿赖耶识又名为一切种子识，过去的业变成种子贮藏在阿赖耶识中，其后遇缘而现行造成新的业，此业又会再变成新的种子；(三)作为执着对象的阿赖耶识，阿赖耶识是刹那生灭的，而从阿赖耶识产生的末那识，却将生出自己的阿赖耶识，误解为我、自我、常一主宰的我，而加以执着。总而言之，阿赖耶识作为一切法生起的根据，是因为它摄持一切种子，待缘展现，同时，阿赖耶识面对前生的活动，也是一个承受者，被末那识执着为"我"，④大辩：辩才无碍之意。⑤无生：指不生不灭，已断尽三界烦恼的涅槃境地。⑥无常：佛教认为世间一切之法，生灭迁流，刹那不住，谓之无常。此处指地狱之恶鬼。⑦菩提之心：即觉心，又称无上道心、无上道意、道心。此菩提心为一切诸佛之种子，是净法长养之良田，若发起此心，勤行精进，则得速成无上菩提。盖此菩提心乃大乘菩萨最初必发起之大心；生起此心称为发菩提心，略称发心、发意；最初之发心，则称初发心、新发意，为菩提之根本。

【译文】 这时，地藏菩萨摩诃萨恭敬地对佛说："世尊，我看阎浮提的众生，举心动念，没有一件不是起造罪因的。即使偶尔有所善举，也多是半途而废，不能够持久。倘若碰到恶因缘，碰上作恶的机会，便会于念念之中再起邪见。这些人就好像行走在淤泥沼泽中一样，身上还背着沉重的石头，步履越来越艰难，越来越沉重，脚步也越陷越深。如果能有缘得到善知识的帮助，帮他减轻些负担甚至除去他身上的全部负担，这是因为善知识有大力量的缘故。不仅如此，还亲自帮扶他，使他站稳，从而走出泥泞而到达平地，并且叮嘱他一定要意识到沼泽地的险恶，不要再重蹈覆辙了。"

"世尊，习惯于行恶的众生，往往是从最微细的一点小恶开始，不以为然，从而越做越多，终于积累了无量无数的罪业。这些众生如果沾染了这样的恶习，在他临死之前，父母

亲属应当为他做种种功德，培养种种福报，以便投生到较好的去处。在佛菩萨像前悬挂幡盖，或点燃油灯，或读诵佛经，或以种种上好供具供养佛菩萨像及圣者像。同时在临终之人面前称念佛菩萨或辟支佛的名号，一名一号，清清楚楚，使佛号或经文清晰地通过临终人的耳根，印在其八识田中。这些众生，根据其生前所造的业因，本来应当堕入到恶道中去，但因为有亲属为他做了功德，种下了善因，其过去的罪业统统消灭了。倘若还能在身死之后的七七四十九天之内，努力多做各种善事，加以回向，不但能使已死之人永远脱离恶道，得生人间、天上，享受种种美妙的安乐；对于在世的亲属来说，也能够获得无量的利益和安乐。”

“因此，我今天在这个大会上面对世尊以及天龙八部、人非人等，劝告阎浮提众生：在临死之前，千万不要去杀生以及造种种恶缘，为‘保佑’亡灵，而祈求魍魉魑魅，祭神拜鬼。为什么呢？因为这样杀生以及祭拜鬼神之举，非但丝毫帮助不了死去的人，反而还结下了新的罪缘，使罪孽更加深重。即使亡者在过去世或现在世曾经结过善缘、种过善根，应当可以生到人间或天界享受福报，却由于被无知的亲属造下如此的恶业，致使临终之人受到牵连，与那些被杀死的生命对辩冥司，受到责问或责罚，从而拖延了投生善道的时间。更何况命终之人在世之时，并没有多少的善业，各人将根据自己的所作所为自受其报，怎么还忍心让他由于亲属的无知，再添种种恶业，甚至堕入恶道中去呢？比如说，有人从遥远的地方长途跋涉而来，准备的食粮早已用尽，已经三天没吃上饭了，而他背负的行李又超过百斤。正在这时，忽然又遇到邻居朋友，请他再捎上一些东西，结果弄得那人更加困重不堪了。世尊，我看阎浮提的众生，只要能信受佛法，乐于为善，所为的善事哪怕小到一丝一毫、一沙一尘，这些善行所带来的利益决不会白费，分分都可自得。”

说这些话时，法会中有一位长者，名叫大辩。这位长者在很久以前就已证得无生法忍，以种种智慧方便，化现为长者的形象教化度脱十方一切众生。这时，大辩长者合掌恭敬，请问地藏菩萨说：“大士，南阎浮提众生在命终之后，家里大大小小的亲属为他做种种功德，设斋供养十方僧众，造种种善因，像这样的话，命终之人，能否得到大利益及解脱呢？”

地藏菩萨回答说：“长者，承蒙佛力的加被，我现在就为未来和现在的一切众生，简略说一下这件事。长者，未来和现在的一切众生，在临命终时，能有缘听到一位佛的名字、一位菩萨的名字乃至一位辟支佛名字的话，不论原来有罪或无罪，都能得到解脱。倘若有男子、女人活着的时候，不修善因，造了许多恶业，命终之后，家里大大小小的亲属，为他（她）修福行善，做种种功德。其修福行善所带来的利益，亡者所获有七分之一，其余的六分为活着的人所得。正因为如此，未来的和现在的善男女等，要趁着耳聪目明、身体强健的时候，努力自己修行，不要等到临死时，靠家属来代为修福。自己修行所带来的功德，分分都是自己所获的。

“无常大鬼，总是不期而至。人死之后，冥冥之中的魂神不知自己的罪报或福报有多少，便随着无常去了。在七七四十九天之内，如痴如聋，或者在各个阴司中对辩生前所作所为的善恶罪福。审定之后，个人便依据自己的业报到一定的道中去投生。在尚未审定的期间，就已经是千愁万苦，更何况有的人还得堕落到各种恶道中去呢？命终之人，在尚未托生的七七四十九天之内，念念之间，都在盼着活着的骨肉至亲为他们修福行善，做种种功德来超度他、救济他。过了四十九天之后，业报已经审定，就随着其生前所做的业因投生去了。倘若此人在生之时曾经造恶深重，其结果往往是千百年中在恶道里受苦。倘若犯了五无间的极恶重罪时，就将千劫万劫堕在无间地狱里，几乎是永无出头之日。一直要承受极端的酷刑与痛苦。

“另外，长者，那些造罪的众生在命终之后，家里的亲人为他设斋修福，并以此功德来帮助亡者消除罪孽，免除恶道之苦。需要注意的是：在办斋之时以及供斋以后，淘米的泔水或菜叶等东西不能丢弃于地，更不能随意糟蹋。那些贡品食物，在供养佛、法、僧三宝之前，千万不能自己先吃。如果有人违反了上面所说的规矩，自己先吃了，或是在供养时不够恭敬、不够虔诚的话，那么这个亡人将很难得到功德利益。如果能遵守上述的规矩，以勤恳诚挚的态度，用清净妙洁的供品来供养佛僧，那么，所做功德，有七分之一可以利益亡者，六分功德为办斋的眷属所得。因此，长者，阎浮提的众生若能为他们的父母或亲人在命终之后虔诚设斋供养的话，无论是死去的还是活着的，都会获得很大的利益与福报。”

地藏菩萨在说完这些话时，忉利天宫有千万亿那由他、无法计数的阎浮提鬼神，都发了无量的菩提心。大辩长者恭敬作礼，退回到自己的座位上去了。

阎罗王众赞叹品第八

【题解】

本品讲述了阎罗王众参与集会，向世尊发问，既然地藏菩萨有如此不可思议神力，为何众生不依止善道，永取解脱？世尊回答说，是因为南阎浮提的众生，其性刚强，难以调伏，结恶习重，才在恶道之中，旋出旋入。就好比迷路人遇见善知识，告知所走的是一条险道，并带领他走上好路。如果该迷路人仍然迷误，就有可能再次走上险道，受到损害。地藏菩萨救度众生也是如此，“方便力故，使令解脱，生人天中，旋又再入”。然后，恶毒鬼王发愿救护众生，世尊亦嘱梵王帝释等卫护鬼王部属。主命鬼王亦发愿于生死时利益众生，告诫众生于生时、死时，慎勿杀害，饮酒食肉，而应当设大供养，转读尊经，称佛菩萨名号，获大利益。最后，世尊为主命鬼王授记于未来世作佛，劫名安乐，世界名净住，所度天人，不可限量。

【原文】 尔时铁围山内有无量鬼王，与阎罗天子[1]，俱诣忉利，来到佛所。所谓恶毒鬼王、多恶鬼王、大诤鬼王、白虎鬼王、血虎鬼王、赤虎鬼王、散殃鬼王、飞身鬼王、电光鬼王、狼牙鬼王、千眼鬼王、啖兽鬼王、负石鬼王、主耗鬼王、主祸鬼王、主食鬼王、主财鬼王、主畜鬼王、主禽鬼王、主兽鬼王、主魅鬼王、主产鬼王、主命鬼王、主疾鬼王、主险鬼王、三目鬼王、四目鬼王、五目鬼王、祁利失王、大祁利失王、祁利叉王、大祁利叉王、阿哪吒王、大阿那吒王。如是等大鬼王，各各与百千诸小鬼王，尽居阎浮提，各有所执，各有所主。是诸鬼王，与阎罗天子，承佛威神，及地藏菩萨摩诃萨力，俱诣忉利，在一面立。

尔时阎罗天子胡跪合掌，白佛言："世尊，我等今者与诸鬼王，承佛威神，及地藏菩萨摩诃萨力，方得诣此忉利大会，亦是我等获善利故。我今有小疑事，敢问世尊，唯愿世尊慈悲宣说。"

佛告阎罗天子："恣汝所问，吾为汝说。"

是时阎罗天子瞻礼世尊，及回视地藏菩萨，而白佛言："世尊，我观地藏菩萨，在六道中，百千方便而度罪苦众生，不辞疲倦，是大菩萨有如是不可思议神通之事。然诸众生，获脱罪报，未久之间，又堕恶道。世尊，是地藏菩萨既有如是不可思议神力，云何众生而不依止善道，永取解脱？唯愿世尊，为我解说。"

佛告阎罗天子："南阎浮提众生，其性刚强，难调难伏。是大菩萨，于百千劫，头头救拔如是众生，早令解脱。是罪报人，乃至堕大恶趣，菩萨以方便力，拔出根本业缘，而遣悟宿世之事[2]。自是阎浮众生结恶习重，旋出旋入。劳斯菩萨，久经劫数，而作度脱。"

"譬如有人，迷失本家，误入险道。其险道中，多诸夜叉，及虎狼狮子、蚖蛇蝮蝎。如是迷人，在险道中，须臾之间，即遭诸毒。有一知识，多解大术，善禁是毒，乃及夜叉诸恶毒等。忽逢迷人，欲进险道"。而语之言："咄哉男子[3]，为何事故，而入此路？有何异术，能制诸毒？是迷路人，忽闻是语，方知险道，即便退步，求出此路。是善知识提携接手，引出险道，免诸恶毒，至于好道，令得安乐。"而语之言："咄哉迷人，自今以后，勿履是道。此路入者，卒难得出，复损性命。是迷路人，亦生感重。"临别之时，知识又言："若见亲知，及诸路人，若男若女，言于此路多诸毒恶，丧失性命。无令是众，自取其死。"

"是故地藏菩萨具大慈悲，救拔罪苦众生，生人天中，令受妙乐。是诸罪众，知业道苦，脱得出离，永不再历。如迷路人，误入险道，遇善知识，引接令出，永不复入。逢见他人，复劝莫入，自言因是迷故，得解脱竟，更不复入。若再履践，犹尚迷误，不觉旧曾所落险道，或致失命。如堕恶趣，地藏菩萨方便力故，使令解脱，生人天中，旋又再入。若业结重，永处地狱，无解脱时。"

尔时恶毒鬼王合掌恭敬白佛言："世尊，我等诸鬼王，其数无量。在阎浮提，或利益人，或损害人，各各不同。然是业报，使我眷属，游行世界，多恶少善。过人家庭，或城邑聚落、庄园房舍，或有男子女人，修毛发善事，乃至悬一幡一盖，少香少花供养佛像及菩萨像；或转读尊经，烧香供养一句一偈。我等鬼王，敬礼是人，如过去、现在、未来诸佛。敕诸小鬼，各有大力，及土地分，便令卫护，不令恶事横事、恶病横病，乃至不如意事，近于此舍等处，何况入门。"

佛赞鬼王："善哉善哉！汝等及与阎罗，能如是拥护善男女等。吾亦告梵王、帝释，令卫护汝。"

说是语时，会中有一鬼王，名曰主命，白佛言："世尊，我本业缘，主阎浮人命，生时死时，我皆主之。在我本愿，甚欲利益。自是众生，不会我意，致令生死俱不得安。何以故？是阎浮提人初生之时，不问男女，或欲生时，但作善事，增益舍宅，自令土地无量欢喜，拥护子母，得大安乐，利益眷属。或已生下，慎勿杀害，取诸鲜味供给产母，及广聚眷属，饮酒食肉，歌乐弦管，能令子母不得安乐。何以故？是产难时，有无数恶鬼，及魍魉精魅，欲

食腥血。是我早令舍宅土地灵祇，荷护子母，使令安乐，而得利益。如是之人，见安乐故，便合设福，答诸土地。翻为杀害，聚集眷属。以是之故，犯殃自受，子母俱损。"

"又阎浮提临命终人，不问善恶，我欲令是命终之人，不落恶道。何况自修善根，增我力故。是阎浮提行善之人，临命终时，亦有百千恶道鬼神，或变作父母，乃至诸眷属，引接亡人，令落恶道，何况本造恶者。世尊，如是阎浮提男子女人，临命终时，神识昏昧，不辨善恶，乃至眼耳更无见闻。是诸眷属，当须设大供养，转读尊经，念佛菩萨名号。如是善缘，能令亡者离诸恶道，诸魔鬼神悉皆退散。世尊，一切众生临命终时，若得闻一佛名、一菩萨名，或大乘经典一句一偈。我观如是辈人，除五无间杀害之罪，小小恶业，合堕恶趣者，寻即解脱。"

佛告主命鬼王："汝大慈故，能发如是大愿，于生死中护诸众生。若未来世中，有男子女人，至生死时，汝莫退是愿，总令解脱，永得安乐。"

鬼王白佛言："愿不有虑。我毕是形，念念拥护阎浮众生，生时死时，俱得安乐。但愿诸众生，于生死时，信受我语，无不解脱，获大利益。"

尔时佛告地藏菩萨："是大鬼王主命者，已曾经百千生作大鬼王，于生死中，拥护众生。是大士慈悲愿故，现大鬼身，实非鬼也。却后过一百七十劫，当得成佛，号曰无相如来④，劫名安乐，世界名净住，其佛寿命不可计劫。地藏，是大鬼王，其事如是，不可思议。所度人天，亦不可限量。"

【注释】 ①阎罗天子：又称阎摩王、阎罗王、魔王、阎王。缚罪人之义，为地狱执法之王，即俗称的阎罗王。佛经云：昔有兄及妹，皆作地狱主。兄治男事，妹治女事，故曰双王。阎罗王是死后世界的支配者、冥界之王，是裁定死者的罪过的地狱主人。②宿世：宿即久、旧、古之意。宿世即前生、前世、过去世之意。宿世之生存状态，称为宿命；宿世所有之习惯，称为宿习；宿世所结之因缘，称为宿因、宿缘。宿世所造之业，称为宿业、宿行。③咄哉：呵斥之语。④无相：指一切诸法无自性，本性为空，无形相可得，故称为无相。无相，在佛教经典中还有其他几种意义：（一）指事物并无固定性、实体性之状态，故云实相无相；（二）无特质；（三）"无"之特质，亦即'无'之本性；（四）不存在；（五）寂灭涅槃；（六）佛教修行法中"三解脱门"（空、无相、无愿）之一，指离却一切执着的境界，亦即超越差别对立的境界。

【译文】 这时，大铁围山里的无量无数的鬼王跟随阎罗天子一起，也来到了忉利天宫佛说法的地方。这些鬼王是：恶毒鬼王、多恶鬼王、大诤鬼王、白虎鬼王、血虎鬼王、赤虎鬼王、散殃鬼王、飞身鬼王、电光鬼王、狼牙鬼王、千眼鬼王、啖兽鬼王、负石鬼王、主耗鬼王、主祸鬼王、主食鬼王、主财鬼王、主畜鬼王、主禽鬼王、主兽鬼王、主魅鬼王、主产鬼王、主命鬼王、主疾鬼王、主险鬼王、三目鬼王、四目鬼王、五目鬼王、祁利失王、大祁利失王、祁利叉王、大祁利叉王、阿哪吒王、大阿那吒王。这些大鬼王又各统领了成百上千的小鬼王，都居住在阎浮提世界，各有所司，各有所主。大大小小的鬼王们与阎罗天子一样，均是承蒙佛与地藏菩萨的威神之力，来到忉利天宫的法会，恭敬地站在大会的一侧。

这时，阎罗天子右膝着地，顶礼佛陀，恭敬合掌，问讯世尊说："世尊，我今天和诸多鬼

王们，承蒙世尊与地藏菩萨的威神之力，才能够来到忉利天宫的法会之中，这也是我等护持佛法而获得善利的结果。我现在有个小疑问，冒昧地请问世尊，希望世尊能慈悲地为我们解释宣讲。”

佛回答阎罗天子说：“你随便问吧，我来为你解说。”

这时，阎罗天子恭敬瞻礼世尊，并恭敬地向地藏菩萨行了一个注目礼，然后对佛说：“世尊，我观地藏菩萨，在六道中不辞疲倦地用百千万种方法救度那些因造罪而受苦的众生，这位大菩萨有如此不可思议的愿力和神通力。然而这些众生一旦脱离了苦报之后，没过多久又会堕入恶道中去。世尊，地藏菩萨既然有如此不可思议的神力，为什么众生还不肯依止于善道，永远获得解脱呢？但愿世尊能为我慈悲宣说。”

佛告诉阎罗天子说：“南阎浮提世界里的众生，生性十分执拗倔强，难以诱导向善，使他们心性调柔。这位大菩萨于百千劫以来，一次又一次地在六道中救拔这些众生，使他们能够尽早得到解脱。对那些作恶受报的罪人，乃至堕入大地狱之中的众生，地藏菩萨都会用种种方便法门与神通之力，帮助这些众生从根本上拔除造恶的种子，明了过去世所犯的种种恶行和罪孽，而生起悔悟之心。只是由于阎浮提众生于无量生死以来，造恶习气太深，所以一时生在善道，一时堕入恶道，轮回不息，连累这位大菩萨在百千劫中一次次地救度他们。”

“譬如说，有人迷失了他本来所在的地方，不小心走到了危险的道路上。在那个危险的道路中，有许多夜叉、恶鬼，以及虎狼、狮子、毒蛇、蝎子等等。而迷路人对险道中的威胁却没有丝毫察觉，不知道须臾之间就可能遭到毒害，导致死伤。正好在那时，有一位善知识，智能高超，知识丰富，懂得许多出险道、解百毒、避虎狼、驱恶鬼的方法，见到这位迷路人正要误入险区，就提醒他：‘喂，你为什么要走这条道？这条道祸害多端，危险丛生，难道你有什么办法能躲得开，避得过吗？’迷路人猛然听到善知识的提醒，才知道正在走上一条险路，赶紧退步，希望离开这危险的境地。善知识牵手指引，带着他慢慢脱离险道，走上正路，得到平安与快乐。然后，善知识告诉迷路人说：‘唉，你这个迷路的人，从此以后，千万不要再走这条道了。进了这条道的人，不但会遭遇到种种毒害，很难走出来，甚至会丧失性命。’迷路人十分感激善知识的帮助，在临分别的时候，善知识又再三地嘱咐他：‘倘若见到你的亲戚、朋友甚至是陌生的过路人，不论男女老少，你都要告诉他们这条路的危险性，毒蛇猛兽、恶鬼恶神太多了，进去就会丧命，千万别让这些人自己去送死。’”

“地藏菩萨正是这样的一位善知识，以大慈大悲的神通愿力，救拔种种造罪受苦的众生，使他们能进入人、天的善道，享受种种微妙的快乐。而这些造罪的众生，由于知道了业道的苦，一旦脱离以后，永远不想再进去了。正如迷路人误入险道，遇到善知识帮助他走上正道，再不会走进险道。碰到其他人要误入时，也能现身说法，劝他人不要走进去。这是因为自己曾经迷失过的缘故，一旦走上正道，解脱灾难，便永不再入险境了。如果再走进去，那说明依旧迷误，并没有意识到眼下所走的道路，是以往曾经误入的险道，那就可能导致丧失性命，好比有人一再地犯十恶大罪，终于又堕入到地狱之中。地藏菩萨总

是以种种善巧方便来解救这些众生,让他们能得到人天的好报。但由于众生造恶的习气太重,弄不好便会又流转到恶道中去。如果犯下了极恶重罪的话,那就只能长久地困在地狱里,想要出头也不可能了。"

这时,有一位名叫恶毒的鬼王合掌恭敬对佛说:"世尊,我们这些鬼王,数量多到无法计算。在阎浮提世界里,或是利益众生,或是损害众生,各不相同。同样由于各自过去的种种业报,使得我们在阎浮提世界各个地方周游巡视,各司其职,总的来说,我们的所作所为还是以为害众生的事居多。在各地巡行的过程中,凡是经过城市、乡村,或者庄园、房舍之时,若见到有男子、女人修哪怕是一毛一发那么小的一点善事,或者在佛前悬挂幡盖,或者以微薄的香花供养佛像或菩萨像,或者敬重地读诵佛经,烧香供养佛经,哪怕是经中的一句话,一句偈,我们这些鬼王尊敬礼拜此人,如同尊敬礼拜过去、现在、未来的诸佛一样,我们会指使属下众多的大力小鬼和当地的土地神,去保护这些善人,不让恶事、横祸、恶病、横病,以及任何不如意的事靠近他们和他们的住所,更何况加临到他们身上了。"

佛听了恶毒鬼王的陈述之后,称赞说:"善哉善哉,你们诸位以及阎罗王能如此发心保护这些善男子、善女人,我也会告诉梵王和帝释天,让他们也来保护你们。"

说这话的时候,法会中另有一位鬼王,名叫主命,恭敬地对佛说:"世尊,我依据过去的种种业缘,现在掌管阎浮提人的生命,无论是出生或是死亡,都由我来管理。在我本心的愿望,总想去帮助利益人们。但由于这些众生不懂因果,不知佛法,所以不能明了我的好意,以至于生时和死时都不得安宁。为什么呢?因为阎浮提人在初生之时,不论是男是女,家里人都应当做种种善事,增添家宅的吉祥,自然可以让土地神祇等欢喜地保护生产的母子,使母子平安。全家和乐。生下孩子之后,更要小心谨慎,千万不要为了庆祝又去杀生,以种种鲜味给产妇进补。更不要请一群亲戚朋友大办酒席,饮酒食肉,歌舞喧哗,这样一来反而会害得母子都不得安宁。为什么呢?因为妇女在生产之时,有无量数的恶鬼及魍魉精魅想来吞食生产时流出来的腥血。为了保护产妇的安全,是我早就指使当地的土地神、舍宅神等来保护母子,不使这些恶鬼靠近他们,使他们能够平安顺产。按理说,像这样的人家,在母子平安之时,应当修福修善,以此答谢土地神祇。但由于他们不明理,反而做出杀生害命的恶行,并聚集亲朋好友纵情宴乐。使得家里平添了许多祸殃,只有自作自受,母子俩都将受到损害。"

"阎浮提人在临死时,不管生前是善是恶,我都尽量让他不落入恶道中去,更何况有些命终人在世时为善修福,那我帮助他就更加容易了。但即使是行善之人,在临命终时,也有成百上千的恶道里的鬼神,或是变成亡人的父母,或是变成亡人的亲戚朋友,把他拉向恶道中去。更何况本来就造恶的众生,遇见的恶鬼就更多了。世尊,阎浮提的男男女女在临命终时,神志昏昧,如同梦中,自己无法分辨好坏善恶,眼、耳都失去了见闻的能力。在这种时候,他们的亲人们应当大设供养,读诵这部《地藏菩萨本愿经》或其他大乘经典,称念佛菩萨的名号。以此善缘,就可以使命终人脱离恶道,一切的邪魔鬼神都会退散,不再出现。世尊,一切众生在临命终时,如果能听到一声佛的名号,或者菩萨的名号,

或是听到大乘经典的一句话、一句偈，我看这类众生，除了犯五无间或杀生害命的大罪之外，其余小小的恶业本应堕入恶道中受苦的，承蒙听闻佛菩萨名号或大乘经典一句一偈的功德，都可以立即得到解脱，不会堕入恶道中去。”

佛告诉主命鬼王说：“你有这样的大慈悲心，发下这样的大愿，能在世人的生死之际来保护他们。在未来的世界中，有男子女人在生时或死时，你都不要退失这个大愿，总要尽力使他们得到解脱，永远地平安快乐。”

鬼王回答佛说：“世尊，请不要有所顾虑，我将穷一生之力，念念保护阎浮提的众生，使他们在生时死时都能得到安乐。但愿众生在生时死时，能够相信并接受我刚才所说的话，那所有的众生一定能都得到解脱，获得真正的大利益。”

这时，佛告诉地藏菩萨说：“这位主命大鬼王，已曾经于百千世中作大鬼王，一直在阎浮提众生的生时死时保护他们。正是因为这位大士有着菩萨的慈悲愿力，所以才化现为鬼王的形象，其实他并不在鬼道当中。从此以后，再过一百七十大劫，他将要成佛，佛名无相如来，住世所在的劫名叫安乐，成佛的世界名净住，这尊佛的寿命有无量无数不可称计的大劫。地藏，这位大鬼王的事迹真是不可思议，他所度化的人道与天道的众生也是无量无数，无法称计。”

称佛名号品第九

【题解】

本品讲述了地藏菩萨为利益未来众生，演说过去诸佛名号。分别是无边身如来、宝性如来、波头摩胜如来、狮子吼如来、拘留孙佛、毗婆尸佛、宝胜如来、宝相如来、袈裟幢如来、大通山王如来，以及净月佛、山王佛、智胜佛、净名王佛、智成就佛、无上佛、妙声佛、满月佛、月面佛等不可说的无量诸佛。众生称佛名号，获福无量，灭无量罪。

名号：又作名字、名，主要指佛、菩萨之称号而言。名号可表彰诸佛菩萨之功德，及显示众生对诸佛菩萨之赞叹、敬仰，故又称为宝号、尊号、德号、嘉号等。以其为诸佛觉悟之名，故又称果名、果号、果上名号等。又依名号之字数而称，则有四字名号、六字名号、九字名号、十字名号等称呼。名号可表显诸佛菩萨之真如体性，及其广大圆满之功德。名号系从诸佛菩萨而来，以名体不离故，所以诸佛之名号，即等同诸佛之法体，故诸经论中，多载有诚心称念诸佛之名号，及思惟忆念诸佛者，可消除罪障、灾难，或可往生净土等之说。

【原文】 尔时地藏菩萨摩诃萨白佛言：“世尊，我今为未来众生演利益事，于生死中，得大利益。唯愿世尊，听我说之。”

佛告地藏菩萨：“汝今欲兴慈悲，救拔一切罪苦六道众生，演不思议事。今正是时，唯当速说。吾即涅槃，使汝早毕是愿，吾亦无忧现在、未来一切众生。”

地藏菩萨白佛言：“世尊，过去无量阿僧祇劫，有佛出世，号无边身如来[1]。若有男子女人，闻是佛名，暂生恭敬，即得超越四十劫生死重罪。何况塑画形象，供养赞叹，其人获福无量无边。”

“又于过去恒河沙劫，有佛出世，号宝性如来[②]。若有男子女人，闻是佛名，一弹指顷发心归依，是人于无上道，永不退转[③]。”

“又于过去，有佛出世，号波头摩胜如来[④]。若有男子女人，闻是佛名，历于耳根，是人当得千返生于六欲天中[⑤]，何况志心称念。”

“又于过去不可说不可说阿僧祇劫，有佛出世，号狮子吼如来。若有男子女人，闻是佛名，一念归依，是人得遇无量诸佛，摩顶授记。”

“又于过去，有佛出世，号拘留孙佛[⑥]。若有男子女人，闻是佛名，志心瞻礼，或复赞叹，是人于贤劫千佛会中，为大梵王，得授上记。”

“又于过去，有佛出世，号毗婆尸佛[⑦]。若有男子女人，闻是佛名，永不堕恶道，常生人天，受胜妙乐。”

“又于过去无量无数恒河沙劫，有佛出世，号宝胜如来[⑧]。若有男子女人，闻是佛名，毕竟不堕恶道，常在天上，受胜妙乐。”

“又于过去，有佛出世，号宝相如来[⑨]。若有男子女人，闻是佛名，生恭敬心，是人不久得阿罗汉果。”

“又于过去无量阿僧祇劫，有佛出世，号袈裟幢如来[⑩]。若有男子、女人，闻是佛名者，超一百大劫生死之罪。”

“又于过去，有佛出世，号大通山王如来[⑪]。若有男子女人，闻是佛名者，是人得遇恒河沙佛，广为说法，必成菩提。”

“又于过去，有净月佛[⑫]、山王佛[⑬]、智胜佛[⑭]、净名王佛[⑮]、智成就佛[⑯]、无上佛[⑰]、妙声佛[⑱]、满月佛[⑲]、月面佛[⑳]，有如是等不可说佛。”

“世尊，现在、未来一切众生，若天若人，若男若女，但念得一佛名号，功德无量，何况多名。是众生等，生时死时，自得大利，终不堕恶道。若有临命终人，家中眷属，乃至一人，为是病人高声念一佛名。是命终人，除五无间罪，余业报等，悉得消灭。是五无间罪，虽至极重，动经亿劫，了不得出。承斯临命终时，他人为其称念佛名，于是罪中，亦渐消灭。何况众生自称自念，获福无量，灭无量罪。”

【注释】 ①无边身：佛之身量无边际，指佛随机应化的应身。②宝性：宝是珍宝，性是本性。珍宝在粪秽中本性不变，诸佛如来在众生烦恼中不失真如清净之性。③不退转：音译阿鞞跋致、阿惟越致，意即不退转，指在修行佛道的过程中，不退失既得的功德。不退转是佛法修行中一个很高的阶位。依据佛经，只有八地以上的菩萨才能做到不退转，在此果位之前，任何一个微小的过失都有可能导致修行成果的丧失。不退转对生活在五浊恶世的凡夫俗子来说基本上是不可能的。然而净土类的经典则明确表示了阿弥陀佛对往生西方极乐世界的修行人果位不退转的承诺。④波头摩胜：汉译为“红莲花”。莲花以红的颜色最好，所以叫胜。佛莲千瓣，喻作千返。佛法和莲花一样，出污泥而不为污泥所染。众生听了这一佛名，便可以千返生天。⑤六欲天：指欲界之六天。即四天王天，忉利天，焰摩天，兜率天，化自在天，他化自在天。⑥拘留孙佛：汉译为“应断”。在人寿六万岁时，这佛就在世界上出现，救度众生。⑦毗婆尸佛：汉译为胜观，种种观，种种

见。过去七佛之第一佛。观一切皆空，皆幻空，皆幻，皆恒，亦是佛之境界。⑧宝胜：宝有在世间的宝，也有出世间的宝。念佛可以了脱生死，故佛宝胜过世间的宝，也胜过各种出世间的宝。⑨宝相：佛的无去无来的法性实相。⑩袈裟幢：就是如来宝幢的形相，表示佛的庄严。⑪大通山王：就是以须弥山的妙高峰形容这位佛的高大。这山中之王，高达八万四千由旬，全是用金银铜铁四宝所合成。又因此佛能映照明彻，故名通。这是比喻佛的报身，能通法身和应身的理用，不只一佛如此，而是每位佛都如此。⑫净月佛：一尘不染曰净，随机应现，如水中月，故名净月佛。⑬山王佛：是佛修成的报身，高大如山王。⑭智胜佛：这位佛的智慧胜过一切。⑮净名王佛：一切业障断尽，清净自然，以断惑立名。⑯智成就佛：是功德的修成，皆因智力的成就。⑰无上佛：无上是极尊的称谓。佛法是无上法，若人起信诚敬勤修，即可得无上果位，此佛的果位就是如此修来的。⑱妙声佛：是如来应机说法，圆妙声音，遍布十方。⑲满月佛：像十五夜的明月，圆满具足。⑳月面佛：是说佛的脸清秀圆满，令人一瞻仰，能生起无限欢喜恭敬。

【译文】 这时，地藏菩萨摩诃萨恭敬地对佛说："世尊，我现在打算为了未来世的众生，说一下如何在生死轮回的苦海中得到解脱，获得大利益与大福德，唯愿望世尊您听我解说。"

佛对地藏菩萨说："你今天起慈悲心，发大誓愿，以救拔济度一切造罪受苦的六道众生，演说这不可思议的解脱法门，现在正是时候，就快说吧！我即将进入涅槃，让你能早点完成心愿，实现所立下的誓愿，同时我也可以不必再为现在和将来的一切众生担忧了。"

于是，地藏菩萨恭敬地对佛说："世尊，在过去无量阿僧祇劫前，有一尊佛出现于世，名号称为'无边身'如来。若有男子、女人听到了这尊佛名，哪怕暂时生起恭敬心，马上就可以免去四十劫的生死重罪，更何况还能恭敬地塑画佛的形象，供养赞叹呢？如果能这样，那所获得的福报真是无量无边了。"

"还有，在过去恒河沙劫之前。有一尊佛出现于世，名号为'宝性'如来。若有男子女人听到这尊佛名，哪怕只在一弹指顷的时间里发心归依这尊佛，那么这个人在无上道中将获得不退转的果报，直至成佛。"

"还有，在遥远的过去世里，有一尊佛出现于世，名号为'波头摩胜'如来。若有男子、女人听到这尊佛名，哪怕只有一声经过耳根，那么这个人就可以千百次往返生于六重欲界天。更何况还能志诚恳切地称念佛的名号呢，那样获得的功德更是不可限量了。"

"还有，在过去不可说、不可说阿僧祇劫前，有一尊佛出现于世，名号为'狮子吼'如来。若有男子、女人听到这尊佛名，产生归依这尊佛的念头，那么这个人就会得到无量无数诸佛的摩顶祝福，授记他将来必定成佛。"

"还有，在遥远的过去世里，有一尊佛出现于世，名号为'拘留孙'佛。若有男子、女人听到这尊佛名，能志诚恳切地瞻仰礼拜佛的形象，或赞叹颂扬佛的功德，那么这个人以此功德，可以在千佛出世的贤劫中成为大梵王，获得佛授予他将要成佛的记别。"

"还有，在遥远的过去世里，有一尊佛出现于世，名号为'毗婆尸'佛。若有男子、女人

听到这尊佛的名号，永远不会堕入恶道，常常降生在天上或富贵人家，享受最美好、最微妙的快乐。”

“还有，在遥远的过去世里，有一尊佛出现于世，名号为‘宝胜’如来。若有男子、女人听到这尊佛的名号，最终不会堕于恶道，常能降生天上，享受最美好微妙的快乐。”

“还有，在遥远的过去世里，有一尊佛出现于世，名号为‘宝相’如来，若有男子、女人听到这尊佛名，能产生恭敬心，那么这个人不久就可以修得阿罗汉的果位。”

“还有，在遥远的过去世里，有一尊佛出现于世，名号为‘袈裟幢’如来。若有男子、女人听到这尊佛名，那么马上就可以脱离一百大劫的生死之罪。”

“还有，在遥远的过去世里，有一尊佛出现于世，名号为‘大通山王’如来。若有男子、女人听到这尊佛名，那么，这个人就可遇到恒河沙数佛为他解说佛法的奥义，必定能证得菩提而觉悟成佛。”

“还有，在遥远的过去世里，还有净月佛、山王佛、智胜佛、净名王佛、智成就佛、无上佛、妙声佛、满月佛、月面佛等不可说的无量诸佛。”

“世尊，现在或是未来世界的众生，无论在天上还是在人间，无论是男是女，若能口称心念哪怕一尊佛的名号，那功德就多得无法称量了，更何况念这么多的佛名。这些众生，无论生时或死时，自然会得到极大的利益，永不会堕入恶道。倘若有临命终的人，家里的亲人中哪怕只有一个人，能够为这病人高声地念一尊佛的名号，那么这个命终人，除了犯了极重的五无间罪之外，其余那些轻微的业报都会被消灭。即使说五无间罪这样的极恶重罪，在地狱中即使经过几亿大劫都没有出头的希望，但凭着临命终时，别人为他称名念佛的功德，这样的重罪，也能渐渐得以减轻以致消除。更何况众生能够自己称念佛的名号，自然可以获得无量的福报，消灭无量的重罪了。”

卷下

校量布施功德缘品第十

【题解】

在本品中，地藏菩萨向世尊请问阎浮提众生布施功德的轻重，世尊为之作答。对位高尊贵之人来说，若能下心含笑，发大慈心，亲手布施贫穷残疾之人，所获福利，如同布施诸佛功德之利。而无论贵族还是贫民，若能于佛法中做一点善事，如修补塔庙经像，布施供养三宝等，获大果报，常在人天，受胜妙乐。世尊特别强调，所作功德若仅回向自家眷属，或自身利益，即三生受乐，舍一得万报。若能回向法界，则其福无量无边，不可为喻。校量：又曰较量，即比较、衡量物之多少的意思。

【原文】　尔时地藏菩萨摩诃萨，承佛威神，从座而起，胡跪合掌，白佛言：“世尊，我观业道众生，校量布施，有轻有重。有一生受福，有十生受福，有百生、千生受大福利者。是事云何？唯愿世尊，为我说之。”

尔时佛告地藏菩萨："吾今于忉利天宫一切众会，说阎浮提布施校量功德轻重。汝当谛听，吾为汝说。"

地藏白佛言："我疑是事，愿乐欲闻。"

佛告地藏菩萨："南阎浮提，有诸国王、宰辅大臣、大长者、大刹利、大婆罗门等，若遇最下贫穷，乃至癃残喑哑、聋痴无目，如是种种不完具者。是大国王等，欲布施时，若能具大慈悲，下心含笑，亲手遍布施，或使人施，软言慰谕。是国王等，所获福利，如布施百恒河沙佛功德之利。何以故？缘是国王等，于是最贫贱辈及不完具者，发大慈心，是故福利有如此报。百千生中，常得七宝具足[①]，何况衣食受用。"

"复次地藏，若未来世，有诸国王，至婆罗门等，遇佛塔寺，或佛形象，乃至菩萨、声闻、辟支佛像，躬自营办，供养布施。是国王等，当得三劫为帝释身，受胜妙乐。若能以此布施福利，回向法界[②]，是大国王等，于十劫中，常为大梵天王。"

"复次地藏，若未来世，有诸国王，至婆罗门等，遇先佛塔庙，或至经像，毁坏破落，乃能发心修补。是国王等，或自营办，或劝他人，乃至百千人等布施结缘。是国王等，百千生中，常为转轮王身[③]。如是他人同布施者，百千生中，常为小国王身。更能于塔庙前，发回向心，如是国王，乃及诸人，尽成佛道。以此果报，无量无边。"

"复次地藏，未来世中，有诸国王，及婆罗门等，见诸老病，及生产妇女，若一念间，具大慈心，布施医药、饮食、卧具，使令安乐。如是福利最不思议，一百劫中常为净居天主[④]，二百劫中常为六欲天主，毕竟成佛，永不堕恶道，乃至百千生中，耳不闻苦声。"

"复次地藏，若未来世中，有诸国王，及婆罗门等，能作如是布施，获福无量。更能回向，不问多少，毕竟成佛，何况释、梵、转轮之报。是故地藏，普劝众生，当如是学。"

"复次地藏，未来世中，若善男子善女人，于佛法中种少善根，毛发沙尘等许，所受福利，不可为喻。"

"复次地藏，未来世中，若有善男子善女人，遇佛形象、菩萨形象、辟支佛形象、转轮王形象，布施供养，得无量福，常在人天，受胜妙乐。若能回向法界，是人福利，不可为喻。"

"复次地藏，未来世中，若有善男子善女人，遇大乘经典，或听闻一偈一句，发殷重心，赞叹恭敬，布施供养。是人获大果报，无量无边。若能回向法界，其福不可为喻。"

"复次地藏，若未来世中，有善男子善女人，遇佛塔寺、大乘经典。新者，布施供养，瞻礼赞叹，恭敬合掌。若遇故者，或毁坏者，修补营理，或独发心，或劝多人同共发心。如是等辈，三十生中，常为诸小国王。檀越之人[⑤]，常为轮王，还以善法教化诸小国王。"

"复次地藏，未来世中，若有善男子善女人，于佛法中所种善根，或布施供养，或修补塔寺，或装理经典，乃至一毛一尘、一沙一渧。如是善事，但能回向法界，是人功德，百千生中，受上妙乐。如但回向自家眷属，或自身利益，如是之果，即三生受乐，舍一得万报。是故地藏，布施因缘，其事如是。"

【注释】 ①七宝：七种珍宝，各种经论所说不尽相同。一般指（一）金；（二）银；（三）琉璃，又作瑠璃、毗琉璃、吠琉璃等，属青玉类；（四）玻璃，意译作水精，指赤、白等之水晶；（五）砗磲，指大蛤或白珊瑚之类；（六）赤珠，又称赤真珠；（七）玛瑙，深绿色之玉，但异于后世所称之玛瑙。又七宝指转轮圣王所拥有之七种宝。即:轮宝、象宝、马宝、珠宝、女宝、居士宝(又称主藏宝)与主兵臣宝(将军)。②回向:又作回向、转向、施向,即以自己所修之善根功德,回转给众生,并使自己趋入菩提涅槃。菩萨连自己的功德,都愿施与别人。把自己所积的功德,为了别人的幸福,转向给别人,就叫作回向,集中体现了大乘佛教的博爱精神。法界:法界,法泛指宇宙万有一切事物,包括世出世间法,通常释为"轨持",即一切不同的万事万物都能保持各自的特性,互不相紊,并按自身的轨则,能让人们理解是什么事物。界,含有种族、分齐的意思,即分门别类的不同事物各守其不同的界限。佛教诸宗对"法界"均有不同的解说,尤以华严宗最为详尽圆融。比较通俗的是天台宗的十法界说,以地狱、饿鬼、畜生、阿修罗、人、天、声闻、缘觉、菩萨、佛等为十法界,众土皆在法界之中。回向法界,即将修行功德回向给全体众生。③转轮王:亦称轮王,掌管四洲之王,感得轮宝,飞行空中,降伏四方。转轮王有金、银、铜、铁四王,金轮王统掌四洲,银轮王掌东、西、南三大洲,铜轮王掌东、南二洲,铁轮王掌南赡部洲,即阎浮提洲。④净居天:证得不还果的圣者所居的境地。此中又分五种:无烦天,无热天,善现天,善见天,色究竟天,合为五净居天。⑤檀越:施主之意,这里指发心布施的人。《增一阿含经》卷四中说,檀越施主有五功德,即(一)名闻四远,众人叹誉;(二)若至沙门、刹利婆罗门长者众中,不怀惭愧,亦无所畏;(三)受众人敬仰,见者欢悦;(四)命终之后,当生天上或人中,在天为天所敬,在人为人尊贵;(五)智慧远出众人之上,现身尽漏不经后世。

【译文】 这时,地藏菩萨摩诃萨承蒙佛的威神之力,从座位起身,右膝着地,合掌恭敬,对佛说:"世尊,我观这六道里的众生,衡量比较他们布施的功德,有轻有重,大不相同:有的是一生受福报,有的是十生受福报,还有的百生、千生都受大福报的,这究竟是什么缘故?请世尊为我讲说。"

佛告诉地藏菩萨说:"我今天在忉利天宫,法会中的一切大众之前,说一下阎浮提世界中衡量布施功德的轻重区别,你仔细用心倾听,我来为你分别解说。"

地藏菩萨回答说:"我正对此事有所疑惑,很愿意听世尊解说。"

佛告诉地藏菩萨说:"在南阎浮提世界中,若有国王、宰相大臣、大长者、大刹利、大婆罗门等,碰到那些最低贱、最贫穷的人,以及驼背肢残、耳聋眼瞎、哑巴痴呆等肢体残缺、六根不具的残疾人,倘若能抱着慈悲心,屈尊就卑,平易近人,亲自到各个地方布施救济穷人,或让手下人去布施的时候,也要叫他们含笑宽慰贫穷的人,那么这些国王、贵族等所获得的福利,就相当于供养百倍于恒河沙数那么多佛的功德。为什么呢?因为这些国王等,对于那些最贫贱、最可怜的人,能发起慈悲的关爱之心,所以能够得到如此之大的福报。在千百个转世过程中,常常可以得到充足的七宝,更何况普通的衣食住行等基本生活的享用了。"

"另外,地藏,倘若在未来世,有国王,大臣、长者、刹利及修净行的婆罗门等,见到佛的塔寺、形象,乃至菩萨、声闻、辟支佛等圣者的形象,能亲自操持种种布施供养,那么,这些国王等人可以在三大劫的长时间里得生为帝释之身,享受种种微妙的快乐。如果能够进一步将此布施的功德福利回向给法界全体众生,那么这些国王等在十劫中可以得大梵

天王之身，享受大梵天王的福报。”

“还有，地藏，倘若在未来世，有国王、大臣、长者、刹利及婆罗门等，遇到已经涅槃的过去佛的塔庙，或遗留下来的经像，由于年代久远，毁坏破落，能够发心去修补。这些国王等人，或是亲自操办，或是劝人操办，劝一人、两人甚至成百上千等人大家共同布施结缘，那么这些国王等人，在今后的百千生中常可以得生为转轮王身，一同布施的其他人，在今后的百千生中常可以得生为小国王身。如果更能在塔庙前发回向心，那么这些国王及共同布施的人，终将成就佛道，因为这种布施供养的功德是无量无边的。”

“还有，地藏，倘若在未来世，有国王、大臣、长者、刹利及婆罗门等，见到那些年老生病或是正在生产的妇女，若能在一念之间发大慈悲心，布施医药、饮食、床具等等，使他们得到安乐。这种福德是最不可思议的。在一百大劫之中，常常成为净居天主；在二百大劫之中，常常成为六欲天的天主，最终必定成佛，永不堕入恶道。乃至在今后的百千生中，永远听不到受苦的声音，更不用说亲自受苦了。”

“还有，地藏，倘若在未来世的国王、大臣、长者、刹利及婆罗门等，能够做以上种种的布施，所获得的福德真是无量无边。若能进一步把这些功德回向给法界众生，不问功德多少，最终必定成佛，更不用说帝释天王、大梵天王、转轮圣王一类的福报了。因此，地藏，你应当广泛地向一切众生传达这其中的道理，广泛地劝说一切众生学着这么做。”

“还有，地藏，在未来世中，倘若有善男子、善女人在佛法中种很少一点善根，即使如同汗毛、灰尘一样微不足道，他们所受的福报将大得无法形容。”

“另外，地藏，在未来世中，倘若有善男子、善女人见到佛的形象、菩萨的形象、辟支佛的形象乃至转轮王的形象，能够布施供养，即可得无量的福德，常可在人间天上享受最美妙的安乐。若能够将此功德回向给法界众生，那这人的福德就多得无法言喻了。”

“另外，地藏，在未来世中，倘若有善男子、善女人，见到大乘经典，或是听到一个偈、一句经，能发殷切尊重心，赞叹恭敬，布施供养，此人获得的果报，大到无量无边。若能够将此功德回向给法界众生，那这人的福德也是多得无法言喻了。

“另外，地藏，在未来世中，倘若有善男子、善女人，遇到佛的塔寺、大乘经典，若是新的，便布施供养，瞻礼赞叹，恭敬合掌；若是旧的或是已经损坏的，便发心去修补打理，或是独自一个人发心，或是劝许多人共同发心，跟着一同布施的人，在三十生中，常常做小国王；而那位领头发心布施的人，在三十生中常常做转轮圣王，并以种种善法、善政去教导、教化这些小国王们。”

“最后，地藏，在未来世中，倘若有善男子、善女人在佛法中所种的善根：或是布施供养，或是修补塔寺，或是装理经典，小到哪怕像一根汗毛、一粒灰尘那样微不足道的一点善事，只要能回向法界，那么这人的功德，在百千生中都会受到人天最美妙的快乐。倘若单是回向给自己的亲人或自身受用，那所得的福报只有三生受乐而已。若是能够回向给法界众生，那功德果报将千万倍于自身受用，真可以用‘舍一得万’来形容。地藏，布施因缘的来龙去脉和功德果报的轻重比较就是这样。”

地神护法品第十一

【题解】

本品通过坚牢地神与世尊之间的问答，说明了地藏菩萨大愿之殊胜及瞻礼供养地藏菩萨所获利益。如文殊、普贤、观音、弥勒菩萨等，化百千身形，度六道众生，其愿尚有毕竟，而地藏菩萨，教化六道一切众生，所发誓愿劫数，无有穷尽。若发心归依地藏菩萨，依地藏菩萨本愿经修行者，当于住处，南方清洁之地，作其龛室，塑画地藏菩萨形象，瞻礼供养，转读尊经。能够如此修行者获十种利益：一者、土地丰壤；二者、家宅永安；三者、先亡生天；四者、现存益寿；五者、所求遂意；六者、无水火灾；七者、虚耗辟除；八者、杜绝噩梦；九者、出入神护；十者、多遇圣因。

【原文】 尔时坚牢地神白佛言[1]："世尊，我从昔来，瞻视顶礼无量菩萨摩诃萨，皆是大不可思议神通智慧，广度众生。是地藏菩萨摩诃萨，于诸菩萨，誓愿深重。世尊，是地藏菩萨，于阎浮提，有大因缘。如文殊、普贤、观音、弥勒，亦化百千身形，度于六道，其愿尚有毕竟。是地藏菩萨，教化六道一切众生，所发誓愿劫数，如千百亿恒河沙。"

"世尊，我观未来及现在众生，于所住处，于南方清洁之地，以土石竹木，作其龛室。是中能塑画，乃至金银铜铁，作地藏形象，烧香供养，瞻礼赞叹。是人居处，即得十种利益。何等为十？一者、土地丰壤，二者、家宅永安，三者、先亡生天，四者、现存益寿，五者、所求遂意，六者、无水火灾，七者、虚耗辟除，八者、杜绝恶梦，九者、出入神护，十者、多遇圣因。世尊，未来世中，及现在众生，若能于所住处方面，作如是供养，得如是利益。"

复白佛言："世尊，未来世中，若有善男子善女人，于所住处，有此经典及菩萨像，是人更能转读经典，供养菩萨。我常日夜以本神力，卫护是人，乃至水火盗贼、大横小横、一切恶事，悉皆消灭。"

佛告坚牢地神："汝大神力，诸神少及。何以故？阎浮土地，悉蒙汝护。乃至草木沙石、稻麻竹苇、谷米宝贝，从地而有，皆因汝力。又当称扬地藏菩萨利益之事。汝之功德，及以神通，百千倍于常分地神。若未来世中，有善男子善女人，供养菩萨，及转读是经，但依地藏本愿经一事修行者，汝以本神力而拥护之，勿令一切灾害，及不如意事，辄闻于耳，何况令受。非但汝独护是人故，亦有释梵眷属、诸天眷属，拥护是人。何故得如是圣贤拥护？皆由瞻礼地藏形象，及转读是本愿经故，自然毕竟出离苦海，证涅槃乐。以是之故，得大拥护。"

【注释】 ①坚牢地神：音译为比里底毗，又作坚固地神、地神天、持地神、地天等。色界十二天之一，乃主掌大地之神。据《大唐西域记》卷八载，释迦牟尼佛成道时，第一地神由地涌出，降伏诸魔，第二地神再出，为佛明证。《方广大庄严经》卷九降魔品亦载，佛刚成道，地神为作证明，从地涌出，曲躬恭敬，棒盛满香花之七宝瓶供养。

【译文】 这时，坚牢地神起身恭敬地向佛说："世尊，我从过去久远时间以来，已瞻礼无量无数的菩萨摩诃萨。这些菩萨摩诃萨都具有广大、不可思议的神通和智慧，普度一切众生。相比之下，这位地藏菩萨摩诃萨，在我所顶礼的所有大菩萨中，所发的誓愿最为

深重。世尊，这位地藏菩萨与阎浮提的众生有极大的因缘。其他的大菩萨，如文殊菩萨、普贤菩萨、观音菩萨、弥勒菩萨等等，也同样化现出成百上千的身形在六道中度化众生，但他们的誓愿尚有完结的一天，唯有地藏菩萨教化六道中的一切众生，所发誓愿的劫数，如同千百亿恒河沙一样，无穷无尽。”

“世尊，我观察未来世和现在世的众生，如果能够在他们的居所中朝南的地方，找一块清净之地，用土石竹木等材料做一个龛室，在龛室中，或是雕塑，或是彩画，或是金、银、铜、铁铸刻地藏菩萨的形象，每天烧香供养，瞻礼赞叹地藏菩萨，那么这个人的住所就可以得到十种利益。哪十种呢？一者、土地丰壤（土地肥沃，物产丰富）；二者、家宅永安（家宅安稳，眷属平安）；三者、先亡生天（祖先获福，超升天上）；四者、现存益寿（在世家人，延年益寿）；五者、所求遂意（所有愿求，悉皆满足）；六者、无水火灾（远离水火等天灾厄难）；七者、虚耗辟除（避免亏损虚耗之事）；八者、杜绝噩梦（夜梦安乐，无诸横事）；九者、出入神护（往来出入善神卫护）；十者、多遇圣因（常遇佛法，多结善缘）。世尊，未来世和现在世中的众生，若能在自己的住所做如上所说的供养，就可以得到上述的大利益。”

接着。坚牢地神又说：“世尊，在未来世中，倘若有善男子、善女人在自己的住处里有这部不可思议的经典及地藏菩萨像，而且能常常读诵这部经，供养地藏菩萨，我将以神力，于日日夜夜之间保护这个人，诸如水灾火灾、强盗小偷、大小横祸等一切恶事，全都消除，不给他们带来任何困扰。”

佛称赞坚牢地神说：“像你这样的神通大力。不是一般神祇所能够相比的。为什么呢？因为整个阎浮提世界的土地都是由你在保护，无论是草木沙石、稻麻竹苇，以至于地下埋藏的种种宝物，都是依赖于你神力的护持。你还能够常常称扬地藏菩萨利益众生的事迹，你的功德与神通比起一般的地神来，要超过何止千百倍。倘若在未来世，有善男子，善女人供养地藏菩萨以及读诵这部经典，或者专依《地藏菩萨本愿经》中所讲的法门修行的话，你应当以神力来保护他，不要让一切灾害及不如意的事使他听到，更何况使他受害了。非但只有你在保护这个人，帝释、梵天所的统领众多天人、天神也都在无形中拥护此人。为什么会得到这么多贤圣的保护呢？这都是由于瞻视礼拜地藏菩萨的形象以及念诵《地藏菩萨本愿经》的缘故，自然而然能最终跳出三界的生死苦海，证到涅槃的真实快乐。正因为如此，才会得到这么多贤圣的保护啊。”

见闻利益品第十二

【题解】

在本品中，世尊放毫相光，出微妙音称扬赞叹地藏。观世音菩萨请世尊为大众宣说地藏菩萨不思议利益之事。佛告观世音菩萨，如有天人天福享尽，或六道众生临命终时，得闻地藏菩萨名号，即永不历三恶道。若有男子女人，思忆先亡父母眷属，瞻礼地藏形象，称念地藏名号，不但能了知先亡生处，而且能使眷属获福。若有众生业障深重，于大乘经典无法读诵，通过瞻礼供养地藏菩萨，能够业障消除，即获聪明。总而言之，地藏菩萨与阎浮提众生有大因缘，见闻利益之事，说不能尽。最后，世尊嘱咐观世音菩萨以神力

流布此经，并以偈言将上述利益人天不可思议功德之事重新宣说了一遍。

【原文】 尔时世尊从顶门上放百千万亿大毫相光[1]。所谓白毫相光、大白毫相光、瑞毫相光、大瑞毫相光、玉毫相光、大玉毫相光、紫毫相光、大紫毫相光、青毫相光、大青毫相光、碧毫相光、大碧毫相光、红毫相光、大红毫相光、绿毫相光、大绿毫相光、金毫相光、大金毫相光、庆云毫相光、大庆云毫相光、千轮毫光、大千轮毫光、宝轮毫光、大宝轮毫光、日轮毫光、大日轮毫光、月轮毫光、大月轮毫光、宫殿毫光、大宫殿毫光、海云毫光、大海云毫光。于顶门上放如是等毫相光已，出微妙音，告诸大众、天龙八部、人非人等："听吾今日于忉利天宫，称扬赞叹地藏菩萨于人天中利益等事、不思议事、超圣因事、证十地事、毕竟不退阿耨多罗三藐三菩提事。"

说是语时，会中有一菩萨摩诃萨，名观世音，从座而起，胡跪合掌，白佛言："世尊，是地藏菩萨摩诃萨，具大慈悲，怜愍罪苦众生，于千万亿世界，化千万亿身。所有功德及不思议威神之力，我闻世尊与十方无量诸佛，异口同音赞叹地藏菩萨云：正使过去、现在、未来诸佛，说其功德，犹不能尽。向者又蒙世尊普告大众，欲称扬地藏利益等事。唯愿世尊，为现在、未来一切众生，称扬地藏不思议事，令天龙八部瞻礼获福。"

佛告观世音菩萨："汝于娑婆世界，有大因缘。若天若龙，若男若女，若神若鬼，乃至六道罪苦众生，闻汝名者、见汝形者、恋慕汝者、赞叹汝者，是诸众生，于无上道，必不退转；常生人天，具受妙乐；因果将熟，遇佛授记。汝今具大慈悲，怜愍众生，及天龙八部，听吾宣说地藏菩萨不思议利益之事。汝当谛听，吾今说之。"

观世音言："唯然世尊，愿乐欲闻。"

佛告观世音菩萨："未来、现在诸世界中，有天人受天福尽，有五衰相现[2]，或有堕于恶道之者。如是天人，若男若女，当现相时，或见地藏菩萨形像，或闻地藏菩萨名，一瞻一礼，是诸天人转增天福，受大快乐，永不堕三恶道报。何况见闻菩萨，以诸香华、衣服、饮食、宝贝、璎珞，布施供养，所获功德福利，无量无边。"

"复次观世音，若未来、现在诸世界中，六道众生，临命终时，得闻地藏菩萨名，一声历耳根者，是诸众生，永不历三恶道苦。何况临命终时，父母眷属将是命终人舍宅、财物、宝贝、衣服，塑画地藏形像。或使病人未终之时，眼耳见闻，知道眷属将舍宅、宝贝等，为其自身塑画地藏菩萨形象。是人若是业报合受重病者，承斯功德，寻即除愈，寿命增益。是人若是业报命尽，应有一切罪障业障，合堕恶趣者，承斯功德，命终之后，即生人天，受胜妙乐。一切罪障，悉皆消灭。"

"复次观世音菩萨，若未来世有男子女人，或乳哺时，或三岁、五岁、十岁以下，亡失父母，乃及亡失兄弟、姊妹。是人年既长大，思忆父母及诸眷属，不知落在何趣，生何世界，生何天中。是人若能塑画地藏菩萨形象，乃至闻名、一瞻一礼。一日至七日，莫退初心。闻名见形，瞻礼供养。是人眷属，假因业故，堕恶趣者，计当劫数。承斯男女、兄弟、姊妹塑画地藏形象，瞻礼功德，寻即解脱，生人天中，受胜妙乐。是人眷属，如有福力，已生人天受胜妙乐者，即承斯功德，转增圣因，受无量乐。是人更能三七日中，一心瞻礼地藏形象，念其名字，满于万遍，当得菩萨现无边身，具告是人眷属生界；或于梦中，菩萨现大神

力，亲领是人，于诸世界，见诸眷属。更能每日念菩萨名千遍，至于千日，是人当得菩萨遣所在土地鬼神，终身卫护，现世衣食丰溢，无诸疾苦，乃至横事不入其门，何况及身。是人毕竟得菩萨摩顶授记。”

“复次观世音菩萨，若未来世，有善男子善女人，欲发广大慈心救度一切众生者、欲修无上菩提者、欲出离三界者③。是诸人等，见地藏形象，及闻名者，至心归依，或以香华、衣服、宝贝、饮食供养瞻礼，是善男女等，所愿速成，永无障碍。”

“复次观世音，若未来世，有善男子善女人，欲求现在、未来百千万亿等愿，百千万亿等事。但当归依、瞻礼、供养、赞叹地藏菩萨形象，如是所愿所求，悉皆成就。复愿地藏菩萨具大慈悲，永拥护我，是人于睡梦中，即得菩萨摩顶授记。”

“复次观世音菩萨，若未来世，善男子善女人，于大乘经典，深生珍重，发不思议心，欲读欲诵，纵遇明师教视令熟，旋得旋忘，动经年月，不能读诵。是善男子等，有宿业障，未得消除，故于大乘经典无读诵性。如是之人，闻地藏菩萨名，见地藏菩萨像，具以本心恭敬陈白，更以香华、衣服、饮食、一切玩具，供养菩萨。以净水一盏，经一日一夜，安菩萨前，然后合掌请服，回首向南，临入口时，至心郑重。服水既毕，慎五辛④、酒、肉、邪淫、妄语及诸杀害，一七日或三七日。是善男子善女人，于睡梦中，具见地藏菩萨现无边身，于是人处，授灌顶水⑤。其人梦觉，即获聪明。应是经典，一历耳根，即当永记，更不忘失一句一偈。”

“复次观世音菩萨，若未来世，有诸人等，衣食不足，求者乖愿；或多病疾；或多凶衰，家宅不安，眷属分散；或诸横事，多来忤身；睡梦之间，多有惊怖。如是人等，闻地藏名，见地藏形，至心恭敬，念满万遍。是诸不如意事，渐渐消灭，即得安乐，衣食丰溢，乃至于睡梦中悉皆安乐。”

“复次观世音菩萨，若未来世，有善男子善女人，或因治生，或因公私，或因生死，或因急事，入山林中，过渡河海，乃及大水，或经险道。是人先当念地藏菩萨名万遍，所过土地，鬼神卫护，行住坐卧，永保安乐。乃至逢于虎狼狮子、一切毒害，不能损之。”

【注释】 ①毫相光：又作眉间白毫相、白毫庄严面相、白毫毛光相、眉间白毫光相、眉间毫相、额上毫相功德满足相、眉间白毛长好右旋相、眉间白毫软白兜罗绵相，为如来三十二相之一。世尊在两眉之间有柔软细泽之白毫，引之则长一寻（或谓初生时长五尺，成道时长一丈五尺），放之则右旋宛转，犹如旋螺，鲜白光净，一似真珠，如日之正中，能放光明，称为白毫光。众生若遇其光，可消除业障、身心安乐。②五衰相：是天人将死的时候，所现出来的五种衰相，有小和大两种。小五衰相是：一、口出恶声；二、身光微昧；三、浴水著身；四、著境不舍；五、身虚眼瞬。大的五衰相即：一、头上花萎；二、衣裳秽污；三、体生臭气；四、腋下汗出；五、不乐本座。③三界：即欲界、色界、无色界。一、欲界，是最低下的界域，具有淫欲与贪欲的众生都居于此。这是六道众生的所居地。二、色界，在欲界之上，为离淫欲、食欲的众生所居地，是离欲清净的世界。三、无色界，是最上的领域，是超越于物质之上的世界，此界无一物质之物，唯以心识住于深妙之禅定，故称无色界。④五辛：指五种有辛味之蔬菜，又作五荤，即韭、葱、蒜、薤、兴渠。与酒、肉同为佛弟子所禁食之物。据《大佛顶首楞严经》卷八载，此五种之辛，熟食者发淫，生啖者增恚，十方天仙嫌其臭秽，咸皆远离，然诸饿鬼等则舐其唇吻，常与鬼住而福德日销，故求菩提者当断世间这五种辛菜。其中兴渠一物为汉地所无。⑤灌顶：即以水灌于头顶，受灌者即获晋升一定地位之仪式。原为古代印度帝王即位及立太子之一种仪式，国师以四大海之水灌其头顶，表示祝福。此仪式后为佛教所采纳，其中密教最重灌顶。灌者，大悲护念义，顶者，佛果最上义，谓诸佛以大悲水灌顶，能使功德圆满之意。

【译文】 这时，释迦牟尼佛从其顶门白毫之中放出百千万亿大毫相光：所谓白毫相光、大白毫相光、瑞毫相光、大瑞毫相光、玉毫相光、大玉毫相光、紫毫相光、大紫毫相光、青毫相光、大青毫相光、碧毫相光、大碧毫相光、红毫相光、大红毫相光、绿毫相光、大绿毫相光、金毫相光、大金毫相光、庆云毫相光、大庆云毫相光、千轮毫光、大千轮毫光、宝轮毫光、大宝轮毫光、日轮毫光、大日轮毫光、月轮毫光、大月轮毫光、宫殿毫光、大宫殿毫光、海云毫光、大海云毫光。在顶门中放如此种种的毫相光之后，又以种种微妙的声音普告在场的天龙八部、人非人等大众说："你们今天听我在忉利天宫的大会上，称扬赞叹地藏菩萨利益人天众生的事迹，种种不可思议的事迹，超凡入圣的事迹，证入十地果位的事迹，以及令一切众生永远不退转于无上正等正觉、究竟成佛的事迹"。

佛说这些话的时候，法会中有一位菩萨摩诃萨，名号为观世音，从座位上起身，右膝着地，合掌恭敬地对佛说："世尊，这位地藏菩萨摩诃萨，具有大慈大悲的心愿，怜悯一切因造罪而受苦的众生，在千万亿的世界中，化现出千万亿的身形度脱众生，他所做的功德和具有威神力量皆不可思议。我听到世尊以及十方无量无数的诸佛，异口同声地赞叹地藏菩萨。即使过去、现在、未来一切诸佛一起来论说地藏菩萨的功德，也是说不尽的。刚才承蒙世尊普告大众说，要称扬赞叹地藏菩萨利益一切众生的种种事迹。现在我虔诚地盼望世尊为现在及未来的一切众生，称扬地藏菩萨种种不可思议的、利益众生的事迹，使天龙八部等一切众生能够得知其详，瞻仰礼拜地藏菩萨，从而获得更大的福报。"

佛告诉观世音菩萨说："你与娑婆世界有着很深的因缘。在这娑婆世界中，无论是天人，还是龙众；无论是男人，还是女子；无论是神鬼，乃至六道中一切罪苦众生，若有缘听到你的名号，见到你的形象，恋慕敬仰你，称颂赞叹你，这些众生必定能最终成就无上道业，直至成佛。这些众生还可以常常生在天界或富贵的人间，享受种种微妙的安乐。一旦时机成熟，必定会遇到佛给他授记。你现在以大慈悲心，怜悯天龙八部及一切众生，来听我宣说地藏菩萨种种不可思议的事迹。你仔细倾听，我现在就为你们解说。"

观世音菩萨回答说："是的，世尊，我们都非常乐意想要听到这些事。"

这时，本师释迦牟尼佛就告诉观世音菩萨及在会的一切大众说："在未来世及现在世中，如果有天道的众生，天福快要享尽的时候，就会有五种衰败之相出现，甚至将来还有可能要堕入到恶道中去。像这样的天人，无论是男、是女，正当出现五衰相时，若能有缘见到地藏菩萨的形象，或是听到地藏菩萨的名号，能以恭敬心，哪怕一瞻仰，一礼拜，这些天人马上就可以转而增加许多天福，继续在天界享受极大的快乐，永不会堕入三恶道遭受苦报。更何况在见到地藏菩萨形象、听到地藏菩萨名号时，能以恭敬心，用种种香花、

衣服、饮食、宝贝、璎珞去供养地藏菩萨，那他所获得的福利，更是无量无边了。”

“另外，观世音菩萨，在未来世及现在世中，如果有六道里的众生在临死前，能有缘听到地藏菩萨的名号，哪怕只有一声，能听到耳朵里去，那么这样的众生，将永不会到三恶道里去受苦了。更何况在他们临命终之时，家里的父母、眷属将房产、财物、珍宝以及衣服等都布施出去，用来雕塑或彩画地藏菩萨的形象，供养地藏菩萨的形象。假如在病人未死之际，让他亲眼看到，亲耳听到，明白家中亲人已经为他广修布施与供养。倘若这人命不该死，只是该得一场重病，由于上面所说的功德，马上可以恢复健康，同时还能增长寿命。倘若这个人阳寿已尽，由于生前所作种种罪孽，死后应堕入到三恶道去，由于这超度的功德，在命终之后，即可生天享受美妙的福乐，而过去所造的一切罪孽都已消灭了。”

“另外，观世音菩萨，假如在未来世，有男子或女人，或是在哺乳的婴儿时期，或是在三岁、五岁、十岁以下的童年时期，死去了父母或兄弟姐妹，长大成人以后，时常思念已过世的父母或是其他亲人，不知道他们现在哪一道中生活，或者投生在什么世界里，或哪一重天上？此人如果能以恭敬心塑画地藏菩萨形象，听到地藏菩萨的名号后，不断地瞻仰、礼拜，在一天、两天直到七天之中，天天如此，不退初心，称念地藏菩萨名号，礼拜供养地藏菩萨，那么此人已经过世的亲属，假如他们因为罪报而堕落到恶道中去的，本应当在恶道中受满该有的劫数，凭借着亲人塑画、瞻礼、供养地藏菩萨的功德，不久便可以解脱恶道之苦，投生到天界或人间的富贵人家中去享受最美妙的快乐了。假如已过世的亲人本来就很有福报，已经生在天界或富贵人家享受种种快乐了，那么，承蒙现在亲人给他做的种种功德，不但其福报快乐无量无边，而且在佛法中结下了解脱之缘。假如这个人能够在二十一天里，一心一意地瞻仰礼拜地藏菩萨的形象，称念地藏菩萨的名号达一万遍，那就可以感应到地藏菩萨亲自显现无边身，明明白白地告诉这个人：你那位早已过世的亲人，现在生在某某世界里。或是在睡梦中，地藏菩萨以大神力，亲自带领此人在各个世界里，见到他所思念的亲人。倘若能再进一步，每天称念地藏菩萨名号一千遍，连续一千天始终不断，那么，此人将得到地藏菩萨指派他所居住地方的土地神灵终生保护他，现在世令他丰衣足食，无有病苦，大小横事、不吉利事均不入其门，更不用说伤害到他了。非但如此，此还可以得到地藏菩萨给他摩顶授记，最终必定觉悟解脱。”

“另外，观世音菩萨，倘若在未来世，有善男子、善女人，想要发广大的慈悲心去救度一切众生，修习无上菩提，跳出三界生死轮回等等。这些人若能在见到地藏菩萨形象、听到地藏菩萨名号后，以至诚心发愿归依地藏菩萨，并以种种的香、花、衣服、宝贝、饮食去供养、瞻礼地藏菩萨，那么，这些善男子、善女人的愿望会很快地实现，永不会有什么障碍。”

“还有，观世音菩萨，倘若在未来世，有善男子、善女人想要实现现在或将来百千万亿的种种心愿，想要办成现在的或将来的百千万亿的种种事情，只要一心归依瞻礼、供养赞叹地藏菩萨的形象，那么，这些所愿所求都能达成。如果进一步发愿祈求地藏菩萨以大慈悲心永远保护‘我’（即发愿者），那么此人在睡梦中，就可以得到地藏菩萨的摩顶授记。”

"还有，观世音菩萨，倘若在未来世，有善男子、善女人对大乘经典产生深切的敬仰心、尊重心、爱护心，发不可思议的愿心想要学习读诵经典，但即使得到明师的指点教诲，仍然前念后忘，经过数月乃至数年都无法读诵、背熟。这是因为这些善男子、善女人有过去所做的业障在障碍着他，所以对于大乘经典就没有熟读背诵的善根。像这样的人，若能在听到地藏菩萨名号、见到地藏菩萨形象后，发自内心、恭敬挚诚地向地藏菩萨表白自己的心愿，请求地藏菩萨的加被，更以香、花、衣服、饮食以及一切美好的珍玩物品来供养给地藏菩萨。以洁净的清水一盏，供在菩萨像前，经一天一夜，然后恭敬合掌，请求饮用此水(注意应将水换下，用别的杯子饮用，不能用供杯)。饮水之前，回过身来，面向南方，然后郑重其事，专心致志将水喝下。喝完净水之后，千万谨慎，戒五辛、戒酒肉、戒杀、戒盗、戒邪淫、戒妄语。这样，经过七天或二十一天，此人在睡梦中，会明明白白见到地藏菩萨现无边身，来到身旁，给他授灌顶水。醒来之后，这个人马上就变得很聪明，任何大乘经典只要听到一次后，就永不会再忘记了，乃至一句经，一句偈都能牢记如初。"

"另外，观世音菩萨，倘若在未来世，或有人衣食不足，生计维艰；或有人事与愿违，所求不遂；或有人疾病缠身，凶耗不断；或有人合家不安，亲人离散；或有人横祸连绵，伤身害命；或有人睡梦不安，惊恐万状。这些业障深重的众生，如果有缘听到地藏菩萨名号或见到地藏菩萨形象，能够至心恳切地称念地藏菩萨名号满一万遍，那么，这许多不如意的事都会逐渐减轻直至消灭，而得到安稳、快乐的生活，日常衣食丰足，睡梦中也能得到安宁快乐。"

"还有，观世音菩萨，倘若在未来世，有善男子、善女人，或是因为要外出谋生；或是为了公私事宜；或是去报生讣死；或是因事情急迫，不得已要穿山入林，渡河过海，经历惊涛骇浪或攀越悬崖峭壁等危险的地方。此人在出门之前，应当先虔诚念地藏菩萨的名号满一万遍，这样，他所要经过的地方，途中的一切鬼神、土地都来保护他，无论是行住坐卧，都能常保平安，哪怕在路上碰到豺狼虎豹、毒虫瘴气等，一切毒害都不能伤害到他。"

【原文】 **佛告观世音菩萨："是地藏菩萨，于阎浮提，有大因缘。若说于诸众生见闻利益等事，百千劫中，说不能尽。是故观世音，汝以神力，流布是经，令娑婆世界众生，百千万劫，永受安乐。"**

尔时世尊而说偈言：吾观地藏威神力，恒河沙劫说难尽，见闻瞻礼一念间，利益人天无量事。若男若女若龙神，报尽应当堕恶道，至心归依大士身，寿命转增除罪障。少失父母恩爱者，未知魂神在何趣，兄弟姊妹及诸亲，生长以来皆不识，或塑或画大士身，悲恋瞻礼不暂舍，三七日中念其名，菩萨当现无边体，示其眷属所生界，纵堕恶趣寻出离，若能不退是初心，即获摩顶受圣记。欲修无上菩提者，乃至出离三界苦，是人既发大悲心，先当瞻礼大士像，一切诸愿速成就，永无业障能遮止，有人发心念经典，欲度群迷超彼岸，虽立是愿不思议，旋读旋忘多废失，斯人有业障惑故，于大乘经不能记，供养地藏以香华，衣服饮食诸玩具，以净水安大士前，一日一夜求服之，发殷重心慎五辛，酒肉邪淫及妄语。三七日内勿杀害，至心思念大士名，即于梦中见无边，觉来便得利根耳，应是经教历耳闻，千万生中永不忘，以是大士不思议，能使斯人获此慧。贫穷众生及疾病，家宅凶衰眷属离。睡梦之中悉不安，求者乖违无称遂，至心瞻礼地藏像，一切恶事皆消灭，至于梦中尽得安，

衣食丰饶神鬼护。欲入山林及渡海，毒恶禽兽及恶人，恶神恶鬼并恶风，一切诸难诸苦恼，但当瞻礼及供养，地藏菩萨大士像，如是山林大海中，应是诸恶皆消灭：观音至心听吾说，地藏无尽不思议，百千万劫说不周，广宣大士如是力。地藏名字人若闻，乃至见像瞻礼者，香华衣服饮食奉，供养百千受妙乐，若能以此回法界，毕竟成佛超生死。是故观音汝当知，普告恒沙诸国土。

【译文】 佛又继续告诉观世音菩萨说："这位地藏菩萨同阎浮提众生有着极大的因缘。倘若要把地藏菩萨利益阎浮提众生的种种事迹统统都说一遍，哪怕花上百千大劫的时间也是说不尽的。因此，观世音，你应当以神力来宣扬流布这部不可思议的经典，使未来、现在娑婆世界的众生在百千万劫中永享平安与福乐。"

为了要进一步说明这件事，世尊又以偈言的形式重复了一遍：

吾观地藏威神力，恒河沙劫说难尽，见闻瞻礼一念间，利益人天无量事。若男若女若龙神，报尽应当堕恶道，至心归依大士身，寿命转增除罪障。少失父母恩爱者，未知魂神在何趣，兄弟姊妹及诸亲，生长以来皆不识，或塑或画大士身，悲恋瞻礼不暂舍，三七日中念其名，菩萨当现无边体，示其眷属所生界，纵堕恶趣寻出离，若能不退是初心，即获摩顶受圣记。欲修无上菩提者，乃至出离三界苦，是人既发大悲心，先当瞻礼大士像，一切诸愿速成就，永无业障能遮止。有人发心念经典，欲度群迷超彼岸，虽立是愿不思议，旋读旋忘多废失，斯人有业障惑故，于大乘经不能记，供养地藏以香华，衣服饮食诸玩具，以净水安大士前，一日一夜求服之，发殷重心慎五辛，酒肉邪淫及妄语，三七日内勿杀害，至心思念大士名，即于梦中见无边，觉来便得利根耳，应是经教历耳闻，千万生中永不忘，以是大士不思议，能使斯人获此慧。贫穷众生及疾病，家宅凶衰眷属离，睡梦之中悉不安，求者乖违无称遂，至心瞻礼地藏像，一切恶事皆消灭，至于梦中尽得安，衣食丰饶神鬼护。欲入山林及渡海，毒恶禽兽及恶人，恶神恶鬼并恶风，一切诸难诸苦恼，但当瞻礼及供养，地藏菩萨大士像，如是山林大海中，应是诸恶皆消灭。观音至心听吾说，地藏无尽不思议，百千万劫说不周，广宣大士如是力。地藏名字人若闻，乃至见像瞻礼者，香华衣服饮食奉，供养百千受妙乐，若能以此回法界，毕竟成佛超生死。是故观音汝当知，普告恒沙诸国土。

嘱累人天品第十三

【题解】

在本经的最后一品，世尊摩地藏菩萨顶，以诸众生付嘱令度。世尊云："地藏！地藏！记吾今日在忉利天中，于百千万亿不可说不可说一切诸佛菩萨、天龙八部大会之中，再以人天诸众生等，未出三界，在火宅中者，嘱咐于汝，无令是诸众生，堕恶趣中一日一夜。何况更落五无间及阿鼻地狱，动经千万亿劫，无有出期。"地藏菩萨承诺"未来世中，若有善男子善女人，于佛法中，一念恭敬。我亦百千方便，度脱是人，于生死中，速得解脱。何况闻诸善事，念念修行，自然于无上道，永不退转"。最后，世尊为虚空藏菩萨分别宣说了闻此经典及地藏名字，瞻礼形象所获得的二十八种和七种利益。十方诸佛菩萨赞叹，天雨香花供养，法会圆满而散。

【原文】 尔时世尊举金色臂，又摩地藏菩萨摩诃萨顶，而作是言："地藏！地藏！汝之神力不可思议，汝之慈悲不可思议，汝之智慧不可思议，汝之辩才不可思议。正使十方诸佛赞叹宣说汝之不思议事，千万劫中不能得尽。地藏！地藏！记吾今日在忉利天中，于百千万亿不可说不可说一切诸佛菩萨、天龙八部大会之中，再以人天诸众生等，未出三界，在火宅中者，付嘱于汝，无令是诸众生，堕恶趣中一日一夜。何况更落五无间及阿鼻地狱，动经千万亿劫，无有出期。"

"地藏，是南阎浮提众生，志性无定，习恶者多。纵发善心，须臾即退。若遇恶缘，念念增长。以是之故，吾分是形百千亿化度，随其根性而度脱之。地藏，吾今殷勤以天人众，付嘱于汝。未来之世，若有天人，及善男子善女人，于佛法中，种少善根，一毛一尘、一沙一渧。汝以道力，拥护是人，渐修无上，勿令退失。"

"复次地藏，未来世中，若天若人，随业报应，落在恶趣。临堕趣中，或至门首，是诸众生，若能念得一佛名、一菩萨名、一句一偈大乘经典。是诸众生，汝以神力，方便救拔，于是人所，现无边身，为碎地狱，遣令生天，受胜妙乐。"

尔时世尊而说偈言：

现在未来天人众，吾今殷勤咐嘱汝，

以大神通方便度，勿令堕在诸恶趣。

尔时地藏菩萨摩诃萨，胡跪合掌，白佛言："世尊！唯愿世尊，不以为虑！未来世中，若有善男子善女人，于佛法中，一念恭敬。我亦百千方便，度脱是人，于生死中，速得解脱。何况闻诸善事，念念修行，自然于无上道，永不退转。"

说是语时，会中有一菩萨名虚空藏[1]，白佛言："世尊，我自至忉利，闻于如来赞叹地藏菩萨威神势力不可思议。未来世中，若有善男子善女人，乃及一切天龙，闻此经典，及地藏名字，或瞻礼形象，得几种福利？唯愿世尊，为未来、现在一切众等，略而说之。"

佛告虚空藏菩萨："谛听谛听，吾当为汝分别说之。若未来世，有善男子善女人，见地藏形象，及闻此经，乃至读诵，香华、饮食、衣服、珍宝布施供养，赞叹瞻礼，得二十八种利益：一者、天龙护念，二者、善果日增，三者、集圣上因，四者、菩提不退，五者、衣食丰足，六者、疾疫不临，七者、离水火灾，八者、无盗贼厄，九者、人见钦敬，十者、神鬼助持，十一者、女转男身，十二者、为王臣女，十三者、端正相好，十四者、多生天上，十五者、或为帝王，十六者、宿智命通，十七者、有求皆从，十八者、眷属欢乐，十九者、诸横消灭，二十者、业道永除，二十一者、去处尽通，二十二者、夜梦安乐，二十三者、先亡离苦，二十四者、宿福受生，二十五者、诸圣赞叹，二十六者、聪明利根，二十七者、饶慈愍心，二十八者、毕竟成佛。"

"复次虚空藏菩萨，若现在、未来天龙鬼神，闻地藏名，礼地藏形，或闻地藏本愿事行，赞叹瞻礼，得七种利益：一者、速超圣地，二者、恶业消灭，三者、诸佛护临，四者、菩提不退，五者、增长本力，六者、宿命皆通，七者、毕竟成佛。"

尔时十方一切诸来不可说不可说诸佛如来，及大菩萨、天龙八部，闻释迦牟尼佛称扬赞叹地藏菩萨大威神力，不可思议，叹未曾有。是时忉利天，雨无量香华、天衣[2]、珠璎，供养释迦牟尼佛，及地藏菩萨已。一切众会，俱复瞻礼，合掌而退。

【注释】 ①虚空藏：音译为阿迦舍檗婆，又作虚空孕菩萨，即福、智二藏无量，等如虚空，广大无边之意。此菩萨流出无量之法宝，普施所欲者，利乐众生。依佛典所载，虚空藏菩萨对一切众生甚为慈愍，常加护持。如果有人至诚、如法地礼拜过去世三十五佛之后，再别称大悲虚空藏菩萨名号，则此菩萨当会现身加以庇佑。②天衣：指天人所穿着之衣服，其重量极轻，且天愈高，衣则愈轻。据《长阿含经》卷二十载，四天王衣重半两，忉利天衣重六铢。

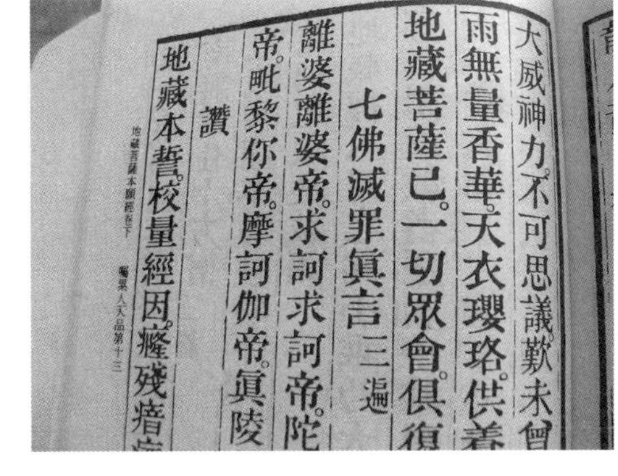
大威神力不可思議歎未曾
雨無量香華天衣瓔珞供養
地藏菩薩已一切衆會俱復
七佛滅罪眞言 三遍
離婆離婆帝。求訶求訶帝。陀
帝。毗黎你帝。摩訶伽帝。眞陵
讚
地藏菩薩本願經卷下 囑累人天品第十三
地藏本誓校量經因。癃殘瘖

《地藏经》书影

【译文】 这时，世尊举起清净无垢的金色手臂，又摩地藏菩萨的头顶，对他说："地藏，地藏，你的神力不可思议，你的慈悲不可思议，你的智慧不可思议，你的辩才不可思议。即使十方一切诸佛同声赞叹、宣讲你的不可思议事迹，用上千万劫之久的时间也难以说尽。地藏，地藏，你应当牢记今天我在这忉利天中，百千万亿不可说、不可说一切诸佛菩萨、天龙八部所在的大会中，再次将天界人间的一切众生和尚在三界流转生死、在火宅中受苦受难的众生托付给你，不要让这些众生，再堕入到恶道里哪怕只有一天一夜，更何况落到那些五无间及阿鼻地狱中去，千万亿劫，没有出头之日。"

"地藏，南阎浮提的众生，其心志与根性总是游移不定，作恶业的还在多数。即使偶尔发起一点善心，过不了多久就又退失了。相反如果遇到恶缘，恶念就会一天天膨胀起来。正因为这个缘故，我分身百千亿身形，根据众生不同的根性、习气、智慧、环境来有针对性地说法度化，使他们得到解脱。地藏，我今天郑重殷切地将天上人间的众生托付给你。在未来世时，若有天上或人间的善男子、善女人，在佛法中哪怕只是种下如一毛一尘、一沙一滴这么渺小的一点善根，你都应当以你的神通之力，来保护这个人，使他走上佛法正道，千万不要使他产生退转之心或丧失前进的动力。"

"还有，地藏，在未来世中，无论是天上或人间的众生，若是由于过去造下的种种恶业，应当堕入恶道，在他们将堕还未堕的时刻，倘若这些众生能亲口称念一尊佛的名号、一尊菩萨的名号，或是大乘经典里的一句话、一句偈，那么对于这些众生，你应当以你的神力想方设法救度他们，在他们所在的地方，化现无边身，为他粉碎地狱，使他得以超升，享受殊胜美妙的福乐。"

为了进一步说明这个意思，佛又以偈言重复了一遍：

现在未来天人众，吾今殷勤付嘱汝，

以大神通方便度，勿令堕在诸恶趣。

这时，地藏菩萨摩诃萨右膝着地，合掌恭敬地对佛说："世尊，请不必为此事而有所忧虑，在未来世中，若有善男子、善女人于佛法中，哪怕只存有一念的恭敬心，我也会千方百计以种种方便去度脱他们，使他们跳出三界火宅，解脱生死轮回。更何况那些一听到种种善事便发心去

做，念念之间勤恳修行的人，当然在佛法的解脱之道中，永不退转，必定成佛了。”

说这话之时，大会中有一位菩萨，名号叫作虚空藏，恭敬地对佛说：“世尊，我今天自从来到忉利天宫，一直听到世尊赞叹地藏菩萨的威神之力不可思议。在将来世中，倘若有善男子、善女人，以及天龙八部一切众生等，有缘听到这部《地藏菩萨本愿经》及地藏菩萨的名号，或者瞻仰礼拜地藏菩萨形象，能够得到哪些福德利益，请求世尊为将来及现在的一切众生，大略地讲一讲。”

佛告诉虚空藏菩萨说：“仔细倾听，我现在就为你分别解说一下。倘若在未来世，有善男子、善女人，见到地藏菩萨的形象，听到这部《地藏菩萨本愿经》，虔诚读诵这部经，并以种种香、花、饮食、衣服、珍宝去供养地藏菩萨，瞻礼赞叹地藏菩萨及《地藏菩萨本愿经》，可以得到二十八种利益：一者、天龙护念（得到天龙八部的卫护与保佑）；二者、善果日增（善果日日增益，福报日日积累）；三者、集圣上因（常常亲近佛法僧三宝，种下解脱的因缘）；四者、菩提不退（永不会退转于菩提觉悟之道）；五者、衣食丰足（家境充裕，物质生活丰富）；六者、疾疫不临（身心健康，没有种种疾病）；七者、离水火灾（远离水灾火灾等横祸）；八者、无盗贼厄（家宅安宁，不会遇到小偷、强盗）；九者、人见钦敬（受人尊敬，具有较高的社会地位）；十者、神鬼助持（得到各种鬼神暗中的保护和帮助）；十一者、女转男身（不愿为女性者，来世转为男子之身）；十二者、为王臣女（生在国王大臣之家享受福贵）；十三者、端正相好（相貌端正美好）；十四者、多生天上（来世多转生天界，享受天福）；十五者、或为帝王（常为人间帝王，拥有权势）；十六者、宿智命通（知道前生后世的因果命运）；十七者、有求皆从（所求诸事，皆能遂其所愿）；十八者、眷属欢乐（家庭和睦，亲人欢乐）；十九者、诸横消灭（无飞来横祸，得享安宁）；二十者、业道永除（过去种种恶业都可以消除）；二十一者、去处尽通（无论到哪儿去，或谋求什么职业，都能通达顺利）；二十二者、夜梦安乐（夜间睡眠平和安乐）；二十三者、先亡离苦（故世的先人可以脱离恶道的苦难）；二十四者、宿福受生（本有宿福的，可以转生天上）；二十五者、诸圣赞叹（常常得到有德之人的赞美）；二十六者、聪明利根（六根聪明，智慧明达）；二十七者、饶慈愍心（心怀慈悲，怜悯众生）；二十八者、毕竟成佛（善根不断增长，最终必定成佛）。”

“此外，虚空藏菩萨，倘若现在未来的天众、龙众、鬼神等众，能够听到地藏菩萨的名号，瞻礼地藏菩萨的形象，或者听到《地藏菩萨本愿经》，了解到地藏菩萨救度众生的本愿和事迹，这样可以得到七种利益：一、速超圣地（能迅速地由凡夫地上升到圣人的地位）；二、恶业消灭（过去所做的种种恶业都能消灭）；三、诸佛护临（得到诸佛菩萨的亲临加持）；四、菩提不退（永不会退转于菩提道，直至成佛）；五、增长本力（原有的神通力量得到增长）；六、宿命皆通（得到宿命通，能知过去未来之事）；七、毕竟成佛（善根不断增长，最终必定成佛）。”

这时，十方世界一切到场的不可说、不可说数的诸佛如来，以及诸大菩萨摩诃萨，天龙八部等等，听到释迦牟尼佛称扬赞叹地藏菩萨的种种大威神力及种种不可思议的功德之后，都发出由衷的感叹，这真是从来都不曾有过的稀有之事啊。这时，忉利天宫如同下雨一般，纷纷扬扬飘落着无量无数最美好的香花、天衣、珠宝、璎珞，来供养释迦牟尼佛及地藏菩萨。供养之后，一切集会的大众再次向释迦牟尼佛及地藏菩萨瞻视顶礼，恭敬合掌，心怀法喜，散会回去了。

药师经

【导语】

《药师琉璃光如来本愿功德经》,简称《药师经》,是佛教净土信仰的重要经典之一。依《药师经》而建立的药师法门是使众生消灾免难、求获福报、自利利他、觉悟成佛的修行法门。《药师经》的救世济人精神曾对中国佛教的普及与发展产生了重要影响,至今汉地佛教寺院早晚课诵或一些佛事当中,均要称念“南无消灾延寿药师佛”。同时,《药师经》与药师法门也是密宗的重要经典与修行方式之一。

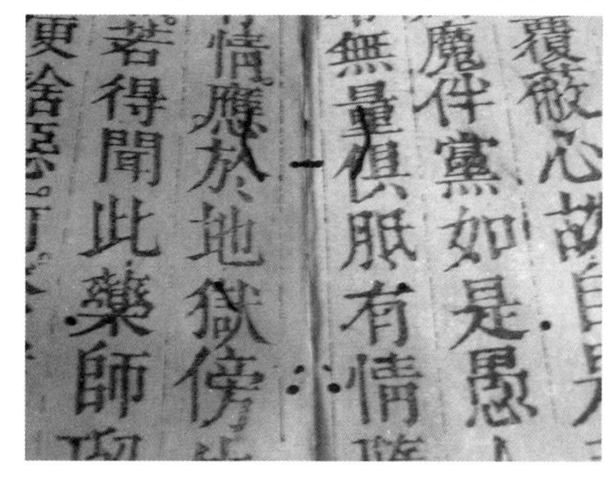

《药师经》书影

【原文】 **如是我闻[1],一时薄伽梵游化诸国[2],至广严城[3],住乐音树下[4]。与大苾刍众八千人俱[5],菩萨摩诃萨三万六千[6],及国王、大臣、婆罗门[7]、居士[8]、天龙八部[9]、人非人等[10]、无量大众,恭敬围绕,而为说法。尔时曼殊室利法王子[11],承佛威神,从座而起,偏袒一肩,右膝着地,向薄伽梵,曲躬合掌,白言:“世尊!惟愿演说,如是相类,诸佛名号,及本大愿殊胜功德,令诸闻者,业障消除,为欲利乐像法转时诸有情故[12]。”**

【注释】 ①如是我闻:为佛教经典固定的开篇用语,又作“闻如是”。据经典记载,释迦牟尼佛于入灭之际,嘱托多闻第一的阿难,在将其一生言教整理为经藏时,须于卷首加“如是我闻”一语,以与外道经典有所区别。“如是”,指经中所叙佛陀之言行举止;“我闻”,印经藏结集者阿难自言听闻佛陀之言行。又,“如是”意为信顺自己所闻之法;“我闻”则为坚持其信之人。此印信成就、闻成就,又作证信序。②薄伽梵:佛的尊称,为佛陀十号之一,亦为诸佛之通号,又作婆伽婆、婆伽梵、婆哦缚帝,意译有德、能破、世尊、尊贵,即有德而为世所尊重者之意,在印度用于有德之神或圣者之敬称。据《佛地经论》卷一载,薄伽梵具有自在、炽盛、端严、名称、吉祥、尊贵等六种意义,其义为吉祥王、大威猛、极尊贵等等,因其含义甚多,故不翻译。我国译经有五不翻译,此为多含不翻,但亦有直译为世尊者。③广严城:即毗耶离城,古代中印度国名,系古印度十六大国之一,六大都城之一,为离车子族所居之地。此城的位置约位于今印度恒河北岸、干达克河东岸之毗萨尔。据《长阿含经》卷三《游行经》载,此城于佛陀在世时颇为繁荣,人民皆信乐佛教,佛陀在此城预言自己即将入灭,著名的维摩诘居士就居住在这个地方。玄奘《大唐西域记》卷七中记载,此国周围五千余里,土地沃壤,风俗淳质,有天祠数十,异道杂居。城西北五六里有一伽蓝,住少数僧徒,学习正量部法,东有舍利子等证果之故迹塔,东北三里有维

摩大士故宅塔,其附近即维摩现疾说法处及庵摩罗女故宅塔等,城西北系佛陀最后所行之故趾塔。佛陀入灭百年后,七百贤圣于此举行了第二次结集。④乐音树:树名。因其树林中,迦陵频伽鸟出和雅音,微风吹动,枝叶做种种奇妙自然音声,如同奏乐,故名乐音。⑤大宓刍:宓刍即比丘,指受过具足戒的男性出家人,音译作比丘、苾刍、备刍、比呼等,意译为乞士,言其上从如来乞求佛法而养育法身慧命,下从世俗乞求衣食以存活色身。比丘之含义有五种:乞士(行乞食以清净自活者)、破烦恼、出家人、净持戒、怖魔。比丘依法出家,舍弃家财,游化人间,乞食活命,随处宣教,度诸有缘,威仪端严。大比丘为比丘中之德高年长者。佛经当中最常见的说法是当佛陀说法时常有"大比丘众,千二百五十人具,皆大阿罗汉"。⑥菩萨摩诃萨:乃菩提萨埵与摩诃萨埵之简称。菩萨,意译作道众生、觉有情、道心众生等。菩提,觉、智、道之意;萨埵,众生、有情之意,菩萨,即指以智上求无上菩提,以悲下化众生,修诸波罗蜜行,于未来成就佛果之修行者。摩诃萨,摩诃汉译为大,摩诃萨埵即大有情、大众生,谓此大众生愿大、行大、度众生大,于世间诸众生中为最上,不退其大心,故称摩诃萨埵。⑦婆罗门:意译净行、梵行、梵志、承习,为古印度种姓制度(其余三姓为刹帝利、吠舍、首陀罗)中居最上位的僧侣、学者阶层,为古印度一切知识的垄断者。据《长阿含经》卷六《小缘经》、卷十五《种德经》《慧琳音义》卷二十九等载,婆罗门由梵天之口生,颜貌端正。清净高洁,以习《吠陀》、司祭祀为业。依《摩奴法典》规定:四姓中除最低之首陀罗外,其余三姓皆得诵习《吠陀》,自作祭祀,然为他人祭师,教他人《吠陀》、受施等则仅限于婆罗门。古印度婆罗门一生可分为四期:(1)梵行期,八岁就师,其后十二年学《吠陀》、习祭仪。(2)家住期,返家结婚生子,祭祖灵、营俗务。(3)林栖期,年老则家产让子,栖居树林修苦行,专心思维,入宗教生活。(4)遁世期,绝世俗之执着,被粗衣,持水瓶,游行遍历。遁世期之婆罗门行法,后为印度佛教沿用者不少,如游行、乞食、雨安居等。以婆罗门阶级为中心形成了婆罗门教,以吠陀信仰为核心,遵守四姓制度,主张婆罗门至上,重视祭祀,以期生天涅槃之教派,后来演化为印度教。⑧居士:意为家长、家主、长者之义,原指吠舍阶级的豪富者,或指在家的有德道之士。汉语中居士一词原出于《礼记·玉藻篇》,于《韩非子》一书中,亦谓有任矞、华仕等居士,皆指颇有道艺而不求仕宦的处士。后泛指居家学佛人士。⑨天龙八部:合称八部众,为天、龙、夜叉、阿修罗、迦楼罗、乾闼婆、紧那罗、摩睺罗迦,皆为守护佛法而有大力之诸神。八部众中,以天、龙为上首,故标举其名,统称天龙八部。⑩人非人:人与非人之并称。非人,指人类以外的某类众生。佛典当中对"非人"的解释,所说并非完全相同。有时指天、龙、阿修罗等八部众;有时也包括地狱、饿鬼等众生;有时专指鬼神所幻化而成的"变化人",彼等虽非人类,然参诣佛陀时,皆现人形。⑪曼殊室利:即文殊师利,意译为妙德、妙吉祥、妙乐,简称文殊。文殊菩萨是大乘佛教中以智慧著称的菩萨,与普贤菩萨并为释迦牟尼佛的两大胁侍。由于在所有菩萨中,以辅佐释尊弘法而为上首,因此也被称为文殊师利法王子。依大乘经典所载,在所有大菩萨中,文殊菩萨不仅仅是"大智"的象征,而且在过去世曾为七佛之师,其锐利的智慧,被喻为三世诸佛成道之母,因而有"三世觉母妙吉祥"的尊号。据《首楞严三昧经》所载,文殊在久远的过去世早已成佛,号称龙种上如

来，于南方平等世界成无上正等觉，寿四百四十万岁而入涅槃。《文殊师利涅槃经》谓，此菩萨生于舍卫国多罗聚落梵德婆罗门家，生时屋宅化如莲华，由其母右肋出生，后至释迦牟尼佛所出家学道。文殊菩萨也是中国佛教著名的四大菩萨之一，所乘之狮子，象征其威猛，以山西五台山为其道场。⑫像法：像，似之义，像法，乃三时之二时，以其乃相似于正法之教时，故谓之像。佛陀入灭后，依其教法之运行状况，可区分为正法、像法、末法等三时。像法转时，谓佛陀入灭后，像法起行之时。此一时期的佛教仅有教说与修行者，而欠缺证果者。

【译文】 这部经是我（阿难）亲闻佛陀这样宣说的：

一时，佛陀游行教化来到广严城，在乐音树下为大众说法。有八千位大比丘，三万六千位大菩萨，以及国王、大臣、婆罗门、居士、天龙八部、人、非人等无量大众恭敬地围绕着佛陀，谛听佛陀为他们说法。这时，文殊师利菩萨仰承佛陀神威之力，从座中起来，袒露右肩，右膝着地，合掌向佛陀鞠躬行礼，说道："世尊！请您为我们开示如此相类诸佛的名号，以及诸佛因地修行时的殊胜功德行愿，使听到的人得以消除业障，使像法转时的一切众生得到利益。"

【原文】 尔时，世尊赞曼殊室利童子言："善哉！善哉！曼殊室利！汝以大悲，劝请我说诸佛名号，本愿功德，为拔业障所缠有情，利益安乐像法转时诸有情故。汝今谛听，极善思惟，当为汝说。"曼殊室利言："唯然！愿说，我等乐闻。"

佛告曼殊室利："东方去此过十殑伽沙等佛土[①]，有世界名净琉璃，佛号药师琉璃光如来[②]、应[③]、正等觉[④]、明行圆满[⑤]、善逝[⑥]、世间解[⑦]、无上士调御丈夫[⑧]、天人师[⑨]、佛[⑩]、薄伽梵。曼殊室利！彼世尊药师琉璃光如来，本行菩萨道时，发十二大愿，令诸有情，所求皆得。"

【注释】 ①殑伽沙：即恒河沙。殑伽，即恒河，为印度三大河之一，发源于雪山南部，其流域即恒河平原，四通八达，丰饶广阔，为数千年来印度文明之中心，佛陀说法亦多在恒河流域。恒河多沙，其数无量，故经中遇说数目极多时，为通晓起见，即以恒河沙为喻。②如来：自如来至薄伽梵为佛之十号。如来，意思是乘如实之道，从因来果而成正觉。如来之含义又分如来、如去两种：若作如去解，有乘真如之道，而往于佛果涅槃之义；若作如来解，则为由如实道而来，垂化三界。在佛教当中，如来为诸佛之通号。③应：音译阿罗诃，亦作应供、应真。指断尽一切烦恼，智德圆满，应受人天供养、尊敬者。④正等觉：亦作正遍知，真正普遍平等的觉悟，乃三藐三菩提之意译。⑤明行圆满：亦称明行足、明善行、明行成。明，即阿耨多罗三藐三菩提；行足，即戒、定、慧等。佛陀以智慧为先导而修万行，故成就福慧圆满。⑥善逝：又作善去、善解、善说无患、好说、好去。善是好，逝是去，善逝者，即如实去彼岸不再退没生死之义。⑦世间解：指佛能了知世间与出世间的一切真理，既了知世间之因、世间之灭，亦了知出世间之道，于世间出世间一切事理性相，明解照了。⑧无上士调御丈夫：指如来之智德，于人中最胜，无有过之者，故称无上士；佛善能摧伏魔军，勇敢无畏，善能调御一切，故称调御丈夫。⑨天人师：佛陀为诸天与人类之导师，示导一切应作不应作、是善是不善，若能依教而行，不舍道法，能得解脱烦恼之报，

故称天人师。又以佛陀度天、人者众，度余道者寡，故称为天人师。⑩佛：音译佛陀、浮屠等，意译为觉、觉者，即觉悟真理者之意。亦即具足自觉、觉他、觉行圆满，如实知见一切法之性相，成就等正觉之大圣者，是佛教修行的最高果位。

【译文】 此时，世尊赞叹文殊师利菩萨说："很好！很好！文殊师利！你以大悲心，劝请如来广说诸佛名号及本愿功德，为了要救拔那些受业障缠缚的众生，及利益安乐像法时期的一切众生。现在你仔细倾听，并如法思惟，我来为你们宣说。"文殊师利回答说："是的，请您为我们宣说，我们欢喜恭听。"

佛告诉文殊师利说："从此娑婆世界向东，经过十恒河沙等数量的佛土，有一世界，名净琉璃，其土有佛，号药师琉璃光如来、应供、正等觉、明行圆满、善逝、世间解、无上士、调御丈夫、天人师、佛、世尊。文殊师利！这位药师琉璃光如来在成佛前，行菩萨道时，曾发十二大愿，要令一切众生所求皆能满足。"

【原文】 第一大愿："愿我来世，得阿耨多罗三藐三菩提时[①]，自身光明，炽然照耀无量无数无边世界，以三十二大丈夫相[②]，八十随形[③]，庄严其身，令一切有情，如我无异[④]。"

第二大愿："愿我来世，得菩提时，身如琉璃，内外明彻，净无瑕秽，光明广大，功德巍巍，身善安住，焰网庄严，过于日月；幽冥众生，悉蒙开晓，随意所趣，作诸事业[⑤]。"

【注释】 ①阿耨多罗三藐三菩提：意译无上正等正觉、无上正遍知。"阿耨多罗"为无上，"三藐三菩提"意为正遍知，指佛陀所觉悟的智慧平等圆满，以其所悟为至高，故称无上；以其周遍无所不包，故称正遍知。大乘菩萨行之全部内容，即在成就此种觉悟。②三十二大丈夫相：指转轮圣王或佛之应化身所具足之三十二种殊胜容貌与微妙形相。三十二大丈夫相为：(1)足下平安立相，又作足下平满相。即足底平直柔软，安住密著地面之相。此相表引导利益之德。(2)足下二轮相，又作千幅轮相。即足心现千幅宝轮之肉纹相。表照破愚痴与无明之德。或谓"足"亦指手足，故又称手足轮相或手掌轮相。(3)手指长相，又作指纤长相、指长好相：即两手、两足皆纤长端直之相。表寿命长远、令众生爱乐皈依之德。(4)足跟广平相，又作足跟圆满相。即足踵圆满广平，系由持戒、闻法、勤修行业而得之相。表化益尽未来际一切众生之德。(5)手足指缦网相，又作指间雁王相。即手足一一指间，皆有缦网交互连接之纹样。表离烦恼恶业，至无为彼岸之德。(6)手足柔软相，又作手足如兜罗绵相。即手足极柔软，如细劫波毳之相。表佛以慈悲柔软之手摄取亲疏之德。(7)足趺高满相，又作足趺隆起相、即足背高起圆满之相。表利益众生、大悲无上之内德；(8)伊泥延蹲相，又作腨如鹿王相。即股骨如鹿王之纤圆，表一切罪障消灭之德。(9)正立手摩膝相，又作垂手过膝相。即立正时，两手垂下，长可越膝。表降伏一切恶魔、哀愍摩顶众生之德。(10)阴藏相，又作马阴藏相。即男根密隐于体内如马阴之相。表寿命长远，得多弟子之德。(11)身广长相，又作尼卢陀身相。指佛身纵广左右上下，其量全等，周匝圆满，如尼拘律树。表法王尊贵自在之德。(12)毛上向相，又作毛上旋相(身毛右旋相)。即佛一切发毛，由头至足皆右旋。其色绀青、柔润。此相由行一切善法而有，能令瞻仰之众生，心生欢喜，获益无量。(13)一一孔一毛生相，又作一孔一毛不相杂乱相。即一孔各生一毛，其毛青琉璃色，一一毛孔皆出微妙香气。(14)

金色相,又作真妙金色相。指佛身及手足悉为金色,如众宝庄严之妙金台。此德相能令瞻仰之众生厌舍爱乐,灭罪生善。(15)大光相,又作常光一寻相。即佛之身光任运普照三千世界,四面各有一丈。此相表一切志愿皆能满足之德。(16)细薄皮相,又作身皮细滑尘垢不著相。即皮肤细薄润泽,一切尘垢不染。表佛之平等无垢,以大慈悲化益众生之德。(17)七处隆满相,又作七处满肩相。指两手、两足下、两肩、颈项等七处之内皆隆满、柔软。此相表一切众生得以灭罪生善之德。(18)两腋下隆满相,又作肩膊圆满相。即佛两腋下之骨肉圆满不虚。系佛予众生医药、饭食,又自能看病所感之妙德。(19)上身如狮子相,又作狮子身相。指佛上半身广大,行住坐卧威容端严,一如狮子王,表威容高贵、慈悲满足之德。(20)大直身相,又作身广洪直相。谓于一切人中,佛身最大而直:能令见闻之众生止苦、得正念、修十善行。(21)肩圆好相,又作两肩平整相。即两肩圆满丰腴,殊胜微妙之相。表灭惑除业等无量功德。(22)四十齿相,又作具四十齿相。指佛具有四十齿,一一皆齐等,平满如白雪。此一妙相能制众生之恶口业,灭无量罪,受无量乐。(23)齿齐相,又作齿密齐平相。印诸齿皆不粗不细,齿间密接而不容一毫。表能清净和顺、同心眷属之德。(24)牙白相,又作齿白如雪相。即四十齿外,上下各有二齿,其色鲜白光洁,锐利如锋、坚固如金刚。此妙相能摧破一切众生强盛坚固之三毒。(25)狮颊相,又作颊车如狮子相。即两颊隆满如狮子颊。见此相者,得灭百劫生死之罪,面见诸佛。(26)味中得上味相,又作知味味相。指佛口常得诸味中最上味。表佛之妙法能满足众生之愿。(27)大舌相,又作广长舌相。即舌头广长薄软,伸展可复至发际。观此相则灭百亿八万四千劫生死罪,而得值八十亿之诸佛菩萨受记。(28)梵声相,又作声如梵王相。即佛清净之梵音,洪声圆满,如天鼓响,亦如迦陵频伽鸟之音,闻者随其根器而得益生善,大小权实亦得惑断疑消。(29)真青眼相,又作绀青色相。即佛眼绀青,如青莲花。系由生生世世以慈心慈眼及欢喜心施予乞者所感得之相。(30)牛眼睫相,又作牛王睫相。指睫毛整齐而不杂乱。此相系由观一切众生如父母,以思一子之心怜愍爱护而感得。(31)顶髻相,又作乌瑟腻沙相。即顶上有肉,隆起如髻形之相。系由教人受持十善法,自亦受持而感德之相。(32)白毛相,又作眉间毫相。即两眉之间有白毫,柔软如兜罗绵,长一丈五尺,右旋而卷收,以其常放光,故称毫光、眉间光。因见众生修三学而称扬赞叹,遂感此妙相。以上三十二相,行百善乃得一妙相,称为"百福庄严"。③八十随形:又称八十随形好,指佛身所具相好中八十种微细隐密难见者。具体包括:(1)指爪狭长,薄润光洁。(2)手足之指圆而纤长、柔软。(3)手足各等无差,诸指间皆充密。(4)手足光泽红润。(5)筋骨隐而不现。(6)两踝俱隐。(7)步行直进,威仪和穆如龙象王。(8)行步威容齐肃如狮子王。(9)行步平安犹如牛王。(10)进止仪雅宛如鹅王。(11)回顾必皆右旋如龙象王之举身随转。(12)肢节均匀圆妙。(13)骨节交结犹若龙盘。(14)膝轮圆满。(15)隐处之纹妙好清净。(16)身肢润滑洁净。(17)身容敦肃无畏。(18)身肢健壮。(19)身体安康圆满。(20)身相犹如仙王,周匝端严光净。(21)身之周匝圆光,恒自照耀。(22)腹形方正,庄严。(23)脐深右旋。(24)脐厚不凸不凹。(25)皮肤无疥癣。(26)手掌柔软,足下安平。(27)手纹深长明直。(28)唇色光润丹晖。(29)面门不长不

短,不大不小如量端严。(30)舌相软薄广长。(31)声音威远清澈。(32)音韵美妙如深谷响。(33)鼻高且直,其孔不现。(34)齿方整鲜白。(35)牙圆白光洁锋利。(36)眼净青白分明。(37)眼相修广。(38)眼睫齐整稠密。(39)双眉长而细软。(40)双眉呈绀琉璃色。(41)眉高显形如初月,(42)耳厚广大修长轮埵成就。(43)两耳齐平,离众过失。(44)容仪令见者皆生爱敬。(45)额广平正。(46)身威严具足。(47)发修绀青,密而不白。(48)发香洁细润。(49)发齐不交杂。(50)发不断落。(51)发光滑殊妙,尘垢不著。(52)体坚固充实。(53)身体长大端直。(54)诸窍清净圆好。(55)身力殊胜无与等者。(56)身相众所乐观。(57)面如秋满月。(58)颜貌舒泰。(59)面貌光泽无有颦蹙。(60)身皮清净无垢,常无臭秽。(61)诸毛孔常出妙香。(62)面门常出最上殊胜香。(63)相周圆妙好。(64)身毛绀清净。(65)法音随众,应理无差。(66)顶相无能见者。(67)手足指网分明。(68)行时其足离地。(69)自持不待他卫。(70)威德摄一切众。(71)音声不卑不亢、随众生意。(72)随诸有情,乐为说法。(73)一音演说正法,随有情类各令得解。(74)说法依次第,循因缘。(75)观有情,赞誉毁恶而无爱憎。(76)所为先观后作,具足轨范。(77)相好,有情无能观尽。(73)顶骨坚实圆满。(79)颜容常少不老。(80)手足及胸臆前,俱有吉祥喜旋德相(即卍字)。④药师佛的第一大愿是正报庄严,相好如我愿。也就是开发自性的光明,遍照无量无边世界,使人民身心美善,相好端严。⑤药师佛的第二大愿是身光破暗,身光利他愿。也就是将智慧光明普照众生,使之自然清净,业障消除,所作事业,悉皆成就。

【译文】 药师琉璃光如来在因地修菩萨道时,所发的十二大愿是:

第一大愿:“愿我来世成佛之时,自身能放大光明,炽燃遍照无量无边世界。以三十二相,八十随形好,庄严佛身的同时,令一切众生,皆如我一样庄严。”

第二大愿:“愿我来世成佛之时,身如青色琉璃宝,内外明彻,洁净无瑕。光明广大,遍照一切处,功德无量,如山巍巍,善能安住,此琉璃光身安住于庄严灿烂的焰网之中,其光耀超过日月。使处于黑暗痛苦中的众生,蒙佛光照耀,烦恼痛苦悉皆解脱,智慧开晓,随心所欲承办一切事业。”

【原文】 第三大愿:“愿我来世,得菩提时,以无量无边智慧方便,令诸有情,皆得无尽所受用物,莫令众生有所乏少①。”

第四大愿:“愿我来世,得菩提时,若诸有情行邪道者,悉令安住菩提道中;若行声闻②、独觉乘者③,皆以大乘而安立之④。”

第五大愿:“愿我来世,得菩提时,若有无量无边有情,于我法中修行梵行,一切皆令得不缺戒,具三聚戒⑤,设有毁犯,闻我名已,还得清净,不堕恶趣⑥。”

【注释】 ①药师佛的第三大愿是智慧方便、受用无尽愿。在净琉璃世界人人平等、各显智力,无事不成,受用无量。②声闻:指听闻佛陀声教而证悟的出家弟子。声闻原指佛陀在世时的诸弟子,后与缘觉、菩萨相对,而为二乘或三乘之一。声闻乘,是专为声闻所说的教法,其主要内容是观四谛之理,修三十七道品,断见、思二惑而次第证得四沙门果,以期入于“灰身灭智”之无余涅槃。③独觉:亦作缘觉、辟支佛,指独自修道悟道,观十

二因缘之理而断惑证理的修行者，不禀佛教，无师独悟，性乐寂静而不事说法。在佛教中，缘觉与声闻合称二乘。乘，车乘、运载之义。佛所说的教法，如舟筏能够运载众生从迷至悟，故称之为乘。在佛教中，声闻、缘觉二乘被认为是不究竟的，因为二者只能自利而不能利他，只能成就自身的解脱而无法使无量众生一起到达解脱的彼岸，因此有时也被称为小乘。《法华经·方便品》中云："佛自住大乘，如其所得法定慧力庄严，以此度众生，自证无上道大乘平等法，若以小乘乃至化一人我则堕悭贪"。④药师佛的第四大愿是安住菩提、导归大乘愿。使误入邪道的众生和心胸狭隘的修行者，走上菩提觉悟的正道，发大菩提心，安住于大乘，而不退堕。⑤三聚戒：也作三聚净戒，三聚，指大乘菩萨的戒法。三聚戒即摄律仪戒、摄善法戒、饶益有情戒三者。摄律仪戒即止一切恶行，所谓诸恶莫做，如五戒、十戒等皆是。摄善法戒即做一切善法，所谓众善奉行，如布施、持戒、忍辱等六度四摄法门。饶益有情戒即广修一切善法以饶益众生，若只自利而不利他，即为犯戒。⑥药师佛的第五大愿是三聚净戒，闻名清净。净土众生行为都合于道德，人格完善，符合大乘佛法诸恶莫做、众善奉行的基本要求，即使偶尔有所悔犯，得闻药师佛名，还得清净。

【译文】 第三大愿："愿我来世成佛之时，以无量无边的智慧，起无量无边的方便妙用，随机设法，施物资济一切有情众生，令其受用无尽，生活丰裕没有缺乏。"

第四大愿："愿我来世成佛之时，使一切误入邪道的有情众生，舍邪归正，走上菩提觉悟的正道。行声闻、独觉的小乘众生，无论已证果还是未正果，皆使由二乘心，转而安住于大乘法中，一入永入，不令退堕。"

第五大愿："愿我来世成佛之时，令修习药师法门的无量众生中，戒行清净，无有缺损，而能具足受持三聚净戒。即使一时迷昧而毁犯戒法，也能由于闻我药师佛名，立刻还得清净，不至于堕入恶道之中。"

【原文】 第六大愿："愿我来世，得菩提时，若诸有情，其身下劣，诸根不具①，丑陋顽愚，盲聋喑痖②，挛躄背偻③，白癞颠狂④，种种病苦，闻我名已，一切皆得端正黠慧，诸根完具，无诸疾苦⑤。"

第七大愿："愿我来世，得菩提时，若诸有情众病逼切，无救无归，无医无药，无亲无家，贫穷多苦，我之名号一经其耳，众病悉除，身心安乐，家属资具，悉皆丰足，乃至证得无上菩提⑥。"

【注释】 ①诸根不具：诸根指六根，即眼、耳、鼻、舌、身、意等六种感觉器官，或认识能力。不具则谓不全，即身心有残废之人。②盲聋喑痖：盲者，眼根不具；聋者，耳根不具；喑者，为喉舌不充，发音不亮，亦关鼻根，鼻喑发音不明，亦不嗅；痖者，不能声响，舌根全坏，喑痖者为舌根不具。③挛躄背偻：挛，两手挛曲不直，拘曲也；躄，两足俱废；背偻，即驼背。④白癞颠狂：白癞，即麻风病；颠狂，为精神病。⑤药师佛的第六大愿是六根完具，得身健美愿。使一切人民凡有疾苦，特别是那些难以治愈、给人带来极度痛苦的残疾或病痛，悉得救治。⑥药师佛的第七大愿是除疾安贫、安康乐道愿。使那些孤苦伶仃、贫病交加的众生闻名离苦，眷属、资具、医药具足，而且能够修学佛法，直至证得无上菩提。

【译文】 第六大愿："愿我来世成佛之时。若有身体残缺不全。五官不正，丑陋愚笨，眼瞎耳聋，声音沙哑不能说话，两手弯曲不能直，两足俱废，乃至驼背，麻风，精神失常等种种病苦的众生，只要听闻到药师如来的名号，皆能得到救治，宿疾消灭，端正聪明，五官完整，没有任何疾病痛苦。"

第七大愿："愿我来世成佛之时，若有众生受众病逼迫，无人救治，无所依托，或无力就医买药，没有亲人服侍照顾，贫穷多苦，如此病痛贫苦之人，只要听闻到药师如来名号，即可众病消除，身心安乐，家属资财具足丰饶，还可以修学佛法，直至证得无上菩提。"

【原文】 第八大愿："愿我来世，得菩提时，若有女人，为女百恶之所逼恼，极生厌离，愿舍女身，闻我名已，一切皆得转女成男，具丈夫相，乃至证得无上菩提①。"

第九大愿："愿我来世，得菩提时，令诸有情，出魔罥网②，解脱一切外道缠缚③；若堕种种恶见稠林④，皆当引摄置于正见⑤，渐令修习诸菩萨行⑥，速证无上正等菩提⑦。"

【注释】 ①药师佛的第八大愿是男女平等、转女成男愿。古印度是重男轻女十分严重的社会，妇女的身心痛苦和障碍比男性更为深重。因此，此愿虽为转女成男愿，实则体现了男女平等的精神与将妇女从无边的苦难中解救出来的悲心。②罥网：罥，套索。《晋书·吕光载记》："胡便弓马，善矛稍，铠如连锁，射不可入，以革索为罥，策马掷人，多有中者。"后来，凡捕兽用索套，皆称之为罥。网，亦为捕鸟善鱼类的工具。《易·系辞》下："作结绳而为网罟，以佃以渔，"引申为张网捕捉。③外道：指佛教以外的一切宗教学说。初为佛教称其他教派之语，佛教自称为内，将其他宗教或学派称为外道，并无贬义。后世佛教徒站在佛教乃绝对之真理的角度，于佛教以外立道，或道外之道乃不合乎"真理"，外道遂成为侮蔑排斥之贬称，意为真理以外之邪法者。④恶见：指对诸法真理起不正之见解，又作不正见，邪见。具体来说又有我见、边见、邪见、见取见、戒禁取戒等多种行相。⑤正见：指正确的知见，即能解知世间出世间因果，如实审虑诸法性相之有漏无漏的般若智慧。正见是八正道和十善之一，也就是对因果、事理、四圣谛及三法印等信受理解，并以之作为自己的见地。八正道以正见为首，因为有了正见，才能够对于事理有正确的认识，从而破除虚妄与偏见，悟入正道。⑥菩萨行：指菩萨自利利他圆满佛果所修持之大行。具体来说，即是行四摄六度。四摄为：布施、爱语、利行、同事；六度为：布施、持戒、忍辱、精进、禅定、般若。⑦药师佛的第九大愿是改邪归正、速证菩提愿。引导众生建立正知正见，摆脱天魔外道的惑乱，住于正见，修菩萨行，从而速证菩提。

【译文】 第八大愿："愿我来世成佛之时，若有女人受女身的种种不便而非常痛苦，产生厌离心，想解脱这个女身。此人若听闻到药师如来名号，下一世皆能转女成男，具足丈夫相，乃至精进修行，直到证得无上菩提。"

第九大愿："愿我来世成佛之时，令一切众生都能出离恶魔的网罗，解脱外道邪见的缠缚。若是误入种种外道邪见，也要将他们引导摄受于正见的佛法中，令他们渐渐修习菩萨六度万行，从而证无上正等菩提。"

【原文】 第十大愿："愿我来世，得菩提时，若诸有情，王法所录，绳缚鞭挞，系闭牢狱，或当刑戮，及余无量灾难凌辱，悲愁煎逼，身心受苦；若闻我名，以我福德威神力故，皆

得解脱一切忧苦[1]。”

第十一大愿:“愿我来世,得菩提时,若诸有情,饥渴所恼,为求食故,造诸恶业,得闻我名,专念受持,我当先以上妙饮食,饱足其身;后以法味[2],毕竟安乐而建立之[3]。”

第十二大愿:“愿我来世,得菩提时,若诸有情,贫无衣服,蚊虻寒热,昼夜逼恼;若闻我名,专念受持,如其所好,即得种种上妙衣服,亦得一切宝庄严具,华鬘涂香,鼓乐众伎,随心所玩,皆令满足[4]。”

【注释】 ①药师佛的第十大愿是消灾免难、忧苦解脱愿。众生所遭遇的忧苦不仅仅有自然灾害,还包括社会苦难。古今不乏系闭牢狱,刑戮鞭挞之事,药师佛发愿建设一片无诸忧苦的净土,使一切众生得以解脱。②法味:妙法的滋味,形容领悟佛法而产生的快乐如同咀嚼美味。佛法究竟是何种味道?《大智度论》卷一百云:“佛法皆是一种一味,所谓苦尽解脱味”。③药师佛的第十一大愿是普济民食、虚腹满飧愿。佛教所说的“食”不仅仅指日常饮食,而是指所有能牵引、维持、培育有情身心及圣者法身的精神或物质条件。药师净土中不但一切人民饮食供给无有缺少,具有充足的物质条件,而且是众生饱餐法味,也具有丰富的精神食粮。④药师佛的第十二大愿是得妙衣服、游戏自在愿。药师净土当中没有饥寒交迫、衣不蔽体的现象,衣食住行等一切施为,皆依民主平等分配。劳动娱乐咸得其宜,五福俱全,文明鼎盛。

【译文】 第十大愿:“愿我来世成佛之时,若一切众生受到国家法律的制裁,被绳锁捆绑、鞭打刑问,监禁于狱中,或将受死刑等灾难凌辱,无量悲愁煎逼,身心痛苦,此人若听闻到药师如来名号,则能承佛威德神力,业果转善,心得安定,解脱一切忧苦。”

第十一大愿:“愿我来世成佛之时,若有众生受饥渴恼,为求安饱而造下种种的恶业,此人若听闻到药师如来名号,专心忆念,信受奉持。那么我当先以上等美妙的饮食,令其饱足,然后再以无上的佛法滋润,除其烦恼,令他安住于究竟解脱的法喜之中。”

第十二大愿:“愿我来世成佛之时,若有众生因为贫穷,没有遮身护体的衣服,防避寒、暑、蚊、虻的侵袭,昼夜不胜苦恼,此人若听闻到药师如来名号,一心忆念,信受奉持,即能感应佛力加被,如心所愿,不但得到种种美丽妙好的衣服,并且伴随着一切庄严宝物,花鬘涂香,歌舞音乐,随所娱乐,游戏自在,受用庄严,生活丰足。”

【原文】 曼殊室利!是为彼世尊、药师琉璃光如来、应、正等觉,行菩萨道时,所发十二微妙上愿。复次,曼殊室利!彼世尊、药师琉璃光如来,行菩萨道时所发大愿,及彼佛土功德庄严,我若一劫[1],若一劫余,说不能尽。然彼佛土,一向清净,无有女人,亦无恶趣,及苦音声。琉璃为地,金绳界道,城阙、宫阁、轩窗、罗网,皆七宝成。亦如西方极乐世界[2],功德庄严,等无差别。于其国中,有二菩萨摩诃萨:一名日光遍照[3],二名月光遍照[4],是彼无量无数菩萨众之上首,次补佛处[5],悉能持彼世尊、药师琉璃光如来正法宝藏。是故曼殊室利!诸有信心善男子、善女人等,应当愿生彼佛世界。

【注释】 ①劫:音译劫波,意为分别时节、长时、大时。劫,原为古代印度婆罗门教表示极大时限的时间单位,佛教沿用之,以劫为基础来说明世界生成与毁灭之过程。②西方极乐世界:即阿弥陀佛的西方净土。西方净土在娑婆世界以西过“十万亿佛土”之遥,

为阿弥陀佛功德愿力所成。极乐世界中，声闻、菩萨无数，讲堂、精舍、宫殿、楼观、宝树、宝池等均以七宝庄严，微妙严净，百味饮食随意而至，自然演出万种伎乐，皆是法音。其国人等智慧高明，颜貌端严。但受诸乐，无有痛若，皆能趋向佛之正道。西方极乐世界是中国佛教当中最为普及的净土信仰。③日光遍照：即日光菩萨，亦作日曜菩萨，为药师如来二胁侍之一；其造像身呈红色，左掌安日轮，右手执朱赤花。日光菩萨的名号取"日放千光，遍照天下，普破冥暗"之意。此菩萨持其慈悲本愿，普施三昧，以照法界俗尘，摧破生死之暗冥，犹如日光之遍照世间。关于日光菩萨的来历，佛经中说，在久远的过去世，电光如来行化世间。当时有一位梵士，养育二子，有感于世间之浊乱，乃发菩提心，誓愿拯救病苦众生。电光如来甚为赞叹，劝梵士改名号为医王，二子改名为日照、月照。当时蒙电光如来咐嘱的梵士，即后来成佛之药师如来，二位子嗣也就是两大胁侍，日光菩萨与月光菩萨。④月光遍照：即月光菩萨，亦称月净菩萨，与日光菩萨同为药师如来胁侍。依《药师仪轨布坛法》所载，月光菩萨身呈白色，乘于鹅座，手持月轮。

次补佛处：补处，即一生补处，原为"最后之轮回者"之义，谓经过此生，来生定可在世间成佛，即指菩萨之最高位之等觉菩萨。最为佛教徒所熟知的次补佛处的菩萨是弥勒菩萨。据说弥勒菩萨现居兜率天，待此生尽，则下生人间，以补释迦牟尼之佛位。

【译文】 文殊师利！这是东方净土的药师琉璃光如来，应供、正等正觉，在因地行菩萨道时，所发的十二微妙大愿。文殊师利！药师琉璃光如来在因地修菩萨道时，所发的广大悲愿及成佛以后的国土功德庄严，无量无尽，就是用一劫或者超过一劫的时间，也不能说完。

净琉璃世界，一向清净，没有女人，也没有三恶道和各种痛苦的声音。其土清净，以琉璃为地；往来之道，以金绳为界；城楼宫殿和屋檐窗户，都是由金、银、琉璃、珍珠、玛瑙、珊瑚、琥珀等七宝所严饰而成。东方琉璃世界的功德庄严与西方极乐世界等无差别。

药师佛国之中，有两位大菩萨，一位是日光遍照菩萨，另一位是月光遍照菩萨，这两位大菩萨是药师佛国无量无数菩萨众中的上首，以后将陆续成佛，继承佛位，持守药师琉璃光如来的正法宝藏，使药师如来的教化传持行世。因此，文殊师利！凡对药师佛国的功德庄严发起信心的善男信女，皆应发愿修行，求生药师佛净琉璃世界。"

【原文】 尔时，世尊复告曼殊室利童子言："曼殊室利！有诸众生，不识善恶，惟怀贪吝，不知布施及施果报，愚痴无智，阙于信根，多聚财宝，勤加守护；见乞者来，其心不喜，设不获已而行施时，如割身肉，深生痛惜。复有无量悭贪有情，积集资财，于其自身尚不受用，何况能与父母、妻子、奴婢、作使及来乞者。彼诸有情，从此命终，生饿鬼界[1]，或傍生趣[2]。由昔人间，曾得暂闻药师琉璃光如来名故，今在恶趣，暂得忆念彼如来名，即于念时从彼处没，还生人中。得宿命念，畏恶趣苦，不乐欲乐，好行惠施，赞叹施者，一切所有悉无贪惜，渐次尚能以头、目、手、足、血肉身分，施来求者，况余财物！"

【注释】 ①饿鬼：又作鬼道、鬼趣、饿鬼道，为三涂（地狱、饿鬼、畜生）六道（地狱，饿鬼，畜生，阿修罗，人，天）之一，前生造恶业、多贪欲者，死后生为饿鬼，常苦于饥渴。②傍生：即畜生，傍者不正之义，言彼因行不正，故得不正之生。

【译文】 这时，世尊又告诉文殊师利菩萨说："文殊师利！有些众生不能分辨善恶，一味贪吝，不知道布施的意义与果报。这些人愚痴无智，不识因果，对于真理，亦不尊信，只知道不断聚积财富，若看到乞丐或者贫穷之人，心里就很不高兴，万不得已而行布施时，就像是割了他身上的肉一样，痛惜不已。此外，还有一些悭贪的众生，积聚财物，自己都舍不得受用，更不用去说用来孝敬父母、供养妻子或布施给奴婢婢佣以及前来乞讨的人。这种悭吝不舍的众生，死后将会往生饿鬼道或畜生道。这些因贪吝而堕入恶道的众生，由于往昔在人间时，曾经暂时听到药师琉璃光如来名号，当他堕在恶道中时，如能暂得忆念药师佛名，就能够于一念之间，脱离恶道，还生人间。得知宿命业报，深畏恶道之苦，不乐三界五欲之乐，好行六度四摄之施，随喜赞叹布施功德。不但于一切所有财物，都不再贪惜，乃至逐渐能够将头目手足、血肉身分施与来乞求者，更何况其他的身外之物！"

【原文】 复次，世尊复告曼殊室利言："若诸有情，虽于如来受诸学处，而破尸罗[1]；有虽不破尸罗，而破轨则；有于尸罗、轨则、虽得不坏，然毁正见；有虽不毁正见，而弃多闻，于佛所说契经深义，不能解了；有虽多闻而增上慢[2]，由增上慢覆蔽心故，自是非他，嫌谤正法，为魔伴党，如是愚人，自行邪见，复令无量俱胝有情[3]，堕大险坑。此诸有情，应于地狱、傍生、鬼趣，流转无穷。若得闻此药师琉璃光如来名号，便舍恶行，修诸善法，不堕恶趣。设有不能舍诸恶行，修行善法，堕恶趣者，以彼如来本愿威力、令其现前暂闻名号，从彼命终还生人趣，得正见精进[4]，善调意乐，便能拾家，趣于非家，如来法中，受持学处，无有毁犯；正见多闻，解甚深义，离增上慢，不谤正法，不为魔伴，渐次修行诸菩萨行，速得圆满。"

【注释】 ①尸罗：即戒，为佛所制定，令弟子受持以防非止恶。尸罗为三学（戒、定、慧）六度（布施、持戒、忍辱、精进、禅定、智慧）之一，具体来说，尸罗的含义有四种：（一）清凉之义，乃远离内心之热恼忧苦，令其安适；（二）安稳之义，能为他世安乐之因；（三）安静之义，能建立止观；（四）寂灭之义，能为得涅槃之乐因。戒，是佛教的道德规范，原系佛陀住世时，举外道所作之非来教诫弟子，适用于出家、在家二众。与律之随犯随制有别，犯戒时不伴以处罚之规定，而是依靠发自内心之自我约束。佛教的戒有多种层次，最基本的乃是五戒，即不杀生、不偷盗、不邪淫、不妄语、不饮酒。②增上慢：即对于教理或修行境地尚未有所得、有所悟，却生起高傲自大之心，未得谓得，未证谓证，是一种很大的过失。此外，将与他人比较而产生自负高傲之心，亦称为增上慢，即通常所谓的"贡高我慢"。③俱胝：音译又作拘胝、俱致、拘梨，意译为亿，乃印度数量之名。④精进：六度之一，谓勇猛勤策地进修诸善法，亦即依佛教教义，于修善断恶、去染转净之修行过程中，不懈怠地努力上进。精进为修道之根本，勇敢不退地断恶修善为性，对治懈怠、完满各种善法为业。也就是说一方面修诸善行，唯恐不及，一方面断诸恶业，唯恐不尽，恒存有进无退之志，故名精进。

【译文】 世尊又告诉文殊师利说："若有众生虽于佛法中学戒受持。却难免有毁犯的行为发生；有众生虽不破戒，却破坏了威仪律法；有众生虽不犯戒仪，却没有了佛法正见;有众生虽符合佛法正见,却不求多闻,不听明师说法,因此对于佛经的甚深义理,不能了解;有众生虽然广学多闻,却生起骄慢之心,因而自蔽其心,目中无人,诽谤正法,流于邪魔。这样的愚痴之人由邪思惟而起邪修行,自行教他,自害害人,不但自堕恶道之中,亦使无量亿数的众生,堕于地狱、畜生、饿鬼三涂而辗转生死。无有穷尽。如果能够听到药师琉璃光如来名号,由如来本愿力的加被,便能使此罪大恶极的众生,痛改前非,舍恶修善,不堕恶道。即使不能舍恶修善,堕于恶道,也将由于如来本愿威力,令其现前暂闻佛号,一经于耳,永为道种,而于恶道命终时,还生人间。仰仗佛力令其忆念前生堕落因缘,于是深信真理正道,勇猛精进,善调身心,意乐自在,能舍世俗牵累之家,入于解脱自在之佛门。于佛法中,受持出世戒学,无有犯毁,树立正见,博学多闻,了达经典的甚深义理,远离慢心,不再毁谤正法,不为魔见邪行,乃能逐渐进修六度万行之菩萨道,速得修正圆满。

【原文】 复次,曼殊室利言:"若诸有情,悭贪嫉妒,自赞毁他[①],当堕三恶趣中,无量千岁受诸剧苦;受剧苦已,从彼命终,来生人间,作牛、马、驼、驴,恒被鞭挞,饥渴逼恼;又常负重,随路而行。或得为人,生居下贱,作人奴婢,受他驱役,恒不自在。若昔人中,曾闻世尊、药师琉璃光如来名号,由此善因,今复忆念,至心归依。以佛神力,众苦解脱,诸根聪利,智慧多闻,恒求胜法,常遇善友,永断魔罥,破无明㲉[②],竭烦恼河,解脱一切生老病死、忧愁苦恼。"

复次,曼殊室利言:"若诸有情,好喜乖离,更相斗讼,恼乱自他,以身语意,造作增长种种恶业,展转常为不饶益事,互相谋害。告召山林树冢等神;杀诸众生,取其血肉,祭祀药叉[③]、罗刹婆等[④];书怨人名,作其形象,以恶咒术而咒诅之;厌魅蛊道[⑤],咒起尸鬼,令断彼命,及坏其身。是诸有情,若得闻此药师琉璃光如来名号,彼诸恶事,悉不能害。一切展转皆起慈心,利益安乐,无损恼意及嫌恨心;各各欢悦,于自所受,生于喜足,不相侵陵,互为饶益。"

【注释】 ①自赞毁他:指赞叹己德而讥毁他人,菩萨十重禁戒之第七为自赞毁他戒。②㲉:音却,鸟卵壳之意。③药叉:又作夜叉,意译捷疾、轻捷、勇健、能啖等,是一种止住地上或空中,以威势恼害人类或守护正法的鬼类。④罗刹婆:又作罗刹娑,恶鬼之名,意译为可畏、速疾鬼、护者,女则称罗刹女、罗叉斯。罗刹乃印度神话中之恶魔,最早见于《梨俱吠陀》,相传为印度土著民族的名称,雅利安人征服印度后,遂成为恶人的代名词,继而演变为恶鬼之总名。男罗刹为黑身、朱发、绿眼;女罗刹则为绝美妇人,富有魅人之力,专食人之血身。药叉、罗刹之类的恶鬼于诸经中,偶亦也转变为佛教之守护神。⑤厌魅蛊道:厌魅,指用邪术致人死亡;蛊道,指把益虫放器皿里,让其自相啖食,取最后存留者制成蛊药。此药毒性无比,定会使人失去知觉或者死亡。

【译文】 世尊又告诉文殊师利说:"若有众生悭贪不舍,嗔恨嫉妒,自赞毁他,将来当堕于三恶道中,历经久远而受无量苦。苦报过后,从恶道命终,来到人间,由业感而生为牛、马、驼、驴,常被人鞭打,忍受饥渴等逼害,还要常常为人负重驮货,随路而行。即使生为人,也是作卑贱的奴婢,受人驱役支配,始终不能自由自在。这些前生为人悭念嫉毁的

众生,若曾经听闻到药师琉璃光如来名号,就种下了善因,如今能忆念药师佛名号,并且一心至诚皈依药师如来,凭借着如来威神力的慈悲摄受,便能解除畜生奴役等一切痛苦,转生为人而成聪明伶俐、智慧多闻、常爱求学殊胜的佛法,常能遇到有益的善友,自然永离邪知魔见的罗网,突破无明的覆罩与蒙蔽,使烦恼河枯竭,永不沉溺而解脱一切生老病死,忧愁苦恼。"

世尊又告诉文殊师利说:"若有众生好生是非,喜欢恶语离间别人,以致互相打斗诤讼,彼此恼乱,两败俱伤,并以身语意,造作种种恶业,常作不饶益众生的恶事,彼此相害;或祷告山林、树木和坟墓等鬼神;或杀害牛、羊、鸡等众生,取其血肉,祭祀药叉、罗刹等恶鬼;或书写与自己有怨之人的名字,用草木作其形象,以恶毒的咒术来诅咒对方;或以魔魅蛊道等方法,加害于人,甚至还有对死尸念咒,使死尸起来,拿着刀杖,去杀仇人,以损坏其身体。这些为恶事缠绕的众生若能听闻到药师琉璃光如来名号,便可以承仗药师如来本愿功德之力,使恶鬼、恶事皆不能相害,并且能转令恶鬼恶人生起慈悲之心,互相饶益安乐,彼此间不再存有损害与嫌恨之心。大家和悦相处,对于自己所受的果报,也能安贫知足,生喜足心,不再相互侵害,而是相互合作共为饶益众生之事。"

【原文】 复次,曼殊室利言:"若有四众[①];苾刍、苾刍尼、邬波索迦[②]、邬波斯迦[③],及余净信善男子、善女人等,有能受持八分斋戒,或经一年,或复三月,受持学处,以此善根,愿生西方极乐世界无量寿佛所,听闻正法,而未定者。若闻世尊药师琉璃光如来名号,临命终时,有八菩萨,其名曰:文殊师利菩萨、观世音菩萨[④]、得大势菩萨[⑤]、无尽意菩萨[⑥]、宝檀华菩萨[⑦]、药王菩萨、药上菩萨[⑧]、弥勒菩萨[⑨],是八大菩萨乘空而来,示其道路,即于彼界种种杂色众宝华中,自然化生。或有因此生于天上,虽生天上,而本善根亦未穷尽,不复更生诸余恶趣。天上寿尽,还生人间,或为轮王[⑩],统摄四洲[⑪],威德自在,安立无量百千有情于十善道;或生刹帝利[⑫]、婆罗门、居士、大家,多饶财宝,仓库盈溢,形相端正,眷属具足,聪明智慧,勇健威猛,如大力士。若是女人,得闻世尊药师琉璃光如来名号,至心受持,于后不复更受女身。"

【注释】 ①四众:即佛教信徒的四种类别,也称作四部弟子、四部众。具体指比丘、比丘尼、优婆塞、优婆夷,其中前两类是出家众,后两类为在家众。②邬波索迦:音译优婆塞,意译近士男、清信士、信士等,指归依三宝,受持五戒、八戒的男性在家信徒。③邬波斯迦:音译优婆夷,意译近事女、清信女、近善女等,指归依三宝,受持五戒、八戒的女性在家信徒。④观世音菩萨:音译阿缚卢枳低湿伐罗,意译光世音、观自在、观世自在、略称观音菩萨,别称救世菩萨、莲华手菩萨、圆通大士等,与大势至菩萨同为阿弥陀佛之胁侍。观音菩萨以慈悲救济众生为本愿,凡遇难众生诵念其名号,菩萨即时观其音声前往拯救,故世称观世音菩萨。又因其于理事无碍之境,观达自在,故称观自在菩萨。《妙法莲华经》第二十五品《观世音菩萨普门品》,专门说其不可思议的神力。观音信仰是中国佛教最普及的菩萨信仰,观音菩萨的道场在浙江普陀山。⑤得大势菩萨:又作大势至、大精进菩萨。大势至菩萨以智慧光普照一切,令众生离三途,得无上力,彼行时十方世界一切地皆震动,故称大势至。《首楞严经》卷五《念佛圆通章》谓,大势至菩萨于因地,以念佛为根本修行法门,得以契入佛心,证得智慧解脱,故今在此娑婆世界,摄化念佛众生,归于净土。又依《悲华经》卷三载,阿弥陀佛入灭后,由观世音菩萨补其位;观世音菩萨入灭后,则由大势至补处成佛,号善住珍宝山王如来。⑥无尽意菩萨:又作无尽慧菩萨。此菩萨因观一切事相之因果报应皆为无尽,而发心上求无尽之诸功德,下度无尽之众生,故名无尽意菩萨。⑦宝檀华菩萨:此菩萨事迹不详。据《药师经疏钞摘要》载:"宝檀华者,有旃檀树,百宝合成,花叶垂布,香气普熏,比喻菩萨万行因华,庄严菩提果树,大行士也。表情进觉,勤修万行故。"⑧药王菩萨、药上菩萨:药王菩萨为施与良药,救治众生身心两种病苦之菩萨。据《观药王药上二菩萨经》云:"过去久远劫有佛,号琉璃光照如来,劫名正安稳。国名悬胜旛,彼佛涅槃后,于像法中有千比丘发心修行。众中有一比丘名日藏,聪明多智。为诸众说大乘平等大慧。众中有一长者,名星宿光,闻大乘,心生欢喜,持诃黎勒果及诸杂药,供养日藏比丘及诸众,因发菩提心。时星宿光之弟曰电光明,亦随兄持诸良药,供养日藏比丘及诸众,发大誓愿。此时,大众赞叹兄为药王,弟为药上,今药王、药上二菩萨是也。"同经并载,此二菩萨久修梵行,诸愿已满,药王菩萨将于未来世成佛,号净眼如来;药上菩萨亦将成佛,号净藏如来。⑨弥勒菩萨:音译梅呾丽耶、末怛唎耶等,意译慈氏。依《弥勒上生经》《弥勒下生经》所载,弥勒出生于婆罗门家庭,后为佛弟子,先佛入灭。以菩萨身为天人说法,住于兜率天。据传此菩萨欲成熟诸众生,由初发心即不食肉,以此因缘而名为慈氏。《大日经疏》卷一,谓慈氏菩萨系以佛四无量中之慈为首,此慈从如来种姓中生,能令一切世间不断佛种,故称为慈氏。释迦牟尼佛曾预言,弥勒菩萨将下生此世,于龙华树下成佛,分三会说法,故亦称弥勒佛,弥勒如来。中国寺庙一般在山门殿供奉笑口常开的胖弥勒像,传说五代时的契此和尚为弥勒化身,故后人塑像供奉之。⑩轮王:转轮圣王的简称,指成就七宝,具足四德,统一须弥四洲,以正法治世的大帝王,是佛教政治理想中的统治者。转轮圣王于人寿八万四千岁时出现,统辖四天下。轮王有四种福报:一、大富,珍宝、财物、田宅等众多,为天下第一;二、形貌庄严端正,具三十二相;三、身体健康无病,安稳快乐;四、寿命长远,为天下第一。其出现之时,天下太平,人民安乐,没有天灾人祸。此乃由过去生中,多修福业,可惜不修出世慧业,所以仅成统治世界有福报之大王,却不能修行悟道证果。⑪四洲:又称四大部洲、四大洲、四天下,原是古印度人的地理观,为佛教所沿袭。四洲说谓于须弥山四方,七金山与大铁围山间的咸海中,有四个大洲,分别是东胜神洲、南赡部洲、西牛贺洲、北俱芦洲。世人所居住的世界系南赡部洲,其状上下大小,略如人面,亦称为南阎浮提,阎浮即赡部树,此洲有此树故名。⑫刹帝利:略称刹利,意译土田主,即国王、大臣等统御民众、从事兵役的种族,所以也称王种。刹帝利是印度四种姓中的第二阶级,地位仅次于婆罗门,释迦牟尼即出身此阶级。

【译文】 世尊又告诉文殊师利说:"若有佛之四众弟子:比丘、比丘尼、优婆塞、优婆夷,以及其他深信佛法的善男子、善女人等,有能受持八关斋的,或经一年之久,或仅于每年的一、五、九这三个月内,受持八关斋戒。如是等人,以此斋戒善根因缘,发愿往生西方极乐世界阿弥陀佛净土,听闻正法,而尚未决定可以往生者。这些愿生西方净土而没有

把握的众生，若能听闻到药师琉璃光如来名号，至心持念，临命终时，即有文殊师利菩萨、观世音菩萨、大势至菩萨、无尽意菩萨、宝檀华菩萨、药王菩萨、药上菩萨、弥勒菩萨等八位大菩萨，乘空而来，指示其前往净土的道路，随即于西方极乐世界或东方琉璃世界的种种杂色众宝花中自然化生。也有众生因听闻药师如来名号，至心持念，以此功德而生于天上。这些众生虽生天上，享受天福，等到天福尽时，他本有的善根，仍未能穷尽，所以不会堕入于地狱、饿鬼、畜生等恶道中。等到天寿尽时，自然还生人间，或生为转轮圣王，统摄四大部洲，威德自在，感化无量的众生修习十善。抑或生于王族、婆罗门、居士等名门大家，衣食丰饶，财宝无尽，形相端正美好，眷属具足无缺，聪明智慧，勇健威猛，如大力士。若有女人，得闻世尊药师琉璃光如来名号，至心奉持，以后便可以永不再受生为女身。”

【原文】 复次，曼殊室利言：“彼药师琉璃光如来得菩提时，由本愿力，观诸有情，遇众病苦，瘦疟[①]、干消[②]、黄热等病[③]；或被魇魅蛊毒所中；或复短命；或时横死；欲令是等病苦消除，所求愿满。时彼世尊入三摩地[④]，名曰除灭一切众生苦恼；既入定已，于肉髻中出大光明，光中演说大陀罗尼曰[⑤]：

南谟薄伽伐帝，鞞杀社窭噜，薜瑠璃，钵喇婆，喝啰阇也，怛他揭多耶，阿啰喝帝，三藐三勃陀耶，怛侄他，唵，鞞杀逝，鞞杀逝，鞞杀社，三没揭帝莎诃！”

尔时，光中说此咒已，大地震动，放大光明，一切众生病苦皆除，受安隐乐[⑥]。

【注释】 ①瘦疟：即五劳七伤病，得此病者枯瘦如柴，弱不禁风。②干消：即消渴病，上焦口渴，中焦肚饿，下焦多尿多饮，也就是现代医学所说的糖尿病。③黄热：黄者，为黄疸病，皮肤眼睛皆发黄。热者，发热病之统称；④三摩地：旧称三昧、三摩提、三摩帝、三摩底；意译定、等持、正定、一境性等，即远离昏沉掉举，心专住一境的精神作用。三摩地之语义诸多，与一切心、心所法相应，通于定、散，亦通于善、恶、无记之三性，而无别体。行者住于三摩地，观想凝照，智慧明朗，即能断除一切烦恼而证得真理。⑤陀罗尼：意译为总持、能持、能遮，能令善法不失，令恶法不起。有时也称为咒或真言，因陀罗尼的形式，类同诵咒，因此后人将其与咒混同，统称咒为陀罗尼。但一般仍以字句长短加以区分，长句者为陀罗尼，短句者为真言，一字二字者为种子。⑥隐：安定，义同“稳”，下文“安隐”同。

【译文】 世尊又告文殊师利说：“药师琉璃光如来成佛时，由于菩萨在因地所发本愿之力，观察众生所遇到的种种病苦，如虚劳、干渴、黄疸，或被魔魅所扰、蛊毒所中，或短命横死，如来发愿，只要众生诚心祈求，便能够得到满足，病苦消除。即时药师如来除灭一切众生苦恼定中，从顶上肉髻中放出大光明，于光明中演说大陀罗尼咒：“南谟薄伽伐帝，鞞杀社窭噜，薜瑠璃，钵喇婆，喝啰阇也，怛他揭多耶，阿啰喝帝，三藐三勃陀耶，怛侄他，唵，鞞杀逝，鞞杀逝，鞞杀社，三没揭帝莎诃！”药师如来于光中说出此咒，一时大地震动，普放光明，照耀一切众生，使一切众生的病苦全都消除，享受安稳之乐。

【原文】 曼殊室利言：“若见男子、女人、有病苦者，应当一心为彼病人，常清净澡漱，或食、或药、或无虫水，咒一百八遍，与彼服食，所有病苦悉皆消灭。若有所求，至心念诵，

皆得如是无病延年；命终之后，生彼世界，得不退转，乃至菩提。是故曼殊室利！若有男子、女人，于彼药师琉璃光如来，至心殷重恭敬供养者，常持此咒，勿令废忘。”复次，曼殊室利言：“若有净信男子、女人，得闻药师琉璃光如来、应、正等觉所有名号，闻已诵持。晨嚼齿木[1]，澡漱清净，以诸香花、烧香、涂香[2]、作众伎乐，供养形象。于此经典，若自书，若教人书，一心受持，听闻其义。于彼法师[3]，应修供养，一切所有资身之具，悉皆施与，勿令乏少，如是便蒙诸佛护念，所求愿满，乃至菩提。”

【注释】 ①齿木：又作杨枝，指用来磨齿刮舌以除去口中污物的木片。此木有药用价值，可以除口臭。通过咀嚼木枝漱刷清洁口腔是古印度人的生活习惯，②涂香：以香涂身，以消除体臭或热恼。古印度人以旃檀木或种种杂香捣磨为粉末，用以涂身、熏衣并涂地壁。此处则专指涂香于身和手以供佛。③法师：指通晓佛法又能引导众生修行之人，又作说法师、大法师。广义之法师，通指佛陀及其弟子；狭义则专指一般通晓经或律之行者，称为经师或律师。我国称道安、慧远等学问德行高深者为法师，对鸠摩罗什、玄奘等对翻译经藏有卓然贡献的大译经师，多称三藏法师，以别于禅师、律师等称呼。

【译文】 世尊又告诉文殊师利说：“若见到无论男子或女子患有病苦，应当一心为病人，虔诚持念药师如来神咒。替病人持念此咒时，必须先洗澡漱口，保持身口清净，然后将病人的食物、药品或无虫的净水，咒祝一百零八遍后给病人服用，用这种方法，病人的一切病苦皆可消除。若众生有所祈求，至心念诵药师神咒皆能满愿，不但现生消灾除病，延年益寿，临命终时，亦得往生净琉璃世界，决定不退转，乃至证得究竟菩提。所以，文殊师利！若有男子女人，至心尊重、恭敬供养药师琉璃光如来者，对于此药师神咒，应当常常受持念诵，勿稍懈怠而忘失。”

世尊又告诉文殊师利说：“信受佛法的清净男子或女人，听闻药师琉璃光如来、应供、正等觉等所有名号，应当恭敬诵持。于清晨之际，漱口清洁，沐浴净身，供奉香花、烧香和涂香，并以歌舞赞颂，供养药师如来形象。或自己书写，或请他人书写《药师琉璃光如来本愿功德经》，一心受持，思惟其义。对弘扬此药师法门的法师，应殷勤供养，凡生活上所需的物资，都要尽力恭敬地供养施与，不令法师有所乏少。如此便能得到诸佛的护念，所求皆得圆满，善根增长，乃至证悟菩提。”

【原文】 尔时，曼殊室利童子白佛言：“世尊！我当誓于像法转时，以种种方便，令诸净信善男子、善女人等，得闻世尊药师琉璃光如来名号，乃至睡中亦以佛名觉悟其耳。世尊！若于此经受持读诵，或复为他演说开示；若自书，若教人书；恭敬尊重，以种种花香、涂香、秣香、烧香、花鬘、璎珞、幡盖、伎乐，而为供养；以五色彩，作囊盛之；扫洒净处，敷设高座，而用安处。尔时，四大天王与其眷属[1]，及余无量百千天众，皆诣其所，供养守护。世尊！若此经宝流行之处，有能受持，以彼世尊药师琉璃光如来本愿功德，及闻名号，当知是处无复横死；亦复不为诸恶鬼神，夺其精气；设已夺者，还得如故，身心安乐。”

佛告曼殊室利：“如是！如是！如汝所说。曼殊室利！若有净信善男子、善女人等，欲供养彼世尊药师琉璃光如来者，应先造立彼佛形象，敷清净座而安处之；散种种花，烧种种香，以种种幢幡[2]，庄严其处；七日七夜，受八分斋戒[3]，食清净食，澡浴香洁，著清净

衣，应生无垢浊心，无怒害心，于一切有情，起利益安乐，慈、悲、喜、舍，平等之心，鼓乐歌赞，右绕佛像。复应念彼如来本愿功德，读诵此经，思惟其义，演说开示。随所乐求，一切皆遂：求长寿得长寿，求富饶得富饶，求官位得官位，求男女得男女。若复有人，忽得恶梦，见诸恶相，或怪鸟来集，或于住处，百怪出现；此人若以众妙资具，恭敬供养彼世尊药师琉璃光如来者，恶梦恶相，诸不吉祥，皆悉隐没，不能为患。或有水、火、刀、毒、悬险、恶象、狮子、虎、狼、熊、罴、毒蛇、恶蝎、蜈蚣、蚰蜒、蚊虻等怖；若能至心忆念彼佛，恭敬供养，一切怖畏皆得解脱。若他国侵扰，盗贼反乱，忆念恭敬彼如来者，亦皆解脱。”

【注释】 ①四大天王：也作四天王、护世天，指在欲界护持佛法的四位天王，即东方持国天王、南方增长天王、西方广目天王、北方多闻天王。一般在佛寺山门殿的两侧，塑有四天王像，多作忿怒相，身着甲胄防护，手执剑、鉾等武器，脚踏邪鬼，采用武神造型。②幢幡：幢幡皆为旌旗之属，用以庄严佛菩萨及道场。竿柱高秀，头安宝珠，以种种之彩帛庄严之者曰幢。长帛下垂者曰幡。③八分斋戒：亦八关斋戒，简称八戒。即：一不杀生，二不偷盗，三不邪淫，四不妄语，五不饮酒，六不涂脂粉、香水及不穿华丽的衣服和不观歌舞伎乐，七不睡卧高广大床，八不非时食（过午不食）。

【译文】 这时，文殊师利菩萨禀告佛说：“世尊！我当发誓于像法转时，以种种方便善巧，令一切净信佛法的善男子、善女人等，都能闻到世尊药师琉璃光如来名号，甚至在睡梦中，也得以闻到药师如来的名号而有所觉悟。世尊！若有人于此《药师琉璃光如来本愿功德经》，能领受经义，持念不忘，阅读背诵，为他人演说开示；或自己书写此经，或教他人书写。恭敬尊重法宝，以种种花香、涂香、粖香、烧香、花鬘、璎珞、幡盖、伎乐，而为供养。以五色彩缎，作成囊袋盛置《药师经》，以表敬重。将处所扫洒清洁，敷设高座，用作供坛，安放经典。若能如此奉扬此法，即能感得四大天王及其眷属，以及其他无量的天众，来护持道场，供养守护。世尊！若在《药师经》流通的地方，人们能够信受奉持，以此世尊药师琉璃光如来的本愿功德力，及听闻药师如来名号而忆念受持的善根功德之力，就不会发生有人横死的事故。也不会有邪神、恶鬼夺人精气，假如已有被夺取精气的，承佛威神与念佛之力，也能恢复健康，如同正常一样，身心安乐。”

佛对文殊师利菩萨说：“正是！正是！恰恰如你所说。文殊师利！若有净信善男子、善女人等，想要供养世尊药师琉璃光如来，应该先造作药师佛的形象，敷设清净的高座，来安置佛像。散种种香花，烧种种香，以种种幢幡来庄严供佛的道场。并于七日七夜之间受持八关斋戒，食清净的食物，澡浴身体，保持清洁，穿清净的服饰，使心念亦清静无染，无怨恨害人之心，而对于一切众生生起利益安乐、慈悲喜舍、平等相待的心。同时击鼓作乐，唱念赞偈，从右而左恭敬绕行药师佛像。还应当忆念药师如来的本愿功德，读诵《药师经》，思惟经中义理，为人演说开示。若能如此依法修行，则能随所愿求，一切圆满：求长寿得长寿；求富饶得富饶；求官位得官位；求男女得男女。若有人做噩梦，见种种恶相，或有不祥的怪鸟飞来家中，或于住处出现许多不祥之兆。此人若能够备办各种妙珍资具，恭敬供养世尊药师琉璃光如来，则所有噩梦恶相等一切不吉祥的事情，都会消失隐没，不能为患。或有遭遇水灾、火灾、刀灾、毒害，或身处悬崖峭壁，或是遇到恶象、狮子、

虎、狼、熊、棕熊、毒蛇、恶蝎、蜈蚣、蚰蜒、蚊虫等凶猛的兽类或可怕的毒虫，此人若能一心忆念药师如来及恭敬供养，皆能解脱如上所说一切怖畏灾难。若遇他国侵犯、盗贼纷起、谋反掠夺，若能一心忆念，恭敬供养药师如来，亦能解脱外敌内贼的灾难，得以政通人和。"

【原文】 **复次，曼殊室利言："若有净信善男子、善女人等，乃至尽形不事余天[①]，唯当一心归佛、法、僧，受持禁戒，若五戒、十戒[②]、菩萨四百戒、苾刍二百五十戒、苾刍尼五百戒，于所受中或有毁犯，怖堕恶趣，若能专念彼佛名号，恭敬供养者，必定不受三恶趣生。或有女人，临当产时，受于极苦；若能至心称名礼赞，恭敬供养彼如来者，众苦皆除。所生之子，身分具足，形色端正，见者欢喜，利根聪明，安隐少病，无有非人夺其精气。"**

【注释】 ①天：音译提婆，意译又作天界、天道、天有、天趣等，指六道之中，业报最殊胜的众生，或指其所居住的世界。指有情自体时，称为天人、天部、天众，相当于通俗所谓"神"一词。据佛经记载，天之世界，乃距离地上遥远的上方，由下向上，依次为欲界六天，即四天王天、三十三天（又称忉利天；此天之主称释提桓因，即帝释天）、夜摩天、兜率天、乐变化天、他化自在天。色界四禅天与四无色天。"天"并非佛教所独有，而是古印度一般民众的信仰，后为佛教所沿用。死后升天之因是奉行十善、修习四禅八定等。原始佛教的教法以涅槃为核心，同时也包括对在家信徒依道德行善，即可生天的说教。大乘佛教则明确反对以升天为修行目的，而是主张发菩提心，行菩萨道，究竟证悟成佛。②十戒：这里指沙弥及沙弥尼应受持的十种戒条，即（一）不杀生，（二）不偷盗，（三）不淫欲，（四）不妄语，（五）不饮酒，（六）不香花严身，（七）不歌舞观听，（八）不坐卧高广大床，（九）不非时食，（十）不蓄金银财宝。

【译文】 世尊又告诉文殊师利说："若有净信佛法的善男子、善女人，能够尽其一生不信奉天魔外道，而是一心一意皈依佛、法、僧三宝，领纳执持佛的戒法，如五戒、十戒、菩萨四百戒、比丘二百五十戒、比丘尼三百五十戒等。如果在持戒的过程中，偶有触犯破戒而害怕堕入恶道的，此人若能专心持念药师如来的名号，恭敬供养药师如来，就必定不会堕于三恶道中。或有女人即将生产，备受极苦之时，若能一心称念药师如来名号，恭敬礼赞供养药师如来，则能承佛功德愿力，消除苦难。所生之子，诸根完具，相貌端正，智慧聪明，人见人爱，康健安稳，没有非人鬼魅之类夺取婴儿的精气。"

【原文】 **尔时，世尊告阿难言[①]："如我称扬彼世尊药师琉璃光如来所有功德，此是诸佛甚深行处，难可解了，汝为信不？"阿难白言："大德世尊！我于如来所说契经[②]，不生疑惑。所以者何？一切如来身语意业，无不清净。世尊！此日月轮，可令堕落；妙高山王[③]，可使倾动；诸佛所言，无有异也。世尊！有诸众生，信根不具，闻说诸佛甚深行处，作是思惟：云何但念药师琉璃光如来一佛名号，便获尔所功德胜利？由此不信，返生诽谤；彼于长夜，失大利乐，堕诸恶趣，流转无穷。"佛告阿难："是诸有情，若闻世尊药师琉璃光如来名号，至心受持，不生疑惑，堕恶趣者，无有是处。阿难！此是诸佛甚深所行，难可信解。汝今能受，当知皆是如来威力。阿难！一切声闻、独觉，及未登地诸菩萨等[④]，皆悉不能如实信解，惟除一生所系菩萨。阿难！人身难得，于三宝中，信敬尊重，亦难可得。闻**

世尊药师琉璃光如来名号，复难于是。阿难！彼药师琉璃光如来，无量菩萨行，无量善巧方便，无量广大愿，我若一劫，若一劫余而广说者，劫可速尽，彼佛行愿，善巧方便，无有尽也！”

【注释】 ①阿难：意译为欢喜、庆喜。阿难系佛陀之堂弟，为佛陀十大弟子之一。出家后二十余年间为佛陀的侍者，擅长记忆，对于佛陀的说法多能朗朗记诵，故誉为多闻第一。佛陀入灭后，在首次集结当中，即由阿难诵出经藏。②契经：也作修多罗，所指有二：一、为一切佛法之总称。契者，上契诸佛之理，下契众生之机；经者，法也。二、特指九分教或十二分教中之第一类，指经中直接说者，即散文体的经文，亦称为长行。③妙高山王：即须弥山。据传说此山由金、银、琉璃、水晶四宝所成，而且是诸山中之最高者，故称之为妙高山王。④登地：指菩萨修行的阶位。依据《华严经》，菩萨之阶位有十信、十住、十行、十回向、十地、等觉、妙觉五十二位。其中，登上初地之阶位，称为登地，须经过一大阿僧祇劫之修行；十地之间，自初地至第十地之终则须经过二大阿僧祇劫之修行。其初地称欢喜地，始断一分烦恼而悟一分法性欢喜之位，以后登地之菩萨又名法身之菩萨。

【译文】 这时，世尊告诉阿难说：“像我如此称扬世尊药师琉璃光如来的所有功德，这是诸佛智慧所行境界，甚深难解之处，是一般众生难以了解信受的，你听了是否相信？”阿难回答说：“大德世尊！我对于如来所说之法，无有丝毫疑惑。这是因为一切如来的身语意业，无不清净。纵使日月可令堕落，妙高山王可使倾动，而诸佛所说的话，绝对真实不虚。世尊！有些众生，因为信心不坚固具足，闻说诸佛不可思议解脱境界的甚深行处，便不能信受，而产生这样的疑惑：凭什么只念诵药师琉璃光如来一佛名号，就能够获得如此之大的功德利益？甚至谤佛谤法；这样的可怜人，将于漫漫生死长夜中，因为不信受佛法，失去觉悟解脱的大利乐，而常堕落三恶道中，流转无穷，求出无期。”

佛告诉阿难说：“若有众生，听闻世尊药师琉璃光如来名号，能专心受持忆念，恭敬供养，不生疑惑，像这样具足信根的众生，是绝对不可能堕入恶道的！阿难！一切如来甚深不可思议的解脱境界，一般众生难以相信了解，而你如今却能够坚信受持，当知此皆是如来慈悲威神之力所加被。阿难！所有证果的声闻、缘觉，及未登初地之前的菩萨等，对于诸佛甚深行处，仍不能真实的信解。唯有下一生即将成佛的补处菩萨，才能如实信解诸佛甚深解脱境界。阿难！在生死轮回中，人身是非常难得的；既得人身，又有善根敬信尊重佛、法、僧的众生，更为难得；能够听到药师琉璃光如来名号，更是极为难得。阿难！药师琉璃光如来，在过去因地中，曾修无量无边的菩萨行，发无量无边的广大愿，即使若以一劫或超过一劫的时间，来广说药师如来的无量行愿和善巧方便，也无法穷尽。千万劫的时间仍是有限的，药师如来的广大行愿和善巧方便，则无量无边。”

【原文】 尔时，众中有一菩萨摩诃萨，名曰救脱[1]，即从座起，偏袒右肩，右膝著地，曲躬合掌，而白佛言：“大德世尊！像法转时，有诸众生，为种种患之所困厄，长病羸瘦，不能饮食，喉唇干燥，见诸方暗，死相现前；父母、亲属、朋友、知识啼泣围绕[2]。然彼自身，卧在本处，见琰魔使引其神识[3]，至于琰魔法王之前；然诸有情，有俱生神，随其所作，若罪若福，皆具书之，尽持授与琰魔法王。尔时，彼王推问其人，计算所作，随其罪福而处断之。

时彼病人亲属、知识，若能为彼归依世尊药师琉璃光如来，请诸众僧，转读此经，然七层之灯，悬五色续命神幡，或有是处，彼识得还，如在梦中，明了自见。或经七日，或二十一日，或三十五日，或四十九日，彼识还时，如从梦觉，皆自忆知善不善业，所得果报，由自证见业果报故，乃至命难[4]，亦不造作诸恶之业。是故净信善男子、善女人等，皆应受持药师琉璃光如来名号，随力所能，恭敬供养。"尔时，阿难问救脱菩萨曰："善男子！应云何恭敬供养彼世尊药师琉璃光如来？续命幡灯，复云何造？"救脱菩萨言："大德！若有病人，欲脱病苦，当为其人，七日七夜，受持八分斋戒，应以饮食及余资具，随力所办，供养苾刍僧。昼夜六时[5]，礼拜供养彼世尊药师琉璃光如来，读诵此经四十九遍，燃四十九灯，造彼如来形象七躯，一一像前各置七灯，一一灯量大如车轮，乃至四十九日光明不绝。造五色彩幡，长四十九拃手[6]，应放杂类众生至四十九，可得过度危厄之难，不为诸横恶鬼所持。"

【注释】 ①救脱：即救脱菩萨。此菩萨以救人病苦，脱离灾难而得名。《七佛八菩萨所说大陀罗尼神咒经》卷一列之为八大菩萨之第四。有关其形象，据《药师琉璃光王七佛本愿功德经念诵仪轨供养法》载，身呈红色，坐莲华座，右手持妙法藏供养，左拳按胯。又《修药师仪轨布坛法》载，救脱菩萨身呈白色，二手为金刚拳印，按于两胯，呈微慢之相而坐。②知识：朋友之异称。就为人而言，其人若善，则为善友、善知识；若恶，则为恶友、恶知识。按照佛教的说法，能够说法引导人们至于善处者，是善友，称善知识。③琰魔：又作焰摩、阎魔、阎摩罗社、阎罗等，缚罪人之义，为地狱执法之王，即俗称的阎罗王。佛经云：昔有兄及妹，皆作地狱主。兄治男事，妹治女事，故曰双王。④命难：生命受到威胁的灾难。⑤昼夜六时：古印度的计时单位，即将一昼夜分为六时，即晨朝、日中、日没（以上为昼三时）、初夜、中夜、后夜（以上为夜三时）。⑥拃手：拃者，张也，拇指与中指之距离。

【译文】 这时，参加法会的大众中，有一位名叫救脱的大菩萨，即从座起，袒露右肩，右膝著地，恭敬地鞠曲合掌，向佛秉白："大德世尊！未来的像法之时，有许多众生因种种病患而苦不堪言，长病羸瘦，不能饮食，喉唇干燥，眼见四方变暗，死相现前，不久将终。病人的父母、眷属、朋友却无能为力，只有围绕着病人啼哭啜泣。病人在垂危之时，自身还在病榻之上，见到琰魔王的使者来拘引他，将其的神识带引到琰魔王前，听候审判。所有众生都有一个俱生神识，一生所作善恶罪福如影随形，皆记录在案，此众生即将命终之时，此记录交于琰魔王手中，成为执法审判的依据。琰魔王依据俱生神识的记录，审问此人，并且计算核对他生前的所作所为，随其善恶罪福来处决判定他该承受什么果报。此时若有病人的亲友，能为他皈依世尊药师琉璃光如来，并请僧众来读诵《药师琉璃光如来本愿功德经》，点燃七层长明灯，悬挂五色的续命长幡。凭借如上所作的功德，或者能够使病人的神识复还苏醒过来。病人如在梦中，能够清楚地知道地狱受审的情景，及眷属亲友为他所做的功德。其神识经过或七日、或二十一日、或三十五日，或四十九日方有可能生还。如同大梦初醒，皆能忆知过去善恶业报赏罚的情形。由于此人自心证见，亲历业果报应之境，从此以后，即使丧生失命，也决不敢再造恶业。因此，凡是对药师琉璃光如来生起净信的善男子、善女人等，都应该受持称念药师琉璃光如来的名号，竭己所能，恭敬供养药师如来。"

这时，阿难问救脱菩萨说："善男子！应该如何恭敬供养药师琉璃光如来？又应该如何制造和使用续命幡和长明灯？"救脱菩萨回答阿难说："大德！若有病人想要脱离病苦，他的亲友应当代为他受持七日七夜的八关斋戒，并且以清净饮食及各种物资用具，随能力所及，多少不拘地供养比丘僧，昼夜六时，礼拜供养世尊药师琉璃光如来。此外，还要至心读诵此《药师经》四十九遍，燃四十九盏灯，造药师如来形象七尊。在每一尊佛前，各供七盏灯，每一盏灯的光量要大如车轮，在四十九天之内，光明昼夜不绝。作五色的彩幡，长为四十九搩手，并放生四十九次。如能随力来做以上之事，病人便能承此功德，免除危厄之难，不为诸横恶鬼所执持，而恢复健康。"

【原文】 **复次，阿难言："若刹帝利、灌顶王等，灾难起时，所谓人众疾疫难，他国侵逼难，自界叛逆难，星宿变怪难，日月薄蚀难，非时风雨难，过时不雨难。彼刹帝利、灌顶王等，尔时应于一切有情，起慈悲心，赦诸系闭；依前所说供养之法，供养彼世尊药师琉璃光如来。由此善根，及彼如来本愿力故，令其国界即得安隐，风雨顺时，谷稼成熟，一切有情，无病欢乐；于其国中无有暴恶、药叉等神，恼有情者；一切恶相，皆即隐没。而刹帝利、灌顶王等，寿命色力，无病自在，皆得增益。阿难！若帝后、妃主、储君、王子、大臣、辅相、中宫[①]、采女、百官、黎庶为病所苦，及余厄难，亦应造立五色神幡，然灯续明，放诸生命，散杂色花，烧众名香，病得除愈，众难解脱。"**

尔时，阿难问救脱菩萨言："善男子！云何已尽之命而可增益？"救脱菩萨言："大德！汝岂不闻如来说有九横死耶[②]？是故劝造续命幡灯，修诸福德；以修福故，尽其寿命，不经苦患。"阿难问言："九横云何？"救脱菩萨言："若诸有情，得病虽轻，然无医药及看病者，设复遇医，授以非药，实不应死而便横死。又信世间邪魔、外道、妖孽之师，妄说祸福，便生恐动，心不自正，卜问觅祸，杀种种众生，解奏神明，呼诸魍魉[③]，请乞福佑，欲冀延年，终不能得；愚痴迷惑，信邪倒见，遂令横死，入于地狱，无有出期，是名初横。二者，横被王法之所诛戮。三者，畋猎嬉戏，耽淫嗜酒，放逸无度，横为非人夺其精气。四者，横为火焚。五者，横为水溺。六者，横为种种恶兽所啖。七者，横堕山崖。八者，横为毒药、厌祷、咒诅、起尸鬼等之所中害。九者，饥渴所困，不得饮食而便横死。是为如来略说横死，有此九种。其余复有无量诸横，难可具说。"

【注释】 ①中宫：即太监。②横死：即死于非命，指非因往世业果致死，而是遭意外灾祸死亡者。③魍魉：传说活动在山川林谷中的精怪。

【译文】 救脱菩萨再告诉阿难说："若王族或即将登位的太子等，遇到国家发生灾难时，如瘟疫流行、他国侵略、匪寇叛乱、星宿出落变化、日月暗淡无光、风雨不调或者久旱不雨。国家的统治者遇到这些情况时，应该对一切众生生起拔苦与乐之心，赦诸罪犯，减少刑罚，施行仁政。并依照前面所说的种种供养之法，至心恭敬供养药师琉璃光如来。由此功德善根及药师如来本愿功德力的加被，便可使其国泰民安，风调雨顺，无诸灾厄，人民安居乐业。于其国中，也没有凶暴邪恶的药叉等神，作怪恼害众生，一切不吉祥的现象，立即消失隐没。一国之主亦能增福延寿，无病身安，威德自在。"救脱菩萨又对阿难说："阿难！若是皇后妃子、太子王子、大臣宰相、宦官宫女以及所有的官员百姓，为病苦

所缠，或遭到其他水、火、风、战乱等困厄，皆应遵照如前所说的方法，于药师佛像前，悬立五色神幡，燃四十九盏灯，持续光明。而且还要多多放生，散各种鲜花，烧各种名香，持念佛号，诵经礼拜等。若能依此法修持，则可使一切病苦皆得除愈，所有厄难完全解脱。”

这时，阿难又向救脱菩萨询问：“善男子！众生寿命将终之时，为何还可以增益延续？”救脱菩萨解释说：“大德！你岂不曾听闻如来说过有九种死于非命吗？因此我才特别劝导众生造续命幡，燃七层灯，借此积累福德，因积累福德的缘故，便可善终其应得的寿命，不会再遭到任何突如其来的灾难。”阿难问道：“九种横死是怎样的情形？”救脱菩萨说：“若有众生虽得小病，然而没有医生诊治，又不服药，无人看护，加上遇到庸医而错服药方，实不应死而横死。或者有人迷信世间邪魔外道，妖孽巫师，听其胡乱说祸道福，顿时迷惑，心生恐怖，而去求卦问卜。听信外道邪说，或杀生祭祀神明，或召请魑魅魍魉，乞求赐福延寿，但终究无法如愿。此皆因愚痴无智，邪见颠倒，自戕生命，堕于地狱，无有出期，这就是所谓的初横。第二横死，系触犯刑律，堕落法网，依国法处死。第三横死，系耽于打猎嬉戏，纵欲嗜酒，放逸无度，致遭邪神恶鬼夺其精气而横死。第四横死，系死于火灾。第五横死，系死于水灾。第六横死，系为种种恶兽所啖食。第七横死，系堕落悬崖而摔死。第八横死，系为毒药所毙，或为冤家诅咒、起尸鬼等所中而死。第九横死，系为饥渴所困而死，或自饥渴而死，或被禁饥渴而死。以上便是如来略说的九种横死，皆是不得善终其天年，冤枉而死。除了以上九种横死之外，尚有无量种种的横死，一时无法一一详说。”

【原文】 **复次，阿难言：“彼琰魔王主领世间名籍之记，若诸有情，不孝五逆[①]，破辱三宝，坏君臣法，毁于性戒[②]，琰魔法王，随罪轻重，考而罚之。是故我今劝诸有情，燃灯造幡，放生修福，令度苦厄，不遭众难。”**

尔时，众中有十二药叉大将，俱在会坐，所谓：宫毗罗大将[③]、伐折罗大将[④]、迷企罗大将[⑤]、安底罗大将[⑥]、頞你罗大将[⑦]、珊底罗大将[⑧]、因达罗大将[⑨]、波夷罗大将[⑩]、摩虎罗大将[⑪]、真达罗大将[⑫]、招杜罗大将[⑬]、毗羯罗大将[⑭]，此十二药叉大将，一一各有七千药叉以为眷属，同时举声白佛言：“世尊！我等今者，蒙佛威力，得闻世尊药师琉璃光如来名号，不复更有恶趣之怖。我等相率，皆同一心，乃至尽形归佛、法、僧，誓当荷负一切有情，为作义利，饶益安乐。随于何等村城、国邑、空闲林中，若有流布此经，或复受持药师琉璃光如来名号，恭敬供养者，我等眷属卫护是人，皆使解脱一切苦难，诸有愿求，悉令满足。或有疾厄求度脱者，亦应读诵此经，以五色缕，结我名字，得如愿已，然后解结。”

【注释】 ①五逆：指罪大恶极，极逆于理的五种罪行，即杀父、杀母、杀阿罗汉、出佛身之血、破和合僧。因此五种极端罪恶的行为，任犯一种，即堕无间地狱，故又名无间业。②性戒：乃针对性罪而立之禁戒，又作性罪戒、性重戒等。此类戒律从犯罪的果报而言，属于本质的罪恶行为，如五戒中之杀生、偷盗、邪淫、妄语等四戒，不待佛制，亦不论在家、出家与受戒、不受戒，若犯之，未来必定受报，因其自性就是罪行，为业报之正因，也是社会普遍承认之罪恶。与性戒相对的是“遮戒”，也就是佛陀为避世人讥嫌而遮制之戒，如五戒之饮酒戒。③宫毗罗大将：义为蛟龙。④伐折罗大将：义为金刚。⑤迷企罗大将：义

为金带。⑥安底罗大将:义为破空山。⑦额你罗大将:义为沉香。⑧珊底罗大将:义为螺女形。⑨因达罗大将:义为能天主,亦云地持。⑩波夷罗大将:义为鲸鱼。⑪摩虎罗大将:义为蟒龙。⑫真达罗大将:义为一角。⑬招杜罗大将:义为严帜。⑭毗羯罗大将:义为善艺。

【译文】 救脱菩萨又说:"阿难!琰魔王主管世间众生善恶罪福的名籍簿,若有众生不孝顺父母,破坏毁谤三宝,不忠于国家而犯上作乱,以至于犯下杀淫盗妄等根本戒法。琰魔王乃根据其罪孽的轻重,拷问处罚。因此,我才殷勤奉劝一切众生,燃灯举幡,放牛修福,承此功德福力,免离一切苦厄横难,得以增长福寿。"

世尊药师像

这时,法会大众中有十二位药叉大将在座,他们是:宫毗罗大将、伐折罗大将、迷企罗大将、安底罗大将、额你罗大将、珊底罗大将、因达罗大将,波夷罗大将、摩虎罗大将、真达罗大将、招杜罗大将、毗羯罗大将。这十二位药叉神将,各自统领七千药叉以为眷属,异口同声地向佛禀告说:"世尊!今天我们蒙佛威神之力,得闻世尊药师琉璃光如来名号,善根增长,从此不再有堕入恶趣的恐怖。我等全体至心诚意,尽形寿皈依佛法僧三宝,并且发誓护卫一切有情众生,普皆饶益,令其离苦得乐。无论在乡村、城邑或是山林,若有人流布这部《药师经》,并且持念药师琉璃光如来名号,恭敬供养药师如来者,我等及所有眷属,定当时常于旁护卫他们,使他们解脱一切苦难,并且满足他们的愿求。若有遭逢疾病危难而祈求度脱的众生,应当诚心读诵此经典,以五色彩缕,结成名字结出十二药叉大将的名字,或梵字,或华字,待灾难消除,愿望达成后,再解开缕结。"

【原文】 尔时,世尊赞诸药叉大将言:"善哉善哉!大药叉将!汝等念报世尊药师琉璃光如来恩德者,常应如是利益安乐一切有情。"

尔时,阿难白佛言:"世尊!当何名此法门?我等云何奉持?"佛告阿难:"此法门名说药师琉璃光如来本愿功德;亦名说十二神将饶益有情结愿神咒;亦名拔除一切业障。应如是持。时薄伽梵说是语已,诸菩萨摩诃萨,及大声闻、国王、大臣、波罗门、居士、天、龙[①]、药叉、健达缚[②]、阿素洛[③]、揭路荼[④]、紧捺洛[⑤]、莫呼洛伽[⑥]、人、非人等,一切大众,闻佛所说,皆大欢喜,信受奉行。"

【注释】 ①龙:音译那伽。群龙之首,称为龙王或龙神。龙王摄属于畜生趣,乃愚痴、嗔恚之人所受之果报。一般而言,龙为居于水中的蛇形鬼类,具有呼风唤雨之神力,亦为守护佛法的八部众之一。②健达缚:即乾闼婆,意译为食香、香阴、香神或寻香主,与

紧那罗同为侍奉帝释而司奏雅乐之神，故被称为寻香神、乐神或执乐天。③阿素洛：即阿修罗，译为非天，因其有天之福而无天之德，似天而非天。又译作无端，因其容貌很丑陋。又译作无酒，言其国酿酒不成。阿修罗为六趣、八部、十界之一。性好斗，常与帝释战，国中男丑女美，宫殿在须弥山北，大海之下。④揭路荼：即迦楼罗，乃大鹏金翅鸟。依佛典所载，迦楼罗的翅膀是由众宝交织而成，所以又称为金翅鸟或妙翅鸟。这种鸟的躯体极大，两翅一张开，有数千里，甚至于数百万里之大。其出生类别有胎生、卵生、湿生、化生四种。迦楼罗的主要特点是以龙为食物。因此，在佛教传说里，这种鸟是各种龙的克星。由于迦楼罗与龙都敬畏佛法，因此，当迦楼罗要抓龙来吃的时候，如果龙用僧人的袈裟披身，则迦楼罗便不敢加以捕食。⑤紧捺洛，即紧那罗，意译为疑神，疑人或非人。原为印度神话中之神，后被佛教收为天龙八部众之一。此神面貌似人，然顶有一角，人见而起疑，故称之为疑人或疑神。彼具有美妙的声音，能歌舞，为帝释之执法乐神。⑥莫呼洛伽，即摩侯罗伽，为无足、腹行之蟒神。因毁戒、邪谄、多嗔、少布施、贪嗜酒肉、怠慢持戒，遂堕为鬼神，因体内多嗔虫啃食其身而痛苦异常。

【译文】 此时，世尊称赞诸位药叉大将说："好极了！好极了！各位药叉大将！你们能感念报答世尊药师琉璃光如来的恩德，就应如此常使一切众生受益安乐。"

这时，阿难咨请佛言："世尊！应当以何种名称，来称呼此一法门？我等佛弟子应该如何信奉受持？"于是佛告诉阿难说："此法门有三个名称：一是《药师琉璃光如来本愿功德》；二是《十二神将饶益有情结愿神咒》；三是《拔除一切业障》。应牢记此名称，依法恭敬受持。"释迦牟尼佛说完此经，在座的诸大菩萨，及声闻大众，还有国王、大臣、婆罗门、居士等人众，以及天人、龙众、药叉、健达缚、阿素洛、揭路荼、紧捺洛、莫呼洛伽等天龙八部一切与会大众，闻佛所说这一微妙法门，皆法喜充满，信受奉行。